KB179858

고대 회의주의와 근대 철학

고대 회의주의와 근대 철학

황설중 지음

철학과 현실사

차례

서문

거시적 관점에서 본다면 서양 철학이란 소크라테스, 플라톤 이래로 영원하고 보편적인 진리를 추구해온 역사라고 할 수 있다. 소크라테스가 극적으로 보여주었듯이 영원한 진리를 향한 열망은 모든 것을, 심지어 자기의 생명마저 희생할 만한 가치가 있는 것으로 철학자들에게는 여겨졌다. 진리를 캐묻지 않는 삶은 인간으로서는 살 가치가 없는 것이었다. 참된 지식을 방해하는 모든 난관을 뚫고 마침내 진리의 왕국에 들어서는 것, 그것이 서양 철학자들이 풀어야 할 핵심적인 과제가 되었다. 그들은 어떻게든 진리에 대한 의심을 극복해야 했기에 '진리'와 '의심'은 동전의 양면처럼 서양 인식론에 있어서 필수적인 키워드로 등장하였다.

서양 철학사에서 언급되는 대부분의 주류 철학자들은 회의주의를 물리칠 수 있는 자신만의 고유한 철학적 프로그램을 발굴하고 제시했는데, 특히 근대 철학자들이 두드러졌다. 여러 가지 시대적 상황으로 인해 "어떻게 회의주의를 극복할 것인가?" 하는 문제는 근대 철학자들에게 매우 긴급하고 절실하게 해결해야 하는 것이었고, 이런 문제의식은 근대를 관통하여 변함없이 유지되었다.

그런데 근대 철학자들이 회의주의를 극복한다고 할 때, 그 회의주의는 무엇보다 고대의 회의주의였고, 특히 피론주의였다. 데카르트 당시 고대 피론주의를 그대로 계승한 근대 회의주의자들의 위세는 대단한 것이었다. 데카르트를 필두로 근대 철학자들은 불가피하게 피론주의의 총본산이라 할 수 있는 섹스투스 엠피리쿠스의 저작들과 얽혀 들어갔으며, 고대 피론주의로부터 자유로운 새로운 철학적 사유란 불가능하게 되었다. 고대 피론주의자들이 열어젖힌 철학적 의심의 판도라 상자를 근대 철학자들은 어떻게든 닫아야 하는 상황이 벌어진 것이다. 데카르트, 스피노자, 라이프니츠, 로크, 버클리, 흄, 칸트와 헤겔에 이르기까지 근대의 대부분의 주류 철학자들에게 있어 피론주의와의 대결은 숙명적이기까지 하였다. 고대 피론주의자들이 쳐놓은 촘촘한 의심의 그물망에 걸려든다면 인간 삶은 암흑과 혼돈에 빠져버릴 것이라는 데카르트의 불안은 근대를 지배하는 일종의 철학적 강박증이 되었다. 그래서 피론주의로부터 벗어나려는 지적인 고투가 적어도 인식론과 관련해서는 근대의 시대정신이었다고 해도 무방할 것이다.

근대 철학자들 각각은 피론주의를 극복하는 해법을 제시하였다. 그러나 선행 철학자들의 그것은 후행 철학자들에게는 만족스럽지 못하였다. 선행 철학자들의 해결책은 오히려 피론주의자들의 반격을 견뎌낼 수 없는 독단주의로 어김없이 판명이 나곤 하였던 것이다. 앞의 실패를 목격하면서 새로운 극복책이 제시되고, 이 방책조차 다시 궁극적인 해결책이 될 수 없음이 밝혀지는 역사가 근대 철학을 수놓고 있다고 볼 수 있다. '고대 피론주의에 대한 대응'이라는 문제틀에서 근대 철학은 중층적으로 누적되고 발전되어가는 기나긴 지식론의 스토리를 가지고 있다. 필자가 이 책에서 고찰하고자 하는 것이 바로 이 이야기의 전말(顚末)에 대한 분석과 서술이다.

이 책에서 필자는 고대 피론주의의 극복과 관련하여 체계적이고 정교한 지식론을 형성해간 근대 철학자들을 발전사적 관점에서 추적하였다. 근대 인식론의 가장 뜨거운 주제였던 '회의주의에 대한 극복'을 화두로 근대 철학자들 각각의 철학적 기획을 분석하고 평가하는 가운데 근대의 인식론이 나아갔던 일련의 쇄신의 역사를 추출하였는데, 어차피 철학의 역사에 대한 서술도 결국은 해석의 지평에 놓여 있는 것이므로, 필자의 작업은 회의주의라는 렌즈를 통해 본 근대 철학사에 대한 새로운 해석이라고 말할 수 있다.

필자는 이전에는 별로 주목하지 못했거나 파편적으로만 다루었던 '회의주의에 대한 극복'이라는 관점에서 근대 철학 전체를 조감할 수 있고 그럼으로써 근대 철학을 좀 더 심도 있게 이해할 수 있는 지적인 길잡이의 역할을 이 책이 할 수 있기를 희망하고 있다. 필자의 작업이 운 좋게 성공을 거둔다면, 고대 회의주의를 매개로 근대 철학자들 각각의 진리 이론에 대한 이해뿐만 아니라 "왜 근대 철학이 데카르트로부터 이성론과 경험론의 전개를 거쳐 칸트와 헤겔로 나아가야만 했는가?"에 대한 근대 철학사의 필연적 흐름도 간파하게 될 것이다.

또한 우리나라 철학계에서 별로 주목받지 못하고 있는 고대 피론주의의 철학적 중요성과 영향력을 환기시키는 데에 일조했으면 하고 바라고 있다. 고대 피론주의자들의 회의적 논변 형식들이 철학적으로 중요한 이유는 그것들이 단순히 회의적 논의를 위한 주석적 수준에서의 참조와 관련된 것이 아니라, 철학적 지식 일반의 정초 가능성의 문제와 직결되기 때문이다. 고대의 피론주의는 근대 철학뿐 아니라 서양 철학 전반에 걸쳐서 문제의 진앙지이다. 철학적 의심을 둘러싸고 벌어진 근대 철학자들 간의 상반된 평가와 입장은 오히려 고대 피론주의자들이 제기한 물음의 철학적 유효성과 생명력을 보여줄 것이다. 근대 인식론의 저류를 관통하는 섹스투스 엠피리쿠스의 도전과 이에 대한 근대 철학자들의 응전은 시대를 뛰어넘어 철학자들이 토론하고 대화하는 한 모형을 보여주는 실례이다.

 필자는 짧지 않은 시간 동안 고대 피론주의와 근대 철학의 인식론을 연구해왔다. 그러나 방대한 연구 범위 때문에, 그리고 무엇보다 필자의 부족한 역량 때문에 간간히 발표해온 논문들을 체계적으로 정리하고 종합하지 못하던 터였다. 철학과현실사의 전춘호 사장님의 격려가 없었다면 아마도 필자의 작업은 차일피일 미루어졌을 것이다. 출판을 기회로 필자는 이전의 논문들을 대폭적으로 수정하고 보완했으며 또 어떤 장(章)들은 완전히 새롭게 썼다. 각각의 장들을 독립적으로 읽을 수 있도록 배려했으나 그 때문에 약간의 중복이 생길 수밖에 없었다. 무엇보다 철학에 관심을 갖고 있는 입문자들을 위해 필자 깐에는 쉽게 쓰고자 하였으나 역부족이었음이 틀림없다. 이 책은 여러 가지 측면에서 많이 부족하며 아직도 현재진행형이라고 할 수 있다. 향후 부족한 부분들을 보완할 수 있는 기회가 생기기를 기대해본다.

 끝으로 모든 사람의 인생이 다 그렇겠지만, 필자가 예기치 않은 고난을 겪고 있을 때 기꺼이 짐을 나누어 짊어지고 학문적 용기를 불어넣어준 정창호, 김성한 교수님께 특별히 감사의 말씀을 드리고 싶다.

약어표

Cicero

Ac = Academics, trans. by H. Rackham, Cambridge, MA: Harvard University Press, 1933.

Berkeley, George

Commentaries = Philosophical Commentaries in *The Works of George Berkeley Bishop of Cloyne*, Vol. 1, ed. by A. A. Luce and T. E. Jessop, Nelson: Kraus Reprint, 1979.

Principles = A Treatise concerning the Principles of Human Knowledge in *The Works of George Berkeley Bishop of Cloyne*, Vol. 2, ed. by A. A. Luce and T. E. Jessop, Nelson: Kraus Reprint, 1979.

Dialogues = Three Dialogues between Hylas and Philonous in *The Works of George Berkeley Bishop of Cloyne*, Vol. 2, ed. T. E. Jessop, Nelson: Kraus Reprint, 1979.

Descartes, René

CSM I *= The Philosophical Writings of Descartes*, Vol. I, trans. by John Cottingham, Robert Stoothoff, and Dugald Murdoch, Cambridge: Cambridge University Press, 1985.

CSM II *= The Philosophical Writings of Descartes*, Vol. II, trans. by John Cottingham, Robert Stoothoff, and Dugald Murdoch, Cambridge: Cambridge University Press, 1984.

CSMK III *= The Philosophical Writings of Descartes*, Vol. III, trans. by John Cottingham, Robert Stoothoff, Dugald Murdoch, and Anthony Kenny, Cambridge: Cambridge University Press, 1991.

Diogenes Laertius

DL 1-5 = Lives of Eminent Philosophers, Vol. I, trans. by R. D. Hicks, Cambridge, MA: Harvard University Press, 1925.

DL 6-10 = Lives of Eminent Philosophers, Vol. II, trans. by R. D. Hicks, Cambridge, MA: Harvard University Press, 1925.

Hegel, Georg W. F.

TW 1-20 = Theorie Werkausgabe in zwanzig Bänden, Redaktion von Eva
   Moldenhauer und Karl M. Michel, Frankfurt am Main: Suhrkamp Verlag,
   1969ff.

*VSP = Verhältnis des Skeptizismus zur Philosophie. Darstellung seiner verschiedenen
   Modifikationen und Vergleichung des neuesten mit dem alten*, in *TW* 2.

*GW = Glauben und Wissen oder die Reflexionsphilosophie der Subjektivität in
   der Vollständigkeit ihrer Formen als Kantische, Jacobische und Fichtesche
   Philosophie*, in *TW* 2.

PhdG = Phänomenologie des Geistes, TW 3.

WdL Ⅰ *= Wissenschaft der Logik* Ⅰ *, TW* 5.

WdL Ⅱ *= Wissenschaft der Logik* Ⅱ *, TW* 6.

GPR = Grundlinien der Philosophie des Rechts, TW 7.

Enz Ⅰ *= Enzyklopädie der philosophischen Wissenschaften* Ⅰ *, TW* 8.

VGP Ⅰ *= Vorlesungen über die Geschichte der Philosophie* Ⅰ *, TW* 18.

VGP Ⅱ *= Vorlesungen über die Geschichte der Philosophie* Ⅱ *, TW* 19.

VGP Ⅲ *= Vorlesungen über die Geschichte der Philosophie* Ⅲ *, TW* 20.

Hume, David

*Enquiries = Enquiries Concerning Human Understanding and Concerning The
   Principles of Morals*, ed. by L. A. Selby-Bigge, Oxford: Clarendon Press, 1975.

Treatise = A Treatise of Human Nature, ed. by L. A. Selby-Bigge, Oxford:
   Clarendon Press, 1960.

Kant, Immanuel

AA = Gesammelte Schriften, hrsg. von der (Königl.) Preu ß ischen Akademie der
   Wissenschaften(ab Bd. 23 von der Deutschen Akademie der Wissenschaften zu
   Berlin), Berlin: Georg Reimer/Walter de Grunter, 1900ff.

KdrV = Kritik der reinen Vernunft, Hamburg: Felix Meiner Verlag, 1998.

KdpV = Kritik der praktischen Vernunft, Hamburg: Felix Meiner Verlag, 1974.

Leibniz, Gottfried W.

New Essays = New Essays on Human Understanding, trans. and ed. by Peter

Remnant and Jonathan Bennett, Cambridge/London/New York/New Rochelle/Melbourne/Syndey: Cambridge University Press, 1981.

"Specimen" = "Specimen animadversionum in Sextum Empiricum, percurso libro Pyrrhoniarum Hypothesium (sic) primo datum," in *Annual Reports of Humanities and Social Sciences Bunkagaku-Nenpo* 20, 2001.

Locke, John

Essay = *An Essay concerning Human Understanding*, ed. by Peter H. Nidditch, Oxford: Oxford University Press, 1975.

Montaigne, Michel de

Essays = *The Complete Essays of Montaigne*, trans. by Donald M. Frame, Stanford: Stanford University Press, 1958.

Sextus Empiricus

PH 1-3 = *Outlines of Pyrrhonism(Pyrrhoniae Hypotyposes)*, trans. by R. G. Bury, Cambridge, MA: Harvard University Press, 1933.

M 7-8 = *Against the Logicians(Pros Mathematikous)*, trans. by R. G. Bury, Cambridge, MA: Harvard University Press, 1935.

M 9-10 = *Against the Physicists(Pros Mathematikous)*, trans. by R. G. Bury, Cambridge, MA: Harvard University Press, 1936.

M 11 = *Against the Ethicists(Pros Mathematikous)*, trans. by R. G. Bury, Cambridge, MA: Harvard University Press, 1936.

Spinoza, Benedictus de,

CW = *Complete Works*, trans. by Samuel Shirley, Indianapolis/Cambridge: Hackett Publishing Company, Inc., 2002.

E = *Ethics(Ethica)*, in *CW*

KV = *Short Treatise on God, Man, and His Well-Being(Korte Verhandeling)*, in *CW*

PPC = *Principles of Cartesian Philosophy(Principia Philosophiae Cartesianae)*, in *CW*

TdIE = *Treatise on the Emendation of the Intellect(Tractatus de Intellectus Emendatione)*, in *CW*

연대기

1685	버클리(George Berkeley) 출생
1689	로크의 『인간지성론(*An Essay Concerning Human Understanding*)』 출간
1696	벨(Pierre Bayle)의 『역사 비평 사전(*Dictionnaire historique et critique*)』 초판 출간
1704	로크 사망
1710	버클리의 『인간 지식의 원리론(*A Treatise concerning the Principles of Human Knowledge*)』 출간, 라이프니츠의 『변신론(*Théodicée*)』 출간
1711	흄(David Hume) 출생
1713	버클리의 『하일라스와 필로누스가 나눈 대화 세 마당(*Three Dialogues between Hylas and Philonous*)』 출간
1716	라이프니츠 사망
1724	칸트(Immanuel Kant) 쾨니히스베르크에서 출생
1739-40	흄의 『인성론(*A Treatise of Human Nature*)』 출간
1748	흄의 『인간 지성에 대한 탐구(*Enquiries Concerning Human Understanding*)』 출간
1753	버클리 사망
1765	라이프니츠가 1705년에 탈고한 『신인간지성론(*nouveaux essais sur l'entendement humain*)』 사후 출간
1770	헤겔(Georg W. F. Hegel) 출생
1776	흄 사망
1781	칸트의 『순수이성비판(*Kritik der reinen Vernunft*)』 출간
1783	칸트의 『미래 형이상학에 대한 서론(*Prolegomena zu einer jeden künftigen Metaphysik*)』 출간
1804	칸트 사망
1807	헤겔의 『정신현상학(*Phänomenologie des Geistes*)』 출간
1812-6	헤겔의 『논리학의 학(*Wissenschaft der Logik*)』 출간
1817	헤겔의 『철학적 학문들의 백과사전(*Enzyklopädie der philosophischen Wissenschaften*)』 출간
1831	헤겔 사망

제1장
서론: 의심과 반(反)의심의 서양 철학사

1. 고대의 피론주의자, 만물에 의심이 깃들게 하다

서양 철학사는 확실한 참된 지식, 즉 진리를 주장하는 철학자와 그런 진리 주장을 의심하는 철학자들 간의 갑론을박의 역사라 해도 지나치지 않다. 진리의 근거를 제시하는 다양하고도 지속적인 시도와 함께 그런 시도를 좌절시키려는 의심의 기술(技術) 역시 발전하였다. 제시된 온갖 종류의 진리의 정당성에 물음을 던지며 이의를 제기하는 일이야말로 서양 회의주의자들의 특기이자 과제였다. 이런 회의적 작업은 거의 서양 철학의 시작과 더불어 출현했다. 소크라테스(Socrates, B.C. 469-B.C. 399)와 그의 위대한 제자인 플라톤(Platon, B.C. 427-B.C. 347)은 결코 변할 수 없는 영원한 진리를 갈망하고 추구했고, 이런 측면에서 그들을 회의주의자로 분류하긴 곤란하지만, 진리를 찾아가는 이들의 철학 속에 이미 철저한 회의적 정신이 구현되어 있다는 것 또한 부정할 수 없는 사실이다.

그런데 철학자들이 어떤 의견이나 주장 혹은 이론을 의심한다고 할 때 그들이 아무렇게나 막 의심하는 것은 아니다. (철학자들은 의처증이나 의부증 환자가 아니다.) 그들은 제 마음 내키는 대로 논박하거나 주관적으로 의심하지 않는다. 서양 철학에서 회의주의자들이란 제시된 의견이나 주장들을 이리저리 철저하게 따져보고 마침내 그것들에 대한 의심의 근거를 논리적으로 제시하는, 고도로 지적인 작업을 수행한 자들이라고 할 수 있다. 그들은 의심의 기술을 전문적으로 연마하여 마침내 결정적인 회의적인 논변들을 고안해내었고, 이것들을 모든 진리론에 적용할 수 있을 정도로 체계화하였다. 이렇게 논리적으로 질서 정연하게 조직화된 의심이 바로 '철학적 의심(philosophical doubt)'이라고 할 수 있다. 이런 점에서 철학적 의심은 무지(無知)와 다르다. 지식을 결여하고 있다는 의미에서의 무지는 철학적 의심과는 정반대에 위치해 있다. 박학다식(博學多識)하지 않고서는 그리고 그런 풍부한 지식을 여러 지식론에 자유자재로 응용할 수 있는 능력을 결여하고서는 철학적 의심의 수행은 불가능하다.

물론 진리 주장에 대한 회의주의자의 공격은 단순히 이론적 영역에 한정되지 않는다. 회의주의자의 궁극적 관심은, 대부분의 철학자들도 마찬가지이지만, 결국 "어떻게 살아야 할 것인가?" 혹은 "어떻게 하면 우리는 행복해질 수 있을까?" 하는 삶의 문제와 결부되어 있다. 통상 피론주의의 시조(始祖)로 일컬어지는 피론(Pyrrhon, B.C. 365-B.C. 275)에서부터 이런 문제의식은 확연히 주제화되었으며, 이후 피론주의자들에 의해 지속적으로 유지되었다. 알렉산더 대왕(Alexandros the Great, B.C. 356-B.C. 323)이 동방 원정을 떠날 때 피론도 함께 길을 떠났다. 생전에 조국에서 많은 존경을 받았던 피론은 동방에서 페르시아의 사제와 브라만들을 많이 상대하였는데, 어떤 페르시아 지방 총독의 죽음을 요구하다가 알렉산더 대왕에게 처형당한 것으로 전해진다. 90세의 그에게 닥친 운명은 이런 것이었다. 피론은 회의주의의 이론을 공개적으로 가르치지도 않았고 학파를 세우지도 않았다. 그의 가르침은 티몬(Timon, B.C. 320-B.C. 230)의 시(詩)에 담겨 아주 단편적으로 보존되어 있을 뿐이다. 그렇지만 회의주의자가 취해야 하는 '삶의 방식(agoge)'을 제시했다는 점에서 주목할 만하다. 피론은 무엇을 기피하거나 추구하는 열정을 버리고 마음의 평정을 유지할 때 행복한 삶을 누릴 수 있다고 권고하였다. 그의 유명한 다음 일화는 피론주의자들이 도달하고자 했던 경지를 단적으로 보여준다. "항해 중에 그와 함께 배를 탄 자들이 폭풍으로 인해 겁에 질려 있을 때, 그 자신은 침착하면서도 단호함을 유지한 채, 이런 소란에 아랑곳하지 않고 갑판 위에서 게걸스럽게 음식을 먹고 있는 새끼 돼지를 가리키며 저 돼지의 평정 상태야말로 지혜로운 사람이 유지하지 않으면 안 되는 것이라고 말하였다."[1]

회의주의가 위세를 떨치고 이론을 발전시켜 나간 헬레니즘 시대에는 알렉산더와 그 후계자들에 의해 전쟁이 지속되었기 때문에 사람들은 번잡하고 골치 아픈 세계로부터 벗어나고 싶어 했다. 이 시대는 알렉산더 대왕, 클레오파트라(Kleopatra, B.C. 69-B.C. 30), 카이사르(Julius Caesar, B.C. 100-B.C. 44), 안토니우스(Marcus Antonius, B.C. 83-B.C. 30), 옥타비아누스(Octavianus, B.C. 63-14) 등 수많은 영웅들의 시대였지만 일반인들의 삶은 고되었다. 이런 까닭에 이 시기 전성기를 구가했던 에피쿠로스학파, 스토아학파, (신(新)아카데미학파와 피론주의를 포함한) 회의주의는 공히 일체의 번민에서 해방된 내면의 평화를 추구하였다.

회의주의자들은 마음의 평정을 누리기 위해 어떤 것에 의해서도 동요되지 않은 삶을 갈망하였다. 그들은 피론이 말한 새끼 돼지처럼 참과 거짓, 선과 악을 논하는 어떤 논의에 대해서도 거리를 두고 일체의 관심을 표명하지 않았다. 그러나 그들이 추구했던 이런 경지는 단순히 주관적인 결심이나 마음의 수련에 의존하는 것이 아니었다. 요컨대 그들은 "왜 모든 것에 대해 판단유보를 행해야 하는가?"에 대한 철학적 근거를 제시했던 것이다. 피론주의자들은 철학적인 회의적 논변을 통해 마음의 평정에 도달할 수 있음을 보일 수 있다고 자신하였다. 그들은 철저한 논리로 무장한 철학적 회의주의자들이었다.

철학적인 의심의 기술들을 일반적인 정식으로까지 발전시키고 본격적으로 체계화한 이들은 특히 헬레니즘 시대에 등장한 고대 회의주의자들이었다. 신(新)아카데미학파의 철학자들과 피론주의자들이 그들이었다. 신아카데미학파에 속한 철학자들은 플라톤의 아카데미에서 훈련을 쌓았고 대부분 이 아

---

1) Diogenes Laertius, *DL* 9.68. 국내 번역은 다음 책을 참조했음. 디오게네스 라에르티오스, 『그리스 철학자 열전』, 전양범 옮김(서울: 동서문화사, 2008). 그의 스승인 아낙사르코스(Anaxarchus, B.C. 380?-B.C. 320?)와 관련된 일화도 유명하다. "그리고 어느 때 그는 스승인 아낙사르코스가 수렁에 빠졌는데 피론은 구하려 하지 않고 그대로 지나가버렸기 때문에 그 일을 비난한 사람들이 있었는데, 아낙사르코스 자신은 그의 무관심과 냉정함을 도리어 칭찬했다고 한다."(9.63)

카데미의 수장이 되었다. 키케로(Cicero, B.C. 106-B.C. 43)의 서술에 따르면, 아르케실라오스(Arcesilaus, B.C. 316/5-B.C. 241/0)와 카르네아데스(Carneades, B.C. 214/3-B.C. 129/8), 클리토마코스(Clitomachus, B.C. 187/6-B.C. 110/9)가 이 학파를 대표하는 철학자였다. 그러나 이들에 이어 아카데미를 이끈 필론(Philon of Larissa, B.C. 154/3-B.C. 84/3)이나 카르미다스(Charmidas, B.C. 168/7-B.C. 95), 안티오코스(Antiochus, B.C. 125-B.C. 68)는 아카데미의 회의주의적 경향에 반대하였고, 급격하게 방향을 선회하여 구(舊)아카데미학파가 원래 추구했던 진리 획득에 매진하였다. 반면 피론주의는 피론을 시조로 하는 회의주의로서, 아이네시데모스(Aenesidemus, B.C. 100?-B.C. 40?)와 아그리파(Agrippa, 1C?), 섹스투스 엠피리쿠스(Sextus Empiricus, 160?-210?)가 이 학파의 적자(嫡子)들이었다. 이 두 학파는 제각기 고유한 회의적 논변을 전개하였으나 매우 비슷하거나 아예 똑같은 논변을 공유하기도 하였다. 흥미롭게도 양자는 그들의 이론적 적대자들인 스토아학파나 에피쿠로스학파의 철학자들을 대할 때보다도 어떤 측면에서는 서로에 대해 더 적대적이었다. 특히 피론주의자들에게 신아카데미학파의 회의주의자들은 눈엣가시 같은 존재들이었다. 섹스투스 엠피리쿠스는 이들을 사이비 회의주의자라고 여겼다.

신아카데미학파에 관한 많은 정보는 키케로가 주고 있다. 그는 카이사르의 오른팔이었던 안토니우스를 탄핵하는 글을 썼고, 그 대가로 나중에 그의 머리와 팔은 잘라져서 로마 시민들에게 전시되었다. 그의 잘린 팔로 쓴 것이 바로 『아카데미학파에 관하여』인데, 부분적으로만 남아 있는 이 책에서 신아카데미학파의 회의주의자들이 동시대의 경쟁하는 다른 학파들을 공격할 때 어떤 회의적 기술과 논변들을 구사했는지를 확인할 수 있다. 그렇지만 고대 회의주의에서 어디까지나 주역은 피론주의자들이었고, 특히 섹스투스 엠피리쿠스였다. 비록 신아카데미학파의 논변들이 매우 파괴적이고 또 피론주의의 논변들과 겹치는 부분이 많이 있었다 해도 철학적 회의주의의 이론을 말 그대로 집대성하고 체계적으로 정리한 이는 어디까지나 섹스투스 엠피리쿠스였기 때문이다. 그의 저작들은 단순히 몇몇 경쟁하는 이론들을 조준한 것이 아니라 모든 독단론을, 말하자면 이 세상에 출현했고 출현할 모든 진리론

그림 1. 아카데미학파와 피론주의의 계보

을 무너뜨릴 수 있는 회의주의자들의 영원한 무기 창고와도 같은 위상을 갖는 것이다. 이것은 후에 근대 철학자들이 회의주의와 대결한다고 할 때 그들의 주적(主敵)이 피론주의였음을 시사하는 것이기도 하다.

섹스투스 엠피리쿠스가 선보인 무기들 가운데 가장 강력하고 정교한 공격무기는 무엇보다 아이네시데모스와 아그리파의 '회의적인 논변 형식들(tropen)'이었다. 아이네시데모스는 열 가지를, 아그리파는 다섯 가지의 트로펜을 고안해내었다. 아이네시데모스의 논변 형식들은 잡다하면서도 직접적인 경험에 의존하여 구성된 것이었다. 그는 우리가 주위에서 관찰할 수 있는 사례들을 동원해 사물의 본성과 관련해서 판단을 유보해야 함을 보였다. 가령 그의 논변 형식이란 다음과 같은 종류의 것이다. "어떤 사람은 장어를 먹고 소화를 잘 시키지만 어떤 사람은 장어를 먹기만 하면 설사를 한다. 그러므로 장어의 본성이 어떤 것인가에 관해서는 성급하게 판단을 내려서는 안 된다." 이런 예를 나열하자면 끝이 없을 것이다. 아이네시데모스의 논변 형식들이 독단주의를 붕괴시키는 데 있어 효과적임을 부인하기는 어렵다. 그러나 그의 것들은 너무 구체적인 경험에 호소하는 것이었다. 아그리파는 추상적인 수준에서 보편적인 개념들을 동원하여 회의적 논변 형식들을 구성해내었다. 이런 측면에서 본다면, 아그리파의 다섯 가지 논변 형식이야말로 최고로 발현된 철학적 회의주의의 성취라고 말해도 좋을 것이다. 섹스투스 엠피리쿠스는 자기 이전에 등장했고 앞으로 나타날 온갖 형태의 진리론 역시 원리적으로 논파될 수 있다고 장담했는데, 이렇게 할 수 있었던 것은 모두 아그리파의 논변 형식들 덕분이다. 피론주의에서, 그리고 고금을 막론한 모든 회의주의 이론에서 진정한 스타는 아그리파였다. 반즈는 조금의 망설임 없이 다음과 같이 언급하고 있다. "바로 아그리파의 논변 형식들이 서양 철학 전통의 심장에 놓여 있다."[2] 신아카데미학파나 아이네시데모스의 논변 형식들도 영향력이 없는 것은 아니었지만, 고대 회의주의의 영혼이라고 할 수 있는 아그리파의 트로펜은 인간 지식의 본성과 범위를 탐구하는 데 있어 헬레니즘 시대로부터 근대를 관통하여 현대에 이르기까지 계속해서 막강한 영향을 미쳐왔던 것이다. 가령 현대의 비판적 합리론자인 알베르트(Hans Albert, 1921-)가 "어떤 이론이든지 오류 가능하다."는 논지를 펴면서 동원한 '뮌히하우젠 트릴레마(Münchhausen Trilemma)'[3]는 사실 아그리파의 논변 형식을 그대로 베낀 것에 불과하다. 늪에 빠진 뮌히하우젠 백작이 그곳에서 벗어나기 위해 자기 머리를 자기의 팔로 위로 잡아당겼다고 전해지는 우화를 끌어들이면서, 알베르트는 회의적인 트릴레마에 걸리면 그 어떤 진리론도 꼼짝없이 당할 수밖에 없다는 확신을 표명하고 있는데, 이는 곧 아그리파와 섹스투스 엠피리쿠스의 확신이기도 하다.

피론에서 시작된 피론주의는 이렇게 수백 년의 이론적 정련을 거치면서 체계적이면서도 보편적인 논변 형식들을 확립하였고, 이것들을 타고 마침내 피론주의자들은 하늘을 나는 용(龍)이 되었다. 그들은 이 용의 입에서 나온 불길로 철학자들이 애써 구축한 진리의 요새를 한 줌의 재로 만들어버릴 수 있

---

2) Jonathan Barnes, *The Toils of Scepticism*(Cambridge: Cambridge University Press, 1990), p. ix.

3) Hans Albert, *Treatise on Critical Reason*, trans. by M. V. Rorty(Princeton: Princeton University Press, 1985), p.18.

었다. "인간이 획득한 지식이란 영원한 반석이 될 수 없다."는 피론주의자들의 논의는 인간의 능력에 대한 한계를 절감하게 만들었다. 우리가 발견하거나 정초했다고 자신만만해 했던 지식론을 남김없이 의심하게 되었다는 것은, 의심의 기술의 완성이라는 측면에서는 — 역설적으로 — 인간 지성의 확장이기도 하였지만, 동시에 결국 어떤 확실한 지식도 획득할 수 없다는 단념의 측면에서 보자면 지성의 한계에 대한 자각이기도 하였다. 인간 자신의 주체적인 판단과 그에 따른 행동은 행복에 이르는 길이 아니라 오히려 장애로 간주되던 것이다. 모든 것을 손에서 내려놓으라는, 즉 일체의 것에 대해 판단과 결정을 미루라는 피론주의자들의 권고는 하느님에 대한 믿음과 은총의 왕국으로 사람들을 인도하였다. 피론주의는 중세 철학의 안내자였던 셈이다.

2. 근대 철학자들, 섹스투스 엠피리쿠스와 대결하다

철학적 회의주의는 중세 시대에 별로 각광을 받지 못했다. 아우구스티누스(Aurelius Augustinus, 354-430)가 『아카데미학파에 대한 논박』을 저술하였지만, 이 책은 신아카데미학파조차 아카데미 학풍의 계승으로 보고 플라톤주의를 연속의 관점에서 해석하려는 그의 독특한 관점에 기반한 것이었다. 그래서 이 책의 영역 번역자조차 일면 과도하다고까지 볼 수 있는 평가를 내리고 있다. "『아카데미학파에 대한 논박』은 지식론에 대해서나 회의주의에 대한 응답으로서나 값진 공헌으로 추천될 수는 없다."[4] 아우구스티누스는 우리 안에 살아 있는 예수 그리스도를 항상 염두에 두고 있었다. 그래서 순수한 지식론의 지평에서 아그리파와의 정면대결은 연기되거나 혹은 암시적인데에 그쳤다고 볼 수 있다. 그렇다고는 해도 이 책은 근대 철학자들에게 적지 않은 영향을 끼쳤다. 근대 철학자들은 가끔 신아카데미학파의 회의주의와 고대 회의주의를 동일시했는가 하면, 많은 경우 피론주의와 신아카데미학파를 구별하지 않고 한 묶음으로 간주하기도 하였는데, 이런 원인들 중의 하나가

---

4) Augustine, *Against the Academics*, trans. by John J. O'Meara(Westminster: The Newman Press, 1950), p.18.

이 저서 때문이었다.

피론주의가 지니고 있는 위험성의 인지와 더불어 그것을 정면으로 돌파하지 않으면 안 된다는 철학적 급박성은 근대에 와서 최고조에 다다랐다. 중세 천 년 신앙의 시대가 끝나자 철학자들에게 주어진 과제는 추호도 의심할 수 없는 확실한 지식을 확보하는 것이었다. 이것은 거스를 수 없는 시대정신이었다. 신앙은 중세시대와는 달리 특권적 지위를 누릴 수 없었다. 종교개혁의 기치를 내건 루터(Martin Luther, 1483-1546)에게 교황이란 적그리스도가 출현한 것이고, 따라서 그는 독일 기독교 귀족은 교황을 효수(梟首)해야 한다고 부추겼다. 르네상스와 과학혁명, 지리상의 대발견에 의해 근대인들은 욕망이 판치는 세상사에 대한 관심을 갖게 되었고, 운명을 개척하는 주체는 신이 아니라 바로 자기 자신임을 서서히 인식하게 되었다. 체사레(Cesare Borgia, 1475/6-1507)는 인간 말종이었고 중세의 관점에서 보자면 지옥에 떨어져야 마땅한 인물이었지만, 마키아벨리(Niccolo Machiavelli, 1469-1527)는 오로지 자신의 권모술수에 의해 온갖 난관을 헤쳐 나가며 혼란스러운 이탈리아 반도의 통일을 이룩해나가는 진정한 군주로서 그를 찬미하였다. 인간의 행복은 신앙적 구원에 의해서만 달성될 수 있다는 사도 바울(St. Paul, 10?-60)의 「로마서」의 빛은 근대 세계에서는 점차 퇴색해갔다. 이제 인간의 행복이란 인간 스스로의 힘에 의해 손에 넣을 수 있는 확실한 지식에 따라 좌우되는 것으로 여겨졌다. 베이컨(Francis Bacon, 1561-1626)이 선언한 대로 "인간의 지식이 곧 인간의 힘"[5]인 시대가 되었다. 인간의, 특히 자연과학적 지식이 불행을 막아주고 윤택한 삶을 가져다줄 것이라고 베이컨은 믿었는데, 이는 근대 철학자들의 거의 한결같은 신념이었다.

인간이 행복해지려면 확실한 지식을 획득하지 않으면 안 된다고 근대의 대부분의 주류 철학자들은 생각하였다. 그런데 그들은 이런 철학적 프로그램에 강력한 방해자가 있다는 것을 알게 되었다. "인간은 어떻게 해도 확실한 지식을 정초할 수 없다."는 것을 내세운 피론주의자들이 앞에 떡 버티고 서 있었

---

5) 프랜시스 베이컨, 『신기관: 자연의 해석과 인간의 자연 지배에 관한 잠언』, 진석용 옮김(파주: 한길사, 2013), p.39.

던 것이다. 피론주의자가 득세한다면 인간의 삶은 혼돈과 암흑에 빠지고 마침내 불행에서 벗어날 수 없다는 불안을 근대 철학자들은 공유하고 있었다. 한마디로 피론주의는 철학적 거리를 떠도는 무서운 유령이었다. 피론주의자들이 참된 확실한 지식을 즉 진리를 발견했다고 주장하는 독단적인 철학자들을 보고 불안을 느꼈다면, 정반대로 근대 철학자들은 진리를 확보할 수 있는 가능성을 닫아버린 피론주의를 보고 깊은 불안을 느꼈다. 다른 식으로 표현한다면 모든 진리의 집착에서 손을 놓아버릴 때 피론주의자들은 행복에 도달할 수 있다고 믿었던 반면, 진리를 파악할 때에만 우리는 행복해질 수 있다고 근대 철학자들은 믿었던 것이다. 적어도 지식론과 관련해서 진리를 추구했던 근대 철학자들의 대척점에 서 있던 인물은 피론주의자들이었다. 그들 간의 의심과 진리의 지난한 싸움이 이렇게 시작되었다.

근대 철학자의 아버지라 불리는 데카르트(René Descartes, 1596-1650)가 그의 철학의 평생의 화두로서 회의주의 극복을 내세운 까닭도 이런 시대의 요구에 있었다. 그는 이제까지 진리로 통용되어온 모든 것을 의심하기로 작정하였고, 철저한 회의를 통해 마침내 의심을 극복하고자 하였다. 그는 더 이상 의심할 수 없는 새로운 지식의 정초점을 찾고자 하였던 것이다. 그는 이 일에 성공했다고 여기고서는 자신만만하게 이렇게 공언하였다. "… 나는 여러 논증들을 수단으로 하여 회의주의자의 의심을 뒤엎어버린 최초의 철학자가 되었습니다."[6]

데카르트는 화염을 내뿜으며 비행하는 회의주의의 용을 자신의 논증으로써 명중시켰다고 생각하였다. 그리고 그가 도살했다고 여긴 용은 때로는 신아카데미학파의 회의주의자들이기도 했지만 주로 피론주의자들이었다. 데카

---

6) René Descartes, *CSM* Ⅱ, p.376[Ⅶ, 550]. [ ]에 병기된 권과 쪽은 René Descartes, *Euvres de Descartes publiées par Charles Adam & Paul Tannery*(Paris: Librairie Philosophique J. Vrin, 1964-75)에 따름. 국내 번역은 다음 책을 참조했음. 르네 데카르트, 『성찰 / 자연의 빛에 의한 진리 탐구 / 프로그램에 대한 주석』, 이현복 옮김(서울: 문예출판사, 2006); 르네 데카르트, 『성찰 1: 〈성찰〉에 대한 학자들의 반론과 데카르트의 답변』, 원석영 옮김(파주: 나남, 2012); 르네 데카르트, 『성찰 2: 〈성찰〉에 대한 학자들의 반론과 데카르트의 답변』, 원석영 옮김(파주: 나남, 2012).

르트 당시 피론주의자들의 위세는 대단한 것이었다. 15세기 중반 라틴어로 섹스투스 엠피리쿠스의 저작들이 번역되어 출판되자 근대 철학자들은 피론주의자들이 얼마나 시대의 위험인물들인가를 의식하게 되었다. 몽테뉴(Michel E. de Montaigne, 1533-1592)는 이 점을 재빨리 알아차렸다. 그의 『수상록』은 소위 '피론주의자의 위기(la crise pyrrhonienne)'를 몰고 오는 데 중요한 역할을 하였다. 근대에 섹스투스 엠피리쿠스는 화려하게 부활하였고 헬레니즘 시대보다 더한 전성기를 누렸다.

근대 지식론의 가장 중요한 프레임이 짜였다. 그것은 추호도 의심할 수 없는 지식을 확립할 수 있다는 독단주의냐, 그렇게 할 수 없다는 회의주의냐의 양자택일의 문제였다. 굳건한 지식의 기초를 발견해내지 못할 경우 시달릴 불안을 데카르트는 다음과 같이 토로한 바 있다. "나는 지금 마치 갑자기 소용돌이치는 깊은 물속에 빠져 허우적대며, 바닥에 발을 대지도 못하고 또 그렇다고 헤엄쳐서 물 위로 올라갈 수도 없는 난처한 상황에 처해 있다."[7] 끊임없이 위협하고 있는 의심에 대항해서 우리의 생명과 삶을 구할 수 있는 어떤 확고한 지식의 반석을 찾아내지 못했을 때 느끼는 두려움은 비단 그만의 것이 아니었다. 이 '데카르트적 불안(the cartesian anxiety)'[8]은 데카르트에서부터 흄(David Hume, 1711-1776)과 칸트(Immanuel Kant, 1724-1804)와 헤겔(Georg W. F. Hegel, 1770-1831)에 이르기까지 근대를 관통하는 일종의 철학적 강박증이었다. 진리의 전 영역을 의심으로 뒤덮으려는 피론주의자와, 그 의심을 제거하려는 근대 철학자들 사이에는 생사를 건 대결이 벌어질 수밖에 없었다.

---

7) *CSM Ⅱ*, p.16[24].

8) 리처드 번스타인, 『객관주의와 상대주의를 넘어서』, 황설중·이병철·정창호 옮김(서울: 철학과현실사, 2017), pp.55-62 참조. 번스타인에 따르면, 데카르트적 불안은 과학철학, 인류학, 정치사상, 해석학 등 광범위한 현대 학문의 분과에도 스며들어 있다.

3. 근대 철학사, 고대 피론주의자와의 논쟁사(論爭史)이다

데카르트는 회의주의를 극복했다고 주장하였다. 『방법서설』에서 행한 그의 공언은 거의 모든 철학 개론 저서에서 인용될 만큼 유명한 것이다. "그리고 '나는 생각한다, 그러므로 나는 존재한다'라는 이 진리는 아주 확고하고 확실한 것이고, 회의주의자들이 제기하는 터무니없는 억측으로도 흔들리지 않는 것임을 주목하고서, 이것을 내가 찾고 있던 철학의 제1 원리로 망설임 없이 받아들일 수 있다고 판단했다."[9] 데카르트는 더 이상 의심할 수 없는, 하나의 점(點)과도 같은 사유하는 자아에서 출발해서 외부 세계에 대한 거대한 지식을 건립하려고 시도하였다. 그러나 데카르트가 부른 승리의 노래는 오래가지 못했다. 데카르트가 회의주의의 용을 도살했다고 천명하자마자 섹스투스 엠피리쿠스의 근대적 후계자들이 격렬하게 들고 일어났던 것이다. 이 가운데 가장 대표적인 철학자는 아마도 가상디(Pierre Gassendi, 1592-1655)일 것이다. 데카르트가 피론주의자의 논변을 숙지하고 있었던 만큼 가상디도 그것에 정통해 있었다. 가상디는 데카르트가 아그리파를 죽이지 못했으며, 오히려 아그리파가 내뿜는 막강한 불에 의해 데카르트가 화형에 처해졌다고 주장하였다. 가상디에 의하면 데카르트 철학이란 섹스투스 엠피리쿠스가 조준하고 있던 전형적인 독단주의였다.

데카르트와 가상디는 근대 철학자들이었지만 이렇게 고대 피론주의자들을 매개로 싸움을 벌였다. 데카르트와 가상디라고 하는 근대의 두 거인(巨人)이 벌인 갑론을박의 진정한 배후 인물은 섹스투스 엠피리쿠스였던 것이다. 근대 초기에 벌어진 이 싸움 덕분에 피론주의자들이 얼마나 위협적이며 막강한가 하는 사실이 분명하게 드러났다. 그리고 데카르트와 가상디가 섹스투스 엠피리쿠스를 사이에 두고 주고받은 상호 논박은 이후 독단주의자와 피론주의자 간의 간단없는 싸움이 어떻게 진행될 것인지를 알려주는 예고편과도 같

---

9) René Descartes, *CSM* I, p.127[VI, 32]. 국내 번역은 다음 책을 참조했음. 르네 데카르트, 『방법서설 / 정신지도를 위한 규칙들』, 이현복 옮김(서울: 문예출판사, 2006); 르네 데카르트, 『철학의 원리』, 원석영 옮김(서울: 아카넷, 2004).

은 것이었다.

대륙의 이성론자들이나 영국의 경험론자들이나 지식의 원천에 대한 그들 간의 대립적인 입장에도 불구하고 피론주의를 넘어서고자 하는 데 있어서는 동일한 철학적 기획을 갖고 있었다. 이성론의 경우, 데카르트가 자신만이 회의주의의 문제를 풀 수 있는 열쇠를 발견했다고 믿었던 만큼 스피노자(Benedictus de Spinoza, 1632-1677)나 라이프니츠(Gottfried W. Leibniz, 1646-1716)도 그렇게 믿었다. 자신만이 회의주의를 극복했다고 내세우는 이성론 철학자들의 연속적인 출현은 곧 후행 철학자들이 선행 철학자의 해법이 빗나갔거나 불충분하다고 여겼다는 것을 말해준다. 오로지 자신에 와서야 회의주의가 일소될 수 있었다는 데카르트의 주장을 스피노자는 인정할 수 없었다. 스피노자에게 데카르트의 해결책이란 피론주의를 제거하기는커녕 도리어 피론주의자들의 반격에 견뎌낼 수 없는 독단주의자의 하책(下策)으로 비춰졌기 때문이다. 데카르트를 비판한 후 스피노자 역시 자신만이 피론주의를 물리칠 수 있는 방안을 제시했다고 주장했지만, 그가 데카르트를 비판한 똑같은 이유에 의해서 그는 후행 철학자들에 의해 공격받았다. 이런 사정은 로크(John Locke, 1632-1704)와 버클리(George Berkeley, 1685-1753)와 흄으로 이어지는 영국 경험론에서도, 이성론과 경험론을 종합하고 비판한 칸트의 독일 관념론에서도 변하지 않았다. 그들은 자기 이전의 선행 철학자들의 지식론을 비판하는 데에 있어서는 섹스투스 엠피리쿠스를 지적인 동반자로서 적극적으로 활용하였지만, 그러면서도 거의 예외 없이 회의주의를 극복할 수 있다고 내놓은 그들 각자의 지식론은 정작 섹스투스 엠피리쿠스에 되먹히고 말았다.

데카르트에서부터 헤겔에 이르기까지 근대 철학에서 가장 중요한 인식론적 현안은 "어떻게 회의주의를 극복할 것인가?" 하는 것이었다. 이것이 근대 철학자들 각자에게 그때마다 시급한 당면문제로 부각했다는 말은 회의주의가 그만큼 극복하기 어려운 상대였다는 것을 반증해준다. 거칠게 말해서 근대 철학자들은 섹스투스 엠피리쿠스를 포획하려는 야심찬 시도를 하였으나 거꾸로 그들이 회의주의의 좋은 먹잇감으로 전락하고 말았다고 해도 과히 틀린 말이 아니다. 이런 전도의 역사가 최소한 지식론의 영역에 한정해본다면

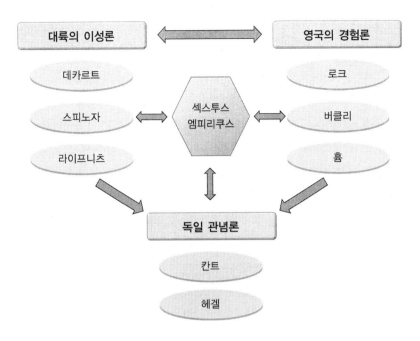

그림 2. 근대 주류 철학자의 계보와 섹스투스 엠피리쿠스와의 관계

바로 근대 철학사를 수놓고 있는 것이다. 물론 이런 전도의 역사가 항상 제자리에서 맴을 도는 무익한 역사였던 것만은 아니다. 피론주의자들이 독단주의를 파괴하기 위해 점차 세련된 회의적 이론을 고안해냈던 것처럼, 근대 철학자들은 선행 철학자들의 실패를 목도하면서 피론주의를 극복하기 위해 좀 더 정련되고 발전된 지식론을 구축해나갔다. 그들은 피론주의를 일방적으로 배척하는 것이 아니라, 아니 어쩌면 그렇게 배척해서 문제가 해결될 수 없다는 점을 깨달았기 때문에 점차 피론주의를 생산적인 요소로 파악하게 되었다. 라이프니츠는 섹스투스 엠피리쿠스를 넘어서야 할 인생 최후의 상대로 간주하고 있었지만, 얼마나 피론주의가 참된 철학을 하는 데 기여할 수 있는지를 잘 알고 있었다. (라이프니츠는 섹스투스 엠피리쿠스에 대한 논박을 쓰다가 죽었다.) 칸트 역시 참된 피론주의란 사태를 더욱 철저하게 검사하게 만든다고 인정하고 있다. 그에 의하면, 피론주의가 갖는 가치는 어떤 의견이나 주장, 관습, 사태에 대해 성급한 판단을 내리지 말고 찬성 논변과 반대 논변을

두루두루 살필 것을 강제하는 데에 있다. 아예 헤겔은 기나긴 철학사를 조망하면서 자기 이전의 가장 뛰어난, 그리고 가장 사변철학적 진리에 근접한 인물로 칸트와 피론주의자를, 특히 아그리파를 꼽고 있을 정도이다. 피론주의에 대한 대응이라는 관점에서 근대 철학이란 피론주의의 극복을 향해 중층적으로 누적되어가는 기나긴 하나의 드라마라고 할 수 있다. 이런 연속적인 발달사는 근대 철학자들 각각의 고유한 철학적 프로그램뿐만 아니라 근대 철학 전반을 관통하는 인식론의 흐름을 심도 있게 이해할 수 있는 창(窓)이 회의주의에, 특히 고대 피론주의에 있다는 것을 말해준다.

이런 점에서 근대 지식론을 단편적인 정보적 획득이 아니라 좀 더 온전하고도 심도 있는 차원에서 파악하기 위해서는, 비록 어떤 경우 전면에 드러나 있지는 않다 하더라도 근대 철학자들이 진정 상대해야 했던 피론주의의 논변들이 주제화되어야 한다. 섹스투스 엠피리쿠스야말로 근대의 철학들이 상호 유기적인 관계를 맺으면서 거의 필연적이라고 할 정도로 특정한 방향으로 전개되었는지를 설명해주는 강력한 철학적 동기(動機) 가운데 하나일 것이다. 섹스투스 엠피리쿠스 없이 근대 철학을 논하는 것은 인식론적 사태의 복판으로 들어가지 못하고 주위에서 변죽만 울리는 꼴이라고 할 수 있다.

근대 철학자들이 피론주의자와 대결했다고 할 때 그것은 특정한 고대 회의주의의 학파와의 만남에 그치는 것이 아니다. 섹스투스 엠피리쿠스의 저작들이 담고 있는 피론주의 이론이란 철학적 지식 일반의 정초 가능성을 문제 삼는 가장 보편적인 성격을 지니는 것이기 때문에, 피론주의와 대결한다고 할 때 근대 철학자들은 사실상 회의주의 그 자체의 정수(精髓)와 씨름하고 있는 것이기도 하다. 이것은 회의주의에 대한 논의가 문제가 되는 곳에서는 어디에서나 섹스투스 엠피리쿠스와 대면해야 한다는 것을 의미한다. 현대 철학자들 가운데 회의주의를 넘어서는 일을 여전히 철학의 과제로 간주하는 이들이 있는데, 이들도 근대 철학자들처럼 결국은 섹스투스 엠피리쿠스를 만나지 않으면 안 된다. 예컨대 논리실증주의의 검증주의를 비판하면서 포퍼(Karl Popper, 1902-1994)는 어떤 학문적 지식도 영원한 진리의 위상을 가질 수 없음을 논증하였다. 사이비 학문이 아니라 진정한 학문이라면 의심과 반박에 열려 있어야 한다는 것이 포퍼의 포기할 수 없는 신념이었다. 그런데 그의 이런 열린 사상은 사실상 섹스투스 엠피리쿠스가 이미 논구한 바 있는 귀납법의 원리적 한계를 원용한 것이라고 볼 수 있다. 포퍼뿐만이 아니라 니체(Friedrich Nietzsche, 1844-1900), 비트겐슈타인(Ludwig Wittgenstein, 1889-1951), 가다머(Hans-Georg Gadamer, 1900-2002), 아펠(Karl-Otto Apel, 1922-2017), 레비나스(Emmanuel Levinas, 1906-1995), 로티(Richard Rorty, 1931-2007) 등 수많은 현대 철학자들이 피론주의와 긴밀한 관계를 맺고 있다.

고대 피론주의자들과 근대 철학자들의 대결은, 철학사란 단순히 각양각색의 철학에 대한 지식 전달에 그치지 않으며 그래서도 안 된다는 것을 보여주는 예증이다. 고대 피론주의는 끊임없이 근대적 지평에서 근대 철학자들에 의해 새롭게 논의되고 해석되었다. 시각을 달리해서 본다면, 고대 피론주의자들은 부활하여 근대 철학자들에게 매우 공세적인 질문을 퍼부었다고 할 수 있다. 이들은 하나의 철학적 주제를 갖고 문답을 주고받는 대화 상대자들이었다. 고대 피론주의자들이나 근대 철학자들은 우리에게 문을 활짝 열어놓고 있다. 이들은 회의와 진리를 주제로 한 철학적 대화의 향연에 우리를 초대하여 마음껏 질문하고 대답하고 즐길 것을 권유하고 있다. 나는 이 대화가 회의주의와 관련하여 고대에서부터 현대에 이르는 지식론을 조망할 수 있는 시야를 우리에게 열어줄 것이라고 기대하고 있다.

제2장
고대 피론주의

1. 피론주의의 핵심 개념들: 등치(isostheneia), 판단유보(epoche), 마음의 평정(ataraxia)

서양 철학사에서 본격적으로 '회의주의'라고 부를 수 있는 철학 사조는 헬레니즘 시대에 스토아학파, 에피쿠로스학파와 더불어 출현하였다. 헬레니즘 시대란 통상적으로 알렉산더 대왕의 사망(B.C. 323)에서부터 옥타비아누스가 악티움 해전(B.C. 31)에서 안토니우스와 클레오파트라 연합군을 격파한 시기까지를 이른다. 회의주의는 이 시기 이전에도 이후에도 수백 년에 걸쳐 전개되었지만, 크게 보아서 이 시기에 전성기를 누렸다. 이 시기 이전에 소크라테스와 여러 소피스트들, 플라톤, 아리스토텔레스(Aristoteles, B.C. 384-B.C. 322) 등에게서 회의적 논변들이라고 부를 만한 것들은 많이 발견된다. 그렇지만 본격적으로 철학적 회의주의라고 명칭에 걸맞은, 지식 일반의 정초 가능성에 대한 체계적이며 정합적인 의심은, 신아카데미학파의 회의주의자들의 공헌도 결코 무시할 수는 없으나, 특히 피론주의자들에 의해 수행되었다고 말할 수 있다. 이들에 의해 안출된 '회의적 논변 형식들(tropen)'은 철학적 의심과 관련해서 가장 보편적이며 정형화된 것이어서 그 어떤 회의주의 이론도 이들의 영향력에서 자유로울 수 없다. 즉 모든 회의적 논증이란 피론주의자들의 논변 형식을 반복하여 적용할 수밖에 없는 것이다. 일찍이 고대 피론주의의 탐구에 열을 오렸던 헤겔은 그의 초기의 작품인 『회의주의와 철학의 관계: 회의주의의 다양한 변종들에 대한 서술 및 고대 회의주의와 최근의 회의주의의 비교』에서 이 점을 명확하게 서술하고 있다. "… 회의주의의 보편적인 본질은 섹스투스 엠피리쿠스의 논변 형식들 속에 매우 충실하게 보존되어 있으며, 그래서 그 밖의 모든 회의주의의 상론(詳論)은 이와 동일한 보편적인 방식을 반복해서 적용한 것일 수밖에 없으리라는 점도 분명해진다."[1]

고대 피론주의는 이 학파 명칭이 말해주듯 피론에서 시작되었다. 피론이 알렉산더 대왕의 동방 원정 때 방문한 "인도에서 알몸의 수행자들과 동방의 사제들과 교분을 맺었다."[2]는 것은 잘 알려진 역사적 사실이다. 그 후에 "이 경험으로 그는 … 판단유보라고 하는 가장 고상한 철학을 채택하게 되었고",[3] 고향에 돌아와서 친구들과 제자들에게 회의적 교설들을 가르쳤다고 전해진다. 그 가르침은 다음과 같은 것이었다. "실제로 존재하는 것은 아무 것도 없다. … 왜냐하면 모든 사물에 있어 이것인 만큼 저것이기도 하기 때문이다."[4] 그리고 이것이 우리가 현재 문헌을 통해 확인할 수 있는 그의 학설의 전부라고 할 수 있다. 그는 어떤 저술도 남기지 않았다. 그의 제자였던 티몬이 저술한 "3권으로 된 『실로이(Silloi)』는 회의주의자의 관점에 서서 패러디의 형식으로 모든 이들을 매도하고 독단적인 철학자들을 풍자하고 있다."[5]고 알려졌지만 이 작품은 부분적으로만 전해온다. 따라서 초기 피론주의자들의 이론은 물론 저작의 소실과 관련이 있겠지만 별로 볼 만한 것이 없다고 언급해도 좋을 것이다.

---

1) Georg W. F. Hegel, *VSP*, p.226. 이 글은 이후 『회의주의와 철학의 관계』로 명명함. 국내 번역은 다음 책을 참조했음. 게오르크 W. F. 헤겔, 『변증법과 회의주의』, 황설중 옮김(서울: 철학과현실사, 2003).
2) Diogenes Laertius, *DL* 9.61.
3) 같은 곳.
4) 같은 곳.
5) *DL* 9.111.

그러나 피론은 "회의주의자들이 어떻게 살아가야 할 것인가?" 하는 실천적 방향을 제시한 점에서는 주목할 만하다. 그의 여러 일화(逸話)가 이것을 짐작케 한다.[6] 그는 달려오는 마차를 피하지도 않았고, 개가 달려들어도 태연하게 막아내었고, 벼랑이 있어도 멈추지 않았고, 그래서 그는 그의 곁을 따르던 벗들에 의해 위험에서 벗어나곤 했다고 한다. 그러나 이런 종류의 일화는 사실 피론을 혹은 피론주의자를 무시하거나 경멸하기 위해 지어진 허구에 가까운 것으로 보아야 한다. 그가 미친 듯한 행동을 일삼았더라면 90세 가까이 살지도 못했을 것이고, 그의 조국으로부터도 매우 존경을 받지도 못했을 것이기 때문이다. 이렇게 기이하게까지 보이는 그의 행동은 사실상 회의주의자들이 삶에서 추구해야 할 궁극적인 목표를 가리키고 있다. 그것은 바로 '마음의 평정(ataraxia)'이다. 피론이 설정한 이 목표는 피론주의의 역사가 끝날 때까지 지속되었다. 일체의 두려움으로부터의 초탈, 갈구나 회피를 포함한 모든 집착으로부터의 해방, 어떤 경우에도 불안에 빠져들지 않는 마음의 평정, 이런 잔잔한 마음의 평형 상태만이 인간에게 행복을 가져다줄 것이라고 피론은 믿었다. 광풍이 몰아치는 배 위에서 게걸스럽게 음식을 먹는 새끼 돼지의 평정에 대한 피론의 찬미는 피론주의자들이 추구해야 할 생활양식을 극명하게 보여주는 하나의 예라고 할 수 있다.

피론주의의 궁극적 목표가 피론에 의해 이렇게 설정되었다 하더라도 이 목표를 달성하기 위한 이론은 아직 미비했고, 그 과제는 후계자들의 몫이 되었다. 아이네시데모스와 아그리파는 모든 독단론을 무너뜨릴 수 있는 회의적 논변 형식들을 고안해내었고, 섹스투스 엠피리쿠스는 피론주의의 이론을 집대성하였다. 섹스투스 엠피리쿠스의 『피론주의 개요』는 피론주의 이론의 총론(總論)에 해당한다. 이 저서에서 그는 회의주의의 전체적인 구도와 핵심적인 개념들을 서술한 후, 철학적 의심을 관철하기 위한 수많은 기술(技術)들과 논변들을 소개하고 있다.

이 저서를 시작하면서 그는 철학자들을 다음과 같이 세 가지 부류로 구별

---

6) *DL* 9.61-4 참조.

하고 있다.[7] ① "진리를 발견했다."고 주장하는 철학자, ② "진리란 파악할 수 없다."고 단언하는 철학자, ③ 그리고 가타부타 판단을 유보하면서 탐구를 지속적으로 수행하는 철학자. 진리 발견을 주장한 철학자들이야 무수히 많았지만 헬레니즘 시대를 대표하는 진리의 표방자들은 스토아학파의 철학자들이었다. 그들은 의심할 수 없는 절대적 진리를 주장했고 진리 교설(dogma)을 확립한 점에서 독단주의자였다. 반면 "진리는 파악할 수 없다."고 주장한 이들은 아르케실라오스와 카르네아데스가 주축이 된 신아카데미학파의 회의주의자들이었다. 진리의 파악 가능성에 있어서 양자는 완전히 대립적인 입장을 취하였다. 스토아학파의 철학자들은 절대적으로 확실한 참된 인상을 주장한 반면, 신아카데미학파의 철학자들은 참된 인상이 거짓 인상과 구별될 수 없으며, 따라서 어떤 인상도 파악할 수 없다는 점을 증명하는 데 전력하였다.

양 학파가 이렇게 대립했고, "진리를 발견했다."고 주장하는 철학자가 독단주의자라면, "어떤 것도 파악할 수 없다."고 주장한 신아카데미학파의 철학자는 당연히 회의주의자일 것 같다. 그러나 섹스투스 엠피리쿠스가 보기에는 신아카데미학파의 회의주의자들 역시 독단주의자였다. 스토아학파를 공격하는 데 있어 신아카데미학파와 피론주의는 많은 회의적 논변들을 공유했음에도 불구하고 섹스투스 엠피리쿠스는 신아카데미학파의 회의주의자들을 피론주의자와 구별하고, 스토아학파를 반박하는 데에 기울인 그런 열의를 갖고 그들을 공격하는 데 열심이었다. 무엇보다 신아카데미학파의 회의주의자들은 전형적으로 '자기지시적 모순(self-referential inconsistency)'을 범하고 있는 것으로 보였기 때문이다. 스토아학파 철학자들의 테제가 "파악 가능한 인상은 절대적으로 확실하다."로 표현될 수 있다면, 신아카데미학파의 회의주의자들의 테제는 "어떤 것도 파악할 수 없다(는 것은 확실하다)."로 정식화될 수 있다. 이것을 보고 독단주의자들은 신아카데미학파의 회의주의자들

---

7) Sextus Empiricus, *PH* 1.1-4 참조. 다음 책도 참조했음. Sextus Empiricus, *Outlines of Scepticism*, trans. and ed. by Julia Annas and Jonathan Barnes(Cambridge: Cambridge University Press, 2000). 국내 발췌 번역본으로는 다음 책을 참조했음. 섹스투스 엠피리쿠스, 『피론주의 개요』, 오유석 옮김(서울: 지만지, 2008).

을 향해 "당신들도 …는 확실하다."고 진리를 주장한 점에서 우리와 한편이라고 말할 것이다. 양자는 겉으로 보기에는 가장 대척점에 선 입장인 것 같지만 사실상 "…는 확실하다"는 명제 형식을 취한다는 점에서는 짝패인 것이다. 신아카데미학파의 회의주의자들은 스토아학파의 철학자들과 마찬가지로 진리 주장을 하고 있는 셈이다. 신아카데미학파의 회의주의자들은 그들 스스로가 생각한 것과는 반대로 회의주의자가 아니라는 점을 섹스투스 엠피리쿠스는 이렇게 지적하고 있다. "한편 신아카데미학파의 구성원들의 경우, 설령 이들이 '모든 것이 파악 불가능하다.'라고 주장한다고 하더라도 '모든 것이 파악 불가능하다.'고 주장하고 있다는 바로 그 점에서 이들은 회의주의자[피론주의자]와 구별된다."[8]

　신아카데미학파의 철학자들은 스토아학파의 진리 주장에 대해서는 철저하게 의심을 수행하면서도 정작 자신의 진리 주장에 대해서는 그런 의심을 수행하지 않고 있는 것으로 섹스투스 엠피리쿠스에게는 여겨졌다. 이런 점에서 스토아학파의 철학자들이 "진리를 발견했다."고 긍정적으로 주장하는 '긍정적 독단주의자(positive dogmatist)'라면, 신아카데미학파의 철학자들은 "진리를 발견할 수 없다(는 진리를 발견했다)."고 부정적으로 주장하는 '부정적 독단주의자(negative dogmatist)'라고 분류할 수 있을 것이다. 신아카데미학파의 철학자들이 스토아학파의 철학자들을 양립 불가능한 독단주의자로 취급했듯이, 섹스투스 엠피리쿠스는 양자가 공히 독단주의자이기 때문에 이들 양 학파의 철학자들을 피론주의자와는 양립 불가능한 독단주의자로 여겼다. 그러므로 섹스투스 엠피리쿠스에게 진정한 회의주의자란 피론주의자밖에는 없는 것이며, 그가 회의주의자라고 언급할 때 그것은 곧 피론주의자와 똑같은 의미를 갖는다.

　"진리를 발견할 수 없다."고 주장하는 부정적 독단주의자는 엄밀히 말해서 회의주의자가 아니라 상대주의자이다. 독단주의자가 회의주의자의 적(敵)인 것처럼 "상대주의자는 회의주의자의 동지가 아니라 적이며, 따라서 상대주

---

8) *PH* 1.226.

의의 승리는 회의주의에게는 패배임을 우리는 자각해야 한다."[9] 섹스투스 엠피리쿠스가 『피론주의 개요』 서두에서 이런 점을 명확히 하고자 하는 까닭은 상대주의자와 회의주의자를 동일시할 경우, 회의주의자란 목소리를 높여 상대방을 준엄하게 비판하지만 결국은 자기지시적 모순을 범하는 철학자로 간단하게 처리되고, 그럼으로써 회의주의 이론을 섬세하게 고찰할 필요성이 즉시 사라져버리기 때문이다. 섹스투스 엠피리쿠스가 신아카데미학파의 구성원들과 피론주의자들을 구별해야 한다고 그렇게 강조했음에도 불구하고 유감스럽게도 "옛날이나 최근이나 피론주의는 그것의 철학적 라이벌인 [부정적] 회의주의와 한결같이 혼동되어 왔다."[10] 근대 철학자들은 몇몇 경우를 제외하고는 이상하다 싶을 정도로 "어떤 것도 알 수 없다."는 부정적 독단주의자의 입장을 회의주의 일반으로 간주하곤 하였다. 이런 오해는 불식되지 않고 심지어 "오늘날[에도] 우리는 회의주의를 독단적인 회의적 입장과 연결지어 생각하고 있다."[11] 이렇게 된 연유는 여러 가지가 있겠지만 무엇보다 아우구스티누스의 『아카데미학파에 대한 논박』에서 찾을 수 있다. 그는 거기에서 비독단적인 회의주의의 가능성에 대한 어떤 실마리도 보여주지 않았는데, 그의 이런 회의주의에 대한 편향된 시각이 중세를 거쳐 (심지어 섹스투스 엠피리쿠스의 저작을 이용할 수 있게 된) 근대에 와서도 유지되어서 "근대 초기에 지식의 가능성과 관련해서 벌어진 논쟁은 틀림없이 … [아우구스티누스의 회의적 패러다임에 의해 지배되었던] 중세 토론의 연속이었던 것이다."[12] 그리고 근대를 거쳐 고착된 회의주의자에 대한 이런 이미지는 현대에 와서도

---

9) Julia Annas & Jonathan Barnes, *The Modes of Scepticism: Ancient Texts and Modern Interpretations*(Cambridge: Cambridge University Press, 1985), p.98. 상대주의와 회의주의의 적대적 관계에 관한 또 다른 설명으로는 R. J. Hankinson, "Pyrrhonism," in *Encyclopedia of Philosophy*, ed. by E. Craig(London/New York: Routledge, 1998), p.850 참조.

10) Adrian Kuzminski, *Pyrrhonism: How the Ancient Greeks Reinvented Buddhism* (Lanham/Boulder/New York/Toronto/Plymouth, UK: Lexington, 2008), p.2.

11) Michael Frede, "The Sceptic's Beliefs," in *The Original Sceptics: A Controversy*, ed. by Myles Burnyeat and Michael Frede(Indianapolis/Cambridge: Hackett Publishing Company, Inc., 1997), p.146.

12) 같은 글, p.148. 이런 정황에 대한 좀 더 상세한 설명으로는 pp.146-51 참조.

불식되지 않고 있다.

섹스투스 엠피리쿠스가 보기에 긍정적이든 부정적이든 진리 주장을 제출하는 자들은 독단주의자이다. 이들이 진리를 확언한다는 말은 이제 확실한 결론을 얻었기 때문에 탐구를 종결한다는 것을 뜻한다. 그러니까 그들은 불분명한 대상에 대해 아직 판단을 내릴 수 없는 상황에서도 성급하게 판단을 내리고 그것으로 문제가 해결되었다고 독단적으로 믿는 그런 철학자들인 것이다. 반면 회의주의자는 진리 파악의 가능성을 열어놓고서 포기하지 않고 끈질기게 '계속 탐구를 진행하는 자'이다. 회의주의자들이 이렇게 하는 까닭은 독단주의자들이 내세우는 온갖 종류의 진리 주장이 사실은 진리가 아님을 보일 수 있기 때문이다. 진리가 아닌 것을 진리로 여기면서 거기에 안주하지 않겠다는 결연한 철학적 의지를 회의주의자들은 다지고 있는 것이다.

회의주의자는 즉 피론주의자는 어떤 형식의 진리 주장도 개진할 수 없다. 만약 그랬다가는 즉시 자신이 비판했던 독단주의자로 전락해버릴 것이다. 그렇다면 어떤 진리 주장도 해서는 안 되는 상황에서 피론주의자는 어떻게 독단주의자들을 물리칠 수 있을까? 피론주의자는 어떤 독단적 주장이 출현하면 그것과 동등한 비중을 갖고 맞서는 대립 주장을 제시함으로써 저 주장의 독단성을 드러내는 방법을 구사하였다. 독단주의자가 P(a)를 진리 주장으로 내세울 경우, 피론주의자는 그것과 동등한 비중을 갖고 맞서는 진리 주장 P(b)를 제출함으로써 P(a)가 진리가 아님을 드러내는 것이다. 거꾸로 독단주의자가 P(b)를 진리로 주장할 경우, 이제 피론주의자는 그것과 동등한 힘을 갖고 대립하는 P(a)를 들이댐으로써 P(b)가 진리가 아니라 그저 여러 독단적 의견 중의 하나임을 입증해낸다. 예컨대 누군가 "인간은 본성이 선하다."라고 주장한다면 피론주의자는 "인간의 본성은 악하다."는 주장을 대립시키고, 거꾸로 "인간의 본성이 악하다."라는 주장에 대해서는 "인간의 본성이 선하다."라는 주장을 맞서 세운다. 이것이 바로 '등치(isostheneia)'의 방법이다. 이 방법에 의해서 피론주의자는 자신의 고유한 철학적 입장을 갖지 않고서도, 애초에 제시된 독단적인 진리 주장이 매우 일면적인 의견에 불과함을 폭로함으로써 모든 진리 주장을 무력화할 수 있었던 것이다. 이 등치의 방법이 아니었다면, 피론주의자는 아무리 철저한 의심을 행한다 하더라도 결국 자기

지시적 모순에 빠진 부정적 독단주의자의 경계를 넘어서지 못했을 것이다. 회의주의자를 회의주의자로 만드는 고유한 방법론이 바로 등치이기에 섹스투스 엠피리쿠스는 이것을 다음과 같이 강조하고 있다. "회의주의를 구성하는 기본 원칙은 모든 논의(logos)에는 그것과 동등한 논의가 대립한다는 것이다."[13]

모든 논의에는 그것과 동등한 권리를 갖는 로고스가 대립하기 때문에 어떤 특정한 명제나 이론에 진리의 특권적 지위를 부여하는 것은 부적절한, 즉 독단적인 처사일 것이다. 어떤 진리 주장이고 반박당하지 않는 주장이란 존재하지 않는다. 독단주의자가 '이것'을 내세우면 피론주의자는 '저것'을 내밀고, 독단주의자가 '저것'을 고집하면 이제 피론주의자는 '이것'을 제시하면 된다. 요컨대 피론주의자에게는 "이것이 아닌 것 못지않게 저것도 아닌 것이다."[14] 회의주의자는 양자가 상충하는 상황을 도출해내면서 그런 충돌을 그대로 솔직하게 인정한다. 그렇기 때문에 회의주의자는 이것이나 저것을 긍정하지도 않고, 또 이것이나 저것을 부정하지도 않는다. 그는 어떤 결정도 하지 않고 일체의 '판단을 유보(epoche)'하는 것이다. 독단주의자가 자신의 일면적인 의견을 보편적인 진리로 판단하고 그렇게 믿는 사람이라면, 회의주의자란 이것이나 저것 중 어떤 하나를 결정함으로써 조급하게 사태를 결말짓지 않고 긴장된 미결정성의 상태를 끈질기게 유지하면서 진리 탐구를 계속적으로 수행하는 사람이라고 할 수 있다.

섹스투스 엠피리쿠스에 따르면, 등치의 방법에 의해 판단유보에 이르게 될 때, 그리고 그럴 때만이 마침내 회의주의자가 궁극적인 목표로 삼았던 아타락시아가 찾아올 수 있다. "이렇게 회의주의자가 판단을 유보하였을 때, [독단적] 견해와 관련해서 뜻밖에도 마음의 평정이 그에게 뒤따라 나왔다."[15] 독단주의자는 긍정적이든 부정적이든 진리를 어떻게든 손에 넣음으로써 불안에서 벗어날 수 있다고 여기는 반면, 회의주의자는 진리를 열렬하게 추구할 경우 결코 불안에서 벗어날 수 없다고 생각한다. 왜 그렇게 생각했을까?

---

13) Sextus Empiricus, *PH* 1.12.
14) *PH* 1.14. 1.188~9 참조.
15) *PH* 1.26.

자신이 진리를 발견했다고 확신할 때 독단주의자는 들뜨고, 반대로 그것이 거짓으로 판명 날 경우 절망하기 마련이기 때문이다. 무엇이 진리이고 무엇이 거짓인가를 결정하는 한, 나아가 무엇을 추구하고 기피하는 한, 마음의 평정을 누리기란 실로 난망(難望)한 것이다. 판단을 유보해야 마음의 평정을 향유할 수 있는 길이 생긴다는 점을 섹스투스 엠피리쿠스는 다음과 같이 서술하고 있다. "… 입장을 결정하지 않는 사람은 어떤 것을 열렬하게 추종하지도 않고 피하지도 않는다. 따라서 그는 마음의 평정을 얻는다."16)

헬레니즘 시대 피론주의와 경쟁했던 스토아학파나 에피쿠로스학파의 행복론과 단순히 비교해보아도 피론주의자의 아타락시아론의 특징이 금방 드러난다. 「메노이케우스에게 보내는 편지」에서 에피쿠로스(Epikurus, B.C. 341-B.C. 270)는 다음과 같이 주장하고 있다. "우리가 행하는 모든 것은 행복한 삶을 위한 것이고, 즉 고통과 두려움을 피하기 위한 것이다. 일단 이것이 얻어지면 모든 마음의 번민이 사라진다."17) 인간은 쾌락을 추구하고 고통을 멀리하려 한다는 것이 에피쿠로스의 근본 신념이었다. 행복 즉 쾌락이란 몸의 고통이나 마음의 번민으로부터의 해방에서 성립하는 것이기 때문에, 그는 어떤 행위가 쾌락을 가져오는지 아니면 고통을 결과하는지를 항상 냉정하게 따져보아야 한다고 역설하였다. 그는 육체적인 쾌락을 비판하곤 했는데, 그 이유는 따져보면 육체적 쾌락은 일시적이며 종국에는 불쾌감을 가져다주기 때문이라는 것이었다. 결국 에피쿠로스에게서 마음의 평정을 누리는 행복한 삶의 관건은 선택과 기피의 동기와 결과를 계산하여 파악하고 그리하여 건전한 판단을 내리는 '사려분별(phronesis)'18)에 있다고 볼 수 있다. 에피쿠로스학파와 스토아학파는 상이한 학설을 펴고 있지만, 최소한 주체의 판단력이 행복을 좌우한다고 본 점에서는 양자의 거리는 멀지 않다. 스토아학파를 대표하는 철학자였던 아우렐리우스(Marcus Aurelius, 121-180) 황제는 『명

---

16) *PH* 1.28.

17) Epicurus, *The Essential Epicurus*, trans. by Eugene O'Connor(New York: Prometheus Books, 1993), p.65. 국내 번역은 다음 책을 참조했음. 에피쿠로스, 『쾌락』, 오유석 옮김(서울: 문학과지성사, 1998).

18) 같은 책, p.67. "이 모든 것의 시작이자 가장 큰 선(善)은 사려분별이다."

상록』에서 충동적인 삶을 경계하고 항상 겸손하며 하루하루 의무를 다하는 삶을 살 것을 권면하고 있다. 그런데 어떤 일이 일어나더라도 품위 있게 받아들이고 정연하게 그 일을 처리하는 삶은 그냥 얻어지지 않는다. 그런 삶은 우주를 관장하는 올바른 이성에 따를 때에만 가능하다. 황제는 다음과 같이 묻고 대답한다. "'너에게 이성이 있는가?' '그렇다.' '그렇다면 왜 이성을 활용하지 않는가? 네가 이성을 작동하면 더 이상 바랄 게 뭐가 있겠는가?"[19] 자신의 이성에 따른 사람이 가장 행복해질 수 있는 까닭은 모든 세속적이며 일시적인 욕망을 더 이상 갈구하지 않고 자연의 섭리에 따라 동요하지 않는 삶을 살 수 있기 때문이다. 즉 "무엇보다도 그는 추구하지도 피하지도 않으면서 살게 될 것이기"[20] 때문이다. 황제는 "네 판단력을 존중하라."[21]고 끊임없이 우리에게 상기시킨다.

에피쿠로스학파나 스토아학파 모두 마음의 번민이나 동요로부터 벗어난 삶을 목표로 삼았다. 그러면서 이 학파의 철학자들은 진리와 거짓, 선과 악의 구별에 의해서만, 즉 그것들에 대한 주체적인 사려분별과 판단을 통해서만 우리가 행복을 얻을 수 있다고 주장하였다. 그러나 섹스투스 엠피리쿠스가 보기에 이런 판단은 곧 진리와 선에 대한 집착을 동반하는 것이다. 집착은 번민과 고통을 반드시 야기한다. 그래서 우리가 행복해지길 원한다면, 자신의 분별과 판단에 의해 진리와 선을 파악할 수 있다는 오만한 희망 자체를 완전히 손에서 놓아버려야 한다고 섹스투스 엠피리쿠스는 설파했던 것이다. 피론주의자들이 목표로 삼는 아타락시아의 삶은 온갖 형태의 열의와 집착에서 자유로운 삶, 다시 말해서 '모든 것에 대한 전면적인 무관심'[22]이 관철되는 삶이다. 이 무관심에는 아타락시아에 대한 집착도 포함된다. 아타락시아를 달성하겠다고 작정하고 그것을 추구하면 그 목표에 대한 집착이 또한 번민을 낳게 된다. 아타락시아란 그야말로 일체에 대한 판단을 유보할 때 '뜻밖에'

---

19) 마르쿠스 아우렐리우스, 『명상록』, 천병희 옮김(고양: 도서출판 숲, 2005), p.55.
20) 같은 책, p.45.
21) 같은 곳.
22) Sextus Empiricus, *Grundriß der pyrrhonischen Skepsis*, einge. und übers. von Malte Hossenfelder(Frankfurt am Main: Suhrkamp Verlag, 1985), p.32.

찾아오는 속성을 갖고 있다.

세상사에 대한 적극적인 개입의 포기, 온갖 종류의 열의 일반에 대한 중단은 인간 자신의 판단력에 대한 신뢰의 상실을 내포한다. 이런 피론주의의 염세적 특징은 아타락시아가 사람들이 적극적인 노력으로 획득하는 것이 아니라 판단유보 상태에서 우연하게 찾아온다는 데서도 확인할 수 있다. 주체적 노력을 통해서는 인간은 결코 행복을 달성할 수 없다는 피론주의자들의 실천적 자각은 헬레니즘 시대 이후 기독교 사상의 출현과 긴밀하게 연결된다고 볼 수 있다.[23] 기독교 사상은 철저하게 인간의 의지나 노력을 배격한다. 사도 바울은 인간이 자기 힘에 의해 행복에 이를 수 있다고 생각하는 사람을 가장 어리석은 사람으로 간주하고 있다. 그는 모든 주도권을 하느님에게 넘겨야 한다는 것을 「로마서」에서 다음과 같이 표현하고 있다. "그것[하느님의 선택을 받고 안 받는 것]은 인간의 의지나 노력에 달려 있는 것이 아니라 오직 하느님의 자비에 달려 있는 것입니다."[24] 섹스투스 엠피리쿠스가 행복의 길이 판단유보를 통해서만 열린다고 여긴 반면, 사도 바울은 오로지 하느님에 대한 믿음을 통해서만 구원의 길이 열린다고 보았고, 이 점에서 양자는 다르다. 그렇지만 행복 혹은 구원이란 최소한 인간의 의지나 노력에 의해서 좌우되는 것이 아니라는 데에 섹스투스 엠피리쿠스와 사도 바울은 의견을 같이하고 있다. 철학사적인 관점에서 보건대, 헬레니즘 시대가 중세의 신의 왕국으로 진입하는 데 있어 피론주의의 아타락시아 이론이 안내자의 역할을 담당했음은 분명하다.

2. 아이네시데모스의 전기 트로펜

피론주의자들이 전개한 회의적 이론의 3대 핵심 개념들은 등치, 판단유보, 그리고 아타락시아라고 할 수 있다. 독단적인 주장이 등장하면 피론주의자는 등치의 방법에 의해 해당 주장에 대한 판단유보를 도출하고 이로부터 아타락

---

23) 고대 피론주의의 철학사적 의의에 관해서는 같은 책, p.9 이하 참조.
24) 바울, 「로마 신자들에게 보낸 서간」, 『성경』(서울: 한국천주교중앙협의회, 2005), 9:16.

시아를 기대하는데, 이런 진행 과정은 일종의 정석(定石)과도 같다. 피론주의자들이 성취해낸 최고의 학문적 성과는 그들이 어떤 로고스에 대하여 동등한 권리를 지닌 로고스를 대립시켜 저 로고스의 비진리를 보여주는 기술(技術)의 집약체로서 회의적 논변 형식들, 즉 트로펜(tropen)을 완성한 점에 있다. 그들은 트로펜을 이용하여 사물이나 사태에 대한 모든 진리 주장들이 사실은 일면적인 파악에 불과하다는 것을 드러내고자 하였다. 트로펜에서 이들이 이끌어내고자 하는 결론은 "사물이 나에게 이렇게 저렇게 보인다."라고 우리가 말할 수는 있어도 "사물이 본성상 어떤 것이다."라고는 말할 수 없다는 것이다. 요컨대 사물의 본성과 관련해서 우리는 판단을 유보해야 한다는 것이다.

등치의 방법에 의해 구성된 트로펜은 온갖 종류의 독단론을 붕괴시키고 결국 판단유보로 사람들을 인도하면서 아타락시아에 대한 희망을 품게 한다. 트로펜은 진리 주장이 얼마나 허망한가를 여실히 드러내는 피론주의 논변의 핵심적인 집합체로서 종국에는 마음의 평정의 길을 닦는 사유의 수련장이라고 할 수 있다. 피론주의자의 트로펜은 아이네시데모스의 전기 트로펜과 아그리파의 후기 트로펜으로 대별된다. 아이네시데모스와 아그리파의 저작들은 전해 내려오지 않기 때문에 우리는 디오게네스 라에르티오스(Diogenes Laertius, 3C)나 섹스투스 엠피리쿠스의 저작을 통해 이들의 트로펜에 접근할 수 있다. 이 가운데 특히 섹스투스 엠피리쿠스의 설명이 더욱 유용한데, 디오게네스 라에르티오스의 것은 섹스투스 엠피리쿠스의 것에 비하면 매우 빈약하기 때문이다.

아이네시데모스는 열 가지 트로펜을 창안한 것으로 알려져 있다.[25] 그는 원래 아카데미학파의 일원이었다. 그러나 그는 이 학파를 떠나 피론과 티몬 이후 사실상 흐지부지하게 소멸되어가고 있던 피론주의를 재건하려 하였다. 그의 주저인 『피론의 담화』는 현재 전해지지 않으며 이 책에 대한 부분적인

---

25) 열 가지 트로펜이 아이네시데모스의 것이라는 데 대해서는 Sextus Empiricus, *M* 7.345 참조. 다음 책도 참조했음. Sextus Empiricus, *Against the Logicians*, trans. and ed. by Richard Bett(Cambridge: Cambridge University Press, 2005). 또한 Diogenes Laertius, *DL* 9.78 참조.

설명이 여러 철학자들의 저서 속에 남아 있다.26) 섹스투스 엠피리쿠스는 가장 충실하게 이 트로펜을 보존하고 있다. 아이네시데모스는 열 가지 트로펜에서 일상적인 삶에서 관찰하고 경험할 수 있는 수많은 예들을 동원하고 있다. 그가 이렇게 하는 까닭을 우리는 알고 있다. 즉 이런 예들이 제시된 독단적 주장에 대해 동등한 비중을 지닌 반대의 독단적 주장을 내세우는 등치의 방법을 아이네시데모스가 구사하는 데 있어 도움을 주기 때문이다. 『피론주의 개요』에서 서술된 그의 열 가지 트로펜을 간략하게 정리하면 다음과 같다.

(1) 제1트로푸스는 생물들 간의 태생 방식과 몸의 구조의 차이성에 기반하고 있는 논변 형식이다. 어떤 생명체는 교미 없이 태어나는가 하면 다른 생명체는 교미에 의해 태어난다. 어떤 생명체는 알에서 태어나는 반면 어떤 생명체는 물에서 태어나고, 어떤 생명체는 성체의 몸을 하고 태어나는가 하면 어떤 생명체는 미성숙한 형태로 태어난다. 탄생 방식만 다른 것이 아니라 몸의 구조 또한 상이하다. 동물들의 눈의 구조와 색깔은 종에 따라 다르다. 가늘게 쭉 째진 안구를 지닌 동물이 있는가 하면, 동그란 안구를 가진 동물도 있다. 어떤 동물들의 눈은 눈구멍(眼窩)에서 볼록하게 툭 삐져나와 있는 반면, 어떤 동물들의 눈은 오목하게 움푹 들어가 있다. 눈을 누르면서 볼 때와 그렇지 않을 때 상(像)이 다르게 보인다는 점을 우리가 인정한다면, 이런 동물들도 사물을 다르게 지각하리라고 생각하는 것이 합당할 것이다. 즉 사물이 현상하는 방식은 지각하는 주체에 따라—왜냐하면 이 주체들은 각기 태생 방식과 지각하는 몸의 기관이 판이하기 때문에—다를 것이다. 동일한 설명이 다른 지각기관에도 그대로 적용된다. 촉각의 경우, 딱딱한 껍질을 가진 동물과 연한 피부를 가진 동물, 가시를 지닌 동물과 비늘을 지닌 동물이 대상을 똑같이 지각한다고 주장하기는 곤란할 것이다. 후각과 미각에서도 사정은 마찬가지다. 몸의 구조의 차이는 동일한 사물을 이용하는 데서도 상이한 차이를 만들어낸

---

26) 어떤 작품 속에 아이네시데모스의 트로펜이 보존되고 있는가에 관해서는 박규철, 「아이네시데모스의 회의주의: PH와 DL 그리고 Bibl와 Prae. evang.에 대한 비교 분석을 중심으로」, 『철학논총』, 제90집(새한철학회, 2017), pp.216-7 참조. 박규철에 의하면, 섹스투스 엠피리쿠스와 디오게네스 라에르티오스의 보고는 정당하나 아리스토클레스(Aristocles of Messene, 1C)와 포티우스(Photius, 820-891?)의 보고는 많은 문제점을 가지고 있다.

다. 뱀은 물을 먹고 독을 만들어내지만, 나무는 물을 먹고 열매를 만들어낸다. 올리브기름은 인간에게는 유익하나 꿀벌에게는 치명적이고, 바닷물은 인간에게는 유해하나 물고기는 바닷물을 즐긴다. 이렇게 "만일 생물들의 다양성으로 인해서 동일한 대상이 [서로 다른 생물들에게] 다르게 보인다면, 우리는 외부 대상이 우리에게 어떻게 보이는지는 말할 수 있을 것이지만, 그 대상이 본성에 있어서 어떤 것인지와 관련해서는 판단을 유보할 것이다."[27]

올리브기름이 꿀벌을 죽이지만 그것은 우리에게 유익하다. 이런 대치 상황 속에서 우리는 우리의 감각 인상을 진리라거나 혹은 더 그럴듯하다고 내세울 수는 없다. "우리 자신이 논쟁의 당사자이기 때문에, 우리 스스로가 판단을 내리는 데 적합하지 않으며 오히려 논쟁을 판가름해줄 제3의 심판관을 필요로 하기"[28] 때문이다. 그러므로 올리브기름이 진짜 본성상 어떤 것인가에 관해서 우리는 판단을 유보해야 하며, 이것이 매우 공정한 처사일 것이다.

인간과 동물 간에는 넘어설 수 없는 간극이 있으며 그렇기에 인간이 인간의 감각 인상을 선호해야 한다는 인간중심적 관점에 대해 섹스투스 엠피리쿠스는 단호하게 의문을 제기한다. (이때 그는 마치 현대의 동물해방론자가 된 것 같다.) 인간이 하찮게 여기는 개를 예로 들어보자. 개가 감각의 측면에서 인간보다 뛰어나다는 사실을 부정할 수는 없을 것이다. 개의 후각은 눈에 보이지 않는 들짐승의 냄새를 맡고 개의 청각은 예민하기 이를 데 없다. 개는 추리력도 갖고 있다. "개가 사냥감을 추적하다가 세 갈래 길을 만나게 되었을 때, 두 길에서 사냥감이 지나가지 않았다는 냄새를 맡게 되면, 남은 한 길의 냄새는 맡아보지도 않은 채 곧장 그 길로 달려간다."[29] 이것은 개가 삼단논법을 구사한다는 것을 말해준다. 개는 적을 물리치는 데 용감하고, 주인이 아무리 변장을 해도 알아볼 수 있을 만큼 명민하기도 하다. 개는 몸에 좋은 것을 선택하고 유해한 것을 피하며 자신의 고통을 완화시키는 법도 알고 있다. 발바닥에 가시가 박혀 곪았을 때, 청결한 상처가 쉽게 낫기 때문에 개는 상처

---

27) Sextus Empiricus, *PH* 1.59.
28) 같은 곳.
29) *PH* 1.69.

부위를 핥는다. 그런가 하면 개는 의사표시를 한다. "우리는 개가 사람을 내쫓을 때, 울부짖을 때, 매 맞을 때, 알랑거릴 때, 서로 다른 소리를 내는 것을 듣는다."[30] 개들은 서로 대화하기도 한다. 이런 모든 상황을 종합해볼 때 우리의 감각 인상이 우리가 우리보다 못하다고 여기는 동물들의 것보다 더 낫다고 여길 수는 없을 것이다. 수많은 동물들을 언급하고 잡다한 예들을 열거한 후 마침내 섹스투스 엠피리쿠스는 아이네시데모스의 제1트로푸스의 결론을 다음과 같이 서술하고 있다. "만일 감각 인상에 대한 평가와 관련해서, 비이성적인 생물들이 우리 못지않게 신뢰받을 만하며 생물들의 다양성에 따라 서로 다른 감각 인상들이 [각각의 생물에게] 생겨난다면, 내가 비록 각각의 외부 대상이 나에게 어떻게 보이는가에 관해서 말할 수는 있다 하더라도, 앞에서 언급한 이유들로 인해서, 그 대상이 본성상 어떤 것인가에 관해서는 판단을 유보하지 않으면 안 될 것이다."[31] 제1트로푸스를 통해 아이네시데모스가 말하고자 하는 바는 생물들의 감각 인상들이 이렇게 동등한 비중을 갖고 맞서기 때문에 결국 진리 탐구자는 외부 대상에 대해 판단을 유보해야 한다는 것이다. 그리고 판단을 유보할 때만이 아타락시아의 가능성은 열릴 것이다. 여기에서도 확인할 수 있듯이 등치의 방법은 판단유보를 초래하고, 이 판단유보는 아타락시아를 가능케 하는 필요조건이 된다.

(2) 제2트로푸스는 동일한 인간 종이라 하더라도 인간들 간에는 커다란 차이가 있다는 데에 근거한 논변 형식이다. 어떤 사람에게 고기는 소화가 잘되나 어떤 이에게는 설사를 일으킨다. 따라서 고기의 본성이 정말 어떤 것인지에 대해서는 판단을 유보해야 한다. 신체의 다양성을 언급할 때 특히 섹스투스 엠피리쿠스는 각각의 인간의 특이체질에 주목한다. 예컨대 그늘 속에서 따뜻함을 느끼는 사람이 있는가 하면, 뜨거운 욕조에 있을 때 오한을 느끼는 사람도 있다. 뱀에 물려도 끄떡없는 사람이 있는가 하면, 후추를 먹은 후 심장발작을 일으키는 사람도 있다. 따라서 '그늘'과 '뱀독'과 '후추'는 객관적이 아니다. 왜냐하면 어떤 사람은 이렇게 반응하는 반면, 또 다른 사람은 저

---

30) *PH* 1.75.
31) *PH* 1.78.

렇게 느끼기 때문이다. 다른 사람의 것보다 자기의 감각 인상을 우선시해야한다고 주장하는 사람들이 있다면 그들은 스스로에게 부당하게 우선권을 부여한 셈이다. "왜냐하면 그들 자신이 논쟁의 당사자"[32]인데도 이미 재판관이되어 판정을 내리고 있고, 따라서 논점선취의 오류를 범하고 있기 때문이다. 인간의 다양성은 신체에 그치지 않는다. 영혼에서도 인간은 각자 다르다. 동일한 대상이 어떤 이를 기쁘게 하는가 하면, 다른 이는 역겹게 만들기도 한다. 그들 간의 영혼이 똑같다면 이런 일은 일어나지 않을 것이다. 제2트로푸스의 결론은 제1트로푸스와 같다. "그런데 이렇게 사람들 간의 차이 때문에동일한 대상이 각 사람에게 서로 다르게 영향을 미친다면, 이런 경우에도 판단유보가 도입되는 것이 합리적이다. 왜냐하면 각각의 외부 대상이 어떻게나타나는가 하는 데 있어서는 각 대상의 차이를 참조하여 우리가 확실하게말할 수 있지만, 그 대상이 본성상 어떤 것인지는 단언할 수 없기 때문이다."[33] 이런 판단유보의 결론은 제10트로푸스까지 반복된다.

내 생각에, 아이네시데모스가 제2트로푸스에서 이룩한 가장 중요한 성과는아마도 철학적 의견들의 상이성을 지적한 데에 있을 것이다. 각각의 철학자또는 특정 학파는 자기들의 주장이 옳다고 주장하면서 상대방을 비판한다. 예컨대 스토아학파의 철학자들은 제논(Zenon ho Kyprios, B.C. 335?-B.C. 263?)의 의견을 지지해야 한다고 주장하고, 에피쿠로스주의자들은 에피쿠로스의 의견에 따를 것을 요구할 것이다. 동서고금의 다른 학파에서도 사정은유사할 것이다. "그러나 이들 간의 의견의 불일치를 해소할 길은 없다."[34] 이것을 해소할 길이 있는데도 이전의 위대한 철학자들이 그것을 몰랐다고 생각하는 것은 그들을 얕보는 지적 교만일 것이다. 헤겔은 그의 『철학사 강의』에서 이 점을 다음과 같이 꼬집고 있다. "모든 시대의 가장 위대한 인물들이 그렇게 다르게 생각하고 의견의 일치를 볼 수 없었다면, 그들이 성공하지 못한것을 우리가 발견했다고 믿는 것은 뻔뻔스러운 일일 것이다."[35] 철학사적으

---

32) *PH* 1.90.
33) *PH* 1.87.
34) *PH* 1.88.
35) Georg W. F. Hegel, *VGP* II, p.379.

로 볼 때 철학자들이 똑같은 진리론을 공유할 가능성은 없다. 그렇다면 이렇게 철학적 의견들이 상이하고 때로는 대립할 경우, 대다수의 사람들이 지지하는 의견을 진리로 채택하자는 제안을 하면 어떨까? 아이네시데모스는 이 제안을 단박에 물리칠 것이다. "어떤 누구도 모든 인류를 방문해서 조사할 수는 없으며, 따라서 대다수가 선호하는 바를 밝힐 수 없기 때문이다."[36] 결국 철학적 의견들의 상이성은 원리적으로 해결될 수 없고, 그렇기에 우리는 여기에서도 판단을 유보할 수밖에 없다. 동일한 인간 종이라 하더라도 사람들 간의 차이와 이에 따른 철학적 의견들의 상이성은 필연적으로 판단유보로 우리를 인도한다는 것, 이것이 아이네시데모스의 제2트로푸스이다.

(3) 여러 사람들 간의 차이를 동원하지 않고 오직 한 사람에 의존해서도 판단유보에 도달할 수 있다. 제3트로푸스는 한 사람의 감각이라 하더라도 그 감각들은 서로 차이가 난다는 데에 기초한 논변 형식이다. 동일한 사람이라 하더라도 그의 "감각들이 불일치한다는 사실은 아주 명백하다."[37] 예컨대 동일한 사람에게도 꿀은 혀에는 달콤하나 눈에는 불쾌한 것으로 나타난다. 또 눈으로 볼 경우 돌출된 그림이 촉각에 의해서는 그렇지 않다. 그러므로 꿀이나 그림 자체의 진정한 본성에 대해서 말하는 것은 불가능하다. 하나의 동일한 대상이 한 사람에 의해 감각된다 하더라도 감각 데이터를 수용하는 감각기관들의 다양성으로 인해 다양한 모습으로 나타날 수 있기 때문에 우리는 판단을 유보하지 않으면 안 된다. 나아가 인간은 다섯 가지 감각기관을 갖고 있다. 그래서 가령 사과가 실제로 다양한 성질을 지니고 있는데도 "우리는 우리가 파악할 수 있는 성질들만을 파악하고 있는지도 모른다."[38] 거꾸로 우리에게 각인되는 성질들이 사실은 사과에 속하지 않을 가능성도 있다. 따라서 "사과의 본성이 정말로 어떤 것인지가 우리에게 분명하지 않을 것이기에"[39] 우리는 그것에 대해 판단을 유보해야 할 것처럼 보인다.

---

36) Sextus Empiricus, *PH* 1.89. 이런 비판은 사실상 귀납법의 한계에 대한 분석과 연결되어 있다.
37) *PH* 1.91.
38) *PH* 1.96.
39) *PH* 1.99.

(4) 제4트로푸스는 동일한 감각에서조차 혹은 감각들을 완전히 제쳐놓고서도 판단하는 주체가 처한 주변 상황에 의해 여러 인상의 차이가 발생한다는 사실에 의존하고 있는 논변 형식이다. "[주체의] 자연스럽거나 부자연스러운 상태, 깨어 있음과 잠들어 있음, 나이에 따른 상태, 운동이나 정지, 미움이나 사랑, 공복이나 포만, 취중 상태와 제정신 상태, 선행 조건, 용기나 두려움, 우울함이나 기쁨의 상태"[40]에 따라 대상들은 상이한 인상을 산출한다. 가령 똑같은 벌꿀도 건강한 사람에게는 달콤한 것으로, 황달 걸린 사람에게는 쓴 것으로 보인다. 같은 소리도 늙은이에게는 희미하게 들리는 반면 젊은이에게는 선명하게 들리고, 같은 음식이라도 배고픈 사람에게는 맛있게 보이는 반면 배부른 사람에게는 맛없게 보인다. 우리가 제정신일 때 수치스럽다고 생각하는 행동들이 술에 취하면 부끄럽지 않은 것처럼 생각되고, 겁쟁이에게는 두렵고 무서운 것처럼 보이는 것이 담대한 사람에게는 조금도 그렇게 보이지 않는다. 그 사람이 이전에 어떤 조건에 있었느냐에 따라서도 주체들은 상이한 감각 인상을 갖는다. 벌꿀을 먹은 사람에게 사탕은 그리 달지 않지만 쓴 것을 먹은 사람에게 사탕은 매우 달다. 이런 종류의 예들을 끝도 없이 늘어놓은 후 섹스투스 엠피리쿠스는 예의 그 결론을 다시 반복한다. "그러므로 [감각 인상을 획득할 때 감각 주체가 어떤 정신적, 육체적 상태에 놓여 있는가 하는] 주변 조건으로 인해 이렇게 많은 의견의 불일치가 생겨난다는 점을 감안할 때, 그리고 사람들은 그때그때 상이한 조건에 놓여 있다는 것을 고려해볼 때, 아마도 우리는 각각의 외부 대상이 각각의 사람에게 어떻게 보이는가에 관해서는 의심할 바 없이 쉽게 말할 수 있다 하더라도 그 대상 자체가 어떤 것인지에 관해서 말할 수 있는 것은 아니다."[41] 다시 한 번 여기서 섹스투스 엠피리쿠스는 사물이 우리에게 나타나는 현상과, 사물 자체가 존재하는 본질 간의 넘어설 수 없는 간극을 확인한다.

어떤 조건에 놓여 있지 않은 사람은 없다. 건강하지도 않고 아프지도 않은 사람은 없을 것이고, 움직이지도 않고 정지해 있지도 않은 사람도 없을 것이

---

40) *PH* 1.100.
41) *PH* 1.112.

다. 즉 사람은 건강하거나 아프거나 움직이거나 정지해 있거나 할 것이다. 이런 조건의 강제적 구속성은 어떤 사람도 중립적인 재판관이 될 수 없다는 것을 내포한다. 건강한 사람이 아픈 사람의 감각 인상보다 자신의 것이 더 우선시되어야 한다고 주장한다면, 그는 건강한 사람이기 때문에 그렇게 주장하는 것이다. 아픈 사람은 반대로 주장할 것이다. 각각의 사람이 특정 조건 속에 놓여 있을 수밖에 없다면, 어떤 누구도 어떤 감각 인상이 참된지를 공정하게 평가하고 판단할 수 있는 위치에 있지 않은 것이다. 오히려 특수한 조건에 처해 있는 각각의 모든 사람이 "논쟁의 당사자가 될 것이다."[42] 이런 이유에서 주변 상황으로 인한 감각 인상의 불일치란 해소될 수 없다.

섹스투스 엠피리쿠스는 또 다른 이유를 스쳐 지나가듯이 들고 있다. 그렇지만 이것은 아그리파의 트로펜의 맹아를 담고 있는 것이다. 자신의 감각 인상을 다른 이들의 감각 인상보다 더 우위에 두려는 사람이 있다면, 그는 아무런 증명 없이 무비판적으로 그렇게 하거나, 아니면 증명을 제시하면서 그렇게 하거나 할 것이다. 만약 아무런 증명 없이 자기의 인상을 선호한다면, 아무런 증명이 없기 때문에 그는 전혀 신뢰받지 못할 것이다. 이제 증명을 통해 자신의 인상을 선호하려 할 경우, 그는 어떤 판단 기준에 따라 그렇게 해야 했다고 주장해야 할 것이다. 자신의 판단 기준이 참이라고 주장할 경우 "우리는 이 판단 기준에 대한 증명을 또다시 요구할 것이며, 이를 위한 판단 기준을 또다시 요구할 것이다."[43] 이런 과정은 무한하게 반복될 것이다. 사정이 이렇다면, 판단 기준은 증명을 요구하고 증명은 판단 기준을 필요로 하게 된다. 증명은 먼저 참된 기준이 존재하지 않는다면 건전할 수 없으며, 판단 기준도 증명이 미리 확정되지 않는다면 참일 수 없기 때문이다. 그러나 "이렇게 되면 판단 기준과 증명은 순환 논증에 빠지고 만다."[44] 그러므로 감각 인상의 불일치는 해소될 수 없고 우리는 외부 대상의 본성과 관련해서 판단유보에 도달하게 된다.

---

42) 같은 곳.
43) *PH* 1.116.
44) *PH* 1.117.

(5) 제5트로푸스는 장소, 위치, 거리에 의거하고 있는 논변 형식이다. 먼저 장소의 경우, 램프의 불빛은 밝은 곳에서는 희미하게 보이는 반면 어두운 곳에서는 밝게 보인다. 같은 노도 물속에서는 굽어 보이나 물 밖에서는 곧게 보인다. 위치의 경우, 비둘기가 목을 어떻게 돌리고 있느냐에 따라 목의 빛깔은 달리 보인다. 거리도 마찬가지로 인상의 차이를 야기한다. 긴 복도의 끝에서 다른 복도의 끝을 보면 점차 가늘게 보인다. 그러나 실제로 거기에 가 보면 그 복도의 폭은 자기가 이전에 서 있었던 복도의 폭과 같다. 이처럼 "모든 현상하는 사물이란 어떤 장소에서, 어떤 거리에서, 그리고 어떤 위치에서 관찰되기 마련이므로 … 이런 요인들 각각은 감각 인상들에서 엄청난 편차를 산출하기 때문에 우리는 이 논변 형식에 의해서도 판단유보에 이르지 않을 수 없을 것이다."[45] 자기의 감각 인상이 다른 이들의 감각 인상보다 더 선호할 만하다고 강변하고자 하는 사람은 필시 낭패를 당할 것임을 우리는 이미 제4트로푸스에 의해 예상할 수 있다. 그가 증명을 결여한 채 그렇게 주장한다면 어떤 사람도 그를 신뢰하지 못할 것이다. 그는 증명을 제시해야 할 것이다. 그런데 그가 자기의 증명이 거짓이라고 말한다면, 그는 자승자박을 초래하는 셈이므로 정상적인 사람으로 대우받기 힘들 것이다. 다른 한편 그가 자기의 증명이 참이라고 주장한다면, 이 증명이 참임을 증명하라고 요구받을 것이다. 요구받은 증명을 제시했을 경우 그는 이 증명조차 참임을 증명하라고 재차 요구받을 것이다. 그는 "이렇게 해서 무한진행에 빠질 것이다. 그러나 증명을 무한하게 산출하는 일은 불가능하다."[46] 증명을 제출하건 그렇지 않건 간에 그는 실패할 것이고 결국 판단유보를 결론으로 내릴 수밖에 없다.

(6) 제6트로푸스는 혼합에 의거하고 있는 논변 형식이다. 어떤 외부 대상도 그 자체로, 즉 고립적으로 감각되지 않는다. 그것은 언제나 어떤 다른 요소와 결합하여 감각된다. 예컨대 같은 소리도 텅 빈 장소인가 그렇지 않은 곳인가에 따라, 화창한 날씨인가 눅눅한 날씨인가에 따라 달리 들린다. 이런 혼합은 판단하는 주체의 감각기관에서도 발생한다. 가령 우리 눈은 그 내부에

---

45) *PH* 1.121.
46) *PH* 1.122.

각막과 액체를 포함하고 있고, 우리의 귀는 그 통로가 좁고 휘어져 있다. 빛과 소리의 감각 대상들을 인간은 있는 그대로 순수하게 파악하는 것이 아니다. 요컨대 "혼합과 뒤섞임으로 인해 어떤 것도 그 자체로 독립적으로 나타나지 않으며, 공기, 빛, 수분, 딱딱함, 열기, 냉기, 움직임, 증발과 그 밖의 여타의 힘과 결합되어서만 나타날 뿐이다."[47] 따라서 이 논변 형식에 의해 "외부 대상의 진짜 본성에 대해 우리는 어떤 언표도 할 수 없기 때문에 판단을 유보하지 않을 도리가 없다."[48]

(7) 제7트로푸스는 감각되는 대상들의 양과 구성 방식에 기초한 논변 형식이다. 양과 관련한 예를 들자면, 적당량을 마시면 술은 원기를 북돋우지만 너무 많이 마시면 사지를 마비시킨다. 일반적으로 말해서 건강에 좋은 것들도 남용하면 몸을 해치며, 남용하면 몸에 좋지 않다고 여겨지는 것들도 소량을 사용하면 해가 되지 않는 듯하다. 조직 구성 방식과 관련하여 가령 모래알은 거친 것으로 보이지만 하나의 모래더미를 이룰 경우에는 부드러운 인상을 준다. 유리는 투명하지만 밟아서 깨버릴 경우 불투명하다. "이렇게 양과 구성에 의거한 논변은 외부 대상들의 실제 모습을 헷갈리게 한다. 이런 이유로 제7트로푸스 또한 우리를 판단유보로 이끄는 듯하다. 왜냐하면 우리는 외부 대상의 본성에 관해서 절대적으로 확언할 수 없기 때문이다."[49]

(8) 제8트로푸스는 관계성 혹은 상대성에 근거한 논변 형식이다. 제8트로푸스는 "모든 것은 [타자와] 관계를 맺고 있다."[50]는 것을 보여준다. 이미 앞의 트로펜에서 밝혀졌듯이 모든 지각 대상은 판단 주체와 관련을 맺고 있다. 각각의 대상은 동물이나 인간, 감각기관, 주체가 처한 주변 조건과의 관계 속에서 다르게 나타난다. 그런가 하면 모든 대상은 그것과 함께 지각되는 것과 관련을 맺고 있다. 각각의 판단 대상은 장소, 위치, 거리와의 관계 속에서, 그리고 특정한 혼합이나 구성이나 양과의 관계 속에서 다르게 보인다. 모든 것

---

47) Diogenes Laertius, *DL* 9.84.
48) Sextus Empiricus, *PH* 1.128.
49) *PH* 1.134.
50) *PH* 1.135

이 상호관계 속에 있음은 또한 모든 개념이 다른 개념과의 상호관계 속에서만 이해될 수 있다는 것을 함축한다. 이를테면 가벼움과 무거움, 강함과 약함, 큼과 작음, 위와 아래, 오른쪽과 왼쪽, 달음과 씀, 부친과 형제 등 모든 개념은 상호관계를 맺는다. '오른쪽'은 '오른쪽'만으로는 존립할 수 없다. 그것은 '왼쪽'이라는 타자를 통해서만 자기의 정체성을 획득할 수 있다. 일체의 개념이 다 이런 상호관계 속에 놓여 있다. '비관계'라는 개념조차 그렇다. 누군가가 어떤 것은 다른 것에 의존하지 않고 독자적으로 존립하고 있으며 따라서 그것은 비관계적이라고 주장한다고 가정해보자. 그러나 그것이 관계적이 아니라는 것조차 또한 관계적이다. 왜냐하면 '비관계'라는 개념은 '관계'라는 개념과의 상호관련 속에서만 존립할 수 있기 때문이다. '비관계'는 독립적인 '비관계'가 아니라 이미 관계적인 '비관계'일 뿐이다. 이렇게 일체가 다 상호관계를 맺고 있기 때문에 디오게네스 라에르티오스는 이 논변 형식에서 다음과 같은 결론을 이끌어낸다. "따라서 관계를 맺고 있는 항들은 그 자체 독자적으로는 알 수 없는 것이다."[51] 환원하면 우리는 대상들의 본성과 관련해서 판단을 유보해야 한다. 앞으로 나올 제9트로푸스와 제10트로푸스를 포함하여 모든 트로펜은 결국 타자와의 상호관계에 의해 외부 대상이란 그 자체로 알려질 수 없다는 것을 드러내고자 하는 것이기 때문에, 종국적으로는 제8트로푸스로 수렴된다고 볼 수 있다. 이런 점에서 제8트로푸스는 여타의

---

51) Diogenes Laertius, *DL* 9.88. 섹스투스 엠피리쿠스는 관계성의 논변 형식을 아이네시데모스의 제8트로푸스로 분류하고 있지만, 디오게네스 라에르티오스는 이것을 아이네시데모스의 제10트로푸스로 분류하고 있다. 섹스투스 엠피리쿠스가 서술한 아이네시데모스의 트로펜의 배열 순서와 디오게네스 라에르티오스의 것을 비교하면 다음과 같다.

섹스투스 엠피리쿠스	디오게네스 라에르티오스
제1트로푸스	제1트로푸스
제2트로푸스	제2트로푸스
제3트로푸스	제3트로푸스
제4트로푸스	제4트로푸스
제5트로푸스	제7트로푸스
제6트로푸스	제6트로푸스
제7트로푸스	제8트로푸스
제8트로푸스	제10트로푸스
제9트로푸스	제9트로푸스
제10트로푸스	제5트로푸스

논변 형식들 가운데 가장 상위의 논변 형식이라 할 만하다.[52] 사실상 이 논변 형식은 어떤 독자적인 고유한 논변을 담지하고 있다기보다는 여타의 논변 형식들의 성과에 의해 그것의 구체적인 내용을 획득하는 보편적인 트로푸스로 보아야 한다.

(9) 제9트로푸스는 사건의 발생 횟수의 많고 적음에 기반한 논변 형식이다. 우리는 혜성을 보고 놀라면서도 정작 혜성보다 더 놀라운 태양을 보고는 덤덤해 한다. 그 까닭은 매일 태양을 보는 반면 혜성은 그렇게 볼 수 없기 때문이다. 또한 지진도 그런 일을 처음 경험하는 사람과 지진에 익숙해진 사람에게 똑같은 동요를 일으키지 않는다. 금이 땅 위의 돌멩이처럼 흔한 것이라면 아무도 그것을 귀중하게 여기지 않을 것이다. 이처럼 "발생 횟수의 많고 적음에 따라 동일한 대상들이 놀랄 만하거나 귀중한 것으로 보이기도 하고 그렇게 보이지 않기도 하기 때문에 … 우리는 어떤 본성이 이런 것들 각각에 속하는 것처럼 보이는지에 관해서는 말할 수 있을 것이지만, 어떤 본성이 각각의 외부 대상들에 절대적으로 속하는지에 관해 진술할 수는 없다고 결론 내린다."[53] 즉 우리는 외부 대상에 대해 판단을 유보할 수밖에 없다.

(10) 제10트로푸스는 무엇보다 윤리학과 관련되며, 생활방식이나 관습, 법률, 신화에 대한 믿음, 그리고 독단적인 신념 등에 근거하고 있는 논변 형식이다. 각각의 공동체의 관습이 다르며 나아가 대립적이기까지 하다는 것은 상식이다. 사자(死者)의 장례를 치르는 데 있어 이집트인은 미라를 만들지만 로마인들은 화장을 한다. 아프리카의 어떤 종족은 아이에게 문신을 새기지만 그리스인들은 그렇게 하지 않는다. 법률의 경우도 마찬가지다. 여기서의 정의(正義)가 저기서는 불의(不義)로 통용된다. 아들이 아버지의 빚을 떠맡아야 된다는 것은 로도스의 법률이다. 하지만 로마의 법률은 아들이 아버지의 빚을 떠맡지 않는다. 생활방식도 예외가 아닌데, 어떤 이는 금욕 생활을 신조로 내세우는가 하면 어떤 이는 육체적 쾌락을 중시한다. 신화에 대한 믿음은 어

---

52) Sextus Empiricus, *PH* 1. 39 참조. "이 세 가지 [종류의] 논변 형식들[제8트로푸스를 제외한 다른 트로펜]은 모두 관계의 논변 형식에 속한다고 간주된다. 따라서 관계의 논변 형식이 최고의 류(類)로서의 위치를 차지한다."
53) *PH* 1. 144.

떤가? 어떤 이는 인간과 신들의 아버지가 제우스(Zeus)라고 하는 반면, 어떤 이는 오케아노스(Oceanus)라고 말한다. 독단적 신념이야 말할 것도 없다. 어떤 이는 영혼의 불멸을 내세우지만 다른 이는 영혼의 소멸을 확신한다.

나아가 관습이 법률과 대립하는 경우도 있다. 페르시아인들에게는 동성애가 관습적으로 허용되지만 로마에서는 동성애는 법으로 금지되어 있다. 어떤 민족들은 누이와 결혼하지만 다른 민족에게 그것은 금기사항이다. 관습은 생활방식과 갈등을 빚기도 한다. 대부분의 사람들은 관습적으로 옷을 입고 다니지만 견유학파에 속했던 디오게네스(Diogenes, B.C. 400?–B.C. 323)는 그렇지 않았다. 관습은 신화에 대한 믿음과 대립하기도 한다. 가령 신화에 따르면 크로노스(Kronus)는 자기 자식들을 삼켜버렸지만 우리의 관습은 자식들을 보호하는 것이다. 관습이 독단적 신념과 갈등을 빚기도 한다. 대부분의 사람들은 신이 우리의 기도를 들어주신다고 생각하지만 어떤 이들은 신은 인간사에 간섭하지 않는다고 믿는다. 대립 양상은 이것으로 그치지 않는다. 우리는 생활방식을 법률에 대립시킬 수도 있고, 생활방식을 신화에 대한 믿음과, 생활방식을 독단적 신념과 충돌하게 만들 수도 있다. 나아가 법률을 신화에 대한 믿음과, 법률을 독단적 신념과, 신화에 대한 믿음을 독단적 신념과 맞서 세울 수도 있다. 이런 반립 예는 아무리 늘어놓아도 감소하는 법이 없을 것이다. 우리에게 쏟아져 나오는 민속학과 인류학의 수많은 정보는 제10트로푸스를 더욱 풍요롭게 만들어줄 자원이다. (제10트로푸스에서 섹스투스 엠피리쿠스는 마치 현대의 문화상대주의자가 된 듯하다.) 이렇게 그것이 어떤 것이든 한 항에 대해 다른 항을 피론주의자는 맞서 세울 수 있기 때문에, 결국 "이 논변 형식에 의해 너무나 많은 불규칙성이 대상들에 존재한다는 것이 드러나기 때문에 우리는 외부 대상 그 자체의 본성에 있어서 어떤 특징을 갖는가를 말할 수 없을 것이다."[54] 이 논변 형식에 의해서도 우리는 외부 대상의 진정한 본성에 관해 판단을 유보하지 않으면 안 되는 것이다.

이렇게 해서 우리는 아이네시데모스의 열 가지의 트로펜을 모두 살펴보았다. 섹스투스 엠피리쿠스는 전체 트로펜을 다음의 세 가지 종류로 대별하고

---

54) *PH* 1.163.

있다.[55] 판단하는 주체에 근거한 논변 형식, 판단되는 대상에 근거한 논변 형식, 주체와 대상 양자에 근거한 논변 형식. 제1트로푸스, 제2트로푸스, 제3트로푸스, 제4트로푸스는 동물과 사람의 차이에 기초하고 있으므로 판단하는 주체에 근거한 논변 형식이다. 제7트로푸스와 제10트로푸스는 감각되는 대상과 윤리적 관습에 기초하고 있기에 판단되는 대상에 근거한 논변 형식이다. 그 외에 제5트로푸스, 제6트로푸스, 제8트로푸스, 제9트로푸스는 주체와 대상 양자에 기초한 논변 형식이다. 물론 이 세 가지 종류로 대별된 논변 형식들을 수렴하고 있는, 모든 트로펜의 최상에 자리 잡고 있는 논변 형식은 제8트로푸스이다.

여기에서 분명하게 볼 수 있듯이 전기 트로펜은 등치의 방법을 자유자재로 구사함으로써 독단주의자를 물리치는 교본과도 같다. 즉 아이네시데모스는 직접적인 경험에 의존한 독단적인 진리 주장을 물리치기 위해 그것과 동등한 비중을 갖는 또 다른 직접적인 경험을 제시함으로써 열 가지 트로펜을 구성해 내고 있는 것이다. 그리고 우리는 그가 왜 이런 등치를 동원하는가 하는 이유를 알고 있다. 그가 자신의 진리 주장을 개진했다면 그는 '자기반박(peritrope)'을 행하는 셈이고, 따라서 그는 회의주의자로서 일관된 태도를 유지할 수 없기 때문이다. "좀 더 정확히 말하면 회의주의자가 애당초 P를 공격하는 의도는 -P를 맞세워 그것을 최종 결론으로 확립하자는 것이 아니라 그 둘 중 어느 쪽이 더 옳다고 말할 수 없게끔 … 되는 상황을 유도하고자 하는 것이라 하겠다. (…) 그러니까 회의주의자가 페리트로페의 공격을 방어하는 일도 역시 회의주의의 전체적인 프로그램을 벗어남이 없이 수행되는 것이다."[56]

제1트로푸스부터 제10트로푸스에 이르기까지 아이네시데모스의 전기 트로펜은 일정한 논리적 구조를 지니고 있는 것처럼 보인다. 아나스와 반즈는 이것을 다음과 같이 정식화하고 있다.[57] ① x는 R과의 관계에서 F로 나타난

---

55) *PH* 1.38-9 참조.

56) 이태수, 「회의주의적 태도의 일관성: 자기논박 논변에 대한 퓌론회의주의의 대응」, 『서양고전학연구』, 제31집(한국서양고전학회, 2008), p.20.

57) Julia Annas & Jonathan Barnes, *The Modes of Scepticism: Ancient Texts and Modern Interpretations*, pp.24-5, 143-4 참조. 같은 맥락에서 혹웨이는 이를 다음과 같이 정리하고 있기도 하다. Christopher Hookway, *Scepticism*(London/New York:

다. ② 그런데 x는 R*과의 관계에서는 F*로 나타난다. ③ 우리는 R*보다 R 을 우위에 놓을 수 없다. 반대로 우리는 R보다 R*을 우선시할 수도 없다. ④ 따라서 우리는 x가 정말로 F인지 혹은 F*인지를 긍정할 수도 부정할 수도 없다. 결국 아이네시데모스의 트로펜에 따르면, x가 정말로 F인가 혹은 F* 인가에 관해서는 판단을 유보하고, x는 R과의 관계에서는 F로 나타나며 R* 의 관계에서는 F*로 나타난다는 현상적 진술에 만족해야 한다. 전기 트로펜 은 이런 논리적 진행에 의해 독단주의의 모순을 효과적으로 보여주는 회의의 기술에 공헌하고 있다.

그러나 섹스투스 엠피리쿠스가 아이네시데모스의 트로펜의 설명 순서를 "논증의 편의를 위해 채택했다."[58]고 밝히고 있는 데서 감지할 수 있듯이, 또 이 트로펜에 대한 디오게네스 라에르티오스의 서술 배열이 섹스투스 엠피리 쿠스의 그것과는 매우 다르다는 데서도 알 수 있듯이, 아이네시데모스의 전 기 트로펜의 구성과 전개는 병렬적인 나열의 수준에 머물러 있다. 이는 이 트 로펜을 설명하는 사람마다 자의적으로 이것들을 정렬시킬 수 있음을 가리킨 다. 이와 관련된 전기 트로펜의 더욱 치명적인 한계는 아이네시데모스가 직 접적이고 일상적인 경험에 의존하여 그것들을 전개함으로써 이 잡다한 논변 형식들을 좀 더 일반적인 관점에서, 즉 추상적인 개념의 차원에서 체계적으 로 총괄할 수 없도록 만든 데에 있다. 물론 그의 트로펜이 고도의 추상적인 논변들을 완전히 배제하고 있다고 보기는 어렵다. 앞에서 드러났듯이 제4트 로푸스와 제5트로푸스에서 아이네시데모스는 순환의 논변 형식과 무한진행 의 논변 형식에 도달하고 있는데, 이는 아그리파의 트로펜을 예고해주는 것 으로 보기에 충분하다. 그러나 전체적으로 말해서, 헤겔이 지적하고 있는 대 로 '추상의 결여'[59]야말로 전기 트로펜을 특징짓는 규정이라고 볼 수 있다. 전기 트로펜은 일상적인 경험들에 관한 직접적인 관찰에 거의 전적으로 의존

Routledge, 1990), p.8 참조. "1. X가 K에게는 P로 나타난다. 2. X가 K*에게는 P*로 나타 난다. 3. K의 현상 P와 K*의 현상 P* 중 어떤 것이 사태의 본성을 말해주는 것인지 결정한 다는 것은 불가능하다. 4. 따라서 X가 진정 어떤 것인지에 대해서는 판단을 유보해야 한다."
58) Sextus Empiricus, *PH* 1.38.
59) Georg W. F. Hegel, *VGP* Ⅱ, p.376.

하고 있고 이것들을 개념적으로 사유하는 단계에까지 이르지는 못했기 때문에 헤겔은 전기 트로펜을 '별로 교양되지 않은 미숙한 사유'[60]라고 평하고 있기까지 하다. 직접적인 경험의 수준에서 논변을 펼치기 때문에 우리가 그것들을 쉽게 이해할 수 있기는 하지만, 바로 그 수준 때문에 전기 트로펜은 독단적인 주장들 전체를 포섭할 수 있는 보편적인 회의적 논변 형식으로 나아가지 못하고 있다. 물론 그렇다고 해서 전기 트로펜이 완전히 무가치하거나 후기 트로펜과 아무런 관련을 지니지 않는다는 것은 아니다. 아이네시데모스의 전기 트로펜은 아그리파의 후기 트로펜으로 정련될 수 있는 다양하면서도 구체적인 소재를 제공하기 때문이다. 다시 말해서 아그리파의 후기 트로펜은 전기 트로펜을 폐기 처분하려는 것이 아니라 전기 트로펜을 이론적으로 정치화함으로써 독단주의의 성급함과 부조리를 더욱 철저하게 폭로하고자 하는 연속선상에 있는 것이다.

3. 아그리파의 후기 트로펜

아그리파의 일생에 대해서는 알려진 바가 없다. 다만 그는 아이네시데모스의 트로펜에서 명확하게 드러나지 않은 추상적인 개념들을 끄집어내어 그 자신의 다섯 가지 트로펜을 고안해낸 것으로 전해진다.[61] 아그리파의 트로펜 덕분에 피론주의자들은 직접적인 경험의 수준에 머물러 있지 않아도 되었다. 말하자면 추상적이고 보편적인 회의적 논변 형식들을 구성함으로써 이제 그들은 지식의 정립 가능성 자체를 공격할 수 있게 되었던 것이다. 온갖 종류의 지식론을 조준하고 그것을 무화(無化)시키고 마침내 마음의 평정을 도모하는 회의주의의 최정점에 이른 이론이 바로 아그리파의 트로펜이다. 반즈가 일찍이 표명했듯이, 아그리파의 트로펜이야말로 피론주의에서 가장 중요한 것이고, 그래서 그것을 연구하는 일은 곧 "고대 회의주의의 영혼을 연구하는 것이

---

60) *VGP* Ⅱ, p.374. 이에 반하여 헤겔은 아그리파의 후기 트로펜을 '범주를 의식하고 있는 높은 의식'(p.388)이며 따라서 '사유하는 반성'(p.386)으로, 때로는 '사유하는 회의주의'(p.359)로 높게 평가하고 있다.

61) 아그리파가 다섯 가지 트로펜의 창안자라는 데 관해서는 Diogenes Laertius, *DL* 9.88 참조.

다."[62] 이 트로펜은 인간 지식의 본성과 범위를 탐구하는 인식론의 역사에서 가장 핵심적인 요소들을 간직하고 있는데, 이런 요소로 인해 아그리파의 트로펜은 이후의 서양 인식론 전개에서 진정 물리치기 어려운 두려운 적(敵)으로 등장하게 되었다. 대부분의 근대 철학자들뿐만 아니라 현대 철학자들에 있어서도 그들이 회의주의를 극복하고자 하는 한, 문제의 인물은 아그리파였던 것이다. 늪에 빠진 뮌히하우젠 남작이 자기의 머리를 손으로 당겨서 벗어나려고 발버둥을 쳤지만 속수무책이었듯이, 아그리파의 트로펜에 걸려들면 어떤 이론도 빠져나갈 수 없다고 섹스투스 엠피리쿠스는 믿어 의심치 않았다. 아그리파의 트로펜은 가장 보편적이고 정밀한 회의적 논변을 담고 있고, 이런 특징 때문에 서양 인식론에서 불멸의 지위를 갖게 된 것이다. 아그리파의 트로펜은 보편적이며 질서 정연한 구조 덕분에 어떤 회의주의 이론보다 더 광범위한 적용 가능성을 획득하였고, 회의주의가 위기에 처할 때마다 부활하였다. 이것은 또한 아그리파 이후에 등장한 철학적 의심의 논변들이란 예외 없이 이 트로펜의 변주일 뿐임을 시사하는 것이기도 하다.

가장 정련된 회의주의 또는 헤겔이 '사유하는 회의주의'[63]라고 칭송했던 아그리파의 후기 트로펜은 다음의 다섯 가지로 구성되어 있다. ① 제1트로푸스 = 철학적 의견들의 상이성의 논변 형식, ② 제2트로푸스 = 무한소급의 논변 형식, ③ 제3트로푸스 = 관계성의 논변 형식, ④ 제4트로푸스 = 증명되지 않거나 증명될 수 없는 독단적인 전제 설정의 논변 형식, ⑤ 제5트로푸스 = 순환의 논변 형식. 나는 먼저 제1트로푸스, 다음으로 제4트로푸스, 제2트로푸스, 제5트로푸스, 마지막으로 제3트로푸스의 순서를 좇아 아그리파의 트로펜을 서술하고자 한다. 이후에 밝혀지겠지만 이런 서술의 순서는 자의적인 편의에 따른 것이 아니라 이행의 엄밀한 논리성에서 비롯된 것이다.

(1) 제1트로푸스는 철학적 의견이나 믿음들의 상이성과 관련된 논변 형식이다. 철학적 의견들은 서로 상이하거나 대립했으며, 이로 인해 논쟁(diaphonia)이 분분했다는 것은 부정할 수 없는 철학사의 사실이다. 그만큼

---

62) Jonathan Barnes, *The Toils of Scepticism*, p. ix.
63) Georg W. F. Hegel, *VGP Ⅱ*, p.359.

피론주의자들은 이 트로푸스를 독단주의에 대한 결정적인 무기로서 애용하였다. 아이네시데모스의 제2트로푸스에서도 드러난 바 있지만, 에피쿠로스학파, 스토아학파, 회의주의학파 등에 속해 있는 철학자는 서로 다르거나 대립하는 학설들을 내세운다. 또한 동일한 학파 내에서조차 상이한 철학적 믿음들이 제출된다. 예컨대 신아카데미학파나 피론주의는 공히 회의주의학파이지만 몇몇 지점에서 이 두 학파는 격렬하게 부딪친다. 나아가 메타적인 물음으로서 사태를 정의하거나 규정할 수 있는 기준들을 산출하려는 시도 또한 각 학파나 철학자에 따라 의견의 불일치나 대립을 보인다. 결국 아그리파의 제1트로푸스에 의하면 "모든 의견의 불일치는 기준에 대한 의견의 불일치로 인도되고 이 의견의 불일치는 해소되지 않는다. 그런데 이 기준에 대한 의견의 불일치가 해결되지 않을 경우, 사람들은 기준을 사용할 수 없으며 따라서 모든 논쟁은 결정되지 않은 채로 있게 된다."[64]

철학사에는 상이하거나 심지어 대립하는 수많은 견해가 등장해왔고 앞으로도 그럴 것이다. 서로 다르거나 대립하는 철학적 견해를 찾아 제시한다는 것은 매우 손쉬운 일이다. 이를테면 성악설에 대해서는 성선설을, 무신론에 대해서는 유신론을, 이성론에 대해서는 경험론을 내세울 수 있을 것이다. 어떤 독단주의자가 자기가 내세운 주장이야말로 유일한 진리로 확립되어야 한다고 주장할 때, 피론주의자는 그것과는 상이하거나 대립하는, 무수히 많은 철학적 의견이나 믿음들이 존재해왔고 현재도 존재하고 있음을 제시할 수 있다. 설사 그것과 상이하거나 대립하는 견해를 발견할 수 없다 해도 그런 견해를 구성해내기는 그리 어려운 일이 아니다. 상반되는 믿음들이 존재한다는 사실에 직면할 경우 "서로 상반되는 의견 모두에 동의하는 것은 불가능하기 때문에"[65] 합리적인 사람이라면 어떤 의견을 받아들여야 할 것인지에 대한 판단을 유보해야 할 것이다. ("신이 존재한다."는 의견을 개진하면서도 동시에 "신은 존재하지 않는다."는 견해를 피력하는 사람이 있다면, 그런 사람은

---

64) Jonathan Barnes, *The Toils of Scepticism*, p.27. 아그리파의 후기 트로펜에 대한 설명과 분석으로는 반즈의 이 책이 탁월하다.
65) Sextus Empiricus, *PH* 3.33.

피하는 게 상책이다.) 아그리파의 제1트로푸스는 철학적 견해들의 상이성과 대립성으로 인해 철학의 단일한 정체성(正體性)이 확립될 수 없다는 것을 보여준다. 서로 다른 학파 간의 상이성이나 혹은 같은 학파 내에서의 의견들의 상이성, 상이성을 상이성으로서 규정할 수 있는 기준들의 상이성은 여기서 해결되지 않은 채로 남게 된다.

만약 제1트로푸스를 해결할 수 있다고 자신하는 사람이 있다면, 즉 상이한 철학적 의견들 가운데 자기의 의견이 진리임을 입증할 수 있다고 믿는 독단주의자가 있다면, 그는 그렇게 주장할 수 있는 근거를 제시해야 할 것이다. 그는 자기의 의견이 채택될 수 있는 정당한 기준을 요구받을 것이다. 그러나 제1트로푸스에서 벗어나기 위한 기준의 필요는 그를 제4트로푸스에 빠뜨리고 만다.

(2) 독단주의자의 의견의 채택을 위한 기준은 존재하거나 존재하지 않을 것이다. 기준이 아예 없다면 그는 하나마나한 주장을 한 셈이고, 그의 의견을 채택할 어떤 근거도 없기 때문에 그리고 여타의 상이한 의견들이 존재하기 때문에 우리는 판단을 유보해야 한다. 기준이 있다면, 이 기준은 증명되지 않은 것이거나 증명된 것이거나 둘 중의 하나일 것이다.

먼저 독단주의자가 자기 의견이 진리라는 것을 입증하기 위해 증명되지 않은 혹은 증명될 수 없는 어떤 기준을 논증의 제1 원리로서 설정할 경우, 피론주의자가 어떤 대응을 할지 우리는 짐작할 수 있다. 피론주의자는 등치를 이용해서 동등한 비중을 갖고 그것과 갈등을 일으키는 기준을 마찬가지로 제1원리로서 내세울 것이다. 증명을 결여한 기준을 참된 전제로서 인정할 경우 어떤 임의적인 기준도 동등한 권리를 갖고 참된 전제로서 등장할 수 있는데, 그 까닭은 여기서의 물음의 관건이 그 기준 자체의 참과 거짓에 관한 논의가 아니라 단지 자명한 기본 전제를 가정하는 데 있기 때문이다. 그래서 어떤 근거에 기초하지 않은 채 독단주의자가 '무조건' 자기 의견을 진리라고 우길 경우, 피론주의자는 동등한 권리를 갖고 '무조건' 그것이 거짓이라고 우길 수 있다. 이런 양상의 싸움이 벌어지면, 섹스투스 엠피리쿠스도 언급하고 있듯이, 양자는 모두 신뢰받을 수 없을 것이다. "[어떤 근거도 제시하지 않은 채] 그가 어떤 것에 대한 원인을 '무조건' 진술한다고 말할 경우, 그는 어떤 것에 대한 원인이란 존재하지 않는다고 '무조건' 단언하는 사람과 똑같이 신뢰를 받을 수 없을 것이다."[66]

기준에 대한 요구의 결여는 모든 기준에 대해 존립의 자유를 허용한다. 제1원리로서의 근거 제시를 요구받지 않는 곳에서 제1원리로서 주장하지 못할 것이 무엇이란 말인가![67] 예컨대 독단주의자가 자기가 꿈에서 들은 예언을 진리의 기준이라고 주장한다면, 피론주의자는 그의 예언이 거짓이라는 예언을 자기의 꿈에서 들었다고 주장하면서 자신의 예언을 진리의 기준이라고 말할 수 있다. 증명되지 않거나 증명될 수 없는 기준이란 이처럼 그것을 제1원리로서 주장하는 사람의 독단적인 전제 설정(hypothesis)임을 말해주는 것이다. 직관, 계시, 주관적 느낌, 믿음 등에 근거한 모든 진리 주장은 피론주의자가 이런 주장들을 신나게 무찌를 수 있는 여지를 자초하기 마련이다. 왜냐하면 피론주의자도 그것과 동등한 비중을 갖는 직관, 계시, 주관적 느낌이나 믿음 등에 호소할 수 있기 때문이다. 기준에 대한 근거를 결여한 곳에서는 그 기준을 반박할 수 있는 여지가 원리적으로 발생한다.

---

66) *PH* 3.23.
67) *PH* 1.73-4 참조. 섹스투스 엠피리쿠스에 의하면, 어떤 것을 증명하지 않은 채 직접적으로 전제하는 것이 타당하다면 결론을 증명하기 위해 어떤 것을 전제하는 것은 요령 없는 짓이다. 왜냐하면 문제가 되고 있는 것을 직접적으로 자명한 것으로 전제해버리면 그만이기 때문이다. 그러나 이런 섹스투스 엠피리쿠스의 서술은 엄밀히 말해서 철학적 학문의 성립 가능성을 의심하는 회의적 논변 형식으로서의 제4트로푸스에 적합하지 않은 것 같다. 예컨대 "소크라테스는 죽는다."를 증명하려고 할 경우, 섹스투스 엠피리쿠스는 "모든 사람은 죽는다."를 전제로 삼을 것이 아니라 "소크라테스는 죽는다."를 직접 전제하면 될 것이 아니냐고 말할 것이다. 그러나 "소크라테스는 죽는다."를 전제로 삼는다고 해서 "모든 사람은 죽는다."가 도출되지 않는다. 반대로 "모든 사람은 죽는다."를 직접적으로 전제로 삼을 경우, "소크라테스는 죽는다."는 연역적으로 도출된다. 제4트로푸스의 제1원리란 이렇게 여타의 것이 그로부터 도출될 수 있는 최후의 지점에 대한 논변과 연관된다. 다시 말해서 독단주의자들은 어떤 원리로부터 추론될 수 있는 것을 독단적으로 가정하지 않는다. 따라서 제4트로푸스는 섹스투스 엠피리쿠스에서처럼 임시적인 가설이 아니라 독단적인 전제 설정으로 해석되어야 한다. 단순한 임시적 가설로 제4트로푸스를 간주할 경우, 그것은 이런 가설의 정당성을 요구하는 무한진행의 논변(제2트로푸스)에 빠지고 말 것이다. 그러므로 사실상 제4트로푸스에서의 가설이란 증명을 더 이상 수행할 수 없는 학문의 최초의 혹은 최후의 지점과 연관된다고 보아야 한다.

독단주의자가 증명 요구의 막다른 골목에 몰리면, 자신이 설정한 논증의 제1원리를 그 자체의 정당성을 논의의 대상으로 삼을 수 없으면서도 자명한 근본 원리로서 인정할 수밖에 없다고 주장하곤 한다.[68] 그러나 이렇게 되면 피론주의자도 똑같은 권리를 획득한다. 그도 반대되는 제1원리를 설정하면서 똑같이 그것은 그 자체의 정당성을 논의의 대상으로 삼을 수 없으면서도 자명한 근본 원리로서 인정된다고 주장할 것이다. 독단주의자는 자신의 제1원리에 대한 근거를 결여하고 있기 때문에 상대방에게도 근거를 결여하고 있는 제1원리를 허용할 수밖에 없다. 즉 독단주의자는 피론주의자에게 왜 그것이 제1원리인가 하고 따질 수가 없는 것이다. 따지지 말 것을 본인이 먼저 주문했기 때문이다. 그리하여 상반되는 기준이 동등한 권리를 갖고 제출될 경우, 그것은 증명이 아니라 단순한 확언의 수준에 머물러 있는 것이고 결국 우리는 판단을 유보할 수밖에 없을 것이다. 이것이 아그리파의 제4트로푸스이다. 증명되지 않거나 증명될 수 없는 어떤 근본 전제가 정당한 것으로 용인된다면 그 반대 전제도 동등한 권리를 가지고 용인될 수밖에 없다는 것을 보여줌으로써 아그리파의 제4트로푸스는 자명한 (것으로 설정된) 전제에 기초하고 있는 모든 독단적인 지식론을 공격한다고 볼 수 있다.

(3) 제4트로푸스에 의해 독단주의자가 기준에 대한 증명을 결여했을 경우 그것은 단순한 자기 확신에 불과하다는 점이 드러났다. 이제 독단주의자에게 선택지는 하나밖에 남아 있지 않다. 그는 자기 기준에 대한 증명을 해야 하는 것이다. 그런데 독단주의자가 기준에 대한 증명을 제시할 경우, 피론주의자는 "그 증명은 다시 어떤 기준에 의해 증명되는가?" 하는 물음을 제기할 수

---

68) 반즈에 의하면, 제4트로푸스의 제1원리란 플라톤의 발견적인 전략의 맥락에서 어떤 것을 가정하는 것이 아니라, 아리스토텔레스의 증명적 행위의 의미에서 어떤 것을 가정하는 것이다. 즉 제4트로푸스에서의 가정이란 진리 탐구의 어떤 중간지점이 아니라 진리를 증명하는 데 있어 최초의 지점이나 최후의 지점을 가리킨다. 반즈는 제4트로푸스의 가정들이란 따라서 플라톤에서처럼 잠정적으로 지지될 수 없는 것이 아니라 아예 필연적으로 지지될 수 없는 것을 의미한다. Jonathan Barnes, *The Toils of Scepticism*, pp.90-5 참조. 그러나 철학사를 보면 제1원리가 꼭 그런 식으로 가정된 것만은 아니다. 이에 대한 반론으로는 Heinz Röttges, *Dialektik und Skeptizismus: Die Rolle des Skeptizismus für Genese, Selbstverständnis und Kritik der Dialektik*(Frankfurt am Main: Athenäum, 1987), p.142 참조.

있다. 이 물음에 대해 독단주의자가 그 증명 기준이 증명되지 않거나 증명될 수 없다고 말한다면, 그는 앞의 독단적인 전제 설정의 논변 형식에 빠질 것이다. 반대로 그 증명 기준이 증명된다고 말한다면, 다시 "그 증명의 기준은 무엇인가?" 하는 무한하게 지속적인 물음에 답해야 하는 곤경에 처하게 될 것이다. 이렇게 해서 그는 제시된 기준에 대한 기준의 근거를 요구받는 무한진행(apeiros)의 논변 형식에 빠진다. 아그리파의 제2트로푸스는 어떤 의견이나 주장을 옹호하기 위해 제시된 증명 기준 역시 그것에 대한 증명 기준을 제시하지 않으면 안 된다는 무한소급의 논변 형식이다. 이것은 단순히 증명 기준에 한정되지 않는다. 그것은 증거나 근거에서도 마찬가지다. 독단주의자가 자기주장을 정당화하기 위해 어떤 증거나 근거를 제시할 경우에도 피론주의자는 그 증거나 근거에 대한 증거와 근거를 계속해서 물을 수 있는 것이다. 무한진행의 논변 형식에 의하면, 근거를 찾는 과정은 무한히 진행되고 따라서 어떤 의견에 대한 최종적인 근거를 제시하기란 불가능하다. 무한소급의 논변 형식은 철학자들이 논증의 최후의 지점을 제시할 수 없는 난점을 드러낸다. 그리고 최후의 지점을 확보하는 데 실패한다는 것은 곧 "우리가 논증에서 최초의 출발점을 확보하지 못한다."[69]는 것을 의미한다.

그렇다면 어떤 철학적 의견에 대한 근거를 무한하게 소급해서 추적해야 할 경우, 왜 논증의 최후의 혹은 최초의 지점을 발견하는 것이 불가능한가? 왜냐하면 어떤 누구도 "이런 무한 계열의 근거를 전부 조사하는 것은 불가능"[70]하기 때문이다. 인간은 유한하다. 유한한 생명체가 무한수의 근거를 추적할 수는 없는 노릇이다. 따라서 독단주의자가 피론주의자의 집요한 물음 앞에서 무한소급(regress ad infinitum)의 증명을 시도한다면 그는 불가능한 일로 자신을 괴롭히는 셈이 되는 것이다.[71] 독단주의자가 자기 의견이 참임을 증명할 수 있는 기준을 제시하고자 할 경우, 이 기준에 대한 증명 과정의 요구는 무한하게 계속될 수 있기 때문에 그는 결국 논증의 최초의 혹은 최후의 지

---

69) Sextus Empiricus, *PH* 1.167.
70) Jonathan Barnes, *The Toils of Scepticism*, p.47.
71) Sextus Empiricus, *PH* 2.204 참조.

점에 다다를 수가 없다. 근거는 언제나 뒤로 밀리며, 어떤 최종적 근거도 확보할 수 없는 상황에서 우리는 판단을 유보하지 않으면 안 된다.

(4) 독단주의자는 진퇴양난에 빠진 듯하다. 그는 자기의 철학적 의견에 대해 증명을 하지 않을 수도 없고 그렇다고 증명을 할 수도 없는 난감한 처지에 놓이게 되었기 때문이다. 증명을 하지 않고 자기 의견을 진리라고 주장할 경우 제4트로푸스인 독단적인 전제 설정의 논변 형식에 걸려들 것이다. 그렇다고 증명을 한다고 해서 더 나아질 것도 없다. 증명을 할 경우 이제 그는 제2트로푸스인 무한진행의 논변 형식에 걸려들고 말 것이기 때문이다. 이런 상황에서 그가 선택할 마지막 대안은 하나밖에 없는 것 같다. 무한소급에 빠지지 않으면서도 독단적 전제를 설정하지 않기 위해 독단주의자가 채택하는 대안이 바로 순환 논증(diallelos)이며, 제5트로푸스는 이런 순환 논증에 관한 논변 형식이다. 순환 논증이란 A를 증명하기 위해 B를 끌어대고 B를 증명하기 위해 A를 끌어대는 논증 방식을 말한다. 가령 닭의 원인은 달걀이고 달걀의 원인은 닭이라는 식의 논증이다. 순환 논증에서 제시된 근거는 얼핏 새로운 근거처럼 보이지만 사실상 이미 이 근거에 의해 근거가 제시된 것의 근거일 뿐이다. 물론 독단주의자가 순환 논증에 의존할 때 소박하게 두 개의 관계항만을 동원하지는 않는다. 그는 근거 R1의 근거를 제시하기 위해 근거 R2를 제시하고, 다시 근거 R2의 근거를 제시하기 위해 R2의 근거로 제시되었던 R1을 제시하는 단순한 형식만을 취하지 않는다. R1에서부터 Rn까지의 많은 매개항을 거쳐도 결국 다시 Rn의 근거로 R1이 제시된다면 그것은 순환 논증이다.[72)]

섹스투스 엠피리쿠스는 삼단논법(syllogism)을 전형적인 순환 논증의 예로 들고 있다.[73)] 간단히 말해서, 가령 "R1 : 소크라테스는 죽는다."의 근거는 "R2 : 모든 사람은 죽는다."는 것이지만, "R2 : 모든 사람은 죽는다."의 근거는 "R1 : 소크라테스는 죽는다."라는 개별적 사례의 축적인 것이다. 이렇게

---

72) 반즈는 단지 두 개의 항만을 갖는 순환 논증을 특별히 상호 논증(reciprocal arguments)이라고 부른다. 따라서 모든 상호 논증은 순환 논증이지만, 순환 논증이라고 해서 다 상호 논증은 아니다. Jonathan Barnes, *The Toils of Scepticism*, p.61 참조.

73) Sextus Empiricus, *PH* 2.193-203 참조.

귀납추론과 연역추론은 서로 맞물려 있고, 돌고 도는 순환을 형성한다. 순환 논증은 삼단논법에서 전제와 결론의 순환적 추론뿐만 아니라 논증의 기준과 논증의 관계에서도 발생한다.[74] 논증의 어떤 기준이 확증되기 위해서는 어떤 논증을 기다리지 않으면 안 되는데, 이 논증 또한 확증되기 위해서는 다시 어떤 기준을 기다리지 않으면 안 되기 때문이다. 그리하여 독단주의자들은 논증의 기준과 논증 사이를 왔다 갔다 할 수밖에 없다. 그런가 하면 순환 논증은 원인과 결과의 개념에서도 발생한다.[75] 원인을 생각하기 위해서는 결과를 먼저 파악하지 않으면 안 되고, 결과를 인식하기 위해서는 먼저 원인을 알고 있지 않으면 안 된다. 즉 원인이란 결과를 산출하는 것이며, 결과는 원인에 의해 산출되는 것이다. 개념적 정의(定義)에 비추어보면, 이렇듯 원인과 결과라는 개념은 상호 순환적인 관계를 맺고 있고, 따라서 독자적인 원인 자체와 결과 자체를 생각한다는 것은 불가능하다.

순환의 논변 형식은 비록 많은 매개항을 거친다 해도 어떤 주장에 대한 결론적인 근거를 제시하기 때문에, 무한진행의 논변 형식과는 달리 최초의 혹은 최후의 근거를 제출하고 있으며 따라서 논증의 무한소급으로 인한 난점을 발생시키지 않는다. 또한 독단적 전제 설정의 논변 형식과 달리 이유를 제시하고 있어서 자의적인 전제라는 혐의로부터도 벗어나 있다. 이런 멀쩡한 외양을 지니고 있기 때문에 순환의 논변 형식은 여타의 트로펜 중에서도 가장 고약한 것이다. 그것은 무한진행의 논변 형식처럼 최초의 혹은 최후의 근거를 지목할 수 없거나 혹은 독단적 전제 설정의 논변 형식처럼 근거를 결여하고 있기 때문이 아니라, 상충하는 명제나 기준, 증거, 근거들 중에서 어떤 것이 인식적 우선권(epistemic priority)을 가지느냐를 결정할 수 없기 때문에 문제를 야기한다. 아그리파의 제5트로푸스에 의하면, 독단주의자는 근거 R1과 근거 R2 가운데 어느 것이 최종적인 근거가 될 수 있는지를 결정할 수 없고, 결정한다면 다시 제4트로푸스(독단적인 전제 설정의 논변 형식)나 제2트로푸스(무한진행의 논변 형식)에 걸려들기 때문에, 근거 R1에서 근거 R2로

---

74) *PH* 2.20 참조.
75) *PH* 3.20-2 참조.

갔다가 다시 R2에서 R1으로 가는 끊임없는 공전의 운동을 하면서 제4트로 푸스와 제2트로푸스를 모면하려 할 뿐이다. 독단주의자는 근거와 이 근거의 근거 사이를 오가는 지루한 교체를 행하면서 근거를 요구하는 피론주의자를 제풀에 지치게 할 속셈이다.

그러나 독단주의자가 근거와 이 근거의 근거 사이에서 끊임없는 이행을 하는 데 그칠 수밖에 없다면, 그는 "… 경쟁하는 두 개념 가운데 어떤 것이 우선권을 갖는지를 말할 수 없을 것이다."[76] 그렇다면 결국 이런 미결성성의 상태 앞에서 그는 판단을 유보하지 않을 수 없다. 그러므로 사실상 그의 계책이란 단지 제4트로푸스와 제2트로푸스에 빠지지 않기 위한 지연술에 지나지 않았던 것이다. 그가 자기주장에 대한 근거를 요구받는 이유는 그 주장이 아직 명확히 알려지지 않은 것이기 때문이었다. 그런데 그가 제시한 그 주장의 근거가 바로 이 근거를 필요로 했던 이전의 근거에 호소하는 것이라면, 결국 순환 논증의 계책이란 "알지 못하는 것에 의해서 알지 못하는 것을 가르치는 것과 마찬가지다."[77] 말하자면 독단주의자는 실상은 둘 다 모르면서 둘 다 아는 체를 했던 것이다. 그는 닭과 달걀 중 어느 것이 논리적으로 참된 근거인지를 알지도 못하면서 다 아는 듯이 행세한 것이다. 제5트로푸스에 의해 독단주의자의 술책이 탄로 났을 경우, 그가 취할 대안은 제4트로푸스나 제2트로푸스밖에는 없다. 그러나 이 대안들이 막혀 있다는 점은 앞에서 밝혀졌다.

(5) 아이네시데모스의 전기 트로펜이 모두 관계성의 논변 형식(제8트로푸스)으로 수렴되었듯이, 아그리파의 후기 트로펜 역시 모든 것은 타자와의 관계 속에서(pros ti) 존립한다는 관계성의 논변 형식으로 귀착된다. 이 관계성의 논변 형식이 아그리파의 제3트로푸스이다. 아이네시데모스의 제8트로푸스와 아그리파의 제3트로푸스는 별반 차이가 없다. 아그리파의 제3트로푸스역시 다른 트로펜의 결과에 의해서 자기 자신의 구체적인 준거를 확보하는

---

76) *PH* 3.22. 이런 끊임없는 이행이 악순환의 특징일 것이다. 그렇다면 선순환과 악순환을 구분하는 중요한 기준이 끊임없는 이행이냐 아니냐가 될 것이다. Jonathan Barnes, *The Toils of Scepticism*, pp.85-7 참조. 반즈에 의하면 "인식적 우선권이 이행적인 아닌 경우에만 순환성은 용인될 수 있다."(p.87)

77) Sextus Empiricus, *M* 8.86.

결과적인 상위의 트로푸스라고 할 수 있다.

관계성의 논변 형식은 지각된 것이나 사고된 것이나 간에 모든 규정된 것은 결국 타자와 관련을 맺는 대타적인 것이며, 따라서 상대적인 현상에 불과하다는 것을 보여준다. 아그리파는 어떤 규정된 것 혹은 유한한 것을 절대적인 것으로 주장하는 독단적인 철학이 왜 독단적인가를 제3트로푸스를 통해 밝혀준다. 모든 규정된 것이 타자를 긍정하든 부정하든 타자와의 관계 속에 놓여 있고 그렇기에 본질적으로 모든 규정이란 빠짐없이 관계 속에서만 존립할 수 있기 때문에, 사실상 유한한 규정을 즉자적이고 독립적인 진리로 내세운다는 것은 독단적이라고 할 수밖에 없는 것이다. 이렇게 모든 것이 관계적이라면 대상의 참된 본성과 관련해서 독단주의자는 필연적으로 판단을 유보해야 할 것이다.

위에서 고찰한 것처럼, 전기 트로펜과는 달리 아그리파의 다섯 가지 후기 트로펜은 단순히 병렬적인 나열에 그치지 않고 자체 내에서 논리적이며 유기적인 질서를 갖는다. 특히 제2트로푸스(무한진행의 논변 형식)와 제4트로푸스(독단적인 전제 설정의 논변 형식)와 제5트로푸스(순환의 논변 형식)는 매우 긴밀한 연관관계에 놓여 있다. 이것들이 거의 한 조(組)처럼 논리적으로 연결되어 있다는 것은 내가 위에서 서술한 방식과는 달리 다섯 가지 트로펜을 구성할 수 있다는 것을 뜻한다. 즉, 꼭 제4트로푸스에서 제2트로푸스를 거쳐 제5트로푸스로 진행될 필요가 없다는 것이다. 헤겔이 『철학사 강의』에서 서술하고 있듯이, 독단주의자들은 무한진행의 논변 형식을 벗어나기 위해서 독단적인 전제 설정의 논변 형식으로 이행하고, 그 다음 이 두 논변 형식을 벗어나기 위해 순환의 논변 형식을 채택할 수도 있다.[78] 또는 원한다면, 순환의 논변 형식을 먼저 채택하고 그 다음 무한진행의 논변 형식으로 진행한 후, 이 두 논변 형식을 벗어나기 위해 독단적인 전제 설정의 논변 형식을 채택해도 무방하다. 우리는 어떤 방식이든지 이 세 가지 트로펜 간의 논리적 관계를 매우 훌륭하게 설명하고 있다고 인정할 수 있다. 따라서 무한진행의 논변 형식과 독단적인 전제 설정의 논변 형식이 불가피한 대안으로 작용하지

---

78) Georg W. F. Hegel, *VGP Ⅱ*, pp.388-93 참조.

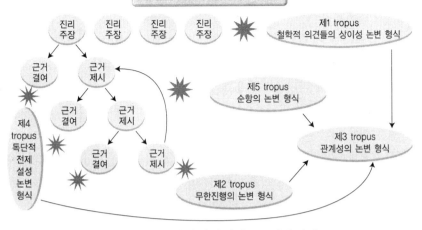

그림 3. 아그리파의 다섯 가지 트로펜의 관계

않는 것처럼, 무한진행의 논변과 순환의 논변 형식 역시 불가피한 대안으로 작용하는 것은 아니다. 그러나 어떤 식으로 아그리파의 트로펜을 재구성하든 지 그것이 훌륭한 서술이 될 수 있다는 점은 특히 독단적인 전제 설정의 논변 형식과 무한진행의 논변 형식과 순환의 논변 형식이 분리될 수 없을 만큼 긴밀하게 연결된 논변 형식들이라는 사실을 말해준다.[79] 이 세 가지 트로펜의 긴밀성은 우연적으로 구성된 것이 아니며, 실상은 모든 독단주의를 파괴하기 위해 정치하게 마련된 피론주의의 그물망이라고 보아야 한다. 그래서 반즈의 표현을 빌리면 "… 이 세 가지 논변 형식의 체계야말로 아그리파 회의주의의 철학적 핵심인 것이다."[80]

아그리파의 트로펜의 여러 예비적 전조들을 우리는 아이네시데모스의 열

---

79) 알베르트 역시 무한소급, 논리적 순환, 자의적으로 무한진행을 중단시키는 진행 중단(the breaking-off of the process)이 얼마나 긴밀하게 연결되어 있는가를 보여주면서, 이것들을 '뮌히하우젠 트릴레마'로 명명한 바 있다. Hans Albert, *Treatise on Critical Reason*, pp.18 이하 참조.

80) Jonathan Barnes, *The Toils of Scepticism*, p.119. 그는 이어서 다음과 같이 말한다. "이 체계는 고대 피론주의의 이런 측면에 있어 인식론적으로 가장 중요하고 가장 도전적인 것을 전해준다."

가지 트로펜에서 확인한 바 있다. 이것은 피론주의자들의 이론이 일련의 발전사적 진행을 거치며 세련되고 정련되어갔다는 것을 방증하는 것이기도 하다. 아그리파의 다섯 가지 트로펜은 최고로 정련된 철학적 회의주의의 이론이며, 모든 독단주의를 물리치는 치명적인 무기로서 등장하고 적용된다. 특히 저 핵심적인 세 가지 트로펜은 말할 것도 없다. 아그리파는 정밀하면서도 체계적인 논변 형식을 창안함으로써 독단주의자들이 빠져나갈 수 있는 모든 길을 봉쇄하였다. 다른 식으로 표현한다면, 피론주의자들은 아그리파의 다섯 가지 트로펜을 손에 넣음으로써 독단주의의 요새를 마음껏 유린할 수 있게 된 것이다. 이렇게 해서 진리를 정초하려는 독단주의자들에게는 풀이를 기대하기 어려운 철학적 수수께끼가 제출된 것이다.

4. 아그리파의 트로펜의 적용의 한 사례: 귀납법과 연역법에 대한 비판

아그리파의 트로펜은 모든 독단적인 진리 주장에 대해 주효하다. 앞에서 간단하게 언급한 바 있지만, 그것들의 파괴성은 단적으로 귀납법과 연역법에 대한 비판을 통해서도 확인할 수 있다. 아그리파의 트로펜은 전통적인 정당화 방식에 의해서는 참다운 근거 제시가 불가능하다는 것을 보여준다. 같은 말이지만 이것은 형식논리학에 의해 최후의 근거를 확립할 수 없다는 것을 뜻한다.

(1) 귀납 논증이란 많은 개별적 사례를 관찰하고 조사한 뒤에 이런 사례들을 종합해서 일반화된 결론을 이끌어내는 추론 방식이다. 귀납법의 가장 단순한 예는 다음과 같은 것이다.

R1 : 소크라테스는 죽었다.
R2 : 플라톤은 죽었다.
R3 : 아리스토텔레스는 죽었다.
R4 : 데카르트는 죽었다.
R(n) : …

C : 그러므로 모든 사람은 죽는다.

이렇게 귀납 논증에 의해 일반적인 주장을 도출해낼 경우, '모든'으로 시작하는 일반화된 결론이나 주장은 '소크라테스', '플라톤' 등의 단일 개체에 속하는 무수한 개별 사례의 축적에 의해 그것이 참임을 보장받으려 한다. 즉 일반화된 결론 "C : 모든 사람은 죽는다."는 "R1 : 소크라테스는 죽는다."와 "R2 : 플라톤은 죽는다." 등의 무한한 개별 사례를 제시함으로써 정당화된다.

귀납 논증을 사용함으로써 우리는 새로운 정보를 획득할 수 있다. 소크라테스, 플라톤 등 개별적인 인간들의 사망을 관찰하고 열거함으로써 이제 우리는 개별적인 인간을 넘어 모든 사람의 사망이라고 하는, 개별 사례들의 관찰만으로는 이전에 알 수 없었던 새로운 정보를 얻는다. 귀납 논증이 전제보다 결론에 더 많은 정보를 포함하고 있다는 점은 곧 전제가 줄 수 없었던 새로운 내용을 귀납 논증이 우리에게 줄 수 있다는 것을 의미한다. 귀납 논증을 통해 우리는 경험에서 오는 낱낱의 사례에 머물지 않고 세계에 관한 일반 법칙을 발견할 수 있다. 예를 들어 코페르니쿠스는 천문 관측을 통해 축적한 수많은 개별 사례에 대한 자료를 정리하는 과정에서 태양계에 관한 일반 법칙을 발견해내었다.

그렇지만 귀납 논증은 전제가 참일지라도 그 전제로부터 도출된 결론의 참을 논리적으로 보장하지는 못한다. 앞의 귀납 논증의 예에서 결론 "C : 모든 사람은 죽는다."는 절대적 필연성을 가질 수 없다. 왜냐하면 우리가 "모든 사람은 죽는다."는 결론이 보편적인 참임을 증명하기 위해서는 아프리카에서부터 알래스카에 이르는 지구상의 모든 인간을 조사해야 하고, 또한 과거, 현재, 미래의 인간의 수명까지 조사해야 할 판인데, 이것들을 전부 조사하는 일은 우리 유한한 인간에게는 불가능한 과제이기 때문이다. 섹스투스 엠피리쿠스는 귀납법의 이런 난점을 다음과 같이 지적하고 있다. "특수한 사례들이란 무한하고 한계가 없는 것이어서 그것들을 모두 조사한다면, 그것은 불가능한 일로 고생하는 꼴이 될 것이다."[81] 귀납 논증은 아그리파의 제2트로푸스(무한진행의 논변 형식)에 걸려드는 것이다.

---

81) Sextus Empiricus, *PH* 2.204.

만약 이 트로푸스를 벗어나기 위해 모든 특수 사례가 아니라 몇몇 특수 사례에 의존한다면 어떻게 될까? '몇몇' 특수 사례에 의존하고 있다는 것은 그 자체 이미 이 논증에 의해 우리가 보편적인 결론을 도출할 수가 없음을 인정하는 것과 같다. "그런데 우리가 몇몇 특수 사례들을 조사할 경우, 귀납법에서 몇몇 사례들을 생략하는 것이고, 이것은 [결론의] 보편에 위배될 수 있는 것이기 때문에 귀납법은 허약한 것이 될 것이다."[82] 우리가 귀납 논증을 이용할 경우, 무한진행의 논변 형식에 걸리거나 아니면 특수 사례에서 보편적인 결론에로 논리적 비약을 감행하는 수밖에 없다. 그러나 어느 지점에서 논리적인 비약에 의해 보편적인 결론을 도출한다는 사실은 이렇게 해서 도출된 결론이 원리적으로 개연성의 수준을 벗어날 수 없다는 것을 함축한다. 말하자면 귀납 논증에서 도출된 결론의 필연성을 주장하는 사람이 있다면 그는 제4트로푸스(독단적인 전제 설정의 논변 형식)에 빠지는 것이다. 귀납 논증에 의해 도출된 결론은 절대적인 확실성의 지위를 가질 수 없다. 그것은 축적된 개별 사례의 양에 따라 사실상 '거의 모든', '대부분', '어느 정도'라고 하는 개연성만을 줄 뿐이다. 개연성이란 확실하지는 않지만 아마도 그럴 것이라고 여겨지는 정도를 말한다. 다시 말해서 귀납 논증에 의한 도출된 결론은 "아마도 그럴 것이다."라는 확률을 가리킬 뿐이다.

(2) 귀납 논증은 전제가 결론에 대해 근거를 제공하기는 하나 개연적인 근거만을 제공할 수 있을 뿐이다. 전제가 참이더라도 결론이 반드시 참이 되는 것은 아니다. 반면 연역 논증은 전제가 참일 경우 결론이 반드시 참이 되는 논증이다. 타당한 연역 논증에서는 결론이 절대적인 필연성을 가지고 전제로부터 도출된다. '타당하다(valid)'는 말은 전제가 참일 때 결론이 반드시 참이 된다는 의미이다. 연역 논증의 가장 간단한 예는 다음과 같은 것이다.

R1 : 모든 사람은 죽는다.
R2 : 소크라테스는 사람이다.
———————————————————
C : 소크라테스는 죽는다.

---

82) 같은 곳. 이것은 일반화의 오류를 말한다.

이 논증은 두 개의 전제와 하나의 결론으로 구성된 간단한 것이다. 대전제인 "R1 : 모든 사람은 죽는다."가 참이라면, 그리고 소전제인 "R2 : 소크라테스가 사람이다."가 참이라면, 결론 "C : 소크라테스는 죽는다."는 반드시 참이 된다. 왜 전제가 참이라면 결론은 반드시 참이 되는가? 그것은 연역 논증의 결론이 이미 전제에 포함되어 있기 때문이다. 앞의 예에서 대전제인 "R1 : 모든 사람은 죽는다."는 "C : 소크라테스는 죽는다."는 결론을 이미 자체 내에 포함하고 있다. 달리 말한다면 연역 논증에서는 전제가 결론보다 더 많은 정보를 가지고 있는 것이다. 따라서 연역 논증에서 전제로부터 결론을 도출하는 데에는 어떤 논리적 비약도 없다.

귀납 논증에서는 원리적으로 논리적 비약이 행해질 수밖에 없는데, 그것은 귀납 논증이 더 적은 정보의 전제에서 더 많고 새로운 정보의 결론으로 나아가고자 하기 때문이다. 그 대가로 귀납 논증의 결론은 개연성의 지위만을 가졌다. 반면 연역 논증에서는 전제로부터 결론의 도출 과정에 어떤 논리적 비약도 없다. 전제가 참이라면 연역 논증의 결론은 참이라는 필연성을 갖는다. 그러나 연역 논증이 논리적 비약을 하지 않으며 그 결론이 필연성을 갖는다는 것은 연역 논증이 어떤 새로운 정보 내용도 우리에게 제공하지 않는다는 것을 말해주는 것이기도 하다. "R1 : 모든 사람이 죽는다."는 것을 알고 있는 사람에게 "C : 소크라테스는 죽는다."는 결론은 전혀 새로운 정보가 아니다.

귀납 논증이 논리적 비약을 행함으로써 개연적인 지식의 확장을 꾀하고 있다면, 연역 논증은 확실한 증명력을 가짐으로써 필연적인 지식의 명료성을 꾀한다고 말할 수 있다. 귀납 논증이 세계에 관한 우리의 지식을 넓힐 수 있게 해주는 반면 그 지식의 확실성 정도에 있어서는 개연성에 머무른다면, 연역 논증은 세계에 관해 우리의 지식을 넓혀주지는 못하지만 우리의 지식을 좀 더 구체적이고 명료하게 이해할 수 있도록 만들어준다.

그런데 이렇게 연역 논증에 의해 더 이상 의심할 수 없는 참된 결론을 이끌어낼 수 있다면 피론주의자를 무력화하는 데에 성공할 수 있지 않을까? 논증에서 참된 전제가 확보된다면 그리고 그 논증이 타당하다면, 참된 결론이 도출될 것이고, 이것은 그 어떤 의심과 반박도 이겨낼 수 있을 것이다. 그렇다면 연역 논증에서 가장 중요한 것은 참된 전제를 확보하는 데에 있을 것이다.

참된 전제가 확보된다면 그리고 그것이 타당한 논증이라면, 참된 결론을 이끌어낼 수 있기 때문이다.

그런데 문제는 타당한 연역 논증에 의해서는 참된 전제로부터 참된 결론의 도출 과정만을 보장할 수 있을 뿐, 참된 결론을 이끌어낼 수 있는 "참된 전제를 어떻게 우리가 획득할 수 있는가?"의 과제는 해결되지 않은 채로 남는다는 데에 있다. 연역 논증에서 관건은 참된 전제로부터 참된 결론의 도출이 아니라 "어떻게 참된 전제를 확보할 것인가?"에 있다고 볼 수 있다. 예컨대 대전제 "R1 : 모든 사람은 죽는다."로부터 결론 "C : 소크라테스는 죽는다."를 도출하는 데에는 아무런 논리적 비약도 없다. 전제로부터 결론의 도출은 하등 문제가 없다. 그러나 어떻게 우리는 "R1 : 모든 사람은 죽는다."는 명제를 참인 전제로서 설정할 수 있게 되었을까? 사실상 연역 논증에서 전제가 되는 "R1 : 모든 사람은 죽는다."는 것은 "C : 소크라테스는 죽는다."를 포함해서 "플라톤은 죽는다", "…는 죽는다"는 개별 사례들의 축적에 의해서만 정당화될 수 있는 것이다. 엄밀히 말해서 연역 논증의 전제는 귀납 논증의 결과로서 생긴 일반화된 명제를 전제로 삼고 있는 셈이다. 연역 논증에서 전제는 연역 논증 자체에 의해 확립되지 못하고 귀납 논증의 힘을 빌려야 한다. 연역 논증에서의 전제 "R1 : 모든 사람은 죽는다."는 결론 "C : 소크라테스는 죽는다."를 포함한 무수한 개별적인 사람의 사망 사례에 의해 지지된다. 그런가 하면 이제 결론 "C : 소크라테스는 죽는다."는 전제 "R1 : 모든 사람은 죽는다."에 의해 도출된다. 이것은 전형적인 제5프로푸스(순환의 논변 형식)에 해당된다. 연역법을 검토한 후 섹스투스 엠피리쿠스는 다음과 같은 결론을 내리고 있다. "연역법을 구사하는 사람들은 각각의 특수한 것들에 의거하여 귀납적으로 보편적인 명제를 확립하고, [다시] 이 보편적인 명제로부터 [삼단논법을 통해] 연역적으로 특수한 명제를 확립해내기 때문에 순환 논증에 빠지고 만다."[83]

연역 논증의 전제가 귀납 논증에 의존하고 있으며 따라서 순환의 논변 형식에 빠지고 만다는 섹스투스 엠피리쿠스의 지적은 귀납 논증에서 나타났던 문제가 연역 논증에서도 그대로 상존할 수 있다는 것을 시사한다. 연역 논증의

---

83) Sextus Empiricus, *PH* 2.196.

대전제는 대부분 개별적인 사례의 축적으로부터 도출된 일반화된 원칙이기 때문에 그것이 절대적인 참임을 보장할 방도가 없다. (이것이 절대적인 참임을 증명하려는 시도는 다시 아그리파의 제2트로푸스나 제4트로푸스에 빠질 것이다.) 전제로부터 결론을 도출하는 논증의 과정이 타당하다고 하더라도 설정되어 있는 전제 자체의 정당성에 대해 우리는 언제나 의문을 제기할 수 있다.

아그리파의 트로펜은 이처럼 형식논리학에 기초한 모든 근거 설정의 시도가 독단적임을 시사해주고 있다. 달리 해석한다면, 이것은 형식논리학에 기초한 추론이나 논증의 한계를 반성하지 않고서는 이 트로펜에 제대로 대응하기란 매우 어렵다는 것을 알려주는 것이기도 하다. 아그리파의 트로펜은 결국 어떤 논증을 택하든 거기에서 도출되는 주장이 참이라는 데 대해서 우리가 판단을 유보해야 한다는 것을, 말하자면 어떤 진리 주장에 대해서도 우리는 의심을 제기할 수 있다는 것을 보여준다.

5. 여타의 트로펜

섹스투스 엠피리쿠스는 아이네시데모스의 열 가지 트로펜과 아그리파의 다섯 가지 트로펜 이외에 두 가지 트로펜을 더 소개하고 있다. 이 트로펜 역시 아그리파가 고안했다고 전해지나 확실하지는 않다.[84] 이 두 가지 트로펜은 진리 주장의 매개를 문제 삼음으로써 구성된다. 이것들은 다음과 같이 간략하게 서술될 수 있다.

⑴ 모든 것은 그것 자체를 통해서 혹은 다른 것을 통해서 파악된다. 그러나 그것 자체를 통해서건 혹은 다른 것을 통해서건, 그 어떤 것도 파악되지 않는다. 그 어떤 것도 그것 자체를 통해서 파악되지 않는 이유는 철학자들마다 의견이 갈리며, 각자 자기의 의견을 고수하기 때문이다. "제시된 것이 지각의 대상이건 사고의 대상이건, 그것은 논쟁의 대상이다. 어떤 사람들은 지각의 대상만이 참이라고 말하는가 하면, 다른 사람들은 사고의 대상만이 참이라 말하고, 또 다른 사람들은 몇몇 지각 대상과 사고 대상이 참이라고 말하

---

84) Jonathan Barnes, *The Toils of Scepticism*, p.117 참조.

기 때문이다."[85] 이렇게 각자 자기의 철학적 의견만을 내세운다면 철학적 의견의 불일치는 해소될 수 없을 것이다. 앞에서 서술한 아그리파의 다섯 가지 트로펜에 비추어본다면 이것은 제1트로푸스(철학적 의견들의 불일치의 논변 형식)에 해당한다. 철학적 의견들의 불일치는 당연히 우리를 판단유보로 인도하게 될 것이다.

(2) 그 어떤 것도 그것 자체를 통해서 파악되지 않는다면, 그것은 다른 것을 통해서 파악되어야 할 것이다. 그러나 이렇게 되어도 사정은 나아지지 않는다. "대상이 어떤 다른 것을 통해 파악될 경우, 이 다른 것 자체가 항상 어떤 다른 것을 통해 파악되어야 하기 때문에 우리는 순환의 논변 형식이나 무한진행의 논변 형식에 연루된다."[86] 이렇게 어떤 것이 다른 것을 통해 파악되어야 할 경우, 아그리파의 제5트로푸스(순환의 논변 형식)와 제2트로푸스(무한진행의 논변 형식)의 덫에 걸린다.

궁극적으로 두 가지 논변 형식은 아그리파의 제1트로푸스, 제2트로푸스, 제5트로푸스에 호소하고 있으며, 이런 점에서 흥미롭기는 하지만 새로운 트로펜이라고 볼 수 없다. 오히려 가장 핵심이라고 할 수 있는 제4트로푸스(독단적인 전제 설정의 논변 형식)를 생략함으로써 아그리파의 다섯 가지 트로펜보다 못하다고 평가할 수 있다.[87] 결국 아그리파의 다섯 가지 트로펜보다 더 정치하고 체계적인 논변 형식은 섹스투스 엠피리쿠스 저작 전체를 통해서, 나아가 회의주의 이론 일반을 통해서도 발견되지 않는 것이다. 헬레니즘 시대나 그 이후 근현대의 철학자들에게 있어서나 돌파해야 할 대상은 요컨대 아그리파의 다섯 가지 트로펜인 것이다.

---

85) Sextus Empiricus, *PH* 1.170.
86) *PH* 1.179.
87) 반즈는 이런 이유에서 이 두 가지 트로펜을 독단적 전제 설정의 논변 형식, 무한진행의 논변 형식, 순환의 논변 형식으로 재구성하고 있다. Jonathan Barnes, *The Toils of Scepticism*, pp.119-20 참조.

제3장
피론주의와 신아카데미학파의 차이

1. 신아카데미학파에 대한 섹스투스 엠피리쿠스의 비판

플라톤에 의해 설립된 아카데미의 역사는 유구하며 그런 만큼이나 많은 우여곡절을 겪었다. 섹스투스 엠피리쿠스는 아카데미를 세 가지 혹은 다섯 가지 단계로 구별하고 있는데, 이런 구별의 필요성 자체가 900여 년에 걸쳐 전개된 이 학파의 다양하면서도 대립적인 국면을 알려주기에 충분하다. "대부분의 사람들의 말에 따르면 세 종류의 아카데미학파가 존재했다. 그중 가장 오래된 것이 플라톤의 아카데미였고, 두 번째가 폴레몬의 제자였던 아르케실라오스의 중기 아카데미학파였으며, 세 번째가 카르네아데스와 클레이토마코스의 신(新)아카데미학파였다. 그런데 어떤 이들은 필론과 카르미다스의 아카데미를 덧붙여 제4의 아카데미라고 부르며, 또 다른 이들은 안티오코스의 아카데미아를 제5의 아카데미로 간주하기도 한다."[1] 이 가운데 아르케실라오스와 카르네아데스는 피론주의의 이론을 집대성했던 섹스투스 엠피리쿠스가 특히 주목했던 인물들이다. 아르케실라오스는 소크라테스의 논박법

---

[1] Sextus Empiricus, *PH* 1.220.

(elenchos)과 그를 계승한 플라톤의 회의적 정신을 아카데미학파에 도입하여 이 학파를 회의주의로 변모시켰고, 그의 후계자였던 카르네아데스는 이 학파의 회의주의를 만개시켰다. 요컨대 아르케실라오스와 카르네아데스는 헬레니즘 시대 아카데미학파의 회의주의를 대표하는 철학자들이라고 말할 수 있다. 이후 필론과 안티오코스에 의해 아카데미학파는 회의주의의 기치를 버리고 다시 아르케실라오스와 카르네아데스가 그토록 비판했던 독단주의로, 즉 스토아철학으로 되돌아갔다.[2] 그래서 섹스투스 엠피리쿠스와는 달리, 키케로는 아르케실라오스와 카르네아데스에 이르기까지의 아카데미학파를 신아카데미학파라 명명한 반면, 이들 전후에 포진한 아카데미를 구아카데미로 지칭하기도 하였다.[3]

신아카데미학파와—피론을 시조로 티몬, 아이네시데모스와 아그리파를 거쳐 섹스투스 엠피리쿠스로 이어지는—피론주의는 헬레니즘이라는 동시대를 배경으로 에피쿠로스학파와 스토아학파와 경쟁한 회의주의였다. 그런데 섹스투스 엠피리쿠스는 다른 학파에 적대적인 만큼 신아카데미학파에도 공격적이었다. 왜냐하면 그가 볼 때, 신아카데미학파는 사실상 사이비 회의주의임에도 불구하고 "어떤 이들은 아카데미학파의 철학이 회의주의[피론주의]와 동일하다고 주장"[4]하였기 때문이다. 그에게는 양자를 구별할 필요가 있었다. 섹스투스 엠피리쿠스가 이 일에 상당한 주의를 기울였다는 것은 그가 『피론주의 개요』의 한 장(章)을 할애하여 「회의주의는 어떤 점에서 아카데

2) *PH* 1.235 참조. 기원전 1세기 필론과 안티오코스의 상호 영향과 대응 속에 전개된 플라톤주의의 발전 양상과 관련해서는 강철웅, 「기원전 1세기 아카데미의 플라톤주의 수용: 필론의 아카데미 혁신과 그것에 대한 안티오코스의 대응을 중심으로」, 『서양고전연구』, 제37권(한국서양고전학회, 2009), pp.245-84 참조.

3) Cicero, *Ac* 1.46, 2.16 참조. 다음 책도 참조했음. Cicero, *On Academic Scepticism*, trans. by Charles Brittain(Indianapolis, IN: Hackett Publishing Company, Inc., 2006). 현재 우리에게 전해지고 있는 키케로의 이 저서는 편제가 복잡하다. 이에 관해서는 김용민, 「키케로와 헬레니즘철학: 「아카데미의 회의주의에 관하여」에 나타난 인식론을 중심으로」, 『한국정치연구』, 제18집(서울대학교 한국정치연구소, 2009), pp.108-13 참조. 아카데미학파의 회의주의와 피론주의를 비교하면서 나는 굳이 아르케실라오스와 카르네아데스를 따로 구별해야 할 이유가 있는 경우를 제외하고는 편의상 키케로의 구분에 따랐다.

4) Sextus Empiricus, *PH* 1.220.

미학파의 철학과 다른가」를 주제화한 데서도 확인할 수 있다. 그에게 이 작업은, 말하자면 피론주의의 관점에서 신아카데미학파를 비판하는 작업은 "진짜 회의주의자는 누구인가?" 하는 회의주의자의 정체성(正體性)과 관련된 매우 중차대한 문제였던 것이다. 섹스투스 엠피리쿠스는 『피론주의 개요』를 철학 체계의 가장 근본적인 차이를 언급하는 것으로 시작하고 있다.

> 사람들이 어떤 대상을 탐구할 때 나타날 수 있는 자연스런 결론은 탐구의 대상을 발견하거나, 혹은 그 대상이 발견될 수 있다는 것을 부정하면서 그것이 파악 불가능하다는 것을 공표하거나, 혹은 탐구를 계속 진행해나가는 것이다. 철학적 탐구의 대상과 관련해서 볼 때, 아마도 이런 이유 때문에, 어떤 이들은 진리를 발견했다고 주장하며, 어떤 이들은 진리란 파악 불가능하다고 단언하며, 또 어떤 이들은 계속 탐구를 진행해나가는 것이다. 스스로 진리를 발견했다고 여기는 자들은 특히 '독단주의자들'이라고 명명된다. 예를 들어 아리스토텔레스나 에피쿠로스 추종자들, 스토아학파의 철학자들, 그리고 다른 자들이 여기에 속한다. 그런가 하면 클레이토마코스와 카르네아데스와 그 외의 다른 아카데미학파의 철학자들은 진리를 파악 불가능한 것으로 다룬다. 이에 반해 회의주의자들은 계속 탐구를 진행한다. 따라서 철학의 가장 기본적인 유형은 독단주의, 아카데미학파, 회의주의의 세 가지라고 간주하는 것이 마땅한 듯하다.[5]

여기서 명확하게 드러나듯이 섹스투스 엠피리쿠스는 신아카데미학파의 회의주의자들을 진정한 회의주의자로 간주하지 않는다. 오히려 그들을 회의주의의 반대 진영에 속하는 또 다른 유형의 독단주의로 분류하고 있다. 에피쿠로스학파나 스토아학파의 철학자들이 "진리를 발견했다."고 선언하는 긍정적 독단주의자라면, 신아카데미학파의 회의주의자들은 비록 그들이 독단주의자들을 공격하고 있다 하더라도 "진리란 파악 불가능하다."고 단언하는 부정적 독단주의자라는 것이다. 바꾸어 말한다면 이 회의주의자들은 "진리란 파악 불가능하다."는 진리를 제시하고 있는 셈이다. "진리를 발견했다."고

5) *PH* 1.1-4.

내세우는 긍정적 독단주의자와 "진리란 파악 불가능하다."고 주장하는 부정적 독단주의자는 얼핏 반대 진영에 속하는 것처럼 보이지만, 그들은 모두 긍정적이든 부정적이든 진리 주장을 개진하고 있다는 점에서는 단짝이다. "진리를 발견했다."거나 "진리란 발견될 수 없다는 것을 발견했다."고 단정함으로써 그들은 더 이상 진리를 탐구하지 않으며, 또 그럴 필요를 느끼지 않는다. 반면에 회의주의자는 온갖 종류의 진리 주장을 유보한 채 언젠가는 진리를 발견할 것이라는 희망을 품고서 탐구를 계속 진행해나가는 자이다. 이런 측면에서 신아카데미학파의 회의주의자와 피론주의자 사이에는 탐구를 중단한 자와 계속 탐구를 수행하는 자와의 양립 불가능한 전선이 형성된다. 저 독단주의자들만큼이나 신아카데미학파의 회의주의자들은 피론주의자들에게는 맞서서 파괴해야 하는 적대자로 등장하는 것이다.

섹스투스 엠피리쿠스의 서술에 의하면, 신아카데미학파의 철학자들이란 회의주의의 허울을 쓰고 기껏해야 자기지시적 모순을 범하는 독단주의자들에 불과하다. 그들이 자기지시적 모순을 범하고 있다는 것은, 키케로의 증언에 따르면, 이미 이 회의주의자들의 생존 시에도 끊임없이 제기되었던 혐의였다.[6] 그런데 흥미로운 사실은 카르네아데스 또한 "어떤 것도 파악 불가능하다."고 주장함으로써 "이 주장만은 파악 가능하다."고 단언하는 것은 이치에 맞지 않은 일임을 충분히 인지하고 있었다는 것이다. 그런 주장이 수미일관할 수 있다는 견해를 피력한 동시대인이며 스토아학파의 철학자였던 안티파티로스(Antipater of Tarsus, B.C. 210-B.C. 130/29)를 힐책하는 가운데, 그는 "그것은 수미일관하기는커녕 사실상 지독하게 자기모순적"[7]이라고 말하고 있다. 나아가 그는 이런 주장의 자기파괴적인 속성을 좀 더 명시적으로 밝히고 있기까지 하다. "어떤 것도 파악할 수 없다고 주장하는 사람은 어떤

---

6) Cicero, *Ac* 2.28 참조. 키케로는 그의 라이벌이었던 호르텐시우스(Hortensius, B.C. 114-B.C. 49)를 언급하면서 다음과 같이 말하고 있다. "이것은 호르텐시우스의 요구를 불러일으키네. 즉 현자는 어떤 것도 파악할 수 없다는 사실만은 최소한 파악하고 있다는 점을 최소한 자네는 인정해야만 하네." 아카데미학파의 수장이었던 안티오코스도 선행자였던 아카데미학파의 회의주의자들에 대해 같은 지적을 하고 있다. *Ac* 2.29 참조.
7) *Ac* 2.28.

예외도 인정하지 않는다. 이 주장에 예외가 없기 때문에 [어떤 것도 파악할 수 없다는] 저 주장 자체도 파악할 수 없다."[8] 카르네아데스에 따르면, 결국 "어떤 것도 파악할 수 없다."는 주장은 자기모순적이고 자기반박적이어서 어떻게 해도 그 주장 자체의 정당성을 온전하게 보존할 수 없는 것이다.

카르네아데스가 부정적인 형식의 진리 주장에 대해 섹스투스 엠피리쿠스와 동일한 비판을 가하고 있다는 사실은 이제 신아카데미학파에 대한 섹스투스 엠피리쿠스의 비판을 곧이곧대로 받아들이기 어렵게 만든다. 그가 신아카데미학파의 이론을 제대로 이해하고 비판했는지, 거기에는 어떤 고의적인(?) 폄하는 없었는지에 대한 물음을 불러일으키는 것이다. 전해오는 말에 따르면, 아르케실라오스는 창안하는 데에 뛰어나서 "반론에 예리하게 대응할 수 있었던 인물이었다. 설득력에 있어서는 어느 누구도 그를 당해내지 못하였다."[9] 그런가 하면 카르네아데스의 성실함은 유명한 것이었다. "그는 머리칼과 손발톱을 그냥 자라게 내버려두었는데 공부에 매진하느라 짬이 없었기 때문이었다. 수사학자들도 자기 강의를 그만두고 그의 강의를 들으러 올 정도로 철학에서 그는 탁월한 인물이었다."[10] 단적으로 말해서 이들은 철학적 논박에 관한 대가(大家)들이었다. 이런 정황으로 볼 때, 그들이 자기지시적 모순을 지닌 진리 주장을 하였다는 섹스투스 엠피리쿠스의 보고(報告)는 상당 부분 신빙성을 잃게 된다. 이런 측면은 섹스투스 엠피리쿠스가 부각하고자 했던 과제, 즉 신아카데미학파와 피론주의의 차이에 대한 구명 외에도 분명 그가 말하고 싶지 않았을 두 학파의 동일성에 대한 검토도 필요하다는 것을 말해준다.

신아카데미학파의 회의주의자들이 "어떤 것도 파악 불가능하다."는 주장에 자기지시적 모순이 있다는 점을 잘 인지하고 있으면서도 다른 한편 그런 주장을 한 것은 부정할 수 없는 사실이다.[11] 이런 화합하기 어려운 두 측면은

---

8) 같은 곳.
9) Diogenes Laertius, *DL* 4.37.
10) *DL* 4.62.
11) Cicero, *Ac* 2.148 참조.

이들의 입장을 단순히 부정적 독단주의로 치부해서 종결할 수 있는 사안이 아니라, 그들이 처했던 철학사적 맥락 안으로 들어설 때 좀 더 정합적으로 해명할 수 있다는 것을 시사한다. 마찬가지로 이들의 논박이 행해졌던 지적인 지형도를 이해해야만 섹스투스 엠피리쿠스가 왜 피론주의자와 이들을 그토록 구별하고자 하였는지도 드러날 수 있을 것이다. 신아카데미학파와 피론주의 간의 차이나 동일성을 찾아내는 과제는 단순히 이 두 학파 가운데 어느 편이 진짜 회의주의냐 하는 진영을 선택하는 문제가 아니라, 회의주의가 회의주의이기 위해, 즉 회의주의가 독단주의로 전락하지 않기 위해 갖춰야 하는 이론적이며 실천적인 자격을 추출하는 작업이기도 하다. 이렇게 회의주의의 자격 조건과 결부되어 있기 때문에 신아카데미학파와 피론주의의 차이는 고대 서양 철학에 되풀이하여 제기된 하나의 고전적인 물음이었던 것이다. 이 물음에 대한 답변은 스토아학파와 신아카데미학파와 피론주의가 복잡하게 얽혀 있는 그 시대의 철학적 정세를 감안하고 나서야 비로소 가시화될 수 있을 것이다.

2. 비판의 재구성

섹스투스 엠피리쿠스가 신아카데미학파의 회의주의자들에 가하는 결정적인 하나의 비판은 앞에서 본 것처럼 그들이 파악 불가능성을 주장한다는 데에 있다. "신아카데미학파의 구성원들은 설령 이들이 '모든 것은 파악 불가능하다.'고 확언한다 하더라도 '모든 것이 파악 불가능하다.'라고 확언하는 바로 그 점에서 회의주의와 [즉 피론주의와] 당연히 구별된다."[12] 피론주의자, 즉 진정한 회의주의자는 이들과 달리 확언하지 않고 '계속 탐구를 진행하는 자'이다. 피론주의자가 어떤 진리 주장을 확언했다면 그가 비판했던 독단

---

12) Sextus Empiricus, *PH* 1.226. 섹스투스 엠피리쿠스는 카르네아데스와 클레이토마코스가 바로 이런 주장을 폈다고 보았으나 아르케실라오스에 관해서는 별 다른 언급을 하지 않았다. 그러나 키케로에 의하면 아르케실라오스도 동일한 주장을 폈다. Cicero, *Ac* 1.45 참조. "이 것 때문에 아르케실라오스는 어떤 것이 알려질 수 있다는 것을 부정하곤 했고…"

주의자로 전락해버리고 말 것이다. 우리는 피론주의자가 어떻게 어떤 진리 주장도 하지 않으면서도 온갖 종류의 진리 주장을 회의할 수 있는지를 알고 있다. 피론주의자는 등치라고 하는 기생적인 전략을 구사함으로써, 말하자면 독단주의자가 A라는 진리 주장을 펼치면 피론주의자는 그것과 동등한 비중을 갖는 B라는 주장을 맞세우고, 반대로 독단주의자가 B라는 주장을 개진하면 이제 피론주의자는 거기에 대해 A라는 주장을 대립하게 만듦으로써, 애초에 독단주의자가 참된 지식으로 주장했던 것이 실은 제한적이고 일면적인 지식에 불과하다는 것을 드러내는 것이다. 이렇게 등치의 방법을 동원함으로써 피론주의자는 자기의 진리 입장을 확정해놓지 않으면서도 모든 독단적 진리 주장의 자격을 박탈하는 철학적 에너지를 획득할 수 있었다. 섹스투스 엠피리쿠스가 강조하고 있듯이 "회의주의를 구성하는 기본 원칙은 모든 로고스에는 그것과 동등한 로고스가 대립한다는 것이다."[13]

이렇게 보면 회의주의자란 어떤 확고한 (회의적인) 지식 주장을 정초하는 자가 아니라 "어떻게든 현상하는 것들과 사유되는 것들을 대립하게 만드는 능력"[14]을 소유한 자이다. 어떤 진리 주장을 만나든 그것과 동등한 비중을 갖고 맞서는 주장을 어떻게든 제시할 수 있는 자, 어떤 진리 주장에 접하든 그것과 상충하는 주장을 방대한 철학사에서 찾아내거나 논리적으로 창안해내어 애초에 진리로서 정립된 그것의 절대적 지위를 무너뜨릴 수 있는 철학적 기술(技術)을 연마하고 구사할 수 있는 자, 그가 바로 섹스투스 엠피리쿠스가 정의 내리고 있는 회의주의자이다. 궁극적으로 회의주의자는 대립하는 주장 A나 B 가운데 하나를 선택하고 다른 하나를 공격하는 것이 아니라 "A가 아닌 것 못지않게 B도 아니다."[15]라는 것을 보여주는 자이다. 헤겔은 회의주의자를, 즉 피론주의자를 한 아이가 A라고 말하면 다른 아이는 그것과 모순관계에 있는 B를 들이대고, 반대로 저 아이가 B라고 말하면 이번에 이 아이는 A를 언급하면서 흥겨워하며 끊임없이 말싸움을 벌이는 '고집불통의

---

13) Sextus Empiricus, *PH* 1.12.
14) *PH* 1.8.
15) *PH* 1.14, 1.188-9 참조.

아이들'[16]로 묘사한 바 있다. 이렇게 보면 신아카데미학파의 회의주의자들이 부정적 진리 주장을 하였다는 섹스투스 엠피리쿠스의 비판은 그들이 등치의 방법을 애초에 구사하지 않았거나 어느 순간 포기했다는 말과 같다.

신아카데미학파의 회의주의자들이 등치의 방법을 (더 이상) 사용하지 않았다는 섹스투스 엠피리쿠스의 비판은 그들이 판단유보를 철회했다는 것을 의미한다. 즉 그들은 부정적 진리 주장을 확언하면서 판단을 내린 것이다. 그러나 섹스투스 엠피리쿠스가 보기에, 모든 개념과 주장들은 전체 의미의 연관망 속에 들어 있고, 이렇게 "관계항이란 서로 함께 파악되기"[17] 때문에 A나 B 가운데 하나만을 진리로 확립하는 시도는 언제나 원리적으로 반론에 부딪칠 수밖에 없다. 치명적인 반박에 노출될 수밖에 없는데도 어떤 일면적인 주장을 진리로 내세우려는 시도는 따라서 성급하고 독단적인 처사일 것이다. 사정이 이렇기 때문에 회의주의자는 비록 사물의 현상에 대해서는 무엇이라 판단할 수 있어도 적어도 사물 자체의 본성에 관해서는 "어떤 것도 긍정하지도 않고 부정하지도 않는다."[18] 긍정도 부정도 하지 않는 이런 판단유보가 회의주의자인가 아닌가를 판별하는 시금석인데, 신아카데미학파의 회의주의들이 "모든 것은 파악 불가능하다."는 판단을 내렸다면, 섹스투스 엠피리쿠스의 눈에 그들은 더 이상 회의주의자가 아닌 것이다.

판단유보의 철회에 대한 섹스투스 엠피리쿠스의 비판은 단순히 이론 영역에 국한되지 않는다. 그는 실천 영역에서도 신아카데미학파의 회의주의자들을 독단주의자라고 규정하고 있는데 그 이유는 다음 인용문에 분명하게 드러나 있다. "그런가 하면 아카데미학파의 철학자들은 선악을 판단하는 데 있어서 분명히 우리와 다르다. (…) 그들은 우리와는 다른 방식으로 어떤 것이 좋거나 나쁘다고 주장하며, 그것도 그들이 좋다고 말하는 대상이 이와 반대되는 대상보다는 실제로 좋을 개연성이 크다는 확신을 갖고 그렇게 한다. 반면

---

16) Georg W. F. Hegel, *PhdG*, p.162. 국내 번역은 다음 책을 참조했음. 게오르크 W. F. 헤겔, 『정신현상학 1』, 임석진 옮김(파주: 한길사, 2005); 게오르크 W. F. 헤겔, 『정신현상학 2』, 임석진 옮김(파주: 한길사, 2005).

17) Sextus Empiricus, *PH* 2.117.

18) *PH* 1.10, 1.192-93, 1.201 참조.

어떤 대상이 좋거나 나쁘거나 말할 때 … 우리는 아무런 행동도 하지 않게 되는 일을 피하기 위해서 독단적 믿음을 가지지 않은 채 일상적 삶에 따를 뿐이다."[19] 실천 영역에서 신아카데미학파에 가한 섹스투스 엠피리쿠스의 비판의 요점은, 피론주의자들은 판단유보를 견지하면서 독단적 믿음을 가지지 않은 채 삶을 살아가는 반면, 신아카데미학파의 회의주의자들은 삶을 영위하기 위해 판단을 수행하는 가운데 독단적 믿음을 채택한다는 데에 있다.

신아카데미학파의 회의주의자들이 판단유보를 행하지 않는다는 비판은 이제 이들이 회의주의의 최종 목표인 마음의 평정에 도달할 수 없다는 것을 함축한다. 마음의 평정은 오로지 판단유보에서만 나오는 것이기 때문이다. 어떤 사물이 본성적으로 좋거나 나쁘다는 견해를 지니는 신아카데미학파의 회의주의자들은 끊임없이 동요하기 마련이다. 그들은 자기의 반성을 통해 선악을 규정함으로써 세상사를 헤쳐 나갈 수 있다고 자신하지만, 그들에게 교란되지 않은 마음의 평안은 들어설 여지가 없다. 본성적으로 나쁜 것이라고 여기는 것들이 곁에 있게 되면 자신이 고통 받는다고 생각하여 그가 판단하기에 좋은 것을 추구하고, 본성적으로 좋은 것이라고 믿는 것이 곁에 있게 되면 그는 과도하게 의기양양하고, 혹은 그것을 잃어버리지나 않을까 불안해한다. 말하자면 판단을 유보하지 않고 어떤 견해를 갖게 되면, 즉 독단주의자가 되면 번뇌만이 있을 뿐이다. 그렇기 때문에 선악에 관한 독단적인 믿음을 설정하고 있는 신아카데미학파의 회의주의자들은 섹스투스 엠피리쿠스가 보기에는 아타락시아로 가는 길을 스스로 차단한 꼴인 것이다. 삶의 실천과 관련해서 판단유보를 폐기한다면 원리적으로 아타락시아는 달성될 수 없다.

여기에서 드러났듯이, 유의할 점은 신아카데미학파의 회의주의자들을 독단주의자라고 비판할 때 섹스투스 엠피리쿠스가 이론 영역과 실천 영역을 나누어 논의를 전개하고 있다는 것이다. 그는 어떤 지식의 참과 거짓을 판별하는 기준과, 살아갈 때 어떤 행위의 실행 여부를 결정하는 기준은 그 위상이 다르다고 생각하였다. "그러니까 기준은 (왜냐하면 우리는 이것에서 논의를 시작해야 하니까) 무엇보다 두 가지 의미를 갖는다. 첫 번째 의미는 우리가

---

19) *PH* 1.226.

어떤 일을 하는 반면 어떤 일을 하지 않을 때, 그것에 입각해서 하는 기준이다. 두 번째 의미는 … 이것은 참되고 저것은 거짓이라고 우리가 단언할 때, 그것에 입각해서 하는 기준이다."[20] 섹스투스 엠피리쿠스가 기준의 두 가지 의미를 구분한다는 것은 역설적으로 들리겠지만 회의주의의 이론 영역과 실천 영역이 상당히 긴밀하게 연결되어 있고, 그럼으로써 두 영역의 논의가 섞이게 될 위험성이 상존하며, 이 경우 논의는 갈피를 잡을 수 없을 정도로 일탈될 수 있다는 것을 암시한다. 그가 권장하고 있는 대로 범주 오류를 저지르지 않기 위해 이론 영역과 실천 영역에서 신아카데미학파의 회의주의자들에 대한 두 축의 핵심 비판을 정리하면 다음과 같을 것이다.

(1) 순수 이론의 진리 기준 : 그들은 독단적인 부정적 진리 주장을 하고 있다.
(2) 실천 이론의 행동 기준 : 그들은 독단적인 삶의 기준을 확립하고 있다.

섹스투스 엠피리쿠스의 이와 같은 비판은, 그렇다면 신아카데미학파의 불철저성을 논하는 "피론주의는 대체 어떤 이론인가?"에 대한 물음을 필연적으로 동반한다. 섹스투스 엠피리쿠스에 따르면, 피론주의자들은 이론적인 측면에서는 긍정적인 형식이든 부정적인 형식이든 일체의 진리 주장을 하지 않으면서도 독단주의를 물리칠 수 있고, 실천적인 측면에서는 독단적인 믿음 없이도 삶을 영위할 수 있다는 것을 함축하고 있다. 신아카데미학파에 대한 비판에는 이미 항상 이렇게 피론주의 입장이 반영되어 있다.

이제 앞에서 정리한 비판을 '등치의 방법', '판단유보', '마음의 평정'이라는 피론주의 이론의 세 가지 핵심 개념에 비추어 다음과 같이 좀 더 세분하여 재구성할 수 있다.

① 그들은 등치의 방법을 수행하지 않는다.
② 그들은 판단유보를 실행하지 않는다.
③ 그들은 독단적인 동의를 행한다.

---

20) Sextus Empiricus, *M* 7.29. Sextus Empiricus, *PH* 1.21 참조.

④ 그들은 마음의 평정을 달성할 가능성이 없다.

이것들을 앞에서 정리한 비판 (1), (2)와 대응시키면, (1) = ① ②, (2) = ③ ④가 될 것이다. 진리 기준의 측면에서 본다면, "(1) 그들이 부정적 진리 주장을 하고 있다."는 것은 사물 자체의 본성의 진위 논의와 관련해서 그들이 "① 등치의 방법을 포기했고", 이 경우 당연히 "② 판단유보를 더 이상 실행하지 않는다."는 것을 말한다. 실천 기준의 측면에서 본다면 "(2) 그들이 독단적인 삶의 기준을 확립하고 있다."는 것은 행위의 선악이나 우열의 판단과 관련해서 그들이 "③ 독단적인 동의를 행하며", 따라서 "④ 교란된 마음을 가질 수밖에 없다."는 것을 내포한다.

섹스투스 엠피리쿠스는 이론 영역에서나 실천 영역에서나 신아카데미학파의 회의주의자들이 실제로는 독단주의자들이며, 아타락시아로 가는 데 있어 방해자들이라고 여기고 있다. 그리고 이들에 대한 비판을 통해 회의주의자의 정체성과 목표를 다시금 확인하고 다지고자 한다. 과연 그의 비판은 정당한가? 이 문제를 살펴보기 위해서는 섹스투스 엠피리쿠스가 가한 비판만큼이나 신아카데미학파의 회의주의자들의 자기변호나 반박도 균등하게 보장되어야 한다. 그럴 때만이 이들 간에 차이가 벌어지는 균열 지점을 좀 더 균형 잡힌 시각에서 들여다볼 수 있고, 나아가 이론과 실천에서 수미일관한 회의주의자의 특징을 분명하게 밝힐 수 있을 것이다.

3. 진리 기준에 대한 스토아학파와 신아카데미학파 간의 논전

신아카데미학파의 회의주의자들이 독단주의자들의 주장을 파괴하기 위해 등치의 방법을 사용했다는 사실은 잘 알려져 있다. 디오게네스 라에르티오스는 "아르케실라오스는 하나의 문제에 대해 찬성과 반대의 논증을 펼친 최초의 인물이었다."[21]라고 적고 있다. 그런가 하면 카르네아데스의 일화는 매우 유명한 것이다. 그는 로마로 가는 도중 첫째 날은 정의(正義)를 옹호하는 긴

---

21) Diogenes Laertius, *DL* 4.28.

담론을 늘어놓았고, 그 다음 날에는 반대편의 담론을 펼쳐 이전의 자신의 입장을 스스로 뒤집었다는 것이다. "그가 이렇게 한 이유는 정의란 경멸되어야 한다고 그가 생각했기 때문이 아니라, 정의를 변호하는 사람들도 그것에 대해 확실하거나 굳건한 논증을 갖고 있지 못하다는 것을 보이기 위해서였다."[22] 이렇게 신아카데미학파의 회의주의자들은 "… 모든 것을 지지하는가 하면 모든 것에 반대하는 논증을 펴는 것이 필요하다."[23]고 생각하였다. 그들의 입장에서 본다면 이 방법은, 즉 "철학에서, 모든 것에 반대하여 논증하고 아무 사안도 공개적으로 [적극적으로] 판단하지 않는 이 방법은, 소크라테스에 의해 시작되어, 아르케실라오스에 의해 되풀이되고, 카르네아데스에 의해 강화되어 우리 [키케로의] 시대까지 번성한 것"[24]이어서 결코 피론주의자의 전유물이 아니다. 찬성과 반대의 논의를 맞서 세움으로써 그들은 "그 어떤 [철학적 정의나 추론과 같은] 것도 참이 아닌 만큼 거짓도 아님을 소리 높여 공표한다."[25] 이들이 이렇게 등치의 방법을 동원하여 독단주의자를 공격한 이유는 간단하다. "이로부터 알 수 있는 바는 아르케실라오스가 단순히 제논을 비난하고자 했던 것이 아니라 진리를 발견하고자 하였기 때문에 제논과 싸웠다는 것이다."[26] 카르네아데스도 사정은 마찬가지다. "그런데 [위대하고 고명한 철학자들인] 이들에 대항해서 카르네아데스가 정신이 민활한 사람들에게 진리를 탐구하고 싶다는 욕망을 불러일으킬 정도로 많은 것을 논의"[27]하였다. 이렇게 보면 그들은 동등한 비중을 갖고 즉시 반론에 부닥치는 일면적인 견해를 섣불리 채택하는 독단주의자가 되지 않기 위해, 즉 "어떤 독단적 의견으로부터도 자유로울 수 있는"[28] 현자가 되기 위해 독단주의를 무력화하는 등치의 방법을 동원하여 지속적인 진리 발견의 탐구에 종사하였다는 말

22) A. A. Long & D. N. Sedley, *The Hellenistic Philosophers*, Vol. I (Cambridge: Cambridge University Press, 1987), 68M.
23) Cicero, *Ac* 2.60. 2.7 참조.
24) 키케로, 『신들의 본성에 관하여』, 강대진 옮김(파주: 나남, 2012), 1.11.
25) Cicero, *Ac* 2.43.
26) *Ac* 2.76.
27) 키케로, 『신들의 본성에 관하여』, 1.4.
28) Cicero, *Ac* 2.77.

이 된다. 여기까지는 신아카데미학파의 회의주의자와 피론주의자는 하등 다를 게 없다. 등치의 방법을 구사하여 독단주의를 파괴하는 데 있어 이들은 완전히 한편인 것이다.

그런데도 불구하고 섹스투스 엠피리쿠스가 비판하고 있는 대로 "이들은 어떤 것도 파악 불가능하다는 것을 원리로 삼고 있어서 … 이 원리에 대해서 만큼은 이리저리 흔들릴 수 없다."[29] 모든 것에 대한 파악 불가능성이야말로 이들 견해의 본질인 것처럼 보인다. 등치의 방법을 사용하면서도, 또한 부정적 주장의 자기지시적 모순을 잘 인지하고 있음에도, 이들이 이런 최종적(?) 주장을 하였다는 것은 무엇을 말해주는 것일까? 이것은 "어떻게 해서 그들이 이런 주장을 하게 되었는가?"에 대한 당시의 철학사적 논박의 맥락을 추적할 것을 요구한다.

우선 주목할 점은 아르케실라오스의 주된 공격 대상은 제논이었고, 카르네아데스의 적수는 크리시포스(Chrysippus, B.C. 279?–B.C. 206?)였다는 것이다.[30] 이들이 파괴하고자 열중했던 대상은 스토아학파의 지식론이었다. 스토아학파의 철학자들이 설정한 진리 기준이 무엇인지에 관해서 논란의 여지가 없는 것은 아니다.[31] 그렇지만 현존하는 대부분의 텍스트는 그것을 '파악 가능한 인상(katalepitike phantasia)'으로 기술하고 있다. 이것은 곧 파악 가능한 인상이 있는 반면 파악 불가능한 인상이 있다는 것을 전제한다. 그렇다면 이런 구분을 가능하게 하는 조건은 무엇인가? 스토아학파의 철학자

---

29) *Ac* 2.29.

30) Diogenes Laertius, *DL* 4.62 참조. "카르네아데스는 스토아학파의 저서들을, 특히 크리시포스의 것을 세심하게 연구했고, 이것들을 성공적으로 반박함으로써 유명해졌다. 그래서 그는 가끔 '크리시포스가 없었더라면 나는 없었을 것이다.'라고 말할 정도였다." 아르케실라오스와 제논의 관계에 관해서는 각주 26) 참조.

31) 스토아학파의 상이한 진리 기준에 관해서는 *DL* 7.54 참조. 섹스투스 엠피리쿠스는 스토아학파의 진리 기준을 '파악'(*M* 7.152)으로 서술하는가 하면, '파악 가능한 인상'(*M* 7.227)으로 언급하기도 한다. 오유석은 두 가지 진리 기준을 검토한 바 있는데, 그에 의하면 이것들 가운데 '파악 가능한 인상'이 사실과 부합하고 다른 참된 명제들과 정합적이어야 한다는 두 가지 진리 조건을 만족시키기 때문에 더욱 적절하게 스토아학파의 진리관을 대변한다. 오유석, 「스토아학파에 있어서 진리의 기준」, 『지중해지역연구』, 제11권, 제2호(부산외국어대학교 지중해지역원, 2009), pp.49-55 참조.

들은 세 가지 조건을 들고 있다. "파악 가능한 인상이란 실재하는 것에서 나온 것이고, 그 실재하는 것에 준하여 날인되고 압인되며, 실재하지 않은 것에서는 나올 수 없는 그런 종류의 것이다."[32]

스토아학파의 철학자들에 따르면, 인상이 파악 가능한 것은 우선 그것이 실재하는 것에서 나오기 때문이다. 실재하지 않는 것에서 나오는 인상은 따라서 파악 불가능하다. 우울증과 같은 병에 걸린 사람이나 광란에 빠진 사람, 꿈을 꾸는 사람의 경우, 많은 인상들은 실재하지 않는 것에서도 발생한다. 그러나 그렇기 때문에, 즉 '[실재하는 것] 외부에 있고 우연히 발생하기'[33] 때문에 그런 인상들은 파악 가능하지 않다. 그것들은 불명료한 허상이다.

둘째 조건은 실재하는 것에 준하여 날인되고 입안될 때 인상은 파악 가능하다는 것이다. 예컨대 미친 오레스테스(Orestes)는 실재하는 엘렉트라(Electra)에게서 인상을 얻었지만 그 인상은 실재하는 엘렉트라와 일치하는 것이 아니었다. 따라서 실재하는 것에서 나왔어도 그 실재하는 것에 준하지 않는 한 파악 가능한 인상이 아니다. 나아가 이 인상은 단순히 실재하는 것에 준하는 것에 그치는 것이 아니라, "조각가들이 그들이 완성해가는 작품의 모든 부분에 손을 대듯이, 그리고 반지의 문장(紋章)들이 언제나 밀랍에 정확히 그것의 표식을 찍듯이"[34] 현상하는 모든 사물의 특성이 주관 안에 낱낱이 정교하게 압인되는 그런 것이다. 그러므로 이 인상을 경험한 사람은 그 인상을 일으킨 사물들의 특수성을 속속들이 지각할 수 있다. 이 인상은 실재하는 것에서 나오고, 그것이 존재하는 그대로 우리의 주관에 찍히는 것이어서 명석 판명한 것이라고 스토아학파의 철학자들은 여겼던 것이다. 뒤집어서 말한다면 "파악 불가능한 인상은 … 명석하지도 판명하지도 않은 인상이다."[35]

명석 판명함을 파악 가능한 인상의 둘째 조건으로 규정했음에도 불구하고 스토아학파의 철학자들은 한 가지 조건을 덧붙였다. 셋째 조건은 파악 가능한 인상이란 '실재하지 않은 것에서는 나올 수 없는 그런 종류의 것'이라는

32) Sextus Empiricus, *M* 7.248, 7.402 참조.
33) *M* 7.247.
34) *M* 7.251.
35) Diogenes Laertius, *DL* 7.46.

것이다. 이 기준은 사실 앞의 두 조건에서 당연히 귀결되는 것이다. 그런데도 이 조건을 부가해야 했던 이유를 그들은 다음과 같이 밝히고 있다. "그 까닭은 스토아학파 철학자와는 달리 아카데미학파의 철학자들은 모든 점에서 구별될 수 없는 인상이란 발견되기가 불가능하다고 여기지 않았기 때문이다."[36] 스토아학파의 철학자들이 볼 때, 파악 가능한 인상의 명석 판명한 속성 때문에 이 인상을 지닌 사람은 아무리 미세하다 하더라도 파악 가능한 인상과 그렇지 못한 인상의 차이를 솜씨 좋게 알아차리고 구별할 수 있다. 그런데도 "아카데미학파의 철학자들은 파악 가능한 인상과 구별될 수 없는 거짓 인상이 발견될 수 있다고 주장하기"[37] 때문에 그들로서는 이 부대조건을 첨가할 수밖에 없었다는 것이다.

여기에서 알 수 있듯이 스토아학파의 철학자와 신아카데미학파의 회의주의자 간의 가장 중요한 쟁점은 과연 "파악 가능한 인상과 파악 불가능한 인상을, 바꾸어 말하면 명석 판명한 인상과 그렇지 못한 인상을 구별할 수 있는가?"에 집중되어 있다. 신아카데미학파의 회의주의자들은 꼭 빼닮은 두 달걀, 쌍둥이, 깊은 구멍에서 똬리를 틀고 있는 많은 뱀들 가운데 머리를 쏙 내민 뱀의 예들을 들면서,[38] "그것들이 실재하는 것에서 나온 것이고 그 실재하는 것에 준하여 날인되고 압인된 것"이라도 하더라도, 즉 첫째 조건과 둘째 조건을 충족시킨다 하더라도 과연 그것들을 구별할 수 있겠냐고 스토아학파의 철학자들을 집요하게 공격한다. 키케로는 스토아학파의 진리론을 논박하는 신아카데미학파의 핵심적인 논증을 이렇게 정리하고 있다.

[1] 어떤 인상들은 참되고 어떤 인상들은 거짓이다.

[2] 거짓 인상들은 파악 가능하지 않다.

[3] 모든 참된 인상은 그것과 똑같은 거짓 인상을 가질 수 있는 그런 종류의 것이다.

---

36) Sextus Empiricus, *M* 7.252.

37) 같은 곳.

38) *M* 7.409-10; Cicero, *Ac* 2.54-7, 2.84-6 참조.

[4] 두 인상이 서로 아무런 차이도 나지 않는 그런 종류의 것일 경우, 그 가운데 하나는 파악 가능한 반면 다른 하나는 파악 불가능한 일은 있을 수 없다.

[5] 그러므로 어떤 인상도 파악 가능하지 않다.[39)]

이 논증에서 [1], [2], [4]는 스토아학파의 철학자들도 받아들일 수 있는 것이다. 그것들은 이미 그들이 정의 내리고 있고 전제한 것들이기 때문이다. 문제는 [3]에서 발생한다. 스토아학파의 철학자들의 주장에 의하면, 참된 인상과 거짓 인상은 어떤 경우에도 똑같을 수 없다. 실재하는 대상이 다르다면, 그것들은 그대로 주관에 날인되고 압인되는 것이기 때문에 인상도 그것들에 상응하여 다를 수밖에 없다. 그들은 "서로 다른 대상들의 내적인 판명성 혹은 무구별자의 동일성이라는 형이상학적 원리"[40)]를 지식론에서 고수하고 있는 셈이다. 신아카데미학파의 회의주의자들은 바로 이 기본적인 원리를 집중적으로 겨냥하고 있다. 그들은 스토아학파의 철학자들을 소환하여 파악 가능한 인상과 파악 불가능한 거짓 인상들을 구별할 수 없는, 앞에서 살펴본 명백하면서도 당혹스러운 사례들에 직면하도록 만든다. 이를 통해 아르케실라오스가 보여주고자 하는 바는 "거짓일 수 없는 그런 참된 인상이란 발견되지 않는다."[41)]는 것이다. 카르네아데스는 스토아학파의 진리 기준이 봉착한 난점을 좀 더 분명하게 보여준다. "그렇다면 다시 한 번, 거짓일 수 없는 그런 종류의 참된 인상이 없기 때문에, 참인 것처럼 보이는 모든 인상에는 그것과 구별할 수 없는 거짓 인상이 있다는 것이 발견되기 때문에, 기준은 참이면서도 거짓인 인상으로 구성되게 될 것이다. 그러나 참과 거짓 양자를 포함하는 인상이란 파악 불가능하고, 이렇게 파악 불가능하기 때문에 그것은 기준이 되지 못할 것이다."[42)]

참된 인상과 구별할 수 없는 거짓 인상이 존재한다면, 그리고 신아카데미

39) Cicero, *Ac* 2.40. 2.41-2, 2.83 참조.
40) Michael Frede, "Stoics and Skeptics on Clear and Distinct Impressions," in *The Skeptical Tradition*, ed. by Myles Burnyeat(Berkeley/Los Angeles: University of California Press, 1983), p.90.
41) Sextus Empiricus, *M* 7.154.
42) *M* 7.164.

학파의 회의주의자들이 이것을 제시하였기 때문에 참과 거짓을 가르는 기준으로서 파악 가능한 인상은 정당화될 수 없는 듯하다.[43] 스토아학파의 철학자들은 곤경에 처했다. 그래서 그들은 다음과 같은 넷째 조건을 부가하기에 이르렀다. "나이 많은 스토아 철학자들은 파악 가능한 인상이 진리의 기준이라고 말하지만, 젊은 스토아 철학자들은 '장애물이 없는 경우'라는 단서를 붙였다. 왜냐하면 파악 가능한 인상이 생기더라도 외부 환경 때문에 그것을 신뢰하지 못하는 경우도 있기 때문이다."[44] 스토아학파의 철학자들은 파악 가능한 인상과 그렇지 못한 인상을 구별할 수 없는 경우가 발생하는 것은 외부 환경의 장애 때문이라고 간주하며, 이런 장애만 없다면 철학자들은 아무리 미세한 차이라도 양자를 아무 문제없이 구별할 수 있다고 주장하게 되었다. 그들은 외부 환경의 장애 때문에 양자를 구별하는 데 실패한 대표적인 경우로 다음 두 가지 예를 들고 있다. 진짜 헬레나(Helen)에게서 파악 가능한 인상을 받았으나 그가 헬레나를 배에 두고 떠났다는 사실을 알고 있음으로 인해서 그것을 신뢰하지 않았던 메넬라오스(Menelaus)의 경우,[45] 그리고 알케스티스(Alcestis)로부터 파악 가능한 인상을 받았으나 알케스티스는 이미 죽었으며 죽은 사람이 다시 살아오는 경우는 없다고 판단했기 때문에 그것을 신뢰하지 않았던 아드메토스(Admetus)의 경우.[46] 이런 예들로 볼 때, 그들

---

43) 스토아학파의 진리 기준에 반대해서 신아카데미학파의 회의주의자들이 동원한 또 다른 중요한 논증법이 소위 '연쇄법(sorites)'이다. 예컨대 "50은 적다."라는 파악 가능한 인상이 있다고 해보자. 그러면 "10,000은 적다."라는 인상은 파악 불가능한 것이 될 것이다. 그렇다면 "51은 적다."라는 인상은? 그것이 파악 가능하다면 "52는 적다."는 인상도 파악 가능할 것이고, "53은 적다."는 인상도 파악 가능할 것이고, 이런 식으로 계속 나아가면 "10,000은 적다."는 인상도 파악 가능한 것이 된다. 거꾸로 "10,000은 적다."가 파악 불가능한 인상이라면, "9,999는 적다."는? 그것이 파악 불가능한 인상이라면, "9,998은 적다."도 파악 불가능한 인상이고, 결국 "50은 적다."도 파악 불가능한 인상이 된다. 연쇄법의 요점은 스토아학파의 철학자들이 참된 인상과 거짓된 인상 사이에 제3지대를 설정하지 않았기 때문에, 어느 특정 지점에서 파악 가능한 인상과 파악 불가능한 인상을 구별할 수 있는지를 확정할 수 없다는 데에 있다. *M* 7.415-22; Cicero, *Ac* 2.92-4 참조.

44) Sextus Empiricus, *M* 7.253-4.

45) *M* 7.255, 7.180 참조 .

46) *M* 7.254; Sextus Empiricus, *PH* 1.228 참조.

이 말하는 '외부 환경의 장애'란 단순히 외적 환경에서 초래된 장애에 한정되는 것이 아니라, 주체가 갖고 있는 감각, 선입견, 지식, 심적 상태, 그 자신의 이전 판단, 행동 등과 관련하여 파악 가능한 인상과 그렇지 못한 인상을 구별하는 데 있어 오도하게끔 만드는 총체적인 장애를 지칭하고 있는 듯하다. 두 인상의 구별을 방해하는 일체의 장애물이 없다면, 사물의 모든 특성이 그대로 속속들이 각인되는 파악 가능한 인상을 통해 실재하는 사물 그 자체를 움켜잡을 수 있을 것이다.

그러나 스토아학파의 철학자들이 신아카데미학파의 논박을 피하기 위해 궁여지책으로 짜낸 '장애물이 없는 경우'라는 이 단서는 그들이 바란 대로 궁극적인 해결책이 될 수 있을까? 그럴 것 같지 않다. 섹스투스 엠피리쿠스는 이 점을 아프게 지적하고 있다. "그러나 이것은 불가능한 일이다. 왜냐하면 감각적 통로의 차이와 외적 환경 때문에, 그리고 수많은 다른 조건들 때문에 사물들은 우리에게 동일한 것으로 혹은 동일한 방식으로 나타나지 않는다. (…) 이런 이유로 장애물이 없는 인상이란 존재하지 않는 것이다."47) 어떤 인상을 갖게 될 때 인간은 수많은 내외적 조건 하에서 그것을 갖는다. 이런 조건에서 완전히 자유로운 무균지대란 현실에서는 존재하지 않는다. 따라서 '장애물이 없는 경우'의 단서는 하나마나한 이야기이다. 시니컬하게 표현한다면, 이 단서를 붙여 진리 기준을 변호하려는 시도는 "파악 가능한 인상이 있다면 파악 가능한 인상이 있다."고 동어반복적으로 말하는 것과 진배없다. 이 단서가 실제 현실에서 작동하려면, 장애물이 있는 경우와 없는 경우를 알 수 있는 어떤 기준이 추가로 필요할 것이다. 그런데 이 기준은 또 이 기준을 입증해줄 수 있는 또 다른 기준을 필요로 할 것이다. "그러므로 이렇게 [무한하게] 물러서는 경우 파악 인상에서 절대적 신뢰성을 빼앗기 때문에 회의주의 철학자의 손아귀에 들어가게 된다."48)

이런 단서마저 무효화되는 상황에서 스토아학파의 철학자들이 채택할 수

---

47) Sextus Empiricus, *M* 7.425.

48) 앤소니 A. 롱, 『헬레니즘 철학: 스토아 철학자들, 에피쿠로스주의자들, 회의주의자들』, 이경직 옮김(서울: 서광사, 2000), p.240.

있는 선택지는 이제 하나밖에 남지 않은 것 같다. 그것은 현자에 호소하는 것이다. 스토아학파의 철학자에 따르면, 실재하는 두 대상이 다르다면 그것들이 아무리 유사하다 하더라도 완전히 동일한 것이 아니기 때문에, 그것들에서 발생하고 그것들에 준하여 날인되고 압인되는 인상들도 다를 수밖에 없다. 보통 사람들은 꼭 빼닮은 쌍둥이와 두 달걀, 뱀들을 구별할 수 없지만 "어머니는 쌍둥이를 구별하고",[49] "내다 팔 목적으로 수많은 닭을 사육했던 델로스의 상당히 많은 가금 사육자들은 어떤 암탉이 어떤 달걀을 낳았는지를 그것을 보기만 하고도 말해줄 수 있었고",[50] 땅꾼들은 뱀들을 어렵지 않게 식별한다. 마찬가지로 현자들은 참된 인상과 파악 불가능한 거짓 인상을 구별할 수 있다는 것이다. 물론 이런 능력은 그냥 얻어지는 것이 아니다. 부단하게 연습하고 관련 경험을 쌓고 전문기술을 습득함으로써 비로소 획득되고 예리하게 가다듬을 수 있다.[51] 결론적으로 스토아학파의 철학자에 따르면 "… 열등한 사람은 무지하며, 오직 현자만이 진리를 말하고 참된 것에 대한 확고한 지식을 갖는다."[52] 스토아학파의 지식론에서 현자는 보통 사람들의 지각과 지성 능력을 초월해 있는 완벽히 이상적인 인물로서 등장한다.

보통 사람들이 지각할 수 없는 미세한 차이를 전문가가 포착할 수 있는 것처럼, 파악 가능한 인상과 그렇지 못한 인상의 차이를 식별해낼 수 있는 현자의 상정(想定)은 얼핏 신아카데미학파의 반박을 무색하게 만드는 것처럼 보인다. 비록 파악 가능한 인상과 파악 불가능한 인상을 구별할 수 있는 기준을 이론적으로 확립할 수는 없다 해도 그것을 정확하게 구별해낼 수 있는 완벽한 사람이 있다면, 이것만으로 신아카데미학파의 회의주의자의 기세를 꺾어놓을 수 있을 것이다. 그러나 현자 이론은 오히려 막다른 골목으로 스토아학파의 철학자들을 몰아넣는 것 같다. 왜냐하면 스토아학파 철학자들에 따른다 하더라도 "현자는 지금까지 발견되지 않았기 때문이다."[53] 현자가 발견되지

---

49) Cicero, *Ac* 2.57.
50) 같은 곳.
51) *Ac* 2.20, 2.57 참조.
52) Sextus Empiricus, *M* 7.432. *M* 7.152; Sextus Empiricus, *PH* 2.83 참조.
53) Sextus Empiricus, *M* 7.432.

않았다면, 이제 진짜 파악 가능한 인상도 발견되지 않은 것이고, 그것과 파악 불가능한 인상 간의 구별 기준도 필연적으로 발견될 수 없다. 더구나 그들 자신이 토로하고 있듯이, 현자를 들먹이는 스토아학파의 철학자인 제논과 클레안테스(Cleanthes, B.C. 330?–B.C. 230?)와 크리시포스도 "열등한 사람에 속하고, 열등한 사람은 무지의 노예가 되어 있기에"[54] 파악 가능한 인상을 갖고 있지 못하다. 그렇다고 그들이 바라는 대로, 파악 가능한 인상과 그렇지 않은 인상을 완벽하게 구별하는 아직 발견되지 않은 현자가 실제로 발견된다고 해서 문제가 해결될까? 그것은 또 다른 파국으로 인도할 것 같다. 파악 가능한 인상과 그렇지 않은 인상을 구별하는 기준은 현자 없이는 규정될 수 없다. 그런데 이제 현자는 자기가 규정한 저 기준 없이는 규정될 수 없다. 즉 현자가 현자인 이유는 자기가 확립한 저 기준을 통해서 입증된다. 여기에는 전형적인 악순환이 나타난다.[55] 사정이 이렇다면, 현자 이론에 호소함으로써 신아카데미학파의 회의주의자들을 공격하려던 기획은 이제는 거꾸로 이 회의주의자들이 스토아학파의 철학자들을 반박하기 위해 사용할 수 있는 무기로 변전된다.

지금까지 살펴본 대로 스토아학파의 진리 기준의 조건에 대한 신아카데미학파의 비판을 통해서 저 기준은 정당화될 수 없다는 점이 입증되었다. 신아카데미학파의 회의주의자들의 공격을 방어하려는 스토아학파의 철학자들의 전략은 실패했다. 그들은 자신들의 진리 기준의 조건들을 수정하고 첨가하면서 신아카데미학파의 회의주의자들의 덫에서 벗어나고자 하였으나 그것은 더욱더 그들을 옥죄는 늪에 불과할 뿐이었다. 이 회의주의자들은 이제 스토

---

54) *M* 7.433.

55) A. A. Long, "The Logical Basis of Stoic Ethics," in *Proceedings of the Aristotelian Society* 71(1970), p.102 참조. "인간은 자연의 뜻에 따라 살아야 한다. 말하자면 이성에 순종해야 한다. 그러나 여기서 이성은 건전한 이성, 즉 자연과 일관되게 일치하는 그런 이성을 의미한다. 그런데 어떻게 인간은 그의 이성이 이 조건에 부합하는지를 알 수 있을까? 내가 알 수 있는 한, 스토아학파 철학자들은 이 질문에 만족스러운 대답을 결코 주지 않았다. 그들이 대답했던 것은 현자를 패러다임으로 제시하는 것이었다. … 그리고 여기서 우리는 원을 돌게 된다." 롱은 현자를 끌어들임으로써 스토아학파의 윤리학에서 나타나는 악순환의 난점을 지적하고 있지만 이는 지식론에도 그대로 통용될 수 있다.

아학파의 철학자들이 나아갈 수 있는 모든 길을 봉쇄하고서 마침내 "[5] 그러므로 어떤 인상도 파악 가능하지 않다."는 결론을 도출하였던 것이다.

4. 신아카데미학파와 피론주의의 동일성

스토아학파의 진리 기준을 논박하는 가운데 신아카데미학파의 회의주의자들이 어떻게 해서 "[5] 그러므로 어떤 인상도 파악 가능하지 않다."는 부정적인 진리 명제에 도달하게 되었는지가 밝혀졌다. 그런데 이 지점에 오면 섹스투스 엠피리쿠스의 비판을 다시 떠올리게 된다. 그에 의하면, 신아카데미학파의 회의주의자들은 부정적 진리 주장을 폄으로써 ① 등치의 방법을 수행하지 않고, ② 판단유보를 실행하지 않으며, 따라서 그들은 더 이상 회의주의자가 아니게 된다. 한마디로 그들은 부정적 형식을 취하는 독단주의자가 되는 것이다. 그러나 이런 비판에 대한 해명은 벌써 그들이 스토아학파의 진리 기준을 공박하는 가운데 들어 있다고 볼 수 있다. 그리고 이것이 이 양 학파 간에 벌어진 긴 논전을 내가 앞에서 서술한 이유이기도 하다. 그들은 왜 진리 명제를 내세웠는가? 그것은 바로 스토아학파의 철학자들이 고수했던 진리 기준을 무너뜨리려 했기 때문이다. 신아카데미학파의 회의주의자들이 "[5] 그러므로 어떤 인상도 파악 가능하지 않다."는 주장을 폈을 때, 그것은 "그들이 이 테제에 대한 독립적인 증명을 하였다고 믿었기 때문이 아니라, 그들의 독단적인 적대자들이 반대를 주장하였기 때문에 그렇게 하였던 것이다."56) 그들은 저 부정적 주장을 진리로서 정초하려 하려 않았다. 다만 스토아학파 철학자들의 주장을 되받아칠 수 있음을, 즉 이 철학자들이 정립한 진리 기준에 대해 동등한 비중을 갖고 맞서는 반대의 진리 주장이 성립될 수 있음을 보이고자 했을 뿐이다. 스토아학파의 진리 기준이 없었다면 신아카데미학파의 회의주의자들은 이런 종류의 부정적 진리 주장 자체를 제시할 필요조차 없었을 것이다. 이런 측면에서 그들의 논의는 어디까지나 스토아학파의 이론 내

---

56) Gisela Striker, *Essays on Hellenistic Epistemology and Ethics*(Cambridge/New York: Cambridge University Press, 1996), p.138.

에서 작동하며, 말하자면 그 이론에 기생함으로써만 존립할 수 있다고 말할 수 있다. 퀴쌍이 '신아카데미학파의 회의적 스토아주의(the skeptic stoicism of the New Academy)'[57]라고 명명한 것은 바로 이런 의존적 속성을 가리키는 것이다. 아르케실라오스와 카르네아데스는 스토아학파의 주장이 독단임을 폭로해서 그것을 무너뜨리면 그것으로 그만이었다. 그들은 독자적으로 진리론을 건립하지 않았으며, 스토아학파와 대립하는 이단적인 스토아학파의 철학자가 되는 것으로 족하였던 것이다.[58]

마침내 섹스투스 엠피리쿠스에 의해 신아카데미학파의 회의주의자들에게 씌워진 혐의는 풀린 듯하다. 그들은 진리와 관련하여 "[5] 어떤 인상도 파악 가능하지 않다."는 그들 자신의 입론을 세운 것이 아니며, "그렇기에 섹스투스가 비판하고 있듯이 부정적 독단주의를 수반하지 않는다."[59] 이것은 그들의 '진짜' 주장이 아니다. 어디까지나 상대방의, 즉 스토아학파의 진리론을 물리치기 위한 의도 하에 이 주장을 맞세운 것에 불과한 것이기에 그들의 주장은 단지 스토아학파의 독단적 지식론을 태워버리기 위한 불쏘시개 이상도 이하도 아닌 것이다. 결론적으로 그들은 ① 등치의 방법을 지속적으로 구사했으며, 그렇기에 ② 판단유보도 포기한 적이 없다. 키케로의 다음 진술은 순수 이론의 영역에서 섹스투스 엠피리쿠스가 제기한 저 비판이 얼마나 왜곡되고 빗나간 것인지를 분명하게 말해주는 하나의 예일 것이다.

아르케실라오스는 모든 것이 너무 깊숙이 은폐되어 있어서 어떤 것도 식별되거나 이해될 수 없다고 생각하였네. 이런 이유들로 인해 우리는 어떤 것을 단언하거나

---

57) Pierre Couissin, "The Stoicism of the New Academy," in *The Skeptical Tradition*, ed. by Myles Burnyeat(Berkeley/Los Angeles: University of California Press, 1983), p.32.
58) 같은 글, p.57 참조. "아카데미학파의 회의주의자들은 스토아주의를 파괴하는 것을 목표로 하였으나, 그들 스스로가 인정하고 있듯이, 그들은 스토아주의에 의해 그리고 그것 때문에만 존립하였을지 모른다. (…) 아르케실라오스와 카르네아데스는 스토아학파의 철학자들을 그들의 대화자로 삼았으며, 그들에게 빚을 지고 있었고, 독립적인 철학자라기보다는 이단적인 스토아학파의 철학자로 등장하였다."
59) R. J. Hankinson, *The Sceptics*(London/New York: Routledge, 1998), p.86.

긍정해서는 안 된다고, 즉 동의함으로써 그것을 승인해서는 안 된다고 그는 생각하였던 게야. 우리는 항상 우리의 성급함을 제어해야 하며 그래서 어떤 실수도 저질러서는 안 되는 것이네. 그러면서 그는 거짓인 것이나 알려져 있지 않은 것을 승인하는 것은 특히 성급한 짓이라고 간주하였네. (…) 이 이론과 수미일관하게 그는 행동하곤 하였는데, 모든 사람의 견해에 맞서는 반대 논증을 개진함으로써 그는 대부분의 청중들이 원래 견지했던 그들 자신의 견해에서 떠나도록 인도하였네. 같은 주제를 두고 [대치하는] 양쪽에서 동등한 비중을 갖는 논증들이 발견될 때, 어느 편에서나 동의를 유보하기는 더욱 수월해졌네.[60]

여기까지 와서 보면 이론 영역에서 "아카데미학파의 철학자와 피론주의자들의 입장은 사실상 서로 멀리 떨어져 있는 것처럼 보이지 않는다."[61] 양자는 똑같이 진리를 확립하려는 모든 독단적 기획이 가망이 없다는 것을 등치의 방법을 동원하여 보여주고, 그럼으로써 성급한 판단을 유보하고 있다. 양자는 독단주의를 파괴하는 데 있어서는 이론적 형제였다. 그래서 고대 회의주의에 정통했던 헤겔도 "신아카데미학파와 회의주의 간의 구별은 단지 표현의 형식에 있을 뿐"[62]이며, 내용적인 측면에서는 양자는 대동소이하다고 평가하였다. 기껏 양자의 차이를 끄집어낸다면, 신아카데미학파의 회의주의자들이 스토아학파에 집중해서 회의적 논의를 전개한 반면, 피론주의자들은 진리 주장 일반을 반박하는 보편적인 회의적 논변을 펼쳤다는 데에 있을 것이다.[63] 사정이 이러했기 때문에 이후의 철학사에서 신아카데미학파의 회의적 논의와 피론주의의 그것은 섹스투스 엠피리쿠스가 주장한 것과는 반대로 세심하게 구별되지 않은 채 혼용되어 사용되었고, 특별한 경우가 아니면 그 출처는 관심의 대상이 되지 못했다. 가령 데카르트가 모든 의심을 극복했다

---

60) Cicero, *Ac* 1.45. 2.104 참조.
61) Gisela Striker, *Essays on Hellenistic Epistemology and Ethics*, p.147.
62) Georg W. F. Hegel, *VGP* Ⅱ, p.367.
63) Pierre Couissin, "The Stoicism of the New Academy," p.57 참조. "[피론주의자인] 아이네시데모스는 피론주의가 보편적인 태도인 반면 아카데미 철학은 스토아주의를 향해 취해진 태도였기 때문에 피론주의보다 협소한 범위를 지녔다고 생각하였다."

는 것을 증명하기 위해 동원한 회의주의의 논의들은 신아카데미학파와 피론주의의 그것들이었는데, 이것들은 한 묶음의 요리 재료로 취급되었다.[64] 거꾸로 이것은 양 학파가 서로를 방해하는 훼방꾼이 아니라 독단주의를 파괴하는 데 있어 시너지 효과를 낼 수 있는 동맹이 되었다는 것을 시사해준다.

이론 영역에서 신아카데미학파의 회의주의자와 피론주의자 간에 차이는 없으며, 섹스투스 엠피리쿠스의 비판에는 근거가 없다는 점이 밝혀졌다. 양자는 모두 철저한 회의주의자였다. 신아카데미학파의 회의주의자들이 사이비 회의주의자라는 섹스투스 엠피리쿠스의 비판은 철학적 험담에 가깝다. 그렇다면 이제는 실천 영역에서 섹스투스 엠피리쿠스가 신아카데미학파의 회의주의자들에 가한 비판으로 눈을 돌려야 한다. 그의 주요한 비판을 상기해보면 다음과 같다. ③ 신아카데미학파의 회의주의자들은 독단적인 동의를 행하며, 따라서 ④ 그들은 마음의 평정을 달성할 가능성이 없다. 여기서 ③은 신아카데미학파의 회의주의자들의 비일관성을 지적하는 것으로써 이들이 이론 영역에서 관철하고 있는 판단유보를 실천 영역에서는 내던져버렸다는 것을 함축한다. 섹스투스 엠피리쿠스의 서술이 정당한 것이라면 그들은 변절한 회의주의자일 것이다. ④는 회의주의의 목표 달성의 실패를 가리키는 것이다. 이들이 판단유보를 철회했다면 회의주의자들이 판단유보를 통해 달성하고자 했던 궁극적인 목표인바, 아타락시아를 획득할 가능성은 소실되고 만다.

그러나 우리는 섹스투스 엠피리쿠스의 이런 비판을 곧이곧대로 받아들일 수는 없는데, 그가 이론 영역에서 허언(虛言)을 한 전력을 알고 있기 때문이다. 실천 영역에서도 섹스투스 엠피리쿠스의 비판이 무실(無實)한 것으로 판명난다면, 원리적인 측면에서 양자를 구별할 이유는 없게 되고, 신아카데미학파의 회의주의자와 피론주의자와의 대치 국면은 순전히 섹스투스 엠피리쿠스의 날조로 드러날 것이다. 반대로 그의 비판이 정당한 것이라면, 신아카데미학파의 회의주의자들은 실천 영역에서 회의주의자의 정체성을 고수하지 못하고 결국 독단주의자의 나락으로 떨어져버린 것이 된다. 그들이 이론적인 측면에서 철저한 회의주의자이기를 자처했다가 실천적인 측면에서 독단주의

---

64) René Descartes, *CSM Ⅱ*, p.94[Ⅶ, 130] 참조.

자로 변신한 인물들이라면, 섹스투스 엠피리쿠스가 왜 신아카데미학파와 피론주의를 구별하려고 그토록 애썼는지가 비로소 이해될 수 있을 것이다. 나아가 그가 이론 영역에서 그들을 무리하게 비판한 까닭도 실천 영역에서의 이런 실망 때문에 빚어진 것이라고 추측할 수 있다. 물론 이런 성급한 언급은 양 학파의 실천 이론에 대한 면밀한 검토를 통해 확인되어야 한다.

5. 스토아학파의 문제 제기: 행위 불가능성(apraxia)

스토아학파의 진리 기준을 공격하는 데 있어 신아카데미학파의 회의주의자와 피론주의자는 전혀 구별이 필요 없는 하나의 동아리로서 승리를 거둔 것처럼 보인다. 그러나 스토아학파의 철학자들이 그것으로 완전히 무너진 것은 아니다. 그들은 승리에 취한 회의주의자들에게 반격을 꾀했는데 그들이 선택한 전투 지역은 실천의 영역이었다. 간단하게 말해서 그들은 회의주의자들에게 '행위 불가능성'의 문제를 제기하였던 것이다.

회의주의자들은 등치의 방법에 의해 판단유보에 이른다. 즉 "탐구되는 대상들이 서로 동등한 비중을 갖고 맞서기 때문에 우리의 사고는 긍정할 수도 부정할 수도 없게 된다."[65] 긍정도 하지 않고 부정도 하지 않는다는 것은 곧 사물의 진상(眞相)과 관련된 주장에 대해 동의를 유보한다는 것이고, 이것은 곧 "아무것도 결정하지 않는다."[66]는 것을 뜻한다. 그러나 이렇게 회의주의자가 동의 유보와 미결정성 상태를 철저하게 준수한다면, 그는 어떤 행동도 하지 못한 채 굶어 죽거나, 행동한다 해도 불의의 사고로 수명을 다할 것이다. 피론주의의 시조(始祖)인 피론은 어떤 것도 피하지 않았고, 그래서 마차든, 벼랑이든, 개든 그에게 다가오는 모든 것의 위험에 직면하였으며, 그의 곁을 따르던 벗들이 그를 곤경에서 벗어나게 해주곤 하였다고 전해진다.[67] 만약 피론의 일화에서처럼 사람이 좀비처럼 행동한다면, 즉 일체의 판단과

65) Sextus Empiricus, *PH* 1.196.
66) *PH* 1.197.
67) Diogenes Laertius, *DL* 9.62-4 참조.

결정을 유보하려 한다면 삶 자체가 파국을 맞이할 것이다. 이론 영역에서 수세에 몰렸던 스토아학파는 공세로 전환했고, 이 반격의 교두보가 바로 회의주의자를 향한 '행위 불가능성' 논제였다. 키케로의 다음 진술은 이 논제를 집약해서 보여준다.

> 그러므로 어떤 것이 파악 가능하다는 것을 부정하는 사람들은 우리에게서 삶의 도구나 수단을 빼앗아간다. 그들은 우리 삶 전체를 완전히 뒤엎어버리고 생명체로부터 정신을 박탈한다.[68]

이 인용문에서 '어떤 것이 파악 가능하다는 것을 부정하는 사람들'은 신아카데미학파의 회의주의자들이다. 모든 것의 파악 불가능성을 내세웠기에 "이들은 실제로 그들 자신에게서 정신을 박탈한 것"[69]이고, "삶에서 일체의 행동을 제거한 셈이다."[70] 스토아학파에 의해 신아카데미학파의 회의주의자들이 행위 불가능성의 혐의를 받는다는 것은 바로 피론주의자도 이 혐의의 대상이라는 것을 말한다. 등치의 방법에 의한 판단의 미결정성을 기치로 내건 점에서 양자는 똑같기 때문이다. 섹스투스 엠피리쿠스도 스토아학파의 반론을 정확히 인지하고 있었다. "사람들에 따르면, 모든 삶은 욕망과 회피로 이루지는 것인데도 어떤 것도 바라거나 피하지 않는 회의주의자는 사실상 삶을 단념하는 것이고, 따라서 식물처럼 잔존하는 것이기 때문에 회의주의자는 비활동성에 빠지게 된다."[71] 판단유보를 고수하는 한, 아예 행동 자체가 불가능하기 때문에 피론주의자는 식물처럼 무기력하게 잔존할 수밖에 없을 것이다. 식물인간이라는 비판을 벗어나기 위해 회의주의자가 어떤 판단도 수행하지 않으면서 행동할 경우는 어떻게 될까? 아마도 이 경우 그는 "만일 그렇게 하라는 명령만 받으면 자신의 부친을 살해해 먹는 데 전혀 주저하지 않을 마

---

68) Cicero, *Ac* 2.31.

69) *Ac* 2.38.

70) *Ac* 2.39.

71) Sextus Empiricus, *M* 11.162-3. 다음 책도 참조했음. Sextus Empiricus, *Against the Ethicists*, trans. by Richard Bett(Oxford: Clarendon Press, 1997).

음가짐으로 살아갈 수 있는 자",72) 즉 끔찍한 야수가 될 것이다. 판단을 유보하는 한, 회의주의자는 식물이거나 짐승일 것이다. 이런 무기력함과 무지막지함이 바로 스토아학파의 철학자들이 회의주의자들에게 씌우고 싶어 했던 이미지였다.

'행위 불가능성'의 논제는 신아카데미학파의 일원이든 혹은 피론주의의 일원이든 간에 회의주의자는 어쨌든 삶의 마비를 초래한다는 것이다. 그리고 이 논제는 곧바로 '비일관성' 논제로 확장될 수 있다. 만약 회의주의자가 삶을 영위하기 위해 무엇인가 행동할 것을 선택한다면, 이는 판단유보를 위반하는 것이고, 따라서 회의주의자는 이론 영역과 실천 영역에 있어서 일관성을 상실하고 말 것이기 때문이다. 그가 행위의 취사선택에 대해 조금이라도 숙고하고 반성하는 한, 그는 그가 그토록 혐오했던 독단주의자가 되고 만다. 섹스투스 엠피리쿠스가 인정하고 있듯이 "그러나 [여하튼 회의주의자가 하나를 선택하고 다른 하나를 거부할 경우] 이런 행동은 취사선택해야 할 것이 있다고 자신 있게 주장하는 사람들의 [즉 독단주의자들의] 특징인 것이다. 그럼으로써 회의주의자는 비일관성에 어쩔 수 없이 처하게 된다."73)

스토아학파 철학자들에 의해 개진된 '행위 불가능성' 논제에 의해 회의주의자들은 진퇴양난의 지경에 빠진 듯이 보인다. 삶을 유지하려 할 경우, 곧 행위의 취사선택에 대한 철학적 기준을 마련할 경우 그들은 일관성을 상실하고 독단주의자가 된다. 다른 한편으로 판단유보를 이론과 실천에 걸쳐 철저하게 시행하고자 할 때 그들은 불가피하게 삶의 마비를 초래하고 만다. '행위 불가능성' 논제는 회의주의자들을 논박하는 매우 강력한 무기로 여겨졌고, 또 그런 만큼 철학사에서 반복되었다. 예컨대 근대 경험론의 완성자인 흄이 피론주의를 극복하는 방안을 모색하면서 그것의 난점을 다음과 같이 지적할 때, 그것은 고대 스토아학파의 '행위 불가능성'의 논제를 되풀이한 것이다. "만약 피론주의자의 원리들이 보편적으로 그리고 항구적으로 만연한다면 … 모든 인간의 삶은 소멸될 것이라는 점을 피론주의자는 인정해야만 한다. 모

---

72) Diogenes Laertius, *DL* 9.108.
73) Sextus Empiricus, *M* 11.164.

든 대화와 행동은 즉각 중지될 것이다. 그리하여 사람들은 총체적인 무기력 상태에 빠지고 말 것이다."[74]

　스토아학파의 '행위 불가능성'의 논제를 신아카데미학파나 피론주의를 막론하고 회의주의자들은 심각하게 받아들이지 않을 수 없었다. 왜냐하면 그들이 일체의 판단유보를 내세운 것은 사실이었기 때문이다. 아르케실라오스는 그가 처한 실천적 곤경을 깨끗이 인정하고 있다. "판단유보가 필연적이기 때문에 다음으로 [어떻게 살아야 하는가 하는] 삶의 행위를 조사하는 것도 필연적이다."[75] 그리고 이런 인정은 특정한 행위 기준의 설정에 관한 문제에 직면하도록 회의주의자들을 강제한다. 앞의 언급에 이어 아르케실라오스가 곧바로 첨언하고 있듯이 "삶의 행위는, 그것에 의해 행복이—즉 삶의 목적이—확실히 보장받을 수 있는 어떤 기준이 없다면 당연히 설명될 수 없다."[76] 그와 마찬가지로 "카르네아데스도 삶의 영위와 행복의 획득을 위한 어떤 기준을 요구하고 있다."[77] 피론주의자도 예외가 될 수 없다. 섹스투스 엠피리쿠스도 행동 기준의 설정을 피력하고 있다. "(⋯) 두 번째 기준은 행동과 관련된 기준이다. 우리는 이 기준에 따름으로써 삶을 영위하는 데 있어 어떤 행동을 수행하고, 그런가 하면 어떤 행동을 수행하지 않는다."[78]

　이로써 분명히 알 수 있는 점은 신아카데미학파나 피론주의의 회의주의자들 모두 행위 기준을 제시하고자 했다는 것이다. 이론적으로 판단유보에 도달하였지만 실천적으로 무기력하지 않다는 것을 그들은 보여야 했기 때문이다. 그러나 이런 공통점에도 불구하고 섹스투스 엠피리쿠스가 신아카데미학파를 비판한다는 사실은 그들 각자가 '행위 불가능성'에 대한 해결책으로 내

---

74) David Hume, *Enquiries*, p.160. 국내 번역은 다음 책을 참조했음. 데이비드 흄, 『인간 오성의 탐구』, 김혜숙 옮김(서울: 고려원, 1996). 로크도 유사한 논의를 하고 있다. John Locke, *Essay* 4.14.1 참조. 국내 번역은 다음 책을 참조했음. 존 로크, 『인간지성론 1』, 정병훈 · 이재영 · 양선숙 옮김(파주: 한길사, 2014); 존 로크, 『인간지성론 2』, 정병훈 · 이재영 · 양선숙 옮김(파주: 한길사, 2014).

75) Sextus Empiricus, *M* 7.158.

76) 같은 곳.

77) *M* 7.166.

78) Sextus Empiricus, *PH* 1.21.

세운 실천 이론이 상이하고, 나아가 반드시 충돌하고 말 갈등의 요소를 지니고 있다는 것을 말해준다. 스토아학파의 진리론 앞에서 일치된 대오를 형성했던 두 회의주의 학파는 '행위 불가능성'의 관문 앞에서 각자의 길을 가면서 분열하고 마침내 적대관계에 놓이게 된다. 그러므로 실천 이론에서 신아카데미학파에 대한 섹스투스 엠피리쿠스의 비판을 검토해보고자 할 때, 특히 섹스투스 엠피리쿠스에게는 행위 기준이 회의주의자의 정체성을 가늠하는 중대한 시금석으로 떠오르기 때문에, 양 학파의 행위 기준들에 각각 주목하고 그것들을 비교하는 일이 필요하다.

6. 피론주의자의 행위 기준: 현상(phainomenon)

섹스투스 엠피리쿠스는 스토아학파의 '행위 불가능성'의 비판이 그럴듯하긴 하지만 피론주의자를 명중시키는 못한다고 생각한다. 스토아학파의 주장처럼 피론이 판단유보를 실천 영역에서 관철하려 했다면 그가 어떻게 90세까지 살 수 있었을까? 이런 사실은 "판단유보에 기초하고 있었던 것은 피론의 철학이었을 뿐, 일상적인 행동을 할 때 그는 결코 분별력을 결여하고 있지 않았다."[79]는 것을 말해준다. 피론주의자도 무엇인가 취사선택의 행동을 한다. 다시 말해서, 그는 순수 이론 영역에서는 판단유보를 고수하지만 실천 영역에서는 그렇지 않다. "회의주의자는 진리 도달의 물음과 관련된 경우에 그의 판단을 유보하면서 살아갈 수 있을 것이지만, 삶의 문제와 돌봐야 할 것들에 있어서는 그렇지 않다."[80]

이런 변명에 스토아학파는 즉시 이의를 제기할 것이다. 이론 영역에서 판단유보를 내세우면서 실천 영역에서는 판단을 내린다는 것은 자기모순적인 행태 아닌가? 회의주의자가 살기 위해 취사선택의 결정을 한다는 것은 곧 "아무것도 결정하지 않는다."는 회의주의의 원리를 위배하는 것 아닌가? "등치에 의해 상충하는 진술들 가운데 어떤 진술도 다른 진술보다 더 믿을 만하

---

79) Diogenes Laertius, *DL* 9.62.
80) *DL* 9.108.

다는 우위를 점하지 못한다."[81]는 것이야말로 피론주의자들이 줄곧 내세운 자신들의 기본 원칙이었다. 그런데 이제 특정한 행위 기준에 의해 어떤 행위를 다른 행위보다 우선시함으로써 피론주의자들은 회의주의의 기본 원칙마저 포기하는 것이 아닌가? 이렇게 보면, 설사 피론주의자의 실천 이론을 수용한다 하더라도 피론주의자는 구체적인 삶의 영역에서 더 이상 회의주의자일 수가 없는 듯하다. 이런 비판에 노출되지 않기 위해 피론주의자가 택할 유일한 길은 아무런 행동도 하지 않는 것일 것이다. 그러나 이는 그를 다시 삶의 마비라는 '행위 불가능성'의 늪에 빠뜨릴 것이다. 그는 살 수 없을 것이다. 다시 흄의 표현을 빌린다면 "회의주의[피론주의]의 극단적인 원리들은 강단이라는 바람막이를 떠나자마자 (…) 연기처럼 소멸한다."[82]

스토아학파 철학자들의 이런 반박에 대처하기 위해서 피론주의자의 행위 기준은 몇 가지 조건을 충족시켜야 한다. ① 피론주의자의 행위 기준은 그를 '행위 불가능성'의 혐의로부터 벗어나게 해주는 것이어야 한다. ② 그의 행위 기준은 이론적인 판단유보와 일맥상통하는 것이어야 한다. 즉 순수 이론과 실천 이론 사이에 균열이 일어나서는 안 된다. ③ 그의 행위 기준은 "독단적 믿음 없이 삶을 영위하는"[83] 것이어야 한다. ④ 그것은 피론주의자의 최종목표인 마음의 평정으로 안내하는 것이어야 한다. 섹스투스 엠피리쿠스는 이 모든 사항을 감안해서 다음과 같이 피론주의자의 행위 기준을 서술하고 있는데, 이 인용문에 그가 스토아학파를 향해 말하고 싶은 모든 것이 들어 있다고 해도 과언이 아니다.

우리는 지금부터 행동 기준에 대해 논의하고자 한다. 우리는 회의주의의 길의 기준이 현상이라고 말하는데, 이 명칭은 실질적으로 인상을 의미한다. 왜냐하면 이것은 수동적인 여러 느낌(pathos)이나 자발적이지 않은 자극의 수용에 의존하는 것이므로 결코 의문이나 탐구의 대상이 아니기 때문이다. 그러므로 어떤 누구

81) Sextus Empiricus, *PH* 1.10.
82) David Hume, *Enquiries*, p.159.
83) Sextus Empiricus, *PH* 1.231.

도 존재하는 사물이 이렇게 혹은 저렇게 현상한다는 것에 대해 왈가왈부하지는 않을 것이다. 논쟁의 초점은 과연 정말로 외부 대상이 현상하는 그대로 존재하는가 하는 데에 있다.

따라서 우리는 현상들에 주목하면서 일상적인 삶의 규칙들에 의거하여 어떤 독단적 믿음도 견지하지 않은 채 살아간다. 왜냐하면 우리가 전혀 행동하지 않은 채로 있을 수는 없기 때문이다. 이런 일상적인 삶의 규준은 다음의 네 가지 부분으로 구성되는 것처럼 보인다. 그중 하나가 자연의 인도이고, 다른 하나는 느낌의 필연적 요구이며, 또 다른 하나는 법률과 관습의 전통이고, 마지막은 여러 전문기술의 교육이다.[84]

(1) 여기에서 명확하게 나타나듯이 "회의주의자의 [행위] 기준은 현상이다."[85] 현상에 의거하여, 구체적으로는 자연 또는 본성의 인도, 느낌의 필연적 욕구, 법률과 관습의 전통, 전문기술의 교육에 의해 피론주의자는 행동할 수 있다. 예컨대 우리 본성에 맞지 않는 것들이 있다면, 본성에 맞지 않기 때문에 우리는 그것들을 제거한다. "심지어 개도 발에 박힌 가시를 제거하려고 한다."[86] 또한 오한을 느끼면 따뜻한 곳을 찾고, 발열을 느끼면 찬 곳을 찾는다. 이렇게 우리는 본성이나 느낌이 요구하는 바를 그대로 따라 행동하면 된다. 따라서 이런 구체적인 행위 기준들에 의해 피론주의자는 식물처럼 잔존하지도 않고 야수처럼 끔찍한 짓을 저지르지 않고도 삶을 유지할 수 있다.

(2) 그런데 여기에서 주목해야 할 점은 피론주의자가 현상에 의존할 때 '수동적인 여러 느낌이나 자발적이지 않은 자극의 수용에 의존'한다는 것이다. 피론주의자는 의지를 갖고 자발적으로 사태에 대한 행동 판단을 내리지 않는다. 또 그럴 수도 없다. 오히려 저 현상 규준들은 "우리의 의지가 결여된 상태에서 수동적 인상에 따라서 우리를 동의로 이끈다."[87] 우리가 물을 마시겠다고 의지를 갖고 판단하는 것이 아니라, 갈증이 우리가 물을 마시는 행동을 하

---

84) *PH* 1.21-3.
85) Diogenes Laertius, *DL* 9.106. Sextus Empiricus, *M* 7.30 참조.
86) Sextus Empiricus, *PH* 1.238.
87) *PH* 1.19.

도록 안내한다. 우리는 현상의 일상적인 규준들에 전적으로 따르기만 하면된다. 이런 철저한 수동성에 대한 강조는 곧바로 현상의 강제성과 연결된다. 현상이 우리를 특정하게 행동하도록 강제하기 때문에 우리는 그 현상에 그저따르기만 하면 된다는 것이다. 피론주의자들은 "인상이 자신에게 강제하는느낌들에 동의한다."[88] 스토아학파 철학자들은 행위를 하면 으레 그것이 행위자의 주체적인 판단 능력 하에서 나온 것이라고 간주하였다. 그래서 회의주의자가 행동을 하면 판단유보와 배치된다고 주장했던 것이다. 그러나 피론주의자가 제시한 "'강제된 동의'의 개념이야말로 매우 기발한 것이다. 그것은 스토아학파의 이론을 뒤엎어버린 것이다."[89] 현상의 강제성과 그것에 따르는 행위자의 철저한 수동성 때문에 피론주의자는 이론적인 판단유보를 위반하지 않고도 행동할 수 있다. 그는 그저 특정하게 행동하도록 강제되고 그강제된 바를 추수(追隨)하기 때문이다. 섹스투스 엠피리쿠스는 피론주의자가행위를 할 때도 판단유보를 유지하고 있음을 다음과 같이 표현하고 있다. "우리는 불분명한 대상에 관해서 독단적으로 진술된 것들을 긍정하지도 부정하지도 않는다. 왜냐하면 우리의 느낌 또는 감정을 촉발하며 우리를 강제적으로 동의로 이끄는 것들에 우리는 그저 따를 뿐이기 때문이다."[90]

(3) 섹스투스 엠피리쿠스가 볼 때, 실천 영역에서도 회의주의자가 자신의정체성을 유지할 수 있는 유일한 길은 선택적 행동을 하는 데 있어 주체의 자발적 의지와 자율적 반성을 폐기하고 철저하게 수동적으로 현상들에 그냥 따르는 것뿐이다. 그런데 이렇게 현상들에 따르는 것은 독단적인 믿음을 채택하는 것이 아니다. 왜 그런가? 독단적 믿음 혹은 견해란 말은 "불분명한 학문적 탐구의 대상에 대한 동의"[91]를 뜻한다. 이런 의미에서 피론주의자는 결코긍정하거나 부정하지 않는다. 아이네시데모스의 트로펜에 따르면, 꿀은 어떤

88) *PH* 1.13.

89) Katja M. Vogt, "Scepticism and Action," in *The Cambridge Companion to Ancient Scepticism*(Cambridge, UK/New York: Cambridge University Press, 2010), p.174.

90) Sextus Empiricus, *PH* 1.193.

91) *PH* 1.13.

사람에게는 달콤하지만, 단 것을 먹고 난 사람에게는 동일한 꿀이라도 그냥 맹맹할 뿐이다. 꿀은 지각 주체가 처한 상황에 따라 달리 현상한다. 그런가 하면 같은 소리도 텅 빈 장소인가 그렇지 않은 곳인가에 따라 다르게 들린다. 지각 대상은 그것이 처한 조건에 따라 다르게 현상한다. 피론주의자는 이렇게 지각 주체와 지각 대상의 조건의 상이성으로 인해 동일한 대상이 달리 현상한다는 것에 대해 결코 의문을 표하지 않는다. "어떤 누구도 존재하는 사물이 이렇게 혹은 저렇게 현상한다는 것에 대해 왈가왈부하지는 않을 것이다." 그가 문제로 삼는 것은, 즉 판단을 유보하는 것은 "꿀의 진짜 본성은 무엇인가?" 혹은 "소리의 본성은 무엇인가?" 하는 사물 자체의 본성과 관련된 진리 주장이다. 꿀과 소리는 지각 주체와 여타의 지각 대상과의 관계 속에서 다르게 혹은 대립되게 현상하기 때문에 그것의 참된 본성에 대해 무엇이라 주장할 수 없다. "논쟁의 초점은 과연 정말로 외부 대상이 현상하는 그대로 존재하는가 하는 데에 있는 것이다." 아이네시데모스의 제8트로푸스는 판단유보의 대상이 무엇인가를 다음과 같이 결론짓고 있다. "그렇지만 우리가 모든 것은 관계적이라는 것을 이렇게 확립했기 때문에, 우리는 단지 각각의 대상이 다른 것과의 관련 하에 어떤 것처럼 보인다고 말할 수 있을 뿐, 각각의 대상 자체의 정말로 순수한 본성이 무엇인가에 관해서는 언표할 수 없을 것이라는 점이 명백해졌다. 그러므로 대상들의 진정한 본성에 관해서 우리가 판단을 유보해야 한다는 결론이 도출된다."[92] 스토아학파의 철학자들은 현상에 대한 동의를 사물의 본성에 대한 동의와 동일시하였고, 이로부터 현상에 따르는 회의주의자를 독단주의자로 오인하였던 것이다. 현상에 대한 동의와 사물 자체의 본성에 대한 동의는 차원이 다른 논의이다. 피론주의자들이 현상을 따른다고 해서 사물 자체의 본성에 대한 주장을 펴는 것이 아니며, 따라서 현상을 행위 기준으로 삼는다고 해서 피론주의자가 독단적 믿음이나 견해를 채택하는 것이 아니다. 반즈의 표현을 빌린다면, 피론주의자는 이론 영역에서든지 혹은 실천 영역에서든지 가리지 않고 모든 독단적 믿음을 파괴하는 '우

---

92) *PH* 1.140.

직한 피론주의자(rustic Pyrrhonist)'[93]이다.

(4) 섹스투스 엠피리쿠스가 모든 독단적 믿음을 배격하면서 현상에 대한 철저한 수동성을 견지하는 까닭은 단순히 순수 이론과 실천 이론 간의 일관성만을 추구하고자 하기 때문만은 아니다. 스트라이커가 지적하고 있듯이 "이렇게 하는 배경에는 (…) 마음의 평정에 대한 피론주의자의 관심이 놓여 있는 것이다."[94] "어떤 행위가 본성적으로 좋거나 나쁘다."고 판단하여 행동할 경우, 즉 스스로 의지를 갖고 선택함으로써 어떤 것에 동의할 경우, 피론주의자의 최후 목표인 아타락시아는 달성될 수 없다. 나쁜 것은 피하고자 애쓰는가 하면, 추구하는 것이 달성되면 의기양양해하고 혹여 그것을 상실하지 않을까 사람들은 노심초사한다. 자기 의지와 반성에 의해 행위 기준을 정립했을 때 그 기준이 그것을 설정한 사람을 끊임없이 동요하게 만든다는 것은 말할 것도 없다. 그러므로 마음의 평정에 도달하기 위해서는 어떤 것도 적극적으로 결정짓지 않고 단지 현상이 나의 행동을 결정하도록 내버려두어야 한다. 그럴 때만이 어떤 것을 자발적으로 열렬하게 추구하지도 않고 피하지도 않게 되고 그럼으로써 마침내 마음의 평정을 누릴 수 있다는 것이다. 섹스투스 엠피리쿠스는 이를 간단하게 다음과 같이 표현하고 있다. "[어떤 사물이 본성적으로 좋거나 나쁘다고 판단하는 사람과는 달리] 무엇이 본성적으로 좋고 나쁜가에 관해 어떤 것도 결정하지 않은 채로 내버려두는 사람은 열렬하게 어떤 것을 추구하지도 않고 기피하지도 않는다. 따라서 그는 동요하지 않는다."[95]

---

93) Jonathan Barnes, "The Beliefs of a Pyrrhonist," in *The Original Sceptics: A Controversy*, ed. by Myles Burnyeat and Michael Frede(Indianapolis/Cambridge: Hackett Publishing Company, Inc., 1997), p.89. 어떤 독단적 믿음도 지니지 않는 '우직한 피론주의자'와 대조되는 개념은 '세련된 피론주의자(urbane Pyrrhonist)'이다. 세련된 피론주의자는 보통 사람들이 일상적인 생활을 해나가면서 동의하는 대부분의 사물을 기꺼이 믿는다. 그가 판단을 유보하는 것은 오로지 철학적이며 학문적인 문제들에 있어서이다. 반즈는 섹스투스 엠피리쿠스의 『피론주의 개요』 전체를, 물론 어떤 부분은 세련된 피론주의의 개입이 있긴 하지만 '우직한 피론주의자'의 입장에서 해석할 수 있음을 보이고 있다.

94) Gisela Striker, "Academics versus Pyrrhonists, reconsidered," in *The Cambridge Companion to Ancient Scepticism*(Cambridge, UK/New York: Cambridge University Press, 2010), p.205.

95) Sextus Empiricus, *PH* 1.28.

이로써 섹스투스 엠피리쿠스는 스토아학파의 철학자들이 파놓은 진퇴양난의 늪에 피론주의자들이 빠지지 않음을 보였다고 여겼다. 피론주의자는 어떤 독단적 믿음의 기준도 채택하지 않으며 또 그로 인해 마음의 평정을 누릴 수 있다는 것이다. 스토아학파에 대한 이런 대응은 곧 섹스투스 엠피리쿠스가 신아카데미학파의 실천 이론을 평가하는 준거가 무엇인지를 시사한다. 현상을 그냥 따르지 않을수록, 선과 악에 대한 독자적인 기준을 마련할수록, 그래서 아타락시아의 도달 가능성이 멀어질수록 신아카데미학파를 향한 섹스투스 엠피리쿠스의 비판적 발언은 격렬해질 것이다.

7. 아르케실라오스의 행위 기준: 합리적인 것(eulogon)

아르케실라오스가 처한 상황도 섹스투스 엠피리쿠스와 매일반이었다. 그도 "현자는 어떤 것에도 동의하지 않을 것이다."[96]라는 판단유보에 다다름으로써 스토아학파의 '행위 불가능성'의 반론에 직면하였고, 그래서 행위 기준을 제출하지 않을 수가 없었다. 아르케실라오스가 제시하고 있는 행위 기준은 두 가지인데, 플루타르코스(Plutarchos, 46?-120?)가 전해주는 것은 다음과 같다.

(2) 영혼은 세 개의 움직임을 가지고 있는데, 그것은 감각과 충동 그리고 동의이다. [이 세 가지 가운데에서] 감각의 움직임은 설사 우리가 원한다 할지라도 없앨 수는 없다. 오히려 사물과 접촉할 때마다 우리는 인상들을 얻게 되고, 그것에 의해서 영향을 받는다. (3) 충동의 움직임은 그것이 인상에 의해 야기될 때 사람을 적절한 대상으로 적극적으로 움직이게 한다. 왜냐하면 저울추가 한쪽으로 기우는 일이나 경향성은 영혼의 중심 안에서 일어나기 때문이다. 그래서 모든 것에 대해서 판단을 유보하는 사람은 이러한 움직임을 제거하지 않고, 오히려 적절한 것으

---

96) Cicero, *Ac* 2.67 참조. "[1] 현자가 어떤 것에 동의라도 한다면 그는 때대로 억견을 가질 것이다. [2] 그런데 그는 결코 억견을 가지지 않을 것이다. [3] 따라는 현자는 어떤 것에도 동의하지 않을 것이다."

로 보이는 것으로 그들을 자연스럽게 이끄는 충동을 사용한다. (4) 그렇다면 그들이 피하고자 하는 유일한 것은 무엇인가? 거짓과 기만이 싹트는 유일한 것, 즉 억견을 밝히며 다급하게 동의하는 것이다. 이런 동의는 나약함에 기인하고 전혀 쓸모가 없는 현상에 굴복하는 것이다. (5) 행위는 두 가지를 필요로 한다. 적절한 것에 대한 인상과, 현상되는 적절한 대상에 대한 충동. 이것들 중 어떠한 것도 판단유보와 충돌하지는 않는다. 왜냐하면 논증은 우리를 억견에서 멀리하게 하지만, 인상이나 충동으로부터는 그렇게 하지 않기 때문이다. 그러므로 적절한 어떤 것이 현상될 때마다 억견은 우리를 그쪽으로 움직여 나아가게 하는 데에 요구되지 않는다. 오히려 충동이 즉각 생겨난다. 왜냐하면 이것이 영혼의 과정이자 움직임이기 때문이다.[97]

아르케실라오스에 따르면, 판단을 유보한 상태에서 우리가 행동하는 데 있어 필요한 것은 인상(phantasia)과 충동(horme)뿐이다. 행위자는 적절한 행위를 하도록 충동을 일으키는 인상에 수동적으로 따르면 그만인 것이다. 그는 억견, 즉 독단적 믿음에 대한 동의(sunkatathesis)를 불필요한 것으로 여겼다. 행위자의 의도적인 본성을 지워버린 이런 '자극—반응 모델'[98]은 섹스투스 엠피리쿠스가 제안한 비독단적인 행동 기준과 별반 다를 바가 없는 것처럼 보인다. 그래서인지 섹스투스 엠피리쿠스는 신아카데미학파의 회의주의자 가운데 유독 아르케실라오스에게만큼은 친밀함을 표하고 있다. "내가 보기에 … 아르케실라오스는 분명히 피론주의자들이 말하는 바와 공통점을 가지고 있으며, 따라서 그의 가르침과 우리의 가르침은 거의 동일하다."[99]

그러나 다른 한편으로 아르케실라오스의 이 행위 기준을 그 자신의 실천적 교설로서 단정하기는 어렵다. 원래 '인상'과 '충동'과 '동의'를 행위 기준으

---

97) A. A. Long & D. N. Sedley, *The Hellenistic Philosophers*, Vol. 1, 69A에서 재인용.
98) Harald Thorsrud, *Ancient Scepticism*(Berkeley/Los Angeles: University of California Press, 2009), p.52.
99) Sextus Empiricus, *PH* 1.232. 물론 차이도 존재한다. 아르케실라오스는 판단유보만을 내세웠을 뿐 마음의 평정은 언급하지 않았다. 또한 피론주의자는 어떤 것을 확언하지 않는 반면, 아르케실라오스는 동의가 나쁜 것이라고 말했다.

로 설정한 자들은 스토아학파의 철학자들이었다. 그들은 장애물이 없는 한 파악 가능한 인상이 진리의 기준라고 주장하였다. 그래서 어떤 행동을 하고 자 할 때, 우리는 먼저 파악 가능한, 즉 참된 인상을 가져야 하며, 이 인상은 "우리를 [우리의 본성에 적절하게] 행동하게끔 만드는 충동"[100]을 불러일으 키고, 행동 충동을 야기하는 "이런 인상은 너무 명백하고 현저히 두드러져서 거의 우리 머리털을 잡아당겨 동의로 이끈다."[101]는 것이다. 스토아학파가 내세운 기준 가운데 '동의'를 제거하려 했다는 측면에서 볼 때, 아르케실라오 스가 한 일의 전부란 스토아학파 철학자의 행동 기준이 절대적이지 않다는 것을 폭로하는 데에 있었다고도 볼 수 있다.[102] 지식론에서 그가 역점을 둔 것이 그의 고유한 지식론의 확립이 아니라 스토아학파의 진리론에 대한 논박 이었듯이, 실천 이론에서도 그는 '인상'과 '충동'이라고 하는 그 자신의 행위 기준의 적극적인 개진보다는 스토아학파의 실천 기준에 대한 공격에 초점을 맞춘 것처럼 보인다.

아르케실라오스는 "모든 일에 관해서 판단을 유보했기 때문에 어떤 책도 쓰지 않았다."[103]고 전해진다. 그의 행위 기준에 관해서는 빈약하고 단편적인 전거만이 남아 있을 뿐이다. 그래서 '인상-충동론'과 관련해서 그가 오로지 스토아학파의 실천 이론에 대한 논박을 하는 데에 전념했는지, 아니면 적극적 으로 자신의 행위 기준에 관한 학설로서 그것을 전개했는지는 분명하지 않다.

그러나 그가 제시했다고 알려진 또 다른 행위 기준은, 비록 그 전거 역시 빈곤하긴 마찬가지이지만, 앞의 '인상-충동론'과는 그 성격이 다르며 심지 어는 그것과 상충하는 특징을 지닌다. 이 행위 기준에 대한 유일한 보고자는 섹스투스 엠피리쿠스인데, 그는 다음과 같이 전하고 있다.

---

100) Cicero, *Ac* 2.24. 2.25, 2.39 참조.
101) Sextus Empiricus, *M* 7.257.
102) Gisela Striker, Essays on *Hellenistic Epistemology and Ethics*, p.104 참조. "여기서 다시 나는 스토아학파의 논증에 대한 아르케실라오스의 응수를 그 자신의 적극적인 교설로 서 간주할 좋은 이유를 발견할 수 없다. 그가 한 전부란 동의가 행동에 필요적이지 않다는 것을 주장한 것뿐이다."
103) Diogenes Laertius, *DL* 4.32.

아르케실라오스는 모든 것에 대해서 판단을 유보하는 사람은 그의 선택과 기피, 그리고 그의 행동 전체를 '합리적인 것'이라는 규칙에 의해서 규제할 것이며, 이러한 기준에 맞추어 나아가면 올바로 행동하게 될 것이라고 단언한다. 왜냐하면 행복이란 사려분별을 통해 획득되는데, 사려분별은 올바른 행동에 있고, 올바른 행동은 그것이 일단 행해지면 합리적인 정당화를 갖기 때문이다. 따라서 '합리적인 것'에 주의를 기울이는 사람은 옳게 행동할 것이고 행복할 것이다.[104]

여기서 아르케실라오스는 '합리적인 것'을 행위 기준으로 내세우고 있다. 그런데 '합리적인 것'은 아르케실라오스가 최초로 만들어낸 용어가 아니다. 그것은 스토아학파의 철학자들이 사용하고 논의했던 개념이었다. 그들은 '합리적인' 명제를 "합리적인 것은 예컨대 '나는 내일 살아 있을 것이다.'와 같이, 그것이 다른 것보다 참일 수 있는 좀 더 높은 가능성을 가지고 출발해야 하는 명제"[105]로 정의하였다. 그들에 의하면, 합리적인 것이 제시될 때 '적절한 행위(kathekon)'가 이루어질 수 있다. "내일 해가 뜨지 않을 것이다."보다는 "내일 해가 뜰 것이다."라는 합리적인 명제에서 출발해서 행동할 때 '적절한 행위'를 할 수 있다는 것이다. 그들의 또 다른 표현을 빌리면, "적절한 행위란 이성(logos)이 우리에게 그것을 하도록 설득하는 모든 행위"[106]이고, 이런 예로서 그들은 양친이나 형제나 조국을 경애한다거나 벗들과 사이좋게 지내는 것을 들고 있다. 이렇게 적절한 행위를 할 때 우리는 자연에 순응하는 삶을 영위할 수 있다고 그들은 믿었다.

'행위 불가능성'이라는 스토아학파의 철학자들의 반대에 직면해서 아르케실라오스가 그들이 사용했던 '합리적인 것'을 전용하여 대응하고 있다는 사실은 그의 실천론에서 몇 가지 전환을 암시한다. 우선 '합리적인 것'의 행위 기준은 저 '인상—충동론'에서처럼 오로지 스토아학파의 실천론을 반박하는 맥락에서만 해석하기란 힘들다는 것이다. 비록 그것이 스토아학파에서 유래

104) Sextus Empiricus, *M* 7.158.
105) Diogenes Laertius, *DL* 7.76.
106) *DL* 7.108.

한 것이기는 해도 분명히 '합리적인 것'을 행위 불가능성에 대한 대답으로 제시하고 있기에 '합리적인 것'은 아르케실라오스 자신의 행위 기준으로 간주할 수 있을 것 같다.[107]

그리고 '합리적인 것'이 "어떤 명제가 다른 것보다 참일 수 있는 좀 더 높은 가능성을 가지고 있는가?"를 잰다는 점에서, 그리고 '올바른 행동', '사려분별', '이성'과 연결된다는 점에서 그것은 앞의 '인상-충동론'과는 다른 위상을 지닌다. '인상-충동론'에 의하면 행위자는 인상의 불가피한 '영향을 받고' 충동에 '자연스럽게 이끌려' 행동한다. 여기서 행위자는 불가피하게 영향받는 수동적 존재였다. 만약 '인상'과 '충동'을 단순히 스토아학파를 공박하는 맥락에서의 논의가 아니라 아르케실라오스의 고유한 행위 기준으로 간주할 수 있다면, 이런 행위 주체의 전면적인 수동성이 판단유보를 유지하면서도 행위를 가능하게 하는 요소였을 것이다. 그런데 '합리적인 것'은 단순히 인상과 충동을 그냥 따르는 수동적인 태도가 아니라, '이성'의 '합리적인 정당화'와 관련된 주체의 능동적 반성이나 판단과 관련되어 있는 듯하다. 아르케실라오스의 행위 기준이 '인상-충동론'에서 '합리적인 것'에로 나아간 것이 확실하다면, 그리고 '인상-충동론'이 판단유보와 일맥상통하고 따라서 이론과 실천 간의 수미일관한 측면을 유지하는 반면 '합리적인 것'은 그 일관성을 폐기하는 것이라면, 아르케실라오스는 섹스투스 엠피리쿠스와도 결별을 선언하는 셈이다. 그가 '합리적인 것'을 기준으로 삼아 주체의 판단이나 동의를 모색하는 바로 그만큼 섹스투스 엠피리쿠스와의 거리도 벌어질 수밖에 없다. 섹스투스 엠피리쿠스의 눈에 '합리적인 것'은 독단적 믿음이고, 회의주의자의 본령을 벗어났다는 신호로 보였을 것이 틀림없다.

---

107) 오유석, 「회의주의자와 doxa: 아르케실라오스와 카르네아데스의 입장」, 『철학』, 제83호(한국철학회, 2005), p.99 참조. "그러므로 아르케실라오스는 스토아학파의 이론에 대해 reductio ad absurdum 논변을 펼치는 것이 아니라, 당시 철학자들이 많이 사용하던 용어를 써서 자신의 이론을 펴고 있다고 보인다."

8. 카르네아데스의 행위 기준: 개연적인 인상(pithane phantasia)

그렇다면 피론주의자와의 불화가 예견된 것임에도, 즉 회의주의의 일관된 정체성에 위배되는 것임에도 왜 아르케실라오스는 '인상'과 '충동'에서 멈추지 않고 굳이 '합리적인 것'을 제시했을까? 그가 '합리적인 것'을 행위 기준으로 제시했다는 것은, 말하자면 무엇인가 행위자의 능동적 판단이나 의지를 필요로 했다는 것은 거꾸로 섹스투스 엠피리쿠스 식의 해결책이 삶의 영역에서는 무기력하다는 문제의식을 가졌다는 것을 말해준다.[108] 이것은 신아카데미학파의 회의주의자들 사이에는 피론을 계승한 피론주의자들이 내세운 행위 기준에 의거한 삶이 실제로는 가능하지 않다는 비판적 반성이 일어났음을 암시한다. 현상의 강제성에 그냥 좀비처럼 수동적으로 따르는 삶이 가능할까? 이런 의문이 신아카데미학파의 회의주의자들이 판단유보에서 생기는 아타락시아를 더 이상 회의주의자의 목표로 언급하지 않는 까닭일 것이다.

아르케실라오스가 판단유보를 실천 영역에서도 관철하기 위해 한순간 '인상-충동론'에 미련을 버리지 못하고 머뭇거렸다면, 카르네아데스는 더 이상 회의주의 이론의 수미일관함에 연연해하지 않는다. 아르케실라오스가 "현자는 어떤 것에도 동의하지 않을 것이다."라는 판단유보에 이르렀고 그로부터 '인상-충동론'을 거쳐 '합리적인 것'으로 나아간 것처럼 보이는 반면, 카르네아데스는 실천론과 관련해서 애초부터 "현자는 때때로 동의할 것이고 따라서 억견을 가질 것이다."[109]라는 판단유보의 폐기로부터 시작한다. 카르네아데스가 보기에, 비록 현자라 하더라도 스토아학파 철학자들이 진리 기준으로서 주장했던 파악 가능한 참된 인상을 획득할 길이 없고 그래서 진리론과 관련해서 그 역시 판단유보를 할 수밖에 없지만, 행위를 하는 데 있어서는 그

---

108) 박규철, 「회의냐 독단이냐」: 중기 아카데미학파의 아르케실라오스의 회의주의」, 『대동철학』, 제64집(대동철학회, 2013), p.168 참조. "… 그[아르케실라오스]는 한편으로는 스토아의 독단을 피하고, 또 다른 한편으로는 피론 식의 이론적 무기력함도 회피하고자 하였는데 …"

109) Cicero, *Ac* 2.67. 아르케실라오스와 카르네아데스의 좀 더 자세한 현자관에 관해서는 오유석, 「내재주의인가 외재주의인가: 스토아학파와 아카데미아 회의주의 논쟁을 중심으로」, 『동서철학연구』, 제58호(한국동서철학회, 2010), pp.401-4 참조.

렇게 하지 않아도 되며 또 하지 않아야 한다. 왜냐하면 행동하기에 충분한 "억견을 그는 여전히 갖고 있기"[110] 때문이다.

카르네아데스는 이론 영역에서의 판단유보와 실천 영역에서의 판단실행을 분명하게 구분하고 있고, 이런 구분 위에서야 스토아학파의 '행위 불가능성'의 논제에 좀 더 실질적으로 대응할 수 있다고 본다. 그의 가장 충실한 제자이자 아카데미의 계승자였던 클리토마코스의 다음 진술은, "카르네아데스 자신이 어떤 저술도 남겨놓지 않았기 때문에",[111] 그리고 섹스투스 엠피리쿠스가 카르네아데스의 행위 기준이라고 서술한 내용을 고려해볼 때,[112] 카르네아데스의 것이라고 보아도 무방할 것이다.

이런 점을 상세히 설명한 후에 클리토마코스는 다음과 같이 덧붙였네. "현자는 두 가지 의미에서 동의를 유보하는 것으로 말해지네. 한 가지 의미는 그가 어떤 것에도 동의하지 않겠다는 것을 뜻하는 것이네. 또 다른 의미는 그가 어떤 것을 승인하거나 불허하는 것을 보여주는 반응을 자제함으로써 어떤 것에 대해서도 '네' 혹은 '아니요'라고 말하지 않으려는 것을 뜻하는 것이네. 이렇게 구별하면 현자는 [이론에서는] 첫 번째 의미에서 동의의 유보를 받아들이는 것이고, 그 결과로 그는 결코 동의하지 않는 것이지. 그러나 [실천에서는] 두 번째 의미에서 그는 그의 동의를 고수하는 셈이네. 그 결과 개연적인 것을 따름으로써, 개연적인 것이 있거나 없는 어디에서든지 '네' 혹은 '아니요'라고 대답할 수가 있네." 그러면서 클리토마코스는 계속 다음과 같이 주장하였네. "어떤 것에도 동의하지 않는 사람은 그럼에도 움직이고 행동하고자 하네. 우리를 행동하게 만드는 그런 종류의 인상들이 여전히 있네. 마찬가지로 만약 우리가 동의 없이 대응한다고 할 경우, 해당되는 인상들을 단순히 따름으로써 질문을 받을 때 긍정적으로든 부정적으로든 우리가 줄 수 있는 대응들이 여전히 존재하네."[113]

---

110) Cicero, *Ac* 2.78.
111) Diogenes Laertius, *DL* 4.65. 클레이토마코스는 그조차 카르네아데스가 용인한 것이 무엇인지를 결코 이해할 수 없다고 선언하기도 한다. Cicero, *Ac* 2.139 참조.
112) Sextus Empiricus, *M* 7.166-89 참조.
113) Cicero, *Ac* 2.104.

카르네아데스는 이론 영역과 실천 영역을 구분하고, 이론 영역에서는 판단유보를 고수하지만 실천 영역에서 행위자는 동의해야 한다는 점을 명확히 하고 있다. 이때 동의하는 이유는 현자는 이론적으로 판단유보를 지속한다 하더라도 "그럼에도 움직이고 행동하고자 하기" 때문이다. 즉 스토아학파의 '행위 불가능성'의 논제를 반박하기 위한 것이다. 개연적인 인상은 파악 가능한 인상이 아니라 "진리와 같은"[114] 그럴듯한 인상에 그친다. 그렇지만 행위자는 이것에 기초해서 무엇을 행할 것인지 그렇지 않을 것인지를 결정할 수 있다.[115] 카르네아데스는 자신이 내세운 '개연적인 인상' 이외에 그 어떤 것도 진정한 행위 기준이 될 수 없다고 주장한다. "… 개연적인 인상들이 없다면 그 결과는 삶의 완전한 전복일 것"[116]이기 때문이다. 구체적인 삶에서 개연적인 인상들에 대한 그의 완전한 의존은 카르네아데스가 (피론의 행동에서 암시된) 피론주의자들의 '현상'이나 아르케실라오스의 '인상'과 '충동', '합리적인 것'을 구체적인 삶을 영위하는 데 있어 부적절하거나 불충분한 기준으로 여기고 있다는 것을 암시한다.

카르네아데스는 '해당되는 [개연적인] 인상들을 단순히 따름으로써' 무엇인가를 취사선택할 수 있다고 주장한다. 그러나 그가 "단순히 따른다."고 할 때, 이것을 피론주의자들이 현상에 "수동적으로 따른다."는 것과 같은 차원에 놓여 있는 것으로 간주해서는 곤란하다. 섹스투스 엠피리쿠스는 카르네아데스의 '단순히 따름'과 피론주의자들의 '수동적인 따름'이 어떤 점에서 다른가를 자세히 서술하고 있는데, 바로 이 차이가 피론주의와 신아카데미학파를 구분짓는 준거가 될 수 있다고 여기기 때문이다. 카르네아데스가 독단주의자임이 드러나는 지점이 여기에 있다고 섹스투스 엠피리쿠스는 믿고 있는 것이다.

---

114) *Ac* 2.100.
115) *Ac* 2.32 참조. "그들 아카데미학파 철학자들의 생각은 개연적인, 말하자면 '진리와 같은' 인상들이 있다는 것이다. 그리고 이것이 … 그들의 삶을 영위하는 안내의 역할로서 그들이 이용하는 것이다."
116) *Ac* 2.99. 2.100 참조. "현자가 개연적인 인상들을 승인하지 않으면 그의 전체 삶은 허물어질 것이다."

비록 아카데미학파의 철학자들과 회의주의자[피론주의자]들이 모두 어떤 것에 따른다고 말하지만, 이 점에 있어서도 두 철학 학파의 차이점은 명백하다. 왜냐하면 아카데미학파의 철학자와 회의주의자는 '따르다'라는 말을 다른 의미로 사용하고 있기 때문이다. 한편으로 이 단어는 '저항하지 않으면서, 강렬한 경향이나 집착 없이 단순히 수동적으로 따름'을 의미한다. 가령 어린아이가 자신의 지도교사에 따른다고 말해지는 것처럼 말이다. 하지만 때때로 이 단어가 '신중하게 선택함으로써 어떤 것에 동의함' 또는 '강렬한 욕구로 인한 일종의 공감을 가지고서 어떤 것에 동의함'을 의미하는 경우도 있다. 가령 방탕한 사람이 낭비하는 생활을 기치로 내건 어떤 사람을 따르는 것처럼 말이다. 그러므로 카르네아데스나 클레이토마코스가 어떤 것에 따른다고 말하고, 어떤 것이 개연적이라고 말할 때, 그들은 강렬한 경향과 더불어 강렬한 소망을 갖고 있다는 의미에서 그렇게 한다. 반면 우리는 아무런 집착 없이 단순히 어떤 것을 [수동적으로] 용인한다는 의미에서 따른다고 말하는 것이다. 이런 점에서도 우리는 아카데미학파의 철학자들과 다르다.[117]

피론주의자는 아무런 집착 없이 단순히 현상을 수동적으로 따라가는 데 반해, 똑같이 개연적인 인상들에 따른다고 말해도 카르네아데스의 따름은 전적인 수동적 태도가 아니다. 개연적인 인상들에 따름은 '신중하게 선택함으로써 어떤 것에 동의함'이고, 그렇기에 거기에는 행위의 좋음과 나쁨, 나음과 못함에 대한 판단과 아울러 좋음과 나음을 향한 '강렬한 욕구'와 '강렬한 소망'이 깃들어 있기 마련이다. 섹스투스 엠피리쿠스의 입장에서 볼 때, 회의주의라면 사물의 본성과 관련해서 어떤 단정도 해서는 안 되기 때문에, 카르네아데스가 주창하는 행위자의 신중한 선택과 우열에 대한 판단은 회의주의자인 한 결코 용인해서는 안 되는 "불분명한 학문적 탐구의 대상에 대한 동의"이고, 말하자면 독단적 믿음인 것이다.

'합리적인 것'을 내세운 아르케실라오스와 함께 카르네아데스도 행위자의 능동적 판단을 요구한 점에서 같은 노선을 취하고 있다. 하지만 카르네아데스는 아르케실라오스의 행위 기준에 만족하지 않는다. 왜냐하면 카르네아데

---

117) Sextus Empiricus, *PH* 1.230.

스가 보기에, 아르케실라오스는 '합리적인 것'을 내세우면서도 그것에 대한 설명은 빈약하기 짝이 없고, 실생활에서 이것이 어떻게 적용될 수 있는가에 대한 상세한 해명도 주고 있지 않기 때문이다. 이런 점에서 아르케실라오스의 '합리적인 것'은 모호하다. 아르케실라오스에서부터 카르네아데스에 이르는 신아카데미학파의 역사를 일련의 이론적 발달사로 볼 수 있다면, 이제 카르네아데스는 '합리적인 것'을 정교하게 가다듬어서 개연적인 인상에 기초한 신중한 선택이 어떻게 하루하루의 삶의 유지를 가능하게 하는지를 구체적으로 보여주는 작업을 수행한 것으로 해석할 수 있다.[118] 그는 '개연성(pithanon)'의 정도에 따라 개연적인 인상을 3단계 등급으로 나누고 있다.

그렇지만 카르네아데스 역시 삶의 영위와 행복의 획득을 위한 어떤 기준을 요구하기 때문에, 사실상 그는 그것에 대해서 그 자신의 편에서 어떤 이론을 형성하지 않으면 안 되게 되었다. 그는 개연적인 인상뿐만 아니라 개연적이면서 반박당하지 않으며 면밀히 검토된 인상을 채택하지 않을 수 없게 되었던 것이다.[119]

첫 번째 기준은 참인 것처럼 보이는 개연적인 인상이다. 이것은 때때로 거짓이기도 하지만, 행위자는 우선은 행위의 급박성으로 인해, 특히 시간이 촉박할 때 그것에 기대 행동하지 않을 도리가 없다. "예컨대 어떤 사람이 적에게 추적당해서 배수로에 들어갔는데, 또한 거기에서 적이 매복하고 있을지도 모른다는 인상을 받는다. 이럴 때 그 장소에서 실제로 적이 매복하고 있는지의 여부를 정확히 확인하기 전에, 그는 개연적인 것으로서의 이 인상에 압도당해서 그 인상을 둘러싸고 있는 개연성을 좇아 몸을 돌려 배수로에서 벗어난다."[120] 소크라테스 쌍둥이를 보고 우리는 우선은 그를 소크라테스라 여기

---

118) Harald Thorsrud, *Ancient Scepticism*, p.81 참조. 또한 오유석, 「회의주의자와 doxa: 아르케실라오스와 카르네아데스의 입장」, p.102 참조. "이런 이유로 카르네아데스는 [아르케실라오스의 eulogen을 포함하여] 회의주의자의 행동 기준을 좀 더 세련된 방식으로 설명하고자 했다."
119) Sextus Empiricus, *M* 7.166. Sextus Empiricus, *PH* 1.227-9 참조.
120) Sextus Empiricus, *M* 7.186.

며 행동하는 것과 같다.

그러나 실수를 줄이기 위해 "우리는 두 번째 기준으로서 개연적이면서도 반박당하지 않는 인상을 부가해야만 한다."[121] 인상은 단일하지 않으며 사슬의 고리처럼 다른 것과 연결되어 있다. 예컨대 소크라테스가 쌍둥이라 할 때, 진짜 소크라테스와 그렇지 않은 인물을 판정하기 위해 의존하는 것은 단순히 외모만이 아니다. 이런 판정은 "그의 피부색, 크기, 모양, 대화, 다 해진 외투, 그리고 그와 구별할 수 없는 어떤 사람도 없는 장소에서의 그의 등장"[122]과도 결부된다. 환자가 열병을 앓고 있는가를 진단할 때 의사가 하나의 증상에만 의존하지 않고, 고열, 맥박, 통증, 갈증 등을 종합적으로 고려하여 판정을 내리는 것과 마찬가지로 "하나의 묶음으로 묶여 있는 인상들에 의해 그의 판단을 내리며, 이렇게 정합적인 인상들 가운데 어떤 것도 거짓이 아닐까 하는 의혹을 그에게 불러일으키지 않을 때"[123] 행위자는 그 인상에 대한 신뢰를 갖고 행동할 수 있다.

이 인상보다 더욱 믿을 만하며 매우 완벽하다고 할 수 있는 것은 개연적이고 반박당하지 않으며 면밀히 김토된 인상이다. 당면한 문제와 관련해서 판단을 내릴 때, 특히 "찬찬하고 면밀하게 두루 조사할 수 있는 시간이 허용될 경우"[124] 행위자는 이 인상에 따른다. 불 꺼진 방에 감겨 있는 밧줄을 볼 경우 행위자는 그것을 일단 뱀이라고 생각하고 피한다. "그래도 그는 뱀이란 날이 추우면 때때로 뻣뻣해져서 움직이지 않는다는 점을 고려하고는 막대기로 그 감겨 있는 덩어리를 쿡쿡 찔러보고, 그리고 모든 각도에서 그가 받게 된 그 인상을 두루 검토하고 나서 그에게 나타난 그 물체가 뱀이라고 여기는 것은 거짓이라는 데에 동의한다."[125] 면밀하게 검토된 인상은 거의 의심할 수 없는 수준의 것이어서 행복의 증진과 같은 삶의 매우 중요한 문제와 관련해서 행위자는 이 인상을 사용해야 한다. 반면 별 볼 일 없거나 시급한 문제인

121) *M* 7.176.
122) *M* 7.178.
123) *M* 7.179.
124) *M* 7.187.
125) *M* 7.188.

경우 우선은 개연적인 인상에 따르고, 좀 더 중요한 문제에 있어서 반박당하지 않는 인상을 따르면 된다.

이렇게 카르네아데스는 개연적인 인상의 등급에 기초해서 구체적으로 어떻게 일상적인 삶을 영위할 수 있는가를 친숙한 경험적 사례들을 들어 설명하고 있다. 삶은 개연적인 인상에 따라 이루어질 수밖에 없고, 따라서 아무리 면밀히 검토된 인상이고 거의 의심할 수 없는 인상이라 하더라도 그것이 스토아학파의 철학자들이 말하는 진리, 즉 파악 가능한 인상이 아닌 이상, 행동을 하는 데 있어 "현자는 실수를 저지를 것이다."[126] 실수를 저지를 수밖에 없지만 그것의 가능성을 점차 줄이고 확실성을 향해 나아가는 길밖에 없다는 것이 카르네아데스의 신념이라고 말할 수 있다. 그러나 섹스투스 엠피리쿠스의 입장에서 보자면, 개연적인 인상을 행위 기준으로 삼고, 더욱이 그것에 대한 등급을 판정하는 것이야말로 독단적 믿음이고, 이런 믿음에 의한 일상적인 삶은 회의주의자로서는 결코 용납해서는 안 되는 독단적인 삶이다. 카르네아데스가 개연적 인상에 대한 이론을 세련되게 다듬을수록 섹스투스 엠피리쿠스에게 그는 다시는 함께할 수 없는 지독한 독단주의자가 된다.

9. 신아카데미학파와 피론주의의 차이

신아카데미학파의 회의주의자와 피론주의자는 이론의 구조적인 측면에서는 별 차이가 없다. 그래서 순수 이론 영역에서 섹스투스 엠피리쿠스가 가한 비판은 설득력을 갖기 어렵다. 그러나 실천 이론의 영역에서 사정은 그렇게 간단하지 않다. 스토아학파의 행위 불가능성의 논제는 회의주의자라고 자칭하는 철학자들에게는 피할 수 없는 문제였다. 그러나 양자가 제시한 해결책은 왜 그들 사이에 화해할 수 없는 적대적 관계가 발생하게 되었는가를 알려준다.

이제 신아카데미학파의 회의주의자에게 가한 섹스투스 엠피리쿠스의 비판에 대한 최종적인 평가를 내릴 때가 된 것 같다. 실천 영역에서 신아카데미학파에 대한 섹스투스 엠피리쿠스의 비판은 다음과 같은 것이었다. ③ 그들

---

126) Cicero, *Ac* 2.59.

은 독단적인 동의를 행한다. ④ 그들은 마음의 평정을 달성할 가능성이 없다.

섹스투스 엠피리쿠스의 입장에서 보자면, 아르케실라오스와 카르네아데스가 행위자의 능동적 판단이나 결정을 행위 기준에 도입하는 한, 그들은 회의주의자로서는 용인할 수 없는 독단적인 믿음의 기준을 의심할 여지없이 채택한 것이다. 이들의 독단성은 아르케실라오스와 카르네아데스를 거쳐 신아카데미학파의 회의주의의 실천 이론이 발전해가는 과정에서 더욱 강화된다. 아르케실라오스는 그래도 순수 이론과 실천 이론 간의 수미일관성에 미련을 두고 있었지만, 그래서 그는 '인상-충동론'을 제기하기도 했지만 카르네아데스는 애초부터 판단유보의 폐기에 전혀 거리낌이 없었다. 더욱이 카르네아데스는 행위 기준으로서 '개연적인 인상론'을 세밀하게, 말하자면 더욱 독단적으로 구성하였다. 섹스투스 엠피리쿠스가 아르케실라오스에게 호감을 보인 반면 카르네아데스에 대해서는 노골적인 반감을 보인 까닭이 여기에 있다.

그들이 이렇게 '단순히 어떤 것을 수동적으로 따르지' 않고 주체의 반성이나 의지의 개입을 요청하는 행위 기준을 제시하는 한, 회의주의자의 최종 목표인 아타락시아는 온데간데없이 증발되고 만다. 그들은 '강렬한 경향과 소망'을 지니고 어떤 것을 추구하고 피하게 되며, 결국 마음의 교란에 휩싸이게 된다. 섹스투스 엠피리쿠스가 신아카데미학파에 반대하는 중요한 동기가 아타락시아의 상실에 있다는 것은 분명하다. "아카데미학파를 피론주의자들이 반대하는 데는 마음의 평정에 도달하려는 그들의 공표된 희망이 동기가 되었음이 명백하다."[127] 섹스투스 엠피리쿠스가 지적하고 있듯이, 신아카데미학파의 회의주의자들은 더 이상 아타락시아의 희망을 언급하지 않는다. 철저하게 수동적인 행위 기준을 거부하는 그들에게 있어 이런 귀결은 당연하다고 볼 수 있다.

회의주의를 구성하는 가장 중요한 핵심적 요소가 등치의 방법, 판단유보, 마음의 평정이라고 볼 때, 이런 시각에서 신아카데미학파에 대한 섹스투스 엠피리쿠스의 비판은 상당한 근거를 갖고 있다. 신아카데미학파의 회의주의자들이란 이론 영역에서는 등치의 방법을 고수하나 실천 영역에서는 그것과 양립할 수 없는 판단유보의 폐기와 아타락시아의 증발을 꾀하고 있는 변절한

---

127) Gisela Striker, "Academics versus Pyrrhonists, reconsidered," p.197.

회의주의자들이라는 것이 바로 섹스투스 엠피리쿠스의 신아카데미학파의 회의주의자에 대한 최종적 평가라고 할 수 있다. 섹스투스 엠피리쿠스에게 신아카데미학파의 회의주의자는 진리의 영역에서는 그렇게 독단주의자에게 반대하다가 실천의 영역에서는 어느새 독단주의자로 표변한 사이비 회의주의자에 다름 아니다. 이런 배신감 때문에 섹스투스 엠피리쿠스는 이론 영역에서 정작 피론주의와 전혀 차이가 없는데도 불구하고 그들을 강박적으로 공격했다고 추론할 수 있다.

다른 한편 섹스투스 엠피리쿠스의 비판에 신아카데미학파의 회의주의자들이 고분고분할 것 같지 않다. 섹스투스 엠피리쿠스의 입장에서 본다면, 아타락시아의 소실은 회의주의의 목표를 상실한 치명적 약점이다. 그러나 거꾸로 신아카데미학파의 회의주의자들이 보기에, 아타락시아를 고수하려는 섹스투스 엠피리쿠스의 행위 기준이야말로 현실성을 결여한 공허한 울림에 지나지 않을 것이다. 그들은 이론적 수미일관함을 획득했다고 뻐기는 섹스투스 엠피리쿠스에게 틀림없이 다음과 같은 질문을 던질 것이다. "어떻게 모든 반성적 추론과 자율적 판단을 결여한 삶이 가능할까?" 피론주의의 실천적 원리에 따르는 삶에, 즉 전적으로 현상에만 수동적으로 따르는 삶에 극히 회의적이었기 때문에 그들은 이론의 수미일관함을 희생하고 현실적인 삶을 영위하기에 적절한 행위 기준을 모색하는 쪽으로 방향을 선회했던 것이 아니었을까? 섹스투스 엠피리쿠스에게 신아카데미학파의 회의주의자들은 독단주의자들이지만, 거꾸로 이들에게 섹스투스 엠피리쿠스는 삶의 현장을 외면하고 이론의 완결성에 매달린 고루한 이론가일 뿐이다. 신아카데미학파의 실천 이론에 대한 섹스투스 엠피리쿠스의 비판이 그럴듯하다고 해서 섹스투스 엠피리쿠스의 행위 기준이 곧바로 정당성을 얻는 것은 아니다. 섹스투스 엠피리쿠스의 주장과는 달리, 현상에 일방적으로 따르는 삶이 가능하지 않다고 판명된다면 오히려 수세에 몰리는 쪽은 섹스투스 엠피리쿠스일 것이다. 결국 스토아학파의 '행위 불가능성'의 논제는 종결되었다고 볼 수 없다. 그것은 신아카데미학파와 피론주의의 대립을 거쳐 "과연 지금 여기에서 섹스투스 엠피리쿠스가 주장한 대로 우리가 과연 살 수 있는가?" 하는, 회의주의와 관련하여 중요한 또 다른 문제로 우리를 안내한다.

제4장
피론주의와 아타락시아

1. 피론주의자의 최종 목표

헬레니즘은 서양 철학에 있어서 백가쟁명(百家爭鳴)의 시기였다. 알렉산더 대왕과 폼페이우스, 카이사르, 안토니우스, 옥타비아누스가 전설적인 전쟁을 치르는 동안 철학자들은 점차 세상사에 대해 소극적인 태도를 취하게 되었다. "철학자들은 세속적인 일을 제어해나갈 수 있다는 자신감을 포기하고, 고난으로부터의 조용한 내면의 피난처 내지는 보다 나은 왕국(王國)에로의 탈출로(脫出路)를 찾았다."[1] 철학자들은 세속적인 세계에서의 성취보다는 "어떻게 마음의 번뇌를 버리고 평화를 누리며 살 수 있는가?" 하는 문제에 집중하였다. 이런 시대적인 철학 과제 앞에서 헬레니즘을 대표하는 스토아학파와 에피쿠로스학파, 회의주의학파는 각기 고유한 해결책을 내놓았다.

회의주의자의 목표는 마음의 평정, 즉 아타락시아였다. 섹스투스 엠피리쿠스에 따르면 "여전히 우리는 회의주의자의 목표가 독단적 견해(doxa)와 관

---

1) 스터얼링 P. 램프레히트, 『서양철학사』, 김태길 · 윤명노 · 최명관 옮김(서울: 을유문화사, 1963), p.126.

련해서는 마음의 평정이며, 피할 수 없게끔 강제되는 것과 관련해서는 감정의 순화라고 주장한다."[2] 물론 헬레니즘 시대의 회의주의자들이라고 다 아타락시아를 최종 목표로 내세운 것은 아니었다. 이 시기 피론을 시조로 하는 피론주의자들과, 플라톤의 아카데미로부터 유래한 신(新)아카데미학파의 회의주의자들은 반목하고 있었는데, 후자는 아타락시아를 결론으로 내세운 적이 없었다. 이런 점에서 섹스투스 엠피리쿠스가 보기에 신아카데미학파의 회의주의자들은 사이비 회의주의자들이었다. 따라서 여기서 아타락시아가 회의주의자의 궁극적 목표였다고 할 때 그것은 피론주의자에 한정된다. 독단적 견해와 관련해서 마음의 평정을 유지한다는 것은 피론주의자들이 어떤 '독단적 믿음(dogma)'도 가지지 않는다는 것을 전제한다. 독단적 믿음이란 무엇인가? 그것은 "불분명한 학문적 탐구의 대상에 대한 동의를 의미한다."[3] 학문적 탐구의 대상이 아직 분명히 밝혀진 것도 아닌데 그것에 대해 무엇인가 단언할 때 우리는 독단적 믿음을 갖는다.

피론주의자들이 보기에 불분명한 학문적 탐구 대상인데도 불구하고 "진리란 … 이다."라고 성급하게 단언하며 동의하는 사람들, 그들이 바로 피론주의자가 공격하고자 하는 독단주의자들이다. 독단주의자들은 "진리를 발견했다."거나 "진리란 파악할 수 없는 것이다."라고 성급하게 단언하면서 아직 탐구해야 할 문제를 우격다짐으로 종결시켜버린다. 반면 불분명한 학문적 탐구 대상에 대해 "회의주의자들은 [즉 피론주의자들은] 탐구를 계속 진행한다."[4] 피론주의자들은 동의를 유보하는 자들이다. 그들은 "긍정과 부정을 포괄하는 광의(廣義)의 주장을 삼가며",[5] "불분명한 대상에 관해서 독단적으로 주장된 것을 긍정하지도 않고 부정하지도 않는다."[6] 어떤 독단적 주장에 대해 거부하지도 않고 받아들이지도 않는, 말하자면 이런 "사고의 정지 상태가 판

---

2) Sextus Empiricus, *PH* 1.25.

3) *PH* 1.13.

4) *PH* 1.4.

5) *PH* 1.192.

6) *PH* 1.193.

단유보"[7]이다. 아타락시아는 이렇게 일체의 판단유보를 통해서 생겨나는 "마음의 교란되지 않는 상태 혹은 고요한 상태"[8]라고 할 수 있다. 이런 상태가 어떤 경지인지 우리는 피론의 유명한 일화를 통해 짐작해볼 수 있는데, 그는 폭풍우가 치는 배 위에서 우왕좌왕하는 승객들에게 갑판 위에서 게걸스레 음식을 먹는 새끼 돼지를 가리키며 이 돼지의 평정 상태를 칭송한 바 있다.[9]

판단유보는 아타락시아를 가능하게 하는 필요조건이다. 피론주의자는 불분명한 사태에 대해 선과 악을 포함한 일체의 판단을 유보함으로써 원하지 않은 악에 직면했다고 낙담하거나 원했던 선을 얻었다고 과도하게 의기양양해하고 그것을 행여 잃지나 않을까 두려워하는 불안에 시달리지 않을 수 있다. 불분명한 탐구 대상에 대해 조급하게 판단하지 않고 "분명한 입장을 결정하지 않은 채로 두는 사람은 열렬하게 어떤 것을 추구하지도 않고 피하지도 않는다. 이 때문에 그는 아타락시아를 얻는다."[10] 어떤 것에 대한 열렬한 추구와 기피는 결국 불분명한 사태에 대한 섣부른 판단이나 단언과 연결되어 있기에, 성급한 결정을 내리는 독단주의야말로 모든 불안의 근원이다. 그러므로 아타락시아에 도달하려면, 아타락시아의 경지야말로 궁극선이라는 판단을 하면서 아타락시아에 도달하겠다는 그 야망까지도 내다 버려야 한다. 아타락시아를 향한 집착조차 아타락시아로 가는 길의 걸림돌이다. 화가 아펠레스의 예를 통해 섹스투스 엠피리쿠스는 아타락시아의 이런 특징을 강조하고 있다. "아펠레스는 그림을 그리면서 말의 입 거품을 묘사하려 했다고 한다. 그런데 그는 거듭 실패하였고, 낙담하여 그의 그림붓을 닦는 데에 사용했던 스펀지를 자기 그림에 내던졌다고 한다. 그런데 그림에 던진 스펀지 자국이 그가 그리려 했던 말의 입 거품의 효과를 만들어냈다는 것이다."[11] 아타락시아는 모든 것을 손에서 놓아버렸을 때, 말하자면 일체의 판단을 유보할 때

---

7) *PH* 1.10.
8) 같은 곳.
9) Diogenes Laertius, *DL* 9.68 참조.
10) Sextus Empiricus, *PH* 1.28.
11) 같은 곳.

필연적으로 획득할 수 있는 것이 아니라 '뜻밖에'[12] 생겨나는 것이다. 아타락시아는 예기치 않은 가능성의 경지이다.

　아타락시아에 도달한 자는 모든 독단적 믿음에 대한 집착과 그로부터 야기된 불안에서 해방된 '완전한 행복'[13]을 누리는 자이다. 그러나 그렇다고 해서 그가 모든 삶의 고통에서 해방되었다는 것을 뜻하지는 않는다. 섹스투스 엠피리쿠스가 진술하고 있듯이 "그러나 우리는 회의주의자가 모든 측면에서 동요하지 않는다고는 생각하지 않는다. 오히려 우리는 회의주의자도 피할 수 없는 것들 때문에 곤경에 빠진다고 말한다. 왜냐하면 회의주의자가 때때로 추위에 떨고 갈증에 시달리며 이런 종류의 일들로 고통을 받는다는 것을 우리도 인정하기 때문이다."[14] 아타락시아에 다다른 회의주의자도 허기와 피곤과 성욕에 시달리기는 한다. 그렇지만 일반인처럼 그렇게 괴로워하지는 않는다. 일반인들은 이런 정념 자체에 의해, 그리고 이런 난처한 상황이 나쁘다는 생각 때문에 괴로워하지만, 선악에 대한 독단적 믿음을 미련 없이 버린 회의주의자는 "이런 경우들에서조차 좀 더 온건하게 대처하는 것이다."[15]

　섹스투스 엠피리쿠스는 피론주의자의 최종 목표로서 아타락시아와 감정의 순화를 내세웠다. 이것은 그가 모든 독단적인 삶의 태도를 버릴 것을 주문하면서 "어떻게 해야 우리가 올바르게 [즉 비독단적으로] 살 수 있는지를 보여주고자"[16] 했다는 것을 뜻한다. 그러나 그것이 피론주의자로서의 당위적 목표인지, 아니면 그런 아타락시아의 경지가 구체적 삶 속에서 가능한 목표인지는 검토되어야 한다. 만약 가능하다면 그런 삶은 어떤 종류의 것일까? 불가능하다면 도대체 아타락시아의 의의는 어디에서 찾을 수 있는가? 이런 종류의 물음들이 아타락시아를 둘러싸고 제기될 수 있는 핵심적인 논제일 것이다.

---

12) *PH* 1.26.
13) Sextus Empiricus, *M* 11.161. "그러므로 믿음과 관련된 모든 것에 대해 판단을 유보하는 사람은 가장 완전한 행복을 누리며 …"
14) Sextus Empiricus, *PH* 1.29.
15) *PH* 1.30.
16) *PH* 1.17.

2. 아타락시아로 가는 길

아타락시아는 예기치 않게 생기는 것이다. 그러나 예기치 않게 생기는 것이라 해도 이것이 발생할 수 있는 필요조건이 있어야 한다. 그것이 바로 판단유보이다. 섹스투스 엠피리쿠스는 이 점을 명확히 밝히고 있다. "판단을 유보했을 때, 마치 물체에 그림자가 따르듯이, 예기치 않게도 아타락시아가 뒤따라 나온다는 것을 회의주의자들은 발견하였다."[17] 그렇다면 피론주의자는 도대체 어떻게 온갖 종류의 독단적 믿음이나 진리 주장에 판단을 유보할 수 있는가? 우리는 이미 그 방법을 알고 있다. 피론주의자는 등치를 동원한다. 요컨대 독단적인 주장이나 논의를 무력하게 만들기 위해 그는 그것과 동등한 비중을 갖고 대립하는 또 다른 독단적 주장을 제시하는 것이다. 등치의 방법을 동원함으로써 피론주의자는 어떤 진술도 다른 진술보다 더 믿을 만하지 않다는 것을 보일 수 있다. 두 주장이 동등한 권리를 갖고 상충하는 사태 앞에서 어떤 한 주장을 긍정하고 다른 것을 부정한다는 것은 곧 자기 견해가 억지 주장임을 시인하는 꼴밖에 되지 않는다. 그래서 이런 갈등하는 사태 앞에서 우리는 판단을 유보할 수밖에 없다. 아타락시아가 판단유보를 통해 인도되는 것과 마찬가지로 판단유보는 등치의 방법에 의해서만 도달될 수 있다. 이것은 곧 등치의 방법이 없다면 판단유보가 불가능하며 따라서 아타락시아도 성립할 수 없다는 것을 가리킨다. 섹스투스 엠피리쿠스가 등치의 방법을 회의주의를 구성하는 기본 원칙으로까지 강조하는 까닭이 여기에 있다. "회의주의를 구성하는 기본 원칙은 모든 로고스(logos)에는 그것과 동등한 로고스가 대립한다는 것이다. 왜냐하면 우리는 이런 원칙으로 인해서 독단적 믿음에 대한 중단에 도달하게 된다고 생각하기 때문이다."[18]

피론주의자들은 독단주의자들이 심각한 철학적인 질병에 걸려 있다고 생각하였다. 독단주의자들은 불분명한 학문적 탐구의 대상을 계속 조사하는 대신, 의심과 불안에서 벗어나기 위해 필요한 학문적 인내심과 성실함을 상실

17) *PH* 1.29.
18) *PH* 1.12.

하고 조급하게 결정을 내리고 거기에 안주하려는 환자들이라는 것이다. 섹스투스 엠피리쿠스는 피론주의자를 이런 조급증 환자를 치료하기 위한 의사로 묘사하고 있다. "회의주의자는 독단주의자들의 자만심과 성급함을 논변을 통해 최선을 다해 치유하길 원한다."[19] (섹스투스 엠피리쿠스는 실제로 의사였다.) 독단주의자의 조급증은 각기 다른 형태로 나타나는데, 피론주의자는 그 질병의 특질과 경중에 맞춰 처방을 해준다. 성선설을 내세우는 철학자에게는 성악설을, 성악설을 내세우는 사람에게는 성선설을, 또는 유신론자에게는 무신론을, 무신론자에게는 유신론을 맞서 세움으로써 그들이 가진 견해가 일면적임을 자인하게 만드는 것이다. 물론 피론주의자가 동원한 성선설과 성악설은 독단주의자의 질병을 고치기 위한 방편에 불과하다. 독단주의자가 조급증을 치료했으면 그것으로 그 효용성은 다한 셈이다. 그러므로 모든 견해나 지식이론은 판단유보로 인도하는 역할을 끝내고 나면 치워버려야 하는 '사다리'[20]이고, 독단적인 변비에 걸린 사람의 배설을 돕기 위해 주입되었다가 해로운 물질과 함께 몸 밖으로 쓸려나가는 것으로 그 임무를 다한 '관장제'[21]와도 같다.

이제 피론주의자의 정체가 드러났다. 피론주의자는 긍정적이건 부정적이건 간에 어떤 진리 주장을 정초하는 자가 아니다. 그는 "어떻게든 현상하는 것들과 사유되는 것들을 대립하게 만드는 능력"[22]을 소유한 자이다. 다시 말해서 그는 독단주의자가 제기한 온갖 논의에 대해 그것과 동등한 힘을 갖고 맞서는 논의를, 과거의 철학사를 뒤져서든 아니면 논리적으로 구성해내든, '어떻게든' 제시할 수 있는 자이다. 피론주의를 대표하는 아이네시데모스와 아그리파는 등치의 방법을 구사하여 독단주의자를 물리칠 수 있는 체계적이면서도 정치한 회의적인 논변 형식들(tropen)을 고안해내었고, 특히 아그리파의 트로펜은, 헤겔의 표현을 빌리자면, "철학적인 인식을 공격하는 회의주

---

19) *PH* 3.280.
20) Sextus Empiricus, *M* 8.481.
21) Sextus Empiricus, *PH* 1.206. Sextus Empiricus, *M* 8.480; Diogenes Laertius, *DL* 9.76 참조.
22) Sextus Empiricus, *PH* 1.8.

의자들의 고유한 병기창(兵器廠)"[23]이 되었다. 피론주의자들은 독단주의자를 만날 때마다 그를 무찌를 수 있는 가장 적절한 무기를 병기창에서 꺼내서 사용하였고, 마침내 그가 확신했던 사태에 대해 확언할 수 없으며, 그리하여 판단유보로 인도되지 않을 도리가 없다는 것을 독단주의자가 스스로 인정하게 만들었다. 그러므로 피론주의자란 우선은 등치의 방법에 의해 구성된 회의적 논변 형식의 기술(技術)을 적시적소에 구사할 수 있는 능력을 구비한 자이며, 이런 기술을 이용하여 판단유보로 안내하고, 마침내 아타락시아를 기약하는 탐구자라고 할 수 있다. 섹스투스 엠피리쿠스는 피론주의자가 걸어가는 길을 다음과 같이 정식화하고 있다. "회의주의란 어떻게든 현상하는 것들과 사유되는 것들을 대립하게 만드는 능력이며, 서로 대립하는 사태들이나 진술들이 힘에 있어서 등치를 이루므로, 우리는 이런 능력으로 인해 우선 판단유보에 이르게 되고, 그 후에 아타락시아에 도달하게 된다."[24]

3. 피론주의자의 삶의 길

회의적인 트로펜에 의해 판단유보에 이르게 되며 그 후 아타락시아의 가능성을 획득한다는 것이 피론주의자들의 기획이었다. 섹스투스 엠피리쿠스는 현실에서 아타락시아의 도달 가능성을 확신하고 있고, 그런 만큼 이에 관해 자세하게 설명할 필요를 느끼지 않았던 것 같다. 어쩌면 그것 때문에 아타락시아에 대한 다양한 해석이 가능한 것일지도 모른다. 그러나 등치와 판단유보에 이르는 논변들의 서술만으로도 아타락시아에 관한 설명이 설득력이 있고 충분한 것일까? 당장 스토아학파가 이의를 제기할 것이다. 피론주의자의 기획은, 피론주의자들에게 스토아철학이 그렇게 보였던 만큼이나 스토아학파의 철학자들에게는 엉성한 것처럼 보였다. 아니 긍정과 부정을 하지 않으면서, 즉 어떤 것도 결정하지 않으면서 어떻게 삶을 영위할 수 있다는 말인가? 일체의 '사고의 정지 상태'인 판단유보에 이른 피론주의자는 아타락시아

---

23) Georg W. F. Hegel, *VSP*, p.243.
24) Sextus Empiricus, *PH* 1.8.

에 도달하기는커녕 그 전에 죽고 말 것이 아닌가? 이것이 바로 스토아학파의
철학자들이 회의주의자들에게 제기한 '행위 불가능성(apraxia)'의 논제였다.
섹스투스 엠피리쿠스는 이 문제에 여러 해결책을 내놓았다. 그리고 이것들은
빈약한 아타락시아론을 감안할 경우, 아타락시아의 현실적 가능성 여부와 그
성격을 고구하는 데 있어 중요한 (거의 유일한) 실마리를 제공한다. 우리가
아타락시아를 다루면서 굳이 앞에서 살펴본 저 '행위 불가능성'의 테제를 다
시 한 번 상기해야 하는 까닭이 여기에 있다.

'행위 불가능성'의 논제는 매우 강력한 것으로 간주되었으며 섹스투스 엠
피리쿠스도 이것을 피해갈 수 없음을 인지하였다. 그가 어떤 식으로 이 문제
를 해석하고 있으며, 그에 따라 어떻게 대응하고자 하였는지는 다음 인용문
속에 전반적으로 담겨 있다.

> 그러므로 또한 회의주의자가 비활동성이나 비일관성의 곤경에 처한다고 생각하
> 는 사람들을 경멸할 필요가 있다. 그들에 따르면, 모든 삶은 욕망과 회피로 이루어
> 지는 것인데도, 어떤 것도 바라거나 피하지 않는 회의주의자는 사실상 삶을 단념
> 하는 것이고 따라서 식물처럼 잔존하는 것이기 때문에, 그는 비활동성에 빠지게
> 된다. 또 그들에 따르면, 회의주의자가 어떤 폭군에 복종해야 하고 그래서 그가 끔
> 찍한 악행을 하지 않을 수 없게 된 경우, 그는 그 명령에 따르지 않고 자발적인 죽
> 음을 선택하거나, 혹은 고문을 받지 않기 위해 명령받은 바를 행할 것인데, 그렇게
> 되면 더 이상 (티몬의 구절을 빌린다면) "선택과 회피로 인해 평정을 유지하지" 못
> 하게 될 것이다. 하여간 그는 하나를 선택하고 다른 하나를 거부해야 할 것이다.
> 그러나 이런 행동은 취사선택해야 할 것이 있다고 자신 있게 주장하는 사람들의
> [즉 독단주의자들의] 특징인 것이다. 그럼으로써 회의주의자는 비일관성에 어쩔
> 수 없이 처하게 된다. 이렇게 논의를 폄으로써 그들은 다음과 같은 점을 이해하지
> 못한다. 즉 회의주의자란 철학적 이론에 따라 자신의 삶을 영위하지 않지만 (왜냐
> 하면 철학적 이론과 관련되는 한 그는 비활동적이기 때문에) 비철학적인 삶의 규
> 칙과 관련해서 그는 어떤 것을 바라고 다른 것을 피할 수 있다. 그리고 폭군에 의
> 해 어떤 금지된 행동을 하라고 강요받을 때, 그는 대대로 내려오는 법과 관습에 맞
> 는 선입견에 의해 [그때그때 형편에 따라] 우연히 선택하고 어떤 것을 피할 것이

다. 독단주의자와 비교해볼 때, 회의주의자는 현실적인 고통 이외에, 독단주의자와 달리, 어떤 부가적인 믿음을 갖고 있지 않기 때문에 확실히 좀 더 쉽게 고난을 참아낼 수 있을 것이다.[25]

섹스투스 엠피리쿠스는 '행위 불가능성'의 논제를 크게 두 가지로 정리하고 있다. (1) 비활동성에 대한 혐의 : 판단을 유보할 경우 아무런 활동도 할 수 없고 식물 수준의 삶에 머무르는데, 인간은 식물처럼 살 수는 없으므로 결국 삶을 포기하는 것과 같다. (2) 비일관성에 대한 혐의 : 양자택일할 수밖에 없는 극단적인 상황에 직면했을 때 회의주의자도 어쩔 수 없이 선택해야 하는데, 이 경우 어떤 것을 결정하는 것이므로 결국 판단유보를 위반할 수밖에 없다.

섹스투스 엠피리쿠스는 이런 혐의에 대해 우선은 이론과 실천 영역을 구분함으로써 대응하고 있다. 철학적인 이론 영역에서 회의주의자는 긍정도 부정도 하지 않지만, 실천 영역에서는 선택과 기피의 행동을 할 수 있다는 것이다. "즉 회의주의자란 철학적 이론에 따라 자신의 삶을 영위하지 않지만 (왜냐하면 철학적 이론과 관련되는 한 그는 비활동적이기 때문에) 비철학적인 삶의 규칙과 관련해서 그는 어떤 것을 바라고 다른 것을 피할 수 있다." 이런 답변은 회의주의자가 삶의 마비를 초래하는 실천적 마취의(痲醉醫)가 아니라는, 그래서 비활동성에 대한 혐의를 벗을 수 있다는 것을 나타낸다.

그러나 단순히 삶의 마비를 결과하지 않는다는 선에 그친다면, 즉 이것이 "어떻게 행동해도 좋다."는 윤리적 무정부주의를 허용하는 것이라면, 가령 "회의주의자는 자신의 아버지를 죽여 먹으라는 명령을 받는다면 그렇게 하는 데 전혀 주저하지 않을 그런 마음가짐으로 살아갈지도 모르는"[26] 소시오패스의 혐의를 받아야 할 것이다. 따라서 저 답변은 회의주의자도 실천에 있어서 비철학적이기는 하지만 삶의 규준이 있음을 함축한다. 물론 이런 선택과 기피의 실천 기준은 회의주의의 정체성을 훼손하지 않아야 할 것이다. 만일 회의주의의 원칙의 일관성이 유지될 수 없다면, 피론주의자는 그가 그렇

---

25) Sextus Empiricus, *M* 11.162-6.
26) Diogenes Laertius, *DL* 9.108.

게나 파괴하고자 했던 독단주의의 나락으로 떨어지고 말 것이다. 실제로 섹스투스 엠피리쿠스는 회의주의자의 일관성을 유지하는 데 매우 예민하였다. 신아카데미학파를 비판하는 데 있어서도 그의 지적인 결벽성이 작용하였음을 우리는 알고 있다. 비활동성과 비일관성의 혐의에서 벗어나야 피론주의자의 판단유보는 현실에서의 생명력을 가질 수 있고, 이럴 때만이 그가 목표로 했던바 아타락시아도 달성될 수 있을 것이다.

그렇다면 구체적으로 회의주의자의 행동 기준은 무엇인가? 섹스투스 엠피리쿠스가 주는 다음 대답보다 더 자세한 진술을 우리는 그의 저술 전체에서 찾아볼 수 없다. 이것은 '행위 불가능성'의 논제에 대한 피론주의자의 매우 결정적인 반론이며, 따라서 아타락시아의 경지가 어떤 특질을 갖는가를 알려주는 일종의 단서라고 할 수 있다. 이것은 길고 앞에서도 언급된 바 있지만 여전히 반복해서 인용할 가치가 있다.

우리가 현상들에 주목한다는 사실은 우리가 회의주의의 기준에 관해 말하는 바에서 분명하게 드러난다. (⋯) 두 번째 기준은 행동과 관련된 기준이다. 우리는 이 기준에 따름으로써 삶을 영위하는 데 있어 어떤 행동을 수행하는가 하면 어떤 행동을 수행하지 않는다. 바로 이 기준이 지금 우리가 말하고 있는 것이다. 우리는 회의주의의 길의 기준이 현상이라고 말하는데, 이 명칭은 실질적으로 인상을 의미한다. 왜냐하면 이것은 수동적인 여러 파토스나 자발적이지 않은 자극의 수용에 의존하는 것이므로 결코 의문이나 탐구의 대상이 아니기 때문이다. 그러므로 어떤 누구도 존재하는 사물이 이렇게 혹은 저렇게 현상한다는 것에 대해 왈가왈부하지는 않을 것이다. 논쟁의 초점은 과연 정말로 외부 대상이 현상하는 그대로 존재하는가 하는 데에 있다.

따라서 우리는 현상들에 주목하면서 일상적인 삶의 규칙들에 의거하여 어떤 독단적 믿음도 견지하지 않은 채 살아간다. 왜냐하면 우리가 전혀 행동하지 않은 채로 있을 수는 없기 때문이다. 이런 일상적인 삶의 규준은 다음의 네 가지 부분으로 구성되는 것처럼 보인다. 그중 하나가 자연의 인도이고, 다른 하나는 파토스의 필연적 요구이며, 또 다른 하나는 법률과 관습의 전통이고, 마지막은 여러 전문기술의 교육이다. 자연의 인도에 의해 우리는 본성적으로 감각하고 사유할 수 있게 된다. 그리고 파토스의 필연적 요구로 인해 우리는 배가 고프면 먹고 목이 마르면 마시게 된다. 그런가 하면 법률과 관습의 전통에 의해 우리는 일상생활에서 경건함은 선이며 불경함은 악이라고 간주하게 된다. 그리고 마지막으로 여러 종류의 전문기술의 교육이 있기 때문에 우리는 전수받은 여러 전문기술들을 이용해서 활동하지 않은 채로 있지 않게 되는 것이다. 우리는 어떤 독단적 믿음도 없이 이런 진술들을 하는 것이다.[27]

피론주의자의 행동 기준은 현상이며, 좀 더 자세하게 말한다면 자연의 인도, 파토스의 필연적 욕구, 법률과 관습의 전통, 그리고 여러 전문기술의 교육이다. 피론주의자들은 이런 현상의 기준에 따라 삶을 영위하므로 (1) 비활동성에 대한 혐의로부터 벗어난다. 그러나 이 기준이 독단적이어서는 안 된다. 섹스투스 엠피리쿠스는 이 현상의 기준이 "결코 의문이나 탐구의 대상이 아니기 때문에" 피론주의자는 "어떤 독단적 믿음도 견지하지 않은 채 살아간다."고 말한다.

그렇다면 왜 현상에 따르는 것이 독단적이 아닌가? 앞에서도 서술한 바 있지만, 독단적 믿음은 "불분명한 학문적 탐구의 대상에 대한 동의"를 뜻한다. 피론주의자는 이렇게 학문적으로 불분명한 대상에는 결코 동의하지 않는다. 그렇다고 해서 학문적 차원이 아닌, "그것이 나에게 이렇게 나타난다, 혹은 보인다."는 현상까지 거부하는 것은 아니다. 섹스투스 엠피리쿠스는 피론주의자가 겨냥하고 있는 믿음이 어떤 종류의 것인지를 다음과 같이 명확히 밝히고 있다. "예를 들어 꿀은 우리에게 달콤한 것으로 나타난다. (우리는 이런 점을 받아들인다. 왜냐하면 우리는 감각을 통해서 달콤한 맛을 지각하기 때문이다.) 그러나 로고스[철학적 논의]와 관련되는 한, 우리는 꿀이 실제로 달콤한 것인지 의문을 제기하는 것이다. 왜냐하면 이것은 우리에게 나타나는 현상이 아니라, 현상에 대해 언표되는 것[말하자면 외부 대상이 실제로 어떠어떠하다는 주장]이기 때문이다."[28] 피론주의자는 믿음 일반에 대해 무차별

---

27) Sextus Empiricus, *PH* 1.21-4.
28) *PH* 1.20.

적인 거부를 하는 것이 아니다. 피론주의자는 특정한 믿음, 즉 "사물이 실제로 어떠하다."는 로고스와 관련된 독단적 믿음에 대해서만 판단을 유보한다. 따라서 그는 지각되어 나타나는 현상에 대한, 로고스와 관련되지 않은 비독단적인 믿음은 용인할 수 있는 것이고, 따라서 그가 현상이라는 실천적 기준을 가졌다고 해서 독단적이 되는 것이 아니다. 그래서 섹스투스 엠피리쿠스는 이 현상의 기준이 "결코 의문이나 탐구의 대상이 아니기 때문에" 피론주의자는 "어떤 독단적 믿음도 견지하지 않은 채 살아간다."고 말하고 있는 것이다.

비활동성에 대한 혐의는 이제 해명되었다. 그렇다면 (2) 비일관성에 대한 혐의는 어떤가? 비독단적인 믿음에 따른다 해도 극단적인 경우에 처해졌을 경우, 앞의 예에서처럼 폭군의 잔혹한 명령을 수행할 것이냐 아니면 그 명령을 듣지 않고 죽음을 선택할 것이냐 하는 경우, 피론주의자도 선택과 기피를 하지 않을 수 없을 것이다. 말하자면 그도 판단을 수행하지 않을 도리가 없지 않겠는가! 앞에서 열거한 행동 기준의 또 다른 특징을 기술할 때 섹스투스 엠피리쿠스가 이 혐의를 염두에 두고 있음은 확실하다. 그는 그 기준들이 "수동적인 여러 파토스나 자발적이지 않은 자극의 수용에 의존한다."는 점을 강조하고 있다. 요컨대 피론주의자는 이 현상들에 "강렬한 경향이나 집착 없이 단순히 수동적으로 따르는 것이다."[29] 현상에 대한 일방적인 수동성 혹은 '비자발적인 동의'[30]가 섹스투스 엠피리쿠스가 꺼내놓은 회심의 카드라고 할 수 있다. 이렇게 주체의 능동성과 자발성이 조금도 들어설 여지가 없는 철저히 수동적인 삶의 태도는 곧 현상의 강제성에 대한 수용과 맞닿아 있다. "[우리가 긍정하지도 않고 부정하지도 않는] 이유는 우리의 파토스를 촉발하며 우리를 강제적으로 동의로 이끄는 것들에 그저 따를 뿐이기 때문이다."[31] 현상들은 피론주의자가 철학적으로 검토하지 않는 대상이다. 피론주의자들이 문제로 삼는 것은 사물의 본성이 이러저러하다는 것이지 현상이 아니기 때문

---

29) *PH* 1.230.
30) *PH* 1.19.
31) *PH* 1.193.

이다. 그런데 현상들이 동의를 강제하기 때문에 우리는 자율적인 결정을 하지 않고 그냥 그것들에 우리 자신을 내맡길 수밖에 없다는 것이다. 현상들의 강제성과 그로 인한 주체의 철저한 수동성은 비일관성의 혐의에서 탈출할 수 있는 길을 열어준다. 피론주의자들이란 삶을 영위할 때 불가피한 경우 판단과 결정을 할 수밖에 없다는 혐의에 대해서 섹스투스 엠피리쿠스는 주체가 결정하는 것이 아니라 주체가 특정한 방향으로 결정하도록 강제된다고 답하는 것이다. 피론주의자는 현상에 대한 판단을 수행하지 않는다. 그는 강제적인 현상에 그의 판단을 내맡길 뿐이다. 따라서 판단유보를 내세운 그가 실천적으로 현상들을 좇는다고 해서 판단유보를 위배하는 것은 아니다. 신아카데미학파에 속하는 아르케실라오스나 카르네아데스는 행동 기준으로 현상이 아니라, 각각 '합리적인 것(eulogon)'[32]과 '개연적인 인상(pithane phantasia)'[33]을 내세웠다. 그러나 이런 기준들은 주체의 능동적 판단 하에 설정된 것들이다. 그런데 주체의 판단에 의존하는 이것들은 판단유보라고 하는 회의주의의 핵심적 기제와 어떤 식으로든 충돌할 수밖에 없다. 섹스투스 엠피리쿠스가 보기에, 이런 점에서 이들은 회의주의의 일관성을 유지하지 못할 뿐만 아니라 결국 아타락시아의 필요조건으로서의 판단유보를 폐기한 것이기에 아타락시아에 도달할 가능성을 상실하고 마는 것이다.

이제 섹스투스 엠피리쿠스가 앞에서 든 구체적인 행동 기준들이 어떤 맥락에서 제시되었는가를 좀 더 분명하게 이해할 수 있다. ① 그는 "자연의 인도에 의해 본성적으로 감각하고 사유할 수 있게 된다."고 언급하고 있다. 판단유보, 즉 '사고의 정지 상태'에서도 우리는 사유할 수 있다. 어떻게 이것이 가능한가? 그것은 우리가 주체적으로 사유하는 것이 아니라 특정하게 사유하고 이해하게끔 이미 항상 어떤 조건에 놓여 있다는 것을 가리킨다. 말하자면 "[동의 없이] **자연적으로 획득된** [선개념과] 가정들에 따라 (…) 우리는 개념들을 이해하고 사용할 수 있다."[34] 만일 자연의 인도에 의한 사유가 주체의 자

---

32) Sextus Empiricus, *M* 7.158.
33) Cicero, *Ac* 2.99. 2.100 참조.
34) Katja *M.* Vogt, "Scepticism and Action," p.176.

율적 반성이나 이성적 추론과 연결된 것이라면 섹스투스 엠피리쿠스는 비일관성의 덫에 걸리고 말 것이다. 자연의 인도는 어디까지나 우리의 감각과 사유를 이미 항상 특정한 방향으로 강제하는 일종의 지평적 성격을 띠고 있는 것으로 보아야 한다. ② 파토스의 필연적 요구에서도 주체의 의지적 역할은 말살된다. 주체가 자발적으로 먹고 마시는 것이 아니라, 배가 고프고 목이 마르면 어쩔 수 없이 먹고 마시지 않을 수 없게 된다는 것이다. 강제적 조건으로 인한 행위의 예들은 우리가 쉽게 발견할 수 있다. 가령 우리는 오한을 느끼면 따뜻한 곳을 찾고, 발열을 느끼면 찬 곳을 찾는다. ③ 윤리적 가치관은 자기가 속한 공동체의 '법률과 관습의 전통에 의해' 우리에게 심어진다. 근대 경험론자인 흄은 '행위 불가능성'의 물음을 풀지 못한다면 피론주의가 만연할 것이라는 불안에 떨었는데, 마침내 여기에서 탈출구를 발견하였다고 반색하였다. 그는 감격에 차서 다음과 같이 선언하였다. "습관은 인간이 삶을 영위하는 데 있어 발생하는 일이나 갖가지 주변 상황 속에서 우리의 생존과 행위의 지침에 필수적인 것이다."[35] 습관으로써 그는 피론주의자를 물리칠 수 있다고 자부하였다. 그러나 습관은 섹스투스 엠피리쿠스가 이미 피론주의자들에게 쏟아진 혐의를 벗기 위해 제시한 알리바이였다. 지적 특허권이 이미 오래전에 등록되어 있었지만, 흄은 이것을 모르고 그만 목이 메어 "[이 철학적 우울증과 착란에서 습관이 나를 치료해주었기 때문에] 나는 식사를 하고 주사위 놀이를 한다."[36]고 말했던 것이다. ④ 그런가 하면 공동체의 교육에 의해 다양한 전문기술이 전수된다. 우리는 우리에게 심어지고 전수된 이런 현상들을 그저 따르기만 하면 된다. "가령 어린아이가 자신의 지도교사에 따르는 것처럼 말이다."[37] 섹스투스 엠피리쿠스는 이런 행동 기준에 따름으로써 피론주의자도 어떤 곤란을 당하지 않으면서 '일상적인 삶'을 영위할 수 있다고 생각하였다.

---

35) David Hume, *Enquiries*, p.55.
36) David Hume, *Treatise*, p.269. 국내 번역은 다음 책을 참조했음. 데이비드 흄, 『인간본성에 관한 논고: 실험적 추론 방법을 도덕적 주제들에 도입하기 위한 하나의 시도』, 이준호 옮김(서울: 서광사, 1994-6). 이 저서는 이후 『인성론』으로 명명함.
37) Sextus Empiricus, *PH* 1.230.

이제 저 난제에 대한, 즉 폭군이 내린 끔찍한 명령을 따를 것인가 아니면 항명함으로써 죽음을 택할 것인가의 물음에 대한 피론주의자의 답변은, 회의주의의 정체성을 유지하려는 피론주의자의 입장에서 볼 때 당연하기까지 한 것이다. "회의주의자는 대대로 내려오는 법과 관습에 맞는 선입견에 의해 [그때그때 형편에 따라] 우연히 선택하고 어떤 것을 피할 것이다." 두 상황 중 피론주의자는 어떤 하나로 결정할 것이다. 그런데 그 행동은 어떤 것이 본성상 좋고 나쁘다는 판단에 기초한 것이 아니라, 어디까지나 그가 '우연히' 양육되고 교육받은 공동체의 전통과 법과 선입견을 그저 따르는 데서 결과한 것이다.[38] 피론주의자에게는 그가 우연하게 내던져진 법과 관습과 전통의 세계가 그의 행동을 결정하는 모든 것이다. 이처럼 '행위 불가능성'의 논제를 벗어나기 위해 피론주의자가 채택한 전략의 핵심은 행동을 결정하는 데 있어 주체의 자율적 반성이나 능동적 의지를 철저히 말살하는 데 있다.

4. 아타락시아의 가능성

앞에서 언급했듯이 아타락시아와 관련된 여러 문제에 대한 답변은 판단유보에서 시작되어야 한다. 아타락시아는 '물체에 그림자가 따르듯이' 판단유보 이후에 '뜻밖에' 생겨나는 것이기 때문이다. 이것은 판단유보가 아타락시아의 필요조건이라는 것을 말해주는데, 그 조건이 무엇인가는 '행위 불가능성'의 논제에 대한 섹스투스 엠피리쿠스의 답변에서 구체적으로 다음과 같이 추출되었다. ① 아타락시아는 철학적 탐구의 대상인 독단적 믿음에 대한 판단유보에 의해서만 가능하다. ② 아타락시아는 철학적인 탐구의 대상이 되지 않는 현상에 대한 철저한 수동적 동의에 의해서만 생겨난다. ③ 결국 아타락시아는 철학적 탐구에 의해 독단적 믿음을 전혀 가지지 않으면서도 '보통 받아들여지는 규칙과 선입견에 그저 따르면서' 일상생활을 영위할 때 발생한다. 지금까지 서술한 내용을 종합하여 아타락시아를 향유하는 사람을 묘사한

---

38) *PH* 2.246 참조. "내 생각에는, 보통 받아들여지는 규칙과 선입견을 따르면서 경험적이고 비독단적으로 삶을 영위하는 것으로 충분하다."

다면, 일체의 독단적 믿음에 대한 집착을 던져버리고 현상만을 따름으로써 마음의 번민에서 해방된 자이고, 비록 갈증이나 피곤, 허기 등과 같이 어쩔 수 없는 생물학적 괴로움을 겪는다 해도 고난을 좀 더 쉽게 참아내며 '순화된 감정'을 유지하는 삶을 사는 자라고 말할 수 있다.

그런데 과연 독단적 믿음과 비독단적인 현상적 믿음은 피론주의자들이 주장한 것처럼 그렇게 명확하게 분리될 수 있는 것일까? 이 지점을 집요하게 파고든 사람은 번예트일 것이다. 그는 "진리와의 이런 연결을 결여한, 그리고 좀 더 복잡한 방식으로 이성과의 연결을 결여한 그런 믿음의 개념이 있다고는 생각하지 않는다."[39] 모든 믿음은 그것이 아무리 하찮은 것이라 하더라도 이미 거기에는 피론주의자가 연루되고 싶지 않은 로고스, 진리, 믿음의 개념이 포함되어 있다는 것이다. 예컨대 "독단적 주장들이 회의주의자에게는 동등한 비중을 갖고 맞서고 있는 것으로 확실히 나타나지만, [판단유보를 결과로서 산출하는] 이런 현상은 … [회의주의자가 가장 피하고자 바라는] 이성, 믿음, 진리의 관점에서만 이해될 수 있다."[40] 번예트는 독단적 믿음과 현상적 믿음의 차벽 설정이 불가능하다고 지적함으로써 피론주의자들이 용인하는 믿음조차 그들이 동의하지 않는 독단적 믿음과 연계되고, 따라서 어떤 독단적 믿음 없이 산다고 하는 "회의주의자의 [아타락시아의] 삶은 결국 인간에게는 가능하지 않다."[41]는 결론을 내리고 있다.

번예트의 주장처럼 독단적 믿음과 그냥 믿음 사이의 경계 설정이 불가능한가? 섹스투스 엠피리쿠스는 "사물이 실제로 그렇게 있다."는 독단적 믿음과 "사물이 그렇게 있는 것처럼 나에게 현상한다."는 믿음을 구별하기 위해 애썼다. 그리고 이런 현상의 믿음만으로도 우리는 일상생활을 어려움 없이 해나갈 수 있다고 여겼다. 프레데는 번예트와는 달리 섹스투스 엠피리쿠스의

---

39) Myles Burnyeat, "Can the Sceptic Live His Scepticism," in *The Original Sceptics: A Controversy*, ed. by Myles Burnyeat and Michael Frede(Indianapolis/Cambridge: Hackett Publishing Company, Inc., 1997), p.53.

40) 같은 글, p.54. 피론주의자의 이런 모순을 번예트는 단적으로 다음과 같이 표현하고 있다. "… 나는 P를 믿으면서도 P를 믿지 않는다."(p.55)

41) 같은 글, p.57.

구별을 견지할 수 있으며 그런 삶이 가능하다는 입장을 피력한다. 예컨대 이제 막 집에 들어온 피론주의자에게 밖에 여전히 비가 오냐고 물을 경우, 그는 그렇다고 대답한다. 이런 점에서 그의 대답은 평범한 사람의 그것과 다르지 않다. 그렇지만 이런 대답을 했다고 해서 그가 "밖에 실제로 여전히 비가 온다."고 믿는 것은 아니다. 그는 "여러 가지 면에서 실제의 사물들은 그것들이 어떻게 현상하는가 하고는 완전히 다르다는 것을 예민하게 자각하고 있다."[42] 이렇듯 일상인과 다르게 현상과 본질을 명확히 구별하면서도, 일상인과 마찬가지로 현상에 따른 삶을 사는 데 피론주의자는 아무런 지장이 없다. (가령 실제로는 지구가 태양을 돌고 있지만 태양이 지구를 돈다고 믿으면서 우리는 아무런 지장 없이 일상적 삶을 영위한다.) 이렇게 볼 경우 아타락시아의 삶은 다시 가능성을 얻을 것이다.

만일 아타락시아의 가능성을 부정하고자 한다면, 현상의 믿음에 따른 삶이 어떻게든 독단적 믿음과 연결되어 있다는 점을 보여야 할 것이다. 그러나 내 생각에 그것은 불가능한 일인 것 같다. 예컨대 "아름다운 버섯은 독을 지니고 있는 것처럼 나에게 보인다."는 현상을 생각해보자. 이에 따라 이 버섯을 먹지 않았다면, 그 이유는 이 현상이 적절하게 보였기 때문일 것이다. '적절한' 현상에는 이미 "아름다운 버섯은 독을 지니고 있고, 이 버섯은 아름다우므로 이 버섯을 먹지 말아야겠다."는 이성적 추론이 — 또한 그로 인한 자발적 의지가 암묵적으로나마 — 연계되어 있고, "그렇다면 현상을 따르는 삶조차도 이성(정신작용)이 철저하게 제거된 강제적으로 주어진 것(상태)에 의지하는 삶이 아니라는 것이 드러난다."[43] 사정이 이렇다면 우리의 삶은 단순히 현상의 믿음에 의존해서는 영위할 수 없는 것이 된다. 그러나 섹스투스 엠피리쿠스는 똑같은 결정을 내리면서도 자기는 오로지 현상에 따른 것일 뿐이라고 주장할 것이 뻔하다. 피론주의자는 "자연의 인도에 의해 본성적으로 감각하고 사유할 수 있기" 때문이다. 섹스투스 엠피리쿠스는 지시 기호(endeiktika

---

42) Michael Frede, "The Sceptic's Beliefs," p.22.
43) 장경춘, 「헬레니즘 시대의 퓌론주의 논의: 에포케를 중심으로」, 『서양고전학연구』, 제28권 (한국서양고전학회, 2007), p.143.

semeia)는 거부하고 공격하지만 기억 기호(hypomnestika semeia)는 인정하고 있다. 기억 기호의 예를 들면서 그는 다음과 같이 언급하고 있다. "연기를 보면 어떤 이들은 거기에서 불을 진단하고, 흉터를 목격한 사람은 부상이 있었다고 말한다."[44] 그러나 섹스투스 엠피리쿠스가 기억 기호를 통해 단지 잠정적으로 은폐되어 있는 사물의 본성을 암시할 때 "그는 결코 추론을 하는 것이 아니다."[45] 만약 그렇다면 섹스투스 엠피리쿠스는 비일관성의 덫에 걸리고 아타락시아의 가능성은 닫히고 말 것이다. 그것은 자연적인 필연성의 한 부분으로서 일종의 심리적 강제성을 동반하는 파토스를 가리키고 있다고 보아야 한다. 자연의 인도에 의한 사유는 어디까지나 '살아 있는 경험'[46]의 파토스의 강제성과 수동성에 전적으로 의존하는 것이다. 그리고 이런 파토스와 연계된 공동체의 교육과 관습과 선입견에 의해 "아름다운 버섯은 먹어서는 안 된다."는 결정을 하도록 인도되었다고 섹스투스 엠피리쿠스는 말할 것이다. 섹스투스 엠피리쿠스를 일관되게 해석하기로 작정한다면, 그리고 이런 해석이 불가능하지는 않기 때문에, 현상적 믿음이 독단적 믿음과 연계되어 있다는 것을 피론주의자들이 시인하게 만들 방도란 없는 것이다. 섹스투스 엠피리쿠스가 행동의 기준으로 "자연의 인도, 파토스의 필연적 욕구, 법률과 관습의 전통, 그리고 여러 전문기술의 교육"을 언급할 때, 그는 현실적 삶의 결정을 남김없이 포섭할 수 있는 기준을 신중하게 고려했음이 틀림없다.

5. 아타락시아의 의의와 한계

현상을 기준으로 한 아타락시아의 가능성에 대한 섹스투스 엠피리쿠스의 낙관적 전망은 피론주의자들이 도달할 수 있다고 여긴 아타락시아의 삶이 구체적으로 어떤 것인가에 다시 주목하도록 만든다. 피론주의자들이 동의하지

---

44) Sextus Empiricus, *PH* 2.102.
45) Jonathan Barnes, "The Beliefs of a Pyrrhonist," p.88. 반즈는 다른 해석도 가능하다고 본다. 그러나 그도 인정하고 있듯이 피론주의의 일관성을 유지하려면 자연의 인도에는 어떤 추론도 개입되어서는 안 된다.
46) Sextus Empiricus, *PH* 2.102.

않는 것은 "사물이 실제로 어떻다."는 본성에 대한 독단적 믿음이다. 그렇지만 그는 "조국의 전통적인 관습과 법률, 다양한 제도, 그리고 우리 자신의 여러 파토스에 일치해서 살 수 있는"[47] 현상의 길에 따라 산다. 아타락시아의 세계가 로고스가 작동하지 않는 파토스의 세계라는 것은 다음 구절에서 좀 더 명확하게 나타난다. "[독단적 믿음에 대해 동의를 하지 않지만] 감각 인상[현상]에 따라 강제적으로 생겨나는 파토스에 대해서는 회의주의자는 동의한다."[48] 결국 페린이 간결하게 요약하고 있듯이 "회의주의자는 어떤 것에 동의하는데 그것은 그 자신의 파토스이다. 그렇다면 회의주의자 자신의 파토스야말로 그에게 분명한 것이다."[49] 아타락시아의 삶이 그 어떤 이성적이고 반성적인 논의(로고스)가 배제된 파토스에서 성립하기 때문에, 피론주의자는 그때그때 형편에 따른 선택과 기피를 받아들일 수 있다. 파토스에 우연한 결정을 온전히 내맡기면서 유유자적하는 그런 삶, 그것이 아타락시아를 향유하는 피론주의자의 삶일 것이다. 그래서 섹스투스 엠피리쿠스가 전형적으로 든 예에서, 즉 폭군의 잔혹한 명령을 따를 것인가 아니면 항명을 하고 죽음을 맞이할 것인가 하는 난제 앞에서도 동요하지 않고 피론주의자는 "대대로 내려오는 법과 관습에 맞는 선입견에 따라 우연히 선택"할 수 있다. 폭군의 명령을 따르는 공동체의 관습 속에서 양육되고 교육받은 이는 그에게 강제되는 파토스에 따라 폭군의 명령을 따를 것이고, 그렇지 않은 이는 마찬가지로 그에게 강제되는 파토스에 따라 항명을 하고 죽음을 선택하게 될 것이다. 그를 결정하게 만드는 것은 그가 어떤 공동체에 던져졌는가 하는 전통의 우연에 달렸다.

그렇지만 하나의 동일한 공동체 내에서 대대로 내려오는 관습이나 법 혹은 제도와의 충돌이 벌어질 경우는 어떻게 되는가? 예를 들어 조국을 배신한 적

---

47) *PH* 1.17.
48) *PH.* 1.13. 1.7 참조. "또한 회의주의의 길은 판단유보의 길이라고도 불리는데, 탐구한 후 연구자에게 생겨나는 파토스로 인해 이런 명칭을 얻게 되었다." 이 밖에도 파토스에 대한 피론주의자의 동의에 관해서는 1.13, 1.192, 1.198 참조.
49) Casey Perin, "Scepticism and Belief," in *The Cambridge Companion to Ancient Scepticism*(Cambridge, UK/New York: Cambridge University Press, 2010), p.161.

장에게는 매장을 허용하지 않는 공동체의 법과 제도에 따라야 하는가, 혹은 적장이라 하더라도 혈육은 매장해야 한다는 관습에 따라야 할까? 하나의 공동체의 삶에서 상존하는, 그러면서도 상충하는 파토스 앞에 놓인 것이 바로 안티고네(Antigone)의 운명이었다. (안티고네는 오빠를 매장하고서 죽음을 맞이했다.) 이처럼 대대로 내려오는 관습과 법, 제도, 교육에서 기인한 파토스가 상충하는 경우를 우리는 심심찮게 발견할 수 있다. 또는 다양하게 구성할 수 있다. 만약 안티고네와 같은 입장에 피론주의자가 처한다면 그는 어떻게 할까? 그는 이런 결정을 하든 혹은 저런 결정을 하든, 그에게 그때그때 형편에 따라 우연히 강제된 파토스에 그저 수동적으로 따랐다고 말할 것이다. "왜 이것이 아니라 저것을 선택하게 되었는가?" 하는 물음에 대해 그는 어떤 합리적 기준이나 근거를 댈 수 없다. 근거 제시의 문제는 이론적이며 철학적인 탐구 대상이기 때문이다. 아타락시아의 삶에서 본질적인 요소는 어디까지나 파토스의 세계이고, 그것이 강제하는 바에 대한 철저한 추수(追隨)에 있다는 점을 상기한다면, 철학적 근거를 추구하고 그것에 따라 살려고 하는 실천적 태도는 아타락시아의 지반을 붕괴시키고 다시 번민과 동요의 세계를 불러올 것이다.

물론 이런 완전히 수동적이며 우연에 자신을 내맡기는 아타락시아의 삶이 불가능하지 않을 것이다. 그러나 이것이 일상인의 삶이 아닌 것은 분명한 것 같다. 아타락시아에 도달한 "회의주의자의 삶은 **철학적인 질문들**에 의해 곤경을 겪는 사람들만이 채택할 수 있는 삶인 것처럼 보이기"[50] 때문이다. 그는 전문적인 철학적 논변에 의해 독단적인 믿음을 무너뜨릴 수 있는, 그래서 판단을 유보할 수 있는 능력을 갖추고 있어야 한다. 이런 판단유보에 이어 현상에 따르는 수동적 판단이나 동의가 행해진다. 고도로 정치한 회의적 논변들을 동원한 일체의 판단유보를 염두에 두지 않는 일상인들의 삶에 비추어보자면, 피론주의자들의 일상적인 삶의 영위는 매우 비일상적인 방식으로 이루어지고 있는 셈이다.

---

50) Katja M. Vogt, "Scepticism and Action," p.178.

피론주의자의 실제 삶이 매우 비일상적이라는 지적은 판단유보의 삶이 분열적이라는 점을 시사한다. 피론주의자들은 등치의 방법을 통해 모든 독단적 지식이 정초될 수 없음을 보인다. 그들은 "꿀은 본성상 달다."거나 "꿀은 실제로 좋다."라는 본질적 주장에 대해 더 이상 판단을 내리지 않으며 그래서 흔들리지 않는다. 그는 사물이나 사태의 본성에 대한 그 어떤 주장 앞에서도 무심한 경지를 유지할 수 있다. 그러나 이제 삶의 현장 속에서 그는 자기에게 나타나는 온갖 현상들을 의식하지 않을 수 없다. 갖가지 관습이나 전통, 선입견을 포함한 현상에 유의하지 않을 도리가 없는 것이다. 헤겔은 일찍이 피론주의자에게서 나타날 수밖에 없는 분열적 삶을 '불행한 의식'이라 칭하면서 다음과 같이 서술하였다. "이 의식은 **한편으로는** 그 자신의 자유가 온갖 혼란과 우연에 휘말려 있는 삶의 현장을 초탈해 있음을 인식하면서, **다른 한편으로는** 전혀 **대수롭지 않은** 일에 매몰되어 그곳에서 허우적거리고 있음을 자인한다. (…) 이 의식은 보고 듣는 것이 아무것도 아니라고 말하면서도, 정작 스스로는 보거나 듣거나 하고 있다."[51]

물론 피론주의자의 삶이 비일상적이라거나 자기분열적이라는 비판에 대해 섹스투스 엠피리쿠스는 동의하지 않을 것이다. 그는 이런 회의적 삶에 대한 부정적 시각이 피론주의자들이 견지하고 있는 판단유보를 여전히 주체적이고 반성적인 의식 하에서 고찰한 때문이라고 말할 것이다. 그렇지만 섹스투스 엠피리쿠스의 반론을 인정할 경우, 요컨대 그가 주장하고 있는 대로 피론주의자가 이론과 실천에 있어 일관성을 유지할 수 있다고 여길 경우, 그는 철저하게 현실에 순응하는 삶을 살 수밖에 없다. 그에게는 현실에 대한 합리적 반성이나 비판, 좀 더 나은 대안에 대한 모색은 불필요한 번민의 싹일 뿐이다. 그는 이론과 실천 사이에 한 치의 틈도 허용하지 않는 대가로서 지배적인 관습이나 선입견에 끌려가는 삶을 받아들여야 한다. 부조리한 현실에 대한 저항이나 극복 의지를 그에게서 기대하는 것은 그가 독단주의자가 되기를 바라는 일이나 다름없기 때문에 전혀 가능성이 없다. 이런 측면 때문에 한마

---

51) Georg W. F. Hegel, *PhdG*, p.162. 이런 이유로 헤겔은 피론주의자의 삶이란 완전한 행복을 지향하지만 결국 '완전한 불행'(*VGP* Ⅱ, p.402)으로 떨어지고 만다고 본다.

디로 피론주의자가 목표로 하는 아타락시아의 삶은 물 위에 떠다니는 잎처럼 부유하는 삶이고, 비록 피론주의자는 이런 삶을 모든 독단에서 해방되어 마음의 평정을 누리는 행복한 삶이라고 믿겠지만, 좀 더 직설적으로 말한다면 예속적인 삶인 것이다. 현대의 몇몇 연구가들이 섹스투스 엠피리쿠스의 대답이 '실망스러우며',[52] 자신의 직관이 시키는 대로 아무 생각 없이 행위하는 '본질적으로 **무비판적인 대응**'[53]이라고 비판하는 까닭이 여기에 있다. 이론에서 뿐만 아니라 실천에서도 이성적이고 정의로운 삶을 지향하려는 사람에게, 아타락시아의 삶을 향유하는 피론주의자란 일체의 불안에서 해방된 현인이라기보다는 오히려 복잡다단한 현실의 삶으로부터 자기의 내면으로 도피하고, 그런 삶의 양식에 흡족하고 혼자서 행복해하는 일종의 은둔형 외톨이에 다름 아닐 것이다.

섹스투스 엠피리쿠스가 주장한 대로 피론주의의 일관성을 유지하려면, 피론주의자의 삶은 현실에 철저하게 순응하면서 내면의 주관적인 행복만을 추구하는 그런 삶이 될 것이다. 이렇게 주관성에로 함몰하는 결과는 일체의 판단유보를 이론과 실천에서 무차별적으로 관철하려는 섹스투스 엠피리쿠스의 철학적 투철함에 기인하는 것이었다. 그리고 이런 회의적 정신의 고수는 사실상 독단주의에 대한 치유의 가능성과 긴밀하게 연결되어 있다. 이 점 때문에 아타락시아론이 여러 비판들에 노출될 수밖에 없는 속성을 갖고 있지만 섹스투스 엠피리쿠스는 그런 비판을 감수할 만한 가치가 있다고 여기는 것같다. 피론주의의 관건은 어디까지나 "… 이성이나 합리성에 근거한 독단적 믿음을 부정함으로써 궁극적으로 자유로운 삶의 해방을 지향하는 데 있기 때

---

52) Gisela Striker, "Historical Reflections on Classical Pyrrhonism and Neo-Pyrrhonism," in *Pyrrhonian Skepticism*, ed. by Walter Sinnott-Armstrong(Oxford: Oxford University Press, 2004), p.20.

53) Julia Annas, "Doing without Objective Values: Ancient and Modern Strategies," in *The Norms of Nature: Studies in Hellenistic Ethics*, ed. by Malcolm Schofield and Giesela Striker(Cambridge: Cambridge University Press, 1986), p.20. 아나스에 따르면 우리가 고민하는 윤리적 문제들은 섹스투스 엠피리쿠스가 주장하듯이 허기나 갈증의 차원에 있는 것이 아니다.

문이다."[54] 그러니까 아타락시아의 가능성을 둘러싸고 전개된 여러 이견들은 섹스투스 엠피리쿠스의 입장에서 본다면, 달은 보지 않은 채 달을 가리키는 손가락만을 따지는 일일지 모른다. 피론주의자는 심지어 자신의 이론의 정당화마저도 포기하면서 그것을 '사다리'나 '관장제'로 치부하며, 독단주의의 숲을 태운 후에 스스로 소멸하는 '불'[55]로 여긴다. 반즈도 강조한 바 있지만, 아타락시아의 철학적 의의는 피론주의자에게 정작 중요한 작업이 독단주의라는 병에 걸린, 그래서 불안에 떠는 환자에 대한 방편적 치료라는 측면에 주목할 때 비로소 우리의 눈앞에 떠오른다. 판단유보가 독단적 믿음에 한정될 것인가 아니면 모든 믿음 일반으로 확대될 것인가 하는 문제와 관련해서 "모든 것은 전적으로 특수한 환자의 상태에 달려 있다."[56] 판단유보의 적용 범위가 의사의 이론에 의해 결정되는 것이 아니라 오로지 환자의 상태에 좌우되는 것이라면, 이론의 정합성에 지나치게 매달리는 것은 피론주의의 진가를 평가하는 데에 방해 요소로 작용할 수 있다. 독단주의의 병을 치유하면 피론주의자는 그것으로 족한 것이다. 환자의 병이 깊다면 강한 논증에 의해 교정하면 되고, 얕다면 하나의 논증만이 필요할 수도 있다. 따라서 "피론주의자가 모든 상태를 감안하여 모든 인간에 적용될 수 있는 단일한 정식을 산출할 수 있다고 생각하는 것은 이치에 닿지 않는다."[57] 그러나 이렇게 일체의 독단주의의 병에서 치유되어 어떤 번민에도 시달리지 않는 아타락시아의 삶은 도돌이표 같은 이야기가 되겠지만 어떤 누구에게도 자기 행동의 결정의 합리적 근거를 제시할 수 없는 고립된 삶이라는 대가를 동전의 양면처럼 지불해야 하는 것처럼 보인다.

---

54) 임홍빈, 「삶의 형식으로서의 퓌론주의(Pyrrhonism)와 그 인식론적 변형」, 『철학논총』, 제31호(새한철학회, 2003), p.160. 임홍빈은 피론주의의 핵심을 치유의 차원에서 찾으며, 이를 비합리성이 아니라 초합리성(transrationality)의 개념을 도입하여 설명한다.

55) Sextus Empiricus, *M* 8.480.

56) Jonathan Barnes, "The Beliefs of a Pyrrhonist," p.91.

57) 같은 글, p.90.

제 5 장
몽테뉴와 피론주의

1. 피론주의의 부활과 근대의 신앙주의(fideism)

후기 르네상스에 들어서면서 고대의 피론주의가 헬레니즘 시대에서 그것이 원래 누렸던 것보다 더한 전성기를 누렸으며 더욱 커다란 영향력을 행사했다는 사실은 이미 몇몇 학자들에 의해 확인된 바 있다.[1] 특히 근대 철학이 전개되는 가운데 피론주의가 담당했던 역할을 철학사적 관점에서 면밀하게 추적한 포프킨에 의해 "어떻게 피론주의가 갑자기 유럽의 지성사의 주류로 편입되고 흡수될 수 있었는가?"가 밝혀졌다. 그에 따르면, 종교개혁을 둘러싼 갈등에서 "종교적 지식의 적절한 기준이 무엇인가?"가 중요한 논란거리로 등장하였고, 이것은 "도대체 진리의 기준이 무엇인가?" 하는 고전적인 철학의 물음으로 확대되었다. 그런데 이렇게 진리에 관한 회의적 문제가 제기된 바로 그때에 섹스투스 엠피리쿠스의 저작들이 우연하게 발견되었고, 이 저작들이 인식론의 진리 문제를 본격적으로 다루고 있음을 알게 되면서 섹스투스

---

1) 앤소니 A. 롱, 『헬레니즘 철학: 스토아 철학자들, 에피쿠로스주의자들, 회의주의자들』,
   pp.411-22 참조.

엠피리쿠스는 근대 사상을 형성하는 데 극적인 역할을 담당하게 되었다는 것이다.[2] 논쟁의 불은 피론주의의 재발견과 더불어 종교에서 철학으로 옮겨 붙었다. 그리고 이 불은 르네상스의 시작부터 근대가 끝날 때까지 꺼지지 않았다.

물론 15-16세기에 고대 피론주의를 다룬 다른 작품이 발굴되고 소개되지 않았던 것은 아니다. 디오게네스 라에르티오스나 키케로의 작품들도 읽혔으나 어디까지나 철학적으로 가장 중요한 고려의 대상이 된 것은 섹스투스 엠피리쿠스의 작품들이었다.[3] 1562년과 1569년에 에티엔(Henry Estienne, 1528/31-1598)에 의해 라틴어로 섹스투스 엠피리쿠스의 저작들이 번역되어 출판되기 전까지 이탈리아를 제외하고는 회의주의는 철학계의 변방에 머물러 있었으며 몇몇 철학자의 탐구 대상이 되었을 뿐이다. "어쨌든 섹스투스 엠피리쿠스의 작품들이 출판되기 이전에는 회의주의에 관한 매우 진지한 철학적 고려는 존재하지 않았던 것처럼 보인다."[4] 근대 초에 회의주의가 중요한 철학적 운동으로 대두하게 된 결정적인 하나의 사건이 섹스투스 엠피리쿠스 작품의 번역과 보급이었던 것만은 분명하다.

종교개혁에 의해 촉발된 진리 기준의 문제와 섹스투스 엠피리쿠스의 저작의 재발견과 번역 이외에 16세기와 17세기에 걸쳐 일어난 피론주의의 부활에서 빼놓을 수 없는 요인은 몽테뉴가 저술한 『수상록』에 있었다. 『수상록』의 중심부에 놓여 있고 이 책의 가장 긴 분량을 차지하고 있는 「레이몽 스봉의 변호」에서 몽테뉴는 섹스투스 엠피리쿠스의 피론주의를 완전히 흡수해서 "얼마나 이 고대의 회의주의가 인간의 지성으로는 풀 수 없는 인식론적 난제들을 던져주었는가?"를 설득력 있게 개진하였다. 1580년에 첫선을 보인 이

---

2) Richard H. Popkin, *The History of Scepticism from Savonarola to Bayle*(Oxford, UK/New York: Oxford University Press, 2003), pp.3, 18 참조.

3) 르네상스 기간 동안 피론주의에 관한 정보를 알려주는 주요한 세 작품들인 키케로의 『아카데미의 회의주의에 관하여』, 디오게네스 라에르티오스의 『걸출한 철학자들의 생애』, 섹스투스 엠피리쿠스의 저작들이 어떻게 이탈리아와 북부 유럽에서 수용되었는가에 관해서는 C. B. Schmitt, "The Rediscovery of Ancient Skepticism in Modern Times," in *The Skeptical Tradition*, ed. by M. Burnyeat(Berkeley/Los Angeles: University of California Press, 1983), pp.225-51 참조.

4) Richard H. Popkin, *The History of Scepticism from Savonarola to Bayle*, p.35.

작품의 인기는 대단하였다. 「레이몽 스봉의 변호」의 영향 하에서 샤롱(Pierre Charron, 1541-1603)이나 카뮈(Jean-Pierre Camus, 1584-1654)와 같은 일군(一群)의 새로운 피론주의자들이 생겨났으며, 17세기 초에는 이런 몽테뉴의 제자들에 의해 소위 '피론주의자의 위기(la crise pyrrhonienne)'가 조성되었다.[5] 몽테뉴와 새로운 피론주의자들로 인해 고대의 피론주의는 근대에 새로운 중요한 지적 운동의 원천이 되었고, 지식의 확실성을 목표로 하는 철학자들에게는 간단히 빠져나올 수 없는 늪이 되었다. 「레이몽 스봉의 변호」는 근대 전반에 걸쳐 피론주의의 논변들을 진지한 철학적 관심의 대상으로 떠오르게 한 전기(轉機)를 마련해주었다. 슈미트가 언급하고 있듯이 "… 진지한 철학적 입장으로서 회의주의는 몽테뉴의 시대에 철학의 주류로 다시 한 번 들어서게 되었다. 그때부터 회의주의는 서양의 지적인 삶에 일반적으로 퍼지게 되었다."[6]

고대 피론주의는 몽테뉴 시기부터 근대 지성사의 지도에 지울 수 없는 입지점을 확립하였다. 툴민의 표현을 빌리자면 "결국 … 근대 철학의 장기 게임에서 첫 번째 장기말은 데카르트의 체계적 회의의 방법이 아니라 몽테뉴의 회의주의적 논증들이 아니었을까 하는 의심에 도달하게"[7] 되는 것이다. 몽테뉴에 의해 촉발된 고대 피론주의 논변의 부흥은 곧 그것이 근대 철학의 태동이나 형성과 불가분의 관계를 맺고 있다는 것을 시사한다. 데카르트로부터 칸트와 헤겔에 이르는 근대 철학의 전개는 철학적 회의주의로서의 피론주의의 도전에 응전하거나 혹은 어쩔 수 없이 피론주의와 공존을 모색하려는 시도로 간주될 수 있다.[8] 그런가 하면 몽테뉴로부터 샤롱을 거쳐 파스칼(Blaise Pascal, 1623-1662)과 벨(Pierre Bayle, 1647-1706)로 이어지는 신

---

5) 같은 책, pp.26, 43-63 참조.

6) C. B. Schmitt, "The Rediscovery of Ancient Skepticism in Modern Times," p.242.

7) 스티븐 E. 툴민, 『코스모폴리스: 근대의 숨은 이야깃거리들』, 이종흡 옮김(마산: 경남대학교 출판부, 2008), pp.6-7.

8) Richard H. Popkin, "Scepticism and Modernity," in *The Rise of Modern Philosophy: The Tension between the New and Traditional Philosophies from Machiavelli to Leibniz*, ed. by Tom Sorell(Oxford: Clarendon Press, 1993), p.15 참조. 포프킨은 칸트까지만 언급하고 있으나 헤겔 철학 역시 피론주의의 지양과 불가분의 관계를 맺고 있다.

앙주의자들은 믿음을 변호하기 위해 피론주의자들이 구사한 철학적 의심의 기술을 적극적으로 사용하였다. 이렇듯 철학적 지식의 정립 가능성뿐만 아니라 신앙의 성립 가능성의 물음과 관련해서도 근대 철학은 피론주의와 동전의 양면을 이루고 있다. 이런 측면에서 고대 피론주의야말로 근대 철학의 전개에 있어 '의심'의 드라마를 이끌고 나간 주역이라고 말할 수 있다. 16세기부터 19세기에 이르는 동안 근대 철학의 고유한 문제틀의 형성과 해결 방식은 피론주의와의 투쟁의 유산이며, 그런 투쟁 속에서 피론주의를 인정하게 되는 과정의 소산이다. 포프킨은 "고대 회의주의가 부활하고 그것이 근대 시대의 지적이며 종교적인 문제들에 적용된 것이야말로 근대 철학의 발흥에 결정적인 것이었다."[9]고 규정하고 있다.

일단 피론주의라는 판도라의 상자가 열리자 근대 철학은 그것의 영향권 밖에 더 이상 있을 수 없었다. 근대 철학은 어떤 식으로든 고대 피론주의자들이 제기한, 특히 인식론과 관련한 문제들을 처리해야 하였다. 피론주의에 우호적이든 적대적이든 간에 근대 철학의 화두 가운데 하나는 "피론주의와 어떤 관계를 설정할 것인가?" 하는 것이었다. 피론주의의 도전에 대한 응답과 태도가 바로 그 철학의 정체성을 드러내주는 지표가 되었다. 근대 철학의 전개는 포프킨의 표현을 빌리자면 피론주의로 가는 신작로(新作路)였던 셈이다.[10] 피론주의를 극복하려고 하면 할수록 근대 철학자들은 고대 회의주의가 지니고 있는 위력을 더욱 실감하지 않으면 안 되었고, 그것의 인력(引力) 안으로 점점 빨려들어갔다.

섹스투스 엠피리쿠스의 저작의 재발견과 부활이 근대 철학의 진화에 주요한 동인이었다면 몽테뉴의 『수상록』은 이런 진전에 기폭제 역할을 했다. 「레이몽 스봉의 변호」는 피론주의 논변의 진가(眞價)를 동시대인들이 자각하게 만들었던 것이다. 그렇지만 그에 못지않게 중요한 역할은 피할 수 없는 문젯거리로서 등장한 '피론주의와의 관계 설정'에서 「레이몽 스봉의 변호」가 하

---

9) 같은 글, p.32.
10) Richard H. Popkin, *The High Road to Pyrrhonism*, ed. by Richard A. Watson and James E. Force(Indianapolis/Cambridge: Hackett Publishing Company, 1993), pp.11-37 참조.

나의 주요한 이정표를 제시하고 있다는 데에 있다. 그것이 바로 회의를 통해 믿음에 다다르는 신앙주의이다. 여기서 신앙주의란 인간이란 합리적 수단에 의해서는 어떤 지식도 획득할 수 없으며, 그래도 (혹은 그래서) 인간이 무엇인가 실재에 관한 지식을, 즉 진리를 소유한다면 그것은 오로지 신앙에 기초할 때만이 가능하다는 입장이다.[11] 기본적으로 신앙주의자들은 종교적 믿음이 합리적 논의에 의해 정당화될 수 없다는 데에 신앙의 본질이 놓여 있다고 여긴다. 아울러 그들은 신앙의 진리를 제외할 경우 철학적 의심이 관철될 수 없는 지식이란 어디에도 존재하지 않는다는 것을 적극적으로 용인한다. 그들에 의하면, 신앙을 향한 전환은 먼저 우리 인간이 사태의 본성과 관련하여 얼마나 무지(無知)한가를 뼈저리게 인지하는 데서 출발하기 때문이다. 신앙주의는, 좀 더 정확하게 말해서 회의적 신앙주의는 신앙주의의 '믿음'을 주된 관심사로 삼는 가운데 철학적 회의주의의 '의심'과 결합한다.[12] 신앙주의자들은 일견 믿음과 양립할 수 없는 것으로 보이는 회의적 논변들을 이용하여 오히려 믿음을 변호한다는 점에서 피론주의자와, 특히 섹스투스 엠피리쿠스와 깊은 유대를 맺고 있다.

물론 이런 신앙주의의 전통이 몽테뉴로부터 처음 시작된 것은 아니다. "신앙주의는, 즉 믿음만이 진리를 향한 길을 제공하며 철학적 행위란 아무 소용이 없다는 입장은 르네상스 회의주의자들 사이에서는 상당히 통상적인 태도였다."[13] 17-19세기와는 달리 15-16세기에 등장한 피론주의는 애초에 반종교적인 색채를 띠지 않았다. 따라서 철학적 의심을 반종교적인 태도와 직선적으로 연결하는 것은 철학사적 사실을 무시한 억측에 불과하다. 피론주의가 신앙주의와 맺고 있는 긴밀한 관계는 이전의 철학사에서도 확인할 수 있다.

---

11) "신앙주의란 무엇을 의미하는가?"에 관해서는 특히 Richard H. Popkin, *The History of Scepticism from Savonarola to Bayle*, pp.xxi-xxii 참조. 신앙주의에도 여러 버전이 있을 수 있다. 그렇지만 신앙주의의 공통된 핵심은 인간의 능력에 의해서가 아니라 궁극적으로 신앙을 통해서 몇몇 기초적인 진리를 확보하려는 데에 있다.

12) Terence Penelhum, "Skepticism and Fideism," in *The Skeptical Tradition*, ed. by M. Burnyeat(Berkeley/Los Angeles: University of California Press, 1983), pp.287-8 참조.

13) C. B. Schmitt, "The Rediscovery of Ancient Skepticism in Modern Times," p.229.

고대 헬레니즘의 시대는 피론주의를 거쳐 기독교 세계로 이행해갔는데, 사물의 본성에 관해 무엇이라 단정할 수 없음을 보여주는 피론주의의 논변을 통해 이제 인식에 기대서는 인간이 결코 행복해질 수 없다는 점이 밝혀지면서 기독교 신앙의 교설을 위한 여지가 생겨나게 되었던 것이다.[14] 신앙주의와 피론주의가 이렇게 역사적으로 긴밀히 결부되어온 것은 우연이라고 보기 어렵다. 그 이유는 절대자를 향한 믿음이란 결국 유한한 인간 능력의 허약함에 대한 통절한 자각의 필요성과 맞물려 있기 때문일 것이다.

이런 유서 깊은 신앙주의의 전통에 서 있었지만, 몽테뉴는 피론주의의 논변을 통해, 말하자면 철저한 철학적 의심의 기술(技術)을 통해 신앙으로 나아가는 철학적 근거를 주제화한 점에서 특히 두드러졌다. 단순히 반지성적인 태도를 취하거나 철학적 의견들의 가변성이나 상이성을 지적하는 데 그치지 않고, 몽테뉴는 고대 피론주의자들을 좇아 "왜 우리가 사물의 본성을 원리적으로 알 수 없는가?"를 제시함으로써 우리가 도저히 피론주의의 의심을 돌파할 수 없음을 정면으로 보여주었던 것이다. 「레이몽 스봉의 변호」에서 "나는 무엇을 아는가(Que sais Je)?"에 대한 몽테뉴의 답변은 "[변하는 인간은 변하는 사물들을 알 수 없다.]"[15]는 것이었다. 무엇보다 "몽테뉴가 혐오했던 것은 알 수 없는 것을 안다는 주장이었다."[16] 그가 볼 때, 독단주의자가 되지 않으려면 우리는 어떤 사물에 관해서도 알 수 있다고 주장해서는 안 된다.

---

14) Sextus Empiricus, *Grundriß der pyrrhonischen Skepsis*, p.9 참조. 이런 점에서 고대 피론주의는 고대에서 중세로 넘어가는 이론적 지평을 열어주었다.

15) Michel de Montaigne, *Essays*, p.455. 국내 번역은 다음 책을 참조했음. 미셸 드 몽테뉴, 『몽테뉴 인생 에세이』, 손우성 옮김(서울: 동서문화사, 2005).

16) Kenneth R. Stunkel, "Montaigne, Bayle, and Hume: Historical Dynamics of Skepticism," in *European Legacy* 3(4)(1998), p.55. 스툰켈은 몽테뉴, 벨, 흄의 철학을 비교하면서 회의주의를 이용하는 양상은 각각의 철학자가 처했던 역사적 상황이나 목표, 방법에 따라 다르다는 점을 강조한다. 개별적인 역사적 조건이나 의도에 따라 회의주의가 달리 원용되고 있기 때문에, 그에 의하면 회의주의란 이성과 지식의 한계에 대한 철학적 교설이 아니라 "삶을 억누르는 실질적인 압박과 갈등에 대처하려는 유연한 전략"(p.44)으로 간주되어야 한다. 그러나 내가 보기에, 회의주의와 관계를 맺는 각 철학자의 특수한 사정에 대한 강조가 곧 피론주의 논변의 보편성을 부인하는 데로까지 확대되어서는 곤란하다. 근대의 철학자들이 피론주의자들이 고안해낸 추상적인 회의적 논변 형식에 의존하고 있다는 점은 부인

몽테뉴의 신앙주의는 이렇게 철학적인 회의적 논변과 연계됨으로써 매우 중요한 시사점을 던져주고 있는 것처럼 보인다. 그것은 근대의 "소위 '이성의 시대'에 어떻게 얼핏 이성과는 대립하는 '신앙의 시대'가 버젓이 병존하고 각축을 벌일 수 있었는가?"의 문제가 피론주의를 통하지 않고서는 온전히 해명될 수 없다는 것이다. 그의 신앙주의는 회의를 일방적으로 배척하지 않고 그것을 품안에 맞아들였다. 만약 신앙주의가 철학적 의심을 무조건 배타시하는 태도를 취했더라면, 그것은 십중팔구 자기가 조롱한 바로 그 철학적 의심에 의해 조롱거리로 전락했을 것이다. 그러나 몽테뉴의 신앙주의는 의심의 공격에 맞설 수 있는 신앙의 성채를 바로 의심을 통해 구축했던 것이다. "몽테뉴의 회의주의는 회의주의를 초월해 있는 신앙으로 통합되었다."[17] 근대 철학자들이 인식에 있어서 아르키메데스의 점을 찾으려 했다는 것은 잘 알려진 사실이다. 이런 시도는 더 이상 부정할 수 없는 확실한 지식을 확립함으로써 피론주의를 물리치려는 근대의 지배적인 경향을 가리킨다. 그러나 피론주의에 대한 극복의 맥락에서만 근대 철학사를 바라볼 경우 그것은 일면적인 성과만을 낳을 뿐이다. 이에 못지않게 피론주의를 옹호하고 그것에 의지하려는 철학적 흐름도 도도했기 때문이다. 근대 철학은 한편으로는 피론주의를 논박하려고 하는가 하면, 다른 한편으로는 신앙의 여지를 마련하기 위해 피론주의를 옹호하려는 팽팽한 경쟁과 긴장의 이중주 속에서 전개되었다. 몽테뉴의 「레이몽 스봉의 변호」는 (이전의 신앙주의와는 달리) 피론주의를 반박하려는 시도가 관심의 초점이 되었던 "17세기 이후에도 어떻게 신앙주의가 근대 철학의 한 축을 담당할 수 있었는가?"에 대한 전형적인 단서를 제공하고 있다.

할 수 없는 사실이기 때문이다. 각각의 철학자가 처한 개별적인 경험적 조건과, 이론의 보편적인 형식성은 구별되어야 한다.

17) Ann Hartle, "Montaigne and skepticism," in *The Cambridge Companion to Montaigne*, ed. by Ullrich Langer(New York: Cambridge University Press, 2005), p.204.

2. 고대 피론주의자의 신관(神觀)

고대 피론주의를 어떻게 몽테뉴가 신앙주의로 전용했는가를 고구하기 위해서 우리는 먼저 고대 피론주의자들의 신관을 살펴보아야 한다. 그리고 이들의 신관을 이해하기 위해서는 그들의 이론의 핵심적인 구성 요소들을 간략하게나마 상기해볼 필요가 있다.

『피론주의의 개요』의 첫머리에서 섹스투스 엠피리쿠스는 "어떤 부류의 철학자가 진정한 회의주의자인가, 즉 피론주의자인가?"를 밝힌 바 있다.[18] 그에 의하면 피론주의자란 "진리를 발견하였다."고 주장하는 독단주의자도 아니며, "진리란 파악할 수 없다."고 단정하는 신아카데미학파의 철학자도 아니다. "진리란 파악할 수 없다."고 단정짓는 철학자는 비록 부정적 형식을 취하기는 하지만 진리를 내세운다는 점에서 또 다른 형태의 독단주의자일 뿐이다. 진리의 파악 불가능성을 주장하는 철학자는 부정적 독단주의자이고, 독단주의자와 쌍생아이다. 피론주의자가 공격의 목표로 삼는 대상은 모든 종류의 독단주의자라고 볼 때, 부정적 독단주의자 역시 피론주의자가 정조준하고 있는 반대 진영에 속해 있는 인물이다.

여기에서 볼 수 있듯이, 독단주의자와 피론주의자를 구분짓는 지점은, 독단주의자는 진리에 관한 단정적인 판단을 내리는 데 반해, 피론주의자는 불분명한 탐구 대상에 관해서 독단주의자처럼 성급하게 판단을 내리지 않는다는 데 있다. "회의주의자들은 탐구 중인 어떠한 불분명한 사태에 관해서도 긍정하거나 부정하기를 삼간다."[19] 피론주의자는 불분명한 사태와 관련하여 긍정과 부정을 포함하여 어떤 성급한 판단도 유보한다. 그는 사태의 진정한 본성과 관련해서 아직은 무엇이라 판단해서는 안 되며, 그렇기에 진상 파악을 위해 앞으로 계속해서 탐구를 수행해나가자고 권면하는 철학자이다. 신의 존재 문제와 관련해서도 피론주의자는 판단을 보류한다. 그는 신의 존재를 주장하는 유신론자나 신의 비존재를 내세우는 무신론자와 자신을 구별짓는다.

---

18) Sextus Empiricus, *PH* 1.1–4 참조.
19) *PH* 1.201.

신의 존재와 관련하여 탐구를 하는 사람들 중에 어떤 이들은 신이 존재한다고 말하고, 또 어떤 이들은 신이 존재하지 않는다고 말하며, 어떤 이들은 신이 존재하는 것만큼 신이 존재하지 않는다고 말한다. 신이 존재한다는 것은 대부분의 독단주의자들이 취하는 견해이며 평범한 사람들이 갖는 일반적인 선입관이다. 신이 존재하는 않는다는 것은 '무신론자'라고 지칭되는 사람들의 견해이다.[20]

섹스투스 엠피리쿠스는 신의 존재 유무와 관련한 불분명한 사태에 직면해서 '신이 있다.'거나 '신이 없다.'고 때 이른 결정을 내리고 그럼으로써 탐구를 종결하는 유신론자와 무신론자 모두를 독단주의자로 간주하고 있다.[21] 피론주의자는 유신론자도 아니고 무신론자도 아니다. 그는 유신론자에 대해서는 동등한 권리를 갖고 그와 맞서는 무신론자의 견해를 제시한다. 또 무신론자에 대해서는 동등한 권리를 갖고 그와 대립하는 유신론자의 견해를 보여준다. 피론주의자는 "왜 독단주의자의 의견이 독단적인가?"를 상호 대치하는 독단주의자의 의견을 동원함으로써 폭로한다. 그는 독단주의자의 주장이 그가 자신하고 있는 것처럼 진리가 아니라 단순히 일면적인 의견에 머무를 뿐이라는 것을 그것과 대립하고 있는 다른 독단주의자의 입을 빌려 드러나도록 만드는 것이다. 이렇게 피론주의자는 독단주의자들에 기생하여 독단주의자를 물리친다. 서로 동등한 비중을 갖는 독단적 주장을 맞서 세움으로써 그것들을 물리치는 이 등치야말로 섹스투스 엠피리쿠스가 그렇게 강조해서 피론주의의 기본 원칙이라고 천명했던 것이다. 이 원칙은 신과 관련해서도 충실하게 적용된다. "그리고 회의주의자들은 서로 대립되는 논증을 등치시킴으로써 신이 존재하는 것만큼이나 존재하지 않는다고 선언하였다."[22]

이처럼 피론주의자는 대립하는 철학적 견해들, 즉 유신론과 무신론 간의 우열을 가릴 수 없게끔 갈등하도록 만듦으로써 판단보류를 이끌어낸다. 예컨대 신이 존재한다고 주장하는 사람은 섹스투스 엠피리쿠스에 의해 곧바로 다음과 같은 반론에 부닥치게 된다. 만약 전지전능한 신이 존재한다고 주장한

20) Sextus Empiricus, *M* 9.50-1.
21) *M* 9.191 참조.
22) *M* 9.59.

다면 그는 악의 원인도 신이라고 선언하는 셈일 것이다. 그렇다고 해서 신이 전지전능하지 못하다고 주장한다면 그는 신이 결함이 있거나 악의가 있다는 점을 인정해야 할 것이다. 그래서 어떤 경우가 되었든 "우리는 신이 존재한다고 긍정적으로 확언하는 사람들은 신에게 불경죄를 저지르지 않을 수 없을 것이라고 결론짓는다."[23)

여기서 섹스투스 엠피리쿠스는 무신론자의 입장을 취하는 것처럼 보인다. 그렇다고 해서 그를 무신론자로 규정해서는 안 된다. 대개 평범한 일반인이나 독단주의자들이 신의 존재를 주장하는 경향이 다분하기 때문에, 그는 이런 주장의 일면성을 노출하기 위해 대개 무신론자의 입장을 임시적으로 택하고 있을 뿐이다. 만약 어떤 독단주의자가 신은 존재하지 않는다는 주장을 펼쳤다면, 그는 신이 존재한다고 주장하는 입장을 취했을 것이다. 신이 존재한다는 주장을 공격한다고 해서 피론주의자가 신이 존재하지 않는다는 것을 주장하는 것이 아니며, 또한 신이 존재하지 않는다는 주장을 반박한다고 해서 그가 신이 존재한다는 것을 주장하는 것도 아니다. 피론주의자는 독단주의자와 반대편에 서기 위해 그와 대립하는 또 다른 독단주의자의 입장을 차용할 뿐이다. 할리는 신의 존재 문제와 관련하여 피론주의자의 전략적 핵심을 다음과 같이 정리하고 있다. "우리가 전체 문제에 판단을 유보할 수 있도록 섹스투스는 반대 주장을 펼치며 그것을 변호한다. 그는 여기서 독단적인 주장을 하는 것이 아니다. 그는 동등한 위력을 갖는 갈등하는 논변들을 전개하고 있는 것이다."[24) 피론주의자는 서로 비정합적이며 양립 불가능한 신에 관한 이설들을 열거하는 데서 뿐만 아니라 신에 관한 일종의 존재론적 증명과 우주론적 증명을 논박하는 데서도 이런 전략을 일관되게 적용하고 있다.[25)

23) Sextus Empiricus, *PH* 3.12.

24) Sextus Empiricus, *Sextus Empiricus: selections from the major writings on scepticism, Man, & God*, ed. by Philip P. Hallie, trans. by Sanford G. Etheridge (Indianapolis: Hackett Publishing Company, 1985), p.184.

25) 신에 관한 다양한 의견들에 관해서는 특히 Sextus Empiricus, *M* 9.13-48 참조. 신에 관한 존재론적 증명에 대한 논박으로 볼 수 있는 논변에 관해서는 *M* 9.133-6 참조. 우주론적 증명을 반박하는 논변에 관해서는 Sextus Empiricus, *PH* 3.6-9 참조.

그런데 유신론과 무신론을 비롯해서 우리가 이론적으로 모든 철학적 견해를 물리칠 수 있다고 해서 어떤 결정도 내리지 않으면서 살 수는 없지 않은가? 이런 실제 삶과 관련된 종류의 물음이 바로 스토아학파의 철학자들이 회의주의자들에게 제기한 '행위 불가능성(apraxia)'의 논제였다. 몽테뉴는 이 난제를 다음과 같이 표현하고 있다. "동등한 두 가지 욕망 사이에서 정확하게 균형을 유지하고 있는 정신을 상상해보는 것은 재미있는 일이다. (…) 우리가 먹고 싶은 생각과 마시고 싶은 생각의 정도가 동등한 경우, 술병과 햄 사이에 우리를 데려다놓으면 정녕 굶주림과 목마름으로 인해 죽어가는 것 이외에 다른 해결책이란 없을 것이다."[26] 완전한 판단유보가 수행되면 인간의 삶은 불가능할 것이다.

피론주의자들 역시 그렇게 생각하였다. 그래서 그들은 다음과 같이 삶의 규준을 마련하였다. "따라서 우리는 현상들에 주목하면서 일상적인 삶의 규칙들에 의거하여 어떤 독단적 믿음도 견지하지 않은 채 살아간다. 왜냐하면 우리가 전혀 행동하지 않은 채로 있을 수는 없기 때문이다. 이런 일상적인 삶의 규준은 다음의 네 가지 부분으로 구성되는 것처럼 보인다. 그중 하나가 자연의 인도이고, 다른 하나는 느낌의 필연적 요구이며, 또 다른 하나는 법률과 관습의 전통이고, 마지막은 여러 전문기술의 교육이다."[27] 삶이란 어떤 것을 바라고 어떤 것을 피하는 과정이다. 판단과 선택이 필수적이다. 그러나 이런 행위의 선택 기준을 채택했다고 해서 피론주의자가 그것을 진리로 믿고 있는 것은 아니다. 만약 그렇다면 피론주의자는 더 이상 회의주의자가 아니게 될 것이다. 그는 삶의 영위와 관련해서도 여전히 판단을 유보하고 있다. 그는 삶을 지속하기 위해 그냥 현상을 수동적으로 받아들이고 따를 뿐이다. 이런 점에서 그는 '비독단적인'[28] 삶을 사는 것이다.

---

26) Michel de Montaigne, *Essays*, p.462.
27) Sextus Empiricus, *PH* 1.21-3.
28) 할리에 따르면 회의주의자는 '비독단적'을 다음 세 가지 의미로 사용한다. ① 어떤 것을 만인에게 절대적인 진리로 주장하지 않으며, ② 어떤 것을 진리라고 열정적으로 긍정하지 않으며, ③ 그와 반대되는 믿음을 열정적으로 부정하지 않는다. Sextus Empiricus, *Sextus Empiricus: selections from the major writings on scepticism, Man, & God*, p.175 참조.

그리고 피론주의자가 제안한 비독단적인 삶의 가능성의 하나는 자기가 속한 공동체의 관습의 전통을 따르는 데서 성립한다. 피론주의자는 그 스스로 그의 행위를 결정하는 능동적인 주체로서 역할을 하지 않는다. 오히려 그가 나고 자라난 공동체의 관습이나 전통이 그의 행위를 강제하는 지평으로 작용한다. 피론주의자는 전통의 바깥으로 발을 내디딜 수 없다. 전통은 그 자체 존재론적 지위를 지닌다. 그래서 피론주의자들은 신을 믿는 것이다. 그들이 신을 믿는 이유는 신의 존재를 이론적으로 증명했기 때문이 아니라, 대개 그 당시 피론주의자들이 속한 공동체에서는 신의 존재를 믿는 것이 전통이었기 때문이다. 섹스투스 엠피리쿠스의 다음 언급이 피론주의자들의 신관을 극명하게 보여주고 있다.

> 회의주의자는 신들이 존재한다고 선언하고, 신들을 숭배하고 경의를 표하기 위해 도움이 되는 모든 것을 행한다. 그러나 철학적 탐구와 관련되는 한에서 그는 성급하게 처신하지 않는다.[29]

결론적으로 말해서 피론주의자들은 무신론자가 아니다. 그는 당시의 일반인과 독단주의자처럼 유신론자이다. 이론적으로 철저한 철학적 의심을 행한 후에 그가 취한 유신론의 입장은 얼핏 보면 독단주의자들과 다를 것이 없어 보인다. 그러나 그가 신의 존재를 믿는 이유는 그것이 인식론적으로 증명되었기 때문이 아니다. 그는 신의 존재에 관한 이론적 탐구와 관련해서는 여전히 판단을 유보한다. 그가 신을 받아들이는 이유는 단순히 신의 존재를 믿는 관습의 전통 속에서 그가 양육되고 생활해왔기 때문이다.

3. 피론주의자로서의 몽테뉴의 신관

몽테뉴의 『수상록』은 제목이 말해주듯이 엄밀하게 체계적인 글이 아니다. 『수상록』에서 몽테뉴는 스토아학파와 피론주의 그리고 에피쿠로스학파의 철

---

29) Sextus Empiricus, *M* 9.49.

학들을 섭렵하고 있으며, 이야기를 해나가는 중에 필요하다면 이 세 철학 사조를 자유롭게 끌어들인다. 그래서 『수상록』은 크고 작고 간에 전후 모순되고 이율배반적인 말을 많이 담고 있다.[30] 『수상록』이 서로 비정합적이며 대립적인 내용을 갖고 있다는 것은 스토아학파와 피론주의 그리고 에피쿠로스학파가 헬레니즘 시대부터 상호 경쟁하는 이론들이었다는 점을 감안하면 쉽게 이해될 수 있다.

『수상록』 가운데 특히 피론주의와 신앙주의를 주제화하고 있는 곳이 「레이몽 스봉의 변호」이다. 몽테뉴는 그의 부친의 부탁으로 스페인 태생으로 직업이 의사인 것밖에 모르는 레이몽 스봉의 『자연신학』을 프랑스어로 번역하였다. 그런데 이 책을 읽은 독자들이 그 내용에 대해 비판을 해와서 몽테뉴는 레이몽 스봉을 변호할 필요를 느끼게 되었다. 레이몽 스봉의 변호를 계기로 몽테뉴가 여기서 집중적으로 다루고 있는 물음은 "나는 무엇을 아는가(Que sais Je)?"였다. 벌써 이런 물음 설정이 이미 몽테뉴와 피론주의자와의 불가피한 만남을 예고하고 있다.

레이몽 스봉의 『자연신학』에 대한 독자들의 비판은 두 가지로 요약된다. 먼저 신앙심은 신에 대한 특수한 영감에 의해 품어지는 것인데, 레이몽 스봉은 신앙을 너무 인간의 이성에 의거해서 세우고 있다는 것이다. 이런 제1반론에 대해 몽테뉴는 인간적인 도구인 이성을 신앙에 적용하는 일은 금기시되어야 할 것이 아니라 오히려 "우리가 이 인간적인 도구에 바랄 수 있는 가장 영광스러운 사용"[31]이라고 답변하고 있다. 그러면서 몽테뉴는 다음과 같은 유보조항을 달고 있다. "우리는 … 신앙을 우리 안에 있는 모든 이성과 함께해야 한다. 그렇다고 해서 신앙이 우리에게 의존하고 있다고 생각해서는 안 되며, 우리의 노력과 논증은 그렇게도 초자연적이며 신적인 지식에 도달할 수 없다는 유보 조항을 항상 달고 있어야 한다."[32] 몽테뉴는 이성의 역할을 인

---

30) 손우경, 「Montaigne의 思想과 그 源泉」, 『한국 프랑스학 논집』, 제4집(한국프랑스학회, 1979), p.19 참조. 손우경은 그렇지만 이런 극에서 극에 걸친 『수상록』의 넓이가 오히려 이 책의 매력이라고 말하고 있다.

31) Michel de Montaigne, *Essays*, p.321.

32) 같은 곳.

정하고 있지만 어디까지나 신앙을 보조하는 데 그쳐야 한다고 보고 있다. 이성은 신앙 내에서만 가치를 지닐 수 있다. 왜 이성은 이런 유보 조항을 달고 있어야 하는가? 그 이유는 몽테뉴가 레이몽 스봉에 대한 제2반론에 답변하는 가운데 자연스럽게 드러난다.

레이몽 스봉에 대한 제2반론은 레이몽 스봉이 제안하는 바를 입증하기에는 그의 논증들이 너무 빈약하고 부적당하다는 것이다. 제1반론이 유신론자가 제기한 것이라면, 제2반론은 무신론자들이 내놓은 것이라고 볼 수 있다. 몽테뉴는 이에 대해 레이몽 스봉을 포함하여 그 누구도 이성을 수단으로 해서는 진리에 도달할 수 없다고 답한다. "이성은 너무나 불완전하고 맹목적이어서"[33] 이성에 기초한 진리 주장은 허약할 수밖에 없다. 레이몽 스봉의 논증이 빈약하고 부적당한 이유는 그의 능력 부족이 아니라 이성 일반의 무력함에 기인한다는 것이다. 몽테뉴는 레이몽 스봉의 논증을 공박하는 이들에게 인간의 이성 자체가 얼마나 무기력하며 나아가 오류를 저지를 수 있는가를 보여주려 한다. 레이몽 스봉을 비판하는 자들 역시 그들이 무엇인가를 입증하려 할 경우에 레이몽 스봉의 것보다 더 빈약하고 부적당한 논증을 펼 수밖에 없을 것이다. "인간이 어리석고 덧없으며 아무것도 아니라는 것을 그들에게 느끼게 하기 위해"[34] 몽테뉴가 택한 방법은 바로 피론주의자를 끌어들이는 것이었다.

피론주의자들의 효과는 순수하고 완전하면서도 매우 완벽한 판단의 유보이며 정지이다. 그들이 이성을 사용하는 것은 탐구하고 논박하기 위해서이지 결론을 짓고 선택하기 위해서가 아니다. 어떤 경우에도 끊임없이 무지를 고백하는 것을 마음속에 그리는 자가 있다면 … 그는 피론주의의 개념을 지니고 있는 것이다. 나는 할 수 있는 한 이런 관점을 표현하고자 한다.[35]

---

33) *Essays*, p.328.
34) *Essays*, p.327.
35) *Essays*, p.374.

몽테뉴가 피론주의의 관점을 표현하고자 할 때 그는 "피론주의자란 누구인가?"를 정확하게 간파하고 있다. 몽테뉴의 다음 글은 섹스투스 엠피리쿠스를 그대로 옮겨 적은 듯하다. "무엇인가를 추구하는 사람이라면 누구나 이런 지점에 다다른다. 그것을 찾아냈다고 말하거나, 그것은 찾을 수 없다고 말하거나, 혹은 그는 여전히 그것을 탐구하고 있는 중이라고 말한다. 모든 철학은 이 세 가지 유형으로 나누어진다."[36] 몽테뉴는 이렇게 철학을 독단주의와 신아카데미학파 그리고 피론주의의 세 유형으로 나누면서, 자신이 표현하고자 하는 것은 신아카데미학파라기보다는 피론주의라고 밝히고 있다. 그는 "아카데미학파의 철학자들보다는 피론주의자의 입장이 더 과감하며 동시에 더욱 그럴듯하다."[37]고 보았다. 신아카데미학파의 회의적 논변도 과감하며 그럴듯하지만,[38] 피론주의자의 입장이 더욱 그렇다고 평가하고 있는 면만 보더라도 그는 확실히 피론주의에 경도되어 있었다.

"인간이 어리석고 덧없으며 아무것도 아니라는" 근본적인 인간의 한계를 보여주기 위해 몽테뉴는 섹스투스 엠피리쿠스의 여러 논변들을 빌려온다. 그 중에서도 특히 아이네시데모스와 아그리파가 고안해낸 것으로 알려진 논변 형식들을, 비록 출처는 밝히고 있지 않지만, 몽테뉴는 필요에 따라 반복하고 때로는 변주하기도 한다. 섹스투스 엠피리쿠스가 체계적으로 정리해놓은 회의적 논변의 씨를 몽테뉴는 체계에 구애받지 않고 마음껏 흩뿌리고 있는 것이다.

몽테뉴가 이 두 피론주의자의 논변 형식들을, 즉 트로펜(tropen)을 차용한 것은 우연한 일로 볼 수 없다. 아나스와 반즈의 평가가 이를 명확히 보여준다. 아나스는 섹스투스 엠피리쿠스의 텍스트 가운데 아이네시데모스의 열 가

---

36) *Essays*, p.371.

37) *Essays*, p.422.

38) 「레이몽 스봉의 변호」에서 나타난 회의주의를 형성하는 데는 키케로와 신아카데미학파가 중요한 역할을 담당했다고 보는 견해와 관련해서는 Elaine Limbrick, "Was Montaigne Really a Pyrrhonian?," in *Bibliotheque d' humanisme et Renaissance* 39(1977), pp.67~80 참조. 신아카데미학파가 몽테뉴 사상에 일정 정도 영향을 미친 것이 사실이며, 그렇기 때문에 "몽테뉴를 피론적 회의주의의 엄격한 한계 내에 한정하는 것은 잘못일 것이다."(p.68)

지 트로펜을 소개한 부분이 "서양 철학사에서 가장 영향력 있는 쪽들로 간주되어야 한다."[39]고 그 중요성을 강조한 바 있다. 반즈는 아그리파의 다섯 가지 트로펜이 "서양 철학의 전통의 심장에 놓여 있어서 … 이 논변과 똑같은 형식과 구조가 이후의 회의적 탐구의 역사에 유례없는 영향을 끼쳐왔다."[40]고 언급할 정도로 그것의 철학적 진가(眞價)를 확신하고 있다. 심지어 섹스투스 엠피리쿠스 자신도 아그리파의 트로펜을 탐구 대상에 그대로 적용하고 있으며, 이런 반복적 적용이 그의 저작의 대부분을 채우고 있다. 이런 심대한 영향력은 이 논변 형식들이 매우 체계적이고 보편적인 성격을 지니고 있다는 데에 기인한다. 몽테뉴에서도 확인할 수 있듯이, 촘촘하게 짜인 추상적 형식성으로 인해 아그리파의 트로펜은 시공을 초월하여 광범위한 적용 가능성을 획득할 수 있었던 것이다. 아이네시데모스와 아그리파 이후 철학자들이 진정으로 새로운 회의적 논변을 구성할 수 있는 가능성은 이 두 피론주의자에 의해 크게 축소되거나 소멸되었다고 해도 과언이 아니다.

먼저 인간의 감각에 기초한 지식을 비판할 때 몽테뉴는 사실상 아이네시데모스의 열 가지 트로펜을 그대로 원용하고 있다. 아이네시데모스의 제1트로푸스는 동물들 간의 몸의 구조의 차이에 기반하여 판단유보를 도출해내는 논변 형식이다. 몽테뉴는 이 트로푸스를 다음과 같이 반복한다. "어떤 동물들은 … 노란 눈을 가졌고, 다른 동물들은 충혈이 된 벌건 눈을 가지고 있다는 것을 우리는 본다. 이런 동물들에게 대상의 색깔은 아마도 우리와는 다르게 보일 것이다. 그렇다면 어느 편이 참된 판단인가?"[41] 우리는 대상의 진짜 색깔이 무엇인가에 관해서는 판단을 보류할 수밖에 없을 것이다. 몽테뉴는 인간이 동물보다 더 나을 것이 없으며 심지어 열등하다고 볼 수밖에 없는 흥미롭고 진기한 많은 예들을 들고 있다.[42] 아이네시데모스의 제2트로푸스는 동일한 인간 종이라 하더라도 인간들 간에는 커다란 차이가 있다는 논변 형식

39) Julia Annas & Jonathan Barnes, *The Modes of Scepticism: Ancient Texts and Modern Interpretations*, p.2.
40) Jonathan Barnes, *The Toils of Scepticism*, p.ix.
41) Michel de Montaigne, *Essays*, p.452.
42) *Essays*, pp.330-58 참조.

이다. 몽테뉴는 이 고대 피론주의자의 논변 형식을 그대로 베껴 쓴다. "황달에 걸린 사람은 모든 것을 노랗게 보며 우리보다 더 희미하게 본다. … 의사들이 각막 충혈이라고 부르는 질병에 걸린 사람은 모든 것을 빨간 핏빛으로 본다."[43] 따라서 우리는 우리가 보는 사물들의 진정한 본성에 관해서는 무엇이라 결정할 수 없다. 아이네시데모스의 제3트로푸스는 동일한 인간의 감각이라 하더라도 그 감각들은 서로 차이가 난다는 데에 기초한다. 동일한 사람이라도 "사향 냄새를 맡으면 상쾌하나 맛을 보면 해롭다. 그러니 그것은 유쾌한 것인가 불쾌한 것인가?"[44] 아이네시데모스의 제4트로푸스는 동일한 감각에서조차 판단하는 주체가 처한 상황에 의해 감각의 차이가 발생한다는 데에 의존한다. "지친 사람은 술이 맛이 없다고 탓하며, 건강한 사람은 술이 풍미가 있다고 하며, 목이 마른 사람은 술이 맛있다고 한다. 이제 우리의 상태는 사물을 자기에게 알맞게 조절하고 자기에 따라 변형시키기 때문에 사물이 참으로 무엇인가를 우리는 더 이상 알지 못한다."[45] 판단하는 주체의 상태나 심경 변화는 사물의 본질이 정말로 무엇인가에 관하여 성급하게 독단적인 주장을 하지 못하도록 막는다.

이 밖에도 몽테뉴는 아이네시데모스의 다른 트로펜을 그대로 가지고 와서 동일한 사물들이 얼마나 다르게 감각되는지를 서술한다. 사물의 본성과 관련해서 감각이 믿을 만한 지식을 제공해줄 수 없다는 점을 보이기 위해 몽테뉴가 얼마나 아이네시데모스와 긴밀한 관련을 맺고 있는지는 더 이상 계속해서 열거할 필요가 없을 듯하다. 몽테뉴가 동원하고 있는 다양한 예들은 섹스투스 엠피리쿠스가 아이네시데모스의 열 가지 트로펜을 서술하는 곳에서 거의다 발견할 수 있는 것들이며, 말하자면 피론주의자들의 단골 메뉴이다. 몽테뉴가 도달한 결론은 우리의 감각을 통한 있는 그대로의 사물의 표상은 오감을 가진 인간에게는 허용되지 않는다는 것이다. "어떤 것도 우리의 감각에 의해서 왜곡되고 변형되지 않고서는 우리에게 오지 않기 때문이다."[46] 이렇게

---

43) *Essays*, p.451.
44) *Essays*, p.453.
45) *Essays*, pp.453-4.
46) *Essays*, p.454.

몽테뉴는 아이네시데모스와 함께 사물에 대한 우리의 감각이 상이할 뿐만 아니라 상반되는 것으로까지 나타나는 일상적인 경험에 호소해서 지식의 정립이 불가능하다는 것을 보여준다.

나아가 몽테뉴는 인간의 감각뿐만 아니라 인간의 이성에 의해서도 사물의 본성에 관해서 판단을 유보하지 않을 수 없음을 논증한다. 직접적인 경험의 수준에서 회의적 논변을 전개하기 위해 아이네시데모스를 불러내었다면, 이제 몽테뉴는 추상적이고 개념적인 차원에서 독단주의를 공격하기 위해 아그리파에게 도움을 청한다. 아그리파의 다섯 가지 트로펜은 잡다한 일상적인 경험을 개념적으로 반성하고 있기 때문에 아이네시데모스의 트로펜보다 더 성숙하고 심화된 회의주의 이론이라고 간주할 수 있다. 회의주의를 철학사적으로 면밀히 검토한 헤겔은 아그리파의 트로펜에 대해 다음과 같이 평가한 바 있다. "이 회의주의는 … 범주들에 대한 의식으로서의 논변 형식을 지니고 있으며, 이런 점에서 그것은 높은 의식이다."[47] 추상적인 범주들로 구성되어 있기 때문에 아그리파의 다섯 가지 트로펜은 보편적인 형식과 체계를 지니고 있다. 이것은 곧 그것들이 감각의 상이성에 주목해서 독단주의를 공격하는 것이 아니라, 독단주의 이론 자체가 (그것이 독단주의임으로 인해서) 자체 내에 지닐 수밖에 없는 이론적 한계를 보여줌으로써 독단주의를 물리치려 한다는 것을 가리킨다. 아그리파의 무동을 서고 나서야 몽테뉴는 비로소 독단주의 이론의 일반적인 특질을 조망할 수 있는 자리에 오르게 되었던 것이다.

아그리파의 제1트로푸스는 철학적 의견들의 상이성에 관한 논변 형식이다. 각기 다른 학파에 속한 철학자는 탐구 대상에 대해 상이한 철학적 의견들을 갖고 있고, 또 동일한 학파 내에 속한 철학자들조차 의견의 일치를 보지 못한다. 그래서 판단유보가 뒤따라 나올 수밖에 없다. 철학적 의견들의 상이성은 어떻게 해도 부정할 수 없는 역사적 사실이다. 그런 만큼 독단주의자들이 내세운 주장의 절대성을 무너뜨리고자 피론주의자들은 이 트로푸스를 즐겨 사용하였다. 이와 관련하여 섹스투스 엠피리쿠스는 방대한 역사적 자료들을 모아놓고 있는데, 「레이몽 스봉의 변호」에서의 몽테뉴도 그에 버금간다.

---

47) Georg W. F. Hegel, *VGP Ⅱ*, p.388.

마치 누가 더 많은 실례들을 수집하는가 하고 내기를 건 것처럼 보일 정도이다. 몽테뉴는 영혼의 본성과 장소, 불멸성, 인간들의 최초의 생성에 관하여 서로 불일치하는 철학적 입장들을 길게 소개하고 있다.[48]

철학적 입장들이 이렇게 상이하다면, 입장들의 우열이나 진위를 가릴 수 있는 판단 기준의 문제가 제기될 수밖에 없다. 논쟁에 단정을 내리기 위해서는 어떤 기준이 필요하다. 만약 확실한 기준을 확보할 수만 있다면, 독단주의자는 그에게 꼬리표처럼 붙어 있는 독단의 멍에를 떼어버릴 수 있을 것이고, 마침내 그것에 기초해서 참된 지식을 확립할 수 있을 것이다. 그러나 아그리파가 보기에 이런 기획은 성공할 수가 없다. 독단주의자가 어떤 판단 기준을 마련할 경우 우리는 계속해서 그 판단 기준에 대한 근거를 무한하게 요구할 수 있기 때문이다. 이렇게 "독단주의자의 판단 기준을 기준으로 삼아야 하는 근거는 무엇인가?"를 무한하게 소급해서 물을 수 있다는 것이 아그리파의 제2트로푸스이다. 몽테뉴는 아그리파의 제2트로푸스를 간략하게 다음과 같이 표현하고 있다. "어떠한 이유도 다른 이유 없이는 확립될 수 없다. 그 점에서 우리는 무한하게 뒤로 소급해간다."[49] 무한하게 뒤로 소급해가는 것이 불가능하기 때문에 우리는 판단을 유보할 수밖에 없다.

무한소급의 논변 형식을 벗어나기 위해서 독단주의자는 어떤 중간 지점에서 판단 기준에 대한 논의를 끝마쳐야 한다. 중단에 대한 근거를 제시하면 곧바로 무한소급의 논변 형식에 걸려들고 말기 때문에 독단주의자는 결코 근거를 제시해서는 안 된다. 이 경우 독단주의자는 판단 기준이 자명하기 때문에 더 이상 증명할 필요가 없다고 말할 것이다. 그러나 이것은 문제의 해결책이 아니라 문제의 해결 불가능성을 더욱 명확하게 고백할 뿐이다. 모든 철학자는 자기가 제시한 최종적인 판단 기준이 다 자명하다고 전제할 것이기 때문이다. 그렇게 되면 모든 판단 기준은 그 상이성과 대립성에도 불구하고 똑같은 권위를 부여받게 될 것이다. 판단 기준의 근거를 제시하지 않아도 된다면, 각각의 판단 기준은 독단주의자들에 의해 자의적으로 전제될 것이며, 이런

---

48) Michel de Montaigne, *Essays*, pp.404–18 참조.
49) *Essays*, p.454.

자의성마저 근거를 묻지 않아도 되기 때문에 문제 삼을 수 없게 될 것이다. 근거를 결여함으로써 판단 기준의 정당성을 확보하려는 시도는 결국 독단적인 전제 설정으로 귀결된다. 이것이 아그리파의 제4트로푸스이다. 몽테뉴는 이를 다음과 같이 서술하고 있다. "전제에 기대어 싸움을 거는 사람들에게 우리는 논쟁 중인 동일한 공리와 정반대되는 공리를 전제해야 한다. 왜냐하면 각각의 인간의 전제와 선언은 다른 것과 똑같은 권위를 지니기 때문이다."50) 이렇게 되면 상이한 철학적 의견들은 떳떳하게 존립할 것이다. 그래서 우리는 어떤 의견이 진리인가에 관해 판단을 유보할 수밖에 없다.

철학적 의견의 상이성을 비교할 수 있고 위계질서를 부여할 수 있는 판단 기준의 필요성이 다시 한 번 제기된다. 판단 기준은 증명되어야 한다. 그러나 이 증명은 무한하게 근거를 찾아 소급해서는 안 되기 때문에 유한 개수의 근거를 통해서 이루어져야 한다. 그렇게 하기 위해서는 원리적으로 판단 기준은 몇몇 근거들에 의해 증명되고, 이 근거들은 (그 증명을 위해 바로 이 근거들을 필요로 했던) 저 판단 기준에 의해 증명되지 않으면 안 된다. 이럴 경우 근거와 판단 기준 사이에는 무한히 돌고 도는 악순환이 형성된다. 아그리파의 제5트로푸스는 이러한 악순환의 논변 형식이다. 무한소급의 논변 형식에서와 마찬가지로 여기에서도 어디에서 논의를 그쳐야 될지를 정할 수 없다. 그냥 무한하게 돌고 돌 뿐 "왜 그 판단 기준이 최종적 기준으로 설정될 수 있는가?"는 전혀 해명되고 있지 않다. 몽테뉴는 독단적인 이론이 갖는 악순환을 다음과 같이 서술하고 있다. "우리가 대상들에게서 받는 현상을 판단하기 위해서 우리는 판정을 내릴 수 있는 도구를 필요로 하게 될 것이다. 이 도구를 검증하기 위해서 우리는 증명을 필요로 한다. 이 증명을 검증하기 위해서 [앞선] 도구를 필요로 한다. 거기에서 우리는 순환 속에 있게 된다."51) 순환 속에서는 어느 항이 인식적으로 우월한가를 정할 수 없다. 비록 몽테뉴가 단속적으로 서술하고 있지만, 기실 아그리파의 각각의 논변 형식은 논리적으로 상호 긴밀한 관련을 맺고 있고 이를 바탕으로 정교한 체계를 구성하고 있다.

---

50) *Essays*, p.404.
51) *Essays*, p.454.

이렇게 몽테뉴는 아이네시데모스와 아그리파가 제작한 회의의 그물망을 펼침으로써 독단주의자를 꼼짝할 수 없게끔 옭아 넣는다. 인간이란 감각이나 이성을 매개로 해서 있는 그대로의 사물을 결코 파악할 수 없다. 이리하여 지식의 정립 가능성은 원리적으로 완전히 봉쇄된다. 몽테뉴는 마침내 다음과 같은 결론에 도달한다.

　　[인간은 지식을 가질 수 없다.][52]

　　인간이 사물의 본성과 관련해서 어떤 지식도 가질 수 없다면 신에 관해서도 알지 못하는 것은 당연한 귀결일 것이다. "[변하는 인간은 불변하는 신을 알 수 없다.]"[53] 그런데 몽테뉴의 이런 단정적 선언은 일종의 부정적인 진리 주장에 해당한다. 섹스투스 엠피리쿠스가 견지하려고 했던 피론주의의 이론적인 수미일관성이라는 관점에서 볼 때, 몽테뉴의 이런 결론은 신아카데미학파에 속한 철학자들이 내세운 전형적인 형식이고, 따라서 그것은 피론주의가 아니라 (부정적인) 독단주의에 속하는 것이다.[54] 아이네시데모스와 아그리파는 그들의 트로펜을 통해 판단유보를 이끌어낸 반면, 몽테뉴는 정작 그들의 트로펜을 통해 판단을 내리고 있다. 이런 점에서 몽테뉴는 분명히 피론주의로부터 일탈하였다. 그렇지만 「레이몽 스봉의 변호」에서 몽테뉴가 강조하고 싶었던 요점은 인간은 철저하게 무지하다는 것이다. 그리고 그것을 인정해야 한다는 것이다. 몽테뉴에게 있어 인간이 저지르는 죄 중의 죄는 있는 그대로의 실재를 알 수 있다는 오만과 허영에 있다. "인간의 전염병은 지식에 관한 의견이다."[55] 비록 형식적인 면에서 피론주의에서 벗어났다 하더라도,

---

52) *Essays*, p.420.
53) *Essays*, p.455.
54) 이런 회의주의의 형식에 대한 변질은 근대 회의주의에 나타나는 일반적인 특질이기도 하다. 피론주의와 근대 회의주의의 일반적인 차이점에 관해서는 Benson Mates, *The Skeptic Way: Sextus Empiricus's Outlines of Pyrrhonism*(New York/Oxford: Oxford University Press, 1996), pp.5–6 참조.
55) Michel de Montaigne, *Essays*, p.360.

몽테뉴가 도출한 인간의 완전한 무지는 사물의 본성과 관련해서 실질적으로 피론주의자들의 판단유보와 맞닿아 있다. 그리고 이런 무지를 보여주기 위해 「레이몽 스봉의 변호」에서 전개한 회의적 논변의 내용으로 볼 때, 그는 전형적인 피론주의자였다.

전면적으로 판단을 유보하는 피론주의자들은 그 때문에 삶의 기준을 적극적으로 정초할 수 없었다. 그렇기 때문에 삶을 영위하기 위해서 그들은 관습과 전통에 그대로 순응하였다. 그들이 신의 존재를 믿는 것은 이론적인 증명을 통해서가 아니라 단순히 신의 존재를 믿는 전통의 영향 하에 그들이 있었기 때문이다. 몽테뉴도 신을 믿는다. 그리고 그가 이렇게 신을 믿는 이유 역시 피론주의자의 그것과 똑같다. 이론적으로 신의 존재를 증명했기 때문이 아니라 단순히 가톨릭의 역사와 전통이 살아 숨 쉬는 곳에서 그가 태어나고 양육되었기 때문이다. "우리는 남부 프랑스인이나 독일인이라는 것과 같은 자격으로서 기독교인이다."[56] 몽테뉴의 신앙은, 지금까지 내내 그가 역설하였던바 인간이 신을 안다는 것은 원리적으로 불가능하기 때문에, 인식이 아니라 환경에 전적으로 의존한다. 이런 몽테뉴의 신관은 결국 자신의 역사와 전통의 힘으로부터 벗어날 수 없는 인간 존재의 한계와 맞닿아 있다. 신의 존재 문제와 관련하여 이론적으로 해명할 수 없는 인간의 무능력에 대한 자각은 자기를 둘러싸고 있는 종교적 가르침에 대한 일방적인 수용을 낳게 된다.

또 나는 선택할 능력이 없기 때문에 다른 사람의 선택을 받아들이고 하느님이 나에게 마련하신 자리에 머무른다. 그렇지 않다면 나는 끊임없이 흘러다니는 신세를 면할 수 없을 것이다. 그래서 하느님 은혜로 나는 양심의 동요나 흥분 없이 우리의 세기가 만들어낸 수많은 종파와 분열의 와중에서도 우리 종교의 옛 신앙을 온전히 지켜왔던 것이다.[57]

고대 피론주의자들이 철저하게 보수적인 삶의 양식을 취했던 것은 회의주

---

56) *Essays*, p.325.
57) *Essays*, p.428.

의의 이론적 수미일관성을 유지하려는 결과였다. 몽테뉴 역시 그가 피론주의자인 한에 있어서 동일한 태도를 취한다. 그는 철저하게 그 자신이 속한 공동체의 전통과 종교를 받아들이고 그것에 따르면서 살 것을 권유한다. 피론주의적 보수주의를 채택함으로써 몽테뉴는 당시에 지배적이었던 가톨릭을 효과적으로 변호하였고, 이것은 프랑스에서 종교개혁에 반대하는 이데올로기가 되었다.[58] 「레이몽 스봉의 변호」는 피론주의의 세례를 받아 가톨릭의 변호서가 되었다. 몽테뉴의 피론주의는 가톨릭 피론주의였다.

4. 신앙주의자로서의 몽테뉴의 신관

몽테뉴가 피론주의자인 한에 있어서 그의 믿음은 어떤 열정이나 흥분을 동반할 수 없는 것이다. 신앙에 대한 그의 태도는 주어진 환경에 순응하는 것이며, 무엇을 추구하거나 피하고자 하는 동요로부터의 해방과 연결된다. 이런 측면에서 포프킨은 "몽테뉴가 필경 온순하게 종교적이었다."[59]고 평가하고 있다. '온순하게 종교적'이라는 표현은 동요되지 않은 상태에서, 즉 신의 본성에 대한 그 어떤 종류의 판단을 보류하면서 신을 관습적으로 믿는 것을 뜻한다.

그러나 몽테뉴가 수용하고 있는 이런 종류의 미적지근한 피론주의적 신앙은 다른 한편으로 「레이몽 스봉의 변호」에서 몽테뉴 자신이 보여주고 있는 하느님의 은총과 초월성을 믿는 신앙의 태도와 양립할 수 없는 것처럼 보인다. 피론주의자로서 몽테뉴는 인간의 무지와 무능력을 논증함으로써 주어진 전통에 따라야 한다는 결론에 이르렀다. 그렇지만 몽테뉴는 단순히 판단유보에서 결과할 수 있는 아타락시아를 향유하는 데에 그치지 않고 거룩하고 위대한 하느님이 나약하며 무지한 인간을 이끌어주시길 간구한다. 인간 일반의 무지와 무능력에 대한 인정은 피론주의자인 몽테뉴에게는 관습에의 불가피한 실천적 귀속을 가리키는 것이었지만, 오로지 믿음에 의존하려는 신앙주의

---

58) Richard H. Popkin, *The History of Scepticism from Savonarola to Bayle*, p.51 참조.
59) 같은 책, p.56.

자인 몽테뉴에게는 하느님을 예비하기 위한 준비 작업으로서 이해되고 있다. 신앙주의자에게 피론주의는 초월적인 하느님을 영접하기 위해 우리가 가진 오만과 허영을 비우게 하는 하제(下劑)의 역할을 한다. 이런 견지에서 보면 몽테뉴에게 피론주의는 종착점이 아니라 절대적인 신앙으로 가기 위한 경유지일 뿐이다.

> 인간의 발명 가운데 [이 피론주의만큼] 이렇게 진실에 가깝고 유익한 것은 없다. 그것은 인간의 자연적인 허약함을 인정하는 가운데 인간을 적나라하고 공허한 것으로 제시하여 위에서 내려오는 어떤 외부적인 힘을 받아들이기에 적당한 것으로 만든다. 그것은 인간의 지식을 벗어던지게 하고 신앙의 여지를 마련해주기 위해 인간의 판단을 없애버리는 까닭에, 그만큼 인간 안에 거룩한 지식이 쉽게 머물 수 있도록 한다. (⋯) 인간은 하느님의 손가락이 새길 수 있도록 준비된 백지장이며 이것을 기쁘게 맞아들인다.[60]

신앙주의자로서 몽테뉴는 전통에 자신을 방임하는 것이 아니라 하느님께 자신을 내어드릴 것을 우리에게 촉구한다. 그렇지만 이런 신관은 「레이몽 스봉의 변호」에서 몽테뉴 자신이 전개한 피론주의자의 신관과 어울리지 않는다. 이것들은 서로 맞지 않는 이질적인 것의 혼란스러운 혼합처럼 보인다.[61] 피론주의자이건 신앙주의자이건 간에 몽테뉴가 피론주의를 통해 하느님에게 다가간다는 점에서는 공통적이다. 그렇지만 신앙주의자가 영접하는 하느님은 그냥 그 지역에 퍼져 있는 관습으로서 받아들이는 하느님이 아니다. 오히려 이런 류의 신앙은 신앙주의자가 볼 때 무신앙이나 위선적 신앙에 가까울 것이다. 반면에 피론주의자의 입장에서 보자면, 회의주의자는 신앙주의자들이 말하는 그런 열정을 동반한 신앙으로 귀의해서는 안 된다. 불분명한 탐구 대상에 관해 진리를 확언하는 순간 회의주의자는 회의주의자일 수 없으며 즉각 독단주의자로 퇴락하게 될 것이기 때문이다. 따라서 피론주의자라면 신과 관련해서 결코 진리를 들먹거리지 않을 것이다. 그러나 몽테뉴는 그렇게 하

---

60) Michel de Montaigne, *Essays*, p.375.
61) Terence Penelhum, "Skepticism and Fideism," p.297 참조.

고 있다. "하늘에서 우리에게 오는 것만이 설복의 권리와 권위를 지닌다. 그것만이 진리의 인증(認證)이다. 그것은 우리 눈으로 보지 못하며 우리 자신의 도구에 의해서는 받지 못한다."[62]

「레이몽 스봉의 변호」에서 몽테뉴는 신앙을 통해서만 인간은 참된 지식을 얻을 수 있다고 반복해서 강조한다. 그에 의하면, 신이 더 이상 의심할 수 없는 제1원리를 제공해줌으로써만 인간은 피론주의자의 정처 없는 의심의 유랑을 멈출 수 있다. 신앙주의자로서의 몽테뉴는 인간이 스스로의 힘으로 지식을 정립할 수 없다는 점에서는 여전히 피론주의자이지만, 그러나 하느님을 초월적이며 무역사적인 진리의 인증으로 떠받든다는 점에서는 피론주의자의 지평과 완전히 결별한다. 누군가 절대적으로 확실한 것을 확보함으로써 자신이 딛고 서 있는 관습의 전통에서 벗어날 수 있다고 주장할 경우, 그는 이미 이론적으로 도저히 피론주의자일 수가 없다. 초월적인 진리에 대한 신앙은 더 이상 포프킨이 평가한 대로 '온순하게 종교적'일 수 없다. 신앙주의자는 하느님이 선물로서 주시는 진리를 간절히 바라며 그 속에서 행복을 찾는다. 피론주의자는 판단유보를 통해 아타락시아, 즉 마음의 평정을 목표로 하였고 그래서 어떤 적극적인 행복도 추구해서는 안 되었지만, 이와는 달리 신앙주의자는 마음의 평정이 아니라 신앙과 신의 간택에 의해서만 가능한 행복을 궁극적인 목표로 삼는다. "행복이란 신이 그것을 주는 사람에게만 온다. (⋯) 행복의 비결은 신앙과 신에 의한 간택을 요구한다."[63] 「레이몽 스봉의 변호」의 마지막 문장들은 유한한 인간이란 그 유한함 때문에 도저히 자신의 한계

---

62) Michel de Montaigne, *Essays*, p.423.

63) Bruce Silver, "Montaigne, An Apology for Raymond Sebond: Happiness and the Poverty of Reason," in *Renaissance and Early Modern Philosophy* 26(2002), p.108. 실버는 몽테뉴를 종교적으로 미적지근한 입장으로 특징짓는 포프킨의 평가가 비록 정확한 것이기는 하지만 미흡하다고 주장한다. 그에 의하면, 몽테뉴가 이성의 빈곤을 강조하는 근원적인 이유는 인간은 지식을 통해서는 행복해질 수 없다는 것을 부각시키기 위해서가 아니라, 신앙에 의해 인간은 행복해질 수 있다는 점에 초점을 맞추고자 하는 데에 있다. 이환의 작업은 이런 해석과 대립한다. 이환은 인본주의적 측면에 주목해서 파스칼의 신본주의와 극명하게 대비되는 인물로 시종일관 몽테뉴를 바라보고 있다. 이환, 『몽테뉴와 파스칼: 인본주의냐, 신본주의냐』(서울: 민음사, 2007), pp.74-6, 134-5 참조. 몽테뉴를 바라보는 시각은 이렇게 다양한데, 몽테뉴 철학의 이런 개방성을 어떻게 볼 것인가는 또 다른 주제일 것이다.

를 벗어날 수 없으며, 높은 곳으로 자신을 고양할 수 있는 유일한 길이란 하느님에 대한 신앙뿐임을 고백하는 간증(干證)과도 같다.

> 인간은 자신과 인간성 위로 자신을 높이 끌어올릴 수 없다. 왜냐하면 그는 자신의 눈으로밖에는 볼 수 없고 자신의 손이 미치지 못하는 곳에서는 잡을 수 없기 때문이다. 다만 신이 그에게 손을 내어주실 경우에만 그는 올라가게 될 것이다. 그는 자기 자신의 도구들을 포기하고 단념함으로써 올라갈 것이며, 순전히 천상의 수단들에 의해 그 자신이 고양되도록 할 것이다. 우리가 이 거룩하고도 기적적인 변신(變身)을 열망하는 것은 스토아학파의 덕에 의해서가 아니라 우리의 기독교 신앙에 의해서이다.[64]

몽테뉴가 신앙주의자가 되었다는 사실은 이제 피론주의자로서 유지했던 이론과 실천의 수미일관성을 그가 더 이상 유지할 수 없음을 뜻한다. 몽테뉴가 별로 의식하지 못했는지 혹은 고의로 은폐하려 했는지는 모르지만, 그의 신관에는 봉합할 수 없는 균열이 있다. 물론 이런 균열을 메우고자 하는 작업들이 있어왔다. 꽤 많은 연구자들이 신앙과 복종에 대한 몽테뉴의 고백이 진지하지 않은 것이라고 주장하였다. 가령 카르드조에 의하면, 「레이몽 스봉의 변호」에서 신앙주의는 수사학적인 기능만을 담당하고 있을 뿐이고 그래서 철학자로서 몽테뉴는 여전히 회의주의자이다.[65] 이렇게 보면 몽테뉴는 피론주의자로서 가톨릭 신앙을 그냥 받아들인 것이고, 신앙주의에 대한 그의 여러 진술들은 그 자신을 보호하기 위한, 또는 자신의 사회적 안정을 위한 위장에 불과하다는 말이 된다. 그러나 몽테뉴를 철학적 일관성을 유지한 충실한 피론주의자로 해석하려는 이런 시도는 반론에 부닥치고 만다. 피론주의로는 수렴될 수 없는 여러 요소들이 몽테뉴의 사상에는 산재해 있기 때문이다. 가장 대

---

64) Michel de Montaigne, *Essays*, p.457.

65) Sérgio Cardoso, "On Skeptical Fideism in Montaigne's *Apology for Raymond Sebond*," in *Skepticism in the Modern Age: Building on the Work of Richard Popkin*, ed. by José R. M. Neto, Gianni Paganini and John C. Laursen(Leiden/Boston: Brill, 2009), pp.80-2 참조.

표적인 것이 바로 그의 간절한 신앙주의이다. 진리의 인증으로서의 신앙고백을 그의 위장책으로 간주하고 그것을 삭제하려면, 「레이몽 스봉의 변호」에서 쉽게 발견할 수 있는 (물론 그의 신앙주의자로서의 신관과 연결되어 있는) 도덕적 판단, 연민에 대한 감수성, 자기 지식에 대한 탐구와 관련된 진술들도 약화시키거나 제거해버려야 한다.[66] 그래야 몽테뉴는 철학적 피론주의자일 수 있기 때문이다. 그러나 이런 부분들을 다 소거하고 나면 「레이몽 스봉의 변호」는 더 이상 「레이몽 스봉의 변호」가 될 수 없을 것이다. 몽테뉴는 『수상록』 서문에서 독자들에게 생긴 그대로 자연스럽고 꾸밈없는 자신을 보아달라고 하면서 그 이유로 "내가 묘사한 것은 나 자신이기 때문"[67]이라는 변을 달고 있다. 적나라하게 자신을 드러냈다고 고백하는 저서에서 주요한 상당 내용을 눈가림을 위해 몽테뉴가 위선적으로 저술하는 모습은 상상하기 어렵다.

몽테뉴 신관에 있어서 봉합될 수 없는 틈이 있다는 점을 아무래도 부인하기는 어려운 것 같다. 그런데 이런 자체 내 충돌이 오히려 몽테뉴가 일관된 피론주의자임을 증명하는 것은 아닐까? 에바는 바로 그렇다고 생각한다. 피론주의 이론의 핵심이 상이하거나 대립하는 동등한 견해를 맞서 세워 어떤 것도 우위를 점하지 못하게 하는 등치에 있는데, 몽테뉴 스스로가 「레이몽 스봉의 변호」에서 이런 작업을 수행함으로써 피론주의를 철저하게 관철하고 있다는 것이다. "아주 간결하게 말해서 몽테뉴의 '철저한' 회의주의는 우리가 진리를 탐지할 수 없는 무능력에 관한 피론적 진단을 회복하고자 하는 노력이다."[68] 그러나 에바의 바람대로 과연 몽테뉴의 자기분열적 대치 상황을 피론주의의 철저화로 이해할 수 있을까? 섹스투스 엠피리쿠스는 이론과 실

---

66) Ann Hartle, "Montaigne and skepticism," pp.191-204 참조. 하틀은 몽테뉴의 회의주의와 피론주의의 여러 차이점을 언급하고 있다. 그에 의하면, 몽테뉴의 회의주의는 가능성에 대한 개방, 도덕적 판단의 수행, 연민에 대한 감수성, 자기 지식에 대한 탐구, 그리고 가톨릭 신앙의 수용에서 피론주의와 다른 길을 걷는다.

67) Michel de Montaigne, *Essays*, p.2.

68) Luiz Eva, "Montaigne's Radical Skepticism," in *Skepticism in the Modern Age: Building on the Work of Richard Popkin*, ed. by José R. M. Neto, Gianni Paganini and John C. Laursen(Leiden/Boston: Brill, 2009), p.101. 그러므로 「레이몽 스봉의 변호」에서 등치의 방법을 구사하고자 하는 몽테뉴에게 이론과 실천을 관통하여 "절대적 정합성을 획득하고자 하는 탐구는 일종의 환상"(같은 곳)일 수밖에 없다.

천 영역에서 회의주의의 일관성을 해치는 것에는 참을 수 없어 했던 사람이었다. 이것은 신아카데미학파에 대한 그의 비판을 기억해보기만 하면 된다. 그가 유신론의 입장을 받아들인 것은 유신론과 무신론 가운데 어떤 것이 진리인지를 판단할 수 없기 때문이었다. 그리고 삶 속에서도 이런 판단유보를 그대로 유지하기 위해서 신의 존재를 믿는 자기가 속한 공동체의 관습에 따라 "신들이 존재한다고 선언하고, 신들을 숭배하고 경의를 표하기 위해 도움이 되는 모든 것을 행한다."고 그는 말했던 것이다. 피론주의자가 피론주의자이기 위해서는 판단유보를 통한 관습적 유신론자이지 않으면 안 된다. 그런데 에바는 판단유보에서 결과한 유신론과, 하느님을 진리로 받드는 유신론을 마치 두 독단론이 동등한 권리를 갖고 상충하는 등치의 상황으로 이해하고 있는 것이다. 판단유보에서 초래된 유신론은 결코 독단주의가 될 수 없는데도 말이다. 독단주의와 독단주의를 맞서 세우는 맥락과, 독단주의와 피론주의를 대립하게 만드는 맥락이 여기에서는 구별되지 않고 있다.

이렇게 되면 다시 원점으로 온 것 같다. 몽테뉴에게서 피론주의의 철저함과 일관성을 구하기보다는 그가 상호 조화롭기 곤란한 측면을 자체 내에 지니고 있음을 인정해야 한다. 이제 이런 균열은 몽테뉴의 신관을 피론주의의 틀 내에서만 해석하는 것이 공정하지 못하다는 것을 단적으로 말해준다. 내 생각에, 「레이몽 스봉의 변호」의 가치와 영향력은 오히려 그가 피론주의의 일관성을 지키지 못했기 때문에 발생한다.[69] 말하자면 몽테뉴의 균열은 이후의 신앙주의자들에게 "신앙의 자리가 어디에 있어야 하는가?"를 역설적으

---

69) 몽테뉴의 이런 균열은 여러 생산성을 낳는 동인이기도 하다. 몽테뉴의 회의주의를 변형하고 수용하여 자기 철학의 자양분으로 삼은 대표적인 철학자 가운데 한 사람은 니체일 것이다. 몽테뉴와 니체 철학에 관한 연구로는 임건태, 「니체의 몽테뉴 회의주의 수용과 변형」, 『니체연구』, 제27권(한국니체학회, 2015); 이재훈, 「즐거움과 긍정의 철학자 몽테뉴」, 『철학연구』, 제115집(철학연구회, 2016) 참조. 두 논자의 주장처럼 니체가 몽테뉴를 자기 사상의 선구자로 볼 수 있는 여러 요소가 있음도 사실이지만, 거꾸로 단일화할 수 없는 몽테뉴 사상의 복잡성은 니체 철학과는 부합할 수 없는 여러 이질적인 요소도 갖추고 있다는 점도 간과되어서는 안 된다. 예를 들어, 몽테뉴를 인문주의의 관점에서가 아니라 스토아사상을 극복하면서 자기 자신의 인간다움을 찾아가는 사유의 도정으로 해석할 수도 있다. 이에 관해서는 박주원, 「『에세이(Essays)』의 가필과정을 통해서 본 몽테뉴 사상의 변화: 몽테뉴의 회의주의 사상에 대한 하나의 해석」, 『사회와 철학』, 제15호(사회와 철학 연구회, 2008) 참조.

로 가르쳐주고 있는 것이다. 하느님을 진리와 행복의 인증으로 모심은 피론주의의 논변의 연속선상에서 숙고되는 것이 아니라 아예 인식론적인 차원을 떠나버릴 때만이 신앙이 가능하다는 것을 함축한다. 몽테뉴는 신에 대한 인식론적 탐구의 불임성(不姙性)이 바로 피론주의의 인식론적 탐구를 통해서 드러났다고 생각한다. 피론주의의 논변을 통해 그가 도출한 인간의 무지는 따라서 미적지근한 종교적 태도를 유지하면서 신에 대한 탐구를 계속해야 한다는 요구로서가 아니라, 그 이론적인 탐구를 포기하는 과정 속에서만 신앙의 절대적 진리와 만날 수 있다는 새로운 장(場)의 개시로서 간주되어야 한다. 피론주의를 통해 하느님을 절대적인 진리로서 믿는 전회야말로 몽테뉴가 남긴 신앙주의의 위대한 유산일 것이다. 이런 전환의 좀 더 구체적인 양상은 파스칼과 벨에게서 발견되는데, 나는 그것들의 자양분이 「레이몽 스봉의 변호」로부터 흘러들어온 것이라고 말하고 싶다.

5. 파스칼과 벨의 신앙주의

「레이몽 스봉의 변호」에서 몽테뉴는 피론주의의 논변을 사용하여 단순히 피론주의적 신관에 머무는 대신 절대자로서의 하느님에 대한 믿음으로까지 나아갔다. 요컨대 그의 신앙은 수동적이며 냉담한 것이라기보다 불붙는 것이었다. 그는 신앙의 진리를 더 이상 지식의 영역에서 찾지 않게 되었는데, 그것은 하느님의 존재란 인간의 감각과 이성에 의존해서는 확증할 수 없음을 그가 피론주의자들에게서 배웠기 때문이다. 그는 피론주의의 논변을 통해 완전한 무지의 어둠으로부터 광명의 신의 세계로 나아가고자 하였다. 그리고 이것은 곧 피론주의의 논변들에 기대어 피론주의를 배반하는 결과를 가져왔다. 그에게 피론주의는 이제 그 자체가 목적이 아니라 하느님의 은총을 준비하는 수단이 되었다. 의심은 신앙과 결합하였는데, 이 결합을 위해 의심은 신앙에게 주역의 자리를 양보해야 했다. 몽테뉴에게서 불투명하게 암시된 순수한 신앙주의는 이제 파스칼과 벨에 의해 본격적으로 개진된다. 신앙주의자들은 이제 지식에 의해서가 아니라면 "도대체 우리가 어떻게 신앙의 진리와 만나게 되는가?"에 대해 대답해야 한다. 이것은 신앙의 본질과 연관하여 「레이몽 스봉의 변호」가 그들에게 남긴 (암시된 대답으로서의) 물음이기도 하다.

파스칼은 피론주의의 정체를 정확히 간파하고 있었으며, 무엇보다 피론주의가 지닌 강점을 잘 인지하고 있었다. 「레이몽 스봉의 변호」로 인해 몽테뉴 이후의 신앙주의자들은 피론주의의 위력과 신앙을 위한 그것의 용도에 익숙하게 된 것이다. "얄팍한 토대에 기대어서만 독단적인 의견을 제시하는 사람들에게 영향을 끼치는 것들은 회의주의자의 아주 가냘픈 입김에 의해서 뒤집히고 만다."[70] 파스칼의 관점에서 볼 때 독단주의자가 어떤 진리를 발견하려는 한, 그런 시도는 피론주의의 논변에 버텨낼 재간이 없다. 그 어떤 진리 주장도 피론주의의 공격을 당해낼 수 없을 것이며, 그래서 진리의 전장을 끝없이 유린하는 정복자의 모든 "영예는 피론주의에"[71] 돌려질 것이다. 그러나 이런 영예는 과도한 것이다. 왜냐하면 예수 그리스도가 탄생했기 때문이다. "[피론의] 회의주의는 진실하다. 왜냐하면 결국 인간은 예수 그리스도 이전에는 자기가 어디에 있는지, 그리고 자기가 위대한지 보잘것없는지를 몰랐기 때문이다."[72] 파스칼의 이런 언급은 피론주의의 의심이 지식이나 신앙의 영역을 막론하고 무제한적인 효력을 발휘할 수 없음을 뜻한다. 피론주의의 의심의 창은 지식을 자유자재로 뀔 수는 있지만 하느님의 진리의 방패를 뚫을 수는 없다. 파스칼은 거침없이 다음과 같이 외친다. "본능, 이성 — 우리는 증명의 능력을 갖고 있지 못하다. 이것은 모든 독단주의자들이 물리칠 수 없는 것이다. 우리는 진리의 관념을 가지고 있다. 이것은 모든 회의주의가 정복할 수 없는 것이다."[73]

피론주의자는 인간에게 자기의 비참함을 깨닫도록 이끄는 위대한 안내자이지만, 어떻게 이 비참함을 극복하고 마침내 행복해질 수 있는지에 관해서는 침묵한다. 피론주의자는 이 점과 관련해서는 오히려 신앙의 안내를 받아

---

70) Blaise Pascal, *Pensees*, trans. by W. F. Trotter(New York: E. P. Dutton, 1958), p.120[434]. [ ]에 문단 번호 병기. 국내 번역은 다음 책을 참조했음. 블레즈 파스칼, 『팡세』, 하동훈 옮김(서울: 문예출판사, 2003).

71) 같은 책, p.105[§387].

72) 같은 책, p.119[432].

73) 같은 책, p.106[395].

야 할 처지에 놓여 있다. "무력한 이성이여. 입을 다물어라. (…) 신에게 귀를 기울여라."[74] 인간이 자신을 어떻게 초월할 수 있는지는 우리의 이성의 활동을 통해서는 밝혀지지 않는다. 그것은 신에게 복종함으로써만 배울 수 있다. "복종이야말로 이성의 사용인데, 거기에서 참된 기독교가 성립한다."[75] 이성이 이렇게 복종해야 하는 이유는 신앙이 우리를 진리로 인도하기 때문이다. 그러나 이 진리는 피론주의자들이 보여준 것처럼 우리의 감각과 이성을 통해서는 논증될 수 없는 것이다. 파스칼은 다른 경로를 통해 하느님이 진리임을 설득하지 않으면 안 된다. 그리고 그것이 바로 그가 말하는 가슴으로 느끼는 하느님이다.

> 신을 경험하는 것은 가슴이지 이성이 아니다. 이것이 곧 신앙이다. 신은 이성이 아니라 가슴에 의해서 느껴진다.[76]

파스칼의 이런 서술은 신앙의 진리에 관한 요체가 머리가 아니라 가슴으로 이전되었음을 극적으로 드러낸다. 그것은 파악의 문제가 아니고 느낌의 문제이며, 지식의 대상이 아니라 사랑의 대상이다. 신앙의 진리를 피론주의자들이 아무리 반박하려고 애써보았자 그것은 부질없는 짓이다. 사랑의 진실은 가슴으로 느끼는 것이지 논증을 통해 증명되는 것이 아니기 때문이다. 가슴으로 느끼는 절대적 원리들에 관해 이성이 논증하기를 요구한다면 그것은 요령 없는 짓이고, 마찬가지로 이성에 의해 증명되는 명제들에 대해 가슴이 느끼기를 요구한다면 그것 또한 우스운 노릇일 것이다. 가슴과 머리는 다른 차원의 이야기이다. 이렇게 파스칼은 피론주의자의 논변이 효력을 발하는 영역과 신앙주의자의 믿음이 관철되는 영역을 구분하고 각자의 영역의 고유성을 인정함으로써, 학문적 의심을 신앙으로부터 보호하는 동시에 신앙을 피론주의의 전면적인 의심으로부터 구출한다.

---

74) 같은 책, p.121[434].
75) 같은 책, p.77[269].
76) 같은 책, p.78[278]. 파스칼은 때때로 '가슴' 대신에 '본능'과 '직관'이라는 표현을 사용하기도 한다. p.79[282] 참조.

피론주의의 논변을 이용하여 인간의 감각이나 이성이 얼마나 결함이 많은 지를 보여주고 난 후, 이런 어둠으로부터 구원받을 수 있는 길은 지식의 차원을 떠나 신앙으로 도약할 때만이 가능하다는 것을 주장하는 과정은 신앙주의 자들에게 정석(定石)과도 같은 것이 된다. 의심은 신앙으로 우리를 인도하고 난 후에는 버려져야 할 사다리이다. 이런 신앙주의의 구조는 벨에게서 매우 극명하게 나타난다. 아마도 벨의 저서『역사 비평 사전』은 피론주의와 관련하여 가장 중요한 근대의 저작들 중의 하나일 것이다. 그는 여기에서 파스칼과 마찬가지로 피론주의자의 의심이 무소불위의 위력을 가지고 있음을 인정한다. "그러나 피론주의자들은 [열 가지 트로펜에 머물지 않고] 더 나아간다. 그들은 소위 순환의 논변 형식을 손에 넣고 그가 필요한 순간에는 가차 없이 그것을 휘두른다. 이렇게 된 연후에는 그 어떤 주제에 관해서나 그들에게 저항하는 것은 불가능하다. 그것은 아리아드네의 실이 어떤 도움도 줄 수 없는 미로(迷路)이다."[77] 피론주의자는 인간을 미로로 안내하여 방향을 상실하게 한다. 그리고 이런 종류의 작업에서 그들은 언제나 승리를 구가한다.

그러나 피론주의자의 이런 승리는 피론주의와 결별하게 만드는 가장 근본적인 계기를 마련해준다. 피론주의자는 인간이 완전한 어둠과 방향 상실에 놓여 있으며 자신의 능력으로는 이런 사태를 감당할 수 없음을 보여주기 때문에, 이제 인간은 구원을 바라며 신앙을 향해 몸을 돌리게 된다. "높은 곳으로부터 구원을 애원하며 신앙의 권위에 복종하도록 인간이 어둠 속에 있다는 것을 의식하게 한다는 점에서 피론주의는 아마도 가치를 지닐 것이다."[78] 피론주의자의 가치는 철학이란 불만족스러운 안내자이고 따라서 그것은 기껏해야 의심으로만 인도할 뿐임을 깨닫도록 함으로써 사람들이 기꺼이 피론주의를 버리고 신앙으로 나아가게 하는 데에 있다. 그리고 피론주의자가 맡은 역할은 여기까지이다. "우리의 이성은 우리가 길을 잃도록 만드는 통로이다. (…) 이로부터 나오는 자연스런 결론은 이 안내자를 단념해야 하며, 좀 더 나

---

77) Pierre Bayle, *Historical and Critical Dictionary Selections*, trans. by Richard H. Popkin(Indianapolis: Hackett Publishing Company, 1991), p.423.
78) 같은 책, p.194.

은 안내자를 우리에게 줄 수 있는 만물의 원인을 간구해야 한다는 것이다."[79]

인간을 신앙으로 인도하는 피론주의자의 역할이 끝난 후에도 피론주의자가 계속 피론주의자이고자 한다면, 피론주의자와 신앙주의자가 타협할 여지는 별로 없게 된다. 왜냐하면 신앙주의자가 받아들이는 신앙은 하느님의 가르침의 진리를 품고 있는데, 이 진리는 철학적인 의심과는 극단적으로 대립하는 것이기 때문이다. 벨의 용어로 표현하자면, 한마디로 복음이 확립되어 온 것은 이성을 통해서가 아니다.[80] 이제 인간은 "피론주의의 논변에 의존한 철학적 무지로 되돌아갈 것인가, 아니면 피론주의가 힘겹게 열어젖힌 신앙으로 도약할 것인가?" 하는 기로에 서게 된다. 신앙주의의 믿음과 피론주의의 의심 사이에는 어떠한 중간 지대도 있을 수 없다. 벨의 다음 진술은 인간이 신 앞에서의 결단에 직면했음을 단적으로 보여준다. "우리는 신앙의 정점인 복음과 철학 가운데 하나를 필연적으로 선택하지 않으면 안 된다."[81]

이것이냐 저것이냐의 양자택일의 상황에서 벨은 기꺼이 신앙을 선택한다. "우리는 우리의 지성을 신앙의 복종에 예속시킨다."[82] 신앙 앞에서의 지성의 굴복이나 복종이야말로 신앙주의자임을 알려주는 표식과도 같다. 그렇지만 복음의 이런 선택은 이론적인 증명 과정을 통해 정당화될 수 없다. 만약 논증의 차원에서 신앙 선택의 정당화를 시도하는 사람이 있다면 그는 곧바로 피론주의자의 반론에 부딪칠 것이다. 그래서 하느님이 진리이며 하느님을 선택하는 것이 올바르다는 것을 보여주는 기준은 감각이나 이성에 의존하는 것이어서는 안 된다. 파스칼이 가슴을 내세웠다면 이제 벨은 계시를 제시한다.

이로부터 철학의 법정이란 기독교인들 사이에 벌어지는 논쟁을 판단하는 데에 무능하다는 결론이 뒤따라 나온다. 왜냐하면 이 논쟁들은 계시의 법정으로 보내져야 하기 때문이다.[83]

---

79) 같은 책, p.206.
80) 같은 책, p.435 참조.
81) 같은 책, p.429.
82) 같은 책, p.206.
83) 같은 책, p.421.

벨에 의하면 진리의 기준으로서의 계시를 수용하지 않는 한, 신앙과 관련해서 피론주의자의 논변만큼 들을 만한 가치가 없는 것도 없다.[84] 진리의 기준을 판정하는 재판소가 계시라는 것은 예컨대 "신이 존재한다."는 명제가 철학적 논증을 통해서 입증되는 것이 아니라 신앙을 향한 결단과 도약을 통해 참된 것으로 드러난다는 것을 뜻한다. 만약 피론주의자들이 신앙의 진리를 계시의 법정에 세우지 않고 철학의 법정에 세운다면 그것은 월권의 행사이다. 모든 삶의 영역에서 피론주의가 무차별적으로 관철될 수 있다는 확신이야말로 피론주의자의 맹신에 속하는 것이다. 철학의 법정과 계시의 법정을 구별하는 벨에 의해서 이제 하느님과의 대면의 통로가 이론이 아니라 결단을 통한 도약임이 분명하게 드러난다.

이렇게 몽테뉴의 뒤를 이어 근대의 신앙주의자들은 인간의 무능력과 나약함을 폭로하기 위해 피론주의를 끌어들인다. 그리고 이를 바탕으로 철학을 벗어난 지점에서 신앙의 자리를 마련한다. 피론주의를 통한 신앙주의에로의 이러한 전환은 「레이몽 스봉의 변호」에서 이미 시사된 것이며, 이후의 근대의 신앙주의는 이것을 반복하거나 변형하여 적용하고 있다고 볼 수 있다. 신앙주의자들은 아그리파의 것은 아그리파에게, 예수 그리스도의 것은 예수 그리스도께 돌려져야 한다고 주장한다. 철학적 증명을 통한 신의 입증은 이미 피론주의자들에 의해 차단되었기 때문에, 그들은 피론주의가 효력을 더 이상 미치지 못하는 치외법권(治外法權) 지역을 설정하고 거기에 신앙의 왕국을 건설한다.

6. 신앙주의의 의의와 새로운 물음

몽테뉴의 「레이몽 스봉의 변호」는 근대의 피론주의와 관련해서 몇 가지 매우 중요한 단서를 제공한다. 무엇보다 그것은 인간의 지성이 강조되던 시대에 "어떻게 해서 신앙이 유지되고 번성할 수 있었는가?"를 해명해준다. 신앙주의자들은 신앙을 위해 무조건적으로 계시나 가슴에 호소한 것이 아니라,

---

84) 같은 책, p.422 참조.

정치한 피론주의의 트로펜을 통해서 신앙의 진리를 피력하였다. 말하자면 그들은 반이성적인 태도를 취하기는커녕 이성적인 논변으로 무장하고 있었던 셈이다. 신앙주의자들은 피론주의 이론의 위력을 정확히 인지하고 그것을 활용하였기 때문에 이성의 공격에 수세적인 입장에 몰리지 않았다. 정작 인간의 이성이나 경험에 의존해서 무엇인가 확실한 것을 찾으려는 철학자들이 피론주의자들의 공격을 걱정해야 할 판이었다. 신앙주의자들은 그들 자신의 신앙에 도달하는 데 있어서 피론주의를 흡수하였기 때문에 신앙에 대한 이성적인 의심에 맞설 수 있었고 퇴조하지 않을 수 있었다.

무엇보다 신앙주의자들은 피론주의를 통해 "신앙이 어떤 영역에 위치해야 효력을 발휘할 수 있는가?"를 깨닫게 되었다. 그것은 협소한 인식론의 지평을 떠나 삶의 차원에서 신앙을 바라보는 일이었다. 그렇게 하기 위해서 그들은 피론주의자의 트로펜이 삶의 전체 영역에서 관철될 수 없음을 보이고, 피론주의의 영토를 지식에 한정시켰다. 이런 점에서 신앙과 지식은 각각의 독자적인 영토를 확보하게 되었고 양립할 수 있는 특성을 지니게 되었다. 인간의 감각이나 지성이 우리의 삶을 인도하기에는 너무나 무력하다는 점을 피론주의의 논변을 통해 입증하고, 따라서 우리 유한한 인간은 초월적인 절대자를 향해 결단해야 한다는, 몽테뉴와 파스칼과 벨을 거치며 확립된 신앙주의의 구조는 이후의 신앙주의자들에게 매우 유효한 전통으로 상속되었다.

신앙주의자들이 순수한 이론의 영역에서는 피론주의를 논박할 수 없고, 따라서 철학적 의심이 미칠 수 없는 삶의 영역과 관련하여 피론주의의 도전에 대응하고 있다는 사실은 중요한 시사점을 던져주고 있다. 신앙주의자들은 "어떻게 피론주의와 적절한 관계를 맺을 것인가?" 하는 난제 앞에서 해결을 위한 하나의 철학적 태도를 제시하고 있는 것이다. 그것은 더 이상 철학적 의심이 관철될 수 없는 영역을 인식론 안에서가 아니라 그 밖에서 발굴해야 한다는 것이다. 절대적으로 확실한 인식의 지점을 찾으려는 시도가 성공할 수 없음을 아그리파의 논변 형식들은 원리적으로 보여주었다. 이런 점에서 「레이몽 스봉의 변호」의 의의는 단순히 피론주의와 신앙주의 간의 (밀월 혹은 긴장) 관계를 모색하고 신앙주의를 변호하는 데 그치지 않는다. 피론주의를 극복하는 데 있어 그 지향점을 인식 안이 아니라 인식 바깥으로 돌리게 한 측면을 간과한 채 신앙주의가 갖는 철학사적 의의를 논할 수는 없을 것이다.

동시에 신앙의 여지는 지식을 떠남으로써만 발생한다는 신앙주의자들의 테제는 피론주의를 이론적으로 물리치려는 시도가 얼마나 지난한가를 알려준다. 사실상 피론주의자가 자리 잡고 있는 이론적 수준과 동일한 수준에서 피론주의의 논변을 극복하려는 시도는 헛수고라는 반성적 전제가 신앙주의에는 깔려 있다. 지식의 왕국에서는 피론주의자의 감시로부터 벗어날 수 없다는 점을 인정했기 때문에 신앙주의자들은 신앙에서 돌파구를 찾았던 것이다. 그러나 대부분의 근대의 주류 철학자들은 신앙에서가 아니라, 이미 신앙주의자들이 떠나버린 인식의 영역에서 피론주의자들을 상대하고자 하였다. 몽테뉴 이후의 근대 철학자들은 피론주의가 더 이상 영향을 미칠 수 없는 최후의 궁극적인 지점을 인식론에서 확보하려는 작업에 매달렸다. 거칠게 말해서, 근대 철학은 피론주의를 극복할 수 있다고 믿는 반피론주의자와, 회의주의를 빠져나가려는 시도란 성공할 수 없다고 믿는 피론주의자 간에 벌어진 전장(戰場)의 역사라고 할 수 있다. 인식론의 영역에서 피론주의를 대적하기 위해 반피론주의의 기치를 들고 본격적으로 싸움터에 나선 최초의 근대 철학자는 데카르트이며, 그의 뒤를 이어 거의 모든 근대 철학자들이 이 싸움에 참여하였다. 데카르트에서부터 헤겔에 이르기까지 인식론적 평화는 오지 않았다.

제6장
데카르트와 피론주의:
데카르트와 가상디의 논쟁을 중심으로

1. 데카르트와 피론주의

데카르트 철학의 출발점이 '회의'라는 것은 너무나 잘 알려진 사실이다. 『제1철학에 관한 성찰』의 「제1성찰」은 다음과 같은 문장으로 시작된다. "유년기에 내가 얼마나 많이 거짓된 것을 참된 것으로 간주했는지, 또 이것 위에 세워진 것이 모두 얼마나 의심스러운 것인지를 나는 몇 해 전에 깨달았다."[1] 또한 데카르트가 무수한 철학자들을 괴롭혀왔으나 그들에 의해 한 번도 해결되지 못한 회의를 자신이 극복하였다고 선언한 것도 잘 알려진 사실이다. "… 나는 여러 논증들을 수단으로 하여 회의주의자의 의심을 뒤엎어버린 최초의 철학자가 되었습니다."[2] 매우 짧긴 하지만 이 진술에서 회의주의를 물리쳤다고 공언하는 데카르트의 성취감과 자신감을 느끼기는 충분한 것 같다. 포프킨의 비유를 빌리자면, 회의하는 용(龍)을 죽여버리고 데카르트는 승리한

---

1) René Descartes, *CSM* II, p.12[VII, 17].
2) *CSM* II, p.376[VII, 550].

정복자가 된 것이다.[3]

16-17세기는 회의하는 용이 하늘을 마음껏 날아다닌 시기였다고 말할 수 있다. "진리를 발견했다."라고 감히 운도 떼지 못할 정도로 철학자들을 위축시킨 회의주의자들은 몽테뉴와 샤롱 그리고 무엇보다 섹스투스 엠피리쿠스였다. 몽테뉴와 샤롱이 취한 회의적 논변 형식의 대부분이 섹스투스 엠피리쿠스에서 나온 것임을 감안해보면, 이 시기 프랑스에서 소위 '피론주의자의 위기'를 몰고 온 장본인은 섹스투스 엠피리쿠스라고 해도 과언이 아니다.[4] 1562년과 1569년에 라틴어로 섹스투스 엠피리쿠스의 저작들이 번역되어 출판되자 고대 회의주의로부터 자유로운 새로운 철학적 사유는 불가능한 것처럼 보였다. 섹스투스 엠피리쿠스의 저작들이 진리 기준의 문제를 둘러싸고 논란이 될 수밖에 없었던 핵심적인 논의들을 함축하고 있음을 근대 철학자들은 새삼 인지하게 되었던 것이다.[5]

데카르트가 회의주의자의 의심을 뒤엎어버렸다고 선언했을 때 이 회의주의가 고대의 회의주의인 것만은 분명하다. 『제1철학에 관한 성찰』에 사용된 회의주의가 어떤 것인가를 해명하면서 데카르트는 다음과 같이 말하고 있다. "이 주제와 관련해서 내가 아카데미학파와 회의주의자들이 남긴 고대의 많은 저작들을 보았고, 이미 조리된 이 재료를 다시 데워 내놓기가 께름칙하긴 하지만 … 나는 전체 성찰 중의 한 장(章)을 이 회의주의에 할당하지 않을 수 없었다."[6] 여기서 아카데미학파와 함께 언급된 회의주의자들이 고대의 피론주의자들이라는 것도 데카르트의 진술들로부터 쉽게 간취해낼 수 있다. 극단적인 회의로 인해 자기가 빠져들게 된 곤경에 관해서 데카르트가 토로하고 있는 유명한 「제2성찰」의 서두는 이렇게 시작된다. "… 나는 엄청난 의심 속에 빠져 있고, 그것을 머리에서 지워버릴 수도 없으며, 또 이 의심에서 어떻게 벗어날 수 있는지도 모르고 있다. 나는 지금 마치 갑자기 소용돌이치는 깊

---

3) Richard Popkin, *The History of Scepticism: From Savonarola to Bayle*, pp.158, 170 참조.
4) 16-17세기의 회의주의의 지적인 상황과 관련해서는 같은 책, pp.44-63 참조. 그 외에 에드워드 커리, 『데카르트와 회의주의』, 문성학 옮김(서울: 고려원, 1993), pp.27-31 참조.
5) Richard Popkin, *The History of Scepticism: From Savonarola to Bayle*, pp.26, 35 참조.
6) René Descartes, *CSM Ⅱ*, p.94[Ⅶ, 130].

은 물속에 빠져 허우적대며, 바닥에 발을 대지도 못하고 또 그렇다고 헤엄쳐서 물 위로 올라갈 수도 없는 난처한 상황에 처해 있다."[7] 그리고 이제 데카르트는 이런 '깊은 물속'이 다름 아닌 피론주의자들의 의심이라고 말한다. "이런 일반적인 의심들은 소크라테스의 무지나 피론주의자들의 불확실성으로 우리를 곧장 인도하게 될 것이다. 발 디딜 곳을 잃어버렸을지도 모른다고 내가 생각하는 깊은 물들이 있다."[8] 사정이 이렇다면 데카르트가 행한 철학적 의심은 독창적인 것이 아닐 것이다. 데카르트는 순순히 그렇다고 시인하고 있다. "[『제1철학에 관한 성찰』에서 행한 여러] 이런 의심들을 최초로 발견한 사람은 내가 아니었다. 회의주의자들이 오랫동안 이런 주제들을 탄주해왔다."[9]

물론 데카르트가 회의주의를 통해 도달하고자 하는 목표는 어떤 의심에 의해서도 흔들릴 수 없는 확실한 인식의 아르키메데스적 일점(一點)이다. 이런 맥락에서 판단유보를 목표로 한 고대 피론주의와는 달리 데카르트의 회의는 확고부동한 일점을 노리는 '방법적 회의주의(methodic scepticism)'의 특성을 지닌다. 그러나 회의의 목표가 다르다 해도 데카르트가 『제1철학에 관한 성찰』에서 전개한 회의적 논변은 신아카데미학파와 피론주의에 속하는 고대 회의주의자들이 개척한 길을 따라간 것이다.[10] (16세기 이후 근대 철학자들

---

7) *CSM* Ⅱ, p.16[Ⅶ, 23-4].

8) CSM Ⅱ, p.408[Ⅶ, 512].

9) René Descartes, *CSM* Ⅰ, p.309[ⅧB, 367].

10) 16세기 전까지 회의주의와 관련하여 논평과 비판의 대상이 되어왔던 것은 신아카데미학파의 주된 정보원인 키케로의 『아카데미의 회의주의에 관하여』였다. 그러나 피론주의의 이론을 집대성한 섹스투스 엠피리쿠스의 저작이 번역 출판되면서 키케로의 이 저서의 영향력은 감소되고 때로는 중단되었다. 그래서 근대 철학의 여명기에 들이닥친 회의주의의 위기는 '아카데미학파의 위기'가 아니라 '피론주의의 위기'라고 명명되었던 것이다. 초기 근대 철학자들을 빨아들였던 그리고 골치 아프게 했던 고대 회의주의는 주로 피론주의였다. 그러나 섹스투스 엠피리쿠스 저작의 재발견이 피론주의를 초기 근대 철학에서 회의주의의 주역으로 전환시켰지만, 이 시기와 이후의 회의주의의 역사를 들여다보면 키케로의 『아카데미의 회의주의에 관하여』와 신아카데미학파의 역할도 상당히 지속적이었다는 것을 알 수 있다. Jose R. M. Neto, "Academic Skepticism in Early Modern Philosophy," in *Journal of the History of Ideas* 58(2)(1997), pp.199-200 참조. 예컨대 데카르트의 『제1철학에 관한 성

의 저작에는 신아카데미학파와 피론주의의 이론들이 혼용되어 있고, 명확하게 구분되지 않은 채 언급되는 경우도 흔하다. 그들은 이 두 학파를 구별하는 데에 특별한 신경을 쓰지 않았다. 데카르트 역시 신아카데미학파와 피론주의를 엄격하게 구분하지 않았다.) 데카르트가 인정하고 있듯이 그의 회의주의는 고대 회의주의보다 더욱 철저한 것이 아니다.[11] 그러므로 데카르트가 마침내 회의주의를 극복하였다고 선언하였을 때 극복된 대상은 고대 회의주의였다. 데카르트의 다음 언급은 이런 사실을 잘 보여준다.

비록 피론주의자들이 그들의 의심으로부터 어떤 확실한 결론에 도달하지 못했다 할지라도 이로부터 그 누구도 그렇게 할 수 없다고 귀결지을 수는 없다.[12]

그런데 우리는 자주 피론주의자들의 견해를 논박해왔다.[13]

찰』에서 등장하는 꿈과 광기, 전능한 악마를 바탕으로 작성된 의심의 시나리오는 이미 키케로에 의해 어느 정도 정형화된 것이다. Cicero, *Ac* 2.45-51, 2.83-90 참조.

11) 데카르트가 말한 대로 "과연 데카르트의 회의주의가 고대 회의주의자들이 마련한 논변을 데워 내놓은 것에 불과한가?" 하는 물음은 이제는 데카르트의 회의주의와 관련해서 거의 고전적인 주제가 되어버린 듯하다. 데카르트는 외부 대상 자체를 의심하였지만, 고대 회의주의자들은, 특히 피론주의자들은 외부 대상 자체가 아니라 외부 대상의 속성이나 본성만을 의심했다는 것은 철학사의 상식처럼 굳어버렸다. 말하자면 데카르트는 "꿀 자체가 존재하는가?"를 문제시한 데 반해, 고대 피론주의자들은 꿀 자체의 존재는 인정하는 가운데 "꿀의 본성이 단 것인가 아니면 쓴 것인가?"만을 의심했다는 것이다. Benson Mates, *The Skeptic Way: Sextus Empiricus's Outlines of Pyrrhonism*, pp.4-6 참조. 이런 견해를 받아들인다면 데카르트의 회의주의의 범위는 고대 회의주의의 그것보다 더욱 철두철미하고 광범위하다. 그러나 피론주의자들이 대상의 본성과 관련해서만 판단을 유보하였다고 보는 것은 너무 협소한 시각이다. 섹스투스 엠피리쿠스의 작업은 외부 대상의 존재를 포함하여 독단적인 진리 주장 일반에 대한 의심의 제기로 볼 수 있기 때문이다. 이에 관해서는 Gail Fine, "Descartes and Ancient Skepticism: Reheated Cabbage?," in *The Philosophical Review* 109(2)(2000), pp.204-6 참조. 파인에 따르면, 정작 데카르트는 고대 회의주의가 외부 대상에 대한 의심을 제기하고 있는 것으로 간주하고 있다. 따라서 "고대 회의주의가 그 범위에 있어 근대 회의주의보다 상당히 제한적이라는, 현재 우리에게 친숙한 평가와 사정이 다르다는 점을 명백히 하는 것이 중요하다."(p.205)

12) René Descartes, *CSMK* Ⅲ, p.99[Ⅱ, 38-9].

13) René Descartes, *CSM* Ⅱ, p.413[Ⅶ, 519].

이렇게 데카르트는 고대 회의주의를 논박하였다고 극적으로 선언하였다. 과연 데카르트는 스스로 주장하고 있는 것처럼 고대 회의주의를 영원히 패퇴시켰는가? 이것은 데카르트가 철학에서 의심의 용을 죽여버렸다고 단언했을 때부터 꾸준히 제기되었던 물음이기도 하다. 이 문제를 두고 아이네시데모스와 아그리파로 대표되는 피론주의자의 입장에 서서 정면으로 데카르트를 반박한 대표적인 철학자가 가상디이다. 가상디는 데카르트를 공격하기 위해 잠들어 있던, 혹은 죽어버렸다고 짐작한 용을 불러내어 불을 뿜게 만들고,[14] 데카르트가 확보했던 확고부동한 일점(一點)을 태워버리려 하였다. 데카르트는 피론주의를 알고 있었고 또 그것을 극복하였다고 주창한 반면, 가상디 역시 피론주의에 정통해 있었고 그러면서도 데카르트가 회의주의를 극복하기는커녕 독단주의에 빠졌다고 간주하고 있었기 때문에, 섹스투스 엠피리쿠스를 사이에 두고 양자는 치열한 싸움을 벌일 수밖에 없었다. 월커가 적절하게 지적하고 있듯이, 데카르트와 가상디는 섹스투스 엠피리쿠스가 인식론에서 근본적이고 피할 수 없는 문제를 제시했음을 알아차렸고, 근대인들 가운데 고대 회의주의의 문제를 인식론의 심각한 문제로 취급하고 그것에 대응한 주요한 두 철학자였다.[15] 데카르트와 가상디 사이에 전개된 갑론을박은 회의주의와 관련하여 끝나지 않을 싸움이 어떻게 근대에 새롭게 시작되어 근대 철학의 문제틀을 형성하며 지속되어갔는지를 보여주는 하나의 지표(指標)라고 할 수 있다.

2. 가상디와 피론주의

데카르트는 고대의 피론주의를 극복하였는가? 이 문제를 두고 데카르트와

---

14) 과장된 서술이기는 하지만, 벨에 따르면, 가상디가 섹스투스 엠피리쿠스의 축약본을 제공해서 우리의 눈을 뜨게 해줄 때까지 사람들은 섹스투스 엠피리쿠스의 이름을 거의 알고 있지 못했고, 판단유보를 가져오기 위해 그가 세심하게 제시한 방법들에 대해서도 그랬다. Pierre Bayle, *Historical and Critical Dictionary Selections*, p.197 참조.

15) Ralph Walker, "Gassendi and Skepticism," in *The Skeptical Tradition*, ed. by Myles Burnyeat(Berkeley/Los Angeles: University of California Press, 1983), pp.319-20 참조.

가상디는 소위 근대인과 고대인으로서 만나고 있다. 데카르트는 새로운 철학의 시작을 기획했지만, 가상디는 그의 철학의 원천을 거의 언제나 고대 철학에서 찾았다. 가상디에 의해 섹스투스 엠피리쿠스는 충실한 대변자를 갖게 되었고, 그를 통해 데카르트와 대적하게 된 셈이다. 그러나 가상디가 단순히 섹스투스 엠피리쿠스를 추종하고 피론주의의 입장을 견지하는 데에 그치고 있는 것은 아니다. 섹스투스 엠피리쿠스는 데카르트 철학을 공격하는 데에 동원될 뿐, 가상디의 최종 목적지는 에피쿠로스 철학이고, 그의 궁극적인 기획은 에피쿠로스 철학을 기독교적으로 변형하여 부활시키는 것이었다.[16] 가상디에게 섹스투스 엠피리쿠스는 에피쿠로스를 활용하여 자신의 철학을 정립하고자 할 때 거쳐 가는 경유지였다. 그러나 역설적이게도 후세에 살아남아 생명력을 연장할 수 있었던 가상디는 에피쿠로스와 연결된 가상디가 아니라 데카르트를 공박할 때의 가상디였다. 가상디 철학은 많은 분야에서 그 권위가 인정되었음에도 데카르트 철학의 운명과는 대조적으로 뚜렷한 학파를, 가령 가상디주의를 형성하지 못하고 곧 망각 속으로 사라져갔다.[17]

---

16) 가상디가 에피쿠로스 철학을 복원하기로 선택한 이유는 그것이 그의 신학적 전제와 쉽게 화해할 수 있다고 여겼기 때문이다. 자신의 철학함의 모델을 이렇게 고대 철학에서 찾았다는 점에서 가상디는 고대인이다. 다른 한편으로 가상디는 이 고대 모델을 자신의 이해와 목적에 맞추어 수정하고 재해석하였는데, 이런 작업은 고전적인 저자들에 대한 존경과 모방으로부터의 결별을 나타내며, 가상디를 근대인의 자리에 위치짓는다. 에피쿠로스 철학을 매개로 한 고대인과 근대인으로서의 가상디에 관해서는 Margaret J. Osler, "Ancients, Moderns, and the History of Philosophy: Gassendi's Epicurean Project," in *The Rise of Modern Philosophy: The Tension between the New and Traditional Philosophies from Machiavelli to Leibniz*, ed. by Tom Sorell(Oxford: Clarendon Press, 1993), pp.135-43 참조.

17) 왜 가상디 철학은 데카르트 철학을 공격하는 측면만 제외하고 소멸해버렸는가? 그 이유에 관해서는 Thomas M. Lennon, *The Battle of the Gods and Giants: The Legacies of Descartes and Gassendi, 1655-1715*(Princeton, N. J.: Princeton University Press, 1993), pp.1-34 참조. 레논에 의하면 무엇보다 당시에 가상디 철학의 신학적 함축들이 받아들여질 희망이 없었기 때문이다. 에피쿠로스를 기독교적으로 되살리려는 가상디의 작업은—철학사적 사실과 가상디의 의도와는 달리—쾌락주의, 유물론, 불멸과 섭리의 부정으로 해석되어 폄하되었다. 또한 가상디의 저술은 전적으로 고풍스러운 라틴어로 쓰여서 사람들이 접근하기가 어려웠고 데카르트주의자들이 득세한 정치권력에서도 전혀 힘을 발휘할 수 없었다.

가상디는 그의 유작인 『철학총론』에서 본격적으로 피론주의를 다루고 있다. 여기에서 가상디는 아이네시데모스의 열 가지 트로펜과 아그리파의 다섯 가지 트로펜 가운데 주요한 세 가지 트로펜을 서술하고 있는데,[18] 이것은 섹스투스 엠피리쿠스가 『피론주의의 개요』에서 전개한 것을 그대로 축약해놓은 것이다. 아이네시데모스의 열 가지 트로펜은 우리가 직접적으로 경험하는 상이한 지각에 기초하고 있다. 판단 주체와 판단 대상이 처해 있는 상이한 상황에 따라 서로 다르거나 대립하는 지각이 생겨난다. 그래서 우리는 사물의 본성이 진짜로 어떤 것인지에 관해 판단을 유보할 수밖에 없다는 것이다. 아이네시데모스의 열 가지 트로펜이 구체적이고 잡다한 경험적 실례에 의존하고 있는 데 반해, 아그리파의 다섯 가지 트로펜은 추상적인 개념을 통해 구성된다. 아그리파의 트로펜은 보편적인 형식성을 지니며 상호 긴밀한 체계를 이루고 있다. 이것들 가운데 특히 무한소급의 논변 형식(제2트로푸스), 독단적인 전제 설정의 논변 형식(제4트로푸스), 순환의 논변 형식(제5트로푸스)은 진리를 발견했다고 주장하는 온갖 종류의 독단주의를 무찌를 수 있는 피론주의의 핵심적인 무기들이다. 현대의 유명한 비판적 합리론자인 알베르트가 "인간의 문제를 해결하기 위한 모든 시도가 오류 가능하다."는 것을 입증하기 위해 동원하고 있는 '뮌히하우젠 트릴레마'는 아그리파의 트로펜을 그대로 옮겨놓은 것이다.[19] 섹스투스 엠피리쿠스 역시 어떤 탐구의 문제도 아그리파가 설치해놓은 다섯 가지 트로펜의 그물망을 빠져나갈 수 없을 것이라고 생각하였다.[20] 요컨대 아그리파의 '뮌히하우젠 트릴레마'는 독단주의자가 건설한 혹은 건설할 수 있는 모든 성채에 불을 뿜으며 내달리는 의심하는 용들의 삼각편대라고 할 수 있다. 가상디 역시 아그리파의 세 가지 트로펜의 중요성을 깨달았고, 모든 형태의 독단주의는 이 트로펜에 도저히 견뎌낼 재간이 없다고 여겼다.

---

18) Pierre Gassendi, *The Selected Works of Pierre Gassendi*, ed. and trans. by Craig B. Brush(New York: Johnson Reprint Corporation, 1972), pp.304-13 참조.

19) Hans Albert, *Treatise on Critical Reason*, p.18 참조.

20) Sextus Empiricus, *PH* 1.169 참조.

피론주의가 후에 부흥되었을 때 여타의 논변 형식이 추가되었다. 그러나 가장 중요한 [아그리파의] 논변 형식들 가운데 세 가지를 재검토해보는 것만으로 충분하다. (…) 독단적인 의견이 존재하는 어떤 주제에 대해서도 이 세 가지 논변 형식의 예들이 나타날 수 있다. … 진리나 [진리] 기준을 물리치기 위해 회의주의자에 의해 축적된 모든 논증들은 바로 이 세 가지 논변 형식들이었거나, 혹은 이것들과 관련되거나, 혹은 이 세 가지 논변 형식들의 관점에서 이해될 수 있다.[21]

피론주의에 대한 『철학총론』의 서술과 평가는 가상디가 피론주의에 정통하였을 뿐만 아니라 그가 피론주의에서 가장 핵심적인 논변 이론이 무엇인지도 적확하게 파악하고 있음을 알려준다. 그는 아그리파의 용을 타고 날아가 데카르트를 태워버릴 수 있다고 생각했음에 틀림없다. 물론 그가 아그리파의 트로펜의 개념적인 파괴성을 확인했다고 해서, 데카르트를 논박할 때 아그리파의 논변 형식만을 이용한 것은 아니다. 가상디는 자주 아이네시데모스의 논변 형식을 동원하기도 하였다. 추상적인 차원의 논변 이론보다는 지각적인 상대성과 구체적인 의견의 불일치를 보여주는 아이네시데모스의 회의의 기술(技術)을 구사하는 편이 데카르트 철학의 약점을 부각하는 데 더욱 효과적일 수 있다고 가상디는 판단한 듯하다.[22]

3. 데카르트와 가상디의 논쟁 Ⅰ: 진리 기준 성립 여부

『제1철학에 관한 성찰』에 대한 가상디의 비판은 데카르트의 성찰을 쫓아가면서 거의 매 문장마다 가해진다. 그러나 너무 세밀한 비판적 언급은 가상디의 반론을 강력하게 보이게 하는 만큼, 다른 한편으로는 난삽하고 중언부언하는 식의 인상을 주는 것도 사실이다. 그의 반론은 체계적인 기획 하에 시

---

21) Pierre Gassendi, *The Selected Works of Pierre Gassendi*, pp.312-3.
22) Antonia Lolordo, *Pierre Gassendi and the Birth of Early Modern Philosophy*(New York: Cambridge University Press, 2007), pp.61-2 참조. 롤로도에 따르면, 피론주의자들이 동등한 권리를 갖고 대립하는 등치시킬 수 있는 많은 기술을 제공하였지만 가상디에게 가장 중요한 것은 아이네시데모스의 열 가지 논변 형식이었다.

도된 것이 아니다. 그의 현학적인 모든 비판을 취급하기란 불가능하며 때로는 불필요하기도 하다. 회의주의의 논의와 관련하여 데카르트와 가상디가 정면으로 충돌하는 지점을 찾는 것이 중요하다. 그 첫 번째 지점은 진리 기준의 여부일 것이다.

데카르트가 회의를 거쳐 마침내 확보한, 어떻게 해도 더 이상 의심할 수 없는 사태는 "나는 생각한다, 그러므로 나는 존재한다."는 것이다. 이에 기반을 두고 그는 회의주의자라도 이의를 제기할 수 없는 일반적인 진리 기준을 확립하였다고 생각하였다.

> 내가 사유하는 것임은 확실하다. 그렇다면 나는 어떤 것이 확실하기 위해 요구되는 것을 알고 있는 것은 아닐까? 이 최초의 인식 속에 포함되어 있는 것은, 내가 주장하고 있는 것에 대한 단순히 명석하고 판명한 지각일 뿐이다. 그리고 만일 내가 명석 판명하게 지각한 것이 거짓인 경우가 한 번이라도 있게 된다면, 이런 지각으로 내가 사물의 진리를 충분히 확신할 수는 없을 것이다. 그러므로 내가 극히 명석 판명하게 지각하는 것은 모두 참이라는 것을 일반적 규칙으로 설정할 수 있는 것처럼 보인다.[23]

『철학의 원리』에 의하면 집중하는 정신에 현존하며 드러날 수 있는 지각은 명석한 것이며, 명석하기 때문에 다른 모든 것과 확연히 구별되어 단지 명석한 것만을 담고 있는 지각은 판명한 것이다.[24] 어떤 지각이 명석 판명하다는 것은 우리의 정신이 주의를 기울일 경우 더 이상 의심할 수 없을 만큼 (직관적으로) 충분히 강하고 다른 것과 구별되어 분명하게 지각된다는 것을 뜻한다. 그래서 데카르트에게 명석 판명하게 지각되는 것은 전능한 악마의 힘으로도 무효화할 수 없는 진리를 갖는 것으로 간주된다.[25]

가상디는 단도직입적으로 묻는다. 명석 판명한 지각이 주의를 기울이는

---

23) René Descartes, *CSM* II, p.24[VII, 35].
24) 명석 판명한 지각의 의미에 관해서는 René Descartes, *CSM* I, pp.207-8[VIIIA, 22] 참조.
25) René Descartes, *CSM* II, p.25[VII, 36] 참조.

정신에 현존하며 드러날 수 있는 것이라면, 많은 명민한 철학자들이 명석 판명한 지각에 관해 의견의 일치를 보지 못할 까닭이 없다. 그러나 철학사를 되돌아볼 때 철학적 의견들이 상이하고 서로 대립하고 있다는 것은 부정할 수 없는 사실이다. 또 사람마다 명석 판명하게 지각하는 것이 다 다르다. "모든 사람은 그가 변호하는 진리를 명석하고 판명하게 지각한다고 믿습니다."[26] 대립하는 의견을 가진 사람은 그들 각자의 입장을 위해 목숨을 내던지기도 한다. 또한 같은 사람이 동일한 사물에 대해 명석 판명하게 지각하는 것도 지각의 내적이고 외적인 조건에 따라 달라진다. 이런 이유 때문에 가상디에게 데카르트의 저 진리의 일반 규칙은 매우 불충분한 것으로 비춰진다.

> 내가 제안을 해도 좋다면, [데카르트] 당신이 해야 하는 일은 우리가 자칫 거짓을 참된 것으로 받아들이도록 하는 이런 일반적인 규칙을 세우는 것이 아니라, 우리가 명석하고 판명하게 어떤 것을 지각한다고 생각하는 경우, 언제 우리가 속임을 당하고 어느 때가 그렇지 않은지를 우리에게 안내하고 보여줄 수 있는 방법을 내놓는 것입니다.[27]

가상디의 이런 언급에서 아이네시데모스(제2트로푸스, 제3트로푸스, 제4트로푸스)와 아그리파(제1트로푸스)의 목소리를 듣기는 어렵지 않다. 가상디는 피론주의자의 논변을 빌려 데카르트에게 명석 판명한 지각이라는 진리 기준을 정당화할 수 있는 기준을 요구하고 있다. 사실 이런 요구에는 아그리파가 파놓은 뮌히하우젠 트릴레마의 늪에 데카르트를 끌어들이려는 전략이 들어 있다. 그러나 데카르트는 이런 요구에 응하지 않는다. 일단 진리 기준에 대한 기준을 논증하는 방식을 채택할 경우, 원리적으로 아그리파의 트로펜을 당해낼 수 없기 때문이다. 이것은 데카르트가 그만큼 고대 회의주의의 논변의 위력을 잘 알고 있다는 것을 시사해준다. 이런 측면에서 회의주의를 극복하는 진리 기준으로 데카르트가 왜 명석 판명한 지각을 내세웠는지를 좀 더

---

26) *CSM* II, p.194[VII, 278].
27) *CSM* II, pp.194-5[VII, 279].

심층적으로 이해할 수 있다.

데카르트가 명석 판명하게 지각하는 것을 일반적인 규칙으로 내세운 것은 논증의 차원이 아니다. 데카르트가 볼 때, 가상디의 반론이 매양 허공을 때리는 이유는 이 점을 오해했기 때문이다. 다음의 진술은 비록 신부 메르센 (Marin Mersenne, 1588-1648)의 비판에 대한 데카르트의 응답이긴 하지만, 진리 기준의 여부를 둘러싸고 벌어진 논쟁에서 가상디에게 주는 데카르트의 가장 요긴한 답변으로 간주될 수 있다.

> 누군가 "나는 생각한다. 그러므로 나는 존재한다, 혹은 현존한다."고 말할 때, 그는 삼단논법에 의해 '사유'로부터 자신의 현존을 도출하는 것이 아니라 정신의 단순한 직관에 의해 자명한 어떤 것으로서 그것을 인식하는 것입니다.[28]

데카르트에 의하면, 명석 판명한 지각(진리)은 논증에 의해 비로소 확보되는 것이 아니라 자명하게 직관되는 것이다. "어떤 방식으로 지식이 획득되는가?" 하는 문제를 데카르트는 『정신 지도를 위한 규칙』에서 좀 더 자세히 해명하고 있다. 「규칙 3」에서 데카르트는 명석하고 명증적으로 직관되는 것이거나 아니면 확실하게 필연적으로 연역되는 것을 제외하고 진리의 확실한 인식이나 참된 지식에 이르는 길은 인간에게 열려 있지 않다고 주장한다.[29] 이때 데카르트가 이해하고 있는 직관이란 감각의 동요하는 믿음이나 상상력의 기만적인 판단이 아니라 "명석하고 주의를 집중하는 [순수한] 정신의 의심할 여지없는 파악이며, 오직 이성의 빛에서 유래하는 것이다."[30] 정신의 직관에 있어서 명제는 전체가 한 번에 그리고 비연속적으로, 즉 어떤 추론의 매개를 거치지 않고 직접적으로 인식된다.[31] 이와는 달리 연역은 직접적으로 인식되는 것이 아니라 "확실하게 알려진 어떤 다른 명제들로부터 필연적으로 뒤따

---

28) *CSM* Ⅱ, p.100[Ⅶ, 140].
29) René Descartes, *CSM* Ⅰ, pp.13[Ⅹ, 366], 48[Ⅹ, 425] 참조.
30) *CSM* Ⅰ, p.14[Ⅹ, 369].
31) *CSM* Ⅰ, p.37[Ⅹ, 407] 참조.

라 나오는 것으로서 어떤 것을 추론하는"[32] 것이다. 연역은 연속적인 매개 운동을 지니며 전체를 단 한 번에 인식할 수 없다. 그것은 어느 정도 기억에서 비롯된다. 연역이 비록 잘못 행해지지는 않는다 할지라도 직관은 연역보다 더 확실하게 진리를 보증한다. 그것은 직관이 연역보다 더 단순하고, 더 쉬운 것이고, 절대적으로 자명한 것이기 때문이다. 직관에는 조금의 의심도 개입할 여지가 없다. 직관에 의해 깨닫게 된 명석 판명한 지각이야말로 단순한 것 자체이기 때문이다. 데카르트는 매듭을 지었다고 생각한다. 부르댕 (Pierre Bourdin, 1595-1653)에게 주는 응답에서 데카르트는 다음과 같이 언급하고 있다.

> 회의주의자들이 어떤 것을 명석 판명하게 지각했다는 바로 그 사실이야말로 그들이 의심을 멈추고, 회의주의자이길 멈춘다는 것을 의미할 것입니다.[33]

데카르트가 보기에 가상디는 자명하게 지각되는 직관과, 추론이나 논증이 요구되는 연역의 영역을 혼동하고 있다. 데카르트의 입장에 선다면, 가상디가 그에게 가한 자잘한 반박은 별로 설득력이 없다. 역사적으로 존재했던 철학적 의견들의 상이성은 가상디가 말한 것처럼 진리 기준의 정립 불가능성을 보여주는 것이 아니라, 데카르트에게는 오히려 진리 기준을 탐구해야 하는 추동력으로 작용할 뿐이다.[34] 또한 자기의 명제를 옹호하기 위해 대립하는 의견을 가진 사람들이 죽음도 불사했다는 사실만으로는 그들이 명석 판명하게 지각했다는 것을 결코 입증해줄 수 없다.[35]

그렇다면 가상디가 제기한 물음은 정말로 해결되었는가? 데카르트가 가상디를 답답하게 여기는 만큼 가상디도 데카르트를 그렇게 여길 것 같다. 가상디가 데카르트에게 던진 요구는 명석하고 판명한 정신의 활동에 관한 것이

---

32) *CSM* I, p.15[X, 369].
33) René Descartes, *CSM* II, p.321[VII, 477].
34) René Descartes, *CSM* I, p.115[VI, 8] 참조.
35) René Descartes, *CSM* II, p.250[VII, 361] 참조.

아니라, 명석 판명하게 지각된 것과 명석 판명하게 지각된 듯이 보이는 것을 구분지을 수 있는 기준이나 방법과 관련된 것이기 때문이다. 예컨대 서로 대립되는 입장을 고수하기 위해 목숨까지 거는 두 사람이 있다는 점은 (오죽 자기의 견해를 확신했으면 목숨까지 불사하겠는가!) 곧 두 사람이 두 명제가 대립함에도 불구하고 각자가 내세운 명제가 명석 판명하게 지각된 것이라는 확신을 갖고 있음을 시사한다. "어떤 사람이 정말로 명석 판명하게 지각한 것일까?" 하는 물음은 그래서 여전히 유효하다. 데카르트의 해명을 받아들인다면, 각자는 자기가 내세운 진리를 자명한 것으로 주장할 수 있는데, 여기서 진리는 반성적인 추론의 차원이 아니라 단순한 직접성의 차원에 놓여 있어서 어떤 논거도 필요로 하지 않기 때문이다. 상이하거나 서로 대립함에도 불구하고 각자는 자신의 지각을 명석 판명하게 지각하였기 때문에 진리로서 자유롭게 주장할 수 있다. 이런 상황에서 가상디는 직관에 의해 깨달은 것(진리)과 직관에 의해 깨달은 것처럼 보이는 것(사이비 진리나 거짓)의 구분의 필요성을 요구하고 있는 것이고, 이 요구는 정당한 것 같다.

데카르트 역시 "실제로 [명석 판명하게] 지각한 것과 [그렇게] 지각했다고 그들이 생각하는 것을 올바르게 구별할 수 있는 사람이 거의 없다."는 점을 인정하고 있다. 그러나 그 이유는 "많은 사람들이 명석 판명한 지각에 익숙해 있지 않기 때문이다."[36] 이런 답변에서도 명확하게 볼 수 있듯이 데카르트는 가상디가 아무리 링 위로 오르라고 독촉해도 오르지 않는다. 논증의 링에 오르는 순간 아그리파의 용의 삼각편대가 활동을 개시할 것이기 때문이다. 말하자면 데카르트는 거기가 용들의 홈구장인 것을 잘 알고 있는 것이다. 그러나 명석 판명한 지각의 구별을 익숙함에 돌리는 데카르트의 답변은 단지 지연책(遲延策)에 지나지 않는 것 같다. 가상디는 곧 "누가 익숙하고 그렇지 않은가를 구별할 수 있는 기준은 무엇인가?" 하고 계속 물을 것이기 때문이다. 따라서 이런 응답은 데카르트가 아무리 강조하여도 가상디가 제기했던 물음을 만족시키지 못한다. 케니가 결론짓고 있듯이 "진짜로 명석 판명한 지각과 그저 명석 판명한 듯이 보이는 지각을 구별할 수 있는 기준은 [데카르트에게

---

36) *CSM* II, p.348[VII, 511]. p.116[VII, 164] 참조.

는] 존재하지 않는 것 같다."[37] 이렇기 때문에 데카르트가 해명한 곳에서 가상디는 언제나 동종의 질문을 되풀이할 수 있는 것이다. 진리 기준의 문제와 관련해서 데카르트가 우리 주관의 심리학적인 불가항력을 지적하고 있다는 점을 인정한다 해도 결국 독단적인 전제를 설정하고 있다는 비판(아그리파의 제4트로푸스)에서 자유로울 수는 없을 것이다. 만약 진리가 단지 주관의 직관에 의해서가 아니라 신에 의해 보증되는 것이라고 데카르트가 주장한다면 그것은 우리를 다른 문제와 만나게 한다. 즉 순환 논증이 전면에 등장한다.

4. 데카르트와 가상디의 논쟁 Ⅱ: 순환 논증의 여부

데카르트가 순환 논증을 범하였다는 비판은 『제1철학에 관한 성찰』의 초고가 배포되자마자 가해졌다. 이 비판을 대표하는 이는 아르노(Antoine Arnauld, 1612-1694)로 알려져 있으며, 따라서 데카르트의 순환 논증은 '아르노의 순환(the Arnauld circle)'으로 명명되었다.[38] 가상디도 순환을 지적하였다. 아르노의 비판은 내용적인 측면에서는 가상디와 전혀 차이가 없기 때문에 아르노의 순환은 곧 가상디의 순환으로 치환할 수 있다.

데카르트는 명석 판명한 지각이 참인 근거를 성실한 신의 존재에서 찾았다. "그러나 나는 이제 신이 있다는 것을 지각하였고, 동시에 다른 모든 것은 신에 의존하고 있으며, 신은 기만자가 아니라는 것도 인식하였다. 이로부터 내가 명석 판명하게 지각하는 것은 모두 필연적으로 참이라는 결론을 도출하였다."[39] 이런 진술은 명석 판명한 지각이 참이라는 저 '진리의 일반 규칙'이 비로소 신의 존재에 의해 외부 대상을 인식하는 데 적용될 수 있다는 것을 내포하고 있다. "내가 명석 판명하게 인식할 수 있는 것을 모두 내가 이것을 인식하는 대로 신이 만들어낼 수 있음을 알고 있기 때문에"[40] 우리 각자의 명석 판명한 지각은 단순히 주관적인 확실성을 넘어서서 객관적인 확실성을 획

---

37) 안쏘니 케니, 『데카르트의 철학』, 김성호 옮김(서울: 서광사, 1991), p.214.
38) 아르노의 순환에 관해서는 René Descartes, *CSM* Ⅱ, p.150[Ⅶ, 214] 참조.
39) *CSM* Ⅱ, p.48[Ⅶ, 70].
40) *CSM* Ⅱ, p.54[Ⅶ, 78].

득할 수 있다. 전능한 신을 매개로 해서만 우리의 주관적인 지각이 실재하는 외부 대상 세계와 일치하게 되는 것이다. 신의 도입은 이렇게 명석 판명한 지각을 대상 인식에 적용하고, 주관성을 넘어 객관성의 세계로 나아가려는 데카르트의 야심찬 시도와 맞물려 있다.[41]

다른 한편으로 진리의 일반 규칙의 근거가 신의 존재라면, 신이 존재한다는 근거는 무엇일까? 데카르트에 의하면 그것은 신의 관념이 지극히 명석 판명하게 지각되기 때문이다. 즉 참되기 때문이다. "신의 관념은 극히 명석 판명하다. … 그러므로 신의 관념보다 그 자체 더 참된 관념은 없으며, 이 관념보다 허위의 의혹을 덜 받는 관념도 없다. 이 최고로 완전하고 무한한 존재자의 관념이 최고로 참된 것이라고 나는 말하고 싶다."[42] 데카르트가 인과론적 신 존재 증명이나 존재론적 증명을 수행할 때 출발점이 되는 것은 모두 이렇게 극히 명석 판명하게 지각되는 신의 관념이다. 완전하고 무한한 신의 관념은 유한한 나로부터 생겨났을 리가 없기 때문에 이런 관념을 야기한 무한 실체가 있어야 하며(인과론적 신 존재 증명), 현존하지 않는 신은 완전함이라는 신의 관념과 모순되기 때문에 신은 존재해야 한다(존재론적 신 존재 증명). 데카르트에 있어 대상 자체와 우리가 직접적으로 접촉하는 길은 원리적으로 차단되어 있다. 우리의 정신이 직접 지각하는 대상은 외부 세계가 아니라 어디까지나 관념이다.[43] 그래서 "우리가 사물에 대해 지식을 가질 수 있는 것은 단지 우리가 그 사물에 대해 품고 있는 관념을 통해서일 뿐이다."[44] 이렇게 우리가 우선적으로 가지고 있는 것의 전부는 관념뿐이어서 데카르트는 신의 존재를 증명하기 위해서 굳이 명석 판명한 신의 관념으로부터 출발하지 않으면 안 되었던 것이다.

가상디는 이런 데카르트의 해명에서 일종의 순환을 발견한다. 가상디는

---

41) 이현복, 「데카르트의 제일철학에 있어 신의 전능성」, 『철학』, 제44호(한국철학회, 1995), p.62 참조. 이현복에 의하면 데카르트의 인과론적 신 존재 증명이나 존재론적 증명은 모두 신의 전능성에 의존하고 있다.

42) René Descartes, *CSM Ⅱ*, p.31[Ⅶ, 46].

43) *CSM Ⅱ*, p.127[Ⅶ, 181] 참조.

44) René Descartes, *CSMK Ⅲ*, p.202[Ⅲ, 476].

이 순환을 다음과 같이 서술하고 있다.

> 나는 이 지점에서 순환 논증이 시작되고 있는 듯이 보인다는 점에 주목하고 싶다. [데카르트] 당신은 신에 관한 명석 판명한 관념을 가지고 있다는 이유로 신이 틀림없이 존재하며 기만자가 아니라는 것을 확신한다. 그런가 하면 당신은 기만자일 리 없는 신이 존재한다는 것을 알고 있다는 이유로 명석 판명한 관념은 틀림없이 참이라는 것을 확신한다.[45]

데카르트는 두 명제를 주장한다. P(a) : 명석 판명하게 지각되는 것은 모두 참이다. P(b) : 신은 존재한다. 그리고 P(a)의 근거로 P(b)를, P(b)의 근거로는 P(a)를 제시한다. 순환 속에서 P(a)와 P(b)는 증명되어야 할 것임에도 불구하고 어느새 증명된 것으로 둔갑한다. 이것은 진정한 해명이라기보다는 근거(결과)와 결과(근거)의 지루한 교대를 의미할 뿐이다. 전형적인 악순환(아그리파의 제5트로푸스)이 발생한 것이다.

데카르트는 회의주의에 대한 자신의 해결책이 순환 논증에 빠졌다는 가상디와 아르노의 비판에 격렬하게 저항하였다. 만약 악순환에 빠진다면 아그리파에 의해 치명상을 입게 된다는 것을 데카르트 자신이 잘 알고 있었다. 데카르트의 격렬한 반론은 역설적으로 그가 고대 피론주의의 위험에 대해 숙지하고 있음을 보여준다. 그렇지만 정작 "데카르트가 어떻게 순환에서 벗어났는가?"는 커다란 숙제로 남아 있다. 데카르트가 준 직접적인 응답은 금방 한계를 드러내기 때문이다. 순환의 비판에 대한 데카르트의 단도직입적인 대응은, 진리 기준의 여부에 대한 물음에서도 그랬듯이, 그가 아예 추론 자체를 이용하고 있지 않다는 것이다. "비록 데카르트가 근대 인식론의 아버지일지라도 그가 추상적인 '정당화'를 지니고 있다는 관점에서 인식론을 생각하고 있지 않다는 점을 깨닫는 것이 여기에서 중요하다. 데카르트에게 증명이란 … '정당화'가 아니다. 그것은 어떤 것이 그렇다는 것을 보는 방식이다. 내가 명석하게 지각할 때 내가 하는 일이란 어떤 것이 그렇다는 것을 보는 것이

---

45) Pierre Gassendi, *The Selected Works of Pierre Gassendi*, p.204. p.231 참조.

다."[46] 우리가 명석 판명하게 지각하는 것들은 너무나 단순하고 자명해서 더 이상의 어떤 합리적 근거도 필요로 하지 않으며, 그냥 그렇다는 것을 보는, 즉 직관하는 것이다. 요컨대 데카르트의 핵심적 변호는 우리가 주의를 집중하는 한에서 직관에 의해 명석 판명하게 파악되는 것은 그 진리성에 대해 어떤 의심의 여지도 없기 때문에, 신의 존재에 의존할 필요가 없다는 데에 있다. 순환하는 두 항 가운데 하나의 항, P(a)가 우선권을 획득하게 되면 악순환은 발생하지 않는다. 이것이 순환에 대응하는 데카르트의 착상이다.

사정이 이렇다면 데카르트는 왜 신의 존재가 그토록 필요하다고 말했을까? 다음의 진술이 그 이유를 말해준다.

"신이 존재한다는 것을 인식할 때까지 어떤 것도 알 수 없다."고 내가 말했을 때, 나는 이를 우리가 결론을 도출하는 데에 사용했던 근거들에 주목하지 않은 채 기억할 수 있는, 그런 결론들에 대한 지식에 한정해서 설명하는 것임을 분명한 표현을 써가며 확실하게 하였습니다.[47]

이 언급에 의하면, 우리가 주의를 기울일 때 직관에 의해 파악된 것은 의심의 여지가 없지만, 그 이후에는 그것을 명석 판명하게 지각했다는 기억에 의존하여 결론을 도출할 수밖에 없다. 그 전제의 진리를 아무리 명석 판명하게 지각했다 하더라도, 또 이런 전제로부터 명석 판명한 추론 과정을 거쳐 결론을 도출했다고 해도 기억은 부정확한 것이기 때문에 우리는 그 결론에 대해 의심할 수 있다. 그러니까 데카르트는 기억의 정확성을 보증하기 위해 신을 필요로 했던 것이다. "만약 우리가 신이 존재하며, 그가 기만자가 아니라는 사실을 알지 못한다면, [우리가 명석 판명하게 지각했다는 것을] 기억하는 것만으로는 충분하지 못할 것이다."[48] 신으로 인해 우리는 기억의 정확성을 보

---

46) John Carriero, "The Cartesian Circle and the Foundations of Knowledge," in *A Companion to Descartes*, ed. by Janet Broughton and John Carriero(Malden, MA: Blackwell Publishing Ltd, 2008), p.314.

47) René Descartes, *CSM Ⅱ*, p.100[Ⅶ, 140].

48) *CSM Ⅱ*, p.171[Ⅶ, 246].

증받고, 그럼으로써 조각난 지식이 아니라 체계적인 학문을, 즉 완전한 의미에서의 지식을 구축할 수 있다. 우리가 명석 판명하게 지각하고 직관하고 있는 것은 우리가 주의를 기울이는 한에서 더 이상의 다른 근거를, 즉 신을 필요로 하지 않는다. 신은 다만 지각에 더 이상 주의를 기울이지 않아 의심이 다시 침입할 때 추론이나 연역의 진리를 보증하기 위해서만 필요할 뿐이다. 이제 데카르트는 순환 논증이라는 가상디의 비판으로부터 피난처를 마련한 것처럼 보인다.[49]

그러나 이런 해결책은 일종의 눈가림인 듯하다. 데카르트의 변호는 "명석 판명하게 지각하는 것은 모두 참이다."라는 일반 규칙이 우선적으로 정당화되었을 경우에만 견지될 수 있기 때문이다. 그러나 진리 기준의 성립 여부를 둘러싼 논쟁에서 이미 살펴보았듯이, 이 문제는 전혀 해결되지 않았고 해결될 수도 없는 것이었다. 우리가 어떤 명제를 명석 판명하게 지각하고 있으며 그리하여 그것은 의심 불가능하다고 아무리 주장해도 그것은 주관적인 진술이며, 따라서 그것과 동등한 권리를 갖고 대립하는 명제는 언제든 양립할 수 있다. 이런 이유로 인해 가상디는 "어떤 명제가 참이고 어떤 명제가 거짓인가?"를 구획지을 수 있는 기준이나 방법을 요구하였던 것이다. 우리가 어떤 것을 의심할 수 없다는 심리학적인 강제를 인정한다 하더라도 그것만으로 문제가 해소되는 것은 아니다. "상반되는 심리학적인 강제들 중 어떤 것을 참인 것으로 간주해야 되는가?"의 근거가 추론에 의해 합리적으로 확보되지 않는 한, 무슨 수를 쓰더라도 참과 거짓을 구별하는 데 있어 오류를 피하기는 힘들다. 순환에 대한 데카르트의 대응을 훑어본 후 후크웨이는 다음과 같이 결론 짓고 있다. "우리가 합법적으로 누구에게나 변호할 수 있는 명증적인 토대들을 확인하지 못하는 한 … 이 지점에서 데카르트의 인식론은 실패했다고 결론 내리는 것이 공정하다."[50]

---

49) A. K. Stout, "The Basis of Knowledge in Descartes," in *Descartes: A Collection of Critical Essays*, ed. by Willis Doney(London/Melbourne: Macmillan, 1968), pp.174-5 참조. 스타우트는 데카르트에게 가해진 순환 논증의 비판이 데카르트 자신은 깨닫지 못했을 수도 있지만 데카르트로 하여금 이런 새로운 입장을 갖도록 만들었다고 본다. p.180도 참조.
50) Christohper Hookway, *Scepticism*, pp.84-5.

데카르트는 악순환의 혐의로부터 벗어나기 위해, 실상은 저 진리의 일반 규칙을 고수하는 독단적인 전제 설정의 논변 형식으로 되돌아간 것처럼 보인다. 순환의 비난에 굴복당하지 않기 위해 신의 역할을 기억의 정확성에 한정함으로써, 그는 스스로 애써 건축한, 주관적 확실성에서 객관적 확실성으로 나아가게 하는 신의 존재의 다리를 붕괴시키고 만다. 신의 존재를 주장할 경우 데카르트는 필연적으로 순환에 빠지고,[51] 신의 존재의 역할을 축소할 경우 주관적인 확실성이라는 독단적인 전제 설정에서 헤어날 수 없는 진퇴양난에 빠진 듯이 보인다.

이렇듯 순환 논증의 비판에 맞서 데카르트가 직접적으로 주고 있는 답변은 만족스럽지 못하다. 그래서 데카르트를 변호하려면 그의 작업을 재구성해야 한다. 순환의 물음은 "데카르트가 어떻게 직접적으로 이 물음을 해결했다고 주장했는가?"가 아니라 "어떻게 데카르트가 악순환을 벗어났음을 그의 여타의 진술들에 비추어 재구성할 수 있을 것인가?"로 넘어간다. 악순환의 문제와 관련해서 데카르트를 재구성하려는 작업은 매우 다양하게 시도되어왔다.[52] 그러나 신의 존재를 통해 우리 바깥의 대상적 세계의 확실성을 확보하려는 데카르트의 저 야심찬 기획을 보존하는 가운데 데카르트를 악순환에서 구해내기란 원리적으로 거의 불가능에 가까운 것처럼 보인다. 바꾸어 말한다면 데카르트를 구해내기 위해서는 데카르트의 핵심적 주장을 변형하고 축소하고 심지어는 간과하는 대가를 치러야 한다. 잘 알려진 프랑크푸르트의 작업이 이를 여실히 보여준다.

프랑크푸르트는 데카르트가 '의심할 수 없다(indubitable)'는 것과 '참되다(true)'는 것을 구별함으로써 회의주의자에게 대응하고 있다고 해석한다. 즉 데카르트가 목표로 했던 것은 명석 판명하게 지각하는 것은 의심할 수 없다는 것만을 주장하려는 것이었지, 그것이 참임을 아는 데까지는 나아가지

---

51) 리처드 샤하트, 『근대철학사: 데카르트에서 칸트까지』, 정영기 · 최희봉 옮김(서울: 서광사, 1993), pp.29-30 참조.

52) 이런 작업의 대략적인 윤곽에 대해서는 Louis E. Loeb, "The Cartesian Circle," in *The Cambridge Companion to Descartes*, ed. by John Cottingham(Cambridge: Cambridge University Press, 1992), pp.200-1 참조.

않았다는 것이다. 데카르트의 기획을 이렇게 의심할 수 없는 것에 한정시키게 되면, 명석 판명하게 지각하는 것은 모두 참이라는 데서 발생했던 악순환의 짐을 데카르트는 지지 않아도 될 것이다.[53] 프랑크푸르트의 전략은 다음의 문장에 압축되어 있다. "데카르트가 수행했다고 내가 생각한 것이 옳다면, 『제1철학에 관한 성찰』에서 그의 추론은 직관되는 것이 참이라는 것을 입증하기보다는 이것을 의심할 만한 그럴듯한 이유가 존재하지 않는다는 것을 보여주기 위해 고안된 것이다."[54] 그리고 바로 이렇기 때문에 프랑크푸르트의 눈에는 데카르트가 회의주의를 극복한 것으로 비춰진다. 고대 회의주의자들이 시도했던 바는 이성을 사용하여 이성이 신뢰할 수 없다는 불가피한 결론을 도출하는 것이었는데, 이제 데카르트는 이성을 적절하게 사용하기만 하면, 즉 우리가 직관되는 것에만 동의할 경우 이성은 신뢰할 만하다는 것을 보여주고 있기 때문이다.[55]

그러나 과연 고대 피론주의자들은 프랑크푸르트가 시사하고 있는 것처럼 제거되지도 않고 제거될 수도 없는 거짓의 가능성을 도입함으로써 의심할 이유를 제시하고 있는가? 페린이 단호하게 말하고 있는 것처럼 "아카데미학파나 피론주의의 회의적 논변들은 이렇게 하지 않는다."[56] 그들은 이성을 사용하여 이성의 비신뢰성을 도출해낸 사람들이 아니라, 동등한 권리를 지닌 서로 갈등하는 논변들을 제시함으로써 판단유보를 결론으로 이끌어내려고 하였을 뿐이다. 그들은 어떤 명제가 거짓임을 제거할 수 없는 가능성이 있는가, 그리하여 의심할 좋은 이유가 있는가를 탐구하지 않았다.

고대 피론주의의 역사적 사실에 대한 부정확성은 논외로 한다 하더라도 무엇보다 프랑크푸르트의 재구성은, 우리가 이미 어느 정도 예상할 수 있듯이,

---

53) Harry G. Frankfurt, "Descartes' Validation of Reason," in *Descartes: A Collection of Critical Essays*, ed. by Willis Doney(London/Melbourne: Macmillan, 1968), pp.218-9 참조.

54) 같은 글, p.225.

55) 같은 글, pp.222-3 참조.

56) Casey Perin, "Descartes and the Legacy of Ancient Skepticism," in *A Companion to Descartes*, ed. by Janet Broughton and John Carriero(Malden, MA: Blackwell Publishing Ltd, 2008), p.60.

데카르트가 획득하길 원했던 확실성보다 훨씬 약한 것이다. 여기서는 대상세계의 객관적인 확실성은 문제로 떠오르지 않는다. 커리는 이 점을 정확하게 집어내고 있다. "프랑크푸르트의 독해법에 따르면, 데카르트는 그의 명석판명한 관념들이 실재와 일치한다는 의미에서 참이라는 것을 보여주는 일에는 무관심하고, 단지 그것들이 의심 불가능하다는 것을 보여주는 일에만 관심을 가진 것이 된다."[57] 그러나 진리를 이렇게 정합성 개념으로 만들어버릴 경우, 외부 세계와 관념의 일치를 확보하기 위해 신의 존재를 증명하려 했던 데카르트의 낯빛은 변할 것이다. 데카르트의 재구성을 통해 악순환에 대한 혐의로부터 데카르트를 벗어나게 만들 경우―그것은 물론 가능한데―이와 동시에 데카르트가 해결하였다고 생각했던 문제들을 그가 다소간 해결하지 않은 것으로 만들어야 한다.

데카르트를 악순환에서 구해내기 위해 그의 철학을 어떤 방식으로 재구성한다 해도, 데카르트가 그토록 야심차게 추구했던 신 존재의 필요성을 축소시키거나 무화시키는 한, 문제가 풀렸다고 보기는 어려울 것 같다. 데카르트에게 명석 판명한 지각이 객관적으로 참임을 보증하기 위해 신의 존재는 불가피하기 때문이다. 윌리엄스는 이 점을 강조한다. 더욱이 그에 따르면 여기에 열쇠가 있다. 신의 존재를 데카르트에서 거추장스러운 짐으로 여기지 않고 오히려 그의 생각을 그대로 인정할 경우 악순환의 문제는 풀린다. "데카르트의 입장을 대표하는 가장 명확하고도 간단한 방법이 나에게는 [그가 순환논증에 빠졌다는] 이런 비난으로부터 그를 구해주는 것처럼 보인다. 데카르트가 사유로부터 독립적인 실재성을, 특히 신의 존재를 논증할 수 있다고 여겼다는 것이 데카르트 체계에서는 본질적이다."[58] 윌리엄스가 제안한 대로, 신의 존재에 대한 논증들이 불가항력적인 것이고 이로부터 명석 판명한 지각들이 참되다는 결론이 나온다는 것을 인정하게 되면 데카르트가 악순환에 빠졌다고 비판할 이유가 없다.

---

57) 에드워드 커리, 『데카르트와 회의주의』, p.180.
58) Bernard Williams, "Descartes's Use of Skepticism," in *The Skeptical Tradition*, ed. by Myles Burnyeat(Berkeley/Los Angeles: University of California Press, 1983), p.348.

데카르트의 철학에서 악순환은 두 개의 항으로 이루어져 있었다. P(a) : 명석 판명하게 지각되는 것은 모두 참이다. P(b) : 신은 존재한다. 앞에서 데카르트는 아르노와 가상디에 맞서 순환하는 두 항 가운데 P(a)에 인식적 우선권을 부여함으로써 악순환에 저항하였다. 결과는 실패였다. 데카르트와는 반대로 윌리엄스는 P(b)에 인식적 우선권을 부여함으로써 데카르트를 변호하려고 한다. 이 경우 문제는 "신의 존재에 대한 데카르트의 논증이 성공적인가, 그렇지 않은가?"로 넘어갈 수밖에 없다. 그런데 흥미로운 점은 윌리엄스를 포함하여 이런 방식으로 데카르트를 악순환에서 구하려고 시도하는 이들조차 이 논증들이 충분히 훌륭하지 않다는 것을 인정하고 있다는 것이다.[59] 신 존재의 논증들이 결함을 지니고 있긴 하지만, 최종적인 근거로서 신을 통해서 악순환에서 벗어날 수 있다고 데카르트가 생각한 절차에는 하등의 결함이 없다는 이런 입장은 조금 공소해 보인다. 사실상 이런 변호는 회의주의를 극복하기 위해서는 아르키메데스적 일점을 찾아야 한다는 데카르트의 저 최초의 학문적 동기(動機)만을 다시 반복하고 있는 것처럼 여겨지기 때문이다.

5. 데카르트와 가상디의 논쟁 Ⅲ : 본유관념의 인정 여부

데카르트와 가상디는 진리 기준의 성립 여부, 그리고 신과 명석 판명한 지각 간의 순환 논증의 여부를 둘러싸고 첨예하게 대립하였다. 이러한 양자의 논쟁은 "본유관념을 인정할 것인가, 아니면 부정할 것인가?" 하는 연속적인 전선을 형성하였다. 본유관념에 대한 논박에서 특히 가상디 철학의 특징적인 단면이 명확하게 드러난다. 피론주의에 대해 가상디가 어떻게 대응하고 있는가를 본격적으로 논의하기에 앞서 가상디 철학의 기본적인 입장을 파악하고자 한다면, 본유관념에 대한 양자의 견해를 비교하는 것은 매우 효과적인 일일 것이다.

---

59) 같은 곳 참조. 에드워드 커리, 『데카르트와 회의주의』, p.162도 참조. "그것[데카르트의 변호]이 실패하는 것은 신 존재에 대한 데카르트의 논증들이 충분히 훌륭하지 못하기 때문이지, 그러한 변호의 계획 그 자체가 불가피하게 순환적이기 때문은 아님을 논하고자 한다."

본유관념에 대한 양자의 입장은 너무나도 분명해서 어떤 오해의 소지도 없다. 데카르트는 『제1철학에 관한 성찰』에서 관념을 그 기원에 따라 본유, 외래, 조작 관념으로 나누고 있다. 어떤 소리를 듣고 태양을 바라보고 불을 느끼고 있는 것과 같이 나의 외부에 있는 어떤 사물에서 유래한 관념은 외래 관념이다. 사이렌이나 키메라처럼 우리의 상상력이 고안해낸 것은 조작 관념이다. 반면 진리, 사물, 정신, 신의 관념처럼 "단순히 나 자신의 본성으로부터 도출되는 것처럼 보이는"[60) 관념은 본유관념이다. 신의 현존을 증명하는 가운데 데카르트가 신의 관념에 관해 언급하고 있는 부분은 "어떻게 그가 본유관념의 존재를 정당화하고 있는가?"를 여실히 보여준다.

또한 나는 ⋯ 무한한 것을 참된 관념에 의해서가 아니라 단순히 유한한 것을 부정함으로써 지각한다고 생각해서도 안 된다. 반대로 무한 실체 속에는 유한 실체보다 더 많은 실재성이 내포되어 있다는 것, 따라서 무한한 것의 지각은 유한한 것에 대한 지각보다, 즉 신에 대한 지각은 나 자신에 대한 지각보다 어떤 의미에서 더 앞선다는 것을 나는 명석하게 이해한다. 내 안에 좀 더 완전한 존재의 관념이 없다면, 다시 말해서 나 자신을 이것과 비교하면서 내 결함을 깨닫게 만들 수 있는 그런 관념이 내 안에 있지 않다면, 내가 의심하고 어떤 것을 바라고 있다는 것을(즉 어떤 것을 결여하고 있다는 것을), 그리고 내가 전적으로 완전하지 않다는 것을 내가 어떻게 이해할 수 있겠느냐 말이다.[61)

여기서 "신에 대한 지각이 나 자신(정신)에 대한 지각보다 어떤 의미에서 더 앞선다."는 데카르트의 주장은 신이라는 관념이 인식의 순서상 첫 번째라는 것을 가리키는 것이 아니다. 인식에서 첫 번째 인식은 어디까지나 나 자신에 대한 인식이다. 그럼에도 "어떤 의미에서 더 앞선다."는 것은 곧 나 자신이 자기를 의식하기 위한 조건이 바로 신의 인식이라는 것을 뜻한다. "다시

---

60) René Descartes, *CSM* II, p.26[VII, 38].
61) *CSM* II, p.31[VII, 45-6]

말해 신의 인식은 정신의 인식 조건이라는 것이다."[62] 내가 나 자신을 유한하고 결함 있는 존재로 의식한다는 것은 이런 "나의 결함을 깨닫게 만들 수 있는 완전한 관념이 내 안에 [이미 항상] 있다."는 것을 말한다. 본유관념은 이처럼 특정한 경험을 통해 획득되는 것이 아니라 특정한 경험을 비로소 가능하게 하는 근본 조건으로 기능한다.

이제 앞의 데카르트의 주장과 정반대되는 주장을 나열해보자. 먼저 본유관념이란 존재하지 않는다. 그리고 이처럼 "단순히 나 자신의 본성으로부터 도출되는 것처럼 보이는" 본유관념이 존재하지 않을 경우, 그것은 모든 관념이 나의 외부에 있는 어떤 사물에서 유래한다는 것을 뜻한다. 따라서 우리는 신의 관념도 "참된 관념에 의해서가 아니라 단순히 유한한 것을 부정함으로써 지각한다."고 결론 내리지 않으면 안 된다. 그런데 데카르트와 대척점에 있는 이런 주장들을 실제로 가상디가 하였던 것이다. 가상디의 다음 진술들은 데카르트의 주장들을 거꾸로 하여 포개놓은 것과도 같다.

… 나는 모든 관념은 외래적이라고, 즉 정신 외부에 존재하며 우리 감각의 영향을 받는 사물들에서 기인하는 것처럼 보인다는 것에 주목하고 싶습니다. 정신은 사물들에 의해 전달되며 감각을 통해 수용되는 외래 관념을 지각하는 능력을 갖고 있습니다. (아니 오히려 정신은 이 능력 자체입니다.) … 게다가 정신은 이 관념들을 다양한 방식으로 결합, 분리, 확대, 축소, 비교하는 등의 능력을 지니고 있습니다. 그렇다면 어쨌든 세 번째 종류의 [조작] 관념은 두 번째 종류의 [외래] 관념과 구별되지 않습니다. 왜냐하면 키메라의 관념은 사자 머리의 관념과 염소 몸통의 관념 그리고 뱀 꼬리 관념을, 비록 이런 각각의 요소가 외래적이라고 해도 정신이 하나의 관념으로 결합한 데 불과하기 때문입니다. (…) [데카르트] 당신이 본유적이라고 말한 형상들에 관해 말한다면 그것은 전혀 존재하지 않는 듯하며, 또 그것이 무엇이든 그러한 것이라고 말해지는 것들 역시 외적인 기원을 갖는 것처럼 보입니다.[63]

---

62) 르네 데카르트, 『성찰 / 자연의 빛에 의한 진리 탐구 / 프로그램에 대한 주석』, p.233.
63) René Descartes, *CSM* Ⅱ, p.195[Ⅶ, 280].

당신이 [신의] 이런 완벽함에 대해 갖고 있는 관념은 신에 의해 당신 안에 자리 잡게 된 것이 아니라, 당신이 이제껏 보아왔던 사물들로부터 당신에 의해 도출된 것입니다.[64]

그러므로 사람들이 당신은 유한한 것을 부정함으로써 무한한 것을 지각한다고 생각하는 것은 잘못이 아닙니다.[65]

가상디에 의하면, 본유관념이건 혹은 조작 관념이건 간에 모든 관념의 출처는 우리 정신 밖에 존재하는 외부 사물이다. 신이나 키메라는 이런 외래 관념을 가지고 정신이 산출해낸 인위적인 조작에 불과하다. 이것이 본유관념과 관련하여 가상디가 말하고 싶은 전부라고 할 수 있다. 예컨대 데카르트가 신에 속한다고 말했던 모든 특징들은 "데카르트가 사람들과 여타의 사물들에서 알아챘던 다양한 완전함 이외에 다른 것이 아니다."[66] 신의 완전함에 대한 관념은 우리가 보고 들을 수 있는 창조된 사물의 완전함으로부터, 또는 수명, 힘, 지식, 선, 축복같이 우리 안에서 감탄한 것들로부터 취해진 것이다.[67]

"본유관념이란 존재할 수 없다."는 주장을 내세울 때 가상디가 동원하고 있는 몇몇 논변은 예의 고대 피론주의자의 것이다. 본유관념이 정신의 본성으로부터 도출된다면, 신의 형태나 이미지는 모든 사람에게 비슷하거나 똑같아야 할 것이다. 그러나 실제로 각 사람, 각 민족마다 신에 대한 관념과 견해는 상이하다.[68] 역사적으로 실존했던 철학적 의견들의 상이성을 들어 상대방을 논파하는 이런 식의 논변 형식은 독단주의를 공격하는 고대 피론주의자들의 전형적인 수법이었다.

데카르트의 본유관념을 부정할 때 가상디가 즐겨 구사한 전략 가운데 하나는 본유관념을 인정할 경우 설명할 수 없는 사례들을 제시하는 것이었다. 예

---

64) *CSM* Ⅱ, p.212[Ⅶ, 304].
65) *CSM* Ⅱ, p.206[Ⅶ, 296].
66) *CSM* Ⅱ, p.205[Ⅶ, 295].
67) *CSM* Ⅱ, pp.212[Ⅶ, 305], 200[Ⅶ, 287] 참조.
68) *CSM* Ⅱ, p.214[Ⅶ, 307] 참조.

컨대 가상디는 애초에 시각 장애자나 청각 장애자로 태어난 사람들이 색과 소리에 대한 어떤 관념도 갖고 있지 않다는 데에 주목하였다. 왜냐하면 이런 현상은 본유관념이 있다면 발생할 수 없는 일이기 때문이다. 이것은 가상디에게 외부 사물만이 우리에게 관념을 야기하며, 외부 사물이 우리 정신에 오는 길이 막혀 있을 경우 관념은 발생하지 않는다는 것을 말해주는 증거였다. "이것은 태어날 때부터 [외부 대상을 향한] 문이 닫혀 있어서 외부 대상들이 이런 불운한 이의 정신에 어떤 이미지도 전달해줄 수 없었기 때문에 생긴 일입니다."[69] 본유관념을 부정하는 입장을 고수할 경우, 감관을 통해서 외부에서 전달되는 관념들이 없다면 어떤 형태의 관념도 존재할 수 없을 것이다. 이때 지각은 관념의 형성을 위한 필요조건이므로 정신에 어떤 관념이 존재한다는 것은 그 관념과 관련하여 이미 항상 감각적 지각 행위가 선행되었음을 의미한다. 예를 들어 삼각형이나 그 밖의 도형 관념들을 우리 안에서 획득하거나 형성할 수 없기 때문에, 그것들의 관념을 갖고 있다는 것은 언제나 우리가 그러한 형체를 이미 보거나 만졌다는 것을 가리킨다.[70] 다음의 문장은 가상디의 견해를 단적으로 요약해주고 있다. "정신은 아무것도 새겨 있지 않은 매끄러운 빈 서판(tabula lasa)과 같다."[71]

　　모든 관념은 오로지 외부 대상에서 기원하는 것이기 때문에 가상디에게 본유관념과 조작 관념의 구별은 별 의미가 없다. 본유관념이나 조작 관념 모두 외래 관념에 의해 만들어지며 결국 외래 관념으로 환원될 수 있는 것이기 때문이다. 앞에서도 가상디가 밝히고 있지만 '외래 관념들을 결합, 분리, 확대, 축소, 비교하여' 본유관념이나 조작 관념의 새로운 관념들을 형성해낼 수 있는 것은 정신의 능력 덕분이다. 정신이 지닌 이런 능력에 대해 독자들이 거의 외울 정도로 가상디는 '내가 앞에서도 여러 번 설명했지만[72]이라는 단서를 달면서 다시 설명하고 있다. 인간의 본성도 이런 설명의 한 예이다. 우리가

---

69) *CSM* Ⅱ, p.197[Ⅶ, 283].
70) *CSM* Ⅱ, p.223[Ⅶ, 321-2] 참조.
71) Pierre Gassendi, *The Selected Works of Pierre Gassendi*, p.166.
72) René Descartes, *CSM* Ⅱ, p.205[Ⅶ, 295].

구체적으로 지각하는 대상은 소크라테스와 플라톤 등의 개별적인 사람들일 뿐이다. 이로부터 누구나가 동의하는 인간의 보편적인 본성이나 본질을 추상해내는 것은 지성이다. 그러므로 "플라톤과 여타의 사람들이 존재하기도 전에, 그리고 지성이 추상을 수행하기도 전에 보편적인 [인간의] 본성이 있어야 했다는 것은 확실히 납득할 수 없다."[73] 삼각형이나 신의 본성도 역시 지성의 추상 작품일 뿐이다.

정신은 관념을 산출하지는 못한다. 그것은 이미 지각에 의해 산출된 관념을 가지고 추상 작용에 의해 새로운 관념을 만들어내는 능력일 뿐이다. 그러나 그렇기 때문에 오류나 거짓이 있다면 그것은 지각의 탓이 될 수 없다. 지각은 완전히 수동적이고 현상만을 보고하는 데 그치기 때문이다. "오류나 거짓이 있다면 그것은 판단이나 정신에 있다."[74] 가상디의 관점에 선다면 정신이 관념들을 비교하고 결합하고 추상할 때 신중하거나 면밀하지 못함으로써만 오류나 거짓은 발생할 수 있다. 이것은 외래 관념만을 지식의 기원으로 인정할 경우 진행될 수밖에 없는 필연적인 귀결로 볼 수 있다.

본유관념을 둘러싸고 벌어진 데카르트와 가상디 간의 논박은 데카르트가 이성론의 터전을 놓은 정도로 가상디의 작업이 경험론의 길을 닦아놓았다는 것을 보여준다. 좀 과장되긴 해도 노튼의 서술은 이런 측면을 잘 드러낸다. "근대 경험론의 창시자라는 타이틀을 얻을 가장 그럴듯한 후보는 피에르 가상디이다. (…) [17-18세기] 영국 경험론의 가장 가치 있는 많은 측면들은, 한 번도 영국에 발을 들여놓지 않았고 데카르트의 독단주의에 대한 그의 결정적인 반대가 불행히도 편의적으로 조망되는, 이 프랑스 가톨릭 사제에게 돌려져야 한다."[75] 가상디는 17세기 이후에 전개되는 독단주의와 피론주의의 끝없는 논전에서 피론주의의 용을 솜씨 있게 다루는 기술의 교본을 보여주었을 뿐만 아니라, 이성론자와 경험론자 간의 싸움에서도 경험론자가 제기할 수

---

73) *CSM* Ⅱ, p.222[Ⅶ, 319-20].
74) *CSM* Ⅱ, p.230[Ⅶ, 332].
75) David F. Norton, "'The Myth of 'British Empiricism'," in *History of European Ideas* 1(4)(1981), pp.334-5.

있는 이론의 전형을 형성하였다. 이성론에 대항하는 경험론의 큰 틀은 이미 가상디에 의해 짜였고, 그의 철학이 로크 철학에 상당한 영향력을 행사하고 있음은 이미 주지의 사실이 되었다.[76]

잘 알려져 있는 대로, 본유관념을 둘러싼, 특히 신의 존재 관념을 두고 데카르트와 가상디 양자의 논박은 길게 이어졌다. 아마 여건이 허락했다면 양자의 논전은 끝이 없었을 것이다. 그러나 이런 논쟁은 어떤 생산적인 방향으로 나아가지 못했으며, 양자는 이미 앞에서 서술한 각자의 입장을 말을 바꿔 되풀이하고 있을 뿐이다. 양자 사이에는 전혀 화해의 여지가 없었다. 그 정도로 양자는 깊이 대립하고 있었다.

6. 데카르트의 실패

『제1철학에 관한 성찰』을 시작하면서 데카르트는 원대한 포부를 품고 있었다. 그것은 "아무리 하찮은 것이라 하더라도 확실하고 흔들릴 수 없는 단 하나의 것이라도 어떻게든 발견한다면 큰일을 도모할 수 있지 않을까 하는 희망"[77]이었다. 그리고 이 희망 중의 하나가 피론주의를 극복하는 것이었음은 더 이상 말할 필요가 없다. 데카르트는 그의 주장처럼 피론주의를 뒤엎어 버렸는가? 데카르트 자신의 해명을 받아들인다 하더라도 결국 데카르트는

---

76) 이에 관해서는 Richard W. F. Kroll, "The Question of Locke's Relation to Gassendi," in *Journal of the History of Ideas* 45(3)(1984), pp.339-59 참조. 1675-1678년 동안 로크는 프랑스를 방문하여 직접 가상디주의자들을 만났지만 이것이 가상디의 저서를 접하게 된 계기가 된 것은 아니다. 로크에게서 나타나는 가상디의 영향력이나 양자의 근친성은 이미 프랑스를 방문하기 전 『인간지성론』의 초고에서도 드러난다. 어떻게 로크는 가상디의 저술들과 접하게 되었는가? 크롤은 로크가 가상디의 작품에 영향을 받은 결정적인 요인으로 스탠리(Thomas Stanley, 1625-1678)의 『철학사』를 꼽고 있다. 스탠리는 이 책에 가상디의 대표적인 저술들을 번역하여 실었다. 따라서 로크가 가상디와 만나게 된 것은 스탠리의 번역을 통해서였고, 때때로는 스탠리에 의해 연출된 가상디였다. 로크의 사고에 미친 가상디의 철학적 견해에 관한 국내 논문으로는 조병희, 「로크 인식론의 토대로서 가상디의 감각론」, 『철학』, 제88호(한국철학회, 2006), pp.121-42 참조.

77) René Descartes, *CSM II*, p.16[VII, 24].

아그리파가 혹은 가상디가 쳐놓은 트로펜을 벗어나기에는 역부족인 듯이 보인다. 포프킨은 고대 피론주의와 관련해서 데카르트 철학이 걸어간 길을 회고하면서 다음과 같이 말하고 있다. "데카르트가 회의적인 용을 살해했다고 하는 데마다 어김없이 용이 살아나서 그를 공격하곤 하였다. (…) 그가 코기토에 다다랐거나 혹은 코기토에서 출발했던 모든 길은 즉시 완전한 피론주의에 당도하고 만다."[78] 데카르트는 피론주의라는 용을 죽이지 못했다. 그러기는커녕 그는 오히려 그 용이 내뿜는 불에 의해 화형에 처해졌다.

큰일을 도모한다고 떠벌려댔던 데카르트의 희망은 가상디에게는 온통 헛된 망상일 뿐이었다. 가상디가 이런 사실을 까발릴 때 그가 올라탄 용이 바로 고대 피론주의였다. 『제1철학에 관한 성찰』에서 등장했던 데카르트의 주요한 교설들에 대한 가상디의 비판은 피론주의자의 트로펜과 연계된 것이었다. 『제1철학에 관한 성찰』을 두고 벌어진 데카르트와의 치열한 갑론을박은 가상디가 고대 피론주의의 용을 타고 날아다니면서 데카르트 철학의 독단적 요소들을 마음껏 불사른 지적인 편력으로 볼 수 있다.

그런데 가상디는 이 용의 힘을 이용하는 데에 온통 정신을 뺏긴 것만은 아니었다. 가상디는 데카르트와는 달리 완벽하게 용을 살해할 수 있는 길이 있다고는 생각하지 않았다. 그러나 회의주의가 (즉 피론주의가)[79] 더 이상 위력을 발휘하지 못하는 어떤 지점을 찾고자 한 점에서 그는 데카르트의 동료였다. 가상디는 회의주의자와 독단주의자 사이의 어떤 중간 길을 걷고자 하였다. 그의 입장은 다음 진술에 명확히 드러나 있다.

… 우리는 회의주의자(이 용어에 나는 기준을 부정하는 모든 사람을 포함시킨다)와 독단주의자 사이의 어떤 중간 길을 유지하는 데 전력하려고 한다. 독단주의자들은 그들이 모든 것을 안다고 믿지만 실제로는 그렇지 못하며, 또한 그것을 결정

---

78) Richard Popkin, *The History of Scepticism: From Savonarola to Bayle*, p.170.
79) 가상디는 회의주의를 때때로 고대 피론주의와 동의어로 이해하였다. Pierre Gassendi, *The Selected Works of Pierre Gassendi*, pp.303-4. "이제 회의주의자가 피론주의자와 똑같은 것이라는 것을 반복할 필요는 없다."

할 적절한 기준도 갖고 있지 않다. 그런가 하면 회의주의자들이 논쟁의 주제로 삼은 모든 것이 그것을 결정하는 데 있어 어떤 기준도 발견될 수 없을 만큼 완전히 알려지지 않은 것처럼 보이지도 않는다.[80]

가상디가 회의주의자들에게 품은 불만은 그들이 알려질 수 있는 것까지도 완전히 알려질 수 없는 것으로 치부한다는 데에 있었다. 그들은 지식을 향한 모든 희망을 앗아가버리며, 참된 지식(진리)의 문이 닫혀 있지 않은데도 눈에 생채기를 내면서까지 진리의 빛을 보지 못하게 한다.[81] 가상디는 모든 지식의 정립 불가능성을 안중에 두는 회의주의는 지나치다고 판단하였다. 그래서 그는 피론주의를 완전히 극복할 수는 없다 하더라도 피론주의의 극단성은 어느 정도 완화할 필요가 있다고 생각하였다. 회의하지 않아도 될 것에 관해서까지 회의할 필요는 없을 것이다. 회의주의자를 비판하는 이런 진술들은 거꾸로 가상디 역시 데카르트처럼 어느 정도 '큰일을 도모할 수 있는 희망'을 갖고 있었다는 것을 말해준다. 그도 데카르트처럼 더 이상 회의할 수 없는 지점을 탐색하였던 것이다.

데카르트의 철학이 매우 독단적임을 드러내기 위해 가상디는 섹스투스 엠피리쿠스의 용을 타고 다녔다. 그러나 이제 그는 그물을 던져 이 사나운 용을 포획하려고 한다. 회의주의를 극복하였다고 주장하는 데카르트의 무모성을 비판하면서도 여전히 가상디 자신이 '회의주의의 극복'의 문제에 매달렸다는 사실은, 피론주의를 직접 반박하건 혹은 그것을 이용하건, 이 문제가 근대 철학자들이 풀어야 할 중대 사안으로 자리매김하고 있음을 강하게 시사해준다. 근대의 벽두에 두 거인이 이미 철학적 담론을 이런 방향으로 짰기 때문에, 이 문제틀은 근대 철학 전반을 관통하여 계승되었고 모든 근대 철학자들은 '피론주의와의 관계 설정'의 과제로부터 자유로울 수 없었던 것이다. 피론주의를 실컷 이용한 다음 피론주의와 거리를 두고 심지어 피론주의에 반대하려는 가상디를 보았다면 그 누구보다도 고대 피론주의자들이 격분해 마지않았을

---

80) 같은 책, p.326.
81) 같은 책, p.349 참조.

것이다. 데카르트를 공격하는 가상디에게 섹스투스 엠피리쿠스는 전우애(戰友愛)마저 느끼지 않았을까? 그런데 가상디가 창을 거꾸로 하여 섹스투스 엠피리쿠스를 겨누었을 때, 분노한 용들이 데카르트에게 한 것처럼 가상디에게도 불을 뿜었으리라는 것은 쉽게 예상할 수 있는 일이다. 데카르트와 고대 피론주의자와의 대결은 이제 가상디와 고대 피론주의자와의 결투로 전개된다.

7. 가상디의 실패

회의주의와 관련해서 가상디의 고유한 작업은 데카르트를 비판하는 데서는 잘 드러나지 않았다. 거기에는 막강한 용들의 지원이 있었고, 그는 그 용에 기대면 그만이었기 때문이다. 데카르트의 실패를 보여주는 일은 그 덕분에 간단한 일이었고 가상디 자신이 손수 손을 더럽히지 않아도 되었다. 문제는 데카르트의 실패를 목격한 이후, 즉 용들의 사나운 불의 위력을 알고 그리고 그것을 이용하고 난 후, 어떻게 "고대 피론주의에 대응할 것인가?"에 있었다. 가상디는 회의주의자가 되려는 마음이 없었으며, 따라서 데카르트와 마찬가지로 그에게도 회의주의는 대적해야 할 상대였다. 이런 이유 때문에 회의주의의 위험을 앞에 두고 그가 스스로 설정한 과제에서 우리는 어디선가 비슷한 것을 본 것 같은 기시감(旣視感)을 갖게 된다.

따라서 해당 진리는 숨겨져 있고 현상 아래 은폐되어 있는 것이다; 그렇다면 진리의 본성이란 우리에게 열려 있는 것이 아니기 때문에, 그럼에도 어떤 기호를 통해 진리를 알 수 있는지 혹은 우리가 그것에 의해 기호를 알아보고 사물이 참으로 어떻게 존재하는지를 판단할 수 있는 그런 기준을 가지고 있는지를 탐구하지 않으면 안 된다.[82]

가상디는 진리가 현상 아래 은폐되어 있다고 보았다. 피론주의자들이 현상 아래에 있는 진리에 접근할 수 있는 길이 원리적으로 차단되었다고 본 데

---

82) 같은 책, p.329.

반해, 가상디는 비록 그 길이 폐쇄되었다 해도 진리를 알려줄 수 있는 기호가 있을 수 있고, 그 기호를 해독할 기준을 우리가 갖고 있을 가능성을 열어놓았다.

가상디가 여기서 언급하고 있는 기호를 이해하기 위해서는 기호에 관해 섹스투스 엠피리쿠스가 말하고 있는 맥락을 먼저 살펴보아야 한다. 섹스투스 엠피리쿠스에 의하면, 일반적으로 기호란 "타당한 가언 삼단논법에서 후건을 밝히는 데 도움을 주는 전건"[83]을 뜻한다. 이것은 기호에 대한 스토아학파의 정의인데, 섹스투스 엠피리쿠스가 논박하고자 했던 대상이기도 하였다. 기호는 두 가지 종류로 나누어진다. 지시 기호(endeiktika semeia)는 눈에 보이지 않고 본래 은폐되어 있는 사물의 본성을 암시해주는 것이다. 예컨대 땀은 기공을, 운동은 영혼과 공허의 존재를 밝히는 데 도움을 준다. 그런가 하면 기억 기호(hypomnestika semeia)는 단지 잠정적으로 은폐되어 있는 사물의 본성을 시사해준다. 예를 들어 연기는 불을, 여명은 떠오르는 해를, 젖은 임신을, 상처는 과거에 입었던 부상을 알려준다. 기억 기호에 의해 의미되는 것은 지시 기호처럼 원리적으로 경험할 수 없는 것이 아니라 때가 되면 직접 확인할 수 있는 것들이다.

그런데 섹스투스 엠피리쿠스는 두 가지 기호를 모두 공격하지 않는다. 그는 다만 지시 기호만을 조준할 뿐이다. 그 이유를 그는 다음과 같이 들고 있다. "그러므로 우리는 살아 있는 경험과 대결하지 않는다. … 반면 독단주의자들의 사적인 날조에 대해서는 우리는 반대한다."[84] 섹스투스 엠피리쿠스는 지시 기호를 '독단주의자들의 사적인 날조'로 간주하였으며, 이런 날조의 부당성을 드러내는 논변을 전개하는 데에 이후의 장들을 전적으로 할애하고 있다. 반면 기억 기호에 대해서는 그것을 '살아 있는 경험'으로 인정하고 있다. 그것은 삶에 유용한 것이어서 섹스투스 엠피리쿠스는 그것에 대해서는 어떤 이의도 제기할 필요를 느끼지 않고 있다.

그런데 가상디가 "기호를 통해 진리를 알 수 있는지" 탐구한다고 언급했을

---

83) Sextus Empiricus, *PH* 2.104.
84) *PH* 2.102.

때, 이 기호는 섹스투스 엠피리쿠스가 문제로 삼지 않은 기억 기호를 뜻하지 않는다. 그는 섹스투스 엠피리쿠스가 철저하게 비판하고자 했던 저 지시 기호를 변호할 가능성을 찾고 있었던 것이다. 데카르트를 공격할 때 공동보조를 맞춰왔던 피론주의자와 마침내 가상디가 결별을 고하는 지점이 바로 여기이다. 지시 기호의 인정 여부를 두고 가상디와 섹스투스 엠피리쿠스는 가상디가 데카르트와 충돌했던 만큼 맞부딪친다. 피론주의자들이 완전히 폐기 처분해버린 지시 기호에서 가상디는 진리를 향한 진지를 구축하려 한다.

> 회의주의자[피론주의자]들은 기억 기호에 대해서는 어떤 논쟁도 제기하지 않는다. 왜냐하면 그것이 삶의 행동에서 유익하다는 것을 그들이 깨닫고 있기 때문이다. 반면 그들은 지시 기호의 존재를 인정하기를 거부한다. 그렇지만 몇몇 지시 기호가 존재한다는 것을 부정할 수 있는 것처럼 보이지 않으며, 동시에 그것을 이해할 수 있는 어떤 기준이 존재한다는 것을 부정할 수 있는 것처럼 보이지도 않는다.[85]

그렇다면 섹스투스 엠피리쿠스가 그토록 그 정당성을 부정하고자 한 지시 기호를 어떤 측면에서 가상디는 지지할 수 있다고 보았는가? 가상디는 과학 기술의 발달로 기억 기호만큼 지시 기호도 경험적으로 검증이 가능하며 가능할 것이라고 생각하였다. 예를 들어 눈에 보이지 않는 진드기의 존재도 현미경의 발명으로 직접 관찰할 수 있게 되었다. 마찬가지의 역할을 망원경도 할 것이다. 그리하여 지금 우리 시대에 밝혀지지 않은 많은 것들이 "우리 후손에 의해 고안된 유익한 장치를 매개로 하여 감각에 의해 지각될 날이 언젠가는 분명 오고야 말 것이다."[86] 이런 가상디의 발언에서 우리는 16-17세기에 과학 기술의 혁명으로 고무된 근대인의 자신감을 감지할 수 있다. 그러나 아무리 고도로 정밀한 장치가 발명된다 하더라도 영혼은 눈에 의해 원리적으로 확인할 수 없을 것이다. 과학 기술만으로는 지시 기호의 전부를 망라할 수 없다. 무엇인가 지시 기호를 정당화하기 위해서는 다른 수단이 필요하다.

---

85) Pierre Gassendi, *The Selected Works of Pierre Gassendi*, p.333.
86) 같은 책, p.335.

우리가 지시 기호로부터, 또는 행동이나 작용이나 결과로부터 사물의 본성에 대해 합리적인 논증을 하도록 만드는 것은 무엇일까? 진리로 가는 문의 열쇠로 내놓은 가상디의 최후의 결정적인 답변은 추론하는 정신이다.

> 우리가 정신 안에 가지고 있는 모든 지식은 감각에서 그 출발점을 가졌다. … 따라서 어떤 감각할 수 있는 기호가 정신 앞에 나타나야만 한다. 그리고 이 정신을 거쳐 기호는 감각에 의해 지각되지 못한 채 숨겨져 있던 사물의 지식으로 인도되는 것이다. 따라서 결과적으로 우리는 우리 안에 있는 두 가지 기준을 구별할 수 있다. 하나는 그것에 의해 우리가 기호를 지각하는 것으로서 감각이다. 다른 하나는 그것에 의해 우리가 추론을 수단으로 하여 숨겨져 있는 것을 이해하는 하는 것으로서 정신, 지성 혹은 이성이다. … 감각보다 뛰어난 이성은 감각의 지각을 바로잡을 수 있다. … 그러므로 이제 은폐된 것, 즉 숨겨져 있던 진리가 기호에 의해 알려질 수 있다고 주장할 수 있다.[87]

가상디는 오류를 저지르는 것은 감각일 수 없으며, 오류나 거짓이 있다면 그것은 정신 탓이라고 주장한 바 있다. 그러면서도 이제 가상디는 정신을 감각보다 더 고차적이고 지배적인 능력으로 간주하면서, "감각에서 산출된 상이한 현상들 가운데 어떤 것이 사물에 부합하는가를 탐구할 책무"[88]를 지성에 부여하고 있다. 요컨대 우리가 지시 기호를 통해 있는 그대로의 사물의 본성(진리)을 추론하고 파악할 수 있는 능력을 갖추고 있다면─그리고 우리는 실제로 그런 능력을 갖고 있는데─가상디는 피론주의에 대응할 수 있다고 자신하였던 것이다. 다양하고 심지어는 대립적인 지각들이 사물에 의해 양산된다 하더라도 우리는 정신의 힘에 의해 사물 아래에 있는 "어떤 일반적인 원인을 추론할 수 있다."[89] 예컨대 태양은 그것을 받아들이는 물질의 조건에 따라 그것을 부드럽게 만들거나 딱딱하게 만든다. 아이네시데모스처럼 부드러움과 딱딱함이라는 현상의 상이성에만 주목한다면, 사물의 본성이 무엇인

---

87) 같은 책, p.333.
88) 같은 책, p.345.
89) 같은 책, p.341.

가에 대해서는 판단을 유보할 수밖에 없을 것이다. 그러나 우리는 부드러움과 딱딱함의 현상을 야기한 "어떤 일반적인 원인을 추론할 수 있다." 그것은 태양의 본성이 열을 방출한다는 것이다. 똑같은 열의 방출이 외적 조건에 따라 다르게 현상한다. 이것은 소금의 경우에도 마찬가지다. 모든 맛의 일반적인 원인은 똑같은 소금이지만 지각의 내적, 외적 조건에 따라 맛은 천차만별로 나타난다. 아이네시데모스의 트로펜은 어떤 일반적인 원인에 기인하고 있는 표면적인 현상의 상이성에 의존해서만 성립할 수 있다. 그러나 이런 잡다한 현상의 더께를 뚫고 사물의 근저에 놓여 있는 일반적인 원인을 간파하면 그 트로펜은 지반을 상실하게 될 것이다.

그러나 가상디의 이런 대응은 곧바로 다음과 같은 질문을 불러올 것이다. "정신이 일반적인 원인을 추론할 때 우리는 어떻게 이 추론이 오류를 범하지 않는다는 것을 아는가?" 가상디에 의하면 감각은 본래 오류를 범할 수 없다. 오류의 주체는 오로지 정신일 뿐이다. 이런 오류의 가능성을 지닌 정신이 현상들 아래에 있는 일반적인 원인을 추론할 때 오류를 저지르지 않는지를 어떻게 보증할 수 있을까? 아그리파가 가상디의 이런 대응을 본다면, 이것을 보증할 수 있는 기준을 제시하라고 분명히 요구할 것이다. 그리고 가상디가 어떤 기준을 제시한다면, 그것이 독단적인 전제에서 비롯된 것이거나(제4트로푸스), 혹은 그 기준의 근거를 무한하게 소급해가야 하는 것(제2트로푸스)이거나, 혹은 순환 논변(제5트로푸스)에 빠지고 말 것이라는 것을 아그리파는 보여줄 것이다. 아그리파에 대항하기 위해 요구된 기준을 제시할 경우 회의의 늪에서 헤어나지 못할 것임을 가상디 자신이 잘 알고 있었다. 아그리파야말로 한때 가상디가 부린 용이어서 누구보다 그 용의 파괴력을 정확히 인지하고 있었던 것이다.

먼저 추론이 난무하는 상황에 처해서 누구의 추론을 믿을 수 있을 것인가? 가상디가 주고 있는 답변은 놀랍도록 단순하고 명쾌하다. "(이런 반론에 대한) 대답은 모든 측면을 다 헤아리는 사람은 진정으로 모순적일 수 없는 논증을 제시한다는 것이어야 한다."[90] (마치 스토아학파의 현자 이론이 다시 출

---

90) 같은 책, p.347.

현하는 듯하다.) 우리는 오류에 빠지지 않고 진리를 추론할 수 있는 지성을 갖추고 있으며, 따라서 모든 사태의 측면을 충분히 숙고하여 이런 지성을 사용할 줄 아는 사람은 오류를 저지르지 않는다는 것이다. 다음의 문장은 좀 더 분명하게 가상디의 해결책을 보여준다.

··· [아그리파의] 세 가지 논변 형식들은 증명과 반박의 일반적인 형식을 다루고 있다. 이것들에 대답할 때 ··· 먼저 우리는 증명을 갖고 있다는 것을 일반적인 사실로서 선언할 수 있다. ··· 천부적 재능을 갖고 태어난 현명하면서도 지성적인 모든 사람들은 이런 증명을 합리적인 것으로서 수용할 것이다. ··· 우리는 이것 안에 확고히 설 수 있고, 그래서 무한소급이나 순환 논증의 두려움을 갖지 않아도 될 것처럼 보인다.[91]

그런데 '천부적인 재능을 갖고 태어난 현명하면서도 지성적인 사람들'을 들먹이는 가상디의 응답은 구차하다는 비판을 모면할 길이 없는 것 같다. 가상디는 데카르트에게 명석 판명한 지각을 했다고 주장하는 많은 사람들 가운데 "누가 명석 판명하게 지각했는지 아닌지를 어떻게 구별할 수 있는가?"를 캐물은 바 있다. 데카르트는 이에 대해 "[명석 판명한 지각에 익숙한] 사람들은 비록 소수이기는 하지만 실제로 지각된 것과 지각된다고 믿는 것을 제대로 구별한다."[92]고 대답하였다. 그러면서 그는 『제1철학에 관한 성찰』의 독자들에게 명석하게 알려지는 것과 모호한 것을 구별하는 데 숙달할 것을 요구하였다.[93] 사람의 품성과 능력에 호소하는 가상디와 데카르트의 답변은 매우 유사하다. 그럼에도 데카르트의 이런 대답은 가상디를 전혀 만족시키지 못하였다. 그때 가상디는 "누가 명석 판명한 지각에 익숙하고 누가 그렇지 않은지를 구별할 수 있는 기준은 무엇인가?"의 물음을 데카르트에 재차 던졌다. 데카르트를 윽박질렀던 가상디의 질책은 이제 그 자신을 향하지 않으면

---

91) 같은 책, p.346.
92) René Descartes, *CSM Ⅱ*, p.348[Ⅶ, 511].
93) *CSM Ⅱ*, p.116[Ⅶ, 164] 참조.

안 된다. "누가 천부적인 재능을 갖고 태어난 현명하면서도 지성적인 사람이고 누가 그렇지 않은지를 구별할 수 있는 기준은 무엇인가?"

또한 가상디는 데카르트에게 명석 판명한 지각과 그렇지 않은 지각을 판별할 수 있는 기준을 집요하게 요구하였다. 그렇다면 가상디는 "추론이 오류에 빠졌는지 그렇지 않은지를 판별해줄 수 있는 일반적인 기준은 무엇인가?"에 답해야 한다. 그는 이 물음에 답하면서도 어떤 논증에 의해서도 기준을 제시해서는 안 되는 상황에 처해 있다. 이에 대해 그가 준 답변 역시 단순하면서도 명확하다. 요컨대 그것이 너무 자명해서 우리가 더 이상 의심할 수 없다는 것이다. 추론 자체가 너무 자명하게 올바른 경우 우리는 거기에 저절로 동의할 수밖에 없을 것이다. 이렇게 그가 끌어들인 최후의 근거는 자명성에 호소하는 것이었다.

> … 증명의 진리는 그 자체로 명백하다. 그것은 [다른 것에 의존하지 않고] 저절로 알려지고, 지성이 거절할 수 없는, 따라서 논쟁이 거기에서 멈추지 않으면 안 되는 명제들 위에 굳건히 확립되어 있다.[94]

그런데 그 자체로 너무나 명백하여 우리가 동의할 수밖에 없는 자명성에 호소하는 전략은, 피론주의자와 가상디의 공격을 통박하면서 데카르트의 내놓은 비장의 카드였다. "극히 명석 판명하게 지각하는 것은 모두가 참이다."라는 데카르트의 주장에 대해 가상디는 그렇게 주장할 수 있는 기준이나 근거를 요구하였다. 이에 대해 데카르트는 명석 판명한 지각은 "정신의 단순한 지각에 의해 자명한 어떤 것으로서 그것을 깨닫기 때문에" 그것에 대해 더 이상 소급해서 근거를 묻는다는 것은 무의미하다고 갈파하였다. 이는 곧 최후의 근거를 제시했기 때문에 논쟁이 거기에서 종결될 수 있음을 가리키고 있다. 이런 해명을 받아들인다면 아그리파의 트로펜은 무력화될 것이다. 그런데 가상디는 데카르트의 이런 해법을 받아들이지 않았다. 물론 아그리파에게도 이런 주장은 전형적인 독단적인 전제 설정의 논변 형식(제4트로푸스)에

---

94) Pierre Gassendi, *The Selected Works of Pierre Gassendi*, p.347.

해당하는 것이다. 근거를 결여한 채 기본적인 명제나 근본적인 원리의 자명성에 의존할 경우, 그것과 동등한 권리를 갖고 대립하는 자명한 명제나 원리를 제시하는 일은 너무나도 쉬운 일이다. 왜냐하면 여기서는 명제나 원리 자체의 정당성에 대한 어떤 증명도 필요하지 않으며, 고로 아무런 부담 없이 대립항을 제시할 수 있기 때문이다. 같은 말이지만, 이런 자명한 전제의 설정은 또한 어떤 반론에도 견디어낼 수 있다. 반론을 물리치는 데 있어 관건은 논증이 아니라 어디까지나 자명성의 인정 여부에 달려 있기 때문이다.

가상디는 아그리파의 힘을 빌려 진리 기준의 자명성에 호소하는 데카르트를 공박하였다. 그런데 정작 피론주의에 대응하는 가운데 그는 자명성을 최후의 혹은 최초의 근거로 끌어들이고 있다. 가상디의 저작을 번역한 브러쉬도 이 대목에서 "기본적으로 이것[가상디의 자명성]은 바로 데카르트의 자명성이다."[95]라는 주석을 달고 있다. 데카르트를 공격할 때는 철저한 피론주의자였던 가상디가 피론주의자와 결별하고 그에 대응하려고 할 때는 오히려 철저한 데카르트주의자가 된 셈이다. 말하자면 가상디는 데카르트를 조준하고 불을 뿜었던 바로 그 조준 지점으로 스스로 귀환한 것이다. 이 지점에 오면 정반대의 입장을 취했던 가상디와 데카르트가 너무나 닮아서 누가 누구인지 구별할 수 없을 정도이다. 월커는 가상디의 작업을 단정적으로 다음과 같이 평가하고 있다. "반회의적인 논의를 이렇게 똑바로 자명성에 대한 호소로 갈무리함으로써 가상디는 (브러쉬가 언급한 대로) 놀랍게도 데카르트의 논의와 유사한 입장을 채택하고 있는 것으로 드러난다. 그런데 이 입장이야말로 그가 그렇게나 거세게 비판했던 것이다. (…) 이제 가상디는 데카르트가 그랬던 것처럼 그 자신을 이런 [회의적] 비판에 노출되도록 만든 것처럼 보인다."[96] 피론주의를 극복하려는 데카르트의 시도가 실패했다는 가상디의 주장이 옳다면 그 자신의 시도도 실패했다고 말해야 한다. 가상디가 공정하다면, 그가 타고 올라 데카르트에게 가했던 용의 화염은 그 자신에게도 방사되어야 한다.

---

95) 같은 곳 참조.
96) Ralph Walker, "Gassendi and Skepticism," pp.328-9.

8. 끝없는 싸움의 시작

가상디는 데카르트와는 달리 완전히 피론주의를 극복할 수는 없다고 생각하였다. 그는 경험이나 설득력 있고 합리적인 논의가 뒷받침하지 않는 의심스러운 사안에 있어서는 사실상 피론주의자의 의심이 수행될 수 있음을 인정하고 있다.[97] 이것은 '경험이나 설득력 있고 합리적인 논의가 지지할 경우에는' 피론주의자의 의심이 수행될 수 없다는 것을 함축하고 있다. 가상디가 강조하고자 하는 바는 피론주의에 대한 완전한 극복은 불가능하다 해도 피론주의가 침범할 수 없는 어떤 영역이 있다는 것이다. "사람들이 아무리 해도 모든 것을 알지 못하며 모든 것의 본성이 무엇인지를 말할 수 없다는 점을 인정한다 하더라도, 그럼에도 의심할 바 없이 사람들이 그것의 본성을 알고 설명할 수 있는 많은 것들이 있다."[98] 무엇보다 우리는 지시 기호를 통해, 그리고 그 지시 기호를 관통하여 참된 실재의 본성을 간파하는 정신의 힘과 추론의 자명성에 의해 "사물의 본성을 알고 설명할 수 있다."

그러나 피론주의자들은 이렇게 제한된 영역조차 허용하지 않는다. 의심은 지식의 정초 가능성과 관련해서 무차별적으로 관철될 수 있다. 지시 기호도 예외가 아니다. 「지시 기호는 존재하는가」에서 섹스투스 엠피리쿠스는 왜 지시 기호의 존재 자체를 의심해야 하는가를 보여주고 있다. 여러 논변을 동원하고 있지만 대표적인 것은 지시 기호(기표)와 지시된 것(기의)과의 불가분의 관계를 언급할 때 드러난다.

[지시 기호에 의해] 지시된 것이 기호와 관계를 맺고 있다면 그래서 지시된 것이 기호와 함께 파악된다면, 기호는 후건을 해명하는 데 기여할 수 없다. 왜냐하면 관계항들은 서로 함께 파악되기 때문이다. 이는 마치 '왼쪽'[이 파악되기] 이전에 '오른쪽'은 '왼쪽의 오른쪽'으로 파악될 수 없는 이치와 같다. … 그래서 [지시 기호에 의해] 지시된 것[이 파악되기] 이전에 [지시] 기호는 '지시된 것의 기호'로서

---

97) Pierre Gassendi, *The Selected Works of Pierre Gassendi,*, p.348 참조.
98) 같은 책, p.329.

파악될 수가 없을 것이다. 그런데 기호가 지시된 것 이전에 파악되지 못한다면, 기호와 더불어서 파악되는 [지시된] 실제의 것을 밝혀주는 데 아무런 도움도 줄 수 없을 것이다.[99]

[지시 기호에 의해] 지시된 것이 지시된 것과 함께 파악되는 것이라면, 기호가 무엇인가 사물의 본성(지시된 것)을 알려준다는 발상 자체가 성립되지 않는다. 전건을 통해 후건이 밝혀지는 것이 아니라 전건은 이미 후건과의 관계를 통해서만 전건으로 있을 수 있기 때문이다. 지시된 것에 앞서서 알려질 수 없는 지시 기호란 존립의 근거를 상실한다. "지시 기호가 존재하지 않는다."[100]는 것은 지시 기호가 지시된 것에 앞서서 파악되어야 하나, 지시된 것에 앞서서는 알려질 수 없는 모순적인 상황에서 극명하게 나타난다.

설사 지시 기호가 사물의 본성에 관해서 무엇인가를 추론을 통해 알려준다고 가정한다 하더라도, 즉 지시 기호가 "타당한 가언 삼단논법에서 후건을 밝히는 데 도움을 주는 전건"이라고 인정한다 해도, 섹스투스 엠피리쿠스는 이것 또한 난점에 봉착할 수밖에 없음을 보여주고 있다. 「삼단논법에 관하여」와 「귀납법에 관하여」에 의하면, 연역법이나 귀납법에 의거한 모든 추론은 아그리파의 트로펜에 빠져버리고 만다. 귀납법의 경우 후건(결론)은 앞선 무수한 전건(전제)에 의해 지지된다. 그러나 아무리 특수한 전건을 많이 모아보았자 후건의 일반적인 결론을 정당화할 수는 없다. "특수한 사례들이란 무한하고 한계가 없는 것이어서 그것들을 모두 조사한다면, 그것은 불가능한 일로 고생하는 꼴이 될 것이다."[101] 귀납법에 의한 결론은 어느 지점에서 논리적인 비약을 감행해야 한다는 것을 뜻한다. 이것은 거기에는 독단적인 전제

---

99) Sextus Empiricus, *PH* 2.117-9.

100) *PH* 2.130. 섹스투스 엠피리쿠스는 시종일관 지시 기호의 비존재를 옹호하는 논변을 전개하고 있다. 그러나 이것을 섹스투스 엠피리쿠스의 입장이라고 보아서는 곤란하다. 그가 이렇게 한 이유는 스토아학파가 지시 기호의 존재를 주장하고 있었기 때문이다. 그는 이것의 독단성을 폭로하기 위해 반대 논변을 전개했을 뿐이다. 반복되는 말이지만, 섹스투스 엠피리쿠스가 최종적으로 말하고 싶은 바는 독단적인 주장에 대해서는 그것과 동등한 권리를 갖고 대립하는 반대 주장을 원리적으로 제출할 수 있다는 것이다.

101) *PH* 2.204.

의 요소가 개입될 수밖에 없다는 것을 뜻한다.

반면 연역법에 의한 추론은 얼핏 별 문제가 없는 것처럼 보인다. 전제의 전칭 명제(전건)에서 결론의 단칭 명제(후건)를 도출하는 것이기 때문에 이 과정은 필연적이다. 그러나 섹스투스 엠피리쿠스가 문제로 삼는 것은 "연역법에서 어떻게 전제(전칭 명제)를 확보할 수 있는가?" 하는 것이다. 그것의 유일한 방법은 귀납에 의한 단칭 명제의 축적밖에는 없다. 그렇다면 연역법은 전칭 명제에서 단칭 명제를 도출하는 것인데, 실상 이 전칭 명제는 단칭 명제에 의해 확보되는 셈이다. 이것은 전형적인 순환 논변이다. "연역법을 구사하는 사람들은 각각의 특수한 것들에 의거하여 귀납적으로 보편적인 명제를 확립하고, 이 보편적인 명제로부터 삼단논법을 통해 특수한 명제들을 연역해내기 때문에, 순환 추론의 오류에 빠지고 만다."[102]

섹스투스 엠피리쿠스의 논변을 약간만 살펴보아도 그가 지시 기호와 관련해서 사물의 본성으로 나아가는 길을 겹겹으로 차단하고 있음을 확인할 수 있다. 데카르트와 마찬가지로 가상디도 아그리파의 트로펜의 심연을 누구보다 잘 알고 있었기 때문에 궁여지책으로 자명성에 호소할 수밖에 없었던 것이다. 그러나 이렇게 진리의 자명성에 호소하면서도 동시에 가상디가 정신의 추론을 끌어들이지 않았을 수 없었던 점에서 그의 고민을 읽을 수 있다. 그는 직관의 자명성을 내세웠던 데카르트를 아그리파의 입을 빌려 가차 없이 비판했던 것이다. 그리하여 막상 그가 피론주의에 대응하려 했을 때 그는 자명성과는 뭔가 다른 종류의 비책이 필요하였다. 그것이 지시 기호를 통한 정신의 추론이었다. 그러나 추론이 연역이건 귀납이건 전건을 전제로 후건을 논리적으로 도출하려는 작업인 한, 아그리파의 트로펜에 빠진다는 것은 확실하였다. 그래서 그는 데카르트가 마지막 보루로 삼았던 자명성을 자신의 최후의 보루로 삼지 않을 수 없었던 것이다. 데카르트가 내세운 (직관의) 자명성에 대한 가상디의 공격은 스스로가 내세운 (추론의) 자명성에 대한 자해행위였다. 섹스투스 엠피리쿠스는 데카르트를 직접 나서서 태워버릴 필요가 없었다. 가상디가 대신 그 수고스러운 일을 해주었기 때문이다. 동시에 가상디가

---

102) *PH* 2.196.

피론주의에 대응하려고 했을 때도 섹스투스 엠피리쿠스는 나설 필요가 없었다. 가상디가 데카르트를 태워버리면서 자기 자신마저 태워버렸기 때문이다. 가상디가 데카르트를 공격하기 위한 무기로 피론주의자들의 트로펜을 선택했을 때 피론주의자들은 기뻤겠지만, 정작 가상디가 피론주의에 대항하려 했을 때 스스로 압사당하는 광경을 보고도 피론주의자들은 필시 환호성을 올렸을 것이다. 가상디 덕분에 피론주의 이론이 막강하다는 것은 피론주의자들의 적극적인 개입 없이도 만천하에 드러난 셈이다. 섹스투스 엠피리쿠스는 팔짱을 끼고 피론주의의 승리를 지켜보면 되었다.

가상디 이론의 내적인 비일관성은 그가 피론주의에서 벗어날 수 있는 길을 여전히 찾지 못하였음을 가르쳐준다. 또한 피론주의에 정통해 있었던 데카르트와 가상디가 이에 대한 극복에 실패했다는 사실은 피론주의에 대한 탈출구를 찾는 일이 만만치 않음을 단적으로 나타낸다. 근대 초에 시도된 두 거인의 실패는 근대를 통해 피론주의에 대한 극복의 문제를 인식론의 중심적인 과제로 남겨놓았다. 데카르트와 가상디의 대결은 17세기 이후 독단주의자와 피론주의자 간에 엎치락뒤치락하는 싸움이 연속되리라는 것을 알리는 예고편이었다. 이런 관점에서 본다면 근대 철학은 "어떻게 피론주의를 극복할 것인가?"를 모색하는 역사인 것이다. 이런 문제의식은 칸트와 헤겔에 이르기까지 그대로 계승되었다. 근대 철학자들은 하늘을 비행하는 용들을 떨어뜨리지 못하는 한, 그것들에 의해 화형에 처해질 것이라는 두려움을 내내 갖고 있었다.

제7장
스피노자와 피론주의

1. 스피노자와 회의주의 극복

잘 알려진 대로 데카르트는 자신의 철학의 가장 중요한 동기를 철학적 의심을 극복하는 데서 찾았다. 그의 필생의 과제가 무엇이었는가를 『제1철학에 관한 성찰』의 첫 문장만큼 잘 보여주는 곳도 없을 것이다. "유년기에 내가 얼마나 많이 거짓된 것을 참된 것으로 간주했는지, 또 이것 위에 세워진 것이 모두 얼마나 의심스러운 것인지, 그래서 학문에 있어 확고하고 불변하는 것을 세우려 한다면 일생에 한 번은 이 모든 것을 철저하게 전복시켜 최초의 토대에서부터 다시 새로 시작해야 한다는 것을 이미 몇 해 전에 깨달은 바가 있다."[1] 데카르트는 마침내 자신이 이 토대를 수중에 넣었고, 그래서 자기 이전에 그 누구도 완수하지 못했던 과제인바, 회의주의를 물리친 최초의 철학자가 되었다고 자신하였다. 물론 데카르트가 회의주의자의 의심을 물리치려는 의도가 결국에는 '나의 삶을 더욱 잘 영위하려는'[2] 데에 있긴 하였지만, 그의

---

1) René Descartes, *CSM Ⅱ*, p.12[Ⅶ, 17].
2) René Descartes, *CSM Ⅰ*, p.117[Ⅵ, 14].

철학에서 어디까지나 전면에 부각되고 주제화된 문제는 행복론이기보다는 회의주의자와의 정면 결투였고, 이것을 데카르트는 숨기지 않았다. 그래서 『제1철학에 관한 성찰』의 원고를 본 가상디가 기나긴 반론을 썼던 것이다. 가상디는 데카르트만큼이나 회의주의에 정통한 동시대인이었는데, 그는 고대의 피론주의자였던 아그리파의 회의적 논변 형식들을 이겨낼 이론이란 원리적으로 성립할 수 없다고 확신하고 있었다.[3] 가상디에게 데카르트 철학은 회의주의를 전복하기는커녕 오히려 피론주의자들에 의해 여지없이 전복당할 수밖에 없는 전형적인 또 하나의 독단주의 철학으로 여겨졌다. 반면 데카르트에게 가상디의 반박이란 '허공을 때리는 꼴'[4]에 불과하였다. 『제1철학에 관한 성찰』에서 전개되고 있는 데카르트와 가상디 간의 논박의 커다란 줄기만 보더라도 데카르트 철학에서 긴급하고 핵심적인, 그래서 그만큼 커다란 논쟁을 불러일으켰던 문제가 피론주의의 극복에 있었다는 것은 분명하다.

그런데 얼핏 보기에 스피노자에 와서 사정은 조금 달라진 것처럼 보인다. 스피노자의 경우, "어떻게 회의주의를 극복할 것인가?" 하는 물음은 데카르트에서만큼 철학함의 결정적인 동기로 등장하지 않으며, 그의 초기 작품들에서와는 달리 주저인 『에티카』에서 회의주의에 관한 언급은 찾아보기조차 힘들다. 이것은 그가 설정했고 전개하고자 했던 철학적 논의의 주된 지향점이 데카르트와는 다른 데 있다는 것을 말해준다. 『제1철학에 관한 성찰』의 첫 대목에서 데카르트가 그의 철학적 포부를 가감 없이 드러낸 것처럼, 스피노자 역시 『지성개선론』첫 구절에서 그렇게 하고 있다. "나는 일상생활에서 흔히 부딪치는 매사가 덧없고 허망하다는 것을 경험을 통해 배웠으며, 또 나의 불안의 원인이나 대상이었던 모든 것은 마음이 동요되지 않는 한, 그 자체로서는 선도 아니고 악도 아니라는 사실을 깨달았다. 그래서 … 사실상 한 번 그것을 발견하고 획득하면 끊임없는 최고의 기쁨을 내가 영원히 향유(享有)할 수 있는 어떤 것이 존재하는가를 탐구하기로 나는 마침내 결심하였다."[5] 거칠게 말해서

---

3) Pierre Gassendi, *The Selected Works of Pierre Gassendi*, pp.312-3 참조.
4) René Descartes, *CSM Ⅱ*, p.250[Ⅶ, 362].
5) Benedictus de Spinoza, *TdIE*, p.3[1]. [ ]에 문단 번호 병기. 국내 번역으로는 다음 책을 참조했음. 베네딕트 데 스피노자, 『지성개선론』, 강영계 옮김(파주: 서광사, 2015).

데카르트가 인식론적 맥락에서 회의주의의 격퇴에 몰두하였다면, 스피노자는 윤리학의 지평에서 지복(至福)에의 도달에 초점을 맞추었다고 할 수 있다.

그러나 스피노자가 이렇게 지복을 우선적인 철학적 관심사로 설정했다고 해서 회의주의를 몰아내려는 시도가 스피노자에게 불필요하거나 무의미해졌다는 것을 뜻하지는 않는다. 오히려 이것은 회의주의의 문제를 근본적으로 해결하지 않으면 안 된다는 불가피성을 드러내주는 것이다. 왜냐하면 지복의 달성 여부는 지식에 의존하며, 지식의 발전 정도에 따라 정서도 이에 상응하여 고양되기 때문이다.[6] 초기의 『지성개선론』에서부터 『신과 인간과 인간의 행복에 대한 짧은 논문』[7]을 거쳐 『에티카』[8]에 이르기까지 이런 비례 관계는 스피노자의 한결같은 주장이었다. 예를 들어 『짧은 논문』에서 스피노자는 다음과 같이 언급하고 있다. "이것들 중에서 우리는 첫 번째 것[속견]으로부터 훌륭한 이성에 반대되는 모든 정념들이 생긴다고, 두 번째 것[참된 신념]으로부터는 선한 욕구들이 생기며, 세 번째 것[명백한 지식]으로부터는 … 참되고 진실된 사랑이 생긴다고 말한다."[9] 스피노자에서 최고의 기쁨은 그냥 그 자

---

6) 어떻게 동반하는 인식에 따라 정서가 달라지는가에 대한 자세한 논의에 관해서는 이경석, 『스피노자의 인식과 자유』(파주: 한국학술정보(주), 2005) 참조.

7) 이 저서는 이후 『짧은 논문』으로 명명함. 국내 번역으로는 다음 책을 참조했음. 베네딕트 데 스피노자, 『신과 인간과 인간의 행복에 대한 짧은 논문』, 강영계 옮김(파주: 서광사, 2016).

8) 『에티카』의 경우 다음과 같은 약자 사용함. Def = definition; Ax = axiom; Pr = proposition; Dem = the proof of proposition; Cor = corollary; Sch = scholium; Post = postulate; Lem = lemma; Exp = explanation; Pref = Preface; App = Appendix. 국내 번역으로는 다음 책을 참조했음. 베네딕트 데 스피노자, 『에티카』, 강영계 옮김(서울: 서광사, 1990).

9) Benedictus de Spinoza, KV, p.63. 『짧은 논문』에서 스피노자는 지식의 종류를 소문과 경험에서 나오는 속견, 참된 신념, 명백한 지식으로 구분하는 데 반해, 『에티카』에서는 감각지나 상상지(1종지), 이성지(2종지), 직관지(3종지)로 나누고 있다(Spinoza, E Ⅱ, Pr. 40, Sch. 2 참조). 이 두 저서에서 언급되는 지식의 명칭은 다르지만 스피노자의 지식의 구분은 상응되고 일관된다. 그런가 하면 『지성개선론』에서 스피노자는 소문에 근거한 지각, 막연한 경험에서 얻은 지각, 사물의 본질이 다른 사물로부터 추론되는 그러나 타당하지 않은 지각, 사물이 오로지 그 본질에 의해서, 혹은 가장 가까운 원인에 의해서 지각되는 지각이라는 네 가지로 구별한다(Benedictus de Spinoza, TdIE, p.7[19] 참조). 『지성개선론』에서 추론지는, 즉 이성지는 『에티카』에서와는 달리 참된 지식에 도달하는 수단이 되지 못한다. 저서에 따라 지식의 등급과 평가가 약간 다르다 해도, 전체적으로 볼 때 지식과 우리의 정서와 관련해서 스피노자가 말하고 싶은 바는 일목요연하다.

체로 오는 것이 아니라 그것을 가져올 수 있는 —『짧은 논문』에 따르면 명백한 지식이고『에티카』에 의하면 직관지인 — 그런 지식을 매개로 해서만 가능한 것이다. "그래서 스피노자에게 윤리학은 인식론과 평행해서 나아간다고할 수 있다."[10] 이처럼 스피노자 철학에서 인간이 지복에 이르려면 참된 지식, 즉 진리를 수중에 넣어야만 한다. 진리는 지복으로 가는 통로이고 지복의가능성의 선행 조건이다.

그런데 회의주의자들이란 회의적인 여러 논변 기술(技術)을 구사하여 모든진리론이 독단주의에 불과함을 보여줄 수 있다고 말하는 자들이다. 그들이생각하기에 데카르트나 스피노자 철학이나 독단주의이기는 매한가지다. 사정이 이렇기 때문에 스피노자와 회의주의자와의 대결은, 데카르트와 비교해볼 때 일견 행복론에 가려 후순위로 밀려 있는 듯하지만, 스피노자에게 필연적인 수순인 것이다. 비록 그 자신이 데카르트를 불안에 떨게 했던 '회의주의의 위기'에 살지 않았다 해도,[11] 그리고 회의주의의 극복 여부를 두고 데카르트와 그의 동시대 반박자들 사이에 맹렬하게 불붙었던 논쟁의 열기가 사그라졌다고 해도 "스피노자는 참된 인식 또는 지식(진리)을 구원과 해방의 길로생각하고 있었기"[12] 때문에 진력을 다해 회의주의를 어떻게든 일소(一掃)해야만 했던 것이다. 그리고 실질적으로 스피노자는 그의 초기 작품부터『에티카』에 이르기까지 이런 작업을 지속적으로 수행하였다.[13] 이런 측면에서 회의주의의 극복은 데카르트에 있어서만큼 스피노자에게도 일생에 걸친 과제였다고 할 수 있다.

데카르트는 회의주의자들의 의심을 뒤엎어버렸다고 천명했지만 살아생전

---

10) 박삼열, 「스피노자의 사랑 개념」, 『기독교사회윤리』, 제8권(한국기독교사회윤리학회, 2004), p.71.

11) Richard H. Popkin, *Spinoza*(Oxford: Oneworld Publications, 2004), pp.51-4 참조. 이런 시대적 상황으로 인해 스피노자는 직접적으로 회의주의를 반박하기보다는 개념들의 논리적인 연관에 집중했다.

12) 강영안, 『자연과 자유 사이』(서울: 문예출판사, 2001), pp.80-1.

13) Michael D. Rocca, *Spinoza*(London/New York: Routledge, 2008), p.127 참조. "그렇지만 『에티카』의 시대에 스피노자가 회의주의 주제를 거의 포기했다고 생각하는 것은 잘못일 것이다."

회의주의의 입장을 대변하는 동시대 지성인들의 반론과 비판에 시달려야 했다. 이런 갑론을박을 거치면서 회의주의에 대한 대응과 관련하여 데카르트 철학의 약점이 자연스럽게 노출되었다. 스피노자는 그렇지 않았다. 스피노자도 생전에 그의 이름으로 유일하게 출판된 『데카르트 철학의 원리』에서 "이 것으로 모든 의심을 제거하기에 충분할"[14] 근거를 제시했다고 주장했지만, 데카르트가 받아야 했던 것처럼 회의주의자들의 혹독한 비판적 검사를 거치지 않았다. '회의주의의 극복'에 대한 스피노자의 해결책은 데카르트에 비한다면 무풍지대(無風地帶)로 남아 있었던 것이다. 그렇지만 이런 평화가 곧 스피노자가 회의주의의 문제를 해결했다는 것을 가리키지는 않는다. 오히려 "스피노자가 과연 회의주의를 극복했는가?" 하는 물음 자체를 새롭게 제기할 것을 주문하는 것이고 그렇기에 본격적으로 논구되어야 할 것을 함축하는 것이다. 우선 이 문제를 다루기 위해서는 스피노자 철학 앞에서 가수면(假睡眠) 상태에 빠진 회의주의자들을 깨우지 않으면 안 될 것이다. 아마도 스피노자가 벼르고 있었던 만큼 틀림없이 회의주의자들도 이런 대면을 고대하고 있었을 것이다.

2. 데카르트 실패에 대한 스피노자의 원인 분석

데카르트와 스피노자는 모두 회의주의에 대한 승리를 선언하였다. 그렇지만 데카르트는 성공하지 못했다고 스피노자는 여겼다. 『데카르트 철학의 원리』에서 스피노자는 "그런데 이런 [데카르트의] 응답이 사람들을 제대로 만족시키지 못하기 때문에 나는 다른 것을 제시하겠다."[15]고 밝히고 있다. 데카르트가 회의주의를 근절했다면 스피노자가 굳이 '다른 것'을 제시할 필요가 없었을 것이다. 이것은 회의주의를 극복하기 위해 스피노자가 제시한, 데

---

14) Benedictus de Spinoza, *PPC*, p.126. 국내 번역으로는 다음 책을 참조했음. 베네딕트 데 스피노자, 『데카르트 철학의 원리』, 강영계 옮김(파주: 서광사, 2016); 베네딕트 데 스피노자, 『데카르트 철학의 원리』, 양진호 옮김(서울: 책세상, 2010).
15) *PPC*, p.125.

카르트와는 '다른 것'의 새로움과 철학적 방책으로서의 의의가 데카르트의 실패를 통해서만 온전히 드러날 수 있다는 것을 말해준다. 그렇다면 스피노자는 회의주의자 앞에서 왜 데카르트가 좌절할 수밖에 없다고 보았을까? 그 이유를 스피노자는 함축적으로 다음과 같이 적시하고 있다.

> 그렇지만 여기서 내가 끝을 맺기 전에 나는 다음과 같이 논증하는 사람들을 만족시켜야 한다고 생각한다. "신이 실존한다는 것이 우리에게 [그 자체로] 자명하게 알려지지 않기 때문에 우리는 결코 아무것도 확신할 수 없는 것처럼 보인다. 또한 신이 실존한다는 것은 결코 우리에게 [추론을 통해서도] 알려지지 않는다. (우리가 우리 자신의 근원을 알지 못하는 한 모든 것이 확실하지 않다고 말했으므로) 이런 불확실한 전제들로부터는 어떤 것도 확실하게 결론 내릴 수 없다."[16]

이 구절을 이해하기 위해서 우리는 데카르트가 걸어간 철학적 여정을 잠시 뒤좇아 가야 한다. 데카르트는 극단적인 여러 의심들을 수행한 후에 "나는 생각한다, 그러므로 나는 존재한다."는 가장 확실한 명제에 도달하였다. 그리고 그는 이 최초의 인식에서 모든 의심을 제거할 수 있는 일반적 기준을 확립할 수 있다고 생각하였다. "내가 사유하는 것임은 확실하다. 그렇다면 나는 어떤 것이 확실하기 위해 요구되는 것을 알고 있는 것은 아닐까? 이 최초의 인식 속에 포함되어 있는 것은, 내가 주장하고 있는 것에 대한 명석 판명한 지각일 뿐이다. (…) 그러므로 내가 극히 명석 판명하게 지각하는 것은 모두 참이라는 것을 일반적인 규칙으로 설정해도 괜찮다고 생각한다."[17] 그렇지만 이것으로 사안이 깔끔하게 종결되지 못했는데, 진리가 단지 명석 판명함이라는 주관적 확실성에 기댈 경우 나타날 수 있는 여러 문제들을 여러 철학자들이, 대표적으로는 가상디가 집요하게 물고 늘어졌기 때문이다. 무엇보다 데카르트 자신이 일반적인 규칙을 확신할 수 없었다. "… 우리 관념들이 아무리 명석 판명하다고 하더라도 그것들이 참이라는 완전성을 갖고 있다는 확신

---

16) 같은 곳.
17) René Descartes, *CSM* Ⅱ, p.24[Ⅶ, 35].

을 가질 만한 어떤 근거도 우리에게는 없다."[18]

데카르트는 의심할 수 없는 명석 판명한 지각을 확보하고서도 왜 다시 의심에 시달려야 했을까? 그것은 바로 기만하는 신, 즉 전능한 악마 때문이었다. "… 그 이유는 나에게 가장 명백하게 보이는 것에 있어서도 어떤 신이 나에게 잘못을 범할 수 있는 본성을 부여할 수도 있다는 생각이 들었기 때문이다. … [전능한] 신이 원하기만 하면 내가 정신의 눈으로 아주 명석하게 본다고 생각하는 것에 있어서조차도 잘못을 저지르도록 하는 것은 신에게는 쉬운 일임을 인정하지 않을 수 없다."[19] 그래서 데카르트에게는 내가 사악한 악마의 희생물이 아니며, 내가 명석 판명하게 지각하는 것이 참이라는 근거가 절실하게 필요하였던 것이다. 그리고 이 근거가 바로 전능하고 지선(至善)한 신의 실존이었다. 데카르트가 명석 판명한 지각을 진리의 준거로 삼았으면서도 신 존재를 증명하려는 시도로 이행한 까닭이 여기에 있다. 그는 신의 실존을 확인함으로써 문제가 해결되었다고 여겼다. "그러나 나는 이제 신이 실존한다는 것을 지각하였고, 동시에 다른 모든 것은 신에 의존하고 있으며 신은 기만자가 아니라는 것도 인식하였다. 이로부터 내가 명석 판명하게 지각하는 것은 모두 필연적으로 참이라는 결론을 도출하였다."[20]

마침내 데카르트는 명석 판명한 지각의 확실성과 진리의 최후의 근거인 신의 실존을 확증함으로써 회의주의를 극복했다고 확신하였다. 그렇지만 오히려 이것이 데카르트가 회의주의자에게 발목을 잡히게 된 결정적인 빌미로 스피노자에게는 여겨졌다. 어떻게 데카르트는 신의 실존을 확증하였을까? 이 질문이야말로 스피노자가 '다음과 같이 논증하는 사람들'의 입을 빌려 단도직입적으로 데카르트에게 묻고 싶었던 것인데, 이에 대한 데카르트의 대답이 그가 회의주의자의 덫에 걸렸다는 점을 여실히 드러내준다고 스피노자는 생각했기 때문이다. 데카르트에 따르면 신의 실존은 "[그 자체로] 자명하게 알

---

18) René Descartes, *CSM* I, p.130[VI, 39].

19) René Descartes, *CSM* II, p.25[VII, 36].

20) *CSM* II, p.48[VII, 70]. *CSM* I, p.130[VI, 38] 참조. "… 내가 앞에서 규칙으로 정한 것, 즉 우리가 아주 명석 판명하게 인식하는 것은 모두 참이라는 명제의 진리성조차도, 신이 존재한다 혹은 실존한다는 것, 그가 완전한 존재라는 것, 또 우리 속에 있는 것은 모두 신으로부터 나온다는 것을 근거로 해서만 보장되기 때문이다."

려지지 않는다." 그 자체로 알려지는 것이라면 자아의 실존밖에는 없을 것이다. 그렇다면 그것은 추론을 통해 입증되어야 한다. 데카르트가 이 증명에서 출발점으로 삼은 것은 명석 판명하게 지각되는 신의 관념이었다. (달리 어떤 카드가 데카르트에게 있었겠는가!) "신의 관념은 극히 명석 판명하다. (…) 이 최고로 완전하고 무한한 존재자의 관념이 가장 참된 것이라고 나는 말하고 싶다."21) 유한하고 불완전한 나로부터는 무한하고 완전한 관념이 생겨날 리 없으며 따라서 그 관념의 원인으로서 무한 실체로서의 신이 실존해야 한다는 인과론적 신 존재 증명을 수행할 때나, 실존하지 않는 신의 관념은 완전함이라는 신의 관념과 모순되기 때문에 신은 실존하지 않으면 안 된다는 존재론적 증명을 수행할 때나, 데카르트는 어김없이 극히 명석 판명한, 그래서 가장 참되고 완전한 신의 관념에 호소하고 있다.

스피노자가 볼 때, 회의주의를 물리치는 데 있어 데카르트의 아킬레스건이 여기에 있다. 데카르트가 애초에 신의 실존을 입증하려고 할 때, 그것은 참된 명석 판명한 지각이나 관념이 (진짜로) 참되다는 것을 보증하기 위해서였다. 즉 명석 판명한 지각이 기만하는 신 때문에 참되지 않을 수도 있다는 의심 때문에 데카르트에게는 실존하는 신이 요구되었던 것이다. 그런데 이제 데카르트는 그렇게나 의심스럽다고 천명한 명석 판명한 관념이 참되다는 데서부터 신의 실존을 증명하고 있는 것이다. 명석 판명한 관념이 참되다는 것은 신의 실존을 통해 증명되어야 할 것이었다는 점에 유의한다면, 증명을 필요로 했던 것이 어느새 증명된 것으로 둔갑한 셈이라는 것을 알 수 있다. 이것은 신의 실존의 경우에도 그대로 해당된다. 말하자면 데카르트는 "명석 판명한 지각이 참이다."는 "신이 실존한다."를 근거로 보장하고, "신이 실존한다."는 "명석 판명한 지각이 참이다."를 근거로 도출한다. 스피노자가 "또한 신이 실존한다는 것은 결코 우리에게 [추론을 통해서도] 알려지지 않는다."고 진술했을 때, 그가 데카르트를 향해 겨냥한 것이 이제 뚜렷이 모습을 드러낸 것이다. "데카르트가 '과장된 의심'에 직면해서 그의 명석 판명한 관념들을 '보증하기' 위해 감행한 시도는 (다른 것 중에서도) '순환 논증'이라는 반대에

---

21) René Descartes, *CSM* II, p.31[VII, 46].

지독하게 시달렸다."22)

　사실 데카르트가 순환 논증이라는 회의주의자들의 전매특허 기술(技術)에 걸렸다는 혐의는 스피노자에 의해 최초로 제기된 것은 아니다. 이미 『제1철학에 관한 성찰』을 두고 벌어진 논박 중에 아르노가 진작부터 지적했던 것이기도 하다.23) 데카르트는 양손에 카드를 들고 있었고, 어느 것이 더 인식적 우위를 갖는지를 미결정의 상태로 놔두었고 놔둘 수밖에 없었다. 이렇게 됨으로써 팽팽한 내적 긴장이 데카르트 철학을 관통하게 된 것이다.24) 데카르트는 P(a)의 근거를 묻는 회의주의자들에 P(b)를 제시하고, P(b)의 근거를 묻는 회의주의자들에게 P(a)를 제시하면서 끝없이 시간을 끌고 있고, 이렇게 회의주의자들의 진을 빼면서 제풀에 주저앉기를 기다리고 있다. 그렇지만 근거(결과)와 결과(근거) 간의 지루한 교체를 사태에 대한 진정한 해명으로 인정할 철학자는 아무도 없을 것이다.

　그렇다고 이런 지적에 데카르트가 그냥 손을 놓고 있었던 것만은 아니다. 앞의 인용문에 뒤이어 스피노자가 언급하고 있듯이 "이런 난점을 제거하기 위해 데카르트는 [『철학의 원리』 1부 13항과 『제1철학에 관한 성찰』의 「두 번째 반박에 대한 답변」 3번과 『제1철학에 관한 성찰』의 「제5성찰」 마지막 부분에서] 나름대로 대답하고 있기"25) 때문이다. 스피노자는 데카르트의 답변을 다음과 같이 정리하고 있는데, 이것이 데카르트가 순환 논증에 어떻게 대응하고 있는가에 대해 스피노자가 주고 있는 정보의 전부이기도 하다. "우리가 의심할 수 있는 것은 [명석 판명하게 인식하는 것이 아니라] 우리가 이전

22) Margaret D. Wilson, "Spinoza's theory of knowledge," in *The Cambridge Companion to Spinoza*, ed. by Don Garret(Cambridge: Cambridge University Press, 1996), p.120.

23) René Descartes, *CSM* II, p.150[VII, 214] 참조.

24) 데카르트가 순환 논증에 빠지게 된 또 다른 설명에 관해서는 양진호, 「스피노자의 『데카르트 철학원리』(1663) 연구 (1): 「서론」에서 '신 증명'과 '순환 논증'의 문제」, 『칸트연구』, 제22집(한국칸트학회, 2008), pp.149-91 참조. 양진호는 앞의 스피노자 인용문에서 '그 자체로'와 '우리에게'라는 두 방법론 사이의 내적 긴장에 주목하고, 이 때문에 데카르트가 두 방법론 사이에서 끊임없이 맴돌 수밖에 없었다고 주장한다.

25) Benedictus de Spinoza, *PPC*, p.125.

에 참이라 증명했지만 이것을 추론한 근거들을 잊어버린 뒤 거기에 더 이상 주의를 기울이지 않은 채로 기억할 수 있는 것들뿐이다. … 따라서 신의 실존을 추론할 수 있었던 모든 전제에 세심하게 주의를 기울인다면, 우리는 신의 실존에 대한 확실한 인식에 도달할 수 있다."26)

어떻게 "우리가 의심할 수 있는 것은 … 우리가 이전에 참이라 증명했지만 이것을 추론한 근거들을 잊어버린 뒤 거기에 더 이상 주의를 기울이지 않은 채로 기억할 수 있는 것들뿐"이라는 답변이 순환 논증에 대한 답변일 수 있을까? 데카르트의 전략은 간단하다. 즉 순환 논증이라는 비판은 오해에서 비롯된 것이라는 것이다. 자신이 의심을 제기한 것은, 그래서 그 의심을 제거하기 위해 신의 실존을 도출해야만 했던 것은 명석 판명한 지각이 아니라, 오로지 부정확해진 기억에 한정될 뿐이기 때문이라는 것이다. 메르센 신부의 반박에 대답하면서 데카르는 이 점을 분명히 하고 있다. "'신이 존재한다는 것을 알기 전에 우리는 어떤 것도 알 수 없다.'고 내가 말했을 때, 나는 이를 우리가 결론에 도출하는 데 사용했던 근거들에 주의를 기울이지 않은 채 기억할 수 있는 결론들에 대한 지식에 한정해서 설명하는 것임을 분명한 표현을 써가며 확실하게 했습니다."27) 이에 따르면 명석 판명한 지각에 더 이상 주의를 기울이지 않아 그것이 의심스러운 기억이 되었을 때, 그것의 진리를 보증하기 위해서만 신의 실존이 요구된다. 반면 명석 판명한 지각과 관련해서는 그것의 진리성을 보장하기 위해 다른 근거(신의 실존)를 찾을 이유가 없는데, 그것은 더 이상 의심할 수 없는 자명한 것이기 때문이다. 데카르트의 해명을 수용한다면, 우리가 주의를 집중하는 한, 명석 판명하게 지각하는 것은 그 진리성에 대해 어떤 의심도 들어설 여지가 없기 때문에 신의 실존을 끌어들일 필요가 없게 되고, 이렇게 되면 순환하는 두 항 가운데, 즉 명석 판명한 지각과 신의 실존 가운데 명석 판명한 지각에 인식적 우선권을 부여할 수 있기 때문에 저 공전(空轉)하는 악순환을 자연히 중단시킬 수 있다. 데카르트는 이로써

---

26) 같은 곳.

27) René Descartes, *CSM* Ⅱ, p.100[Ⅶ, 140]. 동일한 종류의 답변에 관해서는 René Descartes, *CSM* Ⅰ, p.197[ⅧA, 9-10]; *CSM* Ⅱ, p.48[Ⅶ, 70] 참조.

순환 논증으로부터 도피처를 마련했다고 여겼다.[28]

그런데 바로 앞의 인용문에 뒤이어 스피노자는 곧바로 "그런데 이런 [데카르트의] 응답이 사람들을 제대로 만족시키지 않기 때문에 나는 다른 것을 제시하겠다."고 일갈(一喝)하고 있다. 왜 이런 데카르트의 응답은 사람들을 제대로 만족시키지 못한다고 스피노자는 생각했을까? 이에 관해서는 스피노자는 어떤 설명도 제공하지 않는다. 짐작건대, 스피노자는 데카르트의 이런 응답에 이미 그의 체계가 지닌 부정합적인 측면이 드러났기 때문에 따로 부가적인 설명을 할 필요가 없다고 판단했던 것 같다. 분명한 사실은, 앞에서도 보았지만, 데카르트가 기만하는 신 탓에 아주 명석 판명한 지각에 있어서도 우리가 잘못을 저지를 수 있다고 주장하였다는 것이다. 말하자면 데카르트는 이제는 희미해져버린 과거의 명석 판명한 관념만이 아니라 모든 명석 판명한 관념을 의심의 대상으로 삼았고, 그렇기 때문에 그는 그렇게 신의 실존에 목을 매달았던 것이 아닌가? 그런데 이것이 순환 논증에 늪에 빠져들었다는 비판을 받자 이제 와서 명석 판명한 지각의 진리성은 추호도 의심할 수 없고, 의심할 수 있는 것은 단지 부정확한 기억에 한정된다고 말을 바꾸고 있는 것이 아닌가? 결국 스피노자는 데카르트가 순환 논증에 걸렸고, 데카르트가 거기에서 빠져나오려고 발버둥을 쳤지만 성공하지 못했다고 판정하였다. 그러면서 그는 데카르트와는 '다른 것'을 제시하였다. 그렇다면 이 '다른 것'은 순환 논증에서 벗어나는 해결책이어야 한다. 그뿐만 아니라 그가 진정 회의주의를 극복하는 데에 성공했다고 한다면, 이 '다른 것'은 회의주의자들이 쳐놓은 여러 회의적 논변 형식들의 덫을 피해갈 수 있는 방책이기도 해야 할 것이다.

3. 피론주의에 대한 스피노자의 해결책

스피노자는 『지성개선론』에서 회의주의자들을 다음의 두 가지 부류로 나누고 있다.[29] 하나는 '말로만 자신이 의심한다고 말하는' 회의주의자이고,

---

28) A. K. Stout, "The Basis of Knowledge in Descartes," pp.174-5 참조.
29) Benedictus de Spinoza, *TdIE*, p.21[77].

다른 하나는 '정신 속에 있는 진정한 의심'을 하는 회의주의자이다. 그는 전자의 회의주의자를 경멸조로 다루고 있다. 이들은 자기들이 아무것도 알지 못한다고 말하며, 아무것도 알지 못한다는 이 사실 자체도 알지 못한다고 말한다. 그러나 아무것도 알지 못한다는 사실만은, 나아가 이 사실 자체도 알지 못한다는 사실만은 그들도 알고 있지 않은가! 이 경우 그들은 자기지시적 모순을 범하고 말 것이다. (그렇기 때문에 그들은 이런 진리의 흔적을 없애기 위해 침묵을 지키는 수밖에 없으리라.) 스피노자는 이들을 태어날 때부터 또는 편견 때문에 본심에 없는 말을 하는 '전적으로 정신이 눈먼 사람들'[30]로 묘사하고 있다.

동일한 맥락에서 도대체 아무것도 모른다고 하면서 그들은 어떻게 삶을 영위해나갈 수 있을까? 긍정도 하지 않고 부정도 하지 않는 '판단유보(epoche)'를 주창하면서도, 사실상 실생활에서 그들은 긍정하고 부정하는 판단 행위를 수행할 수밖에 없을 것이다. "삶과 사회의 적용은 … 그들 자신의 이익을 탐구하도록, 그리고 맹세코 많은 것들을 긍정하고 부정하도록 강요하기 때문이다."[31] 그러니까 이들은 자신들이 긍정하고 부정하면서도 그것을 알지 못한다고 하는, 곧 '정신을 결여한 자동인형(automata)'[32]이 아닌가 말이다. 이렇게 앞뒤 말이 다르고 말과 행동이 다른 회의주의자는 말만 그럴싸하게 하는 사람들이고, 그리하여 스피노자 보기에 이런 회의주의자들의 의심을 개선하기 위해서는 단지 그의 고집을 교정하는 일만이 필요하다. 스피노자가 진지한 대결을 염두에 두고 있는 회의주의자들은 '정신 속에 있는 진정한 의심'을 수행하는 회의주의자들이고, 지성을 개선하는 방법을 통해 불식시키고자 하는 것도 이들의 의심이다.

말로만 의심하는 회의주의자에 대한 스피노자의 언급은 회의주의자가 자기모순적이고 자기가 무슨 말을 하는지도 제대로 인지하고 있지 못하는, 그야말로 정신적 맹인이라는 인상을 준다. 그러나 섹스투스 엠피리쿠스라면,

---

30) *TdIE*, p.13[47].
31) *TdIE*, p.13[48].
32) 같은 곳.

스피노자가 지칭하고 있는 말로만 의심하는 회의주의자는 적어도 피론주의의 전통 하에서는 존재할 수 없다고 말할 것이다. "나는 아무것도 알지 못한다."는 말을 하는 회의주의자란 이미 회의주의자가 아니다.[33] 회의주의자는 "진리를 발견했다."거나 "아무것도 파악할 수 없다."거나 하는 어떤 종류의 진리 주장도 하지 않는다. 이런 주장을 한다면 곧 자기지시적 모순을 범한다는 것을 섹스투스 엠피리쿠스는 예민하게 자각하고 있다. 그가 신(新)아카데미학파의 철학자들과 피론주의자를 섬세하게 구별하려고 애쓴 까닭이 여기에 있다. 자기주장을 하지 않으면서 모든 종류의 진리론을 유린하기 위해 회의주의자들이 이용한 것이 바로 '등치(isostheneia)'의 방법이다. 예컨대 어떤 독단주의자가 P(a)를 진리로 내세운다면, 회의주의자는 그것과 상이하거나 맞서는—다른 독단주의자가 진리로 내세우는—P(b)를 제시한다. 반대로 P(b)를 주장하는 독단주의자 앞에서 회의주의자는 P(a)를 내밀 것이다. 그럼으로써 P(a)나 P(b)가 진리가 아님을 보여주는 전략을 구사하는 것이다. 독단론을 무너뜨리기 위해 회의주의자가 필요로 하는 것은 회의주의자의 고유한 입론이 아니라 또 다른 독단론일 뿐이다. 이런 등치의 방식이 아니라면 회의주의가 성립될 수 없기에, 섹스투스 엠피리쿠스는 그의 『피론주의 개요』에서 누누이 다음 사항을 강조하고 있다. "회의주의를 구성하는 기본 원칙은 모든 논의(logos)에는 그것과 동등한 논의가 대립한다는 것이다."[34]

스피노자가 언급하고 있는 말로만 의심하는 회의주의자의 또 다른 유형은 긍정과 부정을 하지 않는다면서도 살기 위해서는 그들도 긍정과 부정을 하는, 즉 생각과 행동이 따로 노는 '정신을 결여한 자동인형'이었다. 섹스투스 엠피리쿠스는 이런 종류의 비판이 근대에까지 이어지고 있다는 점에서 매우 당혹해할 것이 틀림없다. 저 고대의 스토아학파의 철학자들이 줄기차게 회의주의자들에 대해 제기한 것이 바로 '행위 불가능성(apraxia)'의 논제였고, 거기에 대해 섹스투스 엠피리쿠스가 상세하게 반박했는데도 불구하고,[35] 스피

---

33) Sextus Empiricus, *PH* 1.2 참조.
34) *PH* 1.12.
35) *PH* 1.13, 1.19, 1.21-3 참조.

노자에게서 똑같은 비판을 또다시 발견했기 때문일 것이다. 앞에서 언급한 것이긴 하지만, 섹스투스 엠피리쿠스의 응답을 아주 간단히 말한다면 피론주의자들의 삶의 기준은 '현상(phainomenon)'이다. 이들이 현상을 삶의 기준으로 삼는다는 것은 사물의 본성과 관련해서 긍정과 부정을 하는, 즉 판단을 하는 것이 아니라, 그냥 현상에 수동적으로 따른다는 것을 뜻한다. 따라서 섹스투스 엠피리쿠스는 자신이 '판단유보'를 이론 영역에서나 실천 영역에서 일관되게 관철하고 있다고 자부하였다.

말로만 의심하는 회의주의자들이라는 경멸조의 비판에 대해서 섹스투스 엠피리쿠스가 주고 있는 대답은, 기실 그렇게 대충 넘어가도 좋을 성질의 것이 아니다. 그것은 회의주의자의 정체성과 직결된 문제이기도 하고, 또한 철학사적으로 회의주의자에게 가해진 누적된 오해와 관련된, 그래서 그만큼 섹스투스 엠피리쿠스가 해명하고 싶은 사안이기도 하기 때문이다. 그는 『피론주의 개요』에서 이런 주제들을 정교하게 가다듬었고, 요컨대 회의주의자가 왜 정신적 맹인도 아니고 자동인형도 아닌지에 대해 스피노자에게 할 이야기가 많은 것이다. 그렇지만 스피노자가 끝까지 다 그의 말을 들어줄 것 같지는 않다. 스피노자가 만나기를 고대하는 회의주의자는 이런 말로만 의심하는 사람들이 아니라 '정신 속에 있는 진정한 의심'을 수행하는 회의주의자라고 밝히고 있기 때문이다. 이것은 곧 스피노자가 말로만 의심하는 회의주의자들을 비판한다고 해서 섹스투스 엠피리쿠스에게 별 타격을 줄 수 없는 것처럼, 섹스투스 엠피리쿠스가 이런 측면에서 스피노자를 반박한다고 해도, 섹스투스 엠피리쿠스의 편에서 보면 좀 억울한 노릇이지만, 스피노자에게 커다란 손상을 줄 수 없다는 것을 뜻한다. 스피노자에게 있어 문제의 관건은 '정신 속에 있는 진정한 의심'이고, 그리하여 진정한 승패는 과연 이 의심을 제거하는 데에 성공했느냐 실패했느냐에 따라 결정될 것이기 때문이다.

그렇다면 과연 스피노자가 진정으로 자기의 철학을 통해 반박하고 싶은 '정신 속에 있는 진정한 의심'은 어떤 것일까? 그것은 하나의 독단론에 대해 동등한 권리를 갖고 맞서는 다른 독단론을 제시함으로써 그것들 간에 해소할 수 없는 갈등이나 대립을 불러일으키고 마침내 그것들 모두가 진리가 아니라 하나의 속견임을 보여줄 수 있는 피론주의자의 의심일 것이다. 피론주의자는 이런 등치의 방법에 의해 고유한 논변 형식들을 창안해내었다. 반즈가 인정하고 있듯이, 이것들 가운데 가장 체계적이고 최고의 수준에 이른 것이, 또한 고금을 통틀어 가장 정밀한 회의적인 논변 형식들이 바로 아그리파가 고안해낸 트로펜이다.[36] 이것들은 다음 다섯 가지로 구성되어 있다.[37] 철학적 의견들의 상이성의 논변 형식(제1트로푸스), 무한소급의 논변 형식(제2트로푸스), 독단적인 전제 설정의 논변 형식(제4트로푸스), 순환의 논변 형식(제5트로푸스), 관계성의 논변 형식(제3트로푸스). 섹스투스 엠피리쿠스는 아그리파의 다섯 가지 논변 형식들이 어떤 특정한 독단주의를 물리치는 데 그치는 것이 아니라, 미래에 등장할 독단론을 포함해서 모든 철학적 지식 자체의 성립 가능성을 무너뜨릴 수 있다고 확신하였다. 이것들이야말로 독단주의자를 꼼짝하지 못하게 포획할 수 있도록 매우 긴밀하게 짜인 '정신 속에 있는 진정한 의심'의 그물망인 것이다. 피론주의를 극복했다고 장담하는 데카르트를 보면서, 그가 결국 순환 논증에 빠졌으며 그리하여 오히려 피론주의자가 그를 극복했다는 비판은 스피노자의 것이기도 하지만 동시에 아그리파의 것이기도 하다. 이를 달리 말한다면, 스피노자가 "나는 [데카르트와는] 다른 것을 제시하겠다."고 자신의 기획을 밝혔을 때, 이 '다른 것'은 아그리파의 회의적 논변 형식들에 걸리지 않는 것이어야 한다는 것을 함축한다. 또한 스피노자가 데카르트와는 달리 순환 논변에 걸리지 않는다 하더라도 아그리파의 여타의 논변 형식들의 늪에서 빠져나오지 못한 것으로 판명된다면, 그 역시 피론주의를 극복하지 못했음을 가리킨다. 이런 경우 스피노자는 데카르트와 동일한 운명에 처해질 것이다.

스피노자는 우선 피론주의자의 저 진정한 의심이 무엇 때문에 생기는가에 주목한다. 원인을 찾아내면 제대로 된 대책도 따라서 나올 것이다. 스피노자가 찾아낸 가장 중요한 원인은 다음과 같다. "오히려 의심은 의심받는 대상에 대해서 어떤 확실성을 추론할 수 없을 만큼 명석 판명하지 못한 다른 관념을 통해 발생한다. 즉 우리에게 의심을 야기하는 것은 명석 판명하지 못한 관념

---

36) Jonathan Barnes, *The Toils of Scepticism*, p. ix 참조.
37) Sextus Empiricus, *PH* 1.164-9 참조.

인 것이다."38) 그리고 이런 명석 관념한 관념들로부터 "우리가 사물들을 질서에 따라 탐구하지 않는 데서 생긴다."39) 스피노자에 따르면, 우리가 애초에 명석 판명한 관념을 갖지 못한 채 탐구를 시작한 데서, 그리고 명석 판명한 관념에서 출발했다 하더라도 엄밀한 추론 과정에 따라 사물을 지성적으로 인식하지 못하는 데서 의심은 발생한다. 여기에서 가장 핵심 사항은 명석 판명한 관념일 것이다. 이것이 없으면 아무리 질서 있게 탐구한다 해도 의심에서 벗어날 수는 없기 때문이다. 그래서 스피노자도 집요하게 명석 판명한 관념에 천착한다.

그런데 이런 진단에 우선은 의아해지지 않을 수 없다. 이것은 데카르트가 누차 말했던 것이고, 그래서 데카르트는 "단지 명석 판명하게 지각된 것만을 참이라고 판단할"40) 것을 요구하면서 이런 지각을 진리의 일반적 규칙으로 삼았던 것이 아니었던가! 의심의 원인이 데카르트가 지적했던 것과 같다면 그것을 극복할 방안도 데카르트와 동일할 것이다. 과연 스피노자는 "정신의 명석 판명한 관념이 참이라는 것은 … 피할 수 없다."41)라고 주장한다. "명석 판명함이 곧 참"42)이라는 스피노자의 진리관은 데카르트의 복사판처럼 보인다. 그렇다면 스피노자가 데카르트와는 '다른 것'을 제시하면서 피론주의를 극복하겠노라고 공언했을 때, 그 '다른 것'은 무엇이며, 어떻게 이 '다른 것'에 의해 피론주의를 물리칠 수 있다는 것일까? 다음의 인용문은 아마도 피론주의에 대한 대응이라는 측면에서 스피노자가 새롭게 개척했다고 말하고 싶은 '다른 것'의 가장 중요한 내용을 담고 있다고 해도 과언이 아닐 것이다.

여기에서 다음과 같은 점이, 즉 매우 확실한 일에 있어서조차 우리를 속이는 어떤 기만하는 신이 있을지도 모른다는 이유에서 참된 관념을 의심할 수 있는 것은, 우

---

38) Benedictus de Spinoza, *TdIE*, p.22[78].
39) *TdIE*, p.22[80].
40) René Descartes, *CSM I*, p.207[VIIIA, 21].
41) Benedictus de Spinoza, *E II*, Pr. 43, Sch.
42) *E I*, Pr. 8, Sch. 2 참조. "a clear and distinct-that is, a true …"

리가 신에 대해 아무런 명석 판명한 관념을 갖지 못했을 때에 한한다는 점이 따라 나온다. 다시 말하면 만일 우리가 모든 사물의 근원에 대해 갖는 지식에 주의를 기울이고 그래서 우리가 삼각형의 본성에 주의를 기울일 경우 삼각형의 세 각의 합이 두 직각과 같다는 것을 발견하는 것과 똑같은 확신을 가지고 신은 기만하지 않는다는 것을 우리에게 확신시켜주는 어떤 것도 우리가 찾아내지 못할 경우에만, 이런 의심은 일어날 수 있다. 그러나 만일 신에 대해서도 삼각형에 대해 우리가 갖는 그러한 지식을 갖는다면 모든 의심은 제거된다. 그리고 어떤 최고의 기만자가 우리를 속이는지 그렇지 않은지를 확실히 알지 못하면서도 우리가 삼각형에 대해 이러한 지식에 도달할 수 있는 것과 마찬가지로 최고의 기만자가 존재하는지 않는지를 확실히 알지 못함에도 우리는 또한 신에 대해서도 이런 지식에 도달할 수 있다. 그런데 내가 앞에서도 말한 것처럼, 이런 지식을 우리가 갖기만 하면 우리가 명석 판명한 관념과 관련하여 가질 수 있는 모든 의심을 제거하기에 충분하다.[43]

데카르트도 자아와 신에 대한 명석 판명한 관념을 갖고 있었다. 그러나 그는 기만하는 신 때문에 다시 이 명석 판명한 관념이 참이라는 것을 보증할 신의 실존을 필요로 하였다. 그리하여 그는 극히 명석 판명한 신의 관념으로부터 신의 실존을 도출해내었다. 그러나 스피노자가 보기에 바로 이 지점에서 데카르트는 나아가서는 안 될 길을 갔던 것이고, 피론주의 극복의 문제가 풀 수 없게끔 꼬이게 된 것이다. 데카르트의 결정적인 실책을 목도하면서 스피노자는 무엇보다 명석 판명한 관념에서 벗어나서는 피론주의자의 늪에 빠질 수밖에 없다는 것을 간파하게 되었다. 그래서 스피노자는 무엇보다 명석 판명한 관념 내에서 문제를 해결해야 했고, 또 이것에 피론주의를 봉쇄하는 열쇠가 있다고 보았다. 피론주의의 극복과 관련하여 스피노자에게 관건은 "우리가 신의 실존을 증명할 수 있는가?"가 아니라 "우리가 명석 판명한 신의 관념을 가질 수 있는가?"가 하는 데에로 이행한다. 우리가 모든 사물의 근원으로서의 이 관념을 가질 수만 있다면 "우리를 속이는 어떤 기만하는 신이 있을지도 모른다."는 염려에서 데카르트가 자초했던 곤경으로부터 벗어날 수 있

---

43) Benedictus de Spinoza, *TdIE*, p.22[79].

다. 왜냐하면 "신의 관념을 발견한 뒤에 신의 관념에 주의를 기울인다면, 이 관념은 우리로 하여금 신은 가장 참된 자요 우리 본성의 지은이자 지속적 보존자이므로, 신은 이와 같은 진리를 두고 우리를 기만하지 않는다는 것을 확언하지 않을 수 없게끔 만들기"[44] 때문이다. 그러니까 기만하는 신의 존재를 상정한다는 것 자체가 신에 대한 명석 판명한 관념을 우리가 가지고 있지 않기 때문에 난 사달인 것이다. 이것은 삼각형에 대한 명석 판명한 관념을 갖고 있지 못할 때, 우리가 "세 각이 과연 두 직각과 같은가?"를 의심하게 되는 것과 마찬가지다. 피론주의를 물리칠 수 있는 보도(寶刀)가 신에 대한 명석 판명한 또는 참된 관념이라는 것을 스피노자는 되뇌고 있다. "우리가 어떤 방식으로 획득했든 간에 [신에 대한 명석 판명한] 이 관념을 가지고 있기만 하다면 … 이것은 모든 의심을 제거하기에 충분할 것이다."[45] 피론주의 극복에 있어 스피노자가 걸어간 [데카르트와는] '다른 것'의 요체는 신이 실존하는가가 아니라 "신에 대한 명석 판명한 관념을 우리가 가지고 있기만 하다면"에 있다. 회의주의자의 모든 의심의 근원은 신에 대한 이런 관념의 결여에 있기 때문이다. 이제 스피노자가 회의주의를 쫓아내기 위해 제시한 방책이 확연히 그 모습을 드러냈다. 한마디로 그것은 "누군가 자기의 근원[신]에 대한 이 명석 판명한 관념에서부터 질서 정연하게 출발하면 의심은 일어날 수 없다."[46]는 것이다.

이것은 언뜻 보기에 그다지 데카르트로부터 많이 나아가지 못한 것처럼 보인다. 데카르트도 명석 판명한 관념이 참이고, 특히 극히 명석 판명한 관념이 신이라는 데에 스피노자와 의견을 같이하고 있기 때문이다. 그렇다면 데카르트가 비록 신의 실존을 요구했다 해도 양자의 차이는 미미한 것이 아닐까? 데카르트는 사유하는 것으로서의 '내가 극히 명석 판명하게 지각하는 것'을 추호도 의심할 수 없다고 생각하였다. 그러나 그것으로 끝이었다. 그것은 참

44) Benedictus de Spinoza, *PPC*, p.126.
45) 같은 곳.
46) Willis Doney, "Spinoza on Philosophical Skepticism," in *The Monist* 55(1971), p.631.

이지만 극히 주관적인 확실성에 한정되는 것이었다. 그는 객관적인 세계로 나아가기 위한 교두보가 필요하였고 그래서 신의 실존을 찾았다. 곧 전능한 신은 우리 각자가 주관적으로 명석 판명하게 지각하는 것이 객관적으로 실재하는 외부 대상 세계와 일치할 수 있게 하는, 기만하는 신의 농간을 제압하는 보증자인 것이다.[47] 이것은 곧 데카르트가 정신과 물체와 신을 각기 독립된 실체로 취급하고 있다는 것을 방증한다. 스피노자가 볼 때, 데카르트가 피론주의 대응에 실패한 궁극적 원인은 전체 사태를 이렇게 분리해서 고찰한 데에 있다. 그는 실체인 사유하는 정신의 명석 판명한 관념이 참이라는 근거를 또 다른 실체인 신에게서 구했던 것이다. "그리고 정확하게 바로 이런 분리야말로 회의주의자가 그의 회의주의를 해나가도록 만드는 것이고 (…) 회의주의자에게 문이 활짝 열리는 것이다."[48]

그래서 스피노자는 피론주의자의 의심을 제거하는 유일한 길이란 이런 분리를 막는 데 있다고 생각한다. 그에게 진리란 관념과 이 관념 외부에 독립적으로 존재하는 대상과의 일치가 아니다. 만약 그렇게 생각한다면 그는 데카르트와 같은 실패를 맛보아야 할 것이다. 진리는 관념 외부에 존재하는 대상과는 무관하게 오로지 관념의 내적 특성에 의해 결정된다. 스피노자는 특별히 대상과의 관계를 떠나서 참된 관념의 본성 그 자체에만 관계하는 관념을 지칭하기 위해 '타당한 관념(adequate idea)'이라는 용어를 사용한다.[49] "타당한, 즉 명석 판명한 관념들"[50]이 지니는 이런 진리의 특성을 스피노자는 몇몇 예를 들어 설명하고 있는데 다음은 그중 대표적인 것이다. "한 건축가가 어떤 건물을 질서 정연하게 [관념적으로] 생각한다면, 가령 그런 건물이 존재

47) 이현복, 「데카르트의 제일철학에 있어 신의 전능성」, p.62 참조.

48) Michael D. Rocca, "Spinoza and the Metaphysics of Scepticism," in *Mind* 116(464)(2007), p.861.

49) Benedictus de Spinoza, *E* Ⅱ, Def. 4 참조. "내가 이해하는 타당한 관념이란, 대상과의 관계를 떠나서 그 자체로 고찰되는 한에서 참된 관념의 모든 성질이나 내적 특징을 소유하는 관념이다."

50) *E* Ⅱ, Pr. 36. Ⅱ, Pr. 38, Cor. '타당하게 즉 명석 판명하게'; Ⅵ, Pr. 52, Dem. '명석 판명하게 즉 타당하게' 참조.

하지 않았거나 앞으로도 존재하지 않을 것 같은 경우에도 그의 생각은 참된 생각이고, 그 생각은 건축물의 존재 여부에 의해 변하지 않는다."[51] 진리와 거짓을 구분하게 해주는 것은 더 이상 관념과 외부 세계의 대상의 일치가 아니다. 그것은 관념들의 타당성이고 그런 관념들로 이루어진 질서 정연한 정합적인 체계에 다름 아니다. 만약 어떤 기계공이 실제로 존재하지 않았던 또는 존재할 것 같지 않은 어떤 기계에 대한 (내적으로) 정합적인 관념들의 설계도를 갖고 있다면, 그것만으로 그것은 참인 것이다. 물론 이 관념에 상응하는 기계가 실제로 제작될 수도 있다. 그러나 그렇다 해도 "그의 관념의 진리는 지금 실현된 그 대응물에 의해서 구성되거나 증대될 수 있는 것이 아니다."[52] 그것이 진리인 것은 애초에 관념 자체가 정합적이고 타당했기 때문이다.[53]

데카르트는 명석 판명한 관념들이 거짓이지 않을까 염려하였다. 그는 기만하는 신으로 인해 관념들이 이 관념들의 외부에 독립적으로 존재하는 실재와 대응하지 않을까 의심하였던 것이고, 그래서 파멸하였다. 이 점을 상기해 보면 스피노자가 왜 그렇게 논리적으로 필연적인 관념들의 연관관계에 집중

---

51) Benedictus de Spinoza, *TdIE*, p.19[69]. 10[34] 참조.

52) Harold H. Joachim, *Spinoza's Tractatus de Intellectus Emendatione*(Oxford: The Clarendon Press, 1940), p.94.

53) 사실 여기에는 별도의 형이상학적 논의가 필요하다. 스피노자는 여전히 『에티카』에서 진리 대응설의 견해를 취하고 있는 듯이 보이기 때문이다. 그는 "참된 관념은 자신의 대상과 일치하지 않으면 안 된다."(Benedictus de Spinoza, *E* Ⅰ, Ax. 6)고 주장하고 있다. 그런가 하면 그는 '타당한'과 '참된'을 구분하고 있기도 하다. "'참된'이라는 낱말이 단지 관념과 그 관념의 대상 간의 일치에 관련되는 반면에 '타당한'이라는 낱말은 관념 자체의 본성에 관련된다는 점을 제외하고, 이 둘 사이의 어떤 차이도 나는 인정하지 않는다."(Benedictus de Spinoza, *CW*, pp.912-3) 이렇게 본다면 '참된' 관념은 관념 그 자체로서 타당할 뿐만 아니라 그것의 대상과 일치하기도 해야 한다. 즉 진리란 내적 특성과 외적 특성을 모두 구비하고 있어야 한다. 그러나 그렇다고 해서 스피노자가 내세운 진리론을 관념과 이것 외부에 존재하는 대상과의 일치로 규정하는 전통적인 진리대응설과 동일시해서는 곤란하다. 왜냐하면 스피노자에 따르면 "신 안에 있는 모든 관념은 그 관념의 대상과 완전히 일치하기 때문에 모두 참이고"(Benedictus de Spinoza, *E* Ⅱ, Pr. 32, Dem.), "관념의 질서와 결합은 사물의 질서와 결합과 똑같기"(*E* Ⅱ, Pr. 7) 때문이다. 스피노자의 경우, 신 안에서 그리고 그 안에서만 양자는 하나이다. 참된 관념의 내적 특성과 외적 특성에 대한 자세한 설명에 관해서는 김익현, 『스피노자의 인식론에 대한 연구』(건국대학교 대학원, 1994), pp.41-51 참조.

했는지를 이해할 수 있다. 명석 판명한 즉 타당한 관념들, 그것들만으로 진리를 담보하기에 충분하다는 데에 피론주의자를 무력화하려는 스피노자의 진리관의 획기적인 측면이 있다. 월커는 이런 측면을 옹호하는 데 단호하다. "진리정합론이야말로 스피노자 체계에서 근본적인 것이었다. 그러므로 이것은 … 진정한 인식론적 문제에 대해, 즉 데카르트의 의심의 문제에 대해 철저한 해결책을 다듬으려는 끈질긴 시도로 간주되어야 한다."[54] 스피노자가 그의 지식론을 통해 구축하려 했던 것, 즉 모든 것이 신에 대한 명석 판명한 관념에서 나오는 필연적인 관념들로 구성된 단일한 전체 체계는 피론주의를 극복하는 데에 실패한 데카르트를 넘어서는 동시에 피론주의를 극복하려는 그의 철학적 기획과 맞닿아 있는 것이다.

4. 스피노자에 대한 피론주의자의 반격

회의주의를 제거하려는 스피노자 철학에서 관건은 저 신에 대한 명석 판명한 관념의 소유 여부에 있다. 스피노자의 표현에 따르자면 "… 우리가 이런 신의 개념을 형성해낼 수 있다는 바로 이것에 문제 전체의 핵심이 전복된다."[55] 이전에 스피노자는 "[데카르트의] 응답이 사람들을 제대로 만족시키지 않기 때문에 나는 다른 것을 제시하겠다."고 언급한 바 있는데, 이제 그가 제시한 이 '다른 것'이란, 즉 "우리가 신에 대한 명석 판명한 그런 관념을 가지고 있다면"[56]인 것이다. 이로써 스피노자가 데카르트가 걸려들었던 순환 논변(제5트로푸스)에서 벗어난 것은 분명하다. 스피노자 철학에서는 데카르트가 증명하려고 애썼던 신의 실존을 포함하여 모든 것이 신의 관념으로부터 도출되기 때문이다. 그러므로 악순환은 발생하지 않는다. 그러나 이것만으로 스피노자가 피론주의자에게 제대로 대응했다고 최종적으로 판정할 수는 없다. 왜

---

54) Ralph Walker, "Spinoza and the Coherence Theory of Truth," in *Mind* 94 (373)(1985), p.16.

55) Benedictus de Spinoza, *PPC*, p.126.

56) *PPC*, p.127.

냐하면 아그리파의 회의적 논변 형식들은 매우 긴밀한 관계를 형성하고 있어서 하나를 피하려고 내딛은 발이 또 다른 하나의 늪에 빠질 수밖에 없기 때문이다. 스피노자가 피론주의자에 당당한 승리를 거두었다고 공언하기 위해서는 그의 해결책이 아그리파의 여타의 회의적 논변 형식들마저 견뎌내는 것으로 입증되어야 할 것이다.

독단주의자들을 파멸로 몰아넣는 아그리파의 회의적 논변 형식들 가운데 하나는 철학적 의견들의 상이성에 관한 것(제1트로푸스)이었다. 피론주의자는 독단주의자들이 제시한 진리 주장과 상이하거나 대립하는 또 다른 독단적인 진리 주장을 찾아 맞서 세움으로써 독단주의자들이 내세우는 이론의 진리성을 훼손한다. 스피노자 역시 철학사가 논박과 논쟁으로 가득 차 있다는 것을 인정한다. "… 이렇게 갑론을박이 횡행하게 된 이유는 그렇게 많은 상이한 의견들이 도처에서 발견되기 때문이다. 그리고 이것이, 당신이 알다시피, 한때 모든 것을 의심했던 회의주의자라고 명명된 철학자들이 존재했던 이유이다."[57] 이 구절 다음에 스피노자는 "[그러나 그렇다고 해서 섹스투스 엠피리쿠스처럼] 학문들이 다루는 주제 내용 전체가 불확실하다고 결론 내릴 수는 없다."는 말을 재빨리 붙이고 있다. 스피노자가 이렇게 주장하는 이유를 이제 쉽게 짐작할 수 있다. "이러한 [상이한] 견해들은 … 지성에 의해서라기보다는 상상에 의해 인도된다는 것을 명료하게 보여준다. 만약 사람들이 사물을 지성적으로 인식한다면, 수학이 증명하는 것처럼 내가 제안했던 모든 것이, 매력적이지는 않을지라도 어쨌든 [동일한 확신을 갖게 할 만큼] 설득력이 있음을 발견하게 될 것이다."[58] 두뇌의 기질의 차이나 취향의 차이에서 비롯된 것이건 현실적으로 상이한 철학적 의견들이 난무하지만, 우리가 지성에 의해 사물을 지각하고 고찰하는 한 참되지 않은 지식에 휘감길 염려는 없다. 지성에 의해 참된 관념을 소유하게 된 사람은 참된 관념과 거짓 관념을 구별할 수 있고, 따라서 피론주의자가 내세우듯 모든 철학적 의견들이 동등한 비중을 갖고 맞선다는 피론주의의 기본 원칙을 수용하지 않을 것이다.

---

57) Benedictus de Spinoza, *CW*, p.902.
58) Benedictus de Spinoza, *E* I, App.

아그리파의 무한진행의 논변 형식(제2트로푸스)은 근거나 기준을 좇는 무한한 과정을 요구함으로써 독단주의자들을 절망에 빠뜨린다. 스피노자도 이런 난점을 잘 인지하고 있다. "따라서 우선 주의해야 할 것은 이때 무한히 계속되는 탐구는 있을 수 없다는 것이다. (…) 무한히 진리 탐구의 방법을 찾는 식으로는 우리는 결코 진리의 인식에 도달할 수 없을 것이며, 실제로 어떤 인식에도 도달하지 못할 것이다."[59] 그러나 이런 인식론적 곤경은 스피노자 철학에서는 일어나지 않는다. 왜냐하면 그는 거기로부터 모든 참된 관념들을 이끌어낼 수 있는 최초의 것으로서, 말하자면 더 이상 소급해서 그 관념들의 참된 근거를 소급하지 않아도 될 가장 완전한 존재에 대한 명석 판명한 관념을 내세우고 있기 때문이다. 이 관념은 더 이상 의심할 수 없는 것이고, 그러므로 근원으로서의 "이 관념을 우리가 가지고 있기만 하다면", 근거의 근거를 요구하거나 기준의 기준을 찾는 무한한 과정은 자연히 종료된다. 『에티카』에서 그는 반문의 형식을 빌려 이 점을 명확히 밝히고 있다. "사물을 먼저 인식하고 있지 않다면 자신이 그 사물을 인식하고 있다는 것을 누가 알 수 있을까? 사물에 대해 확실성을 먼저 갖고 있지 않다면 자신이 그 사물에 대해 확실성을 갖고 있다는 것을 누가 알 수 있을까?"[60] 내가 사물을 확실하게 알고 있다면 이것을 알기 위해 무엇인가를 먼저 알 필요는 없을 것이다.

관계성의 논변 형식(제3트로푸스)에 대하여 스피노자는 어떻게 대응하는가? "모든 것은 관계를 맺고 있다."[61]라는 아그리파의 이 논변 형식은 독단주의자가 사용하는 개념들이나 주장들이 사실상 절대적일 수 없다는 점을 보이고 있다. 독단주의자들은 개념들이나 주장들이 상호 맺고 있는 필연적인 연관관계를 파악하지 못한 채, 그것들 가운데 하나를 분리시켜 거기에 진리라는 특권적 지위를 부여한다. 그러나 그것은 절대적일 수 없다. 왜냐하면 그것은 사실상 다른 관계항에 의존하고 있기 때문이다. 예컨대 '왼쪽'은 그 자체로만 이해될 수 없다. '왼쪽'이라는 개념은 '오른쪽'이라는 관계 하에서만 '왼쪽'인

59) Benedictus de Spinoza, *TdIE*, p.9[30].
60) Benedictus de Spinoza, *E* II, Pr. 43, Sch.
61) Sextus Empiricus, *PH* 1.137.

것이다. 모든 것이 다 이렇다. 스피노자는 자신의 철학은 신의 관념을 기준으로 삼아 적절한 순서에 따라 다른 모든 관념들을 논리적으로 도출해나가는 것이고, 그럼으로써 관념들이 맺고 있는 필연적인 전체 의미망을 형성하는 것이기에 관계성의 논변 형식에서 벗어났다고 말할 것이다. 스타인베르크의 표현을 빌린다면, "타당한 관념에 관한 타당한 지식은 기초적인 형이상학적 전체 체계에 관한 (타당한) 지식과 연관되어 있다. (…) 스피노자에게 회의주의자란 지식 기획의 시작에서가 아니라 끝에 가서야 논박되는 것이다."[62]

스피노자는 앞에서 본 것처럼 아그리파가 쳐놓은 '순환의 논변 형식'이나 '철학적 견해의 상이성 논변 형식', '무한진행의 논변 형식', '관계성의 논변 형식'의 늪을 무난히 통과하였다. 바꾸어 말한다면, 이런 사실은 이제 피론주의자들이 스피노자를 집중해서 공략할 지점을 예상하게 한다. 바로 '독단적인 전제 설정의 논변 형식'(제4트로푸스)이 남아 있는 것이다. 다른 출구는 다 막혀 있다. 섹스투스 엠피리쿠스라면―물론 데카르트도 이에 동의할 텐데―스피노자에게 단도직입적으로 물을 것이다. "어떻게 당신은 신의 관념이 진리라는 것을 아는가?" 스피노자는 이 최초의 혹은 최후의 명석 판명한 관념을 보증하기 위해 다른 근거에 호소할 수 없다. 만약 그렇게 한다면, 그는 틀림없이 무한진행이나 순환 논증에 빠져 "전면적인 회의주의를 용인해야만 하고, 또한 확실한 지식의 가능성도 언제까지나 부정해야만 하기"[63] 때문이다.

스피노자는 『지성개선론』에서 올바른 인식 방법을 제안하면서 '주어진 (given)' 신의 관념에서 출발해야 한다고 말한다. "곧 가장 완전한 [인식의] 방법은 가장 완전한 존재에 대해서 주어진 관념의 기준에 따라서 정신이 어떻게 방향을 잡아야 할지를 보여주는 방법일 것이다."[64] 주어진 최초의 이 관념으로부터 질서 정연하게 다른 타당한 관념들을 추론해내어 전체 관념의

62) Diane Steinberg, "Knowledge in Spinoza's Ethics," in *The Cambridge Companion to Spinoza's Ethics*, ed. by Olli Koistinen(New York: Cambridge University Press, 2009), p.160.

63) Stuart Hampshire, *Spinoza*(Middlesex: Penguin Books Ltd, 1951), p.100. p.105 참조.

64) Benedictus de Spinoza, *TdIE*, p.11[38].

필연적인 체계를 형성해내면, 피론주의가 발붙일 곳이 없으리라는 것이 스피노자의 착상이었다. 관념들 간의 논리적이고 필연적인 관계는 곧 그 관념들이 우리가 자의적으로 고안해내거나 지워버릴 수 없는 그 자체 존재론적 지위를 지닌다는 것을 말해준다. "… 스피노자의 관념은 극단적으로 말해 인간의 정신을 필요로 하지 않는다. 관념은 인간이 그것을 생각함으로써 비로소 발생하는 것이 아니라, 인간이 그것을 생각하든 생각하지 않든 자체의 논리에 따라 독립적으로 존재한다."[65] 이런 맥락에서 그의 저작 도처에서 스피노자는 우리가 관념들을 '발명한다'거나 '고안한다'고 하지 않고 '발견한다'거나 '형성한다'는 표현을 쓴다.[66] 그리고 관념의 이런 독자적인 자기 발전적 전개는 관념의 참과 거짓의 기준이 바로 이 관념 자체에 있다는 것을 가리킨다. 관념의 참과 거짓은 인간에 의해 설정된 기준에 의해서가 아니라 관념들이 상호 맺고 있는 내적인 정합성과 필연적인 연관성에 의해 드러나기 때문이다. 그래서 "… 다시 진리의 확실성을 위해 참된 관념을 갖는 일 이외에는 어떤 다른 표지도 필요하지 않다는 것이 분명해진다."[67] 참된 관념이 참되다는 근거는 바로 그 참된 관념에 있다. 스피노자는 빛을 예로 들면서 이런 입장을 피력한다. "실제로 빛이 빛 자체와 어둠을 나타내는 것처럼 진리는 진리와 거짓의 기준이다."[68] 진리의 기준은 바로 진리이고, 말하자면 참된 관념이 거짓이 아니고 참된 관념이라고 판정할 수 있게 해주는 기준이 참된 관념이기 때문에, 스피노자는 우리 인간이 혹은 스피노자 자신이 진리 기준을 임의대로 설정한 것이 아니라고 주장하고 있는 것이다.

그러나 피론주의자들이 의심을 제기하고자 하는 것은 명석 판명한 신의 관

---

65) 정다영, 「스피노자의 『지성개선론』에서 관념의 진리문제」, 『철학연구』, 제96집(철학연구회, 2012), p.83.

66) 대표적인 예로는 다음을 들 수 있다. Benedictus de Spinoza, *PPC*, p.126. "우리가 신의 관념을 발견한 다음에 …"; Benedictus de Spinoza, *E* II, Pr. 47, Sch. "결국 우리는 이런 신의 인식에서 매우 많은 타당한 인식을 연역해내고, 따라서 제3종의 지식을 형성할 수가 있는 것이다."

67) Benedictus de Spinoza, *TdIE*, pp.10-1[35].

68) Benedictus de Spinoza, *E* II, Pr. 43, Sch. Spinoza, *CW*, p.949 참조. "진리란 진리 자체와 거짓을 드러내주기 때문이다."

념에서 도출되는 그런 관념들이 아니다. 이 관념들은 스피노자의 주장처럼 필연적인 연역에 의해 도출될 수 있고, 따라서 자의적이지 않다는 점이 증명될 수 있다. 진짜 문제는 모든 참된 관념이 기원하는 저 최초의 명석 판명한 신의 관념이 독단적인 전제인가 아닌가에 있다. 스피노자는 그것이 '주어진' 것이라고 말하고 있지만, 그것이 어떤 근거도 갖지 않은 채, '주어진' 것이면서 더 이상 의심할 수 없는 참된 것이라고 주장한다면 이런 주장이야말로 바로 아그리파가 겨냥하고 있는 독단적인 전제 설정의 논변 형식에 해당하는 것이다. 주어진 저 최초의 관념의 진리성이 입증되지 못한다면, 피론주의에 대한 스피노자의 방안은 데카르트의 파멸을 일시적으로 모면하기 위한 지연책에 불과한 것이 되고 말 것이다.

5. 신에 대한 타당한 인식 획득의 문제

어떻게 우리는 신에 대한 타당한 즉 명석 판명한 관념을 획득할 수 있을까? 이 물음에 대한 답을 구하기 위해서 우리는 스피노자의 지식론을 살펴보아야 한다. 스피노자에 의하면, 감각이나 상상은 우리에게 거짓된, 말하자면 **'손상되고 혼란스러운 관념'**[69]을 줄 뿐이다. 사물을 감각을 통해 막연하게 경험할 때, 우리는 부분적이며 무질서한 그런 관념들만을 가질 수밖에 없기 때문에 참된 지식에 도달할 수 없다. 물론 우리가 타당한 관념들을 확보할 수 없도록 방해하는 것이 지성에 의해 규정되지 않은 막연한 감각경험만은 아니다. 전하여 들은 데서 갖게 되는 지각, '상징들로부터 나오는 개념'[70]도 여기에 해당한다.

스피노자는 이런 첫 번째 종류의 지식인 감각지나 상상지가 지식의 유일한

---

69) Benedictus de Spinoza, *E* II, Pr. 35.
70) *E* II, Pr. 40, Sch. 2. 이것의 예에 대해서는 II, Pr. 18, Sch. 참조. 로마인은 '포뭄(pomum)'이라는 낱말의 사유에서 곧바로 이 발음된 음성과는 어떤 유사성도 없고 어떤 공통점도 없는 어떤 과일의 사유로 옮겨간다. 그 이유는 로마인이 과일 자체를 보면서 동시에 포뭄이라는 낱말을 자주 들었다는 것 때문이다. 양자를 연결하는 것은 논리적 필연성이 아니라 신체에 깃들어진 습관이다. 마찬가지로 말의 자국을 보면 군인은 전쟁의 사유로 옮겨가고, 농부라면 쟁기와 밭의 사유로 옮겨갈 것이다.

거짓의 원인인 반면, "두 번째 종류의 [이성적] 지식과 세 번째 종류의 [직관적] 지식은 필연적으로 참"[71]이라고 주장한다. 요컨대 우리는 '이성'과 '직관'에 의해서 진리를 손에 넣을 수 있다는 것이다. 이성의 본성은 "사물을 우연이 아니라 필연으로 고찰하는 것"[72]에 있다. 사물을 필연으로 고찰하기 위한 이성의 기초는 "우리가 사물의 성질에 대하여 소유하는 … 공통 개념들"[73]이다. 이 공통 개념은 흔히 우리가 말하는 보편 개념과 다르다. 예컨대 '개'나 '말', '인간' 등이 보편 개념에 속한다. 인간을 상상하는 수는 무수하게 많다. 그 많은 것을 감당할 수 없기에 정신은 각 인간의 미미한 차이를, 가령 각각의 인간의 피부색과 신장 차이를 제거하고, 신체가 그것들에 의해 자극받는 한에서 인간들 간에 겹치는 공통점만을 명료하게 상상할 뿐이다. 이렇게 보편 개념은 부분적이고 혼란한 관념들로 구성된 거짓 지식을 제공한다. 왜 그렇게 '인간'에 대한 정의(定義)가 난무하는지에 대한 까닭도 여기에 있다. 이와는 달리 공통 개념은 "모든 것에 공통적이며 부분에도 그리고 전체에도 똑같이 있는"[74] 것이다. 아마도 『에티카』의 공리들이 공통 개념에 해당될 것이다.[75] 이런 개념들은 모든 물체에서 일치하는 것들이고, 따라서 모든 인간들에게도 공통되기 때문에 "모든 사람에 의해 타당하게 또는 명석 판명하게 지각되지 않으면 안 된다."[76] 이성은 이렇게 공통 개념을 기초로 해서 논리적으로 필연적인 일련의 타당한 개념들을 연역해내는데, 이 관념들은 "신의 영원하고 무한한 본질을 필연적으로 포함하고 있다."[77] 그렇기에 "인간 정신[이성]은

---

71) *E* II, Pr. 41.
72) *E* II, Pr. 44.
73) *E* II, Pr. 40, Sch. 2.
74) *E* II, Pr. 38.
75) 『데카르트 철학의 원리』의 머리말에서 마이어는 다음과 같이 진술하고 있다. "요청 (postulate)과 공리(axioms) 즉 정신의 공통 개념은 …"(Benedictus de Spinoza, *PPC*, p.116); Benedictus de Spinoza, *E* I, Pr. 8, Sch. 2 참조. "… 실로 이 정리는 모든 사람에게 공리로서 타당할 것이고 공통 개념에 속하는 것으로 헤아려질 것이다."
76) *E* II, Pr. 38, Cor.
77) *E* II, Pr. 45.

신의 영원하고 무한한 본질에 관한 타당한 인식을 소유한다."[78] 스피노자에 의하면, 인간은 이 최초의 신의 관념을 이성을 통해 획득하고 이로부터 수많은 타당한 관념들을 도출해낼 수 있다. 요컨대 이성은 "사물을 어떤 영원한 상(像) 아래에서 지각하는 것"[79]이다.

이성지에 대한 스피노자의 이런 서술로 볼 때, 일단 여기에서 논의의 초점이 된 물음인바, "어떻게 우리는 신에 대한 타당한 즉 명석 판명한 관념을 획득할 수 있는가?"에 대한 그의 대답은 명확한 듯하다. 그것은 신에 대한 관념을 우리가 이성을 통해 형성할 수 있다는 것이다. "정신이 … 신에 대한 타당한 인식을 형성해야 하는데, 이 인식은 2종의 인식에 의해서만 가능하다. 왜냐하면 정신은 '공통 개념들'을 통해 처음으로 사물에 대한 타당한 관념을 형성하고, 이 관념은 신의 본질을 표현하고 있기 때문이다. 그래서 이성적 인식에서 인간 정신은 신에 대한 명석 판명한 관념을 비로소 형성할 수 있기 때문이다."[80]

그런데 스피노자는 우리가 신에 대한 명석 판명한 관념을 형성하는 이성지에서 그치지 않고, 이성지보다 높은 다른 종류의 지식을, 즉 직관지를 소유할 수 있다고 주장한다. 그것도 이성지를 매개로 해서 말이다. "세 번째 종류의 지식에 의해 사물을 인식하려는 노력이나 욕망은 첫 번째 종류의 지식에서는 생길 수 없지만, 두 번째 종류의 지식에서는 생길 수 있다."[81] 『짧은 논문』에서는 좀 더 노골적이다. "[이성적] 추론이란 우리 안에 있는 핵심적인 것이 아니고 우리가 원하는 장소에 오를 수 있도록 해주는 계단과 같은 것일 뿐이다."[82] 물론 여기에서 우리가 원하는 장소란 "우리의 정신이 … 자신이 신 안에 있으며 신에 의해서 파악된다는 것을 아는"[83] 직관지이고, 그럼으로써 "우리가 영원하다는 것을 느끼며 경험하는"[84] 지복의 경지일 것이다. 이성지

---

78) *E* Ⅱ, Pr. 47.

79) *E* Ⅱ, Pr. 44, Cor. 2.

80) 이현복, 「스피노자와 인식의 종류」, 『철학연구』, 제91집(대한철학회, 2004), p.239.

81) Benedictus de Spinoza, *E* Ⅴ, Pr. 28.

82) Benedictus de Spinoza, *KV*, p.100.

83) Benedictus de Spinoza, *E* Ⅴ, Pr. 30.

84) *E* Ⅴ, Pr. 23, Sch.

가 신에 대한 타당한 관념이나 지식을 소유하는 것이고, 이런 이성지가 직관지로 가는 계단이라면, "즉 2종의 인식에서 3종의 인식 방식으로의 도약의 조건은 바로 2종의 인식에서 발견된다는 것"[85]을 뜻한다. 결국 인간 정신이 사물을 직관적으로 파악하기 위해서는 신에 대한 타당한 관념을 이성에 의해 가지고 있지 않으면 안 된다. 이성지의 출발점이 공통 개념이라면, 직관지의 출발점은 이성지에 의해 확보된 신에 대한 명석 판명한 관념인 것이다.

이성지와 직관지의 관계를 설명하기 위해 스피노자가 든 가장 알려진 예는 '비례수 구하기'일 것이다. 『에티카』뿐만이 아니라 『지성개선론』과 『짧은 논문』에서도 똑같이 이 예를 드는 것으로 보아,[86] 그는 이것으로 이성지와 직관지가 맺고 있는 연결 관계뿐만 아니라 양자의 질적 차이도 적절하게 나타낼 수 있다고 생각한 것 같다. 간단하게 이 예를 살펴보자. '$1 : 2 = 3 : x$'라고 했을 때 x의 값은 6이다. 누군가는 이것을 들은 것을 기억함으로써, 누군가는 간단한 수이기에 자주 계산해온 경험에 의존함으로써, 누군가는 비례수의 공통된 성질에 의거해, 또 누군가는 직관에 의해 그 답을 알았을 것이다. 이 가운데 기억과 계산에 대한 경험은 오류를 불러올 수 있다. 계산의 경우 몇몇 개별적인 사례에 대한 그의 경험이 모든 것에 대한 규칙임을 확신할 수 없다. 비례수의 공통된 성질에 의거한 답은 적절히 적용되기만 하면 결코 기만하지 않는 참된 이성의 빛 아래서 검사를 통과한 것이다. 즉 이성은 추론 과정을 거쳐 이것을 증명해낼 수 있다. 반면 직관에 의해 그 답을 안 사람은 소문이나 경험 또는 논리적인 추론 작업을 통해 그것을 아는 것이 아니다. 그는 "이와 같은 모든 계산에 있어서의 비율을 직접 보아서",[87] 말하자면 "수학적 정리에 의해서가 아니라, 직관적으로 즉 어떤 절차도 거치지 않고 보아서"[88]

---

85) 이현복, 「스피노자와 인식의 종류」, p.253. 이현복, 「스피노자와 직관지」, 『수행인문학』, 제34호(한양대학교 수행인문학연구소, 2004), p.138 참조. "정신이 영원의 관점 아래에서 혹은 3종의 인식에 따라 사물을 인식하기 위해서는 신의 인식을 갖고 있어야 한다는 것, 즉 신 인식의 소유가 3종지의 인식이 아니라 그 조건이라는 것이 …"

86) Benedictus de Spinoza, E Ⅱ, Pr. 40, Sch. 2; Benedictus de Spinoza, TdIE, p.8[24]; Benedictus de Spinoza, KV, pp.62-3 참조.

87) Benedictus de Spinoza, KV, p.63.

88) Benedictus de Spinoza, TdIE, p.8[24].

아는 것이다. 그리고 직접적으로 보는 이 지식은 그렇기 때문에 다른 지식보다 '훨씬 더 명백하다.'[89]

이 예는 스피노자 지식론과 관련해서 몇 가지 중요한 사실을 암시한다. 먼저 직관지는 이성지보다 더욱 고차적인 지식이라는 것, 그러나 그렇다고 해서 이성지를 배격하거나 부정하는 것은 아니라는 것이다. 그것은 이성지에서 출발해서 이성지를 넘어서는 것일 뿐, 일체의 합리적 사고를 외면하는 지식이 아니다. 다른 한편 스피노자는 신의 관념을 획득하는 이성지 이외에 다른 종류의 지식을 반드시 필요로 한다는 것이다. 그렇다면 무엇 때문에 직관지가 그에게 요구되는가? 즉 이성지의 한계는 무엇인가?

『에티카』에서 스피노자는 이성지에 대해 다음과 같이 적고 있다. "이성의 기초는 공통 개념인데 … 이것은 모든 것에 공통적인 것을 설명하긴 하지만 … 개별적인 사물의 본질을 설명하지는 못한다."[90] 이에 반해 "직관지는 … [이성지가 제공할 수 없는] 사물의 본질에 대한 타당한 인식으로 나아간다."[91] 도대체 '개별적인 사물의 본질에 대한 인식'으로 스피노자는 무엇을 말하고자 한 것일까? 윌슨이 평가하고 있는 대로 "불행하게도 (그리고 설상가상으로) 그는 이런 근본적인 개념을 해명할 만한 말을 별로 하지 않는다."[92] 그럼에도 우리는 『짧은 논문』에서 이런 궁금증을 풀어주는 여러 단서들을 발견할 수 있다. 이에 의하면 "[『에티카』의 이성지에 해당하는] 참다운 신념은 사물이 무엇인지가 아니고 사물이 당연히 어떠해야 할지를 우리에게 가르칠 뿐"[93]이다. '비례수 구하기'의 예를 빌린다면, 어떤 사람은 유클리드 기하학의 정리를 이용해서 비례수 x가 어떤 것이어야 하는지를 제시할 수 있다. 이것은 이

---

89) Benedictus de Spinoza, *E* II, Pr. 40, Sch. 2.

90) *E* II, Pr. 44, Dem.

91) *E* II, Pr. 40, Sch. 2.

92) Margaret D. Wilson, "Spinoza's theory of knowledge," p.132. 윌슨은 이성지와 직관지를 스피노자가 한 대로 그렇게 구분할 수 있는지조차 의심하고 있다. 이에 관해서는 pp.116-9 참조.

93) Benedictus de Spinoza, *KV*, p.66.

성지이다. 그러나 그런 지식은 아무리 참이라 하더라도 추상적인 데에 그칠 뿐이다. 즉 그것은 그와는 별 상관이 없는 것이다. 반면 직관지에서는 사물이 어떠해야 할지가 아니라 그와 구체적으로 관계를 맺고 있는 그런 지식이 문제가 된다. 어떤 사람이 직관으로써 비율을 보게 될 경우 "그는 그 사물이 그의 안에 있고, 그와 상관없이 존재하지 않는다고 진심으로 말한다."[94] 직관지는 이성적인 머리로써 나와 별 관련이 없는 보편적 지식을 아는 것이 아니라 "사물 자체에 대한 우리의 느낌과 향유로부터 생기는 명백한 지식"[95]으로, 구체적인 실존태인 내가 "가장 완전한 존재인 신과 통일되어 신을 향유하는 가장 완전한 인간"[96]임을 체험하는 것이다. 스피노자가 이성지로부터 직관지로 전진해 갈 때, 거기에 어떤 획기적인 새로운 내용이 첨가되거나 확장되는 것은 아니다. 양자는 신의 필연성으로부터 사물들의 필연성을 도출하고 인식하는 것과, "정신이 [자신과 자기 신체(의 본질)를 인식하는] 근원적인 자기 인식을 전제로 다른 사물(의 본질)을 파악하는"[97] 것에 그 차이가 있다. 이 차이만큼 양자가 우리 각자에게 미치는 영향력에서도 차이가 난다. 이성지가 신에 대한 인식을 증명을 통해 일반적으로 제시하는 지식이라면, 직관지는 나와 하나가 된 신에 관한 체험적 지식이기에 그것들이 우리에게 미치는 영향이란 다를 수밖에 없다. 신에 대한 지적인 영원한 사랑은 직관지에서만 생긴다.[98] 신에 대한 사랑에서 솟아나는 더할 수 없는 기쁨과 향유를 이성지는 제공할 수 없다.

---

94) 같은 곳.

95) *KV*, p.63.

96) *KV*, p.68. 직관지의 이런 특성에 관해서는 김익현, 「스피노자철학에서의 정신의 영원성과 직관지」, 『철학연구』, 제50집(철학연구회, 2000), p.105 참조. "… 이성지는 추상적이어서 모든 것이 존재와 본질에 관해서 신에게 의존하고 있다는 것을 일반적으로 제시하지만, 직관지는 구체적으로 내가 유한 양태로서 실체에 의존하고 있다는 것을 인식함으로써 스스로가 영원하다고 느끼고 경험한다는 것이다."

97) 이현복, 「스피노자의 "영원의 관점 아래에서"」, 『대동철학』, 제38집(대동철학회, 2007), p.89. 이현복은 여기에서 이성지의 '어떤 영원한 관점 아래에서'와 직관지의 '영원한 관점 아래에서' 간의 질적인 차이를 논구하고 있다.

98) Benedictus de Spinoza, *E* V, Pr. 33. "세 번째 종류의 지식에서 생기는 신에 대한 지적인 사랑은 영원하다."

그렇지만 이성지에 대해 직관지의 우위를 스피노자가 주창한다고 해서 피론주의에 대한 해결책이 직관지에서 마련되는 것은 아니며, 그럴 수도 없다. 직관지는 어떤 근거나 매개적 절차를 거치지 않고 단번에 획득된다는 점에서 모든 지식 중에서도 가장 명백한 지식이지만, 바로 어떤 증명이나 근거를 결여하고 있다는 점에서 독단성을 갖고 있기 때문이다. (직관지가 느낌이나 체험과 연결되어 있다는 점을 상기해보라!) 따라서 스피노자가 피론주의를 물리치기 위해 가장 필요로 했던 것, 즉 관념들의 필연적 연속의 출발점이 되는 저 최초의 신에 대한 관념은 직관지에 의해 정당화될 수는 없다. 직관지에 대한 호소는 매우 강력한 것처럼 보이지만, 내 생각에, 스피노자 지식론에서 직관지는 피론주의를 격퇴할 수 있는 장소가 아니다. 그래서 볼턴이 "당신이 명백히 어떤 것을 보기만 한다면"[99]을 그렇게 되뇌면서, 데카르트가 실패했던 피론주의 극복의 문제가 마침내 스피노자에 의해 풀렸다는 식으로 주장할 때 공소해지기까지 하는 것이다.

적어도 피론주의에 대한 극복이라는 문제와 관련해서 어떤 매개도 거치지 않는 직접적인 길에 호소하여 신의 타당한 관념을 정당화할 수는 없다. 직관지에 기반한 주장들, 가령 "… 직접적으로가 아니면 우리는 신을 알 수 없다."[100]거나 신에 관한 지식은 어떤 매개도 필요치 않으므로 "지성에 대상 자체가 직접적으로 드러남으로써 생긴다."[101]거나 하는 주장들은 전형적으로 아그리파의 독단적인 전제 설정의 논변 형식에 해당한다. 신의 관념에 대한 획득은 어쨌든 이성지에 의해 변호되어야 한다. 이성지는 신과의 합일의 기쁨을 주지 못하는, 단지 "그것이 꼭 그렇지 않으면 안 된다."는 추상적인 지식이지만, 그것이 이성적 추론에 의해 보편적인 근거를 제시한다는 점에서 주어진 최초의 신의 관념이 독단적이지 않다는 것을 증명할 수 있는 유일한 장소인 것이다.

---

99) Martha B. Bolton, "Spinoza on Cartesian Doubt," in Nous 19(3)(1985), p.393. '당신이 일단 명백하게 보기만 하면'에 대한 볼턴의 강조에 관해서는 특히 pp.390-3 참조.
100) Benedictus de Spinoza, KV, p.94.
101) KV, p.93.

6. 또 다른 독단주의

스피노자 지식론에 의하면, 직관을 통해 신과 하나가 되는 기쁨을 누릴 수 있는 조건은 신의 관념에 대한 인식이었다. 그리고 이 지식은 공통 개념을 기초로 한 이성에 의해 획득되는 것이었다. 간단히 말해서 우리의 지성은 공통 개념을 기초로 신의 명석 판명한 관념을 도출해내고, 이것에서 사물의 본질을 파악하는 직관지로 도약할 수 있었다.

그런데 『에티카』를 살펴보면, 이성지에서 직관지로 올라가는, 좀 더 고차적인 지식을 향한 진행은 이루어지지 않는다. 예를 들어, 스피노자는 제2부 정리 47에서 "인간 정신[이성]은 신의 영원하고 무한한 본질에 관한 타당한 인식을 소유한다."는 증명을 제2부 정리 45와 46에 의해 수행하고 있는데, 이 정리 45는 다시 제1부의 정의 6에 의존하고 있다. 대부분의 정리들을 증명하는 데 있어서도 사정은 마찬가지다. 스피노자는 특히 『에티카』 제1부에 나오는 신에 대한 정의나 공리로 소급해 올라간다. 그것들이 전체 지식 체계의 토대의 역할을 하는 것이다. 신에 대한 타당한 인식을 가능하게 하는 정의와 공리들을 스피노자는 어떻게 알게 되었을까? 그의 지식론에 의하면 그것은 직관지에 속할 수밖에 없는 것이다. 정의와 공리에 대한 이성적 증명이 다시 정의와 공리에 의존하고 있기 때문에 그것은 이성지에 속할 수 없다. 그렇다면 스피노자가 그의 지식론에서 갈파한 바와는 정반대로, 이성지가 직관지로 가는 길을 열어놓는 것이 아니라 거꾸로 직관지가 이성지를 가능케 하는 조건이 된다. 즉 "이성지의 가능한 발생은 결국 직관지에 의존하는 것이다."[102]

『에티카』에서처럼 직관에 의해 획득된 정의나 공리를 갖고 출발한다면 피론주의자의 반격에 노출될 수밖에 없다. 왜냐하면 일찍이 헤겔이 지적한 대

---

102) Guttorm Fløistad, "Spinoza's Theory of Knowledge Applied to the Ethics," in *Studies in Spinoza: Critical Interpretive Essays*, ed. by Paul Kashap(Berkeley/Los Angeles/London: University of California Press, 1972), p.266. p.274 참조. "스피노자는 절대적으로 무한한 존재로서 신의 직관적 지식으로부터 시작하며, 속성과 그것의 양태를 정의내림으로써 좀 더 낮은 차원의 직관지와 이성지로 가는 길을 열어놓는다. … 이후의 명제에서 표현된 이성지는 따라서 직관지로부터 도출되는 것처럼 보인다."

로 "이렇게 모든 정의들은 전제들이[기 때문이]다. 스피노자가 전제하고 있는 몇몇 정의들도 사정은 마찬가지다."[103] 스피노자 앞에서 거리낌 없이 섹스투스 엠피리쿠스는 그의 것과는 대립하는 정의나 공리를 마찬가지로 직관에 의해 획득했다고 주장하면서, 그것들을 자기 철학의 출발점으로 삼는다고 말할 것이다. 정의나 공리는 근거를 결여한 채 직접적으로 알려지는 것이기 때문에 양자는 동등한 권리를 갖고 참된 것으로 주장될 수 있다. 서로 동등한 비중을 지닌 채 상충하는 정의와 공리 앞에서 어느 것이 진리인지에 대해 우리는 판단을 유보할 수밖에 없을 것이다. 이런 피론주의의 결과가 빚어지는 것은 자명하다고 전제되는 모든 정의나 공리가 독단적인 전제라는 것을 말해주는 것이다. 최초의 자명한 전제를 내세워서는 피론주의를 극복하기는커녕 피론주의를 기리는 희생양이 되고 만다. 스피노자에 대한 헤겔의 비판은 이 점을 여실하게 폭로하고 있다. "스피노자가 정의들을 가지고 출발한 것이 바로 그의 철학의 결점이다. 수학에서 정의들이 전제들이라는 점은 용인될 수 있다. 즉 수학에서 애초에 점과 선은 전제된다. 그러나 철학에서는 내용이 즉자 대자적으로 참된 것으로 인식되지 않으면 안 된다."[104]

---

103) Georg W. F. Hegel, *VGP II*, p.388.

104) Georg W. F. Hegel, *VGP III*, p.172. 스피노자의 이런 지식관은 헤겔에 의해 '신탁을 받아 설정된'(p.223) 것으로까지 조롱당하고 있다. 스피노자에 대한 헤겔 비판의 개설로는 클라우스 뒤징, 『헤겔과 철학사』, 서정혁 옮김(서울: 동과서, 2003), pp.193-232; 김현, 「헤겔의 스피노자 해석 (I)」, 『범한철학』, 제42집(범한철학회, 2006), pp.161-89 참조. 마슈레는 전통적으로 용인되어왔던 헤겔의 이런 비판에 이의를 제기하고 있다. 피에르 마슈레, 『헤겔 또는 스피노자』, 진태원 옮김(서울: 그린비출판사, 2004), pp.75-126 참조. 그에 따르면, 스피노자의 철학이란 바로 헤겔 철학과 매우 유사한 것이다. "헤겔이 스피노자가 이미 데카르트주의자들에게 맞서 전개했던 것과 아주 유사한 논변을 스피노자에게 맞서 제시한다는 점이다. 따라서 스피노자는 헤겔이 제기했던 논박에 미리 답변한 셈이다."(p.121) 헤겔은 스피노자 철학과의 유사성을 잘 간파했기 때문에 그를 자기 철학에 맞추어 때로는 망각하고 때로는 의도적으로 변형시켰다는 것이다. 그러나 피론주의 극복이라는 주제로 『윤리학』을 헤겔의 『대논리학』처럼 취급(p.88)하려면 넘어야 할 난제들이 많다. 예컨대, 김현이 지적하고 있듯이 "그럼에도 불구하고 마슈레의 주장이 타당성을 가지려면, 실제로 스피노자의 기하학적 체계의 배열 속에서 실체, 속성, 양태의 개념이 자기전개적인 측면에서 서술되고 제시되어야 하겠지만, 필자가 보기에는 … 정의와 공리들을 자명한 진리로 전제하고, 그 이하의 정리에서는 이 자명하게 주어진 정의와 공리들을 다시 반복하고 있는 순환적 논증 구조로

증명되지 않은 독단적인 전제를 정의와 공리의 형식 속에서 철학의 출발점으로 삼는다는 점에서, 포프킨이 한마디로 일축하고 있듯이, 스피노자 철학은 '인식론적 독단주의'[105]에서 벗어나 있지 못하다. 이런 평가는 다시 피론주의를 격퇴하려면 철학의 시작점이 왜 그것이 되어야 하는가를 증명해야 한다는 것을 의미한다. 스피노자 역시 항상 이 점을 의식하고 있었다. 그는『지성개선론』에서 이것을 보여줄 수 있는 '방법'을 제시하고 있다. "이로부터 우리는 다음과 같은 결론을 내릴 수 있다. 즉 방법은 반성적 인식, 즉 관념의 관념 이외의 다른 것이 결코 아니다. 그리고 만일 그 전 관념이 없으면 관념의 관념이 없으므로, 그 전 관념이 없으면 방법도 존재하지 않는다. 그러므로 주어진 참된 관념의 기준에 따라서 정신이 어떻게 방향을 잡아야 할지를 제시하는 방법이 훌륭한 방법일 것이다."[106]

주목해야 할 점은 스피노자가 말하는 방법이 반성적 인식, 즉 관념에 대한 관념이라는 것이다. 스피노자는 지식을 가능하게 하는 최초의 신의 관념을 추적해서 그것을 찾아내고자 하지 않는다. 만약 그런 방법을 채택한다면, 그것은 즉시 무한진행의 논변 형식에 걸릴 것이다. 스피노자는 이미 주어진 참된 관념을 반성함으로써 "우리가 반성하고자 하는 지식을 우리가 이미 소유하고 있다는 반성"[107]을 통해 최초의 관념을 정당화하려고 하는 것이다. 그러므로 스피노자에게 있어 최초의 신의 관념의 타당성은 "정신이 가장 완벽한 존재에 대한 지식을 반성할 때, 즉 그것에 주의를 기울일 때"[108] 획득될 수 있다. 정신은,『에티카』의 구별에 따른다면 이성은, 다른 어떤 외적 요인에 의해서가 아니라 "오로지 지성의 능력과 본성에만 의존해서"[109] 신에 대

보인다는 점을 부인할 수 없다."(김현, 「헤겔의 스피노자 해석 (Ⅰ)」, p.179) 마슈레의 스피노자와 헤겔의 스피노자에 대한 관계는 물론 별도의 논의를 필요로 한다.

105) Richard H. Popkin *The History of Skepticism: From Savonarola to Bayle*, p.251. "Spinoza's epistemological dogmatism …"

106) Benedictus de Spinoza, *TdIE*, p.11[38]. p.25[94] 참조. "그러므로 무엇인가를 발견하기 위한 바른길은 어떤 주어진 정의(定義)를 기초로 해서 우리의 사유를 전개해나가는 것이다."

107) Harold H. Joachim, *Spinoza's Tractatus de Intellectus Emendatione*, p.57.

108) Benedictus de Spinoza, *TdIE*, p.11[39].

109) *TdIE*, p.19[70].

한 관념을 반성함으로써 그것이 진리임을 입증해야 하는 것이다.

이제 이런 반성적 차원에서 왜 우리는 저 최초의 신의 관념에서 철학의 시발점을 가져야 하는가? 『짧은 논문』에서 이에 대해 추정할 수 있는 논의를 스피노자는 제공한다. 먼저 우리가 어떤 다른 것을 통해서 신을 알게 된다면, 신은 이 어떤 것에 의해 제약된 유한한 존재가 된다. 그렇다면 이것은 "모든 사물들의 제1원인이며 또한 자기원인인 신"[110]을 어떤 것의 결과로 격하시킨 셈이고, "… 우리의 인식과 모든 본질의 원인인 신과 상충하는 것이다."[111] 그러므로 철학의 출발은 완전한 신의 관념에서 출발해야 한다. 다음으로 이 최초의 신의 관념은 주어져야 한다. 그는 그 이유로 인간 정신의 한계를 들고 있다. 인간의 지성이란 유한하고 제약된 것이어서 "무한한 것을 파악할 수 없다."[112] 그런데도 그 본성이 유한하고 제약된 우리의 지성이 어떻게 무한하고 무제약적인 신의 관념을 추론할 수 있단 말인가? 그것은 불가능하다. 결국 "신은 자기 자신을 인간들에게 알리기 위해서 말도, 기적도, 또 다른 어떤 피조물도 사용할 수 없고 그럴 필요도 없다. 그는 오로지 자기 자신만을 사용할 수 있고 또 필요로 한다."[113] 지성의 한계에 대한 지성의 자각이 주어진 신을 정당화한다.

이로써 왜 우리가 신에서 출발해야 하는지, 그리고 그것이 왜 주어져야 하는지가 해명되었다. 그러나 이것으로는 부족하다. 왜냐하면 왜 저 최초의 주어진 관념이 참인지에 대한 근거를 피론주의자들은 여전히 묻고 있기 때문이다. 그렇지만 피론주의자들이 그토록 듣고 싶었던 스피노자의 대답은 그들을 틀림없이 크게 실망시킬 것이다.

이에 대해서 다음이 대답일 수 있을 것이다. 즉 가장 명백한 것들은 그것들 자체와 거짓인 것을 알게 해준다. 그래서 우리가 어떻게 그것들을 알게 되었는지를 묻는 것은 매우 어리석은 일이 될 것이다. 왜냐하면 가장 명백한 것들은 모든 것 중에서

---

110) Benedictus de Spinoza, *KV*, p.40.
111) *KV*, p.98.
112) *KV*, p.38.
113) *KV*, p.98.

가장 명백한 것으로 언급되므로 그것들을 명백하게 해줄 수 있는 어떤 다른 명백함도 결코 있을 수 없기 때문이다. 그러므로 진리는 한꺼번에 그 자신과 거짓된 것을 드러낸다는 결론이 나온다. 왜냐하면 진리는 진리를 통해서, 곧 자기 자신을 통해서 명백해지며, 또한 진리를 통해서 거짓도 명백해지기 때문이다. 그러나 거짓은 그 자체를 통해서 결코 명확하게 드러나지 않는다. 그러므로 진리를 소유한 사람은 자신이 진리를 소유하고 있다는 것을 의심하지 않는다. 반면에 거짓이나 오류에 빠져 있는 사람은 자신이 진리에 도달했다고 생각하기 쉽다. 이는 마치 꿈꾸고 있는 사람이 자신은 깨어 있다고 생각하기 쉽지만, 실제로 깨어 있는 사람은 자기가 꿈꾸고 있다고 결코 생각할 수 없는 것과 같다. 내가 말한 것은 어느 정도 우리가 신은 진리라거나 진리는 신 자체라는 것을 설명해준다.[114]

스피노자의 논점은 신의 관념은 가장 명백한 것이고, 그렇기에 이 가장 명백한 것을 입증해줄 다른 명백한 것이란 없다는 것이다. 그리고 이것은 너무나 명백하기에 깨어 있는 사람이라면, 즉 제정신을 갖고 있는 사람이라면 그것이 진리라는 것을 의심할 수 없다는 것이다. 이 진리를 알게 되면 진리와 거짓을 구별하는 것은 그리 어렵지 않은 일이 될 것이다. 어떻게 스피노자는 이것이 가장 명백한 것이고, 따라서 의심할 수 없다는 것을 알게 되었을까? 우리는 스피노자의 대답을 예상할 수 있다. 그것은 직관에 의해서일 수는 없다. 유일한 방법은 "가장 완벽한 존재에 대한 지식을 반성함으로써, 즉 그것에 주의를 기울임으로써" 아는 것이다. 이것이 피론주의를 극복하기 위해 스피노자가 제시한 데카르트와는 '다른 것'이 다다른 막다른 지점일 것이다. "만일 어떤 사람이 자기는 명석 판명한, 곧 참된 실체 관념을 소유하고 있지만 그런 실체의 실존 여부를 의심한다고 말한다면, 이것은 실로 자신이 참다운 관념을 소유함에도 불구하고 그것이 거짓 관념일지도 모른다고 의심한다고 말하는 것과 똑같다. (충분한 주의를 기울이는 사람에게는 이것이 명백하다.)"[115] 주어진 신이라는 관념에 대해 충분히 주의를 기울이기만 한다면, 회

---

114) *KV*, pp.79-80.
115) Benedictus de Spinoza, *E* Ⅱ, Pr. 8, Sch. 2. Ⅱ, Pr. 11, Sch. 참조. "나는 이것[신의 존재론적 증명]이 어느 정도 주의를 기울이는 사람에게는 틀림없이 명백할 것이라고 생각한다."

의주의자들을 포함해서 모든 인간은 신에 대한 관념이 참된 관념임을 "(자명한 양) 확신하지 않으면 안 된다."[116) 결론적으로 피론주의자의 도전에 대해 "스피노자가 주는 진짜 대답은 … [반성할 수 있는] 이성적인 사람이라면 이런 그의 기본 원칙들을 의심할 수는 없다."[117)는 것이다. 반성해보면, 즉 주의를 기울이기만 한다면 이보다 더 명백하게 참된 것이 없는데도, 피론주의자들은 한사코 이 명백한 것을 보지 않으려는 자들이다. 그래서 앞에서 스피노자는 비록 말로만 떠드는 회의주의자에 한정한다는 단서를 달기는 했지만, 그들을 '전적으로 정신이 눈먼 사람들'로, '정신을 결여한 자동인형'으로 묘사했던 것이다. 이런 표현들이 단지 수사학적 차원이 아니었던 것이다.

그러나 과연 이런 스피노자의 해결책은 피론주의자들의 입을 다물게 할 수 있을까? 피론주의자들은 자기들이 지니고 있는 신의 관념에 아무리 주의를 기울여도 스피노자가 말하고 있는 그런 확신을 가질 수 없다고 말할 것이다. 그들은 스피노자의 것과는 다른 철학자들의 신관(神觀)을 철학사에서 찾아내어 맞서 세울 수 있다. 얼마나 다양하고 많은 철학자들의 신의 관념이 있을 것인가! 흄이나 칸트나 헤겔은 스피노자의 신의 관념에 결코 동의하지 않을 것이며, 그렇다고 해서 주의를 기울이지 않은 '정신이 눈먼 사람들'이라는 질책을 고분고분 수용하지도 않을 것이다. 가령 칸트는 단적으로 필연적인 존재자가 있는가 없는가를 두고 이율배반의 불가피성을 보여주었다. 헤겔은 신을 스피노자가 한 대로 규정하면 그것은 참된 무한이 될 수 없다고 주장하였다. "스피노자의 실체는 일반적인 규정이고, 그래서 추상적인 규정이다. (…) 실체는 딱딱하게 굳은 채로 석화되어 있다."[118) 이런 사태는 단순히 이들이

---

116) *E*, Ⅱ, Pr. 8, Dem.

117) G. H. R. Parkinson, *Spinoza's Theory of Knowledge*(Oxford: Clarendon Press, 1954), p.39.

118) Georg W. F. Hegel, *VGP Ⅲ*, p.166. 헤겔이 스피노자에 대해 일방적인 비판만 하고 있는 것은 아니다. 헤겔과 스피노자의 관계는 매우 복잡하다. 헤겔이 스피노자 철학에서 높이 평가하는 요소들은 다음과 같이 정리할 수 있다. ① 스피노자 철학은 반성 철학처럼 인간의 인식 능력을 철학의 대상으로 삼지 않는다. 그것의 철학적 대상은 존재와 본질의 통일로서의 절대자이다. 이런 점에서 이미 반성 철학에 대한 원초적인 비판의 틀을 스피노자 철학은 제공하고 있는 셈이다. ② 스피노자의 절대적 실체는 대립을 지속적으로 생성하고 유지하

서로 다른 의견을 갖는다는 것을 나타내지 않는다. 이것은 "신의 관념이 참이고 그것을 의심할 수 없다."고 하는 스피노자의 주장이 충분히 주의를 기울이기만 하면, 즉 "지성 자체의 능력과 본성에 전적으로 의존하기"[119]만 하면 그 누구나 의심할 수 없을 정도로 확실한 지식임을 알게 되는 것이 아니라는 것을 말해준다. 비록 직관이 아니라 반성을 통해 이 최초의 관념이 진리라는 것을 알았다고 말하지만, 실제로 그는 이것을 진리라고 전제한 후에 그렇게 하고 있는 것이다. "… 그의 연역적 체계의 기본 원칙들을 정당화하려는 스피노자의 시도는 궁극적으로, 그 자체 이런 원칙들이 참이라는 단순한 단언에 호소하는 것이 되고 만다."[120] 도대체 스피노자가 말하고 있는 '반성이나 주의를 기울임'을 진리를 입증할 수 있는 (이성지의) 방법으로 인정할 철학자가 얼마나 있을까? 매우 직설적으로 말한다면, 스피노자가 규정하고 있는 최초

는 사변철학의 절대자로까지 발전하지는 못했지만, 대립을 매개하고 지양하는 자기원인적 절대자를 안출함으로써 사변철학의 절대자에 대한 원칙적인 모형을 이미 제시하고 있다. ③ 스피노자의 부정이 부정의 부정이라는 자기 관계적 부정성까지 전진하지는 못한 일면적인 부정이기는 하지만, 모든 규정이 부정이라는 통찰은 이전에 어떤 철학도 간파하지 못한 것이다. 특히 ②, ③의 내용과 관련해서는 다음의 논문이 계발적이다. Günter Maluschke, "Die Stellung des Spinozismus in Hegels Dialektik," in *Hegel-Studien*(Beiheft 13)(1984), pp.55-81 참조. 말루쉬케는 유한한 것과 무한한 것이 대립하는 나쁜 무한성으로 스피노자 철학을 오독하게 된 배경에는 야코비(Friedrich H. Jacobi, 1743-1819)의 해석이 절대적인 영향을 끼쳤다고 본다. 이런 스피노자의 공헌에도 불구하고 헤겔이 스피노자에게 가하는 비판의 요점은 절대자가 텅 빈 공허한 것이 아니라 구체적인 내용을 담고 있는 '절대적 절대자(das Absolut-Absolute)'(Georg W. F. Hegel, *WdL* Ⅱ, p.190)이려면, 스피노자에 의해 유한하고 비본질적인 것으로 간주되었던 속성과 양태의 구별을 절대자의 자기 운동으로 파악하지 않으면 안 된다는 데에 있다. 국내 번역은 다음 책을 참조했음. 게오르크 W. F. 헤겔, 『대논리학 (Ⅱ)』, 임석진 옮김(서울: 지학사, 1991); 게오르크 W. F. 헤겔, 『대논리학 (Ⅲ)』, 임석진 옮김(서울: 지학사, 1988). 스피노자에 대한 헤겔의 본격적인 평가와 비판에 관해서는 *WdL* Ⅱ, pp.187-200 참조. 헤겔은 스피노자의 절대적 실체가 왜 자기 자신에 안주하지 못하고 속성과 양태로 필연적으로 이행해갈 수밖에 없었는가를 절대자의 범주 자체의 자기 운동에 대한 서술을 통해 해명하고 있다. 그런데 신이라는 절대자의 이런 자기 운동은 스피노자가 차용하고 있는 기하학적인 방법에 의해, 즉 정의, 공리, 정리식의 규정을 통해서는 전개될 수 없다. 이런 측면에서 헤겔은 스피노자의 절대자는 '절대적 절대자'가 아니라고 비판하는 것이다.

119) Benedictus de Spinoza, *TdIE*, p.20[71].

120) G. H. R. Parkinson, *Spinoza's Theory of Knowledge*, p.55.

의 진리에 동의한 사람만이 스피노자에 의해 피론주의를 극복한, 세심하게 주의를 기울이는 반성적 사람으로 인정되고, 그것을 부정한 철학자는 여전히 무지와 어리석음에서 헤매는 '꿈꾸는 사람'이 되고 만다.

이렇게 되고 보면, 스피노자는 직관에 의해서 어떤 절차도 거치지 않고 단박에 알게 되었든 혹은 이성에 의해 매개의 근거를 거쳐 알게 되었든, 최초의 신의 관념을 정당화하는 데에 실패했다고 볼 수 있다. 왜냐하면 "그는 우리가 제1의 원인의 훌륭한 정의를 형성하는 데 있어 성공했다고 가정하고 있기 때문이다. (이것은 커다랗고도 가장 의심스러운 가정인데도 말이다.)"[121] 섹스투스 엠피리쿠스는 스피노자가 데카르트의 악순환은 피했다고 할 수 있을지 몰라도 그 대가로 결국 독단적인 전제 설정을 범했다고 결론지을 것이다. 데카르트는 어떻게 명석 판명한 신의 관념이 참임을 보증하는가 하는 피론주의자의 물음에 답하려다가 악순환에 빠져들고 말았다. 그런데 스피노자는 그의 실패를 보고, 너무나 명백하기에 더 의심할 수 없다고 (자기가) 확신한 바를 진리로 확립하고, 여기에 대해서는 어떤 의심도 허용하지 않는 전략을 취하였다. 스피노자에게 피론주의자들은 진리맹으로 취급되었고, 꿈꾸고 있으면서 깨어 있다고 생각하는 유아(乳兒)로 간주되었다. 그러나 피론주의자들에게 스피노자는 깨어 있다고 생각하지만 실제로는 나르시스적인 꿈에 취한 몽환가에 다름 아니다. 피론주의 극복이라는 문제의식에 한정해서 본다면, 스피노자는 데카르트처럼 피론주의자가 내는 사이렌의 소리에 홀리지 않기 위해 스스로를 독단적인 전제의 기둥에 포박한 철학의 오디세우스에 가깝다고 볼 수 있다.

---

121) Harold H. Joachim, *Spinoza's Tractatus de Intellectus Emendatione*, pp.223-4.

제8장
라이프니츠와 피론주의

1. 회의주의자들과의 만남과 결별

라이프니츠가 당대에 프랑스에서 득세했던 회의주의자들과 긴밀하면서도 우호적인 관계를 맺고 있었다는 것은 새로운 사실이 아니다. 그 당시 회의주의를 대표했던 푸셰(Simon Foucher, 1644-1696), 위에(Pierre-Daniel Huet, 1630-1721), 벨과 라이프니츠는 개인적인 교분을 맺었는데, 포프킨의 표현을 빌리면 '그 관계는 목가적인 것'[1]이었다. 그러나 이것은 당시의 지적인 제반 상황으로 볼 때 매우 이상한 일이었다. "사실상 우리가 17세기 후반의 논쟁적인 세계에서 눈을 돌려 라이프니츠와 그의 회의적 친구들이 맺은 작은 세계를 살펴볼 때, 그런 평화와 고요가, 그런 존경과 친선이 그 시대의 적대자들 사이에 존재할 수 있었다고는 믿기 힘들다."[2] 특히 회의주의와 관련해서 오랜 기간 라이프니츠와 많은 서신을 주고받은 사람이 푸셰였는데, 이 서신들은 1696년 푸셰의 죽음으로 갑작스레 서신 교환이 끊어지기까지

---

1) Richard H. Popkin, *The History of Scepticism from Savonarola to Bayle*, p.264.
2) 같은 곳.

양자의 관계가 비록 결별의 조짐을 내포하고 있기는 했어도 오랫동안 동맹자에 가까운 것이었음을 여실히 보여준다.

왜 이들의 동지적 관계는 믿기 힘들 정도로 기이한 것인가? 이 점을 이해하기 위해서는 라이프니츠 이전의 선행자들이 회의주의자에게 어떤 태도를 취했는가를 아주 간략하게나마 서술할 필요가 있다. 데카르트는 『제1철학에 관한 성찰』의 「제2성찰」 서두에서 철학적 의심을 자신이 거기에 빠져 어쩔 줄 몰라 허우적대는 '갑자기 소용돌이치는 깊은 물속'[3]에 비유하고 있다. 이런 표현은 곧 그의 가장 중요한 철학적 과제가 철학적 의심으로 야기된 불안에서 벗어나는 것이었다는 것을 단적으로 말해준다. 데카르트는 자신이 이 불안을 완전히 잠재웠다고 자신하였다. 그러나 스피노자가 볼 때, 이것은 데카르트의 오산(誤算)이었고 데카르트가 찾아낸 것은 회의주의의 깊은 물속을 건널 수 있는 것이 아니었다. 『데카르트 철학의 원리』에서 스피노자는 "그런데 이런 [데카르트의] 응답이 사람들을 제대로 만족시키지 않기 때문에 나는 다른 것을 제시하겠다."[4]고 제안하고 있다. 데카르트가 회의주의를 전복시키기 위해 제안한 방책이란 오히려 피론주의의 전매특허에 해당하는 악순환에 걸려든 것이었고,[5] 그래서 자신이 나서지 않을 수 없다고 스피노자는 여겼던 것이다. 데카르트나 스피노자나 회의주의자들을 투쟁과 극복의 대상으로 삼은 것은 분명하다. 물론 회의주의자들도 그들의 적대자들만큼이나 열정적으로 소매를 걷어붙였다. 데카르트의 『제1철학에 관한 성찰』을 읽고 가상디는 회의주의자의 입장에 서서 데카르트 철학이 얼마나 독단적인가를 치밀하게 논구하였다. 라이프니츠와 친교를 나누었던 푸셰, 위에, 벨도 이런 작업에 동참하였다. 이런 논쟁적인 배경을 고려한다면, 데카르트와 스피노자의 뒤를 좇아 "마찬가지로 인간 지식의 근본 원리를 정립하려 한다면, 우리가 안전하게 의지하고 두려움 없이 출발할 수 있는 어떤 견고한 시작점이 필요하

---

3) René Descartes, *CSM* Ⅱ, p.16[Ⅶ, 24].

4) Benedictus de Spinoza, *PPC.* p.125.

5) Margaret D. Wilson, "Spinoza's theory of knowledge," p.120 참조.

다."6)고 확신하는 라이프니츠와, 모든 견고한 시작점에 의심을 던지는 회의
주의자들은 결코 악수를 건넬 사이가 아니었다. 데카르트와 스피노자, 라이
프니츠는 어떻게 회의주의를, 좀 더 구체적으로는 피론주의를 무찌를 것인가
의 방책에 있어서는 서로 의견을 달리하고 대립하고 있기는 하지만, 회의주
의를 궁극적으로는 물리쳐야 할 이론적인 적(敵)으로 간주한 점에서 한 배를
타고 있었다고 해도 무방하다.

그런데도 라이프니츠가 푸셰와 그토록 목가적인 관계를 맺은 이유는 무엇
일까? 그것이 가능했던 철학적 기반은 두 사람이 데카르트 형이상학을 비판
하였다는 데에 있다. 데카르트를 겨냥하면서 라이프니츠는 이렇게 말하고 있
다. "그리고 나는 오늘날 사람들이 여전히 사람들의 입에 오르내리는, '내가
명석하고 판명하게 한 사물에 대해서 파악한 것은 참이다, 또는 그 사물에 대
하여 진술될 수 있다.'는 원리를 오용하고 있다는 사실을 적지 않게 본다. 즉
경솔하게 판단하는 사람들에게는 종종 애매하고 모호한 것이 명석하고 판명
하게 나타나는 것이다."7) 데카르트가 내세운 진리의 일반 규칙인바, 명석 판
명한 지각의 기준이 명확하게 제시되지 않고 있다는 라이프니츠의 지적은 즉
시 한 인물을 떠올리게 한다. 이미 가상디가 "모든 사람은 그가 변호하는 진
리를 명석하고 판명하게 지각한다고 생각한다."8)는 것을 여러 예를 통해 데
카르트에게 들이대었던 것이다. 한 대상에 대한 지각은 지각 대상과 지각자
의 조건에 따라 달리 나타날 수밖에 없다. 이렇게 데카르트의 진리 기준이 자
의(恣意)에 노출되어 있다고 생각하였기 때문에 가상디는 다음과 같이 요구
하였다. "내가 제안을 해도 좋다면, [데카르트] 당신이 해야 하는 일은 우리가

---

6) Gottfried W. Leibniz, "The Principle of Human Knowledge(winter 1685/1686?)," in
   The Shorter Leibniz Texts: A Collection of New Translations, trans. and ed. by
   Lloyd Strickland(New York; Continuum, 2006), p.41. 국내 번역은 다음 책을 참조했음.
   고트프리트 W. 라이프니츠, 『자유와 운명에 관한 대화 외』, 이상명 옮김(서울: 책세상, 2011).
7) Gottfried W. Leibniz, "Meditations on Knowledge, Truth, and Ideas(1684)," in
   Philosophical Essays, trans. and ed. by Roger Ariew and Daniel Garber(Indianapolis:
   Hackett Publishing Company, 1989), p.26. 국내 번역은 다음 책을 참조했음. 고트프리트
   W. 라이프니츠, 『형이상학 논고』, 윤선구 옮김(서울: 아카넷, 2010).
8) René Descartes, *CSM* Ⅱ, p.194[Ⅶ, 278].

자칫 거짓을 참된 것으로 받아들이도록 하는 이런 일반적인 규칙을 세우는 것이 아니라, 우리가 명석하고 판명하게 어떤 것을 지각한다고 생각하는 경우, 언제 우리가 오류를 범하는지 혹은 범하지 않는지를 우리에게 안내하고 보여줄 수 있는 방법을 내놓는 것입니다."[9] 데카르트의 진리 기준에 대한 라이프니츠의 비판은 가상디의 그것을 반복한 것에 불과하다. 가상디는 근대에 고대 피론주의를 부활시켰던 대표적인 회의주의자였는데, 고대 아카데미학파의 회의주의를 계승했던 푸셰가 데카르트 철학에 반기를 들었다는 것은 전혀 의외의 일이 아니다.

라이프니츠와 푸셰를 결속시킨 요인은 반(反)데카르트주의에 그치지 않았다. 그들은 고대 아카데미학파의 회의주의자들이 구사했던 철학적 방법론에 깊이 공감하였고, 거기에서부터 철학이 시작해야 한다고 믿고 있었다. 1687년 푸셰에게 보낸 답장에서 라이프니츠는 자신의 심경을 이렇게 표현하고 있다. "나는 매우 기쁘게 [당신이 보내준 성(聖) 어거스틴의 논의를 담고 있는] 대답을 읽었고, 그것이 전적으로 내 마음에 꼭 들었다고 당신에게 말하고 싶습니다. 이것은 전혀 아첨이 아닙니다. 당신이 성 어거스틴의 언어로 표현한 아카데미학파의 법칙들은 참된 논리학의 법칙들입니다. 내가 보충하고 싶은 전부는 우리가 그 법칙들을 적용하는 데서 시작해야 한다는 것입니다."[10] 데카르트 철학을 위시하여 온갖 독단주의를 물리치고 확고한 지식을 새롭게 정립하는 데에 고대 아카데미학파의 회의주의가 유효하다는 공통 입장은 양자가 서로 친교를 나누기 시작할 때부터 확인한 것이기도 했고,[11] 이후에도 오랫동안 변하지 않았다. 아카데미학파와의, 따라서 푸셰와의 결속을 알려주는 데에 라이프니츠의 다음 진술 하나만으로도 충분할 것 같다. "아카데미학파의 철학은

---

9) *CSM Ⅱ*, pp.194-5[Ⅶ, 279].

10) Gottfried W. Leibniz, "Brife an Foucher(1687)," in *Philosophische Schriften*, Bd. V/2, hrsg. und übers. von Werner Wiater(Darmstadt: Wissenschaftliche Buchgesellschaft Darmstadt, 1989), p.27.

11) Gottfried W. Leibniz, "Brife an Foucher(1675)," in *Philosophische Schriften*, Bd. V/2, p.11 참조. "그런데 여기서 당신이 우리를 멈춰 서게 하고 고대 아카데미학파의 비판을 새롭게 진술하는 것은 옳습니다."

우리 지성의 약점을 알려주며, 최초의 시작을 하기에는 좋은 것입니다."[12]

그러나 푸셰에 대한 격려와 찬동 속에 벌써 균열의 싹이 배어 있다. 라이프니츠는 어디까지나 '최초의 시작을 하기에'만 회의주의는 좋은 것이라고 말하고 있고, 이것은 곧 라이프니츠가 최초에는 회의주의 노선을 걷지만 어느 지점에서는 회의주의를 떠날 것이라는 것을 함축한다. 그러니까 라이프니츠의 궁극적인 철학적 포부는 푸셰와는 다른 데 있었던 것이다. 라이프니츠가 회의주의자와 함께 길을 갔던 이유는 회의주의에 의해 독단주의의 약점을 까발리고, 그럼으로써 더 이상 회의주의에 의해 폐기되지 않는 원칙을 찾고 싶었기 때문이다. 푸셰와의 서신 교환의 거의 마지막 시기에 라이프니츠는 이 점을 분명하게 밝히고 있다. "우리는 섹스투스 엠피리쿠스에 의해 독단주의자들이 처하게 되었던 곤경을 경시해서는 안 됩니다. 그 곤경은 그들이 [최초의 의심할 수 없는] 원칙을 다시 가져오게끔 하는 데 기여하는 것입니다."[13] 라이프니츠에게 있어서 의심을 위한 의심은 허용될 수 없는 것이었다. 『변신론』에서 라이프니츠가 주장한 바는 그가 왜 푸셰와 결국 갈라서야 했는가를 단도직입으로 보여준다.

벨의 목표는 단지 철학자들을 혼란하게 하고 우리 이성의 약점을 밝히는 것이기 때문에, 그는 자신이 염두에 두고 있는 반대자를 반박하는 데 적합한 것에 만족할 것이다. 나는 아르케실라오스도 카르네아데스도 그보다 더 강한 웅변력과 재기로 찬성과 반대를 동시에 나타내지는 못했다고 생각한다. 그러나 결국 의심하기 위해서 의심해서는 안 되는 것이다. 의심은 진리에 이르기 위한 다리로 사용되어야 한다. 이는 내가 고(故) 푸셰 신부에게 자주 말했던 것이다.[14]

---

12) Gottfried. W. Leibniz, "Brife an Foucher(1686)," in *Philosophische Schriften*, Bd. V/2, p.17.

13) Gottfried W. Leibniz, "Brife an Foucher(1692)," in *Philosophische Schriften*, Bd. V/2, p.35.

14) Gottfried. W. Leibniz, *Die Theodizee von der Güte Gottes, der Freiheit des Menschen und dem Ursprung des Übels in Philosophische Schriften*, Bd. Ⅱ/2, hrsg. und übers von Herbert Herring(Darmstadt: Wissenschaftliche Buchgesellschaft Darmstadt, 1985), p.169. 국내 번역은 다음 책을 참조했음. 고트프리트 W. 라이프니츠, 『변신론』, 이근세 옮김(서울: 아카넷, 2014).

라이프니츠는 데카르트 철학을 공격하는 데 있어서는 푸셰와 같은 회의주의자의 입장을 취하지만, 회의주의를 진리에 이르기 위한 방법적 발판으로 취급한 점에서는 데카르트와 같은 반회의주의자의 진영에 가담한다. 그리고 "이것이야말로 푸셰와 라이프니츠, 두 사람을 갈라놓은 진짜 요점이었다."[15] 라이프니츠는 회의주의가 진리 탐구를 결코 파괴적인 절망으로 이끌어서는 안 된다는 선을 긋고 있었다. 이런 점에서 그는 '데카르트의 불안'을 그대로 이어받고 있었던 셈이다.

푸셰와의 결별로 상황은 명백해졌다. 라이프니츠는 회의주의를 논박해야 했던 것이다. 그리고 확실한 지식을 정초하는 토대를 마련해야 했다. 라이프니츠가 생애 후반 섹스투스 엠피리쿠스에 주목하고 그에 대한 반박을 준비한 까닭도 여기에 있다.[16] 바리뇽(Pierre Varignon, 1654–1722)에게 보낸 서신에서 라이프니츠는 자신의 기획의 일단(一端)을 내비치고 있다. "기하학자의 입장에 서서 섹스투스 엠피리쿠스와 … 그와 비슷한 비판자들을 향한 반박이 우리가 상상할 수 있는 것보다 더욱 유용한 것이 될 것이라고 나는 자주 생각했습니다."[17] 그리고 자신의 이런 생각을 실제 수행했음을 몇 년 후 섹스투스 엠피리쿠스 라틴어판(版) 번역을 출판하려는 파브리치우스(Johann A. Fabricius, 1668–1736)에게 밝히고 있다. "당신이 섹스투스 엠피리쿠스의

---

15) Stuart Brown, "The Leibniz-Foucher Alliance and Its Philosophical Bases," in *Leibniz and His Correspondents*, ed. by Paul Lodge(Cambridge, UK: Cambridge University Press, 2004), p.92. 두 철학자는 두 가지 점에 합의하고 있었다. (1) 철학을 할 때는 오로지 증명에 의해서만 안내되어야 한다. (2) 언제나 새로운 지식을 탐구해야 한다. 그런데 이 두 가지 사항 중 어떤 것을 더 우선순위에 놓을 것인가에 대한 의견이 갈라짐으로써 양자의 동맹에서 균열이 나타났다고 볼 수 있다. 푸셰는 모든 증명에 대한 우위를 우선시한 반면, 라이프니츠는 진리 확보에 경도되어 있었다. 이와 관련해서는 pp.81-2 참조.

16) 라이프니츠는 푸셰나 벨에 비해 몽테뉴와 샤롱은 상대적으로 잘 알지 못했지만, 제논, 섹스투스 엠피리쿠스, 카르네아데스의 논변에는 친숙하였다. 라이프니츠의 회의주의에 대한 지적인 배경과 관련해서는 Stuart Brown, "The seventeenth-century intellectual background," in *Cambridge Companion to Leibniz*, ed. by Nicholas Jolly (Cambridge, UK: Cambridge University Press, 1995), p.60, fn 20) 참조.

17) Gottfried W. Leibniz, "Letter to Varignon(1702)," in *Philosophical Papers and Letters*, Vol. 2, trans. and ed. by Leroy E. Loemker(Chicago: The University of Chicago Press, 1969), p.885.

출판을 생각한다고 하더군요. 이 섬세하고 박식한 저자는 그럴 만한 가치가 있습니다. 나는 그의 원리들에 대한 비평을 비록 그저 철학적인 것이긴 하지만 이미 써놓았습니다."[18] 그런데 이것으로 끝이었다. 라이프니츠는 비평을 넘어 섹스투스 엠피리쿠스에 대한 본격적인 반론을 펼치기도 전에 죽었으며, 더욱이 그가 이미 써놓았다고 하는 이 비평마저 발견되지 않은 채로 있었다. 이런 이유로 회의주의에 대한 극복이 단순히 라이프니츠의 일시적이며 개인적인 착상이 아니라 데카르트를 필두로 하여 면면히 이어져온 시대적인 철학적 과제였음에도 불구하고, 그리고 "회의주의에 대한 관심이 라이프니츠 자신의 철학의 발전에서 극히 중요한 역할을 담당했고",[19] 그래서 그가 오랜 기간 그 문제를 숙고해왔음이 분명한데도 라이프니츠와 회의주의 관계는 별 주목을 받지 못하였다.

2. 「섹스투스 엠피리쿠스에 대한 반박들의 예」

섹스투스 엠피리쿠스에 대한 라이프니츠의 반박 전략은 그의 여러 저작과 단편들을 통해 어느 정도 예측해볼 수 있긴 하지만, 올라소가 「섹스투스 엠피리쿠스에 대한 반박들의 예, 『피론주의 개요』의 유통된 1권에 부침」[20]을 마침내 발견하고 거론할 때까지는 구체적으로 드러나지 않았다. 대략 1711년경에 쓰였다고 알려진, 파브리치우스에게 자신이 이미 써놓았다고 밝힌 것으로 추정되는 이 짧은 미완성의 비평문에서 라이프니치는 섹스투스 엠피리쿠스의 『피론주의 개요』의 순서를 따라 그 내용을 분석하고 비판하고 있다. 아마

---

18) Arnaud Pelletier, "Leibniz's Anti-Scepticism," in *Scepticism in the Eighteenth Century: Enlightenment, Lumiéres, Aufklärung*, ed. by Sébastien Charles and Plinio J. Smith(Dordrecht/New York/London: Springer, 2013), p.56에서 재인용. 1711년 8월 11일 라이프니츠가 파브리치우스에게 보낸 편지의 내용이다.

19) Ezequiel de Olaso, "Leibniz and Scepticism," in *Scepticism in the Enlightenment*, ed. by Richard H. Popkin, Ezequiel de Olaso and Giorgio Tonelli(Dordrecht/Boston/London: Kluwer Academic Publishers, 1997), p.99.

20) Gottfried W. Leibniz, "Specimen," pp.48-52. 아직 정식으로 출판되지 않은 이 글은 일본 학자인 마쓰다(Tsuyoshi Matsuda)에 의해 필사되어 알려졌다.

도 『피론주의 개요』에서 전개된 회의적 트로펜에 이렇게 일일이 직접적으로 대답한 근대의 주요 철학자는 라이프니츠와 헤겔을 제외하고는 찾기 힘들 것이다.

이 비평에서 라이프니츠가 섹스투스 엠피리쿠스를 공격하는, 매우 난삽하고 단편적으로 제시된 방향은 대체로 다음의 네 가지로 나누어볼 수 있다. ① 피론주의자들의 '등치(isostheneia)'의 불가능성, ② '판단유보(epoche)'의 불가능성, ③ '마음의 평정(ataraxia)'의 불가능성, ④ 모순율 위반의 불가능성. '등치의 방법'과 '판단유보' 그리고 '마음의 평정'은 피론주의의 이론을 구성하는 핵심적인 요소라고 할 수 있는데, 라이프니츠는 이런 개념들이 사실은 견지될 수 없는 자기파괴적인 성격을 지니고 있고, 그래서 이런 점을 드러내면 회의주의 일반은 설 자리를 잃게 될 것이라고 여기고 있다. 라이프니츠는 고대 신(新)아카데미학파의 회의주의나 피론주의를 구별하는 데 관심이 없었던 것처럼 보인다. 양 학파는 회의주의 이론의 발달사에 있어서 치열하게 경쟁하였다. 그럼에도 신아카데미학파에 속한 아르케실라오스나 카르네아데스가 아니라 굳이 피론주의자인 섹스투스 엠피리쿠스를 타도의 대상으로 정했는지에 관해서 그는 별다른 언급이 없다. 분명한 점은 섹스투스 엠피리쿠스에 대한 공격을 라이프니츠가 회의주의 일반에 대한 공격으로 간주하고 있었다는 것이다. 그러므로 특별한 경우를 제외하고 그가 겨냥하고 있는 회의주의를 피론주의로 환치해도 아무런 문제가 없다. ①, ②, ③이 주로 회의주의, 즉 피론주의 이론의 내재적 약점을 파고든 것이라면, ④는 어떤 회의주의자라도, 곧 피론주의자라도 준수할 수밖에 없는 새로운 지식의 원칙을 표명하고 있다. 즉 ①, ②, ③이 회의주의자들이 고안해낸 회의적 논변 이론의 성(城)을 허물어뜨리는 데 집중되어 있다면, ④는 어떤 회의주의자도 결코 기어오를 수 없는 확실한 진리의 성을 구축하는 데 주안점을 두고 있다.

섹스투스 엠피리쿠스가 독단주의자들의 진리 주장을 파괴하기 위해 구사한 방법은 등치였다. 그것은 독단적인 진리 주장 A에 대해 그것과 동등한 힘을 갖고 맞서는 독단적인 진리 주장 B를 제시함으로써 독단적인 주장 A에서 진리의 힘을 빼버리는 것이다. 예컨대 누군가 꿀이 달콤하다고 주장한다면, 회의주의자는 예컨대 병에 걸린 경우 누군가에는 꿀이 쓰다는 주장을 맞세움으로써 앞의 주장이 우위를 점할 수 없게 만든다. 이렇게 "회의주의를 구성하는 기본 원칙은 모든 논의(logos)에는 그것과 동등한 논의가 대립한다는 것이다."[21] '등치'의 방법은 회의주의를 성립시키는 골수(骨髓)와도 같다. 섹스투스 엠피리쿠스에 따르면 회의주의자란 단순히 모든 것을 의심하고 부정하는 사람이 아니라 "현상하는 것들과 사유되는 것들을 어떻게든 대립하게 만드는 능력"[22]을 갖춘 자를 의미하기 때문이다. 회의주의자란 헤겔이 『정신현상학』에서 비유적으로 표현하고 있듯이 말싸움을 하는 '고집불통의 아이들'[23]과도 같다. 한 아이가 A를 내세우면 다른 아이는 그것과 대립하거나 모순적인 관계에 놓여 있는 B를 들이대고, 이제 앞의 아이가 B를 주장하면 다른 아이는 그것과 동등한 힘을 갖고 맞서는 A를 제시하면서 핏대를 올리는 것이다. 기실 회의주의자는 A나 B라고 하는 특정한 명제나 이론을 진리라고 주장하는 데에 관심이 없다. 그는 어떻게든 맞서 세우는 데서 그의 철학적 기술(技術)을 발휘하는 전문가인 것이다.

이렇게 특정한 진리 주장에 대해 동등한 힘을 갖고 이것과 갈등을 빚는 다른 진리 주장을 원리적으로 제시할 수 있다면, 당연히 "나는 사물의 진짜 본성이 어떠한가에 대한 판단을 유보해야만 할 것이다."[24] 예를 들어 꿀은 달콤하거나 쓴 것으로 나타나기에 그것의 본성에 대해서는 결정적으로 판단할 수가 없다. 만약 그것의 본성이 달콤하거나 쓰다고 어느 쪽으로 판단을 한다면 그것은 성급한 비약이고, 따라서 독단적이게 될 것이다. 우리는 현상에만 접근할 수 있을 뿐인데, 동일한 대상에 대한 현상들의 설명이 상충하기 때문에 그 대상이 실제로 어떠하다는 판단에 대해서는 결정을 미루어야 한다. 이런 판단유보는 우리가 "어떤 것도 긍정하지 않고 또한 부정하지도 않는다."[25]는 것을 뜻한다. 긍정한다는 것과 부정한다는 것은 사물의 본성과 관련하여 단

---

21) Sextus Empiricus, *PH* 1.12.

22) *PH* 1.8.

23) Georg W. F. Hegel, *PhdG*, p.162.

24) Sextus Empiricus, *PH* 1.78. 사물의 본성에 대한 판단유보의 언급은 『피론주의 개요』의 아무 쪽이나 펼쳐도 찾을 수 있을 만큼 무수하게 반복된다.

25) *PH* 1.10. 1.192-3, 1.201 참조.

정하는 것인데, 여전히 불확실한 탐구 대상의 본성에 대해 단정한다는 것은 탐구를 제 마음 내키는 대로 종결하는 것과 같다. 회의주의자는 불확실한 것에 대해 단언하지 않은 채 "탐구를 계속 수행하는"[26] 자이다. 독단주의자가 긍정하거나 부정함으로써 진리를 발견했다고 저 혼자 우기면서 탐구의 고된 순례를 멈추는 자라면, 회의주의자는 그런 정당화될 수 없는 성급한 안주를 택하는 대신 "언젠가는 진리를 발견할 수 있으리라는 기대를 품고서"[27] 여전히 진리에 대한 탐구의 길을 가는 자이다.

섹스투스 엠피리쿠스에 의하면 참이나 거짓으로 결정하지 않을 때, 즉 판단을 유보할 때 마침내 회의주의자의 최종적인 목표가 달성될 수 있다. "이렇게 회의주의자가 판단을 유보하였을 때, [독단적] 견해와 관련해서 뜻밖에도 마음의 평정이 그에게 뒤따라 나왔다."[28] 애초에 회의주의자는 "사물에 있어서 진리가 무엇이며 거짓이 무엇인지를 해결함으로써 마음의 평정에 이를 것이라는 희망"[29]을 품고 있었다. 그러나 사물의 진상과 관련해서 어떤 의견에 동의해야 하는가 하는 난제에 부닥치자 회의주의자는 판단을 보류하였다. 즉 진리 획득에 의한 마음의 평정이라는 희망을 접었던 것이다. "그런데 회의주의자가 판단을 유보하였을 때, 마치 물체에 그림자가 따르듯이, 뜻밖에도 마음의 평정이 그에게 생겨났다."[30] 진리를 손 안에 넣음으로써 달성하려던 희망을 손에서 놓아버리자 뜻밖에도 그 희망이 실현될 수 있었다는 것이다. 섹스투스 엠피리쿠스는 화가 아펠레스를 예로 들고 있다. "아펠레스는 그림을 그리면서 말의 입 거품을 묘사하려 했다고 한다. 그런데 그는 거듭 실패하였고, 낙담하여 그의 그림붓을 닦는 데에 사용했던 스펀지를 자기 그림에 내던졌다고 한다. 그런데 그림에 던진 스펀지 자국이 그가 그리려 했던 말의 입

---

26) *PH* 1.2. 1.3 참조.

27) Jonathan Barnes, *The Toils of Scepticism*, pp.10-1, 19 참조. 회의주의자의 에포케는 진리에 대해 개방적이며, 원리적으로 미래의 진보를 허용하는 것이다. 만약 그렇지 않다면 그는 "진리는 알 수 없다."는 단언을 함으로써 부정적인 독단주의자가 되고 말 것이다.

28) Sextus Empiricus, *PH* 1.26.

29) *PH* 1.12.

30) *PH* 1.29.

거품의 효과를 만들어냈다는 것이다."[31] 무엇이 진짜 참되다 거짓이다, 좋다 나쁘다는 견해를 가진 사람은, 즉 독단주의자는 끊임없이 동요할 수밖에 없다. 그는 무엇인가를 추구하거나 기피하려고 함으로써 과도하게 의기양양하거나 낙담하거나 노심초사하게 된다. "이와는 달리, 본성상 무엇이 좋고 나쁜가에 대해 입장을 결정하지 않는 사람은 어떤 것을 열렬하게 추구하지도 않고 피하지도 않는다. 따라서 그는 동요하지 않는다."[32]

등치의 방법, 판단유보, 마음의 평정은 이처럼 매우 유기적인 관계를 맺으면서 회의주의 이론의 근간을 이루고 있다. 라이프니츠는 이것 하나하나를 겨냥하여 반론을 편다.

(1) 피론주의자들의 '등치(isostheneia)'의 불가능성 : 섹스투스 엠피리쿠스가 독단주의자를 물리치기 위해 구사하는 방법이 등치인데, 이것은 어떤 독단적인 의견이나 주장에 대해서도 그것과 '동등한 무게로'[33] 맞서는 주장을 제시할 수 있다는 것이다. 그러나 어떻게 의견들이 딱 50 대 50의 비중으로 맞설 수 있는가? 그것은 신(神)도 해내기 벅찬 일이다. 예컨대, A, B, C가 동등하게 맞선다고 가정할 경우, 즉 어떤 것을 다른 것보다 우위에 놓을 이유가 없는 경우, A, B, C가 진리인 경우는 각각 3분의 1일 것이다. 그렇다면 A와 −A가 상충할 경우, 이것은 동등한 무게를 갖고 대립하는 것이 아니다. −A가, 즉 B와 C가 A에 비해 그 무게가 두 배에 달하는 것이다. 현상들 간에는 이렇게 '진리에 가까운 정도(gradus verisimilitudinum)'[34]가 있는 법이다. 가령 "탑이 멀리서는 둥글게 보이기 때문에 탑이 사각형이라고 주장되는 것을 반대하는 동안에는 그렇게 현상이 현상들에 대립된다. 그러나 감각은 멀리서 더 약하기 때문에 양편에서 똑같이 유효한 것들이 관련되지는 않는다."[35] 라이프니츠가 볼 때, 섹스투스 엠피리쿠스는 '전부(全部) 아니면 전무(全無)의

---

31) *PH* 1.28.
32) 같은 곳.
33) Sextus Empiricus, *PH* 1.26.
34) Gottfried W. Leibniz, "Specimen," p.49.
35) "Specimen," p.50. 섹스투스 엠피리쿠스는 회의주의자가 다양한 방식으로 대립시킬 수 있다고 말한다. 그는 다음과 같은 예를 든다. "한편 아낙사고라스는 눈이 희다는 생각에 대항해서 '눈은 냉동된 물인데, 물은 검은색이므로, 따라서 눈도 검은색이다.' 라고 반박했는데,

전략[36]을 택하고 있고, 조금이라도 대립하는 것이라면 대립항이 얼마나 진리에 가까운 그럴듯함을 갖고 있는가의 경중을 가리지 않고 동등하게 맞서는 것으로 투박하게 등치를 처리하고 있다.

섹스투스 엠피리쿠스라면 이런 반박을 보고 손을 내저을 것이다. 라이프니츠가 말하듯이 회의주의자는 꿀이 달콤하게 현상하는가 하면 또한 그것이 쓰게 현상한다는 것을 인정한다. 회의주의자는 이런 현상을 받아들이며 현상에 대해 의심하지 않는다. 회의주의자가 "초점을 맞추고자 하는 의심은 [꿀이 어떻게 현상한다는 것이 아니라] 실제로 꿀이 달콤한가 아닌가 하는 것이다. 왜냐하면 이것은 현상이 아니라, 현상과 관련된 판단[언표]이기 때문이다."[37] 이것은 곧 회의주의자가 아무 의심 없이 받아들이는 현상과, 철저하게 의심을 수행하는 사물 자체의 본성에 대한 판단을 엄격하게 구별하고 있음을 가리킨다. 현상들은 상충하기 마련이고, 이런 갈등이 판단유보로 인도하기만 하면 회의주의자들에겐 현상들의 확률이란 아무래도 좋은 것이다. 이런 측면에서 갈등하는 현상은 그것의 빈도수와는 무관하게 동등한 무게를 지니는 것이다.

라이프니츠는 현상들이 각각 갖고 있는 '진리에 가까운 정도'를 섹스투스 엠피리쿠스가 무시하였다고 비판한다. 그런데 이렇게 현상의 '진리에 가까운 [그럴듯함의] 정도'를 말하려면, 라이프니츠는 이미 진리를 알고 있어야 한다. 감각경험의 확률이 진리의 기준이 될 수 없다는 것은 분명하다. 어떤 개별 사례들을 아무리 많이 경험하고 축적해도 그것이 보편적인 진리로 도약할 수 없다는 것이야말로 로크를 비판하면서 본유관념을 옹호할 때 라이프니츠가 취한 입장이었다.[38] 1702년 프로이센의 왕비 샤를로트(Sophie Charlotte,

우리도 동일한 방법을 사용해서 사유되는 것을 현상하는 것과 대립시킨다."(Sextus Empiricus, *PH* 1.31) 이에 대해 라이프니츠는 "나는 이것을 농담이라고 생각한다."(Gottfried W. Leibniz, "Specimen," p.50)고 꼬집고 있다.

36) Arnaud Pelletier, "Leibniz's Anti-Scepticism," p.57.

37) Sextus Empiricus, *PH* 1.20. 이 외에 1.112 참조.

38) 윤선구, 「라이프니츠의 로크 비판에 관한 연구: 본유관념의 존재 증명을 중심으로」, 『철학』, 제73집(한국철학회, 2002), pp.119-20 참조. 라이프니츠에 따르면 보편명제들이 특수명제들에서 귀납적으로 도출될 수 없는데도 "우리가 보편명제로서의 이런 필연적 진리를 가지고 있다는 것은 사실"(p.119)이기 때문에 우리는 본유관념을 가지고 있다. 이런 점에서 "라이프니츠는 보편적 지식의 존재를 근거로 본유적 존재를 증명하고 있는 것이다."(p.123)

1668-1705)에게 보낸 편지에서 라이프니츠는 이 점을 다음과 같이 피력하고 있다. "감각과 귀납은 결코 우리에게 완전히 보편적인 진리뿐만 아니라 절대적으로 필연적인 것도 가르쳐주지 않는다. 그것들은 존재하는 것과 개별적인 사례들에서 발견되는 것만을 가르쳐준다."[39] 라이프니츠처럼 섹스투스 엠피리쿠스도 귀납법의 한계를 잘 알고 있었다.[40] 이렇게 감각경험이나 귀납법에 의해서는 '필연적이거나 영원한'[41] 보편적 진리를 획득할 수 없다는 것을 잘 인지하고 있음에도, 라이프니츠는 "그럼에도 우리가 학문의 필연적이며 보편적인 진리를 알고 있다."[42]고 주장하는 것이다. 그렇다면 "어떻게 이것이 가능한가?"라고 섹스투스 엠피리쿠스가 물을 것이 뻔하다. 라이프니츠는 '우리와 함께 태어난 빛'[43]에 의해서 혹은 '이성을 통해서'[44]라고 대답한다. 『피론주의 개요』를 조금이라도 들여다본 사람이라면 이런 답변에 고개를 끄덕이면서 물음을 멈추는 섹스투스 엠피리쿠스는 상상할 수조차 없을 것이다. 이렇게 볼 때 등치에 대한 라이프니츠의 반박에서 관건은 등치에 대한 고찰만으로는 누가 승리자인지는 가려질 수 없다는 것이다. 논쟁의 초점은 "과연 우리가 필연적이고 보편적인 진리를 획득할 수 있는가?"로 모아질 수밖에 없다. 라이프니츠가 제시한 필연적 진리가 섹스투스 엠피리쿠스의 의심을 견뎌낼 경우 또 그럴 경우에만, 등치의 방법에 대한 그의 비판은 비로소 정당성을 얻을 수 있을 것이다.

(2) 피론주의자들의 '판단유보(epoche)'의 불가능성 : 회의주의자들은 갈등하는 현상들 앞에서 사물의 본성에 대한 판단을 유보한다. 무엇이 참이고

---

39) Gottfried W. Leibniz, "Brife an die Königin Sophie Charlotte(1702)," in *Philosophische Schriften*, Bd. V/2, p.211.
40) Sextus Empiricus, *PH* 2.204 참조. "귀납법에서 특수 사례들은 생략될 수밖에 없다. … 그것들을 전부 조사하는 일은, 특수 사례들이란 무한하고 정해지지 않은 것이기 때문에 불가능한 일에 매진하는 꼴이다."
41) Gottfried W. Leibniz, *New Essays* 1.1.5.
42) Gottfried W. Leibniz, "Brife an die Königin Sophie Charlotte(1702)," p.211.
43) 같은 곳.
44) Gottfried W. Leibniz, *New Essays* 1.1.5 참조. "우리가 보편적인 진리의 사례들을 아무리 자주 경험한다 하더라도 그것이 필연적이라는 것을 이성을 통해 알지 못한다면, 우리는 귀납을 통해서는 그것이 항상 그럴 것이라는 것을 결코 알 수 없다."

거짓인지, 무엇이 실제로 선하고 악한지에 관해 회의주의자는 결정할 수 없다. 그러나 회의주의자들도 "삶에서 이것보다 저것을 선택"[45]하지 않는가? 예를 들어 그도 달려오는 마차를 보고 피하지 않겠는가! 이런 점에서 라이프니츠가 보기에 회의주의자들이란 실제 행위에서 자신들의 판단유보를 폐기하며, 그럼으로써 스스로를 논박한다. "스스로 확고하지 못한 회의주의자들은 공허한 말로써만 독단주의자들에 대항해서 논박하는데, 자신들이 행위로써 거부하는 것들을 논박한다."[46] 그러나 라이프니츠의 이런 비판은 오해에서 비롯된 것 같다. 물론 회의주의자도 행위할 때 어떤 것을 피하거나 추구한다. 섹스투스 엠피리쿠스는 피론주의자의 일상적인 삶의 기준을 다음 네 가지로 정리하고 있는데 그것은 다음과 같다. "자연의 안내, 느낌의 필연적 요구, 법률과 관습의 전통, 전문기술의 교육."[47] 이 기준에 따라, 가령 느낌의 필연적 요구에 따라 회의주의자는 배가 고프면 먹고, 위험하면 피한다. 그러나 이 기준들은 어떤 행위의 좋고 나쁨에 대한 판단을 내림으로써 채택한 것이 아니다. 그것의 본성이 진짜 어떤 것인지를 따지는 이론적 논의와 관련해서는 피론주의자는 판단을 유보하기 때문이다. "회의주의자는 철학적 이론에 따라 자신의 삶을 영위하지 않는다. (이것과 관련되는 한 그는 비활동적이다.) 그러나 비철학적인 삶의 규칙과 관련해서 그는 어떤 것을 바라고 다른 것을 피할 수 있다."[48] 삶과 관련해서 철학적 이론의 영역에서처럼 판단을 유보하다가는 그는 끝내 죽고 말 것이다. 그렇기에 "아무런 행동도 하지 않고 있을 수는 없다."[49] 회의주의자도 살아야만 하는 것이다. 그렇지만 회의주의자는 독단적인 믿음을 가지지 않고 살아가고자 한다. 그리하여 피론주의자가 자기 이론의 수미일관함을 유지하기 위해 결국 선택한 전략은 현상을, 말하자면 자연, 느낌, 법률과 관습, 교육을 주체적으로 판단하지 않고 그냥 따르는 것이다. 섹스투스 엠피리쿠스가 언급한 삶의 기준은 바로 이런 수준에서

45) Gottfried W. Leibniz, "Specimen," p.50.
46) 같은 곳.
47) Sextus Empiricus, *PH* 1.23.
48) Sextus Empiricus, *M* 11.165.
49) Sextus Empiricus, *PH* 1.23.

의 기준인 것이다. 그러므로 그것은 판단유보를 포기한 것이 아니라, 이론적 판단유보를 실천의 영역에까지 확대한 결과라고 보아야 한다. 그 실천적 결과는 극히 수동적이고 보수적이다.

회의주의자는 아무렇게나 막 사는 사람들이 아니라 현상들과 선택적 관계를 맺을 수밖에 없다는 점을 지적함으로써 라이프니츠는 자신이 판단유보의 불가능성을 보여주었다고 생각하였다. 섹스투스 엠피리쿠스는 이 점에 결코 동의할 수 없겠지만 말이다. 사정이 이렇다면, 즉 우리가 행위하기 위해 더 이상 판단을 미룰 수 없다면 어떻게 해야 할 것인가? 판단유보의 대안으로 라이프니츠가 내놓은 해결책은 등치의 방법을 비판하면서 내놓은 그것과 중첩된다. "다양성은 있는 것이며, [그렇다고 해서 이것이] 사물의 진리와 대치하는 것은 아니다. 왜냐하면 우리는 이런 현상들 자체의 차이를 설명할 수 있기 때문이다. 즉 우리는 이런 현상들로부터 다른 많은 것들을 예상하고 산출할 수 있다. 예컨대 사물 내에서의 변화를 예상할 수 있고 유발할 수 있다. 그러므로 우리가 사물의 본성을 알 수 없다고 단언하는 것은 요령부득의 짓이다. 왜냐하면 이런저런 사물들이 이런저런 다른 것과 결합하여 우리 안에서 이런저런 인상을 일으킨다는 그것 자체(id ipsum)가 사물의 본성과 관련되기 때문이다. (…) 그렇지 않을 때조차 [즉 동일한 사물이 우리 상태가 어떠냐에 따라 다르게 나타날 때조차] 현상들의 몇몇 뿌리가 사물 자체의 본성에 있으며, 지각자가 어떤 상태에 놓여 있느냐에 따라 그에게 영향을 준다는 것을 그는 전혀 부정하지 못한다."[50]

라이프니츠에 따르면 지각 대상이나 지각자의 조건에 따라 사물이 다르게 현상한다고 해서 사물 자체의 본성에 대한 판단을 유보하는 것은 섣부른 짓이다. 왜냐하면 현상들이라고 다 같은 현상들이 아니기 때문이다. "즉 대부분 어떤 관련도 갖지 못한 채 인상들의 연속에 불과하며 (예를 들어 꿈이나 거울의 왜곡된 반영처럼) 자연적인 사물에 직접적으로 기초하지 않는 **한갓된** 현상들과, 서로 간의 관련을 따라서 실제 자연적인 근거나 현상의 '뿌리'의

---

50) Gottfried W. Leibniz, "Specimen," p.51.

관련을 보여주는 **진짜** 현상들을 라이프니츠는 구분하는 것이다."[51] 회의주의
자가 현상과 사물의 본질에 있어 넘어설 수 없는 단절이 있다고 보는 반면,
라이프니츠는 '진짜' 현상과 사물의 본질 간에는 통로가 있다고 보고 있다.
그러나 등치의 방법에 대한 비판에서도 나타났지만, 서로 간의 관련을 보여
주는 잘 질서 잡힌 '진짜' 현상들이 사물의 본성과 연결되어 있다고 주장하기
위해서는 라이프니츠는 사물의 본성 자체를 파악해야 한다. 현상들이 서로
간에 관련되어 있고 잘 질서가 잡혀 있다는 점만으로는 부족하다. (지각 현상
들이 하나의 족(族)을 이룰 만큼 질서 정연하고 체계적이라 하더라도 그것들
이 사물 자체의 본성과 연관되어 있지 않다는 것은 이후 살펴보겠지만 버클
리에 의해 주장된 바 있다.) 진짜 현상들을 가능하게 만드는 것, 즉 사물 자체
의 본성을 알 수 있는 길이 라이프니츠에게는 준비되어 있어야 한다. 어느 정
도 예상할 수 있는 그의 답변은 다음과 같다. "우리 밖에 존재하는 감각적인
사물들에 대하여 **사실의 진리들**을 보증하는 현상들의 연결은 그 자체 **이성의
진리들**에 의해 검증된다. 이것은 시각적 현상들이 기하학에 의해 설명되는
것과 마찬가지다. (…) 우리가 현상들을 이성의 진리들에 맞추어 취하는 한,
현상들에 기초하여 우리가 내딛는 실천적인 걸음들에서 우리가 잘못되는 일
이 없다는 것을 경험이 보여준다."[52] 이제 사태는 분명해진 것 같다. 판단유
보의 대안으로 내세운 '잘 질서 잡힌 현상들'도 사실은 '그것의 반대가 불가
능한 필연적인'[53] 이성의 진리에 의존하고 있는 것이다. 다시 문제는 "우리
가 필연적이며 영원한 이성의 진리를 인식할 수 있는가?" 또는 "이성의 진리
는 섹스투스 엠피리쿠스의 의심을 견뎌낼 수 있는가?"에로 수렴된다. 이성의
진리를 확보할 수 없다면 판단유보에 대한 라이프니츠의 비판은 그 힘을 잃
고 말 것이기 때문이다.

　(3) 피론주의자들의 '마음의 평정(ataraxia)'의 불가능성 : 라이프니츠는
회의주의자가 목표로 내세운 마음의 평정이 불가능하다고 비판한다. 그 이유

---

51) Arnaud Pelletier, "Leibniz's Anti-Scepticism," p.58.
52) Gottfried W. Leibniz, *New Essays* 4.2.14.
53) Gottfried W. Leibniz, "The Principles of Philosophy, or, the Monadology(1714)," in
　　Philosophical Essays, p.217[33]. 『단자론』은 [ ]에 문단 번호 병기.

는 간단하다. "끊임없이 의심하는 사람은 희망과 두려움 사이에서 우유부단하다가 양자에 굴복하게 되기"[54] 때문이다. 마음의 동요로부터 해방되길 바라나 아무런 확실한 인식론적 반석이 없는 곳에서 사람은 동요하기 마련이다. 진정으로 마음의 평정에 이르기 위해서는 진리를 알아야 한다. 데카르트가 빠졌던 '갑자기 소용돌이치는 깊은 물속'에서 빠져나올 만큼 "[이성의 진리를] 아는 사람이 그 다음에 확실한 계획을 세울 수 있다."[55] 이런 주장에 대해 섹스투스 엠피리쿠스는 라이프니츠가 데카르트의 불안에 전염되었기 때문에 그렇게 생각한다고 말할 것이다. 진리가 아닌 것을 진리라고 주장하면서 성급하게 마음의 평정을 얻었다고 떠벌리는 것은 독단주의자의 착각이고 망상일 뿐이다. 회의주의자는 스스로를 탐구의 긴장을 이겨내면서 완강하게 이런 지적인 기만을 거부하는 용기 있는 자라고 생각한다. 마음의 평정을 둘러싼 논란은 회의주의에 대한 논의에 있어서 약간은 부차적인 지위를 갖는다. 그것은 (1)과 (2)에서 문제의 초점으로 떠오른 '진리의 획득 여부'에 의존하여 해결될 수 있는 쟁점이다.

(1) 피론주의자들의 '등치'의 불가능성, (2) '판단유보'의 불가능성, (3) '마음의 평정'의 불가능성과 관련된 앞의 논의에서 라이프니츠와 섹스투스 엠피리쿠스가 겨루어야 할 원초적인 문제가 드러났다. "라이프니츠가 발견했다고 주장하는 이성의 진리는 섹스투스 엠피리쿠스가 동의할 수밖에 없는 것인가?" 아니면 "그것은 섹스투스 엠피리쿠스가 쳐놓은 그물망에 걸려서 모든 독단론이 그랬듯이 죽음의 운명을 맞이할 것인가?" 그리하여 양자 간의 대결은 (4) 모순율 위반의 불가능성을 두고 첨예하게 진행될 수밖에 없다. 그리고 이 대결에서 확전(擴戰)은 불가피하다. 그것은 섹스투스 엠피리쿠스가 원군(援軍)을 요청하고 있기 때문이다. 그는 그 어떤 진리 주장도 피론주의자들이—대표적으로는 아이네시데모스와 아그리파가—안출해낸 회의적 논변 형식에는 버티지 못할 것이라고 보았다. 누군가 피론주의자들이 공략할 수 없는 논변을 제기했을 경우에도 회의주의자들은 그것에 동의해서는 안 되는

---

54) Gottfried W. Leibniz, "Specimen," p.49.
55) 같은 곳.

이유를 섹스투스 엠피리쿠스는 다음과 같이 들고 있다. "당신이 속한 학파의 창시자가 태어나기 전에는, 지금 의심할 바 없이 건전한 당신 학파의 논변도 비록 그것이 실제로 존재했음에도 불구하고 아직 분명하게 나타나지 않았습니다. 이와 마찬가지로 당신이 지금 제기한 이론과 반대되는 이론이 이미 실제로 실재하지만 아직 우리에게 분명히 드러나지 않았을 가능성도 존재합니다. 따라서 우리는 바로 지금 강력한 것으로 여겨지는 이 논변에 동의해서는 안 됩니다."[56] 이렇게 보면 섹스투스 엠피리쿠스는 미래에 진리가 발견될 가능성을 열어놓은 것이 아니다. 설사 열어놓았다 하더라도 그것은 레토릭에 가까운 것처럼 보인다. 실제 내용적으로 그가 한 작업은 아무리 강력한 진리 논변이라 하더라도, 또한 현 시점에서 그것을 물리칠 방도를 찾지 못했다 하더라도 언젠가는 반드시 반박되고 말 것이라는 필연성을 열어놓은 것이다. "진리를 발견했다."거나 "진리를 파악할 수 없다."고 주장하는 독단주의자와는 달리, 회의주의자란 판단을 유보하면서 '탐구를 계속 수행하는 자'이며, 그런 점에서 회의주의자란 미래에 진리를 발견할 가능성에 개방적인 태도를 취하고 있다고 비록 섹스투스 엠피리쿠스가 언급하고 있긴 하지만, 내용적으로는 진리를 발견하기란 불가능하다는 것을 시사하고 있다. 이런 파괴적 작업에 섹스투스 엠피리쿠스는 미래에 등장할 철학자들까지 자기의 지원군으로 삼고 있다. 라이프니츠가 자신의 진리 이론을 전개할 때 맞서 싸울 상대는 단순히 섹스투스 엠피리쿠스에 한정되는 것이 아니라, 라이프니츠 진리론과 반대되는, 라이프니츠 이후에 등장하는 진리론을 전개한 모든 철학자를 포함해야 하는 것이다. 이는 곧 (4) 모순율 위반의 불가능성의 논의에서 라이프니츠가 섹스투스 엠피리쿠스뿐만 아니라, 모순율 위반의 필연성을 대표적으로 주장하고 있는 헤겔과도 적대적으로 대면해야 한다는 것을 예고한다.

3. 모순율과 라이프니츠

섹스투스 엠피리쿠스가 개진하고 있는 것처럼 등치의 방법과 판단유보가

---

56) Sextus Empiricus. *PH* 1,33-4, 1,169, 1,178도 참조.

성립된다면 진리를 발견할 희망이란 사실상 존재하지 않게 된다. "거기에 어떻게 진리를 발견할 희망이 남아 있는지 나는 알지 못한다."[57]고 라이프니츠는 언급하고 있는데, 최소한 이 점에서는 섹스투스 엠피리쿠스의 의중을 정확하게 간파했다고 말할 수 있다. 섹스투스 엠피리쿠스는 진리를 찾았다고 믿는 모든 독단주의자들에게 영원한 저주의 마법을 건 셈이다. 진리를 향한 어떤 조그마한 희망의 불씨도 남겨두지 않으려는 섹스투스 엠피리쿠스에 맞서 라이프니츠가 제시하고 있는 진리는 바로 이성의 진리이다. 이것으로써 "독단론을 공격하는 데 이것보다 더 유용한 무기란 존재하지 않는다."[58]고까지 평가받는 아그리파의 회의적 논변 형식까지도 돌파할 수 있다고 라이프니츠는 확신하였다. 다음 인용문은 라이프니츠가 도착한, 섹스투스 엠피리쿠스도 어떻게 할 수 없는 최후의 안전지대를 가감 없이 보여준다.

증명될 수도 없고 증명되어서도 안 되는 어떤 최초의 진리들이 있다. 감각적인 사물과 관련해서 지각들 자체가 그런 것이다. 왜냐하면 우리가 느끼거나 지각하는 것은 최소한 참이기 때문이다. 그러나 인식되는 것들 자체에서 최초의 진리는, 나는 이것에 모순율을 포함시키는데, A는 A다, 즉 A는 −A가 아니다, 그리고 이와 같은 종류의 것들인 동일적인 것이다. 동일한 것이 참이며 동시에 거짓이라는 것을 피론도 감히 변호하지 않을 것이다. 이 한 가지로부터 모든 확실한 진리들이 우연한 개념들과 증명들로써 반박될 수 없게끔 연역될 수 있다.[59]

우리는 결국 반박할 수 없는 진리에 이르게 되기 때문에 [아그리파가 설파하고 있는] 순환도, 가정도, 무한하게 전진하는 것도 필요 없다는 것을 증명했다.[60]

결국 라이프니츠에게는 어떤 의심도 침투할 수 없는 필연적인 이성의 진리

57) Gottfried W. Leibniz, "Specimen," p.48.
58) Georg W. F. Hegel, *VSP*, p.245.
59) Gottfried W. Leibniz, "Specimen," p.51.
60) "Specimen," p.52.

가 모순율 혹은 동일률이었던 것이다.[61] 라이프니츠는 청년 시절부터, 대략 1671년경 이후로 바로 여기에 섹스투스 엠피리쿠스의 저주를 풀 수 있는 해법이 있다고 생각하였다.[62] 이런 이유 때문에 "생각하면 근대 합리론의 역사에서 모순율의 문제는 다른 누구보다 라이프니츠에 의해 부각되었다."[63] (그리고 이 문제는 회의주의자를 대하는 데 있어 칸트와 헤겔에게서도 핵심적인 주제가 되었다.) 이런 측면에서 최소한 회의주의의 극복과 관련해서 모순율에 철학적 관심을 다시 돌리게 만든 공적만은, "모순율이 섹스투스 엠피리쿠스를 물리치는 최후의 보루가 될 수 있는가?"의 성공 여부를 떠나서, 라이프니츠에게 돌아가야 한다.

근대 철학사의 전개에서 라이프니츠에 의해 모순율이 섹스투스 엠피리쿠스의 논변을 뚫을 수 있는 창(槍)으로 등장했기 때문에, 그동안 간과되어왔지만 "회의적 도전에 대한 라이프니츠의 반발이 인정되지 않고서는 근대 회의주의의 역사는 정확하거나 완전하지 않을 것이다."[64] 물론 고대에도 아리스토텔레스는 메가라학파나 헤라클레이토스에 맞서서 모순율이 "모든 원리 가운데 가장 확고한 원리임을 밝혔다."[65] 그리고 라이프니츠가 모순율을 변호할 때 동원하는 논변은 아리스토텔레스의 그것과 차이가 별로 없다. 이처럼 회의주의에 대한 매우 결정적인 논박의 근거로서 모순율은 반복적으로 언급

---

61) 칸트와 헤겔과는 달리 라이프니츠에게는 때때로 모순율과 동일률이 명확하게 구분되지 않았고, 양 원리의 우선순위도 본격적으로 구명되지 않았다. 이에 대한 단적인 예로는 Gottfried W. Leibniz, "Critical Thoughts on the General Part of the Principles of Descartes (1692)," in *Philosophical Papers and Letters*, Vol. 2, pp.632-3 참조. "그러므로 이것은 일반적으로 다음과 같이 표현될 수 있다. 진리는 사실의 진리이거나 이성의 진리이다. 이성의 제1의 진리는 모순율이며, 혹은 아리스토텔레스가 올바르게 관찰했듯이 이것과 같은 것에 해당하는 동일률이다."

62) Ezequiel de Olaso, "Leibniz and Scepticism," pp.105-9 참조.

63) 김상봉, 「칸트의 『새로운 해명』에서 동일성과 모순의 문제: 칸트 전비판기 철학에 대한 한 연구」, 『칸트연구』, 제27집(한국칸트학회, 2011), p.19. 김상봉은 새로운 형이상학이 왜 칸트에 이르러 존재 일반의 문제가 아니라 인식의 제1근거 자체를 다루게 되었는가를 추적하고 있고, 이런 맥락에서 라이프니츠를 언급하고 있다. 그의 분석에 따르면 "라이프니츠에게서 이성의 진리는 엄밀하게 말하자면 모순율이 아니라 동일성의 원리에 기초하고 있다."(p.23)

64) Ezequiel de Olaso, "Leibniz and Scepticism," p.99.

65) 아리스토텔레스, 『형이상학 1』, 조대호 옮김(파주: 나남, 2012), Ⅳ권 (Γ) 1006a5.

되어왔다. 이런 양상은 모순율이 회의주의의 논박의 맥락에서 매우 심각한 주제이고, 회의주의자와 반회의주의자 공히 상대방을 무력화시킬 수 있는 최적지로 여기고 운명을 건 회전(會戰)을 벌이기 위해 모여드는 중요한 집결지 중의 하나임을 나타낸다. 요컨대 "회의주의는 극복 가능한가, 아니면 불가능한가?"와 관련하여 수많은 다양한 논의들이 있어왔지만, 대립적인 입장들이 이렇게 선명하게 등장하고, 각축을 벌이고, 그럼으로써 쌍방 간에 얽혀 들어간 복잡한 회의주의의 논쟁에서 그 필연적 전개 과정을 집약적으로 추출할 수 있는 경우란 모순율을 제외하고는 흔치 않은 것이다.

회의주의의 극복과 관련하여 모순율의 준수냐 위반이냐를 두고 개최되는 공청회에서 발언할 거리가 없는 철학자란 거의 없을 것이다. 그러나 라이프니츠가 참여하지 않은 공청회란 졸속이라고 비난받아 마땅하다. 비록 여러 이유에서 회의주의에 대한 그의 대응책이 별 주목을 받지 못했다 해도 섹스투스 엠피리쿠스의 『피론주의 개요』를 일일이 따라가면서 회의주의의 난점을 지적하고, 마침내 피론조차 도리 없이 받아들여야만 하는 최초의 진리로서 모순율을 분명하게 제시한 이는 어디까지나 라이프니츠이기 때문이다. 물론 이 회합에 섹스투스 엠피리쿠스의 참석은 필수적이다. 그를 뺀다면 다툼을 하는 가장 핵심적인 분쟁 당사자를 고의로 배척한 지극히 불공정한 처사일 것이다. 라이프니츠가 섹스투스 엠피리쿠스의 저작을 읽었던 반면 섹스투스 엠피리쿠스는 그럴 수 없었다 하더라도, 라이프니츠의 반박에 대한 섹스투스 엠피리쿠스의 응답이 어떠하리라는 것을 그의 저작에서 찾아내는 것은 그리 어려운 일이 아니다. 그는 미래에 출현할 어떤 반회의주의 이론에 대해서도 대처할 수 있는 회의주의의 원리를 체계적으로 구축했다고 자신하였다. 그런가 하면, 모순율과 회의주의라는 의제와 관련해서 앞의 두 철학자 못지않게 중요한 인물은 헤겔일 것이다. 헤겔은 청년 시절부터 모순율이 아니라 오히려 "모순이야말로 진리의 규칙이고, 무모순은 거짓"[66]이라고 줄곧 주장해왔고, 여기에 회의주의를 극복할 수 있는, 혹은 그의 용어를 빌리면 지양할 수 있는 원동력이 있다고 보았다. 이런 점에서 보면, 모순율이 가장 확고한

---

66) Georg W. F. Hegel, "Habilitationsthesen," in *TW* 1, p.533.

인식론적 원리일 수 있는가의 회의적 논쟁은 섹스투스 엠피리쿠스에 맞서 라이프니츠가 아리스토텔레스를 대동하고, 또 섹스투스 엠피리쿠스는 라이프니츠에 대한 반대 증언자로서 헤겔을 불러들이면서 본격적으로 점화되었다고 말할 수 있다. 이것은 섹스투스 엠피리쿠스와 헤겔이 라이프니츠를 공격하는 데 있어서 연합하고 있다는 것을 암시한다. 그러나 다른 한편으로 "모순이야말로 진리의 규칙"이라고 주장하는 데서도 드러나듯이, 헤겔이 결국 진리론을 전개함으로써 섹스투스 엠피리쿠스를 극복하려 한다는 것도 함축한다. 이렇게 섹스투스 엠피리쿠스에 (전적으로 혹은 부분적으로) 반대한다는 측면에서 라이프니츠와 헤겔은 공감대를 형성하고 있다. 그러면서도 양자는 섹스투스 엠피리쿠스를 대하는 데 있어 정반대의 대응책을 제시하고 있는 셈이다. 이런 합종연횡(合從連衡)의 상황은 모순율과 회의주의에 대한 논의가 간단치 않음을 보여준다.

모순율이 의심할 수 없는 근본적인 인식의 원리라는 라이프니츠를 향해 섹스투스 엠피리쿠스가 그것에 대한 증명을 요구하는 일은 당연할 것이다. 그런데 라이프니츠는 아리스토텔레스를 본받아 "이 [모순율] 원리란 그것에 대한 증명을 요구하는 것이 무의미한 그런 것"[67]이라고 응대한다. 그것에 대한 증명을 제시해보라는 마땅한 요구에 "그것보다 더 확실한 어떤 것에 의해 우리는 그것을 증명할 수는 없다."[68]고 대응하는 격이니 섹스투스 엠피리쿠스로서는 말문이 막힐 노릇이다. 아리스토텔레스에 따르면, 모순율의 원리마저 논증하기를 요구하는 것은 "무지에서 나오는 것"[69]이고, "논증을 찾아야 할 것과 찾을 수 없는 것을 가리지 못하는 것은 교육의 부재를 드러내는 일"[70]이다. 이런 힐난은 라이프니츠가 섹스투스 엠피리쿠스에게 퍼붓는 것으로 보아도 무방할 것이다.

---

67) Gottfried W. Leibniz, "The Principle of Human Knowledge(winter 1685/1686?)," p.41. 아리스토텔레스의 표현을 빌린다면 모순율은 "논증을 찾아서는 안 될 것"(아리스토텔레스, 『형이상학 1』, IV권 (Γ) 1006a10)이다.

68) Gottfried W. Leibniz, *New Essays* 4.2.1.

69) 아리스토텔레스, 『형이상학 1』, IV권 (Γ) 1006a6.

70) 같은 책, IV권 (Γ) 1006a7.

그런데 무지하고 교육을 받지 못했다고 하는 핀잔 앞에서도 섹스투스 엠피리쿠스는 전혀 위축될 것 같지 않다. 오히려 그는 라이프니츠를 더욱 물고 늘어질 것이다. "증명을 할 수 없다면서, 어떻게 모순율이 근본적인 지식의 원리라는 것을 라이프니츠는 알게 되었을까?" 이런 물음 제기마저 무지와 교육의 부재로 덮을 수는 없을 것이다. 라이프니츠는 다음과 같은 두 가지 종류의 답을 준비해놓았다. ① 모순율을 직접적으로 인식하는 방법과 ② 모순율을 간접적으로 인식하는 방법. 좀 더 부연한다면 ①은 모순율은 증명이 아니라 직관에 의해 알 수 있다는 입장을, ②는 이미 근본적인 전제로서 받아들이는 모순율을 증명할 길은 없지만, 모순율을 부정할 경우 나타날 부조리한 사태를 지적함으로써 간접적으로 모순율을 증명할 수 있다는 입장을 가리킨다. 모순율에 대한 증명이 허용되지 않는 상황에서 ①은 적극적으로 모순율을 찾아내는 길을 제시한 것이라면, ②는 모순율을 부정하는 주장에 대한 반박을 통해서 모순율을 입증하는 소극적인 길을 취한 것이라고 할 수 있다. ①과 달리 ②는 모순율에 대한 반대자의 발언을 기다려야만 한다. 특히 ②의 간접적인 증명법을 전개할 때 라이프니츠는 아리스토텔레스와 구별할 수 없을 정도로 매우 흡사하다.

(1) 그렇다면 라이프니츠는 어떻게 모순율을 직접적으로 인식할 수 있다는 것일까? 그가 호소하는 것은 직관이다. 라이프니츠는 특히 『신인간지성론』 4권 2장 1절에서 이 점을 길게 그리고 명확히 밝히고 있다. "직관적 지식이란 정신이 두 관념의 일치를 다른 어떤 것의 개입 없이 그것들만으로 직접 지각할 때"[71] 획득되는 것이며, 동일률과 모순율, 배중률과 같은 "이성의 제1진리들이 [바로 여기에 해당하는] 직관적 지식"[72]이다. 정신은 이 진리를

---

71) Gottfried W. Leibniz, *New Essays* 4.2.1.
72) 같은 곳. 라이프니츠는 여기서 동일률과 모순율과 배중률을 모두 동일적인 진리로 간주한다. 그러면서 "A는 A이다." 혹은 "내가 쓴 것을 나는 썼다."와 같은 동일률은 긍정적인 동일 명제로, "한 명제는 참이거나 거짓이다." 또는 "한 명제는 참이면서도 동시에 거짓일 수 없다."와 같은 모순율과 "참과 거짓 사이에 제3의 것은 있을 수 없다." 혹은 "한 명제가 참도 아니고 거짓도 아닌 경우는 일어날 수 없다."와 같은 배중률은 부정적인 동일 명제로 분류하고 있다.

입증하거나 검사하기 위해 조금도 수고하지 않으며 그렇게 할 필요가 없다. 왜냐하면 정신은 이 진리를 '직접 지각하기' 때문이다. 그리고 바로 그렇기 때문에 이 진리는 추호도 의심할 수 없다. "[마치 눈이 빛을 보듯이 그렇게] 하얀색은 검정색이 아니며, 원은 삼각형이 아니고, 셋은 둘 더하기 일이라는 것을 정신은 본다. [이런 직관적] 지식은 가장 명백하고 너무나 확실해서 인간적 결점이 있다 하더라도 알 수가 있는 것이다. 그것은 '저항할 수 없는' 방식으로 작동하며, 정신이 '머뭇거릴 여지'를 조금도 남기지 않는다."[73] 이렇게 직관적 지식은 매개를 거치지 않기 때문에 '증명될 수 없고 어떤 증명도 필요로 하지 않는'[74] 너무나 자명하게 인식되는 종류의 것이다. 그래서 "우리는 (예컨대) 모순율에 특별한 주의를 집중하지 않고도 그것을 항상 사용하며",[75] 이런 지식이 비록 인디언의 오두막집에서는 거의 언급되지 않고 아이들이나 야만인, 문맹자 사이에서는 발견될 수 없다 하더라도,[76] "그 사람들도 듣자마자 그것을 받아들이는 것이다."[77] 섹스투스 엠피리쿠스의 질문에 대한 라이프니츠의 요점은 직관적 지식이란 증명의 차원이 아닌, 말하자면 보고 듣는 식의 직접적 지각에 의한 인식의 차원에 놓여 있다는 데에 있다. 그러나 라이프니츠가 이렇게 직관에 의존하는 순간 아그리파는 회심의 미소를 지을 것이다.

(2) 직관을 통해 모순율을 의심할 수 없는 진리로 인식하는 것은 증명이 아니다. 그러나 모순율을 부정하는 주장에 대한 반박을 통해 모순율을 진리로 인식하는 것은 간접적이기는 하지만 일종의 증명이다. 라이프니츠는 푸셰에게 보낸 서신에서 다음과 같이 적고 있다. "우리는 이런 것[모순율]을 증명하기 위해 더 분명한 것을 제시할 수는 없을 것입니다. 당신이 쓰고 숙고하는 데 있어 이미 그것들을 인정하고 있습니다. 그렇지 않으면 매 순간 당신은 당

---

73) 같은 곳.
74) Gottfried W. Leibniz, "The Principles of Philosophy, or, the Monadology(1714)," p.217[35].
75) Gottfried W. Leibniz, *New Essays* 1.1.4.
76) 이것은 로크를 염두에 둔 발언이다. John Locke, *Essay* 1.2.27 참조.
77) Gottfried W. Leibniz, *New Essays* 1.1.4.

신이 말하는 것과는 반대의 것을 변호할 수 있을 것입니다."[78] 모순율이란 "한 명제는 참이거나 거짓이다." 또는 "한 명제는 참이면서도 동시에 거짓일 수 없다."로 정식화할 수 있다. 그런데 이 모순율을 인정하지 않으면 〈p : 태양은 지금 빛나고 있다.〉를 주장하면서 동시에 〈-p : 태양은 지금 빛나고 있지 않다.〉를 변호할 수 있다.

　이렇게 되면 어떤 결과가 나타날까? 포퍼가 헤겔의 변증법을 비판하면서 전개한 논의가 이것을 극명하게 보여준다. 예컨대 〈p : 태양은 지금 빛나고 있다.〉와 동시에 〈-p : 태양은 지금 빛나고 있지 않다.〉는 두 모순되는 전제를 주장할 경우 "타당한 추론 규칙을 사용해서 … 우리가 바라는 어떠한 결론도 추론할 수 있다."[79] 이 두 모순되는 진술이 전제가 될 경우, 우리는 원리적으로 어떤 임의의 진술도, 예를 들어 〈q : 카이사르는 반역자였다.〉도 결론으로 도출해낼 수 있다. 이것은 다음과 같이 공식화할 수 있다. (1) 전제 〈p : 태양은 지금 빛나고 있다.〉에서 〈p : 태양은 지금 빛나고 있다.〉이거나 〈q : 카이사르는 반역자였다.〉를 타당하게 연역할 수 있다. 왜냐하면 〈전제 p에서 결론 p v q를 얻는다.〉는 것은 타당한 논리학의 규칙이기 때문이다. 그런데 (2) 〈p : 태양은 지금 빛나고 있다.〉이거나 〈q : 카이사르는 반역자였다.〉이고, 〈-p : 태양은 지금 빛나고 있지 않다.〉를 전제로 하면, 〈q : 카이사르는 반역자였다.〉는 결론이 뒤따라 나온다. 그 이유는 〈두 전제 p v q와 -p에서 결론 q를 얻는다.〉는 것 역시 타당한 논리학의 규칙이기 때문이다. 요컨대 〈p : 태양은 지금 빛나고 있다.〉와 동시에 〈-p : 태양은 지금 빛나고 있지 않다.〉는 두 모순되는 전제를 인정할 경우, 결론 q는 어떤 진술이라도 모두 타당하게 도출된다. 결론은 〈카이사르는 반역자였다.〉가 될 수도 있었고, 마음만 먹으면 "〈카이사르는 반역자가 아니었다.〉를 도출하려면 할 수 있었고",[80] 〈그것은 삼단군선이다.〉가 또는 〈그것은 삼단군선이 아니다.〉가, 또는 〈그것은 벽이다.〉가 될 수도 있었던 것이다. 아리스토텔레스의 표현을 빌

---

78) Gottfried W. Leibniz, "Brife an Foucher(1686)," p.19.
79) 칼 포퍼, 『추측과 논박 2』, 이한구 옮김(서울: 민음사, 2001), p.146.
80) 같은 책, pp.146-7.

리면 "만일 모순적인 것들이 모두 동일한 대상에 대해 동시에 참이라면, 분명 모든 것은 하나가 될 것이다."[81] 사정이 이렇다면 무엇인가에 대한 증명으로서 어떤 명제를 제시하는 일 자체가 헛될 것이 뻔하다. 어떤 명제도 마음만 먹으면 다 결론으로 도출될 수 있는데, 굳이 어떤 명제를 무엇인가에 대한 증명으로 제시하는 것이 뭐가 그리 대수로울까? 그리되면 진리에 대해 무엇인가 탐구한다는 것 자체도 불가능해지고 말 것이다. 라이프니츠는 모순율을 부정할 경우 나타날 수밖에 없는 부조리한 사태를 다음과 같이 정리하고 있다. "… 어떤 명제가 참이면서 동시에 거짓이라거나 인정되면서 동시에 부정된다고 한다면, 여타의 명제를 제시하는 것은 헛된 일이 되고 말 것이다. 그렇게 되면 진리에 관한 모든 탐구는 시작부터 당장 멈출 것이다."[82]

이런 맥락에서 아리스토텔레스는 모순율에 대한 반대자를 논박하는 논변을 좀 더 확장하고 있다. 두 모순되는 전제로부터는 임의적인 어떤 결론도 도출이 가능하다는 것은 곧 모든 것을 말할 수 있다는 것을 가리킨다. 그러나 모든 것을 끄집어낼 수 있다는 것은 실상은 "그가 말하는 것은 아무것도 없다."[83]는 것을 의미한다. 그는 〈카이사르는 반역자였다.〉, 〈카이사르는 반역자가 아니었다.〉, 〈그것은 삼단군선이다.〉, 〈그것은 삼단군선이 아니다.〉와 같이 우주 삼라만상의 모든 것을 긍정하면서 또 부정하기 때문에, 거기에는 어떤 정해진 것이 없고, 따라서 특정하게 말하는 대상을 갖지 않게 된다. 모순율을 부정하게 되면, 말을 무척 많이 하는 것 같아도 실제로는 아무것도 말하지 않는 것과 같기 때문에 "그는 대화를 하고 있지 않은 셈이다."[84] 포퍼식으로 표현한다면, 반증 가능성을 결여한 학문이 사이비 학문이듯이, 똑같이 거짓과 참을 말하는 사람과의 대화는, 겉모습은 대화의 형식은 갖추고 있을지 모르지만, 실제의 내용에 있어서는 사이비 대화에 불과할 뿐이다. 모든 것을 발설하면서 어떤 내용도 없는 말을 계속 지껄인다면, 그는 미친 사람일

---

81) 아리스토텔레스, 『형이상학 1』, IV권 (Γ) 1007b19-20.
82) Gottfried W. Leibniz, "The Principle of Human Knowledge(winter 1685/1686?)," p.41.
83) 아리스토텔레스, 『형이상학 1』, IV권 (Γ) 1007b32.
84) 같은 책, IV권 (Γ) 1007a21.

것이다. 적어도 무엇인가 발언을 한다는 것이 무엇인가 특정한 내용을 진술하는 것이라면, 발언 자체가 모순율을 전제하고 있지 않으면 안 된다. 섹스투스 엠피리쿠스가 회의적 논변 형식들을 서술할 때, 그것들이 아무리 회의적인 것이라 해도 특정한 내용을 갖는 한, 그도 모순율이 참된 최초의 진리라는 것을 인정해야만 할 것이다. 이런 사태들이 바로 "동일한 것이 참이며 동시에 거짓이라는 것을 피론도 감히 변호하지 않을 것이다."라고 라이프니츠가 피력한 반박 안에 내포되어 있는 내용일 것이다.

4. 모순율과 섹스투스 엠피리쿠스

라이프니츠는 모순율이 최초의 근원적 진리로 밝혀지는 다음의 두 가지 길을 제공하였다. ① 모순율을 직접적으로 직관에 의해 인식할 수 있는 길과, ② 모순율을 부정할 경우 부닥칠 수밖에 없는 곤경을 통해 인식할 수 있는 길. 과연 이것으로써 섹스투스 엠피리쿠스가 건 철학적 저주는 풀릴 수 있을까? 만약 풀린다면 계속 진행 중이던 회의주의자의 진리 탐구는 마침내 종결되고, 철학적 의심은 진리에 도달하기 위한 방법적 가교(架橋)의 역할만을 담당하게 될 것이다. 물론 라이프니츠가 장담한 대로 그렇게 되기 위해서는 저 두 가지 길이 섹스투스 엠피리쿠스가 쳐놓은 의심의 늪을 거쳐 나갈 수 있다는 것을 보여야 한다. 반대로 라이프니츠가 이 늪에 빠진다면, 그의 진리론은 회의주의의 강대함을 널리 선전해주는 홍보의 기능만을 하고 말 것이다.

라이프니츠는 저 모순율이 최초의 진리이기 때문에 그것을 증명할 수도 없고 증명을 시도해서도 안 되는 것으로 간주하면서, 그것을 오로지 직관에 의해서만 인식할 수 있다고 주장하였다. 이에 대항하여 섹스투스 엠피리쿠스는 "좀 더 다양하고 완전하게 독단론자들의 성급함을 폭로하는"[85] 병기(兵器)로써 그가 자랑하는 (아그리파가 고안해낸 것으로 알려진) 회의적 논변 형식들을 라이프니츠 눈앞에 갖다 댈 것이다. 먼저 아그리파는 그렇게 직관적 지식이 '저항할 수 없는' 방식으로 작동하며, 정신이 '머뭇거릴 여지'를 주지 않으

---

[85] Sextus Empiricus, *PH* 1,177.

면서 직접적으로 지각할 수 있는 것이라면, "왜 철학자들은 라이프니츠와 다른 진리 주장을 그렇게 오랫동안 펴온 것일까?" 하고 물음을 제기할 것이다. 심지어 헤겔은 사유의 근본 원리로서 라이프니츠와는 정반대로 모순율이 아니라 모순율의 위반을 들고 있지 않은가. "그러므로 소위 모순율은 이성에 대해 형식적인 진리조차 품고 있지 않다. 반대로 모든 이성의 명제는 개념들과 관련해서 모순율을 위반하지 않으면 안 된다."[86] 모순율과는 상이하거나 정반대인 원리를 내세운 철학자들이 존재해왔다는 것은 철학사적인 사실이다. 아그리파가 제시한 제1트로푸스인 '철학적 의견들의 상이성 논변 형식'[87]은 모순율을 가차 없이 폐기하는 데로 인도할 수는 없겠으나, 적어도 라이프니츠의 주장에 의혹의 시선을 던지게 하는 데는 충분하다. 즉 어느 것이 진리인지에 대해 판단을 유보하게 만드는 데는 족하다.

이런 대립적인 입장에 직면하게 될 때, 라이프니츠는 가령 헤겔과 같은 반대자 앞에서 왜 모순율의 위반보다 (즉 모순보다) 모순율이 진리일 수 있는지에 대한 증명을 제시해야 한다. 그런데 앞에서 살펴보았듯이, 라이프니츠는 아리스토텔레스를 좇아 "이 [모순율의] 원리란 그것에 대한 증명을 요구하는 것이 무의미한 그런 것"이라고 대응하고 있는 것이다. 푸셰에게 밝힌 바 있지만 그 이유는 간단명료하다. "게다가 우리가 어떤 진리들을 받아들이지 않으면 안 된다는 것은 확실합니다. 그렇지 않으면 증명을 시도하려는 모든 희망을 포기해야만 합니다. 왜냐하면 증명이란 무한히 계속 수행될 수는 없기 때문입니다. 우리는 불가능한 어떤 것도 요구할 필요가 없습니다. 요구한다면 우리가 진리를 진지하게 추구하지 않는다는 것을 입증하는 셈이 될 것입니다."[88] 요컨대 모순율을 증명하려고 시도하다가는 아그리파의 제2트로푸스인 '무한진행의 논변 형식'[89]에 걸려들고 말 것이다. 근거에 대한 근거를 무

86) Georg W. F. Hegel, *VSP*, p.230.
87) Sextus Empiricus, *PH* 1.165 참조.
88) Gottfried W. Leibniz, "Brife an Foucher(1686)," p.19. 아리스토텔레스, 『형이상학 1』, Ⅳ권 (Γ) 1006a8-9 참조. "완전히 모든 것에 대한 논증은 있을 수 없다(이는 무한히 진행될 것이고 그 결과 논증이란 존재할 수 없게 될 것이기 때문이다)."
89) Sextus Empiricus, *PH* 1.166 참조.

한하게 소급하며 제시한다는 것은 유한한 존재인 인간에게는 불가능한 일일 것이며, 따라서 해당 사안에 대해 판단을 보류해야 한다. 라이프니츠도 이 점을 잘 간파하고 있었다. 그래서 그는 더 이상 증명을 할 수도 없고 해서도 안 되는 저 직관에 호소했던 것이다.

저 직관은 일단 직접적이기 때문에 라이프니츠는 일단 무한진행의 논변 형식에서는 벗어난 것처럼 보인다. 그러나 어떤 다른 것의 매개 없이 직접적으로 지각되는 저 직관을 끌어들임으로써 라이프니츠는 오히려 아그리파가 작정하고 기다리고 있던 막다른 골목으로 진입한 듯이 보인다. 흥미롭게도 라이프니츠와 동시대인인 스피노자도 회의주의자가 함락시킬 수 없는 요새로서 직관적인 지식을 내세웠다. 그에 의하면, 라이프니츠에서와 마찬가지로 직관은 '어떤 절차도 거치지 않고 보는 것'[90]이며, 말하자면 '직접적으로 보는 것'[91]이다. 이것은 마치 계산에서 비례성을 통찰에 의해 직접 보는 것과 같다. 그렇기 때문에 직관적 지식은 "어떤 전문(傳聞)도, 경험도, 추론의 기술도 필요로 하지 않으며, 모든 지식 중에서 가장 명백한 지식"[92]이 된다. 그러면서 스피노자는 이런 직관적 지식으로 신에 관한 지식을 들고 있다. "이 네 번째 종류의 [직관적] 지식이 신의 지식이라는 것은 어떤 것의 결과가 아니라 직접적이다. 이것은 … 신이 다른 어떤 것을 통해서가 아니라 오로지 그 자체를 통해 획득되는 모든 지식의 원인이라는 것으로부터 분명하다. 또한 우리가 본성상 그와 합일되어 있어서 우리는 그가 없이는 알려질 수도 없고 알려지지도 않는다는 사실로부터도 분명하다. 이런 이유로, 신과 우리 사이에는 이렇게 밀접한 합일이 있어서 우리는 그를 직접적으로가 아니면 알 수가 없다는 것은 분명하다."[93] 그런가 하면 로크는 직관적 지식에 우리 자신의 존재가 속해 있다고 주장한다.[94] 그렇다면 스피노자와 로크의 직관적 지식에 대해 라이프니츠는 과연 무엇이라 할 것인가? (철학자들 각자가 내세우는 직

---

90) Benedictus de Spinoza, *TdIE*, p.8[24] 참조.
91) Benedictus de Spinoza, *KV*, p.63.
92) 같은 곳.
93) *KV*, p.94.
94) John Locke, *Essay* 4.9.3 참조.

관적 지식의 상이한 내용을 찾는 것은 그리 어렵지 않은 일일 것이다.) 이것이 아그리파가 묻고 싶은 요점이다. 라이프니츠는 자신의 직관적 지식이 진짜이며 다른 철학자의 그것은 그렇지 않다고 항변해야 할 것이다. 두 가지 상이한 직관적 지식을 용인한다면, 나아가 많은 상이하거나 대립하는 직관적 지식을 허용한다면, 그것은 아그리파의 '철학적 의견의 상이성 논변 형식'에 해당하는 것이고, 라이프니츠가 내세운 직관적 지식의 진리로서의 위상은 사라져버릴 것이기 때문이다. 결국 판단유보의 사태가 벌어질 것이다. 그러나 다른 철학자의 것보다 자신의 것이 참되다는 것을 라이프니츠는 어떻게 해도 증명할 수가 없다. 무한진행의 논변 형식에 빠지지 않기 위해 증명의 길을 스스로 차단하였기 때문이다. 그에게 마지막 남은 길은 직관에 호소하는 것뿐이다. 그런데 직관은 증명을 결여하는 것이기에 라이프니츠는 자신의 직관만을 강조할 수 있을 뿐, 왜 자신의 직관적 지식이 여타의 철학자의 그것보다 더 나은지 혹은 참인지를 어떻게 해도 논증할 수가 없는 것이다. 이런 측면에서 직관의 길은 다른 혹은 대립하는 직관의 길을 원리적으로 허용할 수밖에 없는 것이다. 라이프니츠가 모순율을 직관에 의해서 직접 안다고 주장하는 만큼 다른 철학자들도 신의 지식이나 우리의 존재의 지식을 직관을 통해서 직접 안다고 주장할 것이기 때문이다. 끝없이 목소리를 높여 싸우는 철학자들을 보고 흥겨워하는 자가 있다면 그는 아그리파일 것이다. "무한진행으로 퇴각하지 않을 수 없게 된 독단주의자들은 그들의 논의의 출발점으로서 어떤 것을 논증에 의해 확립하지 않고 증명 없이 단순히 승인된 것으로 가정하라고 요구한다. 이때 우리[피론주의자]는 독단적 전제 설정에 의거한 논변 형식을 갖는다."95) 라이프니츠가 모순율을 증명 없이 논의의 확실한 출발점으로서 삼을 때, 그것은 바로 증명이 없기 때문에 그냥 독단적으로 우기는 꼴일 수밖에 없고, 이로 인해 누군가가 직관적 지식이라고 우기는 바를 도리 없이 지켜보아야 한다.96) 그리하여 사람들은 판단을 유보하지 않을 수 없게 될 것이다.

---

95) Sextus Empiricus, *PH* 1.168.
96) Sextus Empiricus, *PH* 3.23 참조. "그가 어떤 것에 대한 원인을 '절대적으로' 진술한다고 말할 경우, 그는 어떤 것에 대한 원인이란 존재하지 않는다고 '절대적으로' 단언하는 사람과 똑같이 신뢰를 받을 수 없을 것이다."

그렇다면 마지막으로 모순율을 옹호하는 아리스토텔레스의 주장은 어떨까? 아리스토텔레스는 라이프니츠처럼 직관을 끌어들이지 않으면서도 "모순율이 모든 원리 가운데 가장 확고한 원리"임을 주장하였다. 그는 모순율을 직접적으로 확립할 수 있다고 여겼다. "왜냐하면 있는 것들 가운데 어떤 것이든 그것을 아는 사람은 필연적으로 그런 원리를 소유하고 있어야 하기 때문이다."[97] 즉 우리가 어떤 대상을 안다고 할 때 그것은 모순율을 반드시 전제하지 않고서는 불가능하다는 것이다. 그러나 이런 논증은 선결문제 요구의 오류에 빠지고 만다. 이것은 이미 모순율을 사유의 근본 원리로서 받아들인 사람에게만 그럴듯한 것이다. 만약 사유의 근본 원리로서 모순율을 부정하면서 또 그럴 때만이 사태의 진상(眞相)을 알 수 있다고 주장하는 사람에게, 예를 들어 "사유가 모순을 고수하고, 다시 이 모순 속에서 자기 자신을 고수하는데"[98]서만 참된 진리를 파악할 수 있다고 생각하는 헤겔과 같은 철학자에게 아리스토텔레스의 저 주장은 '**추상적인 불완전한 진리**'[99]로 보일 것이다. 그렇다면 이제 어느 쪽이 맞는지는 다시 열린 물음에 놓이게 된다. 이 경우 양쪽 다 논쟁의 당사자이기 때문에 "논쟁을 판가름해줄 제3의 심판관을 필요로 하는 것이다."[100] 아리스토텔레스의 주장은 논의를 종결시키는 것이 아니라 다시 새로운 문제로 진입해야 할 필요성을 환기시켜줄 뿐이다.

5. 라이프니츠의 승리?

라이프니츠가 모든 것을 직관에 걸었던 것만은 아니다. 모순율은 증명될 수도 없고 증명을 시도해서도 안 된다고 주장하면서도, 다른 한편으로 아주 드물게 라이프니츠는 모순율을 증명하려고 하였다. 그렇지만 전체적으로 보았을 때 "[동일률, 배중률, 모순율과 같은 원리들을 받아들이게끔 하는 것이

---

97) 아리스토텔레스, 『형이상학 1』, IV권 (Γ) 1005b15-6.
98) Georg W. F. Hegel, *WdL* II, p.76.
99) *WdL* II, p.42.
100) Sextus Empiricus, *PH* 1.59. 선결문제 요구의 오류에 관해서는 2.36도 참조.

300

무엇인지에 대한] 라이프니츠의 답변은 각양각색이고, 이런 상이한 버전들은 정합적이지 않고, 많은 경우 오류에 빠져 있다."[101] 그러나 이런 증명이 실패로 판명 났다고 해도 라이프니츠는 그리 낙담하지 않았을 것 같다. 왜냐하면 그는 최후의 보루로서 모순율에 대한 직관을 마련하고 있었기 때문이다. 그런데 이제 직관에 의해 모순율을 직접적으로 확립하려는 라이프니츠의 시도마저도 아그리파의 트로펜을 감당하기에는 역부족이라는 점이 드러났다. 그렇다면 라이프니츠가 모순율을 변호하기 위해 택할 수 있는 대안은 간접적인 길밖에는 없다. 라이프니츠는 앞에서 모순율을 부정할 경우 나타날 파국(破局)을 보여주었다. 모순을 허용한다면 반대편 것도 옹호할 수 있게 되므로, 나아가 아무것이나 주장할 수 있기에 증명을 제시하고 대화한다는 것 자체가 무의미해질 것이다. 섹스투스 엠피리쿠스도 무엇인가를 논의하고 무엇인가를 증명하고자 한다면, 그도 모순율을 받아들일 수밖에 없다는 것이 간접적으로 모순율을 증명하는 데 있어 라이프니츠 논의의 핵심이었다.

이것은 상당히 강력한 논거 같다. 피론주의자들이 등치의 방법을 구사하여 독단주의자의 아성(牙城)을 무너뜨릴 때 그들 역시 모순율을 인정하고 있고, 또 그럴 수밖에 없는 것처럼 보이기 때문이다. 아이네시데모스는 동일한 인간 종(種)이라 하더라도 사람들 사이에는 차이가 있다는 점을 들어 대상의 본성에 대한 판단유보를 이끌어내었다. 육체적이고 정신적인 측면에서 사람들은 서로 다르다. 예를 들어, 어떤 사람은 고기를 잘 소화시키는가 하면 어떤 사람은 고기만 먹으면 설사를 한다. 어떤 사람은 독서를 즐기는 데 반해 어떤 사람은 무엇보다 음악에 몰입한다. 사람들의 이런 상이성에 기초하여 아이네시데모스는 "각각의 현존하는 대상들이 … 어떻게 현상하는가를 말할 수는 있지만 그것이 본성상 어떤 것인지를 단언할 수는 없다."[102]는, 예의 피론주

---

101) Ezequiel de Olaso, "Leibniz's Justification of First Principles," in *Synthesis Philosophica* 12(2)(1997), p.351. 가령 라이프니츠는 『신인간지성론』에서 소위 '회전 논증 (argument ad vertiginem)'을 이용하여 모순율을 증명하려고 시도한다. 이 논증의 구체적인 내용에 관해서는 Gottfried W. Leibniz, *New Essays* 4.17.22 참조. 그러나 이 논증은 아그리파의 순환의 논변 형식에 걸려든다.

102) Sextus Empiricus, *PH* 1.87.

의자들이 내리던 결말로 나아간다. 그런데 섹스투스 엠피리쿠스는 아이네시데모스의 이 논변 형식에서 판단유보의 당위성을 다음과 같이 설명하고 있다.

이렇게 단언할 수 없는 까닭은 우리가 모든 사람들을 믿든가 아니면 적어도 몇몇 사람을 믿든가 해야 하는데, 만약 모든 사람을 믿는다면 우리는 모순적인 주장까지 받아들임으로써 불가능한 일을 시도하게 될 것이고, 그렇지 않고 몇몇 사람을 믿는다면 도대체 우리가 어떤 사람의 의견에 동의해야 할 것인지를 독단주의자들이 가르쳐주어야 하기 때문이다. 즉 플라톤주의자는 "플라톤의 말에 따라야 한다."고 말할 것이고, 에피쿠로스학파의 철학자는 "에피쿠로스의 말에 따라야 한다."고 말할 것이며, 다른 이들도 유사할 것이다. 그러므로 그들 간의 결정할 수 없는 의견의 불일치로 인해 그들은 우리를 다시 판단유보의 상태로 인도할 것이다.[103]

섹스투스 엠피리쿠스는 서로 맞지 않는 상이한 의견들을 접하게 될 때, 또는 상호 모순적인 주장을 접하게 될 때 모두 판단유보를 하지 않을 수 없을 것이라고 적고 있다. 이 가운데서 모순적인 주장을 받아들이는 것을 '불가능한 일을 시도하는 것'으로 간주하고 있는데, 이는 라이프니츠의 모순율 증명을 강력하게 지지하는 전거(典據)로 볼 수 있다. 섹스투스 엠피리쿠스는 다른 곳에서도 라이프니츠에 꼼짝없이 당할 수밖에 없는 서술을 하고 있다. 가령 발생의 문제와 관련하여 현존하는 것과 현존하지 않는 것을 논의하는 가운데 "동일한 사물이 현존하면서 현존하지 않는다고 말하는 것은 이치에 닿지 않는다."[104]고 진술하고 있는가 하면, "본성상 선(善)한 것은 없다."는 이유로써 "위에서 상술된 모든 입장이 서로 갈등을 빚기 때문에 그것 모두를 믿는 것은 가능하지 않으며, 그것들 중 하나를 믿는 것도 가능하지 않다."[105]고 말하고 있다. 피론주의의 기본 원칙은 "모든 논의에는 그것과 동등한 권리를 갖는 논

---

103) *PH* 1.88. 이 외에 3.33 참조. "[상치되는] 이런 견해들 모두에 동의하는 것은 가능하지 않다."
104) *PH* 3.114.
105) *PH* 3.182.

의가 대립한다."는 것인데, 실제로는 여기에 또 하나의 원리가 생략된 채 부가되어 있는 것으로 보아야 한다. 그것은 대립하거나 모순적인 명제 모두를 믿는 것은 '이치에 닿지도 않고' '가능하지도 않다'는 것이다. 그렇기에 판단유보가 뒤따라 나올 수 있는 것이다. (만약 모순적인 명제 모두를 믿는 것이 이치에 닿고 가능하다면 판단유보를 할 필요가 없을 것이다. 이 경우 특정한 혹은 다른 명제를 배제한 일면적인 명제가 진리가 될 수는 없으며, 모든 명제가 진리가 되거나 진리를 구성하는 하나의 계기로 등장할 것이다. "전체가 진리다."[106]라고 헤겔이 서술할 때, 이것이 그가 내세운 사유의 원리로서의 모순율의 위반과 부분적으로 관련되어 있음이 분명하다.) 롱은 이 점을 분명하게 다음과 같이 정리하고 있다. "그런데 섹스투스 엠피리쿠스의 변증법은 모순율의 사용을 끊임없이 요구한다. 동일한 힘을 가진 논의들을 대립시킴으로써 판단유보에 도달하는 방법은 반대되는 것이나 모순되는 것이 정합적으로 결합될 수 없다는 것을 … 우리가 받아들일 경우에만 이치에 맞는 것이다."[107]

자, 이렇게까지 되고 나면 승부는 난 것처럼 보인다. 섹스투스 엠피리쿠스도 모순율을 준수함으로써 독단주의자들을 물리치고 있고, 또 그렇게 해서 판단유보에 도달하고 있다는 것을 스스로 시인하고 있기 때문이다. 이 경우, 섹스투스 엠피리쿠스는 제 눈 속에 들어 있는 들보는 보지 못한 채 남의 눈 속에 들어 있는 티만을 지적하려고 했던 꼴이다. 라이프니츠의 승리는 굳어진 듯하다.

6. 섹스투스 엠피리쿠스의 승리?

그러나 이렇게 갈무리를 짓기에는 여러 면에서 석연치 않다. 『피론주의 개요』를 읽어본 독자라면, 섹스투스 엠피리쿠스가 진리의 기준이나 원리를 주창하지 않으면서도 독단주의자들을 공격하기 위해 얼마나 세심하면서도 정

---

106) Georg W. F. Hegel, *PhdG*, p.24.
107) A. A. Long, *From Epicurus to Epictetus: Studies in Hellenistic and Roman Philosophy*(Oxford/New York: Oxford University Press, 2006), p.54, fn 30).

치하게 이론을 가다듬었는지를 어렵지 않게 간파할 수 있다. 예컨대 그가 아르케실라오스나 카르네아데스를 비롯한 신(新)아카데미학파의 철학자들의 이론이 회의적 일관성을 결여하고 있다고 비판할 때, 그것은 거의 지적인 결벽증이라 할 만큼 추상같이 엄격한 것이었다.[108] 섹스투스 엠피리쿠스는 회의적 트로펜의 정합성을 확보하고자 애썼고, 이런 노력의 일환으로 그가 마련한 여러 이론적 장치(裝置)들은 "어떤 회의주의자라도 (정말로) 모순율을 기반으로 해서 논변을 전개할 수밖에 없다."는 결론을 재심사할 것을 촉구한다.

회의주의자는 "그 어떤 것도 긍정하지 않고 또한 부정하지도 않는다."는 점을 섹스투스 엠피리쿠스는 누누이 강조하고 있다. 즉 회의주의자는 결론을 내리지 않고 해당 사물을 계속 조사 중인 사람이다. 이것은 진리의 기준이나 원리를 포함하여 어떤 것을 긍정하거나 부정하게 되면, 즉 어떤 것을 진리로 받아들이거나 단언하게 되면, 그 순간 독단주의자가 될 수밖에 없다는 것을 섹스투스 엠피리쿠스가 정확히 자각하고 있음을 보여주는 것이다. "[회의주의자가 말하는] '단언하지 않음'이란 (긍정과 부정을 모두 포함하는) 일반적 의미에서의 주장을 삼가는 일이다. 그래서 단언하지 않음은 우리가 가지는 내적인 느낌이며, 이런 느낌으로 인해 우리는 어떤 것도 긍정하거나 부정하지 않는다고 말한다."[109] 따라서 섹스투스 엠피리쿠스가 말하는 회의주의자의 입장에 따르면, 모순율을 긍정하는 순간 회의주의자는 단언하는 것이고 더 이상 회의주의자일 수 없다. 물론 이런 사정은 헤겔처럼 모순율을 부정할 경우에도 마찬가지다.

그렇다면 회의주의자는 어떻게 해서 불분명한 대상에 대해 독단적으로 주장되는 것들을 (독단적으로) 긍정하거나 부정하지 않을 수 있는가? 앞에서 살펴보았듯이, 그는 동등한 힘을 지니고 대립하는 논의들을 맞서 제시함으로써 "어떤 선택지에도 동의하길 거부"[110]하면서 평형상태에 이를 수 있었다. 요컨대 회의주의자는 "나는 이것들 중 어떤 것에 동의해야 하고 어떤 것에 동

108) Sextus Empiricus, *PH* 1.220-35 참조.
109) *PH* 1.192.
110) *PH* 1.190.

의하지 않아야 하는지 모르기"[111] 때문에 판단을 보류하고 계속 그것을 탐구하고 있는 중이라고 말하고 있는 것이다. "회의주의자는 어떤 점에서 데모크리토스의 철학과 다른가?"에 대한 섹스투스 엠피리쿠스의 설명은 지금 이 글의 주제인 모순율의 인정 여부와 관련해서 회의주의자가 취하는 입장에 대한 매우 중요한 단서를 제공하고 있다.

그런데 데모크리토스의 철학과 회의주의는 공통점을 갖고 있다고 말해진다. 왜냐하면 그 철학은 우리가 이용하는 것과 동일한 소재를 이용하기 때문이다. 꿀은 어떤 사람에게는 달게 나타나지만 다른 사람에게는 쓰게 나타난다는 사실로부터 데모크리토스는 꿀은 달지도 쓰지도 않다는 결론을 도출하고, 이런 이유로 [이것이 아닌 것만큼 저것도 아니라는] "더 … 하지 않는다."는 회의적 정식을 표명한다고들 말한다. 그렇지만 회의주의자들은 "더 … 하지 않는다."는 어구를 데모크리토스학파의 철학자들과는 다른 방식으로 사용한다. 그들이 이 어구를 두 선택지 가운데 어떤 것도 진짜가 아니라는 것을 표현하기 위해 사용하는 반면, 우리는 그것으로써 현상들 모두가 진짜인지 혹은 모두가 진짜가 아닌지에 관해 우리가 무지하다는 것을 표현한다.[112]

피론주의자가 말하는, 긍정도 하지 않고 부정도 하지 않는 판단유보는 그야말로 그 어떤 선택지에도 동의하길 거부하는 것을 가리킨다. 앞의 인용문에서 좀 더 구체적으로 나타나듯이, 판단유보는 "(i) 갈등하는 현상들 가운데 어느 하나만이 참인지, 혹은 (ii) 그 현상들 모두가 참인지, 아니면 (iii) 그 현상들 모두가 참이 아닌지에 대해 무지하다."[113]는 것과 연관되며, 현상이 아닌 사물 자체의 본성의 영역 안으로는 한 발자국도 내딛으려 하지 않는 것이다. 다른 학파와 회의주의가 어떻게 다른가를 예리하게 구별하려고 시도하는

---

111) *PH* 1.191.

112) *PH* 1.213.

113) Diego E. Machuca, "Pyrrhonism and the Law of Non-contradiction," in *Pyrrhonism in Ancient, Modern, and Contemporary Philosophy*, ed. by Diego E. Machuca(Dordrecht/New York: Springer, 2011), p.62.

가운데 섹스투스 엠피리쿠스가 분명히 밝히고 있듯이, 피론주의자는 모순율을 인정하지도 또한 부정하지도 않는다. 이런 점에서 섹스투스 엠피리쿠스는 라이프니츠의 진영에 가담하지 않으며, 또한 그에 못지않게 헤겔의 진영에도 가담하지 않는다.

이런 거리두기는 "사물이 이렇다 저렇다."라고 피론주의자가 진술할 때, "사물의 본성이 이렇다 저렇다."라고 주장하는 것이 아니라 "사물이 자신에게 이렇게 저렇게 나타난다."는 것을 단순히 보고한다는 데서도 나타난다. 섹스투스 엠피리쿠스는 『피론주의 개요』의 앞머리에서 이 점을 명확하게 밝히고 있다. "[이 책에서] 앞으로 거론될 어떤 것에 대해서도, 우리는 '그 대상이 우리가 말하는바 그대로'라고 확언하지 않으며, 각각의 논의 대상에 대해 '그것이 현재 우리에게 어떻게 보이는가?'에 따라서 단순히 연대기적으로 보고할 뿐이라는 점을 이 서문에서 미리 지적해두고자 한다."[114] 피론주의자는 이렇게 자신의 진술에서조차 진리 주장으로 오인될 수 있는 모든 특권적 지위를 스스로 박탈한다. 이것은 회의주의자가 구사하는 모든 표현법에도 적용된다고 할 수 있다. 가령 "A는 … 이다."라고 회의주의자가 진술할 때, 그것은 "'나와 관련된 한' 또는 '나에게 보이는 바로는'라는 의미"[115]가 이미 암묵적으로 전제되어 있기 때문에 이것을 생략한 채 "A는 … 이다."를 진술하는 것으로 보아야 한다. 이렇게 해서 회의주의자는 '독단적 믿음을 지니지 않고서도'[116] 자신의 의사를 표현할 수 있다.

그런데 모순율에 대한 일체의 판단유보가 섹스투스 엠피리쿠스의 의중이었다면, 왜 그는 라이프니츠의 견해에 동의했던 것일까? 말하자면 왜 그는 모순의 허용을 '이치에 닿지도 않고' '불가능한 일을 시도하는 것'으로 표명했던 것일까? 이 문제에 답하기 위해서는 아이네시데모스의 회의적 트로펜을 소개하는 가운데 섹스투스 엠피리쿠스가 모순을 허용하는 맥락에 주목할 필요가 있다. 육체적이고 정신적인 측면에서 사람들이 상이한데도, 그래서

---

114) Sextus Empiricus, *PH* 1.4. 보고(report)와 관련해서는 1.15, 1.191, 1.197, 1.203도 참조.
115) *PH* 1.198.
116) *PH* 1.15.

판단을 유보해야 하는데도 '자아도취에 빠진 독단주의자들은'[117) 서로 다르거나 대립하는 사람의 본성에 대한 일면적인 주장을 진리로 내세우고 있다. 이런 상황에서 각각의 독단주의자들이 바라고 있는 대로 각각의 독단론을 모두 인정할 경우, 어떤 일이 벌어지는지를 섹스투스 엠피리쿠스는 서술하고자 하는 것이다. 사람의 본성 가운데 부분만을 적중하는 특정한 주장을 펴는 독단주의자는 그의 것과 모순되는 저 주장을 고집하는 독단주의자를 배척할 것이다. 거꾸로 저 주장을 펴는 독단주의자는 이 주장을 고수하는 독단주의자를 인정하지 않을 것이다. 그렇다면 "서로 모순적인 주장을 받아들이는 것을 불가능한 시도"로 여기는 장본인은 바로 독단주의자들인 것이다. 이렇게 독단주의자들이 아무런 의심 없이 모순율을 용인하고 있기 때문에, 섹스투스 엠피리쿠스는 오히려 이 모순율을 이용하여 그들 각각의 주장이 설득력이 없다는 것을 보여주고자 했던 것이다. 좀 더 직설적으로 말하면, 섹스투스 엠피리쿠스는 모순율을 참된 지식의 원리로 인정한 것이 아니다. 그가 모순율을 긍정하는 것은, 그렇게 할 경우 독단주의자들은 자기들끼리 싸우다가 기진맥진해질 것이고, 따라서 그가 직접 나서지 않고도 아주 효과적으로 그들 모두를 패퇴시킬 수 있기 때문이다.

피론주의자가 어떤 논변을 전개하거나 또는 어떤 지식의 원리를 받아들일 때, 그것을 그의 진짜 입장으로 오인해서는 안 된다. 그것은 독단주의자들을 패퇴시키기 위한 한 방편으로 그렇게 하는 것뿐이다. "설사 우리가 실제로 현상에 반대되는 논변을 제시한다 하더라도 우리는 현상을 폐기하기 위해 그런 논변들을 제출한 것이 아니라, 독단주의자들의 성급함을 지적하기 위한 방편으로 그렇게 하는 것이다."[118) 섹스투스 엠피리쿠스가 보기에 독단주의자들은 불분명한 대상에 대해 판단을 유보해야 하는데도 성급하게 판단을 내리는 조급증 환자들이다. 그들은 빨리 진리를 확정하고 안주하지 않으면 불안해하는 데카르트적 강박증을 앓고 있는 사람들이고, 라이프니츠도 이 병을 앓고 있다. 육체적 질병을 고치기 위해 처방을 하는 의사와 같이 피론주의자는 이

---

117) *PH* 1.90.
118) *PH* 1.20.

런 "독단주의자들의 자만심과 성급함을 … 논변을 통해 최선을 다해 치유하길 원한다."[119] 환자를 치유하기 위해 다양한 처방이 동원되듯이, 피론주의자는 독단주의자의 질병의 경중에 따라 다양한 혹은 대립적인 논변을 채택한다. 피론주의와 모순율의 관계를 추적한 마추카가 결론적으로 다다른 지점이 바로 여기이다. "회의주의자가 모순율의 독단적 버전을 사용할 때, 회의주의자는 그의 독단적 환자들을 설득하여 판단유보로 유도하기 위해 변증법적 책략으로서 모순율을 사용했을 뿐이다."[120]

앞에서 나는 섹스투스 엠피리쿠스가 라이프니츠의 진영에 가담하지 않으며, 그에 못지않게 헤겔의 진영에도 가담하지 않는다고 말했다. 왜냐하면 사태의 본성과 관련해서 어떤 입장을 취하는 것은 판단을 하는 것이고, 그렇게 되면 회의주의자는 더 이상 회의주의자가 아니게 되기 때문이다. 그러나 이제 독단주의자라는 환자를 치유하기 위한 피론주의자의 책략을 보고 나면, 섹스투스 엠피리쿠스는 라이프니츠에도 동조할 수 있고, 또한 그에 못지않게 헤겔의 입장에도 동조할 수 있다고 말해야 할 것이다. 즉 어떤 철학자가 라이프니츠처럼 모순율을 지식의 근본 원리로 받아들이면 섹스투스 엠피리쿠스는 헤겔의 편을 들어 그의 철학적 조급증을 치유하고자 하고, 거꾸로 어떤 철학자가 헤겔처럼 모순을 사태의 근본 원리로 삼으면 이제 섹스투스 엠피리쿠스는 라이프니츠의 편을 들어 그의 철학적 허영심을 고치고자 할 것이다. 이때 유의해야 할 점은 섹스투스 엠피리쿠스가 그들의 의견에 '진짜로' 동의하는 것으로 오해해서는 안 된다는 것이다. (사실 이런 오해가 섹스투스 엠피리쿠스가 모순율을 지식의 원리로 '정말로' 받아들인 것으로 보게 만들었다.) 그는 단지 독단주의자의 질병을 치유하기 위한 방편으로 그렇게 하였을 뿐이다. 마치 의사가 불면증 환자에게는 수면제를, 졸음증 환자에게는 각성제를

---

119) *PH* 3.280.

120) Diego E. Machuca, "Pyrrhonism and the Law of Non-contradiction," p.74. 특히 p.70 참조. "독단주의자들이 모순율의 존재론적 버전, 논리적 버전, 신념적 버전, 그리고 자격을 결한 실천적 정식들을 견지하기 때문에, 독단주의자들을 괴롭히는 자만심과 성급함을 치유하기 위한 가장 좋은 방법은 치유적 논증들에서 이런 정식들을 이용하는 것이고, 이를 통해 그들을 에포케로 유도하고자 하는 것이다."

처방하는 것과 마찬가지로, 독단주의자들이 내세우는 입장과 수준에 맞춰, 이런저런 다양하고도 대립하는 의견들을 피론주의자는 편의대로 동원한다.

피론주의자에게 '진짜' 입장은 존재하지 않는다.[121] 그는 이 독단주의자에게 반대하기 위해서 저 독단주의자에게 동조하고, 저 독단주의자를 겨냥하여 이 독단주의자를 이용하는 기생적인 전략을 구사한다. 그러므로 그가 독단주의자에게 반대하기 위해 내세운 반론을 그의 진짜 입장으로 간주하는 것은, 달은 보지 않고 달을 가리키는 손가락만을 본 격이라고 할 수 있다. 그가 어떤 진리론을 전개한다면, 그것은 바로 해당 독단주의자의 성급함을 까발리기 위한 맞춤형 논변의 맥락에서 그렇게 한 것뿐이다. 그는 자기가 내세운 이론에 어떤 애착도 갖고 있지 않으며, 그것을 고수할 생각은 추호도 없다. 독단주의자를 치유하면 그것으로 족한 것이다. 피론주의자는 독단주의자의 이론을 파괴한 후에 자신의 이론을 명예의 전당에 올려놓고자 하지 않는다. 그는 독단적 이론이 제거되면 자기의 임무는 완수된 것이므로 자신의 이론도 그것과 함께 쓸려가는 '하제(下劑)와 같은'[122] 것으로 여긴다. 섹스투스 엠피리쿠스의 비유적 표현을 빌리자면, 회의적 논변은 스스로의 효용이 다하면 폐기되는 '사다리'[123]이고 '관장제'[124]이다. 회의주의자는 이렇게 자신의 이론이 남김없이 쓸려나가도 독단주의자들과는 대조적으로 아무런 손실도 입지 않는다. 그것은 독단주의자들처럼 자신들의 목숨을 걸고 지켜내야 하는 그런 종류의 것이 아니고, 단지 독단주의자들을 치유하기 위한 처방전이었을 따름이기 때문이다. 애당초 아무런 입장도 갖고 있지 않은 자가 잃을 것이 무엇이겠는가! 독단주의자들의 눈에 피론주의자는 정작 자기의 확고한 입장은 없고 상황에 따라 이리저리 자신의 입장을 바꾸면서 그것을 시도 때도 없이 폐기하는 철학적 변절자로 비춰지겠지만, 피론주의자의 눈에는 오히려 이런 기회주의적 성격이야말로 자신의 회의적 이론을 일관되게 관철함으로써 어떤 경

---

121) Diogenes Laertius, *DL* 9.74 참조. "회의주의자들은 모든 학파의 교리들을 전복시키는 데에 끊임없이 종사하지만 정작 자신들의 교리는 발표하지 않는다."
122) *DL* 9.76.
123) Sextus Empiricus, *M* 8.481.
124) Sextus Empiricus, *PH* 1.206.

우에도 독단주의에 빠지지 않겠다는 철저히 반성적인 정신의 소산인 것이다.

7. 모순율과 섹스투스 엠피리쿠스 그리고 헤겔

모순율과 관련해서 섹스투스 엠피리쿠스가 자기 손에 피를 묻히지 않고도 라이프니츠를 물리칠 수 있었던 중요한 요인 가운데 하나는 라이프니츠와 반대되는 철학적 견해를 가진 헤겔을 내세울 수 있었기 때문이다. 이때 섹스투스 엠피리쿠스가 모순을 적극적으로 받아들이는 헤겔 진리관에 진짜로 동의한 것은 물론 아니다. 피론주의자에게 "… 모순된 명제를 인정한 것이 당연해 보인다. 그러나 중요한 것은 그것이 최종적인 인정은 아니라는 점이다. … 모순된 그 둘을 또 다 같이 버려야 한다고 하고 있기 때문이다. 그러니까 회의주의자가 모순을 인정하고 있다고 해도 거기서 이야기를 끝내는 것은 성급한 일이다."[125] 섹스투스 엠피리쿠스에게 헤겔 철학이란 라이프니츠의 독단주의를 까발리고 나면, 그것과 더불어 미련 없이 내던져도 좋은 또 다른 독단주의일 뿐이다. 이런 토사구팽(兎死狗烹) 식의 전략은 온갖 종류의 독단주의자를 치유하는 데 효과적인 것처럼 보인다. 정작 자신은 모순율을 긍정도 부정도 하지 않으면서, 섹스투스 엠피리쿠스는 모순율을 긍정하는 라이프니츠와 모순율을 부정하는 헤겔을 조우하게 함으로써 양자가 제풀에 허물어지는 것을 보기만 하면 되는 것이다. 이것으로 모순율 문제는 깨끗이 정리되었다고 섹스투스 엠피리쿠스는 여겼을 것이 틀림없다. 그러나 모순율과 관련하여 라이프니츠의 퇴치용으로 헤겔의 모순론을 끌어들이는 순간, 그냥 쓰고 버려도 좋은 일회용 학설이 아니라 아마도 가장 깊이 회의주의의 폐부를 찌르는 무기를 스스로 불러들였다고는 섹스투스 엠피리쿠스는 생각조차 하지 못했을 것이다. 라이프니츠를 격퇴하기 위해 헤겔에 지원을 청함으로써 섹스투스 엠피리쿠스는 이전과는 질적으로 다른 진정한 적수를 상대해야 했던 것이다.

---

125) 이태수, 「회의주의적 태도의 일관성: 자기논박 논변에 대한 퓌론회의주의의 대응」, p.22. 이태수에 의하면 피론주의자들은 '사구 논법(四句論法)'을 구사함으로써 이론적 일관성을 유지하고 있다.

섹스투스 엠피리쿠스가 장담한 대로 혹은 바란 대로, 헤겔 철학은 관장제로서 그냥 쓸려나가기는커녕 거꾸로 회의주의를 그의 사변철학의 체계 안에 포섭하여 그것의 뿔을 제거하고자 하기 때문이다.

왜 헤겔의 모순론은 섹스투스 엠피리쿠스가 감당하기에 버거운 것일까? 헤겔은 "모든 사물은 그 자체에 있어서 모순적이다."[126)]라고 선언한다. 그리고 잘 알려진 대로, 그는 모순을 전폭적으로 인정하는 가운데 그것을 '온갖 운동과 생명성의 근원'[127)]으로 서술하고 있다. 헤겔은 직접적으로 모순을 확인할 수 있는 관계 규정(Verhältnisbestimmungen)을 통해 구체적으로 모순의 예를 들고 있다. 이 예는 놀랍게도 섹스투스 엠피리쿠스가 피론주의를 변호하기 위해 내건 예와 똑같다.[128)] 헤겔이 든 예는 곧 헤겔과 섹스투스 엠피리쿠스가 공유하고 있는 사유방식과 더불어 양자를 갈라서게 하는 지점도 아울러 알려준다.

> … 이에 반하여 관계 규정의 경우에는 모순이 직접적으로 제 모습을 드러낸다. (예컨대, 위와 아래, 왼쪽과 오른쪽, 아버지와 아들, 이것들 외에 끝없이 이어지는) 가장 보잘것없는 예들은 모두 대립을 하나의 일자 안에 포함하고 있다. 즉 위는 아래가 아니다. 이 경우 위는 다만 아래가 아니라는 규정을 받는다. 또한 위는 오직 아래가 있는 한에서만 있다. 이것을 역으로 보아도 매한가지인 셈이다. 하나의 어떤 규정 속에는 그것과 반대되는 또 다른 하나의 규정이 담겨 있다. 아버지는 아들의 타자이며 또 아들은 아버지의 타자이므로, 결국 이들은 오직 타자의 타자로서만 있다. 그래서 동시에 이 하나의 규정은 오직 또 다른 규정과의 관계 속에서만 있는 것이다. 여기서 이들 양자의 존재는 단 하나의 존립을 이룰 뿐이다.[129)]

헤겔에 따르면, '위'는 '위'이기에 '아래'가 아니다. 그렇지만 '위'는 '아래'가 있는 한에서만 '위'로 있다. 이런 점에서 '위'는 '위'와는 정반대 규정인

---

126) Georg W. F. Hegel, *WdL* Ⅱ, p.74.
127) *WdL* ⅡⅡ, p.75.
128) Sextus Empiricus, *PH* 1,135. "이를테면 왼쪽이 오른쪽에 상대적인 것처럼 말이다."
129) Georg W. F. Hegel, *WdL* Ⅱ, p.77.

'아래'를 '위'라고 하는 하나의 규정 안에 내포하고 있다. 이것이 바로 "모든 사물은 그 자체에 있어서 모순된 것이다."라고 헤겔이 요약한 바 있는 모순이다. 위와 아래, 왼쪽과 오른쪽, 아버지와 아들 등을 포함하여 관계의 그물망 속에 있는 모든 규정들은 모순일 수밖에 없다. 그리고 인간의 사유를 규정하는 모든 개념들은 이런 그물망 속에서만 이해될 수 있는 것이다.

만약 모순을 거부하고, 라이프니츠가 주장하고 있는 대로, 동일률과 모순율을 사유의 근본 원리로 고수할 경우는 어떻게 될까? 우선 동일률의 경우 '왼쪽은 왼쪽'일 뿐이고 '식물은 식물'일 뿐일 것이다. "식물은 무엇인가?"라는 물음에 "식물은 식물이다."라고 대답한다면, 그것이 거짓이라고 말할 수는 없겠지만 대답을 기다리는 사람에게는 커다란 실망감을 안겨줄 것이다. 왜냐하면 "이 명제를 통해서는 그야말로 **아무것도** 이야기된 바가 **없다**고 누구나 말할 것이기 때문이다."[130] 그 대답은 아무런 내용을 갖고 있지 않고, 그렇기에 사유에서 어떤 전진도 하지 못한 채 제자리걸음만 한다. 누군가 "식물은 무엇인가?"라고 물었을 때는 이미 동어반복인 진술이 아닌 어떤 새로운 내용을 요구하는 것이다. 이 물음에 계속해서 "식물은 식물이다."만을 되뇌며 대답하는 사람이 있다면, 그는 내용이 없기 때문에 아무도 들으려고 하지 않는 말을 계속 지껄이면서도 자신은 진리를 선포하고 있다고 생각하는 일종의 독단적인 사이코에 가까울 것이다. 헤겔이 〈A=A〉라는 동일률이 다만 '공허한 동일성'[131] 혹은 '**형식적인 진리나 추상적인 불완전한 진리**'[132]에 그친다고 보는 이유가 여기에 있다.

"식물은 식물이다."라고 동일 명제를 언급하거나 진술한다는 것은 사실상 이 명제로써 단순히 "식물은 식물이다."라는 것을 뜻하고자 하는 것이 아니다. 그것은 "식물은 예컨대 동물이 아니라 식물이다."라는 식물에 대한 또 다른 규정을, 즉 타자를 내포하고 있는 것이다. 동일률에 대한 또 다른 표현인 모순율은 동일률에서 은폐된 채로 자리 잡고 있는 타자를 명시적으로 드러낸

---

130) *WdL* Ⅱ, p.43.

131) *WdL* Ⅱ, p.41.

132) *WdL* Ⅱ, p.42.

다. 〈A는 A이면서 동시에 −A일 수는 없다〉는 모순율을 앞의 예에 적용한다면, "식물은 식물이면서 동시에 동물일 수는 없다."가 된다. 물론 이 모순의 정식은 식물의 타자인 동물을 부정함으로써 "식물은 식물이다."라는 동일 명제를 재확인하고 공고히 하기 위한 것이다. 그러므로 〈A ≠ (−A)〉인 모순율에서 −A는 〈A = A〉라는 단순한 자기 관계를 확립하기 위해 언표되긴 하지만 "그러나 이 타자는 다만 소멸되기 위해 제시된 것일 뿐이다."[133] 모순율에서 타자는 부정되고 제거되어야 한다.

앞에서 살펴본 것처럼 아리스토텔레스와 라이프니츠에 의해 모순율은 증명이 필요 없는 진리의 제1원리로서 전제되었다. 타자의 배척은 더 이상 의문의 여지가 없는 것이었다. 그러나 헤겔은 이것을 문제 삼고자 한다. 동일적인 자기 관계는 물론 타자 관계가 아니다. 위는 위이지 아래가 아니다. 따라서 위는 동시에 위이면서 아래일 수는 없다. 그러나 타자인 '아래가 있는 한에서만' 위는 위일 수 있다. 혹은 타자인 아래와 구별되는 한에 있어서만 위는 위일 수 있다. 이런 점에서 '위 = 위'라고 하는 자기 관계는 타자와의 매개를 통해서만 그 정체성을 확보할 수 있기에, 저 타자의 존재는 그냥 아무것도 아닌 것으로 폐기되어도 좋은, 또는 그렇게 되어야만 하는 것이 아니다. "식물은 식물이다."라고 동일 명제를 진술한다는 것은 사실상 이 명제로써 단순히 "식물은 식물이다."라는 것을 뜻하고자 하는 것이 아니라, "식물은 (예컨대 동물이 아니라) 식물이다."라는 식물에 대한 또 다른 규정을, 즉 타자를 내포하고 있는 것이다. 이처럼 헤겔에게 있어서 자기 관계의 내용은 타자 관계를 통해서만 확보될 수 있는 것이므로, 그의 사변철학에서 타자는 자기를 구성하는 필연적인 계기로 등장한다. "타자 관계가 없다면 자기 관계의 동일성은 아무런 내용도 지니지 않은 공허한 것으로 남는다. 따라서 비(非)A의 존재는 추상적으로 부정되어 폐기될 타자가 아니라, 그것의 자립성은 지양되지만 A의 동일성 속에 포함되어 그 내용을 구성하는 타자성이다."[134]

---

133) *WdL Ⅱ*, p.45.
134) 강순전, 『칸트에서 헤겔로: 칸트 철학과의 대결을 통해 본 헤겔 철학의 특성』(서울: 철학과 현실사, 2008), p.95.

헤겔이 모순을 인정한다고 할 때, 그것은 "동시에 이 하나의 규정은 또 다른 [혹은 반대되는] 규정과의 관계 속에 있다."는 것을 뜻한다. 여타의 규정과의 관계를 떠나 독립적으로 존재하는 규정, 혹은 일체의 타자를 배제하고 난 후의 순수한 자기 확보란, 실제로는 모순을 자기의 내용으로 삼고 있으면서도 아직 이 모순을 의식하지 못하는 단계에서나 할 수 있는 이야기이다. "모든 사물이 그 자체에 있어서 모순적이다."라는 헤겔 철학의 테제는 궁극적인 인식의 원리로서 동일률과 모순율에 의존하는 철학은 진리를 파악할 수 없다는 것을 함축하고 있다. 위와 아래의 전체 연관관계를 보지 못한 채 한쪽만을 진리로 내세우는 일면적인 철학을 사변철학은 마음대로 요리할 수 있다. 사변철학은 위만을 고집하는 철학자에게 그 위를 위이게끔 하는 아래를 제시할 수 있고, 아래만을 고수하는 철학자에게는 반대로 위를 원리적으로 제시할 수 있기 때문이다. 자기 관계가 타자 관계라고 하는 모순적 사태 앞에서 '이것이냐 저것이냐'의 양자택일적인 사유방식을 고수하는 철학은, 그것이 당연히 받아들이고 수행하는 그 사유방식 때문에 스스로 붕괴될 수밖에 없다.

헤겔의 모순에 대한 이런 개략적인 서술만으로 벌써 섹스투스 엠피리쿠스의 기획이 실패하리라는 것을 어느 정도 예감할 수 있다. 앞에서 밝힌 바와 같이, 원래 섹스투스 엠피리쿠스는 라이프니츠를 물리치기 위해 헤겔을 끌어들었고 그런 다음 관장제처럼 헤겔도 버릴 심산이었다. 그러니까 그는 라이프니츠의 모순율에 맞서 헤겔의 모순을 대립시켜 라이프니츠를 무력화시켰듯이, 헤겔의 독단주의에 맞서 다른 독단주의자의 견해를, 예컨대 라이프니츠의 진리론을 제시하면 그것으로 끝이라고 생각했던 것이다. 그러나 섹스투스 엠피리쿠스의 이 등치의 수법은, 그리고 그것에 기반한 아이네시데모스나 아그리파의 회의적 논변 형식들은 독단주의자들에게는 먹혔지만 "[사변]철학을 공격하는 데에서는 완전히 무용(無用)하다."[135]고 헤겔은 주장한다. 왜 그럴까? 헤겔에 의하면, 사변철학은 이미 참된 모순 앞에 이르렀기 때문이다. 즉 "사변적인 것에는 [대립하는] 타자가 이미 그 자체 포함되어 있는 것이

---

135) Georg W. F. Hegel, *VSP*, p.245.

다."136) 섹스투스 엠피리쿠스는 사변적인 것 앞에서 사변적인 것이 포함하지 못하는 타자를 제시할 수 없다. 왼쪽을 주장하면 오른쪽을 내밀고, 오른쪽을 주장하면 왼쪽을 제시하는 등치의 방법을 써먹을 수가 없다. 왜냐하면 '사변적인' 왼쪽에는 이미 그것과 대립하는 오른쪽이 그 자체에 이미 포함되어 있기 때문이다. "[사변] 이성에게는 타자에 맞서는 타자란 존재하지 않기 때문에"137) 섹스투스 엠피리쿠스는 원리적으로 타자에 타자를 맞서 세움으로써 타자를 무력화하는 회의적 등치를 더 이상 구사할 수가 없는 것이다. 요컨대 자기의 타자가 없으면 자기가 없는 모순을 파악하는 **"사변적인 것에 대해서는 회의주의는 무력하다."**138)

헤겔은 모든 개념들이 다음의 세 가지 계기를 갖고 있다고 서술하고 있다. "α) 추상적 즉 지성적인 측면과 β) **변증법적인 즉 부정적인-이성적 측면과** γ) **사변적 즉 긍정적인-이성적 측면."**139) 이런 측면을 구별하고 있다고 해서, γ) 사변적 측면이 α) 지성적인 측면이나 β) 변증법적인 측면과 독립적으로 존재하고 있고 또 존재할 수 있다는 것을 가리키는 것은 결코 아니다. 오히려 γ) 사변적 측면은 이 측면과는 다르고 대립하는 α) 지성적인 측면이나 β) 변증법적인 측면을 완전히 제거한 후 새롭게 구축되는 것이 아니라, α)와 β)의 측면들이 자기 한계에 봉착해 스스로를 부정하는 매개의 과정을 통해서, 즉 '내재적인 넘어섬'140)을 통해서 γ)의 내용을 획득하는 그런 측면인 것이다. 이렇게 헤겔의 사변철학에서는 그 어떤 개념이나 철학도 완전한 무(無)로 소멸되지 않으며, 그 철학을 구성하는 유의미한 계기로 자리 잡는다. 이런 '내재적인 넘어섬'의 과정은 모순율과 모순에서도 그대로 재연된다. 헤겔 철학에서 모순율과 모순은 동등한 비중을 갖는 타자로서 맞서지 않는다. 모순은 세계를

---

136) Georg W. F. Hegel, *VGP* II, p.397. 이것은 다른 식으로 표현될 수 있다. "오히려 사변적인 이념은 … 자기 자신 안에서 대립을 갖는다. 그것은 자기 내에서 둥글고, 이 규정된 것과 더불어 이 규정된 것과 대립하는 것을 자기 곁에 포함한다."(같은 곳)

137) Georg W. F. Hegel, *VSP*, p.247.

138) Georg W. F. Hegel, *VGP* II, p.397.

139) Georg W. F. Hegel, *Enz* I, p.168[79]. [ ]에 문단 번호 병기.

140) *Enz* I, p.172[81].

이해하고 설명하는 데 있어 봉착하는 모순율의 논리적이며 내재적인 필연적 넘어섬의 과정에서 정립되는 개념이고, 이런 점에서 모순율은 모순 속에 지양된 타자이다. 지양된 타자란 양립 불가능한 타자가 아니라, 이미 자기이고, 모순의 자기 관계 안으로 편입된 계기이다. 그렇기에 섹스투스 엠피리쿠스의 전략, 즉 모순율과 모순을 맞서 세움으로써 라이프니츠와 헤겔 양자를 물리치려는 기획은, 모순을 인정하지 않고 모순율만을 고집했던 라이프니츠 철학에서는 성공을 거두겠지만, "타자에 맞서는 타자가 존재하지 않는" 사변철학 앞에서는 원리적으로 좌절할 수밖에 없는 것이다.

헤겔의 사변철학의 기획은 단순히 섹스투스 엠피리쿠스의 등치의 전략을 무력화하는 데 그치지 않는다. 그는 회의주의를 비판해서 제거하려 하지 않는다. 사변철학에서 자기 관계 아닌 타자 관계란 존재할 수 없기에, 아예 회의주의 자체를 자신의 사변철학의 한 계기로 삼으려고 하는 것이다. "회의주의는 **철학**의 하나의 **계기**이다."[141] 헤겔은 총체성 속에서야 비로소 진리가 드러날 수 있다고 생각하였다. 만약 총체성을 담지하지 못하는 어떤 철학을 진리로 간주한다면, 그 철학은 그 일면성으로 인해 다른 일면적인 철학과 맞설 것이고, 결국 피론주의자에 의해 독단주의로 판명날 것이다. "그렇다면 총체성이야말로 비로소 진리인 것이다."[142] 독단주의도 회의주의도 이런 점에서 총체적인 철학을 구성하는 불가결한 요소로 볼 수 있다. 라이프니츠는 섹스투스 엠피리쿠스와 헤겔을 적으로 삼은 반면, 섹스투스 엠피리쿠스는 (자신을 포함해서) 라이프니츠와 헤겔 모두를 남김없이 쓸어버리려 하였다. 그러나 헤겔은 라이프니츠와 섹스투스 엠피리쿠스를 총체적인 철학의 연관 속에서 담아내려 한다. "… [총체성 속에서야] 모든 철학은 철학이다."[143] 모든 철학은 철학의 발전 단계에서 나타난 것들이며, 이 모든 철학이 바로 총체적인 사변철학을 구성하는 요소들이다. 사변철학에서 버릴 것은 아무것도 없다. 모든 철학은 철학이 발전되어가는 도중에 거쳐야 하는 필연적인 여정이고,

---

141) Georg W. F. Hegel, *VGP* Ⅱ, p.372.
142) *VGP* Ⅱ, p.387.
143) 같은 곳.

회의주의도 이것들 중의 하나이다. 물론 라이프니츠 철학도 마찬가지다. "… 철학은 회의주의를 하나의 계기로, 말하자면 변증법적인 것으로서 자기 안에 포함하고 있다는 것을 깨달아야 한다."[144] 헤겔에 따르면, 결국 회의주의는 사변철학과 대립하거나 그것 외부에 독립적으로 존립하는 철학이 아니라, 사변철학 안에 편입되어 있거나 혹은 지양되어 있는 사변철학의 한 계기인 것이다.

섹스투스 엠피리쿠스는 헤겔 철학까지 포함해서 모든 철학을 다 무화(無化)하려 하였다. 그러나 헤겔의 경우 무화되는 진리론이란 없다. 그것들은 모두 지양된 형태로 총체적인 철학 안에 포섭된다. 헤겔이 섹스투스 엠피리쿠스를 극복의 대상으로 삼는다고 할 때, 이것은 정확히 말해서 섹스투스 엠피리쿠스를 살해하고 영원히 매장한다는 것을 뜻하지 않는다. 헤겔에서 극복은 곧 '내재적인 넘어섬'이고 타자를 자기 관계로 흡수하는 과정이다. 헤겔은 이 것을 다음과 같이 표현하고 있다. "그러나 사변적인 이념은 회의주의 자체를 자기 안에 계기로 가지고 있으며, 그리하여 다시 한 번 회의주의를 넘어서 있는 것이다."[145] 이런 측면에서 섹스투스 엠피리쿠스는 라이프니츠를 상대하려고 헤겔을 끌어들이는 순간 자기를 잡아먹는 호랑이를 끌어들인 것인지도 모른다. 그러나 그의 회의적 논변 체계로 미루어볼 때 섹스투스 엠피리쿠스가 헤겔의 사변철학에 쉽사리 항복하지 않을 것만은 분명해 보인다. 그는 아이네시데모스와 아그리파를 내세워 사변철학의 빈틈을 탐지하거나, 헤겔이 말하는 총체적인 철학 안에 포섭될 수 없는 타자를 찾아 나설 것이다. 총체성을 앞세운 사변철학의 완력 앞에서 섹스투스 엠피리쿠스가 얼마나 버틸 수 있는지, 나아가 반격을 가할 수 있는지는 새로운 문제이다.

---

144) Georg W. F. Hegel, *Enz I*, p.176[81, Zusatz 2].
145) Georg W. F. Hegel, *VGP II*, p.372.

제9장
로크와 피론주의

1. 로크의 철학적 과제

근대 초기에 데카르트와 가상디가—그리고 몽테뉴도 빼놓을 수는 없는데—철학적 담론의 틀을 고대 피론주의와 엮어 짰고, 이후 거의 모든 근대의 주류 철학자들이 피론주의의 극복을 가장 중요하면서도 시급한 철학적 과제로 설정했기 때문에, 이런 맥락에서 고대 피론주의자들과 대면하는 것은 근대 철학자들의 숙명과도 같은 것이 되었다. 로크 역시 예외가 아니었다. 그가 『인간지성론』의 서론에서 "신념, 의견 그리고 동의의 근거 및 정도와 더불어 인간 지식의 기원, 확실성 그리고 범위를 탐구하는 것"[1]을 이 방대한 저서의 목적으로 적시할 때, 그것은 순전히 그의 개인적인 관심사에서 비롯된 것이 아니었다. 그의 문제의식은 16-17세기에 형성되어왔던 지적인 토론의 전통 속에서 배태된 것이었고, 말하자면 "로크가 제기한 질문들은 갑자기 그에 의해 난데없이 제기된 것이 아니었다."[2]

---

1) John Locke, *Essay* 1.1.2.
2) Roger Woolhouse, *Locke*(Sussex: The Harvester Press, 1983), p.11.

이 시기 섹스투스 엠피리쿠스의 저작에 노출됨으로써 철학자들은 "진리는 존재하는가?", "진리의 기준은 무엇인가?", "우리가 진리를 알 수 있는가?", "우리가 알 수 있는 것에는 한계가 있는가?"와 같은 종류의 많은 인식론적인 논쟁의 적극적인 참여자가 되었다. 데카르트와 가상디가 벌인 논쟁이 대표적인 실례였다. 1675년과 1678년 프랑스를 방문하여 직접 가상디주의자들을 만나기 이전부터 로크는 섹스투스 엠피리쿠스와 가상디 저작들을 접하고 있었다. 그는 서재에 스탠리의 『철학사』를 소유하고 있었는데, 4권으로 구성된 이 저서의 3권은 섹스투스 엠피리쿠스의 『피론주의 개요』와 가상디의 『철학총론』을 포함하고 있었다.[3] 로크에 대한 가상디의 막대한 영향력, 혹은 로크 철학과 가상디의 철학이 맺었던 본질적이며 깊은 관계는 이제는 거의 정설로 굳어졌다.[4]

데카르트와 가상디의 논쟁에서 보았듯이, 회의주의를 극복했다고 주장하는 데카르트를 비판할 때 가상디가 가장 크게 의존한 인물은 섹스투스 엠피리쿠스였다. 그는 고대 피론주의자들이 고안한 회의적 논변 형식들을 사용하여 데카르트를 성공적으로 공격할 수 있었다. 마찬가지로 "로크가 데카르트를 비판한 것은 훌륭한 가상디주의자로서였다. 그의 비판에는 가상디와 그의

---

3) Richard W. F. Kroll, "The Question of Locke's Relation to Gassendi," p.350. 이런 까닭에 가상디의 『철학총론』과 로크의 『인간지성론』 사이에는 커다란 유사성이 있다.

4) David F. Norton, "The Myth of 'British Empiricism'," p.341. "[경험론은 영국 경험론이라는] 신화와는 반대로 영국인들이 경험론을 발견한 것이 아니라는 것을 우리는 안다." 노턴에 의하면, 근대 초기 경험론의 주요한 이론을 정식화한 철학자는 영국인이 아니라 프랑스의 사제인 가상디였다. 로크 철학이 가상디에 얼마나 빚지고 있는가에 대한 국내 논문으로는 조병희, 「로크 인식론의 토대로서 가상디의 감각론」, pp.121-42 참조. 그렇다고 이런 견해에 대한 반론이 없는 것은 아니다. J. R. Milton, "Locke and Gassendi: a Reappraisal," in *English Philosophy in the Age of Locke*, ed. by M. A. Stewart(Oxford: Clarendon Press, 2000) pp.87-109 참조. 밀턴은 로크의 편지, 잡지, 공책, 그가 구입했거나 빌려 본 도서 목록에서 가상디의 작품을 연구한 증거가 있는지를 샅샅이 실증적으로 조사한 후에 다음과 같은 결론을 내린 바 있다. "한편, 우리가 갖고 있는 증거에 기초해서 우리가 도출할 수 있는 가장 안전한 결론은 로크에 대한 가상디의 영향이란 보통 추정되고 있는 것보다 훨씬 제한적이었다는 것이다."(p.107) 그렇지만 로크 철학에 미친 가상디의 영향력의 정도를 둘러싼 이런 이견에도 불구하고 가상디가 로크 철학에 영향을 미쳤고, 두 철학이 특히 데카르트를 비판하는 데 있어 같은 목소리를 내고 있다는 데 대해서는 별다른 이의가 없다.

추종자들의 메아리가 너무나 자주 울려 퍼지고 있다고 해도 지나친 말이 아니다."[5] 로크 철학에 가상디의 흔적이 지울 수 없이 남아 있다는 사실은 곧 로크가 섹스투스 엠피리쿠스와도 긴밀한 관계를 맺고 있다는 것을 암시한다. 섹스투스 엠피리쿠스가 『피론주의 개요』에서 제기한 물음은 그대로 『인간지성론』에서 로크가 탐구하고자 한 문제이기도 하였다. 예를 들어, 섹스투스 엠피리쿠스가 "감관이 외적인 대상과 접하지 않을 때, 그래서 … 감관이 외적인 대상의 실재 본성에 대해 알려주지 않을 때, 어떻게 지성은 감관의 느낌들이 감관의 대상들과 비슷한지를 알 수 있을까?"[6]라고 물을 때, 이 질문은 로크의 질문이라고 해도 과언이 아니다. 로크가 『인간지성론』에서 어떤 회의주의자도 구체적으로 거명하고 있지 않지만, 회의주의와 관련해서 그의 철학의 배후에는 언제나 섹스투스 엠피리쿠스가 자리 잡고 있었다. 울하우스는 이런 사정을 다음과 같이 표현하고 있다. "로크의 질문에 대한 배경에는 지식의 가능성에 반대하는 많은 논증들로부터 야기된 당시의 논쟁이 있었다. 이런 논증들은 섹스투스 엠피리쿠스가 저술한 … 『피론주의 개요』에서 발견되는 것이었다."[7]

물론 섹스투스 엠피리쿠스가 제기한 물음들을 반복하고 있다고 해서 로크가 회의주의자가 되려고 했던 것은 아니다. 데카르트와 가상디가 그랬고 이후 거의 모든 주류의 근대 철학자들이 그랬던 것처럼, 로크도 피론주의에 대처하고 그것을 반박하고 극복하려고 하였다. 섹스투스 엠피리쿠스에 의해 열린 의심의 판도라 상자는 오히려 헬레니즘 시대보다 후기 르네상스와 근대 초기에 그 위험성이 인지되었고, 그리하여 "이 상자를 어떻게 닫을 것인가?" 하는 문제가 (몽테뉴, 샤롱, 벨 등과 같이 피론주의에 동조한 몇몇 철학자를 제외한다면) 데카르트와 로크로부터 흄, 칸트, 헤겔에 이르기까지 근대 철학

---

5) Richard I. Aaron, *John Locke*(London: Oxford University Press, 1971), p.9. p.224 참조. "그런데 로크는 여전히 충실한 가상디주의자이며 결코 이 학파를 버리지 않았다고 느꼈다. 그는 단지 이 학파의 가르침을 완벽하게 하고 그것을 좀 더 명시적으로 만들었던 것이다."
6) Sextus Empiricus, *PH* 2.74.
7) Roger Woolhouse, "Locke's theory of knowledge," in *The Cambridge Companion to Locke*(Cambridge/New York: Cambridge University Press, 1994), p.146.

자들을 관통하는 철학적 화두가 되었다. 로크가 1689년 그의 주저인 『인간지성론』을 정식으로 출판했을 때 철학계를 둘러싼 대강의 사정이란 이런 것이었고, 로크도 자신의 시대적 과제로부터 자유로울 수 없었다.

2. 피론주의에 대한 로크의 대응

로크는 『인간지성론』에서 인간 지식의 기원, 확실성 그리고 범위를 탐구하고자 한다. 그리고 이런 목적을 달성하기 위한 첫 단계로서 그는 무엇보다 먼저 "우리 자신의 지성을 조사하고 우리 자신의 능력을 검토해서 그것이 어떤 사물에 적합한지"[8]를 알아보아야 한다고 생각한다. 그는 이런 자신의 과제 설정이 회의주의에서 — 대개의 경우 피론주의에서 — 벗어나려는 작업임을 밝히고 있다.[9] 왜냐하면 우리의 능력 자체를 모르고 그래서 우리의 지적인 한계를 넘어선 곳까지 탐구를 확대할 경우 회의주의의 늪에서 빠져나올 수 있는 길은 없기 때문이다. "이와 같이 인간이 역량을 넘어서까지 탐구를 확장하고 확실한 근거도 찾을 수 없는 심연 속에서 배회하도록 한다면, 그가 문제를 제기하고 어떤 뚜렷한 해결책에도 이르지 못한 채 논쟁을 배가시키며, 단지 자신의 의심을 지속시키고 그것을 증가시켜서 마침내 완전한 회의주의(perfect scepticism)를 견고히 하는 데 적합하다는 것이 조금도 이상하지 않다."[10] 항해자가 측연선(測鉛線)의 길이를 안다고 해서 제 분수를 모르고 대양의 모든 깊이를 측정하고 알려고 한다면, 그것은 무모한 짓이고, 따라서 회의와 절망의 나락에 빠지지 않을 수 없을 것이다.

따라서 로크가 볼 때, 회의주의를 극복하거나 대응하는 데 있어 관건은

---

8) John Locke, *Essay* 1.1.7.
9) 로크는 대다수 근대의 철학자들과 마찬가지로 피론주의, 신아카데미학파의 회의주의, 근대의 회의주의를 엄격하게 구별하지 않고 있다. 그는 이것들을 모두 포함하는 넓은 개념으로 '회의주의'를 사용한다. 이 글의 내용상 피론주의, 신아카데미학파의 회의주의, 근대의 회의주의를 명기할 필요가 없는 곳에서는 로크의 용법에 따라 '회의주의'로 통칭한다. 그러나 대개의 경우 로크가 말하는 회의주의를 피론주의로 치환해도 무리가 없다.
10) John Locke, *Essay* 1.1.7.

"우리 지성의 역량을 잘 고찰해서 … 사물의 밝은 부분과 어두운 부분 사이의, 우리가 이해할 수 있는 것과 없는 것 사이의 경계를 구분짓는 지평선을 발견하는"[11] 데에 있다. 이 지평선을 발견하여 "우리 역량의 범위를 넘어서는 것으로 밝혀진 사물에 대해서는 무지한 상태로 조용히 있고,"[12] 우리가 알 수 있는 영역으로 밝혀진 사물에 대해서는 "자신들의 생각과 담론을 더 유리하고 만족스럽게 사용"[13]하면 된다. 회의주의가 배양될 수 있는 조건은 자기 능력을 월권하여 자기가 알 수 없는 영역까지 알 수 있다고 하는 과도한 인식적 야망에 있다. 원리적으로 알 수 없는 영역임에도 "진리를 발견했다."고 주장하는 저 독단주의가 실상은 회의주의가 위풍당당하게 행세하도록 만든 숙주인 셈이다. 회의주의가 자라고 있는 근본 원인이 밝혀졌기 때문에 이에 대한 로크의 대응책은 매우 명확하다. 회의주의가 기생하는 조건을 제거하면 되는 것이다. 즉 모든 영역에서 무차별적으로 지식을 주장하는 것이 아니라 우리의 능력을 넘어서는 무지의 영역이 있다는 것을 기꺼이 인정하는 것이다. 이렇게 로크는 회의주의가 장악하는 영역을 부정하지 않음으로써 회의주의에 대처하고자 한다.

그러나 로크가 회의주의를 수용한다고 해서 회의주의에 전적으로 동조하는 것은 아니다. 그는 앎과 무지 사이의 경계의 지평선을 찾아냄으로써 궁극적으로는 '완전한 회의주의'를 무너뜨리고자 하였다. 예컨대 독단주의자가 측연선의 길이로 모든 대양의 깊이를 측정할 수 있다고 과도하게 주장하는 사람들이라면, 회의주의자는 대양의 몇몇 깊이를 알 수 없다고 해서 지식의 정초 가능성 자체를 부정하는 (저 독단주의자와 마찬가지로) 과도하며 고압적인 태도를 견지하는 사람들이라고 할 수 있다. 로크는 회의주의자를 환한 햇빛이 없다는 이유로 일에 전념하지 않으려는 '게으르고 버릇없는 하인'[14]에 비유하고 있다. 이런 하인은 용서받을 수 없을 것이다. 다음 인용문에서 드러나는 회의주의자에 대한 로크의 신랄한 비판은 그가 "어떻게 회의주의

---

11) 같은 곳.
12) *Essay* 1.1.4.
13) *Essay* 1.1.7.
14) *Essay* 1.1.5.

에 대처할 것인가?"를 알려주는 것이기도 하다.

그리고 만약 지식이 미치는 범위 밖에 놓인 몇몇 사물이 있다는 이유로 우리가 지식의 이점을 과소평가하고 우리에게 주어진 목적에 맞게 지식을 개선하는 데 태만하다면, 어린애 같은 투정과 마찬가지로 용서할 수 없을 것이다. (…) 만약 우리가 모든 것을 확실히 알 수 없다고 해서 모든 것을 믿지 않으려 한다면, 우리 행동의 현명함의 정도는 날개를 전혀 갖지 않았다고 해서 다리를 사용하지 않고 조용히 앉아서 죽어가는 사람과 다르지 않을 것이다.[15]

로크가 생각하고 있는 회의주의자의 특징이 여기에 잘 나타나 있다. ① 회의주의자는 몇몇 인식 불가능한 지식의 종류가 있다는 이유로 어떤 지식도 획득할 수 없다는 인식적 절망의 결론을 내린다. 그래서 지식의 개선이란 그에게는 무의미한 일이다. ② 이런 인식적 절망에 기초해서 그는 어떤 믿음도 거부한다. 그리하여 그는 더 이상 삶을 유지할 수 없는 무기력한 상태에 이르게 된다. ①이 회의주의를 이론적 측면에서 규정한 것이라면, ②는 회의주의를 실천적 측면에서 규정한 것이라고 볼 수 있다. 회의주의에 대한 이런 로크의 규정은 거꾸로 회의주의에 대한 로크의 전체적인 대응 방향을 나타내준다. ①* 우리가 모든 것을 확실히 알 수는 없다고 해도 모든 지식을 부인할 수는 없다. 우리가 확보할 수 있는 지식들이 있고, 그것들은 개선될 수 있다. ②* 우리가 모든 것을 알 수는 없지만 그래도 우리는 일상적인 삶의 문제에 대처할 수 있고, 따라서 삶을 유지하는 데에 별 어려움이 없다. ①*과 ②*가 피론주의에 대한 로크의 직접적인 반박이라는 것은 더 이상 말할 필요도 없을 것이다.

이로써 회의주의에 대한 로크의 입장은 분명해진 듯하다. 그는 우리의 능력으로는 무엇이라고 주장할 수 없는 것들이 있음을 부정하지 않는다. 이런 점에서 그는 회의주의자이다. 그렇지만 지식의 결여란 무제한적으로 확대될 수 없으며, 우리가 삶을 영위하는 데 충분한 믿음들을 확보할 수 있다고 그는

---

15) 같은 곳.

생각한다. 요컨대 전면적인 절망으로 인도하는 저 피론주의에 대한 로크의 응답은 '건설적인 회의주의(constructive scepticism)'인 것이다. "그렇다면 로크는 어떻게 회의적 절망에 대처하고자 하는가? 이것에 대한 대답은 제한 적이면서도 **건설적인** 그의 회의주의의 본성에 놓여 있다."[16] '로크의 완화된 혹은 건설적인 회의주의'[17]는 저 고대의 피론주의처럼 우리가 외부 대상의 본성에 관해서 확실한 지식을 가질 수 있는가에 대해 판단을 할 수 없다는 회 의적 입장을 견지하면서도, 다른 한편으로 우리가 판단을 할 수 있는 세계에 관한 믿을 만한 (경험에 근거한) 지식이 있다고 긍정적으로 대답한다. 이런 건설적 회의주의는 르네상스 후기에 재생된 고대 피론주의에 대응하려는 여 러 철학적 입장들 가운데 하나였다. 보일(Robert Boyle, 1627-1691)과 글랜 빌(Joseph Glanvill, 1630-1680), 그리고 여타의 왕립학회의 회원들이 많은 영역에서 우리가 절대적 확실성을 지닌 지식을 얻을 수 없다는 점을 시인하 면서도 우리의 삶에 필요한 믿음들을 충분히 획득할 수 있다는 견해를 공유 하고 있었고, 로크는 이런 건설적 회의주의의 전통에 속해 있었다.[18]

『인간지성론』에서 로크는 우리의 인식 능력이 미치는 범위를 조사하였고, 무지와 지식을 가르는 경계의 지평선을 찾아내었고, 이를 바탕으로 극단적이 면서도 완전한 피론주의로부터 나올 수 있는 길을 마련하였다고 여겼다. 주 목할 만한 점은 『인간지성론』 4판의 겉표지에서 로크는 「전도서」의 구절과

---

16) Roger Woolhouse, *Locke*, p.9, p.11 참조. "… 지식의 범위에 대한 그의 기술이 기본적으 로 회의적이기는 하지만, 그것은 어디까지나 제한적이면서도 건설적인 회의주의이다."

17) Saul L. Fisher, *Constructive Skepticism and the Philosophy of Science of Gassendi and Locke*(Ann Arbor: U.M.I, 1992), p.102 참조. "로크의 완화된 혹은 건설적 회의주의 는 실체에 대한 우리의 파악에서 확실한 지식을 얻을 수 있는 가능성을 부정하지만, 우리가 개연성에 기반한 경험적 연구로부터 많은 것을 배울 수 있다는 것을 인정하고 있다." 건설적 회의주의자와 고대 피론주의의 차이점에 대해서는 피셔는 다음과 같이 언급하고 있다. "건 설적 회의주의자는 지식의 기준의 물음을 구분한다. 즉 우리가 지식이 (1) 확실하거나 (2) 믿 을 만한지를 판단하는 증거가 있느냐고 묻는 것이다. 전통적인 회의주의자는 두 질문에 대해 부정적으로 대답한다. 반면 건설적 회의주의자는 [(1)에 대해서는 부정적으로 대답하지만] (2)의 질문에 대해서는 긍정적으로 대답한다."(p.2)

18) 완화된 혹은 건설적 회의주의의 지적 배경과 성립 과정에 관해서는 Richard H. Popkin, *The History of Scepticism from Savonarola to Bayle*, pp.112-27 참조.

함께 키케로의 다음 진술을 부제(副題)로 달고 있다는 것이다. "무의미한 말을 지껄여 스스로 불쾌해지는 것보다는 모르는 것을 모른다고 고백하는 편이 훨씬 낫다."[19] 만사를 성취하시는 하느님의 말씀과 키케로의 주장을 그것도 겉표지에 로크가 적어 넣었다는 것은 결코 우연으로 볼 수 없다. 이것은 피론주의의 대응과 관련해서 로크가 최종적으로 호소하는 지점들을 암시하는 것이다. 스토아학파의 철학자들이 제기한 '행위 불가능성(apraxia)'의 논제를 두고 고대에 신아카데미학파와 피론주의가 대결을 벌였듯이, 『인간지성론』에서 신아카데미학파를 대변하고 있는 키케로와 피론주의를 대표하는 섹스투스 엠피리쿠스는 다시 일합(一合)을 겨루게 될 것이다. 나중에 밝혀지겠지만 『인간지성론』에서 건설적 회의주의로 등장한 로크는 다름 아닌 키케로이고 신아카데미학파의 회의주의자인 것이다.

3. 지식의 한계: 피론주의자로서의 로크

로크가 『인간지성론』 1권에서 하고 있는 작업은 본유관념을 공격하는 것이다. 후천적인 경험을 하지 않고도 우리가 어떤 관념을 가질 수 있다는 주장은 정당화될 수 없다. 예를 들어 "있는 것은 있다."는 동일률이나 "동일한 사물이 있으면서 동시에 없을 수는 없다."는 모순율과 같은 본유적인 원리가 있다면, 그것들은 어린아이나 백치, 야만인, 문맹인들한테서 가장 선명하고 뚜렷하게 나타나야만 한다. 왜냐하면 이들은 아무런 배움이나 교육도 받지 않아서 애초에 마음에 새겨진 이 원리들을 어떤 수정이나 왜곡도 없이 그대로 노정할 것이기 때문이다. "그러나, 아! 어린아이나 백치, 야만인, 문맹인들에게서 도대체 어떤 일반적인 공준이 발견되는가? (…) 이런 종류의 일반 명제들은 인디언들의 오두막에서는 거의 언급되지 않는다."[20] 이런 식으로 로크는 여러 본유적인 사변 원리와 실천 원리들을 가차 없이 공격하였는데, 그것은 지식의 경험론적 토대를 준비하기 위해서였다.

---

19) John Locke, *Essay*, p.1.
20) *Essay* 1.2.27.

어떤 본유관념도 존재하지 않는다면, 우리 마음은 애초에 어떤 글자도 적혀 있지 않으며 어떤 관념도 가지고 있지 않은 '백지(white paper)'[21]와도 같을 것이다. 그렇다면 지식의 모든 재료는 어디에서 오는가? 로크는 단호하게 대답한다. "여기에 대해 나는 한마디로 경험에서라고 대답한다. 우리의 모든 지식은 경험에 그 토대를 갖고 있다. 우리의 모든 지식은 궁극적으로 경험에서 유래한다."[22] 지식의 원천이 경험에 있다는 것은 외부 대상을 감관에 의해 지각하여 관념들을 얻거나 혹은 외부 대상이 없는 경우 마음이 작용하여 지각하는 관념들을 얻는다는 것을 뜻한다. 즉 모든 지식의 재료가 되는 관념을 우리가 얻을 수 있는 유일한 원천은 감각(sensation)과 반성(reflexion)이다. "(…) 이 두 가지 원천이 새겨 넣지 않은 관념은 마음속에 하나도 갖고 있지 않다는 것을 알게 될 것이다."[23] 우리 지성은 제 마음대로 지식의 재료를 고를 수 없다. 그것은 경험이 주는 재료들을 수동적으로 받아들일 수밖에 없고, 이 재료들이 공급되고 나서야 비로소 이것을 가공하고 변형하여 지식을 만들어낼 수 있다. "관념이 경험에서 산출되는 과정과 관념에서 지식이 산출되는 과정은 서로 다르다."[24] 이것을 로크는 단순 관념과 복합 관념으로 구분함으로써 설명한다. 감각과 반성으로부터 단순 관념들이 비축되면 "지성은 이것들을 거의 무한히 다양한 방식으로 반복하고 비교하고 결합하는 힘을 갖고 있기에 임의로 새로운 복합 관념들을 만들 수 있다."[25] 예를 들어 지성은 하양과 달콤함, 딱딱함이라는 단순 관념을 결합하여 '설탕'이라는 복합 관념을 형성한다.

지성은 자신의 역량을 발휘해서 단순 관념들을 결합하여 복합 관념을 능동적으로 형성해낼 수 있다. 그렇지만 설탕이라는 복합 관념은 하양, 달콤함, 딱딱함이라는 단순 관념이 없다면 지성이 아무리 힘이 있고 의욕에 넘쳐 있다 해도 그것을 만들어낼 재간이 없는 것이다. 재료가 있어야 요리사가 요리

21) *Essay* 2.1.2.
22) 같은 곳.
23) *Essay* 2.1.5.
24) 김효명, 『영국경험론』(서울: 아카넷, 2001), p.49.
25) John Locke, *Essay* 2.2.2.

를 할 수 있을 것이 아닌가! 경험이 날라다 주는 재료인 단순 관념이 있을 때만 지성은 작업을 할 수 있다. 그런데 이제 지식이 경험에서 유래하는 관념들과 관련된다는 로크의 주장은 곧바로 우리 지식의 한계가 어디에 있는지를 가리키는 것이기도 하다.

(1) 먼저 "우리는 우리가 갖고 있는 **관념들** 이상으로 **지식**을 가질 수 없다."[26] 경험론 일반의 대원칙에 해당하는바, 우리 지식은 우리가 지닌 관념에 원리적으로 한정되기 때문에 지식의 범위나 완전성의 측면에서 관념들 너머로까지는 도저히 나아갈 수가 없다. 우리 지식은 관념보다 협소할 수밖에 없다.

(2) 당연한 말이지만 관념이 결여된 곳에서 지식은 성립할 수가 없을 것이다. 우주 내에 있는 적지 않은 사물들이 너무 멀리 떨어져 있어서, 예컨대 "저 저택들[행성들]에 어떤 종류의 가구와 거주자들이 있는지에 대해 우리는 명석하고 판명한 **관념들**을 갖기는 고사하고 추측조차 할 수 없기"[27] 때문에 우리는 거대한 무지의 심연에 맞닥뜨리게 된다. 그런가 하면 그 대상이 너무 작아서, 예컨대 물질을 구성하는 미립자들의 모양, 크기, 조직, 운동은 우리가 감지할 수 없을 만큼 너무 미세해서 우리의 감관으로는 그것들에 대한 관념을 가질 수 없고, 따라서 "우리는 물체의 속성들과 작용 방식을 알지 못하는 데에 만족하지 않을 수 없다."[28] 멀리 떨어져 있어서 관찰할 수 없는 사물들의 경우 그것에 대한 관념을 우리가 가질 수 없다면, 또한 설사 관찰 범위에 들어왔다 하더라도 미세해서 그것들의 역학적 성질들에 대해 어떤 관념도 가질 수 없다면, 결국 "우리는 [물리적 사물에 대한] **과학적 지식**을 가질 수 없으며 물체에 관해서 일반적이고 유익하고 의심할 나위 없는 진리를 가질 수도 없다."[29] 소위 로크의 '입자 회의주의(corpuscular scepticism)'[30]에 따

---

26) *Essay* 4.3.1.

27) *Essay* 4.3.24.

28) *Essay* 4.3.25.

29) *Essay* 4.3.26.

30) Daniel Garber, "Locke, Berkeley, and Corpuscular Scepticism," in *Berkeley: Critical and Interpretive Essays*, ed. by Colin Turbayne(Minneapolis: University of Minnesota Press, 1982), p.177.

르면, 그것에 대한 관념이 결여된 사물과 관련해서 그것들의 은폐된 본성이나 실제 구성, 작용을 확실하게 알 수 있다거나 증명할 수 있다고 주장하는 것은 일종의 사칭(詐稱)이고, 무지의 경계를 무단으로 침입한 독단주의자의 뻔뻔한 월경(越境)에 해당하는 것이다.

(3) 관념이 결여되어 있다면 우리는 지식을 가질 수 없다. 그러나 관념을 가졌다고 해서 우리가 지식을 가질 수 있는 것은 아니다. 또 다른 무지의 원인은 "우리가 가진 **관념들 간의 발견 가능한 결합의 결여**"[31]에 있다. 관념들이 있다 하더라도 그것들 상호 간에 결합을 결여한 경우, 즉 필연적인 연관이나 수반을 결여한 모든 경우에 "우리는 보편적이고 확실한 지식을 전혀 가질 수 없다."[32] 예컨대 '삼각형'과 '세 각이 합이 두 직각과 같음'의 관념은 따로 떼어놓고 생각할 수 없을 만큼의 필연적인 결합을 맺고 있고, 전자가 후자를 필연적으로 수반하기 때문에 우리는 "삼각형이라면 이런 각을 반드시 가지고 있음"을 아는 것이다. 그런데 이런 수학적인 지식과는 달리, 우리는 이 세상 물리적 사물들의 속성이나 힘, 작용의 관념들과 관련해서 관념들 간의 필연적인 관계를 발견할 수 없다. "금(金)이 황산에서 용해된다."고 할 때, 우리는 금과 황산에서의 용해 사이에서 논리적으로 증명할 수 있는 필연적인 결합을 찾을 수 없다. 우리는 경험과 실험을 통해서 "금이 황산에서 용해된다."는 정보를 얻지만, 그것은 확실하고 보편적인 지식이 아니며, 설사 지식으로 부를 만하다 해도 유추에 의한 추측 이상의 것이 아니다. "… 우리가 황금의 이런 속성을 단지 경험으로부터만 배울 때, 우리는 '금이 황산에서 용해된다.'는 것을 볼 뿐이지, 그것이 **반드시** 그래야 한다는 것을 아는 것은 아니다."[33] "금이 황산에서 용해된다."는 것은 관찰과 실험을 통해 경험할 수 있는 것이지만, 금에 대한 관념과 황산에서의 금의 용해의 관념 사이의 필연적인 결합을 발견할 수는 없기 때문에 확실하고 보편적인 지식의 차원에서 그것을 알 수는 없는 노릇이다. "왜 우리는 무지한가?"를 논의한 후에 도달한

---

31) John Locke, *Essay* 4.3.28.
32) 같은 곳.
33) Roger Woolhouse, *Locke*, p.85.

로크의 다음 결론은 우리가 섹스투스 엠피리쿠스의 논변에서 보았던 것과 하등 다를 것이 없다.

> 따라서 우리는 우주와 우주에 포함된 모든 사물의 전체 본성을 결코 파악할 수 없으므로, 주위에 있는 물체나 우리의 일부를 구성하는 신체에 대한 철학적 지식을 가질 수 없다고 겸손하게 생각한다 하더라도 이는 우리 지식에 해를 끼치지는 않을 것이다. (…) 우리는 개별 경험이 사실에 대해 우리에게 일러주는 것 이상으로, 달리 실험해보면 유사 물체들이 어떤 결과를 산출할 것인지를 유추에 의해 추측하는 것 이상으로 나아갈 수는 없다. 나는 우리가 (정신적 존재자들은 말할 것도 없고) 자연 물체에 관한 완전한 학문을 가질 수 없다고 생각하며 이런 것을 추구하는 일은 노력 낭비라고 결론짓겠다.[34]

섹스투스 엠피리쿠스가 그랬듯이 로크 역시 우리는 사물의 진짜 본성에 대한 주장을 할 수는 없다는 회의주의에 도달하였다. 로저스가 지적하고 있듯이, 이런 측면에서 저 고대의 피론주의는 로크의 인식론에서 부활하고 있는 셈이다. "1. 피론주의자들처럼 로크도 (관념으로 부르는) 현상으로 시작하며, 우리는 현상 배후에 있는 사물 자체에 도달하기를 기대할 수 없다고 주장한다."[35] 피론주의자로서 로크에 따르면, 우리는 사물의 현상에 대해서만 무엇이라 말할 수 있을 뿐 현상의 배후에 있는 사물 자체의 본성 안으로 침투해

---

34) John Locke, *Essay* 4.3.29.

35) G. A. J. Rogers, "John Locke and the Skeptics," in *The Return of Skepticism: From Hobbes and Descartes To Bayle*(Dordrecht/Boston/London: Kluwer Academic Publishers, 2003), p.47. 로저스는 로크가 비록 만개한 피론주의자는 아니지만 피론주의자로 볼 수 있는 근거를 인용문에 이어 다음과 같이 들고 있다. "2. 우리가 확실성에 도달하기를 희망할 수 없는 탐구의 주요한 영역들이 있다는 사실에 대해 별 염려를 하지 않는다는 점에서 로크는 피론과 입장을 공유한다. 그는 인간 탐구의 대부분의 영역에서 개연성이 우리가 바랄 수 있는 최선의 것이라는 점을 기꺼이 용인한다."(p.47) 그러나 이것은 틀린 언급이다. 개연성을 내세운 것은 피론주의자들이 아니라 신아카데미학파의 카르네아데스였다. 로크가 '개연성'에 호소할 때, 그가 불러들이고 있는 고대 회의주의자는 피론주의자가 아니라 신아카데미학파의 회의주의자들이다.

들어갈 수는 없다. 로크의 비유를 차용한다면, 갓 시골에서 올라온 촌부가 저 유명한 스트라스부르(Strasbourg) 시계를 보았다고 해서 그것을 실제로 구성하는 온갖 장치들을 파악할 수는 없는 노릇이다. 그는 "겨우 시곗바늘의 움직임을 보고 소리를 듣고 단지 일부 외양을 관찰하는 식으로 시계를 응시할"[36] 뿐이다. 요컨대 인간의 지식은 실체의 실재적 본질로 확장될 수 없기에 이 영역에서 우리는 철학적 지식을 가질 수 없다고 겸손하게 고백해야 하는 것이다.

4. 확실한 지식과 개연적 지식의 경계

관념들의 결여나 관념들 간의 필연적 결합의 결여로 인해 로크는 피론주의자가 되었다. 그러나 로크가 '완전한 회의주의'의 일원이 되려는 것은 아니다. 우리가 알 수 없는 무지의 세계가 상당 부분 있다 하더라도 그것이 전부는 아니다. 우리가 확실하게 알 수 있는 영역이 있다. 로크가 인간 지식에 한계를 설정하고 무지의 영역을 밝힌 까닭은 어떤 면에서는 이 무지의 영역이 더 이상 관철될 수 없는 확실한 지식의 범위를 확보하기 위한 것이기도 하다. 가버가 언급하고 있듯이 "로크의 비관주의가 우리에게 회의적으로 보일지 모르지만, 로크가 그것을 이런 식으로 보지 않았다는 점에 주목하는 것은 흥미롭다. 로크는 인간 지식에 한계를 설정하는 기획을 사실상 회의주의를 치유하는 데 있어 중요한 단계로 보았다."[37]

그렇다면 우리가 획득할 수 있는 지식은 어떤 것인가? 우리가 단순히 관념들을 가졌다고 해서 지식을 갖는 것은 아니다. 그것은 지식을 위한 충분조건이 아니다. 지식이 성립하려면 "우리의 관념들 간의 결합과 일치, 혹은 불일치와 모순에 대한 지각"[38]이 있어야 한다. 좀 더 구체적으로 말한다면, 우리가 관념들 간의 동일성, 관계, 필연적 결합, 그리고 관념과 현실의 실재적 존재와의 일치를 지각하는 경우에만, 우리는 지식을 가질 수 있다.

---

36) John Locke, *Essay* 3.6.3.
37) Daniel Garber, "Locke, Berkeley, and Corpuscular Scepticism," p.178.
38) John Locke, *Essay* 4.1.2.

먼저 우리는 두 관념 간의 일치나 불일치 자체를 다른 관념의 개입 없이 직접적으로 지각할 수 있다. 예컨대 "하양은 검정이 아니고, 원은 삼각형이 아니고, 셋은 둘보다 많다."는 것과 같은 종류의 진리들을 우리는 "어떤 다른 관념들의 개입 없이 순전히 **직관**에 의해 보자마자 지각한다."[39] 이 '**직관적 지식**'[40]은 '직관적'이기에 증명하거나 조사할 필요도 없으며, 추호도 의심할 수 없을 만큼 불가항력적으로 진리로 받아들일 수밖에 없는 '가장 명석하고 가장 확실한 지식'[41]이다. 이 지식에는 조금의 오류도 있을 수 없다. 나 자신의 존재에 관한 지식도 직관적 지식에 속한다. "**우리 자신의 존재**에 대하여 우리는 그것을 매우 분명하게 그리고 매우 확실하게 지각하므로 어떤 증명을 할 필요도 없고 할 수도 없다. 왜냐하면 우리 자신의 존재보다 더 명백한 것이 우리에게 있을 수 없기 때문이다."[42]

두 번째 등급의 지식은 '**증명적 지식**'[43]이다. 이 지식에서 우리의 마음은 직접적으로 관념들 간의 일치와 불일치를 지각하는 것이 아니다. 그것을 하기 위해서는 관념들의 매개를 필요로 한다. 예컨대 수학적 지식이 이에 해당된다. (로크는 도덕적 지식도 그렇다고 보았다.) 삼각형의 세 각의 합과 두 직각의 크기의 일치나 불일치를 지각할 때, 이것들을 직관적으로 직접 보고 알 수는 없다. 다른 관념을 이용하여 이것들의 일치를 입증할 수 있는, 지성에 의한 수학적 증명이 필요하다. 직관적 지식과는 달리 이런 증명이 이루어지기 전까지 관념들 간의 일치와 불일치 여부는 알 수 없기 때문에 증명적 지식은 입증의 '수고와 집중'[44]을 요구한다. 또한 증명의 각 단계가 직관적 확실성을 갖는다 해도 "긴 연역이나 많은 입증의 사용에서 기억력이 늘 그렇게 신속하고 정확하게 유지되는 것이 아니기 때문에 … 증명적 지식은 직관적 지

---

39) *Essay* 4.2.1.
40) 같은 곳.
41) 같은 곳.
42) *Essay* 4.9.3. 직관으로 알 수 있는 자명한 명제의 예에는 다음과 같은 것들이 있다. "동일한 물체가 동시에 두 장소에 있을 수 없다."(4.18.5) "… 그야말로 아무것도 없는 무에서는 어떤 **실재적 존재자도 산출될 수 없다.**"(4.10.3)
43) *Essay* 4.2.1.
44) *Essay* 4.2.4.

식보다 불완전하다는 사달이 난다."[45] 관념들의 일치나 불일치를 지각하는 데 있어 지성은 직관보다 못하다.

증명적 지식의 또 다른 대표적인 예로 로크는 신의 존재에 관한 지식을 들고 있다. 이것은 간략하게나마 언급할 필요가 있는데, 로크는 직관적 지식과 마찬가지로 이 지식도 역시 회의로부터 면제된다고 생각하기 때문이다. 그가 이 증명의 출발점으로 삼은 것은 "우리는 모두 자기 자신이 존재한다는 것을 안다."는 우리 자신의 존재에 관한 직관적 지식이다. 로크는 이 지식으로부터 추론을 통해 신의 존재에 대한 지식으로 나아가려 한다. 이 추론을 위해 그는 다시 다른 직관적 지식을 필요로 하는데, 그것은 "그야말로 아무것도 없는 무에서는 어떤 실재적 존재자도 산출될 수 없는 것은 무가 두 직각과 같을 수 없는 것과 마찬가지"[46]라는 명제이다. 그렇다면 벌써 나 자신이 존재한다는 것은 적어도 하나의 실재적 존재가 존재한다는 것을 말해준다. 그런데 시작점을 갖는 모든 존재는 어떤 다른 실재적 존재에 의해 산출된 것이다. 이런 식으로 무한하게 그 출발점을 소급해 올라가면 "언제 어느 때 존재하는 어떤 것에 대해서도 그 자체 출발점을 갖지 않는 한 존재[자]가 있어야만 한다."[47] 모든 존재자의 원천으로서 영원토록 존재했던 이 존재자는 모든 힘의 원천이자 기원이고, 따라서 "이 영원한 존재자 역시 전능한 것이어야 한다."[48] 또한 우리는 우리 자신에게서 지각과 지식을 발견한다. 지식을 전적으로 결여하고 전혀 지각을 하지 않는 어떤 존재자가 우리와 같이 지각하고 인식하는 존재자를 산출할 수는 없을 것이다. 이로부터 어떤 전지한 지적인 존재자가 있다는 것도 확실하다. 이런 전제들에 기초해서 마침내 로크는 신의 존재에 대한 지식을 확립했다고 여긴다. "따라서 우리 자신에 대한 고찰로부터 그리고 우리 자신의 구조에서 영락없이 발견할 수 있는 것에 대한 고찰로부터 우리 이성은 영원하고, 전능하며, 전지한 존재자가 있다는, 이 확실하고 명증한

---

45) *Essay* 4.2.7.
46) *Essay* 4.10.3.
47) 프레데릭 코플스톤, 『영국 경험론』, 이재영 옮김(파주: 서광사, 1991), p.162.
48) *Essay* 4.10.4.

진리에 관한 지식으로 우리를 이끈다."[49] 로크의 논증은 신의 존재에 대한 우주론적 논증과 인과론적 논증을 결합한 것처럼 보이며, 이를 통해 모든 완전함을 자체 내에 포함하고 있는 존재를 입증한다.

로크에 지식론에 의하면, 직관적 지식과 증명적 지식 이외에 우리는 개별적인 사물에 대한 '감각적 지식'[50]도 가질 수 있다. 직관적 지식은 가장 명석하고 가장 확실한, 오류의 가능성이 전혀 없는 지식의 최상의 등급이었다. 가령 "있는 것은 있다." 혹은 "동일한 사물이 있으면서 동시에 있을 수 없다."는 동일율과 모순율의 명제들은 '보편적이고 자명한 원리들'[51]이다. 이에 비해 증명적 지식은 일련의 긴 입증을 거쳐야 하기 때문에 직관적 지식처럼 완전하게 명석하고 판명하지는 못하다. 그러나 그렇다 하더라도 삼각형의 세 각의 합과 두 직각의 크기의 일치와 불일치에서 알 수 있듯이 그것은 보편적이고 확실한 지식이다. 이런 지식들이 이렇게 보편성과 확실성을 지닐 수 있었던 근본적인 이유는 외부의 세계와 직접 부딪쳐서 얻는 관념들이 아니라, 어디까지나 우리 마음 안의 관념들과만 관계 맺을 수 있었기 때문이다. 관념들 간의 일치를 척 보고 알거나 그 필연적 관계를 연역 추론에 의해 알 수 있었던 것이다. 직관적 지식과 증명적 지식에 대한 로크의 논의는 데카르트의 그것을 연상시킨다. 데카르트는 『정신 지도를 위한 규칙』의 「규칙 3」에서 다음과 같이 주장한 바 있다. "우리가 다루려는 대상에 관해, 우리는 다른 사람들이 생각했던 것이나 우리 자신이 예측하는 것이 아니라, 명석하고 명증적으로 직관되는 것이거나 아니면 연역되는 것만을 고찰해야 한다. 오직 이런 방식으로만 지식은 획득될 수 있기 때문이다."[52] 로크는 모든 지식의 기원이 경험에서 나오는 것으로 보았고, 그래서 경험에 의해 도출되지 않거나 확립되지 않는 원리들을 경계하였지만, 지식의 등급과 관련해서 직관과 연역에 호소할 때 그는 이 경계를 풀어버린 듯하다.

---

49) *Essay* 4.10.6. 4.10.10 참조.
50) *Essay* 3.3.5.
51) *Essay* 4.7.14.
52) René Descartes, *CSM* I, p.13[X, 366]. p.48[X, 425] 참조.

직관적 지식과 증명적 지식은 확실하고 보편적이며 따라서 이것들은 지식의 등급이 될 수 있다. 그러나 "외부 대상으로부터 관념들이 실제로 들어오는 것에 대해 우리가 지각하고 의식함으로써 갖게 되는 개개의 외부 대상의 존재에 대한 [감각적] 지식"[53]은 사정이 다르다. 금과 황산에서의 용해의 예에서 보았듯이, 우리는 외부 물체와 관련해서는 보편적이고 확실한 완전한 학문을, 달리 표현하면 의심할 나위 없는 과학적 지식을 가질 수가 없다. 외부 대상들은 너무 멀리 떨어져 있거나 그 구성 입자가 미세하여 그것들의 관념은 주어질 수 없고, 설사 주어질 수 있다 하더라도 우리는 관념들 간의 필연적 관계를 발견할 수가 없기 때문이다. 그래서 로크는 직관적 지식과 증명적 지식 이외에 모든 진리는 "신앙이나 의견일 뿐 지식이 아니다."[54]라고 선언했고 피론주의자가 되었다. 그런데 이제 와서 그는 감각적 '지식'을 주장하고 있다. 그의 입장이 수미일관하다면, 감각적 지식이 '지식'이 아님을 로크는 인정해야 한다. 그리고 로크는 그렇게 하고 있다. "[우리 외부에 있는 유한한 존재자의 개별 존재에 적용되는] 이 지각은 단순한 개연성을 넘어서는 것으로 앞서 말한 확실성의 등급들 중 그 어느 것에도 완전히 미치지 못하지만 지식이라는 이름으로 통용되는 것이다."[55] 그러니까 엄밀히 말해서 감각적 지식은 지식은 아니지만 '지식'으로 통용될 수 있다는 것이다. 그것은 확실하지도 보편적이지도 않기에 결코 완전한 학문의 지위를 획득할 수는 없지만 '지식이라는 이름을 가질 만한 정도의 확신(assurance)'[56]을 준다. 다시 말해 감각적 지식은 원칙적으로 지식의 등급이 될 수 없지만 추측하고 의심하고 불신할 수 있는 단순한 개연성을 넘어서서 가장 높은 정도의 개연성을 갖고 확실성에 육박하는, 말하자면 "개연성과 확실한 지식 사이를 거의 또는 전혀 구별할 수 없는 … 확신으로[까지] 상승"[57]한 '지식'으로 부를 만한 것이다.

앞에서 로크는 우리가 갖고 있는 관념들 이상으로 지식을 가질 수 없고,

53) John Locke, *Essay* 4.2.14.
54) 같은 곳.
55) 같은 곳.
56) *Essay* 4.11.3.
57) *Essay* 4.16.6.

"관념들 사이의 일치나 불일치에 대한 지각 이상으로 지식을 가질 수 없다."[58]는 지식의 근원적 범위를 지적한 바 있다. 그런데 이제 그가 '지식'이라 칭한 이 감각적 지식은 그가 설정한 한계선을 위반한다. 즉 감각적 지식은 단순히 관념들 간의 일치나 불일치에 그치는 것이 아니라, 관념이 외부 사물과 실제로 합치하는지를 문제 삼는 '실재적 지식(real knowledge)'[59]이라는 것이다. 실재적 지식으로서 감각적 지식은 관념의 영역 외부의 세계와 관련을 맺고 있기 때문에 그것은 어떻게 해도 직관적 지식이나 증명적 지식처럼 확실한 지식이 될 수 없고, '확신'이라는 부대 단서를 달고 있어야 하는 일종의 개연적 추정이나 믿음이다. 『인간지성론』 4권의 4장에서 로크는 지식의 실재성에 관한 자신의 논의를 이렇게 요약하고 있다. "우리가 **관념들** 간의 일치나 불일치를 지각하는 어디에나 확실한 지식이 있다. 또 우리가 **관념들**이 사물의 실재와 일치한다고 확신하는 어디에나 확실한 실재적 지식이 있다."[60] 여기에서도 분명하게 드러나듯이, 직관적 지식이나 증명적 지식에서처럼 로크의 지식 정의에 부합하는 지식이 되려면, 관념들 간의 일치나 불일치에 대한 우리의 지각이 필요하다. "그러나 [감각적 지식에서처럼] 지식을 실재적으로 만들기 위한 요구는 관념들과 실재의 일치에 대한 '우리의 확신'뿐이다."[61]

---

58) *Essay* 4.3.2.

59) *Essay* 4.4.4.

60) *Essay* 4.4.18.

61) Lex Newman, "Locke on Knowledge," in *The Cambridge Companion to Locke's "Essay concerning Human Understanding"*, ed. by Lex Newman(Cambridge/New York: Cambridge University Press, 2007), p.348. 로크는 지식을 관념들 간의 일치 불일치에 대한 우리의 지각으로 규정하였다. 이 정의를 감각적 지식의 영역에까지 그대로 적용하면 감각적 지식은 성립될 수 없다. 왜냐하면 감각적 지식에서는 관념과 실제 사물 간의 일치 관계가 다루어지고 있기 때문이다. 그러나 뉴먼이 보기에 로크의 지식론 자체 내에서 발생하는 듯이 보이는 공식적인 긴장은 해소될 수 있다. 그의 제안은 감각적 지식을 단순히 지각적 확실성에 한정하지 않고 개연성의 맥락에 놓아 확신으로까지 확대하자는 것이다. 즉 감각적 지식을 '지식'과 '확신'이라고 하는 '이중적으로 인식된 관계(dual cognitive relations)'(p.351)를 지닌 것으로 여기자는 것이다. 로크 지식론에서 나타날 수밖에 없는 갈등을 로크의 여러 주장에 기초해서 해소한다는 점에서 뉴먼의 작업은 매력적이다. 그렇기는 하지만 여전히 문제는 남는다. 로크는 관념들과 외부 사물의 일치, 혹은 외부 사물의 존재에 대한 지식을 때때로 개연적 확신의 차원이 아니라 그야말로 조금도 의심할 수 없는 지식으로 서술하고 있기 때문이다.

감각적 지식의 확신은 반드시 지각적 확실성을 수반하지 않는다. 물론 그것은 실재적 확실성을 가질 수 있다. 그렇다 해도 그것은 근본적으로는 가장 높은 수준에서이긴 하지만 개연성에 놓여 있다.

"감각적 지식이란 우리의 확신"이라는 주장과 결부하여 로크가 호소하는 능력이 판단이다. 만약 우리가 확실하고 보편적인 지식만을 지식으로 고집한다면 우리는 매우 제한된 관념의 세계에만 머물 것이다. 우리가 외부 세상과 교섭하며 그 속에서 살기 위해서는 우리 밖에 실재하는 사물을 관찰하고 실험하고 경험해서 얻는 일종의 정당화된 믿음, 즉 감각적 지식이 필요하다. 여기에서 관건이 되는 것은 관념들 간의 일치나 불일치에 대한 확실한 지각이 아니라 "[관념들 간의] 일치나 불일치가 확실히 드러나기 전에 그렇다고 여기는 추정(presume)"[62]이다. 관념들 간의 일치나 불일치를 확실히 지각할 수 없을 때, 가장 그럴듯하게 관념들 간의 일치와 불일치를 추정하며 관념들과 실제 사물을 결합시키거나 분리시키는 능력이 판단이다. 로크의 표현을 빌리면 "명석하고 확실한 지식을 얻는 일이 불가능한 경우, 그 결핍을 보충하기 위해서 신이 사람에게 준 능력이 바로 판단인 것이다."[63] 눈치 빠른 사람이라면, 로크가 어디에서 섹스투스 엠피리쿠스를 집중적으로 공격하려 하는지를 예감할 수 있을 것이다. 피론주의자들은 자나 깨나 판단유보를 관철하려고 하였다. 섹스투스 엠피리쿠스는 판단유보를 포기할 경우 회의주의자로서의 정체성을 상실한 것으로 보았다. (신아카데미학파의 카르네아데스가 개연성을 실천 기준으로 설정했을 때, 섹스투스 엠피리쿠스가 왜 그렇게 분개했는가를 상기해보라.) 로크가 "빈번하고 통상적인 관찰을 통해 두 관념들이 일치하거나 불일치한다고 [지각하는 것이 아니라] 생각하거나 여기는"[64] 우리의 판단 능력을 적극적으로 활용하고자 했을 때, 섹스투스 엠피리쿠스의 입장에서 보면, 그는 이미 넘어서는 안 될 다리를 건넌 셈이다. 로크가 섹스투스 엠피리쿠스가 쌓아놓은 장벽을 뚫고 신아카데미학파의 회의주의자와 극

---

62) John Locke, *Essay* 4.14.4.

63) *Essay* 4.14.3.

64) *Essay* 4.17.17.

적으로 만나 섹스투스 엠피리쿠스를 협공하게 되는 지점이 바로 '판단'이라고 볼 수 있다.

5. 감각적 지식의 위상: 개연성

로크는 우리가 자연 물체에 관해서는 철학적 지식이나 완전한 학문을 가질 수 없으며, 그것을 추구하는 일은 노력 낭비라고 보았다. 즉 아무리 관찰과 실험이 발달해도 감각적 지식이 절대적 확실성을 지닌 지식이 될 수는 없다는 것이다. 그러나 이 지식이 아무짝에도 쓸모없는 것은 아니다. 그것은 우리가 확신할 만큼 가장 높은 정도의 개연성을 가질 수 있기 때문이다. 그렇다면 어떻게 감각적 지식은 거의 확실하다시피 한 진리가 될 수 있을까?

(1) 먼저 로크는 우주 내 물체가 너무 멀리 떨어져 있거나 물체를 구성하는 입자들이 너무 미세하기 때문에, 즉 관념의 결여로 인해 우리가 지식을 가질 수 없다고 주장하였다. 그러나 이런 관념의 결여는 극복할 수 있는 것이다. "만약 지금보다 천 배나 만 배 더 대상을 확대시킬 수 있는 현미경이 발달한다면",[65] 또는 망원경이 발달한다면, 우리의 감관은 멀리 떨어진 물체에 대한 관념을 얻을 수 있으며, 또한 우리 눈에 은폐된 물체의 미세한 입자들의 실재적인 구조도 분간해낼 수 있을 것이다. 진리를 발견할 수 있는 수단은 과학의 발전과 함께 개선될 것이고, 그래서 관념의 결여가 초래한 무지의 영역은 점차 축소되어갈 것임이 분명하다.

로크가 입자주의의 입장을 견지했다고 해서, 당연한 말이겠지만, 그가 이것을 절대적인 확실성을 갖는 이론으로 여기고 있는 것은 아니다. 그는 입자주의가 갖는 난점을 인지하고 있었다.[66] 그럼에도 그는 "입자 가설이야말로

---

65) *Essay* 2.23.11.

66) Margaret D. Wilson, "Superadded Properties: The Limits of Mechanism in Locke," in *American Philosophical Quarterly* 16(1979), pp.144-7 참조. 예컨대 물질의 충전적인 부분들의 응집과 운동의 전달은 입자설에 의해서는 설명될 수 없다. 윌슨에 의하면, 이렇게 보일의 기계론이 지닌 설명력의 한계를 로크가 파악했기 때문에 그는 이것들을 신에 의해 부과된 것이거나 신의 의지와 결합된 것으로 간주하였다.

물체 성질에 대한 이해 가능한 설명들 중 가장 탁월하다."67)고 생각하였다. 로크는 "[지식을] 생각할 수 없다고 해서 [지식이] 불가능하다고 추론하는 것을 결단코 거부했다."68) 그에게는 지식에 있어서 조그마한 진보라도 가져올 수 있는 것이라면 가치 있는 것이었다.

(2) 그러나 우리가 외부 사물에 대한 관념을 가졌다고 해서 이 관념들의 필연적 관계를 발견할 수 있는 것은 아니다. 그래서 우리는 사물에 대해 무지할 수밖에 없었다. "금이 황산에서 용해된다."는 것을 우리는 알 수 있지만, 좀 더 정확하게 말해서 그렇다고 확신을 갖고 추정할 수는 있지만, 그것이 반드시 그렇다는 것을 확실하게 알 수는 없는 것이다.

로크는 우리가 지니고 있는 관념을 산출하는 힘을 물체 자체가 가지고 있다고 보면서 이 힘을 '성질(quality)'로 규정한다. 예컨대 '금'이라고 하는 어떤 물체의 경우, 우리가 그것의 실재적 본질에 대해서 알 수 없을지라도 그것은 우리에게 무거우며, 황산에서 용해되며, 노랑 등의 관념을 산출하는 힘, 즉 성질을 갖고 있다. 성질들 가운데 어떤 것들은 물체가 어떤 변화를 겪든지 그것들과 전혀 분리할 수 없다. 밀알 한 개를 두 부분으로 나누어도, 그것의 충전성, 연장, 모양, 가동성 등은 그대로 있다. 이런 분리 불가능한 성질들이 "물체의 **본래적인 성질** 또는 **제1성질**이다."69) 이와는 달리 "사실상 대상들 자체에는 없는 것이지만, 대상들의 **제1성질**에 의해 우리 안에 다양한 감각을 일으키는 힘으로서의 **성질들**"70)이 있다. 이것들이 제2성질이며, 색깔, 소리, 맛, 냄새와 같은 것들이다. 로크의 성질론에 의하면, 제1성질이, 즉 물체들의 부피, 모양, 구조, 운동, 크기와 수가 우리의 감관에 작용하여 제2성질인 물체들의 색깔과 냄새, 맛, 소리와 관련된 다양한 감각을 산출한다.

어떻게 제1성질과 제2성질이 관념을 산출하는가와 관련해서 보자면, 양자

---

67) John Locke, *Essay* 4.3.16.
68) Giuliana Di Biase, "〈A Little Knowledge is Still Knowledge〉: Some Remarks about Locke's Scepticism Concerning Scientific Knowledge," in *RSÉAA* XⅦ-XⅧ 69(2012), p.163.
69) John Locke, *Essay* 2.8.9.
70) *Essay* 2.8.10.

의 관념은 모두 외부 대상들에서 발산된 "감각되지 않는 입자들이 우리 감관에 작용하여 산출된다."[71]는 점에서는 별 차이가 없다. 그렇지만 산출된 제1성질의 관념들과 제2성질의 관념들 사이에는 커다란 차이가 있다. 우선 "물체들의 제1성질의 관념은 이 성질들과 유사한 … 반면, 제2성질에 의해서 우리 안에 산출되는 관념들은 제2성질과는 전혀 유사하지 않다."[72] 제2성질의 경우, 우리의 관념과 유사한 어떤 것도 물체들 자체 안에 있지 않다. 예컨대 '노랑'이나 '달콤함'의 관념은 만나라고 하는 물체 자체 안에 있는 '노랑', '달콤함'의 모사물이 아니다. 제2성질의 관념들은 그 물체의 어떤 크기, 모양 그리고 운동이 우리 감관에 작용한 결과에 지나지 않는다. 만나에 '노랑', '달콤함'과 같은 제2성질의 관념들은 존재하지 않는다. 반면 만나의 부분의 크기, 모양, 운동의 관념은 실제 만나 안에 있다. 그것은 "누군가의 감관이 이것들을 지각하든 말든 상관없이 그러하다."[73] 왜냐하면 그런 관념들이 실제의 만나 한 조각에 있기 때문이다. 요컨대 제1성질의 관념들은 지각하는 사람이나 지각되는 대상이 처한 지각 조건에 좌우되지 않는 반면, 제2성질의 관념들은 영향을 받는다. 가령 반암(斑岩)은 지각 조건이 변하면, 빨간색 관념을 산출하기도 하고 흰색 관념을 산출하기도 하며 "주변이 어두울 때는 반암은 아무런 색깔도 갖지 않는다."[74] 이것은 곧 색깔 관념이 반암 그 자체에는 있지 않다는 것을 보여주는 것이다. 반암에 있는 것은 우리 안에 그런 관념들을 산출하는 힘을 가진 물질 구조일 뿐이다. 지각 조건에 따라 색깔이 가변적인 것과는 대조적으로 우리는 반암의 동일한 물체를 둥글면서도 네모난 모양의 관념으로 지각할 수는 없다. 왜냐하면 어떤 특정한 모양의 관념이 실제로 반암에 있기 때문이다. 날이 밝거나 어두워지거나에 상관없이, 또 지각자가 깨어 있든 잠자고 있든, 반암이 네모라면 네모인 것이다. 이렇게 제1성질과 제2성질의 관념들을 구별할 경우 "우리는 왜 동일한 물이 동일한 시간에 한쪽 손으로는 차가움의 관념을 산출하고 다른 한쪽 손으로는 뜨거움의 관념을

---

71) *Essay* 2.8.13.
72) *Essay* 2.8.15.
73) *Essay* 2.8.17.
74) *Essay* 2.8.19.

산출할 수 있게 되는지를, (…) 한 손에는 구의 관념을 산출했던 모양이 다른 손에는 사각형의 **관념**을 산출하지 않는지"[75]를 이해하고 설명할 수 있다.

제1성질과 제2성질의 관념들은 그것들이 물체와 유사한지 아닌지, 물체 안에 있는지 아닌지, 그래서 지각 조건과 상관없이 불변하는지 아니면 지각 조건에 좌우되고 그래서 가변적인지에 따라 구분된다. 그런데 이렇게 로크가 "물체 안에 있는 성질들과 그것들로 마음속에 산출되는 관념들 간의 차이"[76]를 구별한 것은 "피론주의의 논의 방식을 미연에 방지하고자"[77] 했기 때문이다. 피론주의자들이 상대방을 물리치기 위한 고유의 방법은 등치였다. 피론주의자들은 "반암이 빨갛다."고 주장하는 독단주의자 앞에 그것과 동등한 비중을 갖고 맞서는 "반암은 하얗다."는 대립하는 독단적 주장을 제시하고, 그리하여 어느 쪽 주장이 참인지에 대해 판단유보를 할 것을 촉구하였다. 등치를 이용하여 판단유보로 인도하는 것이 피론주의자들의 전형적인 논변 패턴이었다. 아이네시데모스의 트로펜은 지각 주체나 지각 대상들이 놓여 있는 지각 조건에 따라 사물이 상이하거나 대립적으로 나타난다는 것을 방대하게 보여주는 자료집이다. 그런데 지금 로크는 "반암은 빨갛다."와 "반암은 하얗다."의 두 주장은 상충하며 어느 쪽이 참인지를 우리는 결정할 수 없다는 피론주의자들에게, 이 두 주장이 대립하지 않는다고 대응하고 있는 것이다. 제2성질의 관념들은 사물 자체의 본성과는 아무런 관련이 없고 사물과의 유사성도 갖고 있지 않으며 가변적이기에 "반암은 빨갛다."와 "반암은 하얗다."라는 두 명제는 대립하지 않는다. 이것들은 모두 참이다. "그리고 이렇게 사물의 성질에 대한 주장들을 대립시키지 못한다면 [피론주의의] 트로펜을 구성하는 논의의 재료는 없다."[78] 물론 제1성질의 관념들도 대립하지 않는다. "탑이 둥글다."와 "탑이 육각형이다."라는 주장은 피론주의자들이 서술하고

---

75) *Essay* 2.8.21.
76) *Essay* 2.8.22.
77) Martha B. Bolton, "Locke and Pyrrhonism: The Doctrine of Primary and Secondary Qualities," in *The Skeptical Tradition*, ed. by Myles Burnyeat (Berkeley/Los Angeles: University of California Press, 1983), p.371.
78) 같은 글, p.370.

있는 것처럼 상충할 수 없다. 제1성질의 관념들은 물체 안에 들어 있는 것인데, 물체 자체가 둥글면서도 육각형일 수는 없기 때문이다. 두 주장 가운데 하나는 거짓이고 하나는 참이다. 그러나 피론주의자들의 논변에 대비하기 위한 이런 로크의 자구책이 과연 성공적인지는 미지수이다. 당장 피론주의자들은 지각 조건에 따라 제1성질의 관념들도 다르게 나타나는 현상을 제시할 것이다. 더 나아가 제1성질의 관념이 물체 안에 있는지를, 유사한지를, 불변하는지를 로크는 어떻게 알았느냐고 되물을 것이 뻔하다. 이들의 반박은 로크의 제1성질과 제2성질의 교설만큼이나 길게 이어질 것이다.

지금 여기서 문제로 삼고 있는 주제인 감각적 지식에 국한에서 본다면, 심각한 문제는 "제2성질과 그것이 의존하는 제1성질 사이에는 발견 가능한 결합이 없다."[79]는 데에 있다. 우리가 엄청난 과학적 기구를 개발하여 설사 물체의 크기나 형태, 운동을 발견할 수 있다고 해도, 우리는 왜 이런 제1성질들이 필연적으로 특정한 제2성질의 관념을 산출하는가를 알아낼 수는 없다. 가령 금에 대한 우리의 관념은 빛나며, 노랗고, 황산에서 녹는 물체라는 것이다. 이런 제2의 성질의 관념들은 로크에 따르면 제1성질에 의존한다. 즉 금의 입자들의 크기나 형태, 운동이 우리 감관에 작용하여 이런 관념들을 산출하는 것이다. 그러나 우리는 어째서 그런지를 알 수 없다. 금이라면 왜 반드시 빛나고, 노랗고, 황산에서 용해되어야 하는지를 우리는 알 수가 없는 것이다. 이것들은 삼각형의 세 각의 합과 두 직각의 합에서처럼 필연적인 연역에 의해 도출되는 것이 아니라, 실험과 관찰을 통해서만 개별적으로 검증할 수 있기 때문이다. 말하자면 이것들은 경험의 영역에 놓여 있는 것이다. 우리가 각각의 금 A1과 금 A2, 금 A3 … 등을 실험하고 관찰한 후 "금은 빛나고, 노랗고, 황산에서 용해된다."는 결론을 얻을 수 있을 뿐이다. 관찰 사례가 축적될수록 이 결론은 확실성에 가까운 지식, 즉 감각적 지식이 될 것이다. 그렇지만 저 삼각형의 예에서처럼 이 지식은 보편적이고 확실한 지식은 아닌 것이다. 금에서 '빛남'과 '노랑'과 '황산에서의 용해'는 관찰에 의해 각각의 금에서 발견되는 것이지만 '빛남'과 '노랑'과 '황산에서의 용해'가 왜 금에서 반

---

79) John Locke, *Essay* 4.3.12.

드시 공존해야만 하는지는 파악되지 않는다. 이 관념들은 관찰과 실험에 의해 '빛나고', '노랗고', '녹기 쉽고', '펼 수 있고' 등의 '그리고(and)'로 부가(附加)되는 것일 뿐이다.

사물의 본성이나 내적 구조와 관련해서 우리는 관념들 간의 일치와 불일치를 알 수 없는 무지 앞에 서 있었다. 그러나 로크에게 있어 이런 무지가 전부는 아니다. 로크는 실험과 관찰을 통해 이런 무지를 대체할 수 있는 매우 높은 정도의 개연적 지식을 모색하는 것이다. 보편적이고 확실한 지식을 획득하는 데는 실패할 수밖에 없는 유약한 우리의 능력으로 인해 물체의 본성에 대한 탐구가 관찰과 실험에 맡겨질 수밖에 없지만, 그렇게 됨으로써 오히려 "여기서 **경험**은 이성이 가르칠 수 없는 것을 나에게 **가르침이 틀림없다**."[80] 비록 관찰과 실험이 확실한 지식을 주지는 못하고 판단에 의해 개연적인 추측만을 제공한다 하더라도 그것이 아무런 가치를 갖지 못하는 것은 아니다. "합리적이고 규칙적인 실험에 익숙한 사람이 그것에 생소한 사람보다 물체의 본성을 한층 깊이 볼 수 있고, 아직 알려지지 않은 속성에 대해서 더 올바르게 추측할 수 있을 것"[81]이기 때문이다. 비록 확실성의 환한 햇빛이 아니라 개연성의 촛불만이 우리에게 주어졌다 하더라도 이 희미한 빛만으로도 우리는 완전한 무지의 암흑 속에서 벗어나 생활하기에 충분하다. 로크의 지식론이 회의주의에 빠진 것이 아니냐고 혹독하게 비판했던 우스터의 주교 스틸링플리트(Edward Stillingfleet, 1635-1699)에게 보낸 편지에서 로크는 다음과 같이 답하고 있다. "[우리가 자연적인 물체와 관련하여 보편적이고 확실한 지식을 얻을 수 없다고 제가 말한 데서] 귀하는 다음과 같은 결론을 내리고 있습니다. '우리는 물체나 정신에 관해서 어떤 과학도 획득할 수 없기에 우리의 지식은 매우 협소한 범위에 한정될 수밖에 없다.' 저는 이것을 인정합니다. 그렇지만 … 보잘것없는 지식일지라도 그것은 여전히 지식이며, 회의

---

80) *Essay* 4.12.9.
81) *Essay* 4.12.10. 4.12.12 참조. "우리의 탐구가 우리의 관념에 대한 관조에 의해서 발견할 수 없는 공존이나 공존하는 불일치에 관한 것일 경우에, 거기서는 경험, 관찰, 그리고 자연사가 우리의 감관에 의해 상세히 물질적 실체에 대한 통찰을 우리에게 부여해야 한다."

주의가 아닙니다."[82]

"보잘것없는 지식이라도 여전히 지식"이라는 로크의 주장에는 '보잘것없는'보다는 '지식'에 더 방점이 찍혀 있다. 감각적 지식이 '지식'이라고 불릴 수 있다는 것은 그것이 단순한 개연성을 넘어서 확실성에 육박할 수 있음을 이미 시사하고 있다. 가장 높은 정도의 개연성을 확보하는 데에는 여러 조건들이 필요하다. "첫째, 어떤 사물과 우리 자신의 지식, 관찰 그리고 경험과의 일치, 둘째, 자신들의 관찰과 경험을 보증하는 타인들의 증언. 타인의 증언에서는 다음과 같은 점이 고려되어야 한다. 1. 수, 2. 성실성, 3. 증인의 숙련, 4. 책에서 인용된 증언의 경우 저자의 의도, 5. [증언] 부분들의 일관성 및 관계의 정황, 6. 반대 증언."[83] "금이 노랗고, 빛나며, 황산에서 용해되고, 늘릴 수 있다."는 명제가 나의 관찰, 나의 기존의 지식에 일치할 때, 그리고 타인의 관찰과 경험에 일치할 때, 그리고 이런 증언을 하는 타인들의 수가 많을수록, 신뢰가 클수록, 그리고 그 명제에 반하여 진술할 이해관계가 없을 경우, 즉 앞에서 열거된 조건들이 충족될수록 그만큼 그 명제의 개연성은 높아진다. 어떤 개별적인 사물의 지식에 대한 가장 높은 정도의 개연성은 "그것이 우리 자신과 다른 사람들의 변함없는 관찰과 일치하고, 그것을 언급하는 모든 사람의 보고에 의해 인증되는 곳에서"[84] 얻어지며, 그래서 우리는 비록 이 개연적인 지식이 확실한 지식은 아니지만 확실한 지식인 것처럼 "거의 의심하지 않고 그것을 근거로 추리하고 행동한다."[85] 직관적 지식, 증명적 지식, 감각적 지식 순으로 지식의 등급이 정해졌다면, 감각적 지식 내에서도 "완전한 확신과 신뢰에서부터 추측, 의심, 불신에 이르기까지"[86] 그 개연성의 정도에 따라 등급이 정해질 수 있고, 가장 최고의 개연성이 감각적 지식을 구성한다고 말할 수 있다.

---

82) John Locke, *The Works of John Locke*, Vol. 3(London: Routledge/Thoemmses Press, 1997), p.359.
83) John Locke, *Essay* 4.15.4.
84) *Essay* 4.16.6.
85) 같은 곳.
86) *Essay* 4.15.2.

(3) 우리가 관념들 간의 일치나 불일치에 대한 지각 이상으로 지식을 가질 수 없다는 것이 경험론에 기반한 로크 지식론의 대원칙이었다. 그런데 감각적 지식은 단순히 관념들 간의 일치가 아니라 외부 사물과 관념 간의 합치 여부로 확장된 실재적 지식이었다. 이 지식이 성립하기 위해서는 먼저 우리 밖에 독립적으로 사물이 존재해야 한다는 것을 알지 않으면 안 된다. 어떻게 우리는 그것의 존재를 알 수 있을까? 우리 자신의 존재에 대한 지식이나 신의 존재에 대한 지식에서처럼 직관이나 증명에 의해서 그것을 얻을 수는 없다. 방법은 하나밖에 남아 있지 않다. 외부 사물과 관념 사이에는 어떤 필연적인 결합도 발견될 수 없기 때문에 "우리는 **감각**에 의해서만 어떤 다른 **사물의 존재에 관한 지식**을 가질 수 있다."[87]

우리가 어떤 관념을 갖는다는 것은 그 관념을 일으키는 어떤 대상이 있다는 것을 뜻한다. 예컨대 어떤 것에 의해 내 마음에 노랑이라고 부르는 관념이 산출된 경우 "그런 감각을 내게 일으키는 어떤 것이 실제로 존재한다는 것을 나는 더 이상 의심할 수가 없다."[88] 아무것도 없는데, 감관 그 자체가 색깔, 소리, 맛, 냄새의 관념을 산출할 수는 없을 것이다. "파인애플이 있는 **서인도 제도**에 가서 그것을 맛보기 전에는 누구도 그 독특한 맛을 볼 수 없다."[89] 서인도 제도의 파인애플이 없는데 우리의 혀가 그런 풍미의 관념을 산출할 수는 없지 않은가! 따라서 "어느 누구도 자신이 보고 느낀 사물의 존재를 확실하지 않다고 여길 정도로 진정으로 회의적일 수는 없다."[90]고 로크는 결론을 내린다.

그런데 관념을 야기하는 '우리 외부 사물의 존재에 대한 확신'[91]은, 즉 감각적 지식은 여러 근거에서 도전받을 수 있다. 서인도 제도의 파인애플을 전에 보아서 그것에 대한 관념을 우리가 가지고 있다 하더라도, 이제는 서인도

---

87) *Essay* 4.11.1.
88) *Essay* 4.11.2.
89) *Essay* 4.11.4.
90) *Essay* 4.11.3.
91) *Essay* 4.11.8. 로크가 사물의 존재에 관한 지식을 회의할 수 없다고 말한다고 해서 그 지식을 확실하고 보편적인 지식으로 오인해서는 안 된다. 그것은 어디까지나 '지식이라는 이름을 가질 만한 정도의 확신'이라는 의미에서 지식이라는 점에 유의해야 한다.

제도의 파인애플이 전부 벌목되어 존재하지 않는 일이 있을 수 있다. 지금 외부 사물이 존재하지 않는데도 불구하고 우리는 기억에 의존해서 그 사물의 관념을 떠올릴 수 있는 것이다. 따라서 관념을 가지고 있다고 해서 해당 관념을 야기한 사물의 존재가 있는 것은 아니다. 이런 반론에 로크는 실제 외부 사물을 감각하는 데서 오는 관념과 기억에서 오는 관념은 매우 구별된다고 대답한다. 기억에 의한 파인애플의 관념은 임의로 내가 떠올릴 수 있지만, 실제 서인도 제도의 파인애플의 관념은 "그 자체를 나에게 억지로 밀어 넣어서 내가 불가피하게 그것을 갖게 하는"[92] 그런 것이다. 그 관념들은 내 마음대로 선택해서 처분하고 저장할 수 없으며, 나는 그것들의 효력에 저항할 수 없다.

외부 사물이 존재하지 않는데도 공상에 의해 그것이 존재한다고 주장하는 사람도 있을 수 있다. 어떤 이는 환영을 볼 수도 있다. 광인(狂人)은 켄타우로스가 실재한다고 믿는다. 로크는 이런 의문에 대해 쾌락이나 고통이라고 하는 신체의 혼란을 들어 대답한다. 예를 들어, 켄타우로스의 관념은 우리에게 어떤 신체적 고통을 동반하지 않지만, 실제로 존재하는 불은 우리에게 격렬한 고통을 불러일으킨다. "불을 보는 사람은 설령 불이 단지 공상 이상의 것이 아닌가 의심한다 해도 불을 느껴볼 수도 있다. 그는 손을 불에 집어넣음으로써 그것을 확신할 수 있다."[93] 손의 고통은, 외부 대상 없이는 그런 관념이 수반되지 않기 때문에, 외부에 어떤 사물이 존재한다는 것을 말해준다.

꿈이라면 어떨까? 우리는 꿈속에서 아무런 외부 대상 없이도 관념을 산출할 수 있다. 꿈 논증에 대한 로크의 반박은 앞의 공상가나 광인의 경우에서 그가 한 반박과 같다. "그저 불 속에 있는 꿈을 꾸는 것과 실제로 불 속에 있는 것 사이에는 매우 명백한 차이가 있다."[94] 아궁이에서 타오르는 불에 손가락을 집어넣어보기만 하면, 그것이 손가락에 주는 커다란 고통에 의해 외부 대상의 존재 여부의 문제는 금방 해결될 것이다.

이런 명백한 차이들에 근거해서 로크는 외부 대상의 존재를 의심하는 회의

---

92) *Essay* 4.11.5.
93) *Essay* 4.11.7.
94) *Essay* 4.2.14.

주의자를 물리쳤다고 여겼다. 그는 정상적인 사람이라면 회의주의자를 진지하게 대할 까닭이 없을 것이라는 취지에서 약간은 빈정거리는 투로 다음과 같이 말하고 있다. "그러나 만약 이러한 모든 것이 밝혀진 이후에도 어떤 사람이 그의 감관을 믿지 못하고, 우리의 전 존재를 통해서 우리가 보고, 듣고, 느끼고, 맛보고, 생각하고, 행하는 모든 것이 어떤 실재성도 갖지 못하는 긴 꿈의 연속이고 기만적인 현상에 불과하다고 주장할 정도로 회의적이어서 모든 사물의 존재를 의심하거나 어떤 사물에 대한 우리 지식을 의심한다면, 나는 모든 것이 꿈이라면 그때는 의문을 제기하는 것도 꿈에 불과하며, 따라서 그것은 깨어 있는 사람이 그에게 대답해야 할 심각한 문제가 아니라고 그가 여기도록 바랄 수밖에 없다."[95] 비록 로크가 누구인지를 특정하지는 않았으나 데카르트는 이런 로크의 언급이 자기를 향한 것이라고 느꼈을 것이다. 데카르트는 로크가 반박하고 있는, 즉 깨어 있는 사람이라면 대답할 가치가 별로 없는 그런 의문을 『제1철학에 관한 성찰』에서 제기했던 것이다. "그러나 나는 지금 두 눈을 부릅뜨고 이 종이를 보고 있다. 나는 머리를 이리저리 흔들고 있고, 나는 잠들어 있지 않다. (…) 그러나 꿈속에서도 이와 비슷한 생각을 하면서 속은 적이 어디 한두 번이던가. 이런 점을 곰곰이 생각해보면, 깨어 있는 것과 꿈을 꾸고 있다는 것을 확실히 구별해줄 어떤 징표도 없다는 사실에 소스라치게 놀라게 된다."[96] 아무리 데카르트가 경악해도 로크는 그의 말을 경청할 마음이 없고, 나아가 그와 대화조차 하고 싶어 하지 않는다. "적어도 [외부 대상의 존재까지] 의심할 수 있는 사람은 (그의 생각이 무엇이든) 나와 어떤 논쟁도 벌일 수 없을 것이다."[97] 로크의 전략은 아예 이런 부류의 회의주의자와 상대하지 않는 것이다. 로크와는 반대로 데카르트는 외부 사물의 존재나 본질을 포함해서 우리가 감관으로부터 혹은 감관을 통해서 받아들인 모든 것을 신뢰하지 않았다. "감관은 종종 우리를 속인다는 것을 경험하고 있으며, 한 번이라도 우리를 속인 것에 대해서는 전적으로 신뢰하지 않는 편

---

95) *Essay* 4.11.8.

96) René Descartes, *CSM* Ⅱ, p.13[Ⅶ, 19]. 물론 꿈의 논증을 전개한 철학자가 데카르트만은 아니다. 키케로도 유사한 꿈 논증을 전개하였다. Cicero, *Ac* 2.45-51 참조.

97) John Locke, *Essay* 4.11.3.

이 현명한 일"98)이라고 생각했기 때문이다. 데카르트에게 로크는 치열하게 철학적인 의심을 수행하지 않은 채 건성건성 일을 마무리하려는 측연선의 항해자로, 포프킨의 표현에 의하면 "일종의 세미-회의주의"99)로 비춰졌을 것이 분명하다. 그렇지만 로크는 데카르트가 자기 혼자 자유롭게 강변하도록 놔두면서 그와 진지하게 이런 문제로 논쟁하고자 하지 않는다.

로크가 데카르트와 같은 회의주의자와의 대화를 기피한 것은 그에게 무안을 주기 위한 것이 아니다. 로크는 이런 논쟁으로 쓸데없이 시간과 노력을 낭비하고 싶지 않았기 때문이다. 이 지점에서 분명하게 드러나는 사실은 로크에게 궁극적으로 중요한 철학적 관심사란 데카르트에서처럼 조금도 의심할 수 없는 확실한 지식을 확보할 수 있는가의 여부가 아니라, 지금 이 세상에서 곤경 없이 삶을 영위할 수 있는가에 있는 것이다. 『인간지성론』 서문에서 로크는 다음과 같이 언급하고 있다. "여기서 우리가 할 일은 모든 사물을 아는 것이 아니라 우리의 행위와 관련된 것을 아는 것이다."100) 측연선의 항해자가 모든 바다의 깊이를 알 수 없지만 이것이 항해를 포기할 만큼 커다란 문제가 아니다. 모래톱에 부딪치지 않을 정도의, 그래서 인생이라는 대양에서 무사히 항해할 수 있는 정도의 지식만 갖고 있다면, 그것만으로 충분한 것이다. 모든 것을 확실하게 알고 항해를 하려다간 항해는 영영 불가능한 일이 되고 만다.

로크가 왜 회의주의자들과의 토론에 별 가치를 두지 않았으며 순수 이론적인 회의적 논변에 특별히 전념하지 않았는지, 왜 감각적 지식을 지식의 등급에 편입해도 무방하다고 생각했는지는 합당한 삶의 영위라고 하는 맥락에서만 이해될 수 있다. "경험을 통해 우리는 인간의 지식의 범위를 넘어선 일들과 관련하여, 대부분의 경우 건전하고 합리적인 판단을 할 수 있다."101) 믿음이나 추측의 건전성, 그것이면 족한 것이다. 그래서 내가 심지어 직접 경험하

---

98) René Descartes, *CSM* Ⅱ, p.12[Ⅶ, 18].

99) Richard H. Popkin, *The History of Scepticism from Savonarola to Bayle*, p.260.

100) John Locke, *Essay* 1.1.6.

101) Douglas Odegard, "Locke's Epistemology and the Value of Experience," in *John Locke: Critical Assessments*, Vol. Ⅳ, ed. by Richard Ashcraft(London/New York: Routledge, 1991), p.17.

고 있지는 않더라도, 저기 멀리 떨어진 곳에 나의 어머니가 존재하고 있으며, 내 책상 위에 종이가 놓여 있다는 확신만 있으면 되는 것이다. 물론 "이것은 개연성에 불과하지 지식은 아니다."[102] 그렇지만 이런 개연적 확신은 내가 세상사 여러 가지 일을 합당하게 처리해주도록 하는 데 부족함이 없는 것이다. 데카르트는 지식의 확실성을 어떻게든 확보함으로써 회의주의를 극복하려 한 반면, 로크는 그런 시도를 쓸데없는 철학적 정력의 낭비라고 간주하였고, 지식의 개연성에서 탈출구를 보았다. 로크에 의해 시도된 이런 방향 전환은 그가 본격적으로 피론주의를 어떤 식으로 극복하려 했는가를 알려주는 표지판이기도 하다.

(4) 감각적 지식은 실재적 지식이었고, 이것은 관념과 사물의 합치를 전제하는 것이었다. 그런데 "마음은 사물을 직접 아는 것이 아니라 마음이 사물에 대해 갖는 **관념들**의 게재에 의해서만 안다는 것은 분명"[103]하기 때문에, 우리가 사물 자체의 본성과 그 존재를 확실하게 아는 길은 막혀 있었다. 말하자면 사물 자체와 관념의 필연적 결합을 발견할 수 없었고, 따라서 우리는 개연성에 만족했던 것이다.

그런데 로크는 이제 자기 자신의 입장과 배치되는 논의를 전개한다. 지식의 원초적인 재료가 되는 단순 관념은 어떤 수단을 쓰더라도 우리 마음이 만들어낼 수 없는 것이고, 경험에 의해 주어지는 것이다. "이 부분에서 **지성**은 순전히 **수동적**이다."[104] 그렇다면 이 관념을 야기한 것은 무엇인가? 우리는 그 답을 알고 있다. "즉 단순 관념은 우리의 공상이 빚어낸 **허구**가 아니고 우리에게 실제로 작용하는 외부 사물의 자연적이고 규칙적인 산물이다."[105] 이런 논의는 외부 대상의 존재에 대한 지식을 어떻게 얻는가와 관련해서 로크가 전개한 것이기도 하다. 이로부터 비약이 감행된다. "따라서 마음 안에 있는 하양이나 씀의 **관념**은 이 관념을 마음에 산출하는 물체 안에 있는 힘에 정

---

102) John Locke, *Essay* 4.11.9.
103) *Essay* 4.4.3.
104) *Essay* 2.1.25.
105) *Essay* 4.4.4.

확히 상응하는 것으로서 외부 사물과 실제로 합치한다. (관념은 외부 사물과 실제로 합치할 수 있거나 합치해야 한다.)"106)

관념을 산출하는 힘이 사물에 있다는 것과, 이로부터 산출된 관념과 이 사물이 일치한다는 것은 전혀 별개의 논의이다. 로크의 성질론에 의하면, 제2성질의 관념에 해당하는 하양, 씀은 결코 물체 안에 있지도 않으며, 물체와 유사하지도 않은 것이다. 따라서 단순 관념과 물체의 일치에 대한 이런 로크의 주장은 기껏 (2)와 (3)에서 자신이 전개한 논의와 배치될 뿐만 아니라 피론주의를 극복하기 위해 자신이 개척해낸 새로운 가능성으로서의 개연성을 자진해서 철회한 꼴이 될 것이다. 이것은 무엇보다 피론주의자들의 다음과 같은 공격에 버텨낼 수 없을 것이다. 로크는 자신의 경험론의 전제들에 입각해서 어떻게 관념과 대상 자체가 일치한다는 것을 알게 되었을까? 이런 질문이 두고두고 로크 지식론의 발목을 잡게 되는 것이다.

6. 건설적 회의주의자로서의 로크

로크는 사물의 본성을 우리가 알 수 없다는 점에서 피론주의자였다. 그러나 그는 피론주의를 극복하려고 하였다. 그의 대처 방안은 반회의적인 논변 이론을 체계적으로 완성하는 데 있지 않았다. 그것은 인간적인 곤경과 관계가 있었다. "회의주의자들에 대한 그의 대응은 처음부터 우리가 주목했던 것, 즉 우리가 어떻게 삶을 영위해야 하는가에 대한 그의 관심에 부합하는 것이다."107) 다음 인용문은 그가 피론주의에 대응하는 실마리를 삶의 실용성의 측면에서 찾으려 했다는 것을 집약적으로 보여준다.

우리는 실험과 역사적 관찰을 할 수 있고, 이로부터 건강과 편안함의 이점을 이끌

---

106) 같은 곳.
107) Roger Woolhouse, "Locke's theory of knowledge," p.169. p.147 참조. "전체적으로 볼 때 로크의 사상에 충만한 특징은 … 어떻게 지금 여기 이 세상에서 우리의 삶을 이끄는가에 있다."

어낼 수 있으며, 그럼으로써 현세에서의 삶을 위한 편의의 축적을 증대시킬 수 있다.[108]

로크에게 정작 중요한 것은 지식이 실재를 정말로 정확하게 표상하고 있는가 하는 문제가 아니라, 그것이 지금 여기서의 삶에 얼마나 유용한가 하는 것이다. 비록 우리가 사물의 본성과 존재에 대한 완전하고도 포괄적인 지식을 획득할 수 없지만, 경험을 통해 얻는 지식이 "우리를 보존하는 데 적합하고 삶의 용도에 쓸모가 있으므로 편리한 것과 불편한 것을 우리가 확실하게 알아차리도록 해준다면"[109] 우리는 지식으로써 소기의 목적을 달성한 것이다. 감각적 지식이 우리에게 허용하는 것은 개연성이다. 그렇지만 "우리의 관심사는 모두 이런 개연성으로 다스려도 충분하다."[110] 이런 개연성에 대한 로크의 옹호는 매우 흥미롭다. 확실한 진리를 획득할 수 없다는, 회의주의자라면 마땅히 좌절할 만한 이론적 귀결 앞에서 로크는 오히려 회의주의에 대한 대책을 마련하고 있기 때문이다. 사물의 본성과 관련하여 로크는 피론주의자이지만, 그래도 우리가 개연성에 의거하여 건강하고 안락한 삶을 누릴 수 있음을 설파한 점에서 건설적인 철학자이다. 그에게 개연성은 진리의 결여를 메우기에 부족하지 않은 것이다.

그런데 그의 건설적 회의주의는 피론주의가 삶 자체에 무용하다는 것을 당연한 기조로 삼고 있다. 피론주의자들은 수미일관하게 판단유보를 내세우며, 따라서 삶을 살아가는 데 있어서 선택해야 할 문제에 대해서도 판단을 미룰 것이기에 그들은 죽고 말 것이라는 것이 로크의 생각이었다. 개연성을 회의주의에 대한 강력한 대안으로 제시할 때, 그 배경에는 피론주의자의 피할 수 없는 생물학적 죽음이 자리 잡고 있었던 셈이다. 다음의 인용문은 로크가 어디에 피론주의자의 치명적인 약점이 있다고 보았는지를 가감 없이 나타낸다.

108) John Locke, *Essay* 4.12.10.
109) *Essay* 4.11.8.
110) *Essay* 1.1.5.

지성 능력은 단순히 사색뿐만 아니라 삶의 영위를 위해서도 사람에게 부여되었기 때문에, 사람은 참된 지식의 확실성을 가진 것 이외에 자신을 인도하기 위해 아무것도 가지고 있지 않다면 매우 당혹스러울 것이다. 우리가 살펴본 대로 참된 지식은 매우 부족하고 모자라는 것이어서, 명석하고 확실한 지식이 결여되어 그를 인도할 것을 아무것도 갖지 못한다면, 사람은 종종 완전히 어둠 속에 있고 그의 삶의 대부분의 행위에서 완벽히 정지 상태에 있게 될 것이다. 자신에게 영양분을 공급하리라는 것을 증명할 때까지 [아무것도] 먹으려고 하지 않는 사람, 그가 착수하는 사업이 성공하리라는 것을 틀림없이 알게 될 때까지는 움직이려고 하지 않는 사람은 조용히 앉아서 죽는 것밖에 달리 할 일이 없을 것이다.[111]

로크의 논의는 매우 간단하다. 이론적인 측면에서 뿐만 아니라 실천적인 측면에서도 일체의 판단유보를 관철하려는 사람은, 그렇기 때문에 어떤 것도 먹지 못하고 마시지도 못하고 금방 죽어버릴 것이다. 가령 어떤 버섯은 사람의 건강에 좋기도 하고 어떤 버섯은 사람을 죽이는 독을 가지고 있기도 하는 상황에서 어떤 것을 취할 것인가는 일종의 판단인데, 피론주의자는 이런 판단까지도 유보하기 때문이다. 피론주의자는 먹지도 마시지도 못할 것임은 물론, 어떤 행위도 할 수 없을 것이다. 그는 조용히 앉아서 죽는 수밖에 뾰족한 수가 없는 것이다. 로크는 이런 비극적 파국을 맞이하지 않는다. 그는 직관적 지식과 증명적 지식 이외에 실험과 관찰을 통해 우리의 판단 능력을 발휘할 수 있는 감각적 지식을 허용하고 있기 때문이다. 비록 우리가 확실하고 보편적인 진리의 왕국에 정주할 수는 없지만, 다행스럽게도 우리는 살아가는 데에 어떤 기준을 가질 수 있다. 그것이 바로 개연성이었다.

피론주의의 삶의 무력성에 대한 공격은 로크가 처음 가한 것이 아니다. 소위 '행위 불가능성'의 논제는 저 고대의 스토아학파의 철학자들이—신아카데

---

111) *Essay* 4.14.1. 4.11.10 참조. "삶의 일상사에서 직접적이고 분명한 증명 이외에 아무것도 인정하지 않는 사람은 금방 죽는다는 사실 이외에 이 세상에서 아무것도 확실하다고 여기지 않을 것이다. 먹을 것이나 마실 것이 건강에 좋다고 해서, 그것이 그가 그것들을 위험을 무릅쓰고 시도할 만한 근거가 되지는 못할 것이다."

미학파의 회의주의자들이나 피론주의자들을 막론하고—고대 회의주의자들을 향해 던진 문제 제기였다. 섹스투스 엠피리쿠스에게 이런 공세는 익숙한 것이었으며, 그는 이 문제를 적확하게 인지하고 있었다. 그 스스로 이렇게 언급하고 있다. "사람들에 따르면, 모든 삶은 욕망과 회피로 이루어지는 것인데도, 어떤 것도 바라거나 피하지 않는 회의주의자[피론주의자]는 사실상 삶을 단념하는 것이고, 따라서 식물처럼 잔존하는 것이기 때문에 회의주의자는 비활동성에 빠지게 된다."[112] 고대 회의주의자들은 이런 비판에 시급하게 대처해야 했다. 그들이 삶을 유지하고 있다는 사실 자체가 그들의 이론의 공허함이나 모순됨을 실증하는 것으로 비춰질 판이었기 때문이다. 요컨대 '행위 불가능성'의 논제는 고대 독단주의자들과 고대 회의주의자들 간의 뜨거운 쟁점이었다. 로크는 이 쟁점을 다시 불러왔으며, 매우 유서 깊은 철학사의 지평 안에서 자신의 입지를 구축하려 하였다.

로크의 건설적 회의주의에 관련하여 특히 신아카데미학파의 일원이었던 카르네아데스와 클리토마코스의 견해에 주목할 필요가 있다. 그들에 의하면, 우리가 살기 위해서는 마냥 판단을 유보하고 있을 수만은 없다. 선택하고 판단하고 행위해야 한다. 그들이 내세운 행위 기준은 '개연적인 인상(pithane phantasia)'이었다. "그들의 발상은 개연적인, 말하자면 '진리 같은' 인상들이 있다는 것이다. 그리고 이것이야말로 그들이 무엇을 조사하거나 논증을 펴는 데 있어 그리고 삶을 영위하는 데 있어 그들을 안내하는 역할로 그들이 이용하는 것이다."[113] 개연적인 인상들을 인정하지 않고 판단유보를 고집한다면 '그 결과는 삶의 완전한 전복'[114]이고 파멸일 것이다. 물론 개연적인 인상은 확실한 진리가 아니다. 그렇다고 해서 삶 자체를 방기하거나 포기할 필요는 없다. 개연적 인상만으로도 행위하는 데 충분한 근거를 마련할 수 있기 때문이다. 카르네아데스는 개연성의 정도에 따라서 개연적인 인상을 3등급으로 구분하고 있다. "그렇지만 카르네아데스 역시 삶의 영위와 행복의 획득

---

112) Sextus Empiricus, *M* 11.162-3.
113) Cicero, *Ac* 2.32.
114) *Ac* 2.99.

을 위한 어떤 기준을 요구하기 때문에, 사실상 그는 그것에 대해서 그 자신의 편에서 어떤 이론을 형성하지 않으면 안 되게 되었다. 그는 개연적인 인상뿐만 아니라 개연적이면서 반박당하지 않으며 면밀히 검토된 인상을 채택하지 않을 수 없게 되었던 것이다."115) ① 단순히 개연적인 인상, ② 개연적이면서도 반박당하지 않는 인상, ③ 개연적이면서도 반박당하지 않으며 면밀히 검토된 인상 가운데 거의 의심할 수 없는 수준의 것, 로크의 표현을 빌리면 '지식이라는 이름을 가질 만한 정도의 확신(assurance)'을 주는 것은 마지막 인상일 것이다. 왜냐하면 뒤로 갈수록 개연성이 확실성에 육박할 수 있도록 하는 조건이 추가되고 있기 때문이다. 캄캄한 밤에 밧줄을 볼 경우 일단 뱀이라고 생각하고 피하는 게 상책이다. 그것을 알아보려 하다간 물릴 수 있다. 그러나 여건이 허락하면 여러 가지 관찰과 실험을 통해 그런 인상을 개선하고 보완하여 강한 확신에 이를 수 있다. 더욱더 신중을 기해 면밀히 검토하면 거의 의심할 수 없는 정도의 지식에 버금가는 확신에 이를 수 있을 것이다. "그래도 그는 뱀이란 날이 추우면 때때로 뻣뻣해져서 움직이지 않는다는 점을 고려하고는 막대기로 그 감겨 있는 덩어리를 쿡쿡 찔러보고, 그리고 모든 각도에서 그가 받게 된 그 인상을 두루 검토하고 나서, 그에게 나타난 그 물체가 뱀이라고 여기는 것은 거짓이라는 데에 동의한다."116) 이처럼 행위 불가능성의 논제에 대항하기 위해 신아카데미학파의 회의주의자들은 개연적 인상을 행위 기준으로 삼고 이것을 개선할 수 있는 방도를 제시하였다. 매우 소략한 서술에서도 금방 나타나듯이 "이런 신아카데미학파의 관점은 [로크의] 건설적 회의주의와 참 많이 닮은 것처럼 보인다."117) 카르네아데스는 인상들의 개연성을 높이기 위해 여러 조건들을 추가하고 있는데, 앞에서 보았듯이 로크 역시 감각적 지식의 개연성을 증대시킬 수 있는 여러 조건들을 나열한 바 있다.

---

115) Sextus Empiricus, *M* 7.166. Sextus Empiricus, *PH* 1.227-9 참조.
116) Sextus Empiricus, *M* 7.188.
117) Saul L. Fisher, *Constructive Skepticism and the Philosophy of Science of Gassendi and Locke*, p.156.

로크가 피론주의를 비판한 이유는 그 학설이 너무 극단적이고 과도하다고 생각하였기 때문이다. 스토아학파의 철학자들이 우려했던 바와 마찬가지로 로크 역시 결국 피론주의자의 판단유보는 삶의 마비와 소멸을 초래하고 말 것이라고 단정하였다. 로크는 "피론주의자들이 우리 삶에 가져올 완전한 암흑에서 어떻게 우리는 벗어날 수 있는가?" 하는 골치 아픈 문제를 이미 고대의 신아카데미학파의 회의주의자들이 해결하였음을 알아차렸다. 그는 카르네아데스의 개연성을 차용하여 피론주의에 대응하고자 했던 것이다. 로크와 신아카데미학파의 회의주의자들은 공히 개연적 지식만으로도 우리가 살아가는 데 충분하다고 보았다. 이런 점에서 그들은 동일한 유형의 철학으로 묶을 수 있다.[118) 로크를 제외한다면, 신아카데미학파의 입장을 피론주의를 반박하는 데에 이렇게 적극적으로 수용한 근대 철학자는 발견하기 쉽지 않다. 로크는 『인간지성론』의 겉표지에 「전도서」의 구절과 함께, 신아카데미학파의 학설을 자세하게 전하고 있으며 그 자신이 아카데미학파의 일원이기도 했던 키케로의 말을 인용하고 있다. 이것은 피론주의를 대하는 로크의 지식론의 골자(骨子)가 신아카데미학파의 개연성 이론과, 그리고 이 개연성이라는 여명을 우리에게 주신 현명한 조물주에 있다는 것을 상징적으로 보여주는 것이다.

---

118) Stephen Buckle, "British sceptical realism: A fresh look at the British tradition," *in John Locke: Critical Assessments of Leading Philosophers, Series Ⅱ, Vol. Ⅱ, Knowledge: Its Nature and Origins*, ed. by Peter Anstey(Rondon/New York: Routledge, 2006), p.361 참조. 버클에 따르면 "사실 … [신]아카데미학파의 회의주의자들이 피론주의자들보다 더욱 회의적 정신에 충실하다고 주장할 수 있다."(p.358) 그가 제시한 이유는, 신아카데미학파의 철학자들은 로크처럼 지식을 부정하고 현상들을 면밀히 검토하여 가장 그럴듯한 의견에 도달할 것을 촉구함으로써 탐구의 여지를 만들어주고 있다는 것이다. 그러나 버클의 이런 서술은 거의 오해에 가깝다. 피론주의자들은 성급하게 판단을 내리지 않으면서 끝까지 탐구를 수행하는 자로 스스로를 정의하고 있다. 섹스투스 엠피리쿠스가 신아카데미학파의 회의주의자들을 가차 없이 공격한 이유는 오히려 그들이 회의적 정신에 철저하지 못했다는 데 있다.

7. 피론주의자의 반격

(1) 피론주의에 대한 로크의 대응을 평가하기 위해서 우리는 기나긴 우회로를 돌아가야 한다. 사실상 신아카데미학파의 준회원이 됨으로써, 로크는 부지불식간에 신아카데미학파와 피론주의의 논박에 깊숙이 개입하고 만 것이다. 로크의 건설적 회의주의는 고대 회의주의자들 간에 형성된 전선의 근대적 확장이라고 해도 과언이 아니다. 로크의 대응이 피론주의에 대한 신아카데미학파의 답변이라면, 섹스투스 엠피리쿠스가 신아카데미학파에 가한 비판은 곧 로크의 건설적 회의주의에 대한 피론주의자들의 답변으로 간주할 수 있다.

섹스투스 엠피리쿠스는 행위 불가능성의 논제를 잘 알고 있었고, 그 문제에 대한 답변을 내놓았다. 행위하지 않은 채로 있다가는 로크의 말마따나 조용히 앉아서 죽기만을 기다리는 꼴이 될 것이기 때문이다. "회의주의자[피론주의자]의 [행위] 기준은 현상(phainomenon)"[119]이었다. "사물의 본성이 실제로 그렇다."라는 진리에 대해 판단유보를 해야 하는 상황에서 "사물이 나에게 혹은 우리에게 그렇게 보인다."는 현상을 수용하기만 하면 삶에서 나타나는 여러 문제들을 해결할 수 있다고 피론주의자들은 보았다. 섹스투스 엠피리쿠스는 피론주의자들이 살아가는 모습을 다음과 같이 구체적으로 서술하고 있다.

따라서 우리는 현상들에 주목하면서 일상적인 삶의 규칙들에 의거하여 어떤 독단적 믿음도 견지하지 않은 채 살아간다. 왜냐하면 우리가 전혀 행동하지 않은 채로 있을 수는 없기 때문이다. 이런 일상적인 삶의 규준은 다음의 네 가지 부분으로 구성되는 것처럼 보인다. 그중 하나가 자연의 인도이고, 다른 하나는 파토스의 필연적 요구이며, 또 다른 하나는 법률과 관습의 전통이고, 마지막은 여러 전문기술의 교육이다. 자연의 인도에 의해 우리는 본성적으로 감각하고 사유할 수 있게 된다.

---

119) Diogenes Laertius, *DL* 9.106.

그리고 파토스의 필연적 요구로 인해 우리는 배가 고프면 먹고 목이 마르면 마시게 된다. 그런가 하면 법률과 관습의 전통에 의해 우리는 일상생활에서 경건함은 선이며 불경함은 악이라고 간주하게 된다. 그리고 마지막으로 여러 종류의 전문기술의 교육이 있기 때문에 우리는 전수받은 여러 전문기술들을 이용해서 활동하지 않은 채로 있지 않게 되는 것이다. 우리는 어떤 독단적 믿음도 없이 이런 진술들을 하는 것이다.[120]

피론주의자들에 의하면, 우리는 허기지면 먹으면 되고, 목이 마르면 마시면 된다. 우리는 선악을 판단하지 않고 그냥 주어진 법률과 관습의 전통에 따르면 되고, 전수된 전문기술을 구사하면 그것으로 삶을 영위하는 데에 별다른 애로사항이 발생하지 않는다. 피론주의자들에게 있어 중요한 것은 우리가 판단해서 선택하고 행위하는 것이 아니라 "수동적인 여러 느낌이나 자발적이지 않은 자극의 수용에 의존하는"[121] 것이다. 그들은 이론적인 측면에 있어서나 실천적인 측면에 있어서나 판단유보를 관철하려고 하는 것이다. 이런 회의적 정신의 일관된 철저성은 삶과 관련해서 그들을 극히 수동적이고 보수적으로 만든다. 주어진 본능이나 제도나 관습에 그냥 따르는 극단적인 수동성의 삶은 피론주의자들에게는 어떤 경우에도 진리와 거짓, 선과 악의 판단과 결정에 의해 '마음의 평정(ataraxia)'을 상실하지 않는, 말하자면 일체의 독단적인 믿음으로 해방된 자유로운 삶으로 여겨지는 것이다. 신아카데미학파의 철학자들과 마찬가지로 로크는 삶의 영위와 관련해서 피론주의자들과는 달리 판단유보를 견지하지 않는데, 섹스투스 엠피리쿠스의 입장에서 본다면 이는 '개연성'이라는 특정의 실천적 도그마에 집착하는 삶이고, 회의주의자들이 탐구의 목표로 삼는 아타락시아를 포기하는 삶이다.

과연 피론주의자들이 주장하는 대로 "피론주의적 삶이 가능한가?" 하는 물음은 앞에서도 논의한 바 있지만 복잡한 논의를 필요로 하는 주제이다. 다만 여기에서 분명하게 말할 수 있는 것은 로크가 예단한 대로 피론주의자들

---

120) Sextus Empiricus, *PH* 1.23-24.
121) *PH* 1.22.

은 마시지도 못하고 먹지도 못한 채 금방 닥쳐올 죽음만을 기다리는 무력한 사람들이 아니었다는 것이다. 그들은 그들 나름대로 매우 건강하고 행복한 삶을 누릴 수 있는 행동 기준을 마련하였고 그대로 실천하였다. 피론은 90세까지 장수했으며, 일상생활에서 통찰력을 잃지 않았다.[122] 확실히 로크는 피론주의를 왜곡하였고, 거기에서 건전한 회의주의의 발판을 구하였다. 섹스투스 엠피리쿠스는 로크에게 되묻고 싶을 것이다. 왜 현상이 아니고 개연성인가? 최소한 개연성이 현상보다 더 나은 행위 기준이라는 것을 당신은 어떻게 정당화할 수 있는가? 로크의 지식론에 의하면, 이 지식은 결코 직관과 증명에 의해서는 얻을 수 없다. 그렇다면 실험과 관찰에 의존해야 하는데, 내 생각에, 자신에게 유리한 관찰 사례를 모으는 데 있어 피론주의자인 아이네시데모스는 결코 로크에게 뒤지지 않을 것 같다.

(2) 로크에게 직관적 지식은 우리가 추호도 의심할 수 없는 가장 확실한 것이었다. 예컨대 "A는 A이다."라거나 "내가 존재한다."라는 지식은 어떤 증명도 필요 없이 단박에 우리가 아는 것이다. 로크에게 이것은 너무나 명백하고 최고 정도의 확실성을 갖고 있는 것이어서 "만약 이보다 더 큰 확실성을 요구하는 사람이 있다면, 이 사람은 무엇인지 알지도 못하는 것을 요구하는 셈이 되며, 자신은 더 큰 확실성을 얻을 수 없으므로 회의주의자가 되고자 하는 마음을 먹고 있다는 것을 보여줄 뿐이다."[123] 직관적 지식이란 너무나 명석하고 자명한 것이어서 논증에 의해 증명될 수도 없고 그럴 필요도 없는 것이다. 그러나 이렇게 모든 사람이 절대 오류 없이 지각할 수 있는 것이라면, 왜 직관에 의해 알 수 있다고 하는 진리가 철학자마다 서로 다를까? 직관적 지식을 주장한 데카르트에게 가상디는 다음과 같이 반박하고 있다. "누구든 자기가 옹호하는 의견을 명석 판명하게 지각한다고 믿습니다. … 자신들의 의견을 위해, 다른 사람들이 그 반대 의견을 위해 죽는 것을 보면서도, 목숨을 거는 사람들이 있다는 것을 당신이 알았으면 합니다."[124] 가령 스피노자는 수

---

122) Diogenes Laertius, *DL* 9.62 참조.
123) John Locke, *Essay* 4.2.1.
124) René Descartes, *CSM* Ⅱ, p.194[Ⅶ, 278].

(數)의 비례식을 직관에 의해 알 수 있다고 주장하였다. 이렇게 서로 다르거나 대립하는 직관적 주장은 그 우열이나 진위를 직관에 의해서는 가릴 수 없다. 직관이란 어떤 증명적 절차를 거치지 않는 가장 직접적인 확실성이기 때문이다. 이런 직접적인 확실성이 비록 추호도 의심할 수 없는 지식의 자격을 준다고 하지만, 그것은 원리적으로 임의적인 전제일 수 있는 위험성을 항시 동반하는 것이기도 하다. 로크의 직관적 지식에 맞서서 섹스투스 엠피리쿠스는 각각의 철학자마다 직관적 지식이 상이하고 자의적이라는 점을 부각시킬 것이다. 만약 다른 의견을 가진 철학자에게 왜 나의 직관적 지식이 참이고 당신의 것은 거짓인가를 밝히기 위해서는 논증의 세계로 나아가야 한다. 물론 그런 세계의 문 앞에는 아그리파가 기다리고 있다.

(3) 로크는 직관적 지식처럼 최고의 확실성은 아니더라도 증명적 지식 또한 확실하게 알 수 있다고 주장하였다. 수학적 지식과 신의 존재에 관한 지식이 로크의 증명적 지식에 속한다. 예컨대 "삼각형의 세 각의 합과 두 직각의 크기는 같다."는 것은 수학적 증명을 통해 확실하게 입증될 수 있다. 그러나 데카르트에게 이런 확실성은 의심스러운 것이었다. '유능하고 교활한 사악한 악마'[125)가 있어서 우리에게 잘못된 수학적 증명을 하도록 만들 수도 있기 때문이다. 로크에게 이런 가정은 매우 극단적이어서 아마도 그는 이런 부류의 회의주의자와 대화를 기피하겠지만 말이다. 섹스투스 엠피리쿠스는 어떤 독단적 주장에 대해 그것과 동등한 비중을 갖고 맞설 수 있는 주장이라면 시공을 초월하여 어떤 철학자의 것이라도 이용할 준비가 되어 있다. 그는 로크에 맞서서 데카르트를 끌어들일 것이다.

신의 존재에 관한 증명적 지식에 관해서 섹스투스 엠피리쿠스는 더욱 할 말이 많을 것 같다. 로크에게 "아무것도 없는 무에서는 어떤 **실재적 존재자도 산출될 수 없는 것**"은 직관적 지식이었으며, 이것은 그의 신의 존재 논증의 출발점이었다. 무에서 실재적 존재자가 산출될 수 없다면, 실재적 존재자를 산출하게 만든 실재적 존재자가 있어야 하고, 이렇게 따져 올라가면 최초의 실재적 존재자가 있어야 하는데, 그것이 신의 존재라는 것이었다. 그러나 왜

---

125) *CSM Ⅱ*, p.15[Ⅶ, 22]. 특히 p.25[Ⅶ, 36] 참조.

우리가 하필 여기에서 멈추어야 할까? 로크가 직관에 의해서 단박에 알아차린 것처럼, 어떤 실재적 존재자도 무에서 산출될 수 없다면, 신의 존재를 산출하게 한 그 어떤 실재적 존재자가 있어야 하지 않을까? 왜 신만은 이 직관적 지식에서 예외가 되어야 할까?

로크는 신의 존재를 증명하는 가운데 여러 추론을 펼쳤다. 그중 하나가 지식을 전적으로 결여하고 전혀 지각을 하지 않는 어떤 존재자가 우리 인간과 같이 지각하고 인식하는 존재자를 산출할 수는 없으리라는 것이었다. 그는 이것을 근거로 어떤 전지한 지적인 존재자가 존재한다는 것을 확실한 결론으로 이끌어내었다. 과연 그럴까? 아버지가 전지해야 아들도 똑똑한가? 아버지가 무식한데도 그 자식은 매우 지적인 경우가 있음을 우리는 흔히 경험한다. (진화론자인 도킨스(Richard Dawkins, 1941-)라면 로크를 신의 망상에 빠진 사람이라고 비판할 것이다.) 물론 신의 존재에 관한 로크의 증명이 순전히 경험 영역에 있는 것은 아니다. 그러나 바로 그렇기에, 즉 신의 존재 여부는 우리의 경험으로부터 초경험적 세계에로의 추론이기 때문에, 여기에는 우열을 가릴 수 없는 갑론을박의 장(場)이 펼쳐질 수밖에 없는 것이다. 섹스투스 엠피리쿠스는 "신이 존재한다."거나 "신이 존재하지 않는다."고 주장하는 사람들 모두를 독단주의자로 간주하였다.[126] 왜냐하면 "신이 존재한다."는 논증에 대해서는 "신은 존재하지 않는다."는 반대 논증을 어떤 식으로든 원리적으로 제시할 수 있기 때문이다. 섹스투스 엠피리쿠스는 신의 존재를 주장하는, 또는 그 반대로 신의 부재를 주장하는 수많은 철학자들의 견해를 열거하고 있다.[127] 로크는 우리 인간의 지적인 능력에 비추어 전지한 신을 도출했지만, 섹스투스 엠피리쿠스라면 전지한 존재인 신이 이렇게 지적으로 결함 많은 우리 인간을 만들어내지는 않을 것이라고, 말하자면 전지한 신은 없다고 응대할 것이다. 직관적 지식을 인정하고 있는 로크가 구태여 무엇 때문에 신의 존재를 논증하려고 애쓰느냐고 섹스투스 엠피리쿠스는 반문할지도 모른다. 신의 존재를 아예 직관에 의해서 자명하게 알았다고 주장하는 편이 훨

---

126) Sextus Empiricus, *M* 9.191 참조.
127) *M* 9.60-190 참조.

씬 간단하고 강력하지 않을까?

(4) 직관적 지식과 증명적 지식은 로크의 고유한 이론이 아니며 이성론자들에 의해서도 전개된 것이다. 경험론자로서 로크의 지식론은 감각적 지식에서 분명하게 드러난다. 감각적 지식은 경험에 의존하는 것이기 때문에 확실성과 보편성을 획득할 수 없다는 점을 로크가 인정하자마자 ― 철학사적 지평 위에서 로크의 회의주의에 대한 답변이 신중하게 평가되었어야 했음에도 ― 최소한 회의주의에 대한 극복이라는 측면에서 『인간지성론』은 출판되자마자 푸대접을 받았고 일방적인 비판의 대상이 되었다. 1702년에 출간된 『반회의주의』에서 당대의 리(Henry Lee, 1644?-1713)는 로크가 우리와 세계 사이에 관념을 도입함으로써 우리는 우리의 관념 너머에 있는 세계 자체를 결코 알 수 없게 되어버렸다고 푸념하고 있고,[128] 스틸링플리트도 로크가 지식을 관념들 간의 일치와 불일치의 지각에 위치하게 함으로써 회의주의를 극복하기는커녕 "회의주의로 인도한다."[129]고 비판하고 있다. 이들의 비판의 요점은, 마음은 자신의 관념 이외에 어떤 다른 직접적인 대상도 갖고 있지 않으므로 "지식은 오직 관념에 관한 것"[130]이라는 주장을 로크가 펌으로써, 저 피론주의자들처럼 대상 자체의 본성을 발견하려는 기획 자체를 무모한 시도로 간주하였다는 것이다.

비판자들이 말하고 있는 대로, 로크는 지식이란 우리의 관념들 간의 일치나 불일치에 대한 지각이라는 입장을 유지하였다. 그래서 그는 직관적 지식과 증명적 지식을 확실한 지식으로, 감각적 지식을 '확신'이라 불릴 만한 자격을 갖춘 개연적 지식으로 구분하였던 것이다. 그리고 개연성에 의존해서도 무난한 삶을 영위할 수 있다는 데서 건설적인 탈출구를 마련하였다. 그렇지만 로크는 종종 이런 구분을 엄격하게 지키지 않을 때가 있다. 그는 개연적 지식을

---

128) Henry Lee, *Anti-Scepticism: or Notes Upon each Chapter of Mr Lock's Essay concerning Humane Understanding*(New York/London: Garland Publishing, Inc., 1978), The Preface 참조.

129) John Locke, *The Works of John Locke*, Vol. 3, p.357.

130) John Locke, *Essay* 4.1.1.

넘어서서 우리가 관념이 외부 사물과 실제로 합치하는 '실재적 지식'[131]이나 '실재적 진리'[132]를 가질 수 있다고 공언한다. 그런가 하면 로크는 제1성질들을 언급하면서, 이것들은 우리가 지각하건 그렇지 않건 간에 사물 자체에 속해 있으며 "우리는 이 성질들을 통해 사물 자체에 있는 그대로의 사물의 관념을 얻게 된다."[133]고 주장하기도 한다. 그러나 관념들 외부의 사물 자체의 본성에 관한 이런 주장들은 그의 지식론에서는 허용될 수 없는 '아킬레스건'[134]인 것이다. 아마 섹스투스 엠피리쿠스는 다짜고짜 "그가 어떻게 사물 자체의 본성을 알 수 있었는가?"라고 집요하게 물을 것이다.

로크의 지식론에 균열을 가져온 것은 다름 아닌 로크의 지식론이다. 그는 마음 안에 있는 관념들 간의 지각만을 지식의 대상으로 삼으면서도, 또 다른 한편으로는 관념들 밖의 사물 자체를 알고자 한다. 코플스턴이 지적하고 있는 것처럼 "[로크는] 때로는 관념이 지식의 **대상으로서의 매개물**(medium quod)인 것(그의 공공연한 견해)처럼 말하며, 때로는 관념이 지식의 **수단으로서의 매개물**(medium quo)인 것처럼 말하는 방식들 사이에서 갈피를 잡지 못하고 있다."[135] 요컨대 그는 관념 밖에 있는 세계에 대한 표상적 지식을 포기하지 않았다. 이런 독단적 야심을 품고 있는 한, 욜튼이 단정하고 있듯이, "로크가 거론한 논의들 가운데 어떤 것도 결정적이지 않으며, 어떤 것도 회의주의자의 공격에서 살아남을 수 없다. (도대체 어떤 논의가 그럴 수 있다는

---

131) *Essay* 4.4.4.

132) *Essay* 4.5.8.

133) *Essay* 2.8.23.

134) A. D. Woozley, "Some Remarks on Locke's Account of Knowledge," in *Locke on Human Understanding*, ed. by I. C. Tipton(Oxford University Press: Oxford, 1977), p.148. 우즐리에 의하면, 로크의 아킬레스건은 로크의 지식론이 결국 다음과 같은 상식의 원리들에 의존하고 있다는 데에 있다. "일상사의 과정에서 우리는 감각과 상상 혹은 기억을 식별하는 데 어떤 문제도 없다. 감각은 외부 사물에 의해 야기되어야 한다. 그리고 지각적 주장들은 그것들이 현재의 감각들을 야기하는 대상들에 대한 주장으로 한정되는 한에서 안전하다."(같은 곳)

135) 프레데릭 코플스톤, 『영국경험론』, p.161.

말인가?)"136) 로크가 마음 밖의 사물의 본질에 대한 미련을 버리지 못했기 때문에, 이후의 철학자들에게는 도리어 로크가 피론주의로 가는 길을 활짝 열어준 것으로 여겨졌고, 그리하여 로크는 피론주의의 불씨를 끄기는커녕 피론주의의 불을 놓은 방화범으로 취급되었다. 섹스투스 엠피리쿠스를 대신해서 로크의 지식론의 난파를 세세하게 분석한 가장 대표적인 철학자는 버클리일 것이다. 물론 그는 여기에 멈추지 않는다. 다른 근대 철학자들처럼 그도 자신이야말로 로크가 다하지 못했던 소임인바, 피론주의를 일소할 수 있다고 자신하였다.

---

136) John W. Yolton, *Locke and the Compass of Human Understanding: a Selective Commentary on the Essay*(New York: Cambridge University Press, 1970), p.12. 욜튼은 『인간지성론』에서 지식의 확실성과 범위에 관한 로크의 탐구가 외부 사물을 정당화하는 것이 아니라 단순히 서술하는 데 그치고 있다고 본다. "그는 사실상 처음부터 우리가 관념과 지식을 획득하는 대상들이 있다는 것을 받아들이고 있다."(p.14) 이렇게 당연한 전제로서 받아들이기 때문에 로크는 피론주의자의 논변에 대항하는 데 무력하다.

제10장
버클리와 피론주의

1. 버클리의 철학적 과제

버클리가 회의주의의 파괴자인지 아니면 옹호자인지를 버클리 자신에게 직접 묻는다면 그는 몹시 불쾌해할 것이다. 이런 물음을 던지는 사람은 자신의 저작의 제목도 읽어보지 않은 사람으로 버클리에게는 생각될 것이기 때문이다. 20대에 발표한 그의 대표작들의 제목에는 긴 부제(副題)가 붙어 있다. 『인간지식의 원리론: 학문상의 오류와 난점의 주요 원인들 및 회의주의와 무신론과 무종교의 근거에 관한 탐구』,[1] 『하일라스와 필로누스가 나눈 대화 세 마당: 회의주의자와 무신론자에 반대해서 인간 지식의 실재와 완벽함을, 그리고 영혼의 비물체적 본성 및 신의 직접적 섭리를 평이하게 증명하려는 계획. 아울러 학문을 더욱 쉽고 유용하고 간결하게 하는 방법을 계발하려는 계획』.[2] 이 두 작품보다 일찍 쓰였으나 그의 생전에는 출판되지 않은 『철학적

---

[1] 이 저서는 이후 『원리론』으로 명명함. 국내 번역은 다음 책을 참조했음. 조지 버클리, 『인간 지식의 원리론』, 문정복 옮김(울산: 울산대학교 출판부, 1999).

[2] 이 저서는 이후 『대화』로 명명함. 국내 번역은 다음 책을 참조했음. 조지 버클리, 『하일라스와 필로누스가 나눈 대화 세 마당』, 한석환 옮김(서울: 숭실대학교 출판부, 2001).

주석』에서도 그의 철학적 주적(主敵)은 벌써 확고하게 규정되어 있다. "내가 취하고 있는 원리와 정반대되는 것들이 모든 회의주의와 모든 어리석음과 모든 모순과 풀릴 수 없는 어리둥절한 부조리의 주요한 원천이었으며, 모든 세대에 걸쳐 인간의 이성에 대한 비난이었다."[3] 이것만 보아도 저 질문에 대해서 버클리는 어떤 오해의 소지도 없을 만큼 분명하게 대답하고 있다는 것을 알 수 있다. 그는 회의주의자와 무신론자를 철학적으로 발본색원(拔本塞源)하려고 작정하고 있는 것이다.

버클리는『원리론』의 서문에서 충분히 가치가 있기에 노고를 아끼지 않고 수행해야 할 자신의 과제를 밝히고 있다. "인간 지식의 제1원리들을 엄밀하게 탐구하는 것, 그것들을 모든 면에서 가려내고 조사하는 것."[4] 그리고 마침내 이 과제가 완수되어서 거짓 원리들이 어떤 것이고, 참으로 받아들여질 만한 (버클리 자신이 입증한) 원리들이 어떤 것인지가 구명될 경우 나타날 결과에 대해 버클리는『대화』의 머리말에서 희망에 찬 어조로 다음과 같이 말하고 있다. "[그렇게 되면] 무신론과 회의주의는 완전히 파괴될 것이고, 얽히고설킨 많은 점들이 풀리게 될 것이며, 중대한 난제들이 해결될 것이고, 학문의 여러 쓸모없는 분야들이 잘려 나가게 될 것이며, 사변은 실천과 관련을 맺게 될 것이고, 인간들은 역설에서 상식으로 복귀하게 될 것이다."[5] 버클리에게 회의주의와 불경스러운 무신론은 별개의 입장이 아니라 잘못된 동일한 토대 위에 놓여 있는 쌍생아였다.[6] 그래서 회의주의를 성립시키는 기본 원리들에 대한 비판은 곧 무신론의 초석을 제거하는 일이기도 하였다. 회의주의와 무신론과의 긴밀함에 관한 논의를 일단 차치할 경우,[7] 이로써 버클리가 목표

---

3) George Berkeley, *Commentaries*, p.52[411]. [ ]에 문단 번호 명기. p.38[304] 참조.
4) George Berkeley, *Principles*, p.26[I. 4]. [ ]에 문단 번호 명기. I = Introduction.
5) George Berkeley, *Dialogues*, p.168.
6) George Berkeley, *Principles*, pp.81-2[92-3] 참조.
7) 버클리는 회의주의와 무신론이 매우 밀접한 관련을 맺고 있다고 보았으나 과연 그런지는 매우 의심스럽다. 근대 초에 몽테뉴는『수상록』의「레이몽 스봉의 변호」에서 고대 피론주의의 논변을 동원하여 오히려 신앙주의를 변호하였다. 파스칼과 벨 역시 몽테뉴의 신앙주의를 이어받았다. 그들에게 회의주의는 신앙주의로 가는 이론적 발판이었다. 따라서 회의주의와 무

로 했던 바가 무엇인지를 더 이상 논의하는 것은 불필요할 것 같다. 한마디로 버클리는 회의주의에 대한 철저한 파괴자이고자 했던 것이다. 이런 철학적 과제에 대한 버클리의 천명(闡明)은 그의 시대에도 회의주의가 상당한 영향력을 행사하고 있었고, 그럼에도 여전히 그것을 물리칠 방도를 찾지 못하고 있었음을 강력하게 시사해준다. 근대 철학의 아버지인 데카르트부터 시작해서 스피노자, 라이프니츠, 로크에 이르기까지 유력한 주류 철학자들이 회의주의를 물리쳤다고 자신만만하게 선언했지만, 회의주의를 취급할 때 그들이 지녔던 의도가 무엇이었든지 간에, 버클리는 이들 모두가 결국 회의주의에서 벗어나지 못했다고 여겼다. 그렇다 해도 회의주의를 완전히 파괴하고자 할 때 그는 아버지의 미완의 기획을 완수하려는 충실한 후예였다고 말할 수 있다.

그런데 아이러니하게도 버클리의 저 두 작품이 발표되자마자 그는 헛소리를 늘어놓는 미친 사람이거나, 잘해보았자 본인의 의도와는 정반대로 회의주의자라는 낙인이 찍혔다. 회의주의를 근절하려는 버클리의 철학의 기획의 핵심 가운데 하나는 그의 철학의 슬로건이 되어버린 유명한 다음 문장에 압축되어 있다. "냄새가 있었다는 것은 곧 냄새가 맡아졌다는 것이다. 소리가 있었다는 것은 말하자면 소리가 들렸다는 것이다. 색깔이나 모양이 있었다면 시각 또는 촉각에 의하여 그것들이 지각되었다는 것이다. (…) 그것들의 존재는 지각되는 것이다. 다시 말하면 그것들을 지각하는 마음, 즉 사유하는 사물 밖에서 그것들이 어떤 존재를 가진다는 것은 불가능하다."[8] 마음 밖에 독립적으로 존재하는 세계를 제거하려는 이런 버클리의 비유물론(immaterialism)을 보고, 박학한 존슨(Samuel Johnson, 1709-1784) 박사가 커다란 돌을 발로 차며 "나는 이와 같이 그를 반박한다."고 외쳤던 것은 이 철학의 기괴함에 대한 초기의 반응을 상징적으로 보여주는 일화이다. 버클리는 그의 철학을 통해 상식에로의 복귀를 공언했지만 정작 대부분의 사람들에게는 상식으로부

신론의 긴밀성을 내세우는 버클리의 주장이 곧바로 근대를 관통하여 통용될 수 있는 것은 아니다. 이에 관해서는 Michel de Montaigne, *Essays*, pp.455-7 참조.

8) George Berkeley, *Principles*, p.42[3].

터의 일탈로 여겨졌다. 그래서 상식학파의 대표자인 리드(Thomas Reid, 1710-1796)도 아버지와 어머니와 친구 등의 물리적 대상들이 단지 나 자신의 마음속의 '관념들의 집합'[9]이라는 버클리의 철학을 훑어보고서는, 상식을 준수하는 평범한 사람들이 철학을 경멸하도록 만드는 "철학자들이 이제껏 전개한 모든 의견들 가운데 가장 기이한 의견처럼 보인다."[10]고 소감을 피력하고 있다. 그런가 하면 흄은 1758년에 나온 『인간 지성의 탐구』에서 버클리 철학을 평하면서 "사실상 이 순진한 사람의 저술들 대부분이 고대 철학자나 벨을 포함한 근대 철학자에서 발견될 수 있는, [순간적인 놀람과 우유부단함과 혼란을 야기하는] 회의주의에 대한 가장 훌륭한 교습본들"[11]이라고 적고 있다. 이런 종류의 평가는 무수히 열거될 수 있을 것이다. 리드와 함께 스코틀랜드 상식학파의 또 다른 대변자인 비티(James Beattie, 1735-1803)의 다음 서술은 버클리 철학에 대한 부정적 반응들을 총괄하는 결정판으로 볼 수 있다. "버클리는 그의 『원리론』을 학문과 종교에서 회의주의를 추방하고자 쓰지 않았는가? 그는 성공의 예감에 부풀어 자신만만해하지 않았는가? … 그런데 그의 체계가 곧바로 무신론과 보편적인 회의주의로 인도한다는 점은 자명하지 않은가? (…) 어쨌든 이런 사실로 볼 때 우리의 저자는 그의 이론이 당면함직한 모든 반론을 예견하지 못했던 것처럼 보인다. 그는 그의 이론이 회의적 체계의 토대가 될 수 있을지도 모른다는 것을 내다보지 못했다. 선견지명이 있었다면 그는 혐오에 차서 자신의 이론을 버렸을 것이라는 것을 우리는 알고 있다."[12]

비록 영국에서처럼 노골적으로 조롱당하거나 무시당하지는 않았지만 버클리의 비유물론이 일종의 회의주의로 치부되었던 것은 프랑스에서도 마찬

---

9) *Principles*, p.41[1]. "대상들은 실제로 관념들이나 성질들의 묶음에 불과하다."는 버클리의 대상 이론에 관해서는 이 외에 pp.42[3], 56[38] 참조.

10) Thomas Reid, *Essays on the Intellectual Powers of Man* in *Works of Thomas Reid*, Vol. 1, ed. by Wlilliam Hamilton(London: Adamant Media Corporation, 2005), p.285. 이 책의 초판은 1785년에 나왔다.

11) David Hume, *Enquiries*, p.155.

12) James Beattie, *An Essay on the Nature and Immutability of Truth: In Opposition to Sophistry and Scepticism*(Edinburgh: Thomas Turnbull, 1807), pp.200-1.

가지였다. 18세기 버클리 철학의 위상을 추적한 포프킨에 의하면, 디드로 (Denis Diderot, 1713-1784)나 콩디약(Etienne Bonnot de Condillac, 1715-1780), 루소(Jean-Jacques Rousseau, 1712-1778)와 같은 프랑스 철학자들은 버클리가 새롭고 기본적인 회의주의 형식을 제공한 것으로 보았고, 인식론의 분야에서 특히 회의주의의 논의와 관련하여 그를 흄보다 훨씬 더 중요한 인물로 여겼다.[13] 비록 그의 본뜻과는 반대로 프랑스 철학자들에게 회의주의자로 받아들여져서 편의적으로 이용되긴 했지만 버클리는 철학계의 어엿한 중심인물이었다. 그는 의도하지 않은 각광을 받았던 셈이다. 그렇지만 이런 전성기마저도 빨리 지나갔다. 벌써 18세기 말이 되면 리드와 칸트는 회의주의에서의 주요인물로 흄을 꼽고 있고 "버클리는 회의주의의 이야기에서 사소한 인물이 된다."[14] 버클리는 흄의 회의주의에 공헌한다는 맥락에서만 조망될 뿐이었다.

버클리가 놀림의 대상이 되었건 혹은 학문적으로 진지한 고려의 대상이 되었건 간에 전반적으로 버클리 철학이 회의주의로 취급되었고 또 급격하게 몰락해갔던 것만은 사실이다. 물론 이런 와중에 버클리 철학이 부당하게 오해된 측면도 있다. 그런 사정을 감안한다 하더라도 회의주의를 철저하게 파괴하고자 했던 버클리의 목표가 완전히 수포로 돌아간 것만은 분명하다. 이것은 그의 철학이 회의주의를 완전히 제압할 수 없을 뿐만 아니라 오히려 회의주의자들에게 반격을 당할 수밖에 없는 어떤 이론적 약점을 내재적으로 가지고 있음을 암시한다. 반회의주의를 표방했지만 실상은 회의주의에게 길을 터주는 결과를 가지고 왔다면, 버클리의 비유물론은 반회의주의라는 가면을 쓴 회의주의라고 평할 수 있을 것이다. 이런 면에서 "버클리의 이론이 당면함직한 모든 반론을 예견하지 못했던 것처럼 보인다."는 비티의 지적은 의미심장하다. 버클리의 반회의주의가 회의주의를 박멸하기는커녕 오히려 회의주의로 안내하는 경유지로 변질된 결정적인 이유는 무엇일까? 회의주의자에게

---

13) Richard H. Popkin, "Berkeley in the History of Scepticism," in *Scepticism in the Enlightenment*, ed. by Richard H. Popkin, Ezequiel D. Olaso and Giorgio Tonelli(Dordrecht/Boston/London: Kluwer Academic Publishers, 1997), pp.175-7 참조.
14) 같은 글, p.183.

들켜버린 버클리 철학의 빈틈을 들여다보기 위해서는 회의주의라는 질병에 대한 그의 진단과 대비책을 먼저 살펴보아야 한다.

2. 버클리와 회의주의 그리고 벨

『대화』에서 하일라스는 버클리가 논박하고 싶은 다양한 의견을 제시하도록 창조된 인물이다. 반면 버클리의 입장은 필로누스에 의해서 개진되고 있다. 본격적으로 대화를 진행하기 위한 준비 작업으로 「첫 번째 대화」의 앞머리에서 필로누스는 하일라스와 함께 회의주의에 대한 정의를 내리고 있다. 필로누스는 묻는다. "여보게, 하일라스, 자네는 어떤 사람을 **회의주의자**라고 보는가?"[15] 이에 대한 하일라스의 최초의 답변은 "… 모든 것을 의심하는 자"[16]이다. 필로누스는 이런 단호한 부정은 단호한 긍정 못지않게 이미 확정된 입장을 취한 것이므로 더 이상 회의주의자가 아니라고 응답하는데, 하일라스도 이에 동의한다. 약간의 대화를 거쳐 양자가 도달한 결론은 다음과 같다.

> 하일라스 : 동의하네. 그러나 다른 것들은 없는가? 감관들을 불신하는 것, 감각적 사물들의 실재적 존재를 부정하는 것, 감각적 사물들에 대해 감히 아는 바가 전혀 없다고 자처하는 것에 대해서는 어떻게 생각하는가? 이 정도면 한 사람을 회의주의자로 일컫는 데 충분하지 않은가?
>
> 필로누스 : 그러면 우리 가운데 누가 과연 감각적 사물들의 실재성을 부정하고, 나아가 그것들에 대한 극도의 무지를 공언하는 자인지 따져볼까? 내가 자네를 제대로 이해하고 있다면, 그런 자야말로 가장 위대한 **회의주의자**로 간주되어야 마땅하기 때문이네.
>
> 하일라스 : 그것이 바로 내가 바라는 바일세.[17]

---

15) George Berkeley, *Dialogues*, p.173.
16) 같은 곳.
17) *Dialogues*, pp.173-4.

버클리가 지칭하고 있는 회의주의자는 ① 감관을 불신하는 자이다. 회의주의자는 우리가 보고 느끼고 만지는 것을 신뢰하지 않는다. 예컨대 그는 "꿀이 달다."는 미각을 믿지 않는다. ② 그렇기 때문에 그는 "꿀이 정말로 단지 아니면 쓴지"에 대해 알지 못한다고 자처하게 된다. 회의주의자에 의하면 있는 그대로의 꿀의 참된 실재적인 본성을 우리는 어떻게 해도 확정할 수 없다. ③ 이런 의심이 극대화되면 회의주의자들은 감각적 사물들의 존재마저 부정하게 된다. 하일라스의 또 다른 표현을 빌리면, 회의주의자들이란 "사물들의 참되고 실재적인 본성뿐만 아니라 심지어 그것들의 존재에 대해서도 무지하다."[18]는 것을 적극적으로 공언하는 자이다. 그들은 꿀과 하늘과 땅의 존재는 물론이고 "심지어 그들 자신의 육체적 존재까지 의심하는"[19] 자들이다.

그렇다면 회의주의자를 이렇게 의심하도록 만드는 사유의 기본 원리는 무엇일까? 그것은 다름 아니라 플라톤 이래 서양 인식론을 지배해온 저 유서 깊은 구별들이라고 할 수 있다. 현상과 본질, 주관과 객관, 우리 마음 안에 있는 관념과 우리 마음 밖에 있는 물리적 대상, 상대적인 것과 절대적인 것과 같은 이원론적 구별의 틀로 사태를 파악하려 할 경우, "어떻게 우리의 마음이 우리 마음 밖에 존재하는 대상을 있는 그대로 알 수 있을까?" 하는 표상주의적인 물음은 인식론에서 중추적인 역할을 담당하게 된다. 그런데 우리가 어떤 사물을 보고 맛보고 냄새 맡고 만지고 하면서 그 사물의 성질들을 (즉 감각들이나 관념들을)[20] 아무리 많이 획득한다 해도, 그것들을 통해 대상 자체의 본성을 아는 것은 원리적으로 불가능하다. 지각하는 주체와 지각되는 대상이 처한 지각 조건에 따라 상이하고 때로는 상반되기도 하는 변화하는 관념들 가운데 어떤 것이 마음 외부에 존재하는 대상의 절대적 본성과 일치하는가를 우리가 알 수 있기 위해서는 관념과 대상을 비교할 수 있어야 한다. 그러나 필로누스와 대화를 하면서 하일라스가 마침내 인정하고 있듯이, "검토해보니 … 관념 이외의 어떤 것이 관념과 비슷한 것일 수 있는 방식을 내가

---

18) *Dialogues*, p.228.
19) George Berkeley, *Principles*, p.79[88].
20) *Principles*, p.74[78] 참조. "성질들은 **감각들**이나 **관념들** 이외에 다른 것이 아니며, 그것들 모두 그것들을 지각하는 **마음** 안에서만 존재한다."

파악하거나 이해하는 것은 불가능하네."[21] 우리가 가진 것의 전부는 관념이고 오로지 관념과 관념만을 비교할 수 있기 때문에 관념과 대상 자체를 구분하고 관념을 통해 대상 자체의 본성을 알아내려고 하는 한, 그 기획은 송곳으로 재를 긁어내려는 헛된 작업일 수밖에 없다. 요컨대 현상과 본질을 구별하는 한, 대상 자체의 실재적이고 참된 본성은 원리적으로 은폐된 채 남아 있을 수밖에 없고, 따라서 우리는 "불모(不毛)의 회의주의에 걸터앉아 있음을 발견하게 된다."[22] 철학에서 회의주의가 득세하게 된 연유를 버클리는 여러 곳에서 다양하게 언급하고 있지만 다음의 인용문만으로도 그의 진단을 파악하는 데에는 충분할 것 같다.

> 우리의 모든 지식과 숙고는 겨우 우리 자신의 관념들에 국한되므로, 사물들이 관념들과 구별된다는 가정이야말로 모든 실재적인 진리를 제거하고 결과적으로 보편적인 회의주의를 가져온다.[23]

회의주의를 성립시키는 요체는 마음 밖의 외적 대상의 존재를 가정하고, 우리의 관념 즉 마음에 의해 지각된 사물이 사물 자체의 본성과 일치할 경우 우리의 지식이 참(진리)일 수 있다고 생각하는 데 있다. 이렇게 "세계를 관념과 외부 세계로 이원화하게 되면",[24] 우리는 관념 밖으로는 나아갈 수 없기 때문에 결국 진리를 원리적으로 확보할 수 없는 사태에 직면한다. 따라서 버클리의 눈에는 전통적인 진리대응설이야말로 '바로 회의주의의 뿌리'[25]인 것이다. 거꾸로 우리가 우리 자신이 직접 접촉할 수 있는 영역이 관념임을 깨닫고 이제 더 이상 관념을 넘어선 대상을 추구하지 않을 경우, 회의주의가 뿌

---

21) George Berkeley, *Dialogues*, p.206. p.246 참조.

22) George Berkeley, *Principles*, p.25[I. 1].

23) George Berkeley, *Commentaries*, p.75[606]. 이 외에 George Berkeley, *Principles*, p.85[101] 참조.

24) 김효명은 로크 철학의 결정적인 잘못을 이원화된 세계관에서 찾고 있다. 이 때문에 로크 철학은 회의주의적 물음과 도전을 야기하지만 이에 대해 어떤 대답도 내놓을 수 없다. 김효명, 『영국경험론』, pp.140-3 참조.

25) George Berkeley, *Principles*, p.78[86]. George Berkeley, *Dialogues*, p.246 참조.

리 내릴 토양은 아예 사라지게 되는 셈이다.

"우리의 모든 지식이 관념에 한정된다."는 버클리의 관념 이론은 사실 데카르트와 로크에 의해 이미 확립된 것이며, 버클리는 이들의 관념 이론을 그대로 받아들인 것이다. 데카르트는 한 지인에게 보낸 서간에서 "사물들에 대해 우리가 품고 있는 관념을 제외하고서는 사물들에 대한 어떤 지식도 우리는 가질 수 없습니다."26)라고 밝히고 있다. 로크도 그의 『인간지성론』에서 똑같은 입장을 피력하고 있다. "마음은 그것의 모든 사색과 추론에 있어서 그 자신의 **관념들** 이외에 어떤 다른 직접적 대상도 갖고 있지 않기 때문에 … 우리의 지식이 단지 그것들에만 관련되어 있다는 것은 명백하다."27) 이런 점에서 데카르트와 경험론자들은 보기보다는 많은 공통점을 가지고 있다.28) 그럼에도 불구하고 버클리가 볼 때, 문제는 이들이 자신들이 그어놓은 한계를 스스로 위반한다는 데에 있다. 이들은 "마음은 … 저 **관념들** 너머로는 조금도 움직이지 못한다."29)는 것에 통감하면서도 관념들 너머의 세상을 기웃거리며 미련을 버리지 못하고 있다.

단적인 예로 그들은 사물의 관념들과 관련하여 제1성질과 제2성질을 구분하고 있다. 데카르트는 연장, 형태, 운동 등과 같이 제1성질에 해당하는 명석판명하게 지각되는 물체의 관념들과, 색깔, 소리, 맛, 냄새, 차가움 등과 같이 "나에게 아주 애매모호하게 생각되어 이것들이 참인지 거짓인지조차 알지 못하는, 즉 내가 이것에 대해 갖고 있는 관념들이 실재하는 사물의 관념들인지 혹은 사물이 아닌 것의 관념들인지조차 알지 못하는"30) 제2성질에 해당하는 관념들을 나누고 있다. 제1성질의 관념들이 실재하는 사물을 적극적으로 나타내고 있는 반면에, 제2성질의 관념들은 사물이 아닌 것을 사물로 나

---

26) René Descartes, *CSMK* Ⅲ, p.202[Ⅲ, 476].

27) John Locke, *Essay* 4.1.1. 2.8.8 참조.

28) 데카르트가 버클리에 미친 영향에 관해 좀 더 자세한 것은 Richard H. Popkin & Avrum Stroll, *Skeptical Philosophy for Everyone*(Amherst, N.Y.: Prometheus Books, 2002), pp.72, 80 참조.

29) John Locke, *Essay* 2.1.24.

30) René Descartes, *CSM* Ⅱ, p.30[Ⅶ, 43].

타내는 질료적 허위를 내포하고 있어서, 그것들은 어떤 사물도 나타내지 않거나 아니면 극히 적은 실재성만을 나타낸다.[31] 이런 데카르트의 구분은 로크에 의해 반복되며 좀 더 구체화된다. 로크에게 제1성질은 물리적 대상이 지각되는 조건들에 상관없이 또 그것을 지각하는 사람이 전혀 없을 때에도 그 대상이 자체 내에 갖고 있는, 관념들을 생기게 하는 힘을 말한다. 이것은 "그것이 어떤 상태에 있든지 물체에서 전혀 분리할 수 없는 것이고, 또 물체가 어떤 변화나 변경을 받더라도 … 물체가 끊임없이 유지하는 그런 것이다."[32] 제1성질에 의한 관념들에는 연장, 모양, 운동 같은 것들이 속한다. 반면 제2성질은 물리적 대상 자체에 속해 있는 것이 아니라 지각하는 사람에게 여러 감각을 불러일으키는 힘이다. 제2성질에 의해 우리 안에 산출되는 관념들에는 색깔, 소리, 맛 등이 포함된다. 제1성질은 대상 자체가 갖고 있는 힘이기 때문에 그것의 관념들은 대상과 분리 불가능하고 불변적이고 측정 가능하다. 반면 제2성질은 감관을 통해 지각하는 우리와 관련을 맺고 있기 때문에 그것의 관념들은 대상과 분리 가능하고 가변적이고 측정 불가능하다.

이제 이렇게 로크가 제1성질과 제2성질을 굳이 구분하려 했던 의도는 우리 외부에 존재하는 대상 자체에 대한 지식의 가능성을 그가 포기하려 하지 않는 데에서 확연하게 드러난다. 그는 다음과 같이 주장한다. "물체의 제1성질의 관념들은 이 성질들과 유사하고, 이 성질들의 견본은 물체 자체 속에 실제로 존재한다. 그렇지만 제2성질에 의해서 우리 안에 산출된 관념들은 제2성질들과는 어떤 유사성도 지니지 않는다."[33] 예컨대 어떤 사과가 둥글고 빨갛고 달콤하다고 할 때, 둥근 모양은 사과 자체가 갖고 있는 관념이고, 빨간 색깔과 달콤한 맛은 그렇게 감각하는 사람이 갖는 관념이다. 사과의 둥금은 누가 지각하든 혹은 아무도 지각하지 않든 둥근 모양일 것인데, 그 이유는 그것이 진짜 우리 밖에 존재하는 사과와 유사하기 때문이다. 반면 빨강과 달콤함은 어떤 사람에게는 그렇게 감각되어도 다른 사람에게는 지각 조건에 따라

---

31) *CSM* Ⅱ, p.30[Ⅶ, 44].
32) John Locke, *Essay* 2.8.9.
33) *Essay* 2.8.15.

다르게 감각될 수 있다. 그것들은 사과와 어떤 유사성도 없다. 제1성질의 관념들에서 나타나듯이, 로크의 표상 실재론은 사과의 관념들에서 발걸음을 멈추는 것이 아니라 사과 자체로 나아가려는 연결 끈을 움켜잡고 있다. 제1성질과 제2성질의 구분은 "마음은 … 그 자신의 관념들 이외에 어떤 다른 직접적 대상도 갖고 있지 않다."는 것을 로크가 주장하면서도 아직 표상주의의의 잔재를 완전히 털어내지 못했음을 명백하게 보여준다. 그리고 버클리가 보기에 대상 자체를 향한 끊을 수 없는 이런 지적 중독이 결국 로크가 회의주의라는 늪에 꼼짝없이 빠질 수밖에 없는 화근(禍根)이 되는 것이다. 『원리론』에서 버클리는 '최근에 작고한 존경받아 마땅한 한 철학자'[34]의 저서인 『인간지성론』을 분석하고 있을 정도로 로크의 표상 실재론을 주된 표적으로 삼고 있는데, 그 이유가 여기에 있다고 할 수 있다.

로크의 표상 실재론이 갖는 모순을 버클리가 간파하도록 인도한 이는 근대 철학에서 고대 피론주의를 대변하고 있는 벨이었다. 버클리 철학과 피론주의의 관계를 추적한 포프킨이 밝혀준 대로, 로크 철학이 ─ 특히 그의 제1성질과 제2성질의 구분으로 인해 ─ 회의주의에 빠진다는 것을 지적한 이는 어디까지나 벨이었고, 그로 인해 버클리는 피론주의자의 위기를 절감하게 되었다. 간단하게 말해서 "벨이 백일하에 드러냈던 바로 그 '피론주의자의 위기' 때문에 버클리는 회의주의를 반박하는 일에 착수하게 되었다."[35] 로크의 표상 실재론에 대한 벨의 비판은 그대로 그것에 대한 버클리의 비판이 되었다. 외부 대상의 본성을 탐색하려는 여하한 기도(企圖)도 반드시 회의주의에 도달하고 만다는 버클리의 진단은 이미 벨의 진단이었던 것이다. 벨은 그의 주저인 『역사 비평 사전』의 「엘레아의 제논」 항목에서 다음과 같이 말하고 있다.

---

34) George Berkeley, *Principles*, p.30[I. 11].
35) Richard H. Popkin, *The High Road to Pyrrhonism*, p.317. 벨이 버클리의 사유에 상당한 영향력을 행사했다는 것은 버클리의 전집을 편집한 루스와 제숍에 의해서도 지적된 바 있다. George Berkeley, *Commentaries*, p.358; George Berkeley, *Principles*, p.44 참조.

똑같은 물체라도 어떤 사람에게는 달콤한가 하면 다른 사람에게는 쓰기 때문에, 이로부터 그것은 그 자체로 … 달지도 쓰지도 않다고 추론하는 것은 옳다. [데카르트와 로크 같은] '새로운' 철학자들은 회의주의자들이 아닌데도 소리와 향기, 열과 차가움, 딱딱함과 부드러움, 육중함과 가벼움, 맛과 색깔 등과 관련해서 판단유보의 토대를 이미 잘 이해하고 있었다. 그래서 그들은 이런 모든 성질들이 우리 영혼의 지각들이며, 우리 감관의 대상 속에는 존재하지 않는다고 가르친다. 그런데 왜 우리는 연장과 관련해서 동일한 것을 말해서는 안 되는가? (…) 동일한 물체가 우리가 그것을 어디에서 보느냐에 따라 작게 보이기도 하고 크게 보이기도 하며, 둥글게 보이기도 하고 네모나게 보이기도 한다는 점에 주목하라.[36]

우리의 감관들은 모든 물질적 성질들과 관련해서 우리를 기만하며, 이것은 물체의 크기나 모양, 운동도 예외가 아니다. (…) 그렇지만 이런 것들이 우리 마음 밖에 존재한다는 것은 참이 아니다. 그렇다면 연장과 관련해서 왜 우리는 우리의 감관을 신뢰해야만 할까? 색깔과 마찬가지로 연장 역시 쉽게 현상으로 환원될 수 있다.[37]

이 진술만 보면 이것을 벨이 썼는지 버클리가 썼는지 식별할 수 없을 정도이다. 그만큼 버클리는 로크에 대한 벨의 비판을 전면적으로 흡수하고 있다. 로크는 "[제1성질들인] 불이나 눈의 부분들의 특정 크기, 수, 모양, 운동은 실제로 이런 물체들 속에 존재한다."[38]고 제1성질에 특권적인 지위를 부여했지만, 벨은 그럴 만한 어떤 근거도 없다는 것을 논증하고 있다. 벨에 의하면 제1성질의 관념들도 지각하는 마음의 주관적인 상태에 따라 변한다. 이렇게 되면 제1성질과 제2성질의 구별 자체가 말이 되질 않는다. 이런 점에서 그것들은 물체의 본성과 관련되는 것이 아니라 단순히 "현상으로 환원될 수 있다." 로크의 표상 실재론에 대한 비판을 통해 벨이 도달한 결론은 현상 세계를 산출하는 실재하는 대상 세계의 참된 본성을 우리는 알 수 없다는 것이다. 요컨

---

36) Pierre Bayle, *Historical and Critical Dictionary Selections*, p.364.
37) 같은 책, p.373.
38) John Locke, *Essay* 2.8.17.

대 지각하는 마음에서 독립한 존재를 관통할 수 있는 어떤 특권적인 매개체도 우리는 원리적으로 갖고 있지 않다. 우리가 갖고 있는 것은 제1성질에 의해서이건 혹은 제2성질에 의해서건 간에 오로지 현상에 대한 관념뿐인데도 그것을 넘어 대상 자체의 인식을 동경한다면, 그런 기획은 자기분열을 초래하게 될 것이다. 그럼에도 누군가 대상 자체의 인식을 획득했다고 주장할 경우 그는 독단주의자일 수밖에 없다. 도저히 수중에 넣을 수 없다는 것을 알면서도 그것을 향한 독단적 시도를 멈추지 못할 경우, 헛된 지적 허영은 깨지고 남는 것은 절망뿐일 것이다. 이로써 벨의 목적은 달성되었다. 애당초 그는 모든 근대 철학이 피론주의에 빠지고 만다는 것을 보여주고 싶었기 때문이다. 벨은 이 지점에서 피론주의의 승리를 만끽하였을 것이다. 버클리는 벨의 작업에 의해 마음 밖의 대상에 집착하는 한, 즉 실재론의 흔적을 일소(一掃)하지 못하는 한, 아무리 반회의주의의 기치를 내건다 해도 모든 철학은 회의주의의 좋은 먹잇감으로 전락하고 만다는 것을 자각하게 되었다. "색깔과 모양, 운동, 연장 등이 마음 밖에 존재하는 **사물들**이나 **원형들**을 지시하는 신호 또는 심상(心象)으로 간주될 때는 우리 모두는 **회의주의**에 휘말려들게 되는 것이다. 우리는 단지 사물들의 현상만을 볼 뿐 그것들의 실재적 성질을 보지는 못한다."[39] 그렇지만 이런 결과 앞에서 벨과는 반대로 버클리는 데카르트적인 불안을 느꼈다. 그도 아버지와 마찬가지로 어떻게든 이 질병을 퇴치해야 한다고 결심하였다.

3. 회의주의의 기본 원리들에 대한 버클리의 논박

버클리의 핵심 과제는 회의주의를 완전히 파괴하는 것이었다. 그렇게 하기 위해서는 무엇보다 회의주의를 존립시키는, 이제까지 당연시되어온 '철학자들 사이에서 통용되는 기본 원리들'[40]이 무엇인지를 파악해야 한다. 그리고 독단주의를 마음껏 공격해온 이 원리들을 의심해보아야 한다. 만약 이

---

39) George Berkeley, *Principles*, p.78[87].
40) George Berkeley, *Dialogues*, p.167.

원리들의 거짓된 점을 드러낼 수 있다면, 회의주의가 동반하는 필연적 파탄도 역시 거짓으로 폭로될 수 있을 것이기 때문이다. 회의주의의 원리들에 대한 일차적인 의심이 회의주의를 박멸할 수 있는 기초 작업이라는 것이 회의주의를 대하는 버클리의 전략이었고, 또한 그의 집요한 희망이기도 하였다.

> 그러므로 나의 목적은 저 모든 의심스러움과 불확실성, 저 부조리와 모순들을 철학의 여러 분과 속으로 도입한 원리들이 어떤 것인가를 내가 발견할 수 있는지를 시도해보는 것이다. (…) 특히 진리를 탐구하려는 마음을 멈추게 하고 난감하게 만드는 장애와 난점들이 … 오히려 이때까지 주장되어온 그리고 피할 수 있었을지도 모르는 거짓 원리들로부터 발생하는 것이 아닌가 하고 의심해볼 수 있는 몇몇 근거가 있을 수 있다.[41]

회의주의를 초래하는 기본 원리들은 (원리적으로 불가능한데도) 관념 너머로 나아가도록 우리를 미혹하는 것들이다. 파파스가 구체적으로 지적하고 있듯이, 그것들은 ① 관념을 매개로 사물의 본질을 추론하려는 표상 실재론, ② 마음 밖에 독립적인 사물이 실재한다는 형이상학적 실재론, ③ 성질들의 지지체로서 상정된 실체, 그리고 ④ 추상적인 관념 이론이다.[42]

(1) 표상 실재론이 어떻게 해서 회의주의를 불러오는지, 그렇지만 그것이 왜 자기모순을 범할 수밖에 없는지는 앞에서 설명되었다. 표상 실재론을 논박하기 위해서는 단순히 표상 실재론자가 떠벌리도록 내버려두면 된다. 그는 우리가 결코 관념 밖으로 나아갈 수 없으며 따라서 관념은 관념과만 비교 가능하다고 말하면서도, 이와는 모순되게 몇몇 관념은 대상과 유사하다고 주장하기 때문이다. 이런 자승자박 때문에 회의주의로 인도하는 표상 실재론은 거짓 원리로 드러났다. 표상 실재론에 대한 버클리의 응답은 "관념이란 관념

---

41) George Berkeley, *Principles*, p.26[I. 4], p.35[I. 17] 참조. "이 모든 것에 대한 고찰은 사람을 낙담의 구렁텅이로 던져버리고 모든 연구를 지독하게 경멸하게 하기 쉽다. 그러나 이와 같은 사태는 세상에서 통용되어왔던 거짓된 원리들을 검토하게 되면 그만 그칠지 모른다."

42) George Pappas, "Berkeley and Scepticism," in *Philosophy and Phenomenological Research* 59(1)(1999), pp.136-42 참조.

이외의 어떤 것과도 유사할 수 없다."[43]는 경험론의 입장을 수미일관하게 고수하는 것이다.

(2) 마음 밖에 외적 사물의 존재를 주장하는 형이상학적 실재론이 회의주의를 낳는다는 것은 버클리에게는 불을 보듯 뻔한 일이다. "이 모든 회의주의는 **사물들과 관념들과**의 차이를 가정하고, 그리고 사물들은 마음 없이도, 즉 지각되지 않고서도 존재한다는 가정으로부터 나오는 것이다. 이 주제를 상세히 설명하여 모든 시대의 **회의주의자들**이 역설했던 논증들이 어떻게 외적 대상의 가정에 의존하고 있는가를 보이는 것은 쉬운 일일 것이다."[44] 비사유적 사물들에, 그것들이 지각되는 것과는 다른 실재적인 존재를 귀속시키는 한 회의주의자들은 득세할 수밖에 없다. 지각되는 것(관념)과는 다른 실재하는 비사유적 존재의 본성을 우리가 명백하게 아는 것은 원리적으로 차단되어 있기 때문이다. 내가 아무리 마음과 동떨어져 존재하는 외적 대상을 지각하거나 사유하려 해도, 그것을 지각하거나 사유하는 순간 그것은 이미 항상 나의 마음에 의해 지각되거나 사유된 것이다. 그러므로 이미 항상 마음에 의해 지각된 것을 지각되지 않는 것으로 주장한다면 그것은 어불성설일 것이다. "네가 사유하고 있는 대상들이 마음 없이도 존재할 수 있다는 것을 입증하기 위해서는 네가 사유하고 있는 대상들이 … 사유되지 않고서도 존재한다고 생각할 필요가 있다. 그러나 이것은 명백한 불일치이다."[45] 그 어떤 대상도 마음과 무관하게는 존재할 수는 없다. 이것이 버클리가 『원리론』과 『대화』에서 독자들이 저절로 암기할 정도로 지루할 정도로 반복하고 있는 그의 철학의 요체라고 할 수 있다. 존재하는 것은 어떤 것이라도 마음에 의해 지각된 것이다. 즉 마음에 의해 지각되지 않고서는 그 어떤 것도 존재할 수 없다. 그러므로 마음 없이도 감각적 대상들 자체가 절대적으로 존재한다는 것은 "직접적 모순이거나 아무것도 아닌 것이다."[46] 그렇다면 회의주의는 직접적 모순이

---

43) George Berkeley, *Principles*, p.44[8].
44) *Principles*, pp.78-9[87]. George Berkeley, *Dialogues*, p.206 참조.
45) George Berkeley, *Principles*, p.50[23].
46) *Principles*, p.51[24]. 이와 동일한 지적에 관해서는 p.44[7] 참조.

나 아무런 의미도 없는 낱말에 기생하여 질긴 생명력을 획득하였던 셈이다. 결국 사물에 관해 우리가 아무것도 아는 것이 없다고 생각하게 만드는 회의주의는 근거 없는 '거짓된 원리'[47]에 의존하고 있고, 그렇기 때문에 회의주의자의 논변에 넘어간 사람은 기만당한 것이다. 버클리의 눈에 회의주의자들은 마음과 독립해 있는 사물에 강한 애착을 가진 사람들을 애꿎은 사기극의 희생양으로 삼는다. 사실상 외적 사물이란 지각될 때에만, 즉 마음 안에서만 존재하는 관념(성질)들의 다발(합성체)일 뿐이다. 필로누스가 한 말을 따른다면 "나는 사물들을 관념으로 바꾸어놓으려는 것이 아니라 오히려 관념들을 사물들로 바꾸어놓으려 한다네."[48] 이렇게 버클리는 자립적인 대상의 존재라는 저 유서 깊은 철학적 편견을 제거함으로써 회의주의를 지탱해온 버팀목을 베어내었다고 자부한다.

(3) 외적 사물과 마찬가지로 성질들의 지지체로서 상정된 실체도 회의주의의 주된 기둥 중의 하나이다. 독립적인 사물이 그랬던 것처럼 실체 역시 지각되지 않은 채로 존재한다는 것을 함축하고 있다. 로크에 따르면 순수한 실체 일반의 개념이란 우리 안에 단순 관념들을 산출할 수 있는 "… 그런 성질들의 알려지지는 않고 다만 가정될 뿐인 지지체 이외에 다른 아무것도 아니다."[49] 성질들을 떠받치는 기체(基體)로서의 물질적 실체란 따라서 지각된 것이 아니고 단순 관념들이 어떻게 혼자 힘으로 존속하는지 상상할 수 없다는 필요에 의해 추론된 것이어서, 비록 그것에 익숙해져 있다 하더라도 "우리는 이 가정된 어떤 것에 관해서 결코 명석 판명한 **관념**을 갖고 있지 않다."[50] 감관에 의한 직접적인 지각들로부터 실체를 이성적으로 추론할 어떤 지각도 우리는 갖고 있지 못하다. 그런데도 이런 실체를 믿는 것은 (그것에 대해 어떤 관념도 갖고 있지 못하면서도) 관념을 넘어선 어떤 것을 추정하는 것이고, 마침내 사물의 실재성과 감각적 현상을 구별하게끔 부추긴다. 그리고 앞에서 살펴보았듯이, 이 구별이야말로 회의주의를 존립하게 만든 기본 원리였다. 필

---

47) *Principles*, p.85[101].
48) George Berkeley, *Dialogues*, p.244.
49) John Locke, *Essay* 2.23.2.
50) *Essay* 2.23.37.

로누스는 이를 다음과 같이 명확하게 지적하고 있다. "물질적 실체에 대한 믿음이 모든 것에 있어서 저 알려지지 않은 본성들을 자네가 꿈꾸게 만드네. 그 때문에 자네는 사물의 실재성과 감각적 현상들을 구별하게 된 것일세. … 결국 자네는 극히 깊고도 애처롭기 이를 데 없는 **회의주의**에 빠지게 된 것이네."[51]

그러나 물질적 기체에 기반하고 있는 회의주의는 무엇보다 외적 사물이 제거된 것과 같은 이유에서 동일한 운명을 맞는다. 마음(정신)에 의해 지각되는 비사유적인 것들은 그렇게 지각되는 것과 구별되는 별도의 존재를 갖지 못한다. "그러므로 비사유적인 것들은 … 비연장적이고 불가분적인 실체들 혹은 **정신들** 이외에 어떤 다른 실체에서도 존재할 수 없다."[52] 원리적으로 지각되거나 지각될 수 없는 — 따라서 존재하거나 존재할 수 없는 — 알려지지 않은 실체를 존재한다고 믿는 것은 "[거기에] 어떤 관념도 들어 있지 않으며, 알려지지 않는 의미 이외에 어떤 의미도 없으며, 아무것도 아닌 것"[53]을 신봉하는 것과 같다. 말하자면 마음으로부터 독립해 있는 성질들뿐만 아니라 그것들의 지지체로서의 실체 역시 아무것도 아닌 허구이다. 회의주의는 이 허구에서만 숨 쉴 수 있는 유령이다.

실체는 무(無)일 뿐만 아니라 명백한 모순을 내포한다. 하일라스도 동의하듯이, 기체나 실체라는 말은 감각적 성질들의 기저에 펼쳐져 있다는 것을 의미하며, 그렇다면 그것은 연장의 기저에도 펼쳐져 있을 것이다. 이 경우 기체는 연장과는 구별되고 연장을 배제하는 어떤 것으로 상정되고 있다. 그러나 연장이 없이는 사물은 펼쳐질 수 없다. 펼쳐진다는 것 속에는 연장의 관념이 반드시 포함되기 때문이다. 그렇다면 기체는 "그 자체 그 기저에 펼쳐져 있는 문제의 사물의 연장과는 구별되는 연장을 갖고 있지 않으면 안 된다."[54] 기체는 연장과 구별되고 연장을 배제하는 어떤 것인 동시에 자체 내에 기체의 자격을 부여하는 연장을 갖고 있지 않으면 안 된다. 이것은 말이 되질 않는다.[55]

---

51) George Berkeley, *Dialogues*, p.229.

52) George Berkeley, *Principles*, p.80[91].

53) George Berkeley, *Dialogues*, p.226.

54) *Dialogues*, p.198.

55) 실체가 직접적이고 분명한 불일치라는 버클리의 지적에 관해서는 George Berkeley, *Principles*, pp.48[17], 74[76] 참조. 이 외에 George Berkeley, *Dialogues*, p.229 참조.

결국 실체란 아무것도 아닌 무(無)에 불과하고 도대체 앞뒤가 맞지 않는 부조리이다. 회의주의는 사실상 지각할 수 없는, 즉 어떤 관념도 가질 수 없고 따라서 결코 알아낼 수 없는 실체의 절대적 존재를 상정한 후, 그것의 존재를 어떻게 해도 우리의 능력으로는 알 수 없다는 것을 보이는 전형적인 속임수 전략을 구사한다. 이 전략은 실패하는 법이 없는데, 한번 발을 들여놓으면 도저히 빠져나올 수 없게끔 회의주의자들이 이론적 출구를 닫아버렸기 때문이다. 그러나 성질들을 지지한다고 상정된 실체의 정체가 무나 모순으로 발각되는 순간, 실체의 존재는 저 외적 대상처럼 부정되고, 회의주의의 유령은 연기처럼 소멸될 것이다. 실체는 능동적으로 지각하는 나와 신(神)의 정신 외에는 없다.

(4) 버클리는 "모든 거짓된 원리들 가운데 사색적인 사람들의 생각에 가장 광범한 영향을 미친 것이 바로 추상적인 일반 관념들의 원리"56)라고 주장한다. 왜냐하면 근원적으로 제1성질이나 사물의 존재나 실체의 존재를 상정하게 만든 것이 추상 관념의 원리이기 때문이다.57) 회의주의에 자양분을 제공하였던 이런 거짓 원리들은 감관에 의해 지각된 것들에서 추상 작용을 통해 성립된 가공의 것들이라는 것이 버클리의 견해이다.

로크는 여러 곳에서 추상에 관하여 언급하고 있는데 그 내용은 대동소이하다. 그에 의하면 추상이란 "단순 관념들을 그것들의 실제 존재에 있어서 그 관념들에 수반하는 다른 모든 **관념들**로부터 분리시키는 것"58)이다. 그리고 이렇게 관념들을 시공의 특정한 상황과 분리시키고 그 관념들을 개별적인 하나의 존재로 규정할 수 있는 다른 관념들과 유리시킴으로써 "**관념들**은 일반적인 것이 된다."59) 추상(작용)이란 분리되어서는 존재할 수 없는 관념(성질)

---

56) George Berkeley, *Principles*, pp.36-7[I. 17].
57) 제1성질이 추상 관념 이론에 의존하고 있다는 데 관해서는 *Principles*, p.45[10] 참조. 사물의 존재와 추상 관념 이론의 연관성에 관해서는 George Berkeley, *Commentaries*, p.72[581]; George Berkeley, *Principles*, p.42[5] 참조. 실체가 보편적인 추상 관념이라는 데에 관해서는 George Berkeley, *Dialogues*, p.222; George Berkeley, *Commentaries*, p.64[517] 참조.
58) John Locke, *Essay* 2.12.1.
59) *Essay* 3.3.6. 로크는 일반 관념과 보편 관념과 추상 관념을 엄격하게 구별하지 않고 사용하고 있다.

들을 따로따로 생각하고, 개별적인 것의 고유성을 완전히 사상(捨象)함으로써 더 이상 감관으로는 지각할 수 없는, 즉 더 이상 그것에 관한 어떤 (명석판명한) 관념도 지닐 수 없는 일반 관념을 형성하는 것이라고 할 수 있다. 버클리는 바로 이런 추상의 정체를 까발리고자 한다.

로크는 "우리가 개별자들에서 떠날 때 남는 일반자들은 단지 우리 자신[지성]이 만든 창안물일 뿐"[60]이어서 추상 관념이 개별 관념처럼 그렇게 쉽게 획득될 수 없다는 점을 인정하고는 있지만, 낱말은 어떤 관념을 가리키지 않는 한 아무런 의미도 가지지 않으며, 따라서 일반적인 낱말이 유의미하기 위해서는 추상 관념이 있다는 것을 함축하므로 추상 관념이 존재한다고 주장한다. "추상 관념은 개별 관념처럼 어린아이나 아직 훈련이 되어 있지 않은 마음에 그렇게 명백하거나 쉽지 않다. (…) 예를 들어 **삼각형의 일반 관념**(가장 추상적이며 포괄적이고 어려운 것은 아니지만)을 형성하는 데에는 상당한 수고와 솜씨가 요구되지 않을까? 왜냐하면 그것은 빗각삼각형도, 직각삼각형도, 등변삼각형도, 등각삼각형도, 부등변삼각형도 아니면서, 이 모든 것임과 동시에 아무것도 아닌 것이어야 하기 때문이다. 결과적으로 그것은 [현실적으로] 존재할 수 없는 불완전한 것이다. 즉 그것은 그 안에 여러 상이하고 모순된 관념들의 일부가 조합된 하나의 **관념이다.**"[61] 로크는 이런 추상 관념이 지성의 추상 작용에 의해서만 성립되며 현실적으로 존재할 수 없다고 말하지만, 버클리가 비판하고 싶은 요점은 아예 이런 추상 관념의 존재 자체가 불가능하다는 데에 있다. 어떤 수준을 넘어서게 되면 추상 관념은 반드시 모순을 내포한다. 삼각형의 추상 관념은 모든 삼각형의 형태를 가지고 있으면서도 어떤 삼각형의 형태도 가져서는 안 된다. 그러나 이것은 이해할 수도 생각할 수도 없는 것이다. 버클리도 이전에 지각한 개별적 사물의 관념들을 우리가 다양하게 결합하고 분리하는 추상 작용의 능력을 가지고 있다는 점에서는 로크에 동의한다. 그가 부인하고자 하는 것은 추상 작용에 의해 개별적인 사물의 지각(관념)들과 완전히 분리되어 그것에 관해 더 이상 어떤 관념도 형성할

---

60) *Essay* 3.3.11.
61) *Essay* 4.7.9.

수 없는 모순적인 추상 관념의 존재이다. 버클리의 다음 진술은 추상 관념에 대한 그의 단호한 입장을 단적으로 드러낸다.

나는 내가 지각했던 개별적인 사물들의 관념들을 상상하거나 나 자신에게 재현하거나, 그것들을 다양하게 결합하고 나누는 능력을 갖고 있음을 실제로 나 자신에 있어서 발견한다. 나는 머리가 둘 달린 사람이나 말의 몸과 결합된 사람의 상체를 상상할 수 있다. 나는 손과 눈과 코를 각각 그 자체로 몸의 나머지 부분에서 추상되거나 분리된 채로 고려할 수 있다. 그러나 내가 상상하는 손이나 눈이 무엇이든지 간에 그것은 어떤 개별적인 형태와 색깔을 가져야만 한다. 마찬가지로 내가 그려보는 사람의 관념은 희거나 검거나 황갈색인, 또는 허리가 곧거나 꼬부라진, 또는 키가 크거나 작거나 중키인 사람이거나 해야 한다. 나는 아무리 숙고해보아도 앞에서 묘사한 그런 추상 관념을 생각할 수가 없다. … 다른 모든 추상적이고 일반적인 관념들에 대해서도 이와 비슷한 말을 할 수가 있다.[62]

이렇게 버클리는 어떤 추상 관념도 개별적인 사물의 지각(성질)들에서 깨끗이 손을 뗄 수는 없다는 점을 강조한다. 만약 그런 것들이 있다면, 그것들은 모순을 노골적으로 내포하는 것이거나 철학적으로 아무 의미도 갖고 있지 않는 텅 빈 모호한 낱말들일 뿐이다.[63] 대표적으로 '사물'이나 '실체'나 '제1 성질' 같은 것들이 여기에 속한다. 사정이 이런데도 철학자들은 추상 관념에 현혹되어 회의주의에 빠지고 만다.[64] 그렇지만 이제 추상 관념은 불가능하다는 것이 증명되었다. 추상 관념의 존재의 근원은 '언어의 남용'[65]과 '낱말의 장애와 망상'[66]에 있었던 것이다. 추상 관념이 이렇게 언어의 기만에서 유

---

62) George Berkeley, *Principles*, p.29[I. 10].

63) *Principles*, p.76[81] 참조.

64) "왜 철학자들이 추상 관념의 존재에 현혹되는가?"에 대한 버클리의 비판은 특히 로크를 겨냥하고 있다고 볼 수 있다. 로크는 『인간지성론』에서 일반적인 낱말들이 있어야 하는 이유를 제시하고 있다. 이에 관해서는 John Locke, *Essay* 3.3.2-4, 3.6.39 참조. 버클리는 특히 『원리론』「서문」에서 로크의 논의를 본격적으로 다루고 있다. 로크의 추상 관념에 대한 버클리의 상세한 비판에 관해서는 이재영·염수균, 「버클리의 추상 관념 이론」, 『범한철학』, 제6집(범한철학회, 1991), pp.121-42 참조.

65) George Berkeley, *Principles*, p.27[I. 6].

66) *Principles*, p.40[I. 25].

래한 것이라면, 추상 관념들에 의존하고 있는 회의주의 역시 결국은 낱말의 망상에 기인하고 있다고 볼 수 있다. 추상 관념에 의해 기만당하지 않기 위해 버클리가 주고 있는 다음 경고는 곧 회의주의에 빠지지 않기 위한 방지책으로 간주할 수 있다.

개별적인 관념들 이외에는 어떤 것도 갖지 않는다는 것을 아는 사람은 어떤 이름에 첨가된 추상 관념을 발견해내고 생각하려는 헛된 노력으로 골치를 앓지 않을 것이다. 그리고 이름이란 언제나 관념을 나타내지 않는다는 것을 아는 사람은 획득할 어떤 관념도 없는 곳에서 관념을 찾는 수고를 덜게 될 것이다. … 그 열매가 감미롭고 우리의 손이 닿는 곳에 있는 지식의 지극히 아름다운 나무를 바라보기 위해서는 오직 말의 장막을 거두어들이는 것만이 필요하다.[67]

회의주의의 늪에 빠져 허우적거리지 않기 위해서는 회의주의를 성립시키는 저 기본 원리들이 왜 거짓인지를 간파해야 한다. 요컨대 자기모순을 내포하며 아무것도 의미하지 않은 낱말들을 현학적으로 즐기는 것을 멈추어야 한다. 추상적인 일반 관념이란 없다는 것을 알게 되면,[68] 있지도 않은 제1성질이나 외적 사물, 실체 등을 찾아 헤매지 않아도 될 것이다. 회의주의의 기본 원리들이 거짓된 원리들이라는 버클리의 논박은 회의주의가 설정한 탐구 과

---

67) *Principles*, p.40[I. 24].

68) 버클리가 추상적인 일반 관념을 부정한다고 해서 일반 관념들의 존재마저 부정하고 있는 것은 아니다. 그가 부정하고 있는 것은 개별적인 성질이 모두 제거된 추상 관념의 존재이지, 개별적 특성을 다른 개별적 대상에 적용 가능한 기호로 기능할 수 있는 (비추상적인) 일반 관념의 존재가 아니다. 예컨대 어떤 기하학자가 증명을 위해 1인치 길이의 직선을 그릴 때, 이 직선 자체는 개별적인 직선이지만 이 직선에 의해 증명되는 것은 모든 직선에 대해서도 증명되는 일반적인 직선으로 기능할 수 있다. 추상적인 일반 관념과 일반 관념의 구별에 관해서는 *Principles*, pp.30-2[I. 11-2] 참조. 그렇지만 이런 버클리의 구별에는 난점이 있다. 1인치의 개별적인 직선이 같은 종류에 속하는 모든 직선을 대표하는 일반적인 관념의 기능을 하려면, 우리는 이전에 이미 무엇이 같은 종류의 것들인가를 알고 있지 않으면 안 된다. 이와 같이 사고의 대상을 개별자들에만 적용되는 개별성과 구체성을 지닌 심상으로만 국한시키는 심상론은 보편자 문제를 설명할 수 없다. 보편자와 관련해서 버클리의 심상론이 갖는 문제점에 관해서는 이재영 · 염수균, 「버클리의 추상 관념 이론」, pp.138-9 참조.

제가 사이비 과제라는 것을 가리키고 있다. 애초에 문제될 것은 전혀 없었다. 다만 그것을 모르고 철학자들이 골치를 앓았던 것이다. 말하자면 "우리는 먼저 먼지를 일으켜놓고 그러고 나서 앞을 볼 수가 없다고 불평했던 것이다."[69]

4. 새롭고 확실한 인간의 지식

회의주의의 기본 원리에 대한 버클리의 논박은 완수되었다. 이로써 버클리는 자신이 모든 회의주의와 모든 시대의 회의주의자들의 토대를 파괴한 것으로 장담하였다. 그런데 버클리에 의해 과연 시대를 불문하고 모든 회의주의자는 재기 불가능할 정도로 치명상을 입었을까? 그렇다고 선뜻 말할 수는 없을 것 같다. 당장 벨은 근대 피론주의자의 대표자인데도 제1성질을 부인한다는 점에서 버클리와 같은 편에 서고 있다. 버클리는 회의주의가 거짓과 모순으로 가득 차 있다는 것을 폭로했다고 여긴 반면, 동일한 논변을 동원하면서도 벨은 오히려 독단적인 회의주의의 독단성을 드러내었고 이를 통해 회의주의의 파괴력이 남김없이 드러났다고 자부하였다. 회의주의의 논변을 물리칠 만한 진리 주장이나 이론이란 출현할 수 없다는 것이 그의 결연한 입장이었다. 피론주의자임을 표방했던 벨이 회의주의의 원리들에 대한 버클리의 논박을 인도하고 지지했다는 사실은 버클리가 진단했던 것처럼 문제가 그리 간단하지 않다는 것을 단적으로 가리키고 있다. 부분적으로 버클리와 한편이 되었으면서도 최종적으로는 버클리와 대립하는 근대의 피론주의자의 이중적인 입장은 고대 피론주의자와 버클리의 관계를 어느 정도 암시한다.

고대의 피론주의자들이 버클리의 논박을 접했더라면 그들은 기를 쓰고 버클리에 대항했을까? 상식적으로 생각해본다면 그들은 그래야 할 것 같다. 왜냐하면 지금 버클리는 모든 종류의 회의주의를 고사(枯死)시키고자 하기 때문이다. 이에 대한 대답을 찾기 위해서는 짧게나마 고대의 피론주의자들이 독단주의를 무력화하기 위해 구사한 방법론에 주목해보아야 한다. 피론주의자들은 모든 독단주의를 공격하고자 하였다. 이때 독단주의자들이란 "진리

---

69) George Berkeley, *Principles*, p.26[I. 3].

를 발견하였다."고 주장하는 사람들이다. 여기에는 "진리를 발견하였다."고 주장하는 긍정적인 독단주의자와 "진리는 어떻게 해도 파악할 수 없다."고 주장하는 부정적인 독단주의자 모두가 포함된다.[70] 섹스투스 엠피리쿠스는 아르케실라오스와 카르네아데스로 대표되는 신아카데미학파의 철학자들이 진리의 인식 불가능성을 주창하고 있다고 보았다. 그러나 피론주의자들에게 "진리란 파악할 수 없다."는 주장은 그것이 아무리 부정적이라고 해도 역시 하나의 진리 주장인 이상 독단적 회의주의에 속한다. 즉 그것은 부정적 독단주의인 것이다. 이 독단주의는 "진리란 파악할 수 없다."는 진리 주장을 펴는 셈이고, 이런 점에서 자기지시적 모순을 범한다. 섹스투스 엠피리쿠스는 진작부터 이런 종류의 사이비 회의주의가 자체 내에 갖고 있는 자기모순을 간파하였고, 그래서 그렇게 혹독하게 신아카데미학파를 비판했던 것이다.[71] 그에 의하면 진정한 회의주의자란 불분명한 사태에 대해 어떤 진리 주장도 하지 않으면서 "탐구를 계속 진행하는"[72] 자들이다.

어떤 진리 주장도 하지 않으면서 온갖 종류의 진리 주장의 독단성을 폭로하기 위해 피론주의자들이 구사한 것이 '등치(isostheneia)'의 방식이었다. 등치의 방식이란 예컨대 독단주의자가 명제 (p)를 진리로 주장할 경우, 그것과 동등한 권리를 갖고 맞서는 명제 (q)를 제시하는 것이다. 피론주의자들은 이렇게 함으로써 두 대립하는 주장이나 논증들 가운데 어느 것을 선택해야 할지 갈피를 잡을 수 없는 갈등 상황을 조성하였다. 피론주의자들은 등치의 방식에 의해 독단주의자가 발견했다고 선언한 모든 진리 주장의 절대성을 언제나 훼손시킬 수 있다고 생각하였다. "회의주의를 구성하는 주된 원칙은 모든 논의에 대해 그것과 동등한 권리를 갖는 논의가 대립한다는 것이다. 왜냐하면 우리는 이런 원칙으로 인해서 독단적 믿음에 대한 중단에 도달하게 된다고 생각하기 때문이다."[73] 피론주의자들이 자신의 철학적 입장을 고정시

---

70) Sextus Empiricus, *PH* 1.1–4 참조.

71) *PH* 1.220–35 참조.

72) *PH* 1.3.

73) *PH* 1.12.

켜놓지 않으면서도 모든 독단주의를 자유롭게 공격할 수 있었던 것은 순전히 이 등치의 방식 덕분이라고 볼 수 있다. 독단주의자가 절대적인 주장을 하자마자 피론주의자들은 등치의 방식을 동원하여 그것과 갈등하는 주장을 제시하기만 하면 되었다. 이런 기생적인 전략에 의존해서 피론주의자들은 상충하는 주장들 가운데 어떤 것도 다른 진술보다 더 믿을 만한 것으로 간주될 수 없으며, 따라서 해당 사태와 관련하여 우리는 '판단을 유보(epoche)' 해야만 한다는 것을 설득력 있게 보여주었다. 판단유보란 곧 "탐구되는 대상들이 동등한 권리를 갖고 맞서기 때문에 어떤 것을 긍정할 수도 부정할 수도 없게 되었다."[74]는 것을 뜻한다. 우리가 갈등하는 이론들 가운데 어떤 것도 결정할 수 없는 상태에 놓이게 되고 그래서 원리적으로 판단을 유보할 수밖에 없다면, 데카르트를 위시한 근대 철학자들은 커다란 불안에 시달렸을 것이다. (사실 그들은 그랬다.) 그러나 근대인들과는 달리 고대의 피론주의자들은 진리를 향한 추구나 혹은 비진리를 회피하려는 욕구가 모두 독단주의에서 기인한다고 보았고, 이런 독단주의적인 불안에서 벗어날 때만이 비로소 '마음의 평정(ataraxia)'을 획득할 수 있다고 믿었다.

피론주의자가 등치의 방식을 동원하였다는 사실은 피론주의자가 독단주의자의 진리 주장에 맞서는 어떤 주장을 제시할 때, 그것을 피론주의자의 '진짜' 최종 결론으로 단정해서는 안 된다는 것을 말해준다. 피론주의자가 의도하는 바는 경쟁하는 진리론 가운데 어떤 것이 더 옳은지 혹은 그른지를 판단할 수 없게끔 갈등 상황을 조장하려는 것뿐이기 때문이다. 독단주의자의 확신처럼 그렇게 진리란 쉽게 발견할 수 없으며, 진리로 가는 길은 언제나 짙은 안개에 싸여 있다는 점을 보여주면 그것으로 피론주의자는 만족할 것이다.

이제 "회의주의의 기본 원리들을 논박한 버클리에 의해 피론주의자가 자리 잡은 토양은 쓸려가 버렸는가?"의 물음에 대해서 대답할 수 있을 것 같다. 전혀 그렇지 않다는 것이 그 답이다. 피론주의자는 버클리의 논박이 독단주의자의 진리론을 물리치는 데에 유용하다면, 즉 긴장 상황을 초래하는 데에 도움이 된다면 기꺼이 버클리에게 동의할 것이다. 물론 이런 양상이 피론주

---

74) *PH* 1.196.

의자가 버클리와 영원히 한편이 되리라는 것을 보장하지는 않는다. 피론주의자는 등치의 방식에 도움이 된다면 어떤 이론도 거절하지 않는다. 같은 말이지만 다른 한편으로 언제든 어떤 이론도 거부할 의사를 갖고 있다. 피론주의자에게 중요한 것은 진리론과 관련하여 어떤 확고한 입장을 견지하는 데 있는 것이 아니라, 독단적 견해를 공격할 수 있는 다양한 (독단적) 견해들을 수중에 넣는 일이다. 이런 점에서 본다면, 회의주의의 토양을 쓸어버렸다고 주장한 버클리의 철학조차 하나의 독단적인 철학적 견해로서 피론주의자에게 다시 비옥한 토양을 선사할 뿐이며, 독단주의를 공격할 수 있는 피론주의자의 무기고를 한층 풍요롭게 해줄 뿐이다. 회의주의의 기본 원리를 논박하는 것만으로 회의주의를 물리쳤다고 주장하는 것은 불충분하며, 철학사적인 사실과도 부합하지 않는 과장이다. 회의주의를 극복하려면 어쨌든 정면승부가 필요한 것이다.

피론주의자들은 고수해야 할 고유한 왕국을 갖고 있지 않다. 칸트의 표현을 빌리면 그들은 독단주의자가 애써 가꾼 농경지(진리)를 유린하는 데만 몰두하는 '일종의 유목민들'[75]일 뿐이다. 섹스투스 엠피리쿠스는 등치의 방식에 의해 구성된 논변 형식들을 전개하면서, 미래에 나타날 그 어떤 진리론도 피론주의자의 공박에는 도저히 견뎌낼 수 없을 것이라고 확신을 갖고 예견하였다.[76] 그렇다면 회의주의에 대한 진정한 극복은 회의주의자들이 아무리 공격해도 함락되지 않는 난공불락의 확실한 지식을 정초할 수 있느냐의 여부에 달려 있다. 이것이야말로 회의주의자가 마른 침을 삼키며 일전(一戰)을 기다리는 상대인 것이다. 회의주의의 원리를 논박하는 가운데 어느 정도 암시되었지만 버클리는 그렇게 할 준비가 되어 있다. 버클리의 지식론은 극히 간단하고도 명료하다. 요컨대 우리가 보고 듣고 맛보는 모든 대상이 확실하고 실재적인 지식이라는 것이다. 자신을 평범하고 단순한 부류의 사람이라고 자처하면서 필로누스는 다음과 같이 주장한다.

---

75) Immanuel Kant, *KdrV, A*IX. 이후 초판 A와 재판 B의 쪽을 병기함. 국내 번역으로는 다음 책을 참조했음. 임마누엘 칸트, 『순수이성비판 1』, 백종현 옮김(서울: 아카넷, 2006); 임마누엘 칸트, 『순수이성비판 2』, 백종현 옮김(서울: 아카넷, 2006).
76) Sextus Empiricus, *PH* 1.33-4, 1.169, 1.178 참조.

필로누스 : (…) 솔직하게 말해서 내 입장은 내가 보고 느끼고 나의 감관에 의해 지각하는 사물들이 바로 실재적 사물들이라는 것이네. (…) 나는 사물들의 본성과 관련하여 회의주의자가 아니듯, 그것들의 존재와 관련해서도 회의주의자가 아니네. 하나의 사물이 나의 감관에 의해 실제로 지각되면서 동시에 그것이 실제로 존재하지 않는다는 것은 나에게 명백한 모순이네. 왜냐하면 감각적 사물의 존재를 그것의 지각됨으로부터 따로 떼어내거나 추상한다는 것은 생각조차 할 수가 없기 때문이네. 나무, 돌, 불, 물, 살, 쇠 및 이와 비슷한 사물들은 … 내가 알고 있는 사물들이라네. 내가 그것들을 나의 감관을 통해 지각하지 않았더라면 나는 그것들을 알지 못했을 것일세. 감관에 의해 지각되는 사물들은 직접적으로 지각되는 것이네. 그리고 직접적으로 지각되는 사물들은 관념들이네. 또 관념들은 정신 없이는 존재할 수 없네. 따라서 그것들의 존재는 지각되는 데에 있네. 그러므로 그것들이 정말로 지각된다고 하면, 그것들의 존재를 의심할 수는 없네. 결국 저 모든 회의주의, 저 우스꽝스런 철학적 회의들은 자취를 감추게 되네.[77]

회의주의는 관념을 관념 밖의 대상과 구별하고, 지각됨을 존재와 분리함으로써만 먹잇감을 포획할 수 있었다. 그것은 직접적으로 지각되는 관념들로부터 그렇지 못한 대상의 본성과 그것의 존재를 간접적으로 추론하는 데서만 위력을 발휘할 수 있었다. 이런 점에서 회의주의는 우리의 지식이 추론적이라는 전제를 깔고 있는 것이다.[78] 이를 간파하고 있는 버클리는 오로지 감관의 직접적인 지각에 기초한—직접적인— 지식론을 제시함으로써 회의주의가 침투할 수 있는 어떤 추론의 여지도 주지 않는다. 버클리의 지식론의 요점은 어떤 사물이 나의 감관에 의해 직접적으로 지각될 경우, 그렇게 지각된 사물의 성질(관념)들이 바로 그 사물의 본성이고, 또 (지각되면서 존재하지 않는다는 것은 모순이므로) 그렇게 지각됨이 곧 그 사물의 존재라는 것이다. 감관에 의해 지각된 관념들만으로 대상의 본성과 존재를 위한 보증은 충분하

---

77) George Berkeley, *Dialogues*, pp.229-30.

78) George Pappas, "Berkeley's Treatment of Skepticism," in *The Oxford Handbook of Skepticism*, ed. by John Greco(Oxford/New York: Oxford University Press, 2008), pp.255-6 참조.

다. 예컨대 버찌를 내가 보고 느끼고 맛볼 때, 그것이 부드럽고 촉촉하고 붉다고 지각했다면 그것의 본성은 바로 그런 것이다. 또한 버찌란 "다양한 감각들에 의해 지각된 관념들의 혼합물"[79] 이외에 아무것도 아니므로, 버찌를 일정한 방식으로 내가 보고 만지고 지각했다면 그것은 실제로 존재하는 것이다. 버찌가 무(無)라면 어떻게 부드럽고 촉촉하고 붉다는 것을 지각하겠는가! 버클리는 『원리론』에서 단적으로 다음과 같이 선언하고 있다. "내가 나의 눈으로 보고 나의 손으로 만지는 사물이 존재한다는 것을 나는 추호도 의심하지 않는다."[80] 그렇기에 "나는 [회의주의자들이 그렇게나 의심한] 나 자신의 존재를 조금도 의심하지 않는다."[81] 버클리는 지각의 직접적 대상(현상)들을 실재적인 사물(본질)들로 간주함으로써, 즉 이 양자 사이에 어떤 구별의 간극도 두지 않음으로써 더 이상 어떤 의심도 품을 수 없는 확실한 지식을 마침내 자신이 정초하였다고 믿어 의심치 않았다. 여기에는 우리가 알아낼 수 없는 사물의 어떤 은폐된 본질이 들어설 여지가 없는 것이다. "여타의 철학자들은 천 번이나 의심하면서 아무것도 확실히 알지 못한다. 그들은 우리가 기만을 당하고 있을지도 모른다는 것만을 안다. 나는 정반대라고 단언한다."[82]

이로써 버클리는 회의주의를 단순히 논박하는 데 그치지 않고, 회의주의자가 공격할 수 없는 확실한 지식의 진지를 구축한 것처럼 보인다. 그렇지만 감각이 기만적이라는 것은 부정할 수 없지 않을까? 네모난 탑도 멀리서 보면 둥글게 보이고, 곧은 노도 물속에 잠겨 있으면 굽어 보이지 않는가? 동일한 사람의 감각조차 내적이고 외적인 지각 조건에 따라 상이하거나 대립한다는 논변은 고대 피론주의자들의 단골 메뉴였다. 이에 대해 버클리는 오류는 직접적인 지각에 있는 것이 아니라 지각에서 도출해내는 추론에 있다고 응수한다. 필로누스는 다음과 같이 말한다. "그래서 노의 경우, 그가 눈으로 직접 지각하는 것은 확실히 굽어 있네. 여기까지는 그가 맞네. 그러나 이로부터 그가 그

---

79) George Berkeley, *Dialogues*, p.249.
80) George Berkeley, *Principles*, p.55[35].
81) *Principles*, p.57[40]. 나 자신의 존재의 확실성에 관해서는 George Berkeley, *Commentaries*, p.15[79]; George Berkeley, *Dialogues*, p 238 참조.
82) George Berkeley, *Commentaries*, p.64[517a].

노를 수면 위로 들어 올릴 때 똑같이 굽은 것을 지각하게 될 것이라고 결론짓는다면 그는 잘못을 저지르는 것이네. (…) 그의 잘못은 그가 현재 직접적으로 지각하고 있는 것에 있는 것이 아니라(그가 이것과 관련하여 잘못을 할 수 있다고 가정하는 것은 명백한 모순일 것이기 때문이네), 직접적으로 지각되는 것들과 연결되어 있다고 그가 파악하는 관념들과 관련해서 그가 내리는 그릇된 판단에 있네."[83] 이러니 아무리 감각의 기만성과 상대성의 예를 열거해도 그것이 버클리 앞에서는 전혀 위력을 발휘할 수 없을 것이다. 버클리는 지금 여기서 직접적으로 지각되는 것(관념)들의 확실성에만 주목하기 때문이다. 따라서 직접적인 지각으로부터 한 발자국이라도 떨어진 추론이나 판단에 기초한 회의적 반론은 버클리에게는 반론으로서의 자격을 갖지 못한다.[84]

회의주의를 극복하는 비밀의 열쇠는 아주 발견하기 쉬운 데 놓여 있었다. (오히려 그렇기 때문에 철학자들은 그것을 찾지 못했다!) 그것은 바로 우리의 감관에 의한 직접적인 지각이었던 것이다. "우리는 확실성을 평범한 사람들과 함께 감관에 두어야 한다."[85] 그리고 이 원리에 기대어 버클리는 실재와 사물들과 사물들의 본성에 접근할 수 있었다.[86] 회의주의와 겨루었던 역경을 이겨낸 후 버클리는 다음과 같이 자신의 평화로운 심경을 고백하고 있다. "이것은 긴 여행을 마치고 고향으로 돌아온 것과 같다."[87] 그가 고된 철학적 순례를 하면서 깨달은 것은 어떤 새롭고 고답적인 진리가 아니었다. 그것은 바로 자신들이 직접적으로 지각하는 사물들이 실재적 사물들이라는, 평범한

---

83) George Berkeley, *Dialogues*, p.238.
84) 그렇다면 곧게 보이는 것(노)와 굽어보이는 것(노)를 왜 우리는 똑같이 노라고 부르는가? 이런 질문에 대한 버클리의 응답은 질문 자체가 잘못되었다는 것이다. 이에 관해서는 김효명, 『영국경험론』, p.150 참조. "우리가 비슷한 지각들을 연속적으로 할 때 어떤 동일한 대상이 따로 있는 것이 아니라, 그것은 각각 독립된 유사한 지각들의 계기적 발생에 지나지 않는다. 다만 우리의 언어가 각각의 지각들에 대한 이름을 모두 가질 정도로 풍부하지 않기 때문에 편의상 지각된 것 각각에 개별적인 이름으로 지칭하지 않고, 유사한 지각들의 연쇄에다 이름을 붙일 따름이다." 우리가 그것들에 동일한 이름을 부여할 때 그것들을 동일한 실재라고 주장하지 않은 한, 그것은 무해하다.
85) George Berkeley, *Commentaries*, p.90[740].
86) *Commentaries*, p.38[305] 참조. "나의 원리에 의하면 실재가 있고, 사물들이 있고, 사물들의 본성이 있다."
87) George Berkeley, *Dialogues*, p.168.

사람들의 상식이 진리라는 것이었다. 긴 『대화』의 여정은 필로누스의 다음 말로 마침내 끝을 맺는다. "얼핏 보기에 **회의주의**로 인도하는 것 같은 [아카데미학파의 철학자들과 데카르트주의자들 그리고 그와 유사한 학파의 철학자들과] 동일한 원리들이 일정한 지점까지 추적해보면 사람들을 도로 상식으로 데려간다네."[88] 회의주의를 물리칠 수 있는 비장의 무기는 바로 우리 옆에 있었다. 그런데도 철학자들이 그것을 그렇게 오랜 세월 동안 흘려보낸 것은 아마도 회의주의 원리에 감염된 탓도 있었겠지만 버클리에게 참으로 의아한 일이었다. 그의 회고는 이 점을 우회적으로 말해준다. "이 명백하면서도 굉장한 진리를 발견한 나의 명민함에 내가 놀라는 것은 아니다. 오히려 내가 의아하게 생각하는 것은 이전에 그것을 발견해내지 못한 나의 어리석은 부주의이다. 이것을 간파하는 데는 어떤 마법도 필요하지 않다."[89]

5. 새롭고 확실한 지식의 궁극적 전제

회의주의자의 어떤 공격에도 견딜 수 있도록 버클리가 쌓은 지식의 성채는 우리가 직접적으로 지각하는 사물들이 바로 실재하는 사물들이라는 상식에 기초하고 있다. 물론 이때 사물들이란 우리의 마음과 독립해서 존재하는 외적 사물들이 아니다. 왜냐하면 "**직접적으로 지각된 사물들은 오로지 마음속에만 존재하는 관념들**"[90]이기 때문이다. 버클리는 철학자의 비유물론과 일상인의 실재론을 자신이 문제없이 통합했으며, 이것으로 회의주의를 산뜻하게 극복하였다고 여겼다. 그러나 비유물론(관념론)과 실재론이라는 두 입장은 최소한 버클리의 철학에 한정해서 볼 때 기본적으로 양립하기 어려워 보인다.[91] 일상인들은 자신의 어머니를 단순히 관념들의 묶음으로 보지 않는

88) *Dialogues*, p.263.
89) George Berkeley, *Commentaries*, p.34[279].
90) George Berkeley, *Dialogues*, p.262.
91) 버클리가 그의 비유물론을 전개하자마자 그의 철학적 견해가 (그의 주장과는 달리) 결국 상식적인 사람들의 견해와는 어울릴 수 없을 것이라는 평가도 뒤따라 나왔다. 이런 대표적인 평가에 관해서는 Thomas Reid, *Essays on the Intellectual Powers of Man*, p.284 참조.

다. 어머니를 직접 지각하지 않을 경우 어머니는 존재하지 않을 것이라고 생각하는 일상인들은 없다. 또한 휘어진 노나 곧은 노나 똑같은 하나의 대상(노)이라고 굳게 믿고 있다. 그러나 이것은 그의 비유물론에 정면으로 위배되는 견해이다. 이 사례는 버클리가 일상인의 상식에서 모든 것을 해결하였다고 공언한 것을 액면 그대로 받아들여서는 안 된다는 것을 분명히 가르쳐준다. 그가 내세운 상식이란 사실상 비유물론을 전제로 해서 이해되어야 하는 새로운 실재론인 것이다. 그것은 단순한 상식(소박) 실재론이 아니다. 회의주의에 대응하는 버클리 철학의 핵심은, 겉으로는 상식을 지지하는 것처럼 보이지만 속으로는 상식을 대담하게 부정하고 있는 그의 비유물론에 있다고 보아야 한다.[92]

그렇다면 직접적으로 지각된 사물들이, 즉 마음속에만 존재하는 관념들이 실재하는 사물 세계의 확실한 지식이라는 버클리의 비유물론은 회의주의자의 공세를 이겨낼 수 있을까? 먼저 회의주의자들은 버클리의 비유물론이 유아론(solipsism)에 빠질 수 있다고 의심할 것이다. 버클리에 의하면 사물들은 그것들을 능동적으로 지각하는 "마음, 정신, 영혼 또는 나 자신이라고 부르는 것"[93] 속에서만 존재한다. 그렇다면 내가 소멸할 경우, 내가 직접적으로 감각하는 사물(관념)들의 세계 전체도 같은 운명을 맞게 될 것이다. 왜냐하면 그것들은 더 이상 나에 의해 지각되지 않기 때문이다. 버클리가 누차 강조했듯이, 지각되지 않는 것이 존재한다는 것은 명백한 모순이다. 예컨대 내가 서재 안에서 탁자를 보고 있다면 탁자는 나에 의해 지각되고 있으므로 존재한다. 그러나 내가 서재를 떠나면 탁자는 더 이상 존재하지 않을 것이다. 물론 이런 의심 때문에 서재에 들어와서 다시 탁자를 본다면, 탁자는 존재하겠지만 말이다. 탁자를 비롯해 세계의 모든 사물이 나에 의해 지각되느냐 그렇지

---

92) 버클리는 회의주의를 피하기 위해서 비유물론(현상론)에 기초한 새로운 실재론을 기획했지만 이것은 결국 그가 상식을 거부하게끔 만들었다. 버클리는 한사코 거부하겠지만 새로운 실재론을 구성하는 두 요소들은 화합하기 어려운 이질적인 것이었다. 그로 인해 상식을 옹호하려는 버클리의 시도는 역설적으로 상식을 부정하는 악명을 그에게 안겨주었다. 이에 관해서는 Richard H. Popkin, *The High Road to Pyrrhonism*, pp.334-8 참조.
93) George Berkeley, *Principles*, p.42[2].

않느냐에 따라 존재하거나 존재하지 않게 된다고 주장한다면, 이것은 정당화될 수 있는 철학적 입장이라기보다는 과대망상증에 가깝다고 볼 수 있다. 하일라스는 필로누스에게 묻는다. "자네가 소멸된다고 가정할 경우, 감관에 의해 지각 가능한 사물들이 그 후에도 여전히 존속한다고 당신은 생각할 수 없을까?"94)

버클리는 자신의 이론에 쏟아질 반론을 예견했으며, 이에 대한 예상 답변을 면밀하게 마련했다. 버클리는 자신의 비유물론이 결코 유아론에 빠지지 않는다고 답변하였다. 어떻게 그럴 수 있을까? 다음 언급은 버클리의 응답을 극명하게 보여준다. "내가 눈을 감는 때에도 내가 보았던 사물들은 여전히 존재할 것이지만, 그러나 그 사물들은 [그것들을 지각했던 나의 마음과는 별개의] 다른 마음 안에 있지 않으면 안 된다."95) 내가 탁자를 보지 않아도 (나의 정신과는 구별되는) 다른 정신이 그것을 실제로 지각하고 있기 때문에, 탁자는 지각되고 있으며, 따라서 그것은 나의 소멸과는 관계없이 존속할 수 있다는 것이다. 이 다른 정신의 정체는 신이다. 의혹의 눈길을 보내는 하일라스에게 필로누스는 나의 정신과 무관하게 감각적 사물들이 존재하고 있다는 경험을 들어 "이로부터 모든 사물을 알고 이해하는 **모든 곳에 존재하는 영원한 정신**이 존재한다는 것이 필연적으로 귀결된다."96)고 말하면서, 곧이어 감관에 의해 지각하는 것은 아니지만 "나는 신의 개념(notion)을 갖고 있다."97)고 단호하게 주장한다. 이제 사물들은 나의 정신에 의해 지각되지 않더라도 영원히 깨어 있는 신에 의해 지각되므로 존재한다. "[내가 지각하지 않더라도] 이전처럼 말은 여전히 마구간에 존재하며, 성서는 서재에 존재한다."98)

회의주의자들은 회의주의를 물리쳤다고 공언한 버클리가 그의 입장을 충분히 개진하도록 참을성을 갖고 그의 이야기를 경청하였다. 그런데 이 지점에 오면 회의주의자들의 맥이 탁 풀릴 것 같다. 버클리가 간직하고 있었던 전

---

94) George Berkeley, *Dialogues*, p.230.
95) George Berkeley, *Principles*, p.80[90]. 이 밖에 pp.42[3], 61[48]도 참조.
96) George Berkeley, *Dialogues*, p.231.
97) 같은 곳.
98) George Berkeley, *Commentaries*, p.53[429].

가(傳家)의 보도(寶刀)가 무엇인지 드러났기 때문이다. 신이 최후의 변호자로 출현하면 인식론적 난제가 한꺼번에 풀리는 것은 사실이다. 영원한 정신 앞에서 회의주의자들이 버클리에게 하고 싶었던 많은 물음들은 물어지기도 전에 다 무용해지는 듯하다.

외적인 물리적 대상이 단순히 관념들의 묶음에 불과하다면, 현실적으로 지각되는 관념(사물)과 단순히 상상된 관념(환상)은 어떻게 구분될 수 있을까? 현실적으로 내가 지각하는 마구간의 말과, 만취했을 때 내가 지각하는 핑크빛 쥐는 모두 관념들이 결합된 것 아닌가? 회의주의자들이 분명히 제기했을 이런 의문에 버클리는 사물들과 환상들을 분명히 구별할 수 있다고 응수한다. 실재하는 사물은 환상보다 생생하고 더 분명하다. 그리고 이 사물에 대한 지각들은 일종의 족(族)을 이루고 있다. 그래서 마구간의 말에 대한 시각적 지각은 촉각적 지각과 잘 들어맞는다. 내가 보고 있는 말에 손을 뻗치면 예상했듯이 나는 말을 만져볼 수 있다. 이처럼 말에 대한 나의 지각 전체는 규칙적이고 체계적인 방식으로 서로 관련되어 있고, 그 변화는 점진적이다. 이에 반해 핑크빛 쥐와 같은 환각에 대한 지각은 "희미하고 불규칙적이고 혼란스럽다."[99] 나는 핑크빛 쥐를 보지만 그것을 만져볼 수는 없다. 핑크빛 쥐는 매우 작게 보이다가도 갑자기 크게 돌변한다. 또한 사물은 "우리 삶의 앞의 사건들 및 그 후속의 사건들과 통일적으로 연결되어 있는"[100] 반면, 환상은 그렇지 못하다.

하지만 이런 버클리의 응답은 또 다른 물음을 야기한다. 회의주의자들은 반문할 것이다. "그렇다면 왜 사물(지각된 관념)은 환상(상상된 관념)보다 더 강력하고 생생하며, 일관성과 질서 잡힌 순서와 정합성을 갖는 것일까? 왜 마구간의 말의 관념들은 핑크빛 쥐의 관념들처럼 제멋대로 환기되는 것이 아니라 언제나 규칙적인 연쇄나 계열을 이루는 것일까?" 회의주의자의 특기는 계속해서 물음을 묻는 것이다. 이제 회의주의자가 무한한 물음을 묻지 못하도록 버클리가 내놓을 최종 답변을 어느 정도 예상할 수 있다. "[단순히 인간

---

99) George Berkeley, *Dialogues*, p.235.
100) 같은 곳.

의 마음이 자기 안에 의지하거나 환기시킬 수 있는 관념들과는 달리] 감관에 의해 지각되는 관념들은 자연의 특정한 규칙 또는 법칙에 따라 인간의 마음들에 찍힌 것들이기 때문에, 인간의 정신들보다 더 강력하고 더 현명한 마음의 결과라고 스스로 말하고 있다. 이 후자의 관념들은 그것들 안에 전자의 관념들보다 더 많은 **실재성**을 갖는다고 말해진다. 그리고 그 의미는 그것들이 더욱 영향력이 크고, 질서 잡혀 있으며, 판명하다는 것이다. 그리하여 그것들은 그것들을 지각하는 마음의 허구가 아니라는 것이다. 이런 의미에서 내가 낮에 보는 해는 실재적 해이고, 내가 밤에 상상하는 해는 전자의 관념이다."[101] 마구간의 말과 관련하여 "[나의] 감관에 찍힌 관념들은 나의 의지의 창조물이 아니다."[102] 요컨대 그것들에 대한 지각들이 질서 잡힌 규칙성을 획득하게 된 연유는 신이 그렇게 우리의 감관에 찍어주었기 때문이다. 신이 없었더라면 나는 핑크빛 쥐와 마구간의 말 가운데 어떤 것이 실재하는지를 분별할 수 없었을 것이다. 버클리에게 실재성은 독립적인 사물의 존재가 아니라 마음이 지닌 관념들의 정합적이고 체계적인 묶음이기 때문이다. 그러므로 인간의 의지의 결과인 상상의 존재(키메라)와는 달리 마구간의 말과 같이 실재하는 사물들을 이루는 "관념들 간의 [일관성과 질서 잡힌 순서와 정합성을 지니는] 감탄할 만한 연결은 그것의 창조주의 지혜와 자비심을 충분히 증언하는"[103] 것으로 버클리에게는 보였다. (『원리론』을 발표했던 1710년에 버클리는 벌써 사제였다.) 결국 이 신은 "하나이고 영원하고 무한히 지혜로우며 선하고 완전한 속성"을 지니고 있어서 "**모든 것에서 모든 것을 이룩하시는 정신이며, 그로 인하여 만물이 성립하는 정신**"[104]이다. 이쯤 되면 회의주의자들이 여타의 질문을 할 용의마저 사라질 것이다. 인식론적 난제에 대한 버클리의 궁극적 답변이 어떨 것인지 뻔하기 때문이다. 예컨대 나의 지식은 나 자신의 지각 경험들에 한정될 것인데, 그럼에도 불구하고 "어떻게 나의 마음 이외에 타인의 마음의 존재가 있다는 것을 나는 알게 되고 또 서로 간에 의사소통을 할 수

---

101) George Berkeley, *Principles*, p.56[36].
102) *Principles*, p.53[29].
103) *Principles*, p.53[30].
104) *Principles*, p.108[146].

있는가?' 하는 물음에 관해서도 버클리가 어떻게 나올지 회의주의자들은 거의 확신을 갖고 알아맞힐 수 있을 정도이다. 아니나 다를까 그는 "오직 창조주만이 … 정신들 사이의 교류를 지탱해주며, 서로 간의 존재를 지각할 수 있게 해준다."[105]고 답한다. 『원리론』이 다음 문장으로 끝난다고 해서 이제 이상하게 생각할 사람은 없을 것이다. "성경의 건전한 진리를 인식하고 실천하는 것이야말로 인간 본성의 최고의 완성이다."[106]

사정이 이렇기 때문에 다른 인식론적 문제를 버클리에게 제기하는 것은 별 소용이 없다. 버클리가 응답하는 가운데 그가 진지하게 도전적인 물음으로 받아들일 만한 것이 무엇인지가 밝혀졌다. 호스퍼스가 버클리에게 제기한 이 질문이야말로 회의주의자들이 벼르고 있었을 만한 것이다. "지식은 오직 감각경험에 관해서만 성립하고 또 신이 감각경험이 아니라면, 인간은 어떻게 감각경험을 일으키는 신이 있다는 것을 알 수 있단 말인가?"[107] 버클리는 나에 의해 직접적으로 지각되는 것만이 실제로 존재하며 그렇기에 나는 자신의 관념(사물)들에 관해서만은 확실히 알 수 있다는 데서 회의주의에 대한 방어책을 찾았다. 그런데 이것은 일차적인 방어선이었다. 회의주의자들이 넘을 수 없는 마지노선을 버클리는 모든 것을 이미 항상 지각하고 있는 영원한 정신인 신에 두고 있었던 것이다. 그런데 지각하는 정신에 관해 "우리는 … 어떤 관념도 가진다고 말할 수 없다."[108] 관념들이란 오로지 정신에 의해 지각됨으로써 존재하는 데 반해, 정신은 지각되는 것이 아니라 "사유하고 의지하고 지각하는 것"[109]이기 때문이다. 수동적이고 의존적이며 무력한 관념과 능동적이고 비연장적인 정신은 너무나 이질적인 것이어서 양자 사이에는 어떤 유사성도 공통점도 있을 수 없다. 버클리에 의하면 우리는 정신의 존재나 활동에 대해 아무런 관념도 가질 수 없다. 다만 개념만을 가질 뿐이

---

105) *Principles*, p.108[147].
106) *Principles*, p.113[156].
107) 존 호스퍼스, 『철학적 분석 입문』, 이재훈·곽강제 옮김(서울: 담론사, 1997), p.158.
108) George Berkeley, *Principles*, p.106[142]. pp.52-3[27] 참조.
109) *Principles*, p.104[138].

다.110) 그렇다면 버클리는 어떻게 그것의 존재를 입증할 수 있는가? 버클리의 경우, 회의주의와 관련하여 문제의 관건이 여기에 달려 있다는 것만은 분명하다.

6. 버클리의 파멸

버클리 철학의 출발은 존재는 지각되는 것이었다. 그런데 어느새 존재는 지각하는 것이 되었다. 버클리는 이제 더 이상 "존재는 지각되는 것"이라고만 주장하지 않는다. 그에게 "존재는 지각되는 것이거나 지각하는 것"111)이 되었다. 이런 변화는 의외라고 볼 수도 있다. 회의주의의 기본 원리를 논박하면서, 특히 로크의 표상 실재론을 공격하면서 버클리가 금과옥조(金科玉條)로 내건 경험론의 원리를 상기하면 특히 그렇다. 그는 관념은 오로지 관념과만 비교될 수 있으며, 따라서 우리가 지각하는 세계를 떠나 무엇인가 관념의 배후를 탐색하려 할 경우 어김없이 회의주의의 늪에 빠진다고 주장하지 않았던가! 지각된 경험세계(관념)로부터 추론해낸 외적 대상이나 물질적 실체란 실상 아무것도 의미하지 않는 추상 관념이며 명백한 모순이라고 비판할 때 그의 목소리는 얼마나 기세등등했는가! 그런데 지금 그는 우리가 어떤 관념도 가질 수 없다고 그 스스로 인정한 정신을, 관념들의 확실성을 궁극적으로 보장하는 자명한 전제로서 받아들이고 있다. 회의주의를 비판할 때 관념에서 벗어난 모든 시도를 거짓된 원리에 기반한 것이라고 비판했던 버클리가 정작 관념에서 벗어난 정신을 자신이 인정할 때는 그것을 참된 원리로 간주하고 있다. "사물은 나의 마음에 의해 지각될 때만이 존재한다."고 그렇게 강조했던 버클리 철학의 슬로건이 어느 순간 "사물은 나의 마음에 의해 지각되지 않아도 존재한다."로 바뀌어 있는 것이다. 이런 면에서 버클리가 경험론의 입장을 끝까지 관철하고 있지 못하다는 지적은 서양철학사를 다룬 저서에서 쉽

---

110) 버클리가 말하는 개념이란 상상되거나 지각될 수 없는 것이지만 이해될 수는 있는 것이다. 개념은 정신이 자신에 대한 반성을 통해 획득하는 것으로, 우리가 정신에 대한 모종의 심상을 갖고 있다는 것을 말한다. 이에 관해서는 George Berkeley, *Dialogues*, pp.231-2 참조.
111) George Berkeley, *Commentaries*, p.53[429].

게 찾을 수 있다. 샤하트는 요령 있게 이 점을 서술하고 있다. "… 우리가 직접 지각하지 못한다고 버클리도 인정하는 '정신적 실체'나 '정신', '자아' 등이 왜 예외로서 취급되어야 하는지 이해하기가 어렵다. (…) 요컨대 '정신'의 경우를 다른 경우들과 다르게 진행시킬 만한 타당한 이유가 없는 듯이 보이기 때문에 (일관성을 지키려면) 유의미성과 지식에 관한 버클리의 엄격한 경험론적 기준을 고수하든가—이럴 경우에 '정신'은 '물체'와 같은 길을 가게 된다—아니면 그의 엄격한 경험론적 기준을 포기함으로써 다시금 추상적 관념과 독립적으로 존재하는 물질적 실체에 길을 터주든가 할 수밖에 없을 것이다. 버클리는 양자를 모두 유지시키고 싶어 한다. 그러나 일관성을 버리지 않고 그렇게 할 수 있는지는 의문이다."[112]

샤하트도 지적하고 있듯이 버클리는 양자를 모두 버리고 싶어 하지 않는다. 그리고 그는 이런 철학적 야망 때문에 실패한다. 그는 인간의 지식을 두 가지로 나눈다. "우리가 설립한 원리로부터 인간의 지식은 자연히 두 가지 항목, 즉 관념의 항목과 정신의 항목으로 환원된다는 결론이 귀결된다."[113] 버클리에 따르면, 지식은 관념의 지식과 정신의 지식으로 구성된다. 자연과학은 관념의 지식이며, 정신에 관한 지식은 형이상학이다. 관념의 지식은 관찰된(지각된) 우리의 경험을 체계적으로 기술하고 설명하는 데 반해, 정신의 지식은 경험에 의해 확증되지도 발견되지도 않는 개념을 다룬다. 그런데 문제는 두 지식이 분리될 수 없다는 데에 있다. 만약 분리된다면 무한한 정신을 끌어들여 회피한, 앞에서 제기된 회의주의자들의 물음들에 버클리는 답해야 한다. 버클리 철학에서 관념의 새롭고도 확실한 지식은 더 이상 의심할 수 없는 정신의 지식에 기초하고 있다. "따라서 자연세계의 궁극적 설명은 신을 언급함으로써 이루어질 수 있으며, 자연과학은 신에 관한 지식을 전제로 하거나 또는 그것을 형이상학으로부터 빌려와야만 한다."[114] 만약 정신이 존재하지 않는다면 버클리 철학은 사상누각의 신세를 면치 못할 것이다. 따라서 버

---

112) 리처드 샤하트, 『근대철학사: 데카르트에서 칸트까지』, pp. 221-2.
113) George Berkeley, *Principles*, p. 78[86].
114) 이재영, 『영국 경험론 연구: 데카르트에서 리드까지』(서울: 서광사, 1999), p. 160.

클리는 필로누스의 입을 빌려 다음과 같이 언급한다.

> 신의 존재성과 영혼의 불멸성은 … 가장 명백하고 가장 직접적인 증거로 되지 않는가? 가령 내가 신의 존재를 말할 경우, … 그것은 말의 가장 엄밀하고 적절한 의미에서의 신을 말하는 것일세. 정신성, 편재성, 섭리, 전지함, 무한한 힘과 선함을 지닌 존재는 … 우리 자신의 존재와 마찬가지로 의심할 이유가 전혀 없네.[115]

버클리는 정신을 의심할 수 없다고 확신하고 있다. 그렇다면 왜 우리는 정신을 의심할 수가 없는가? 먼저 유한한 정신(나)과 관련해서 버클리가 내놓은 해법은 명쾌하다. "나는 내가 나와 나 자신이라는 말로 무엇을 의미하는지를 알고 있네. 그리고 나는 이것을 직접적으로 즉 직관적으로 아네."[116] 직관에 의해 알았다는 것은 어떤 매개를 통하지 않고서 직접 알았다는 것을 뜻한다. 회의주의자들이라면 분명 이렇게 응수했을 것이다. "나는 나의 정신의 비존재를 직관적으로 안다." 이런 정반대의 견해를 앞에 두고도 안타깝게도 버클리는 조금도 반박할 수 없을 것이다. 왜냐하면 직관이란 증명되지 않는 혹은 원리적으로 증명될 수 없는 것이기 때문이다. 직관에 호소하면 버클리 자신의 주장도 보호막을 갖게 되지만 이와 대립하는 상대방의 주장에도 보호막을 허용하는 결과를 낳고 만다. 직관에서 관건이 되는 것은 지식의 정당성에 대한 논변이 아니라, 각자가 자명하다고 확신하는 기본 전제의 가정이기 때문이다. 증명을 결여해도 된다는데 어떤 주장인들 하지 못하겠는가! 섹스투스 엠피리쿠스는 어떤 점에서 직관에 근거한 주장이 무력화될 수 있는가를 분명하게 보여준다. "그런데 만일 그가 [아무런 합당한 까닭도 없이] 어떤 것에 대한 원인을 무조건 개진한다고 말한다면, 그는 어떠한 것에 대한 원인이란 존재하지 않는다고 무조건 단언하는 사람과 마찬가지로 신뢰를 받을 수 없을 것이다."[117]

---

115) George Berkeley, *Dialogues*, p.257.
116) *Dialogues*, p.231. 이 외에 George Berkeley, *Commentaries*, p.70[563] 참조. "나야말로 어떤 누구의 회의주의와도 멀리 떨어져 있다. 나는 여타의 사물뿐만 아니라 나 자신의 영혼의 존재도 직관적 지식으로 안다."
117) Sextus Empiricus, *PH* 3.23.

"존재는 지각된 것"이라는 경험론의 입장을 수미일관하게 전개한 흄이 어떻게 버클리의 '나'를 비판했는지는 잘 알려져 있다. 흄은 항상적이고 불변하는 나에 관한 직접적이며 순간적으로 현존하는 지각(인상)이란 존재하지 않기 때문에, 나란 "상이한 지각들의 다발이나 집합에 지나지 않는다."[118]고 결론 내렸다. 말하자면 '나'라고 하는 정신적 실체는 허구라는 것이다. 경험론적 입장의 철저한 관철로 인해 흄은 회의주의자가 될 수밖에 없었다. 어쩌면 경험론의 종말이 어떤 것인가를 예감했기 때문에 버클리는 그토록 정신의 실체에 집착한 것인지도 모른다.

그렇다면 이제 지각할 수 없는 무한한 정신(신)이 존재한다는 것을 버클리는 어떻게 확신할 수 있는가? 하일라스는 필로누스에게 신의 정신의 관념을 갖고 있지 않으면서도 어떻게 신의 정신을 파악할 수 있는지를 『대화』의 마지막 부분에서 묻고 있다. 이에 대해 필로누스는 장황한 말을 늘어놓지만, 핵심적인 답변은 다음 문장에 집약되어 있다. "내가 신을 감관을 통해 지각하는 것은 아니지만, 아무튼 나는 신의 개념을 갖고 있거니와, 신을 나는 반성과 추론에 의해 아네."[119] 반성이란 로크에 의하면 "우리 안에 있는 우리 자신의 마음들의 작용에 대한 지각"[120]이다. 외적인 대상들을 지각하는 것이 우리의 외적 감관(오감)이라면, 반성은 '내적인 감관'[121]이라고 불릴 수 있다. 예를 들어 반성에 의해 우리는 허기나 피곤함을 지각한다. 이런 점을 고려해볼 때 "내가 반성에 의해 신을 안다."는 주장은 나 자신의 마음에 있어서의 작용에 세심한 주의를 기울일 경우, 즉 나 자신의 영혼을 반성할 경우 "나 자신 속에 능동적이며 사유하는 신성(神性)에 대한 모종의 심상을 갖고 있다."[122]는 것을 의미한다. 정말 자기 자신의 마음을 주의해서 들여다보면 신의 심상 내지 모상을 알 수 있을까? 회의주의자들은 대놓고 아니라고 말할 것이다. 신에 대한 심상은 사람이나 민족마다 상이하며, 심지어 버클리가 생각하고 있는

---

118) David Hume, *Treatise*, p.252.
119) George Berkeley, *Dialogues*, p.232.
120) John Locke, *Essay* 2.1.4.
121) 같은 곳.
122) George Berkeley, *Dialogues*, p.232.

신에 대한 심상을 전혀 갖고 있지 않은 사람도 있을 것이다. 서로 다르고 양립 불가능한 신에 관한 심상(넓은 의미의 관념)과 견해들을 열거함으로써 신에 관해 어떤 판단도 하지 못하도록 만드는 것은 고대 피론주의자들의 전문 수법이었다.[123] 아이러니하게도 이성론자들이 내세운 본유관념을 공격할 때 경험론자들이 동원한 방식도 이와 유사하다. 로크의 표현을 차용한다면, 우리가 반성할 때 너무나도 자명하게 떠오른다고 하는 신성에 관한 심상은 인디언들의 오두막집에서는 거의 언급되지 않는다.[124] 반성이란 어떤 매개도 요구하지 않는 마음의 작용에 대한 지각일 뿐이다. 그것은 직관과 마찬가지로 어떤 객관적 근거를 요구하지 않으며, 단지 마음의 작용에 대한 세심한 주의에 호소하고 있다. 회의주의자들은 자기들 마음의 작용에 아무리 세심한 신경을 써도 애석하게도 버클리가 말하고 있는 신성에 대한 심상을 떠올릴 수 없다고 말할 것이다. 이런 정면 대응을 그러나 버클리는 논리적으로 반박할 수 없다. 여기서 중요한 것은 논증에 의한 정당화가 아니라 누가 마음의 작용에 더 세심한 주의를 기울였는가 하는 주관적인 것이기 때문이다.

그렇다면 이제 "나는 신을 추론에 의해 안다."는 버클리의 주장이 관심의 대상으로 떠오른다. 무한한 정신의 존재가 명백하다고 버클리가 추론하는 가장 중요한 이유는 관념(대상)의 원인이 무엇인가 있어야 한다는 데에 있다. 로크는 우리가 직접 지각하는 관념으로부터 그것의 원인을 추론하였다. 그것은 바로 우리의 마음에 관념을 일으키는 힘과 다양한 성질을 가진, 우리와는 독립적으로 존재하는 외부의 대상이었다.[125] 그렇지만 버클리는 이것을 회의주의를 배양하는 원리 가운데 하나로 보았고, 그것을 단호하게 부정하였다. 그런데 버클리가 대상을 부정했다고 해서 그가 로크가 관념의 원인을 찾으려 한 시도까지 부정하고 있는 것은 아니다. 그는 다만 로크가 그 원인을 정신과는 무관한 외적 대상에서 찾으려 했다는 것만을 비판할 뿐이다. 필로누스는 하일라스에게 이렇게 말한다. "나는 자네가 현상들로부터 어떤 원인을 이끌어내

---

123) 특히 이런 견해의 차이에 관해서는 Sextus Empiricus, *M* 9.13-48 참조.
124) John Locke, *Essay* 1.1.27 참조. 동일률과 모순율이 본유적이라고 주장하는 이성론자들을 비판하면서 로크는 그 명제들을 전혀 알지도 못하는 사람이 많다는 것을 지적한다.
125) *Essay* 2.8.8 참조.

는 자네의 추론에서 어떤 실수도 찾아내지 못하네. 그렇지만 이성에 의해 도출될 수 있는 그 원인이 [사유할 수 없으며 비능동적인] 물질이라는 이름으로 적절하게 불릴 수 있다는 것은 부인하네."[126] 버클리에게 관념의 원인은, 예컨대 물이나 불 같은 외부에 존재하는 대상일 수 없다. 그렇다고 관념이 제 힘으로 존속할 리는 없다. 관념은 지각되지 않고서는 존재하지 않기 때문이다. 그렇다면 지각하는 것(정신)이야말로 그것의 원인일 것이다. 그런데 인간의 정신은 상상하는 경우를 제외하고는 스스로 관념을 산출하지 못한다. 그렇다면 다른 정신이 있어야 한다. 그래서 그는 다음과 같이 쓴다.

> 자연의 작품이라고 불리는 사물들은, 다시 말해 우리에 의해서 지각되는 거의 대부분의 관념이나 감각들은 인간의 의지에 의해 산출되거나 그것에 의존하는 것도 아니라는 것은 모든 사람에게 명백하다. 그렇기 때문에 관념이나 감각들을 야기한 어떤 다른 정신이 존재한다. 그렇지 않고서 그것들이 스스로 존속한다고 하는 것은 말이 안 되기 때문이다.[127]

버클리가 말하는 정신이 과연 전통적인 신의 속성을 갖는가에 관한 문제를 일단 덮어둘 경우, 이로써 버클리는 신의 존재를 충분히 확립했다고 여긴다. 이것은 일종의 변형된 우주론적 증명이라고 볼 수 있다. 관념의 원인을 추적한 결과 그 제공자가 반드시 영원한 정신이지 않으면 안 된다는 것은 정당성을 갖는 것처럼 보인다. 그런데 이런 추론을 보고 가장 빨리 이의를 제기할 사람은 데카르트일 것 같다. 데카르트가 『제1철학에 관한 성찰』에서 극단적인 의심을 수행하면서 전능한 악마를 가정한 것은 너무나 유명한 사실이다. "그러나 내 정신 속에는 오래된 한 가지 의견이 새겨져 있다. 즉 전능한 신이 … 존재한다는 의견이다. 그렇다면 땅, 하늘, 연장적 사물, 형태, 크기, 장소는 존재하는 것이 아니라, 이것들을 지금 보는 그대로 있는 것처럼 생각하도

---

126) George Berkeley, *Dialogues*, p.216.
127) George Berkeley, *Principles*, pp.107-8[146]. 버클리는 이와 동일한 논증을 『대화』에서도 수행하고 있다. 이에 관해서는 George Berkeley, *Dialogues*, p.212 참조.

록 저 신이 만들지 않았다고 어떻게 장담할 수 있을까?"[128] 악마는 지각되는 관념이 아니고 지각하는 어떤 정신이다. 그리고 그것은 인간의 정신이 아니다. 따라서 버클리가 신을 도출해낼 때 상정한 조건들을 모두 만족시키고 있다. 악마는 사물과 환상에 대한 버클리의 구별을 무력화할 수 있다. 버클리에 따르면, 실재하는 사물은 "우리 삶의 앞의 사건들 및 그 후속의 사건들과 통일적으로 연결되어 있는" 반면, 환상은 그렇지 못하다. 이런 구분은 우리의 기억과 밀접하게 관련되어 있다.[129] 그러나 악마는 전능하기 때문에 쉽게 기억을, 그것도 통째로 조작할 수 있다. 또 상상된 관념들(환상)을 사물들을 구성하는 관념들처럼 생생하고 정합적이고 체계적으로 만들 수 있다. 그래서 사실은 마구간의 말이 환상인데도 실재하는 사물처럼 우리가 지각하도록 만들었을지도 모른다. 버클리가 그토록 확신했던 나 자신의 존재도 의심의 대상일 수 있다. 사실은 내가 단지 속의 뇌에 불과한데도, 뇌신경 자극을 통해 육체를 가지고 있다고 착각하게 만들 수 있기 때문이다. 버클리가 신을 끌어들여 쌓아올린 모든 탑을 데카르트의 악마는 동등한 권리를 갖고 무너뜨릴 수 있다.

애초에 버클리는 추론의 영역으로 들어서기를 무척 꺼렸다. 지각된 것(관념)을 떠난 세계가 회의주의자의 세력권이라는 것을 그는 누구보다 잘 알고 있었다. 그러나 그는 회의주의자의 공세를 막아내기 위해 이 세계로 뛰어들 수밖에 없었다. 긴장한 채 그의 답변을 기다렸던 회의주의자가 맥이 풀린 이유도 여기에 있었을 것이다. 그가 도피처로 생각했던 곳이 바로 회의주의자들이 창궐하는 본거지였기 때문이다. (직접 감각할 수 없는 세계와 관련해서는 원리적으로 여러 상이하고 대립하는 교설들이 있을 수밖에 없지 않겠는

---

128) René Descartes, *CSM II*, 14[VII, 21].
129) 조지 버클리, 『하일라스와 필로누스가 나눈 대화 세 마당』. p.68, fn 21) 참조. 한석환은 다음과 같이 언급하고 있다. "따라서 내가 지금 꿈을 꾸고 있는 것이 아니라 실재하는 종잇조각을 보고 있다는 것을 알기 위하여, 나는 나의 현재의 경험이 과거의 경험과 연결되어 있음을 기억하는 것과, 나의 현재의 경험이 미래의 경험과 연결되어 있음을 귀납하는 것에 의지하지 않으면 안 된다. 그런데 바로 기억과 귀납추리가 문제이다. 그에 관해서는 회의론적인 의문이 어렵지 않게 제기될 수 있기 때문이다."

가!) 사실 악마의 가설은 데카르트의 독창적인 착상이 아니다. 그것은 이미 키케로의 『아카데미의 회의주의에 관하여』에서 발견된다. 신이 보내주는 표상이 있다는 주장에 반대해서 회의주의자들은 "신이 거짓 표상을 그럴듯한 것으로 만들며, 진리에 가장 근접한 표상들을 그럴듯한 것으로 만들 수 없는 것은 아닐까?"[130] 하고 묻는다. 악마의 가설뿐만 아니라 꿈과 광기에 근거한 회의도 데카르트는 고대 회의주의자들에게서 빌려왔다. 데카르트는 다음과 같이 말하고 있다. "이 주제[회의]와 관련해서 나는 아카데미학파와 회의주의자들이 남긴 고대의 많은 저작을 보았고, 이미 조리된 이 재료를 다시 데워놓기가 께름칙하긴 하지만, 나는 전체 성찰 중의 한 장(章)을 이 회의주의에 할당하지 않을 수 없었다."[131] 데카르트는 신아카데미학파의 철학자들과 피론주의자들이 개척해놓은 회의의 길을 따라갔다. 데카르트도 이 점을 흔쾌히 인정하고 있다. "[『제1철학에 관한 성찰』에서 행한] 이런 의심들을 최초로 발견한 사람은 내가 아니었다. 회의주의자들이 오랫동안 이런 주제들을 탐주해왔다."[132] 데카르트의 말마따나 회의를 수행하는 기제(機制)의 측면에서 데카르트가 고대 회의주의자들보다 새로운 것은 없었다고 볼 수 있다.[133] 그러나 그것을 철저하게 적용하고 주제화한 영역은 데카르트를 통해 훨씬 확대되었다. 고대 회의주의자들에게서 불명확하게 암시되었을 뿐인 마음과 외부 세계와의 엄밀한 구별, 외부 세계와 자신의 신체에 대한 의심 등을 겨냥하여 데카르트는 극단적인 회의적 논변을 사용하였다. 번예트는 버클리의 파멸을 다음과 같이 서술하고 있다. "무엇보다 전능한 악마의 관념을 사용하는 데 있어서 고대의 모든 선례를 뛰어넘은 데카르트의 극단적인 의심이 아무리 철저한 그리스 사상이라도 차마 내던지지 못했던 … 실재론의 가정을 처음으로 노출하고 의문시하게 만들었다. 버클리가 놓쳐버린 것이 바로 이것이었다."[134]

---

130) Cicero, *Ac* 2.47

131) René Descartes, *CSM II*, p.94[VII, 130].

132) René Descartes, *CSM I*, p.309[VIIIB, 367].

133) Gail Fine, "Descartes and Ancient Skepticism: Reheated Cabbage?," pp.204-6 참조.

134) Myles Burnyeat, "Idealism and Greek Philosophy: What Descartes Saw and Berkeley Missed," in *The Philosophical Review* 91(1)(1982), p.40.

버클리는 데카르트가 수행한, 좀 더 정확히 말한다면 고대 회의주의자들이 전개한 철저한 회의적 작업의 진가(眞價)를 알아보지 못했다. 그는 모든 가능한 철학적 회의를 수행하지 않았던 것이다. 이렇게 해서 버클리의 철학은 회의주의를 박멸하기는커녕 회의주의에 휩쓸려가게 되었다. 사실상 그는 회의주의자들의 논변의 위력을 실감하게 해주었을 뿐이다. 마땅히 절망해야 할 곳에서 그는 어설픈 희망을 품고 귀향하였다. 회의주의에 정통했던 아버지는 안일한 아들에게 크게 실망하였다. 그래서 버클리가 회의주의를 물리쳤다고 믿고 고향으로 돌아와 안온한 기분에 젖어 있을 때, 또 다른 아들인 흄이 다시 경험론의 나침반을 들고 저 거대한 회의와 절망의 대양(大洋)으로 나아가야만 했던 것이다.

제11장
흄과 피론주의

1. 근대의 피론주의와 흄과의 대면

특정한 철학적 학파로서의 피론주의는 피론과 더불어 시작되었다. 피론주의는 헬레니즘 시대에 스토아학파, 에피쿠로스학파와 더불어 번성하였는데, 3세기에 걸친 이 기간 동안 고대 철학의 중심부를 차지한 것은 아리스토텔레스가 세운 소유학파의 전통이나 플라톤주의가 아니라, 스토아학파와 에피쿠로스학파 그리고 피론주의였다.[1] 피론주의자들은 스토아학파와 에피쿠로스학파의 철학자들과 이론적 경쟁 관계를 구축하면서, 또 자기들 학파 내에서 야기된 이론의 난점의 해결책을 모색하면서 자신들의 이론을 정련화해나갔다. 헬레니즘 시대를 관통하면서 수 세기에 걸쳐 세련된 회의적 논변 형식들(tropen)을 통해 피론주의자들은 증명되지 않은 탐구 대상에 판단을 유보(epoche)함으로써 어떤 경우에도 동요하지 않는 마음의 평정(ataraxia)을 목표로 삼았다. 피론주의자들에 의해 권장된 진정한 사태의 진위에 대한 판단 유보의 필연성은 어떤 진리 주장에 의해서도 인간은 절대적이며 영원한 행복

---

1) 앤소니 A. 롱, 『헬레니즘 철학: 스토아 철학자들, 에피쿠로스주의자들, 회의주의자들』, p.33 참조.

을 성취할 수 없다는 자각을 이론적으로 확립한 것으로 볼 수 있다. 피론주의 자들에 의하면 회의적인 논변 형식들의 공격을 견뎌낼 수 있는 진리 주장이 란 성립할 수 없는데,[2] 이것은 모든 진리 주장이 이미 항상 자체 내에 독단성 을 지니고 있음을 의미한다. 피론주의자들이 보여주고 있는 참된 철학적 지 식 일반의 정초의 불가능성은 결국 인간이 스스로의 힘으로 사태의 진리를 파악함으로써 행복에 도달하려는 기획의 포기와 더불어 헬레니즘 시대 이후 하느님을 향한 신앙의 출현과 긴밀하게 맞닿아 있다.[3] 서양 철학사에서 피론 주의는 고대 헬레니즘 시대로부터 중세 신앙의 시대에로의 이행을 이론적으 로 준비하는 역할을 담당하였다. 근대의 신앙주의(fideism)도 피론주의를 떠 나서는 만족스럽게 설명될 수 없을 것이다.

피론주의의 이론적 발전은 헬레니즘 시대를 지내 로마 제국까지 지속되었 지만,[4] 다른 한편으로 기독교와 영지주의(靈知主義)가 부상하면서 쇠퇴의 길 을 걷게 되었다. 기독교의 권위가 너무 강해서 피론주의는 독자적으로 자신 의 영역을 확보할 수 없었고, 중세 시대 전반에 걸쳐 피론주의의 존재는 아주 미미하였다. 고대의 피론주의가 철학적 관심의 주된 대상으로 다시 떠오른 시기는 르네상스 시대였다. 헬레니즘 시대를 포함해서 "섹스투스 엠피리쿠 스는 후대 르네상스 시기에 그가 다른 어느 시기에 누렸던 것보다 더 큰 영향 력을 행사했다."[5] 무엇보다 이렇게 피론주의에 대한 철학적 관심을 촉발시 킨 직접적인 요인은 종교개혁이었다. 종교적 권위에 대한 도전이라는 신학적 관심으로부터 시작된 진리 기준의 문제는 점차 철학적 영역으로 이전되어 본 격적으로 논구되었는데, 이런 전환의 중요한 계기는 섹스투스 엠피리쿠스의 저작의 발견과 번역이었다. 16세기 후반기에 들어서서 섹스투스 엠피리쿠스

---

2) Sextus Empiricus, *PH* 1.169, 1.178 참조.
3) Sextus Empiricus, *Grundriß der pyrrhonischen Skepsis*, pp.9-11 참조.
4) 피론주의의 생명력은 헬레니즘 시대에 한정되지 않는다. 가장 중요한 다섯 가지의 회의적 논 변 형식을 고안한 아그리파(1C?-2C?)와 회의적 논변들을 총정리한 섹스투스 엠피리쿠스 (160?-210?)의 활동 시기가 이를 말해준다. 피론주의의 이론적 변천사에 관해서는 Sextus Empiricus, *PH*, pp.xxx-xlii 참조.
5) 앤소니 A. 롱, 『헬레니즘 철학: 스토아 철학자들, 에피쿠로스주의자들, 회의주의자들』, p.411.

의 저작들이 왕성하게 번역되고 출판되자 종교적 지식의 기준에 대한 정당화를 둘러싸고 벌어진 갑론을박에서 논쟁 당사자들은 문제의 요체가 "진리 기준에 대해 피론주의자들이 제기한 의심이냐, 아니면 그 의심의 극복이냐?"의 물음으로 수렴될 수 있음을 자각하게 되었던 것이다.[6)]

16세기 이후 서구 철학계의 주요한 특성은 상대빙의 주장을 반박하기 위해서 철학자들이 (종교적 교리에 대한 찬반 입장을 떠나서) 고대 피론주의의 논변 이론의 지평 위에서 움직였다는 데에 있다. 신앙주의와 반신앙주의 사이의 갈등에 의해 야기된 고대 피론주의의 부흥은 "과연 절대적으로 확실한 지식의 토대를 확보할 수 있는가?"라는 근대 철학의 가장 기본적인 문제틀을 형성하면서 철학적 탐구의 전반적인 방향성을 규정하게 되었다. 17세기 후반부터 근대의 새로운 피론주의자들은 데카르트를 필두로 확실한 지식을 정초하려는 철학자들을 정면으로 공격하기 시작하였다. 반대로 절대적으로 확실한 철학적 지식을 목표로 삼는 근대 철학자들은 피론주의자들의 회의적인 논변들을 극복하거나 최소한 그들의 공격을 방어할 수 있는 기제를 자체 내에 마련하지 않으면 안 되었다. 지식의 객관성과 필연성의 확보에 초점을 맞추는 한에 있어서 근대 철학자들은 피론주의와의 대결에서의 승패의 여부를 떠나 항상 피론주의를 염두에 두어야 하는 처지에 놓이게 되었다. 이런 점에서 애초부터 근대 철학자들은 피론주의와 불가분의 관계를 맺고 있으며, 피론주의에 우호적이든 적대적이든, 필연적으로 '피론주의에 대한 관계 설정'을 과제로 삼을 수밖에 없게 된 것이다. 바꾸어 말한다면, 근대에 등장한 특정한 철학을 온전하게 이해하기 위해서는 "이 철학이 피론주의와 어떤 관계를 맺고 있는가?"에 대한 검토가 요구된다. 그 철학의 탄생에는 '반드시'라고 할 만큼 피론주의와의 내밀한 애증관계가 얽혀 있기 때문이다.

---

6) 1562년 에티엔이 최초로 섹스투스 엠피리쿠스의 『피론주의의 개요』를 라틴어로 번역하였고, 이후 1569년에는 에르베(Gentian Hervet, 1499-1584)에 의해 섹스투스 엠피리쿠스의 전 저작들이 라틴어로 출판되었으며, 다시 1591년에는 영어 번역판이 간행되었다. 이런 출판 과정과 더불어 어떻게 피론주의자들의 진리 기준의 문제가 철학적 공박의 핵심으로 등장했는가에 관해서는 Richard H. Popkin, *The History of Scepticism from Savonarola to Bayle*, pp.17-44 참조.

'피론주의와의 적절한 관계 설정'을 위해서는 무엇보다 피론주의의 난공불락의 원인에 대한 분석과 피론주의의 철두철미한 학문적 의심의 수준에 대한 자각이 필요하다. 피론주의자들이 구성해낸 회의적 논변 형식들의 보편성과 추상성의 위력을 제대로 인지하지 못한 채 피론주의자들을 논박하려 할 경우, 그런 시도는 오히려 피론주의자들의 손쉬운 공격 대상으로 전락하고 만다. 피론주의자들에 의해 곧바로 되치기를 당하지 않기 위해서는 피론주의자들의 회의적 논변 이론이 지닌 철학적 의의를 간파하고 그것에 걸맞은 수준에서 대응하지 않으면 안 된다. 근대의 계몽시대에 국한해서 말한다면, 흄 이전의 철학자들에게 있어 피론주의는 철학적인 극복의 과제로 진지하게 다루어지지 않았으며, 단지 무시의 대상이거나 혹은 편의대로 전용되었을 뿐이다.[7] 그들은 피론주의자들이 말하는 바에 전혀 귀를 기울이지 않거나 혹은 듣고 싶은 것만을 들었는데, 이것을 피론주의에 대한 가장 효과적인 전략이라고 생각하였다. '피론주의와의 관계 설정'이라는 관점에서 흄이 자기 이전의 계몽철학자들과 뚜렷이 구분되는 점은 피론주의에 대한 고의적인 무시나 곡해를 통해 피론주의를 극복하였다는 자기기만적인 위안에 만족하지 않고, 철학적 회의주의로서의 피론주의가 제기한 물음들의 해결 불가능성을 깊이 천착하고 인정한 점에 있다. "데이비드 흄이라는 인물과 사상을 제외할 경우, 살아 있는 생생한 운동으로서의 회의주의는 18세기 중엽에 죽어버렸다. 흄은 … 그의 전임자들이 지각한 것보다 더욱 깊은 근대적인 회의적 위기를 알아차렸다."[8] 적어도 계몽시대 피론주의에 대한 대응과 관련해서 철학자들을 흄 이전과 흄 이후로 구별하는 것은 상당한 근거를 갖고 있는 것처럼 보인다. 피론주의가 함축하고 있는 문제의 철학적 심각성은 흄에 의해 비로소 자각되고, 이런 의식은 칸트와 헤겔에 의해 계승된다. 피론주의에 대한 흄의 철

---

7) 예컨대 볼테르(Voltaire, 1694-1778)나 디드로, 그리고 콩디약이 어떻게 피론주의를 무시했고, 벨이나 몽테뉴가 어떻게 피론주의를 신앙에 귀의하기 위한 길로 이용했는지에 관해서는 Richard H. Popkin, "Scepticism in the Enlightenment," in *Scepticism in the Enlightenment*, ed. by Richard H. Popkin, Ezequiel D. Olaso and Giorgio Tonelli(Dordrecht/Boston/London: Kluwer Academic Publishers, 1997), pp.1-14 참조.

8) Richard H. Popkin, *The High Road to Pyrrhonism*, p.56.

학적 반성은 피론주의란 완벽하게 제압해서 폐기처분할 수 있는 간단한 것이 아님을 보여준다. 그래서 흄 철학을 기점으로 '피론주의와의 관계 설정'과 관련하여 문제의 초점은 피론주의에 대한 일방적인 승리나 고의적인 무시 혹은 편의적인 조망이 아니라, 피론주의의 의심의 수준을 심층적으로 이해하는 가운데 그것의 긍정적 역할을 인정하면서도 피론주의가 지니고 있는 한계를 밝히는 데로 집중된다. 역설적으로 표현한다면, 흄은 피론주의자가 되지 않으면서 피론주의를 넘어설 수는 없다는 자각을 불러일으킨다. 흄의 회의주의는 피론주의와의 이런 관계 설정의 불가피성을 보여주는 단적인 사례로 간주될 수 있으며, 피론주의에 대한 대응의 각론에 있어서는 매우 상이하겠지만 이런 입장만이 효과적으로 피론주의를 극복하는 길임을 칸트와 헤겔에게 생산적인 유산으로 남기고 있다.

피론주의에 대한 흄의 독특한 관계 설정은 그 관계의 적실성 여부를 떠나 흄 철학의 고유성을 규정짓는 결정적인 지점으로 작용할 수 있다. 그리고 흄 철학을 전반적으로 이해할 수 있는 하나의 관건으로 피론주의에 대한 흄의 대응에 주목할 때, 흄과는 달리 "왜 칸트와 헤겔이 피론주의와의 관계 설정을 새롭게 시도하는가?"의 근원적인 이유도 밝혀질 수 있다. 피론주의에 대한 대응에 있어서 이론적 난점을 극복해가는 일련의 발전적 과정으로서 흄과 칸트와 헤겔 철학을 해석할 수 있다면, 피론주의에 대한 칸트와 헤겔의 새로운 대응 관계의 모색은 흄의 철학이 그 자신의 주장과는 달리 피론주의에 취약성을 노출하고 있음을 가리킨다. 즉 "흄의 회의주의는 피론주의에 의해 공격받을 독단적 요소를 자체 내에 갖고 있는 것은 아닌가?"라는 혐의를 받고 있는 것이다. 그리고 우리는 이런 혐의를 확인하게 될 것이다. 이런 점에서 흄과 피론주의가 맺고 있는 관계에 대한 비판적 고찰은—비록 피론주의와의 관련이라는 조건 하에서이긴 하지만—"왜 근대 철학은 흄에서 멈추지 않고 칸트를 거쳐 헤겔로 나아갈 수밖에 없었는가?" 하는 철학사적 진행의 불가피성까지 암시해줄 수 있을 것이다. 나아가 피론주의와의 관계 설정에 있어 흄의 철학이 갖는 불충분함이나 부적절함에 대한 분석을 확대하여 적용할 경우, 그것은 경험론과 이성론을 포함하여 칸트 이전 근대 철학의 본원적 한계를 드러내는 데도 일조(一助)할 수 있을 것이다.

2. 피론주의자로서의 흄

흄은 그의 『인성론』을 다음과 같은 말로 시작하고 있다. "인간 마음의 모든 지각은 다른 두 종류로 환원될 수 있는데, 나는 그것을 인상과 관념이라 명명할 것이다."[9] 『인성론』의 이 첫 문장에서부터 지식의 원초적 토대로서 자아나 신이 아니라 오로지 가장 강력하고 생생한 지각으로서 인상과 그것의 복사물인 관념만을 인정하겠다는 흄의 철저한 경험론의 입장을 간취할 수 있다. 경험론을 수미일관하게 밀고 나감으로써, 말하자면 오로지 인상이라는 감각경험에 지식의 기원을 제한함으로써 흄은 인과관계와 물리적 대상들의 존재와 자기동일적인 자아의 존재에 대한 신념을 부정하게 된다. 흄에 의하면, 인과 추론과 물리적 대상과 자아에 대한 이런 기본 신념들은 전통적인 방식으로는 정당화될 수 없는 것들이다.

직접적인 인상으로서의 경험이 모든 관념과 지식의 기원이라면, 인과관계와 관련해서 우리가 발견하는 것은 어떤 한 물체가 항상 그것에 수반하는 어떤 결과를 낳는다는 것뿐이다. 즉 하나의 사건이 다른 하나의 사건의 뒤를 이어 발생한다는 것만을 발견할 수 있다. 그렇지만 하나의 사건이 다른 하나의 사건을 일으켰다는 원인과 결과의 필연적 연관성에 관해서는 결코 알 수가 없다. 왜냐하면 "모든 관념은 선행하는 어떤 인상이나 정서로부터 복사된 것인데, (…) 필연적 연관이나 힘에 대한 인상은 생겨날 수 없으며, 따라서 그것에 관한 관념 역시 제시될 수 없기"[10] 때문이다. 모든 결과는 그것의 원인과 구별되는 사건이고, 그렇기에 우리는 완전히 다른 원인과 결과의 사건에 관한 각각의 인상은 가질 수 있다. 그러나 바로 이렇게 "결과는 원인과 전적으로 다르기 때문에 결과는 원인 안에서 결코 발견될 수 없다."[11] 이것은 원인과 결과를 필연적으로 연결하는 힘에 관한 인상의 획득이 불가능하다는 것을 말해준다. 그러므로 흄에 의하면, 누군가 원인과 결과의 인과적 필연성을 파

---

9) David Hume, *Treatise*, p.1.
10) David Hume, *Enquiries*, p.78.
11) *Enquiries*, p.29.

악했다고 주장할 경우, 그것은 단순히 임의적인 것에 불과하고, 연접해 있는 것들을 필연적으로 연관되어 있는 것들로 오해한 것이다. 인과관계란 어떤 사건들로부터 어떤 사건들이 시간적으로 뒤따라 나온다는 것을 오랜 세월 경험한 후, 유사하게 보이는 원인들로부터 유사한 결론들이 나올 것이라는 가정일 뿐이다. 흄의 요점은 우리가 인과관계의 필연성을 가정하고 있을 뿐 결코 그것을 입증할 수는 없다는 데로 수렴된다.[12] 흄의 주장처럼 원인과 결과로 상정되는 사건들을 묶어주는 어떤 관념의 끈도 발견될 수 없다면, 이제 인과관계에 기초하고 있는 모든 학문적 추론이나 법칙들은 원리적으로 정당성을 획득할 수 없다.

"지각을 제외한 그 어떤 존재도 마음에 현존하지 않는다."[13]는 흄 철학의 출발점은 물리적 대상의 존재에 대한 신념이 근거가 없다는 것을 밝히는 데 있어서도 그대로 관철된다. 어떤 외부의 물리적 대상이 존재한다 하더라도 지각들의 매개 없이 그것이 마음에 직접적으로 알려질 수 있는 방도란 존재하지 않는다. 도대체가 우리의 마음이 지각 이외에 현존하는 어떤 것도 갖고 있지 않다면, 대상들과 지각들 간의 연관에 관한 어떤 경험도 할 수 없으며, 지각의 영역을 넘어서 있는 물리적 대상의 존재를 논한다는 것은 어불성설에 다름 아니다. 우리는 지각 너머로 한 발자국도 내딛을 수 없기 때문에 지속적이고 독립적인 물리적 대상의 존재를 입증할 수 없다. 입증할 수 없는 외부의 대상들을 존재한다고 가정하는 것은, 따라서 흄이 보기에 '형편없는 환상'[14]에 지나지 않는다. 외부의 물리적 대상을 볼 수 있고 느낄 수 있다고 말할 때, 사실상 그것은 연관된 지각들의 더미에 대한 어떤 관계의 획득을 뜻할 뿐이다.[15]

자아의 존재에 관해 흄이 의심할 때에도 사정은 마찬가지다. 자아의 관념이란 인격의 동일성을 의미한다. 자아는 우리 삶의 전 과정을 통해 불변하며

---

12) David Hume, *Treatise*, pp.91-2 참조.
13) *Treatise*, p.212.
14) *Treatise*, p.217.
15) *Treatise*, p.207 참조.

동일한 것으로 지속되는 것이다. 그런데 "나는 그 어느 순간에도 지각 없이는 나 자신을 파악할 수 없으며, 지각 말고는 아무것도 관찰할 수 없다."[16] 따라서 만약 앞에서 규정된 자아의 존재가 입증될 수 있으려면, 우리 삶의 전 과정을 통해서 항상적이고 불변하는 인상이 존재해야 한다. "그런데 항상적이고 불변하는 그런 인상이란 없다."[17] 인상들이란 반성된 의식이 아니라 우리 마음에 가장 직접적이고 개별적이며 순간적으로 현존하는 특정한 지각들이기 때문이다. 따라서 자아의 관념은 인상으로부터 도출된 것이 아니며, 결과적으로 자아와 같은 관념은 없다. 흄에 의하면, 자아란 "영원히 유동하고 운동하는 … 서로 다른 지각들의 다발이나 집합에 지나지 않는다."[18]

학문이나 일상적인 삶의 영위에 있어서 일반적으로 용인되는 이런 근본 신념들에 대한 인식론적 정당화가 실패할 수밖에 없다는 흄의 지적은 근원적인 의미에서 그것들에 대한 직접적인 인상이 우리의 마음에 현존하지 않는다는 데에 의존하고 있다. 도대체가 현존하지 않는 인상들로부터 현존하는 관념들이 도출된 것이기 때문에, 즉 여기에는 추론적인 비약이 숨겨져 있기 때문에, 흄은 근본 신념들을 꾸며낸 '허구'[19]이고 '착오'[20]이며 '거짓'[21]이라고 규정한다. 이렇게 근본 신념들이 합리적 논의에 의해 정당화될 수 없는 '허구'에 불과하다면, 근본 신념에 기반하고 있는 모든 학문적 지식의 보편적 필연성도 더 이상 유지될 수 없다. 존재하는 사태 자체에 관한 모든 지식 자체의 성립 불가능성의 테제가 흄의 논의가 도달한 귀결일 때, 이것은 철학자들이 피론주의를 논박할 수 있다고 여기는 것이야말로 '착오'이고 '거짓'이며, 오히려 '피론주의 즉 극단적인 회의주의(excessive scepticism)'[22]로 인도될 수밖에 없음을 단적으로 말해주는 것이다. "모든 지식은 개연성으로 전락한

16) *Treatise*, p.252.
17) *Treatise*, p.251.
18) *Treatise*, p.252.
19) *Treatise*, p.254.
20) *Treatise*, p.210.
21) *Treatise*, p.213.
22) David Hume, *Enquiries*, p.161.

다."[23]는 흄의 언급은 "모든 지식이란 '존재'가 아니라 '가상'의 지위만을 지닌다."는 섹스투스 엠피리쿠스의 입장으로 그대로 번역될 수 있다.[24] 흄에 의해 수행된 총체적인 인간 지식의 인식론적 분석은 역설적으로 온갖 근본 신념들의 정당성을 의심하는 '전면적인 회의주의(total scepticism)'[25]로서의 피론주의가 얼마나 정당한가를 드러낼 뿐이다. 요컨대 인상에 관한 수미일관한 분석을 통해 흄은 자아, 물리적 대상, 신, 인과성 등의 근본 신념들에 의거하여 피론주의와 이론적으로 맞서려는 기획 자체가 독단적인 추론들에 의지하고 있으며, 그래서 흄 자신을 포함해서 철학자라면 적어도 이론적인 영역에서는 이런 근거지어지지 않은 신념들에 내재되어 있는 독단성을 의심하고 폭로하는 피론주의자가 될 수밖에 없다고 주장하고 있는 것이다.

3. 반피론주의자로서의 흄

흄은 모든 진리 주장이나 사태에 관한 진술들을 전면적으로 의심하는 극단적인 회의주의에 도달하였다.[26] 흄이 한 작업은 모든 (철학적) 지식들이란 이론적으로 근거지을 수 없다는 점을 밝히는 것이었고, 이런 점에서 흄은 절대적인 지식 자체의 원리적인 획득 불가능성을 역설한 저 고대의 피론주의자가 된 것이다. 그런데 피론주의자가 될 수밖에 없다는 자신의 이론적 귀결을 인정하면서도 흄은 피론주의자가 된 자신에 대해 매우 한탄하고 있다. 『인성론』 제1권의 결론에서 그는 자신이 "가장 깊은 어둠에 휩싸여 사지(四肢)와 능력의 사용을 완전히 빼앗긴 채 상상할 수 있는 한 가장 가련한 상태에 처해 있다."[27]고 생각한다. 자신이 피론주의자라는 데 대한 흄의 비관은 병적일

23) David Hume, *Treatise*, p.180.
24) Sextus Empiricus, *PH* 1.194-5, 1.198-9 참조.
25) David Hume, *Treatise*, p.183.
26) Robert J. Fogelin, "The Tendency of Hume's Scepticism," in *The Skeptical Tradition*, ed. by M. Burnyeat(Berkeley/Los Angeles: University of California Press, 1983), p.399 참조.
27) David Hume, *Treatise*, p.269.

정도로 더욱 강해져서 자신을 '세련되지 못한 이상한 괴물'[28]로 여기는가 하면, "절망을 삼킬 수밖에 없다."[29]고 심경을 토로하기까지 한다. 믿을 근거를 찾을 수 없기 때문에 아무것도 믿을 수 없게 된 이 피론주의자는 단순히 주관적인 확신에서가 아니라 철저한 철학적 반성을 통해서 피론주의자가 되었기 때문에, 다시 말해서 "이성은 이 암운(暗雲)을 걷어줄 자격이 없다."[30]는 것을 잘 파악하고 있기 때문에, 오히려 이런 상황에서 아타락시아를 고대하는 고대의 피론주의자와는 달리 비애에 차서 방황하는 피론주의자가 되고 만 것이다. 그는 방에 홀로 틀어박혔고 친구들과의 당구 게임도 그만두었다. (흄은 당구광이었다.) 이렇게 극단적인 회의주의자가 된 흄이 자신을 철학적 비애와 절망에 빠진 신세로 서술하고 있다는 사실은, 이제 흄이 피론주의가 이론적으로 쉽게 해결될 수 없다는 점을 누구보다 잘 알면서도 피론주의를 해결하지 않으면 안 될 새로운 문제 상황으로 심각하게 고려하고 있음을 의미한다.

그렇다면 흄이 피론주의를 이렇게 심각한 문제 상황으로 간주하는 구체적인 이유는 무엇일까? 흄은 『인성론』 서문에서 이 저서를 통해 "사실상 거의 완전하게 새로운 토대 위에 구축된, 그리고 그 토대 위에서만 안전하게 설 수 있는 학문들의 완전한 체계를 제안한다."[31]고 선언하고 있다. 그렇지만 흄에 의해 수행된 철학적 분석은 비록 근본 신념들의 독단성을 폭로하는 성과를 올렸음에도 그의 '새로운 토대'의 제안이 이론적으로는 성취될 수 없다는 실망만을 확립시켜주었을 뿐이다. 자신의 논의를 통해 피론주의자가 된 흄은 자신의 제안을 스스로 철회해야 하는 입장에 서게 된 것이다.

무엇보다 흄을 불안과 착란에 빠지게 한 가장 중요한 이유는, 피론주의자가 될 경우 아예 인간은 삶 자체를 영위할 수 없다고 흄이 단정한 데에 있다. 흄이 절망하는 이유는 다음과 같은 그의 언급에 집약적으로 나타나 있다.

만약 피론주의자의 원리들이 보편적으로 그리고 항구적으로 만연한다면 … 모든

28) *Treatise*, p.264.
29) 같은 곳.
30) *Treatise*, p.269.
31) *Treatise*, p.XX.

인간의 삶은 소멸될 것이라는 점을 피론주의자는 인정해야만 한다. 모든 대화와 행동은 즉각 중지될 것이다. 그리하여 사람들은 총체적인 무기력 상태에 빠지고 말 것이다.[32]

흄이 이해하고 있는 피론주의자란 단순히 모든 학문적 지식의 근거지음의 한계를 지적하는 데 그치지 않고, 그의 의심을 삶의 영역에까지 확대하여 삶 자체를 파괴하는 위험한 인물이다. 흄은 저 고대의 피론주의자들을 이론적인 영역에서 판단유보를 권할 뿐 아니라 삶의 실천적인 영역에서도 판단유보를 관철하려는 회의주의자들로 간주하고 있는 것이다. 의심을 극단까지 밀고 나간 피론주의자는 삶의 전 영역에 걸쳐서 모든 것을 의심하기 때문에, 아무것도 말할 수 없고 아무것도 행동할 수 없게 되어서 혹은 아무렇게 무엇이나 말할 수 있고 아무렇게 행동할 수 있게 되어서, 한마디로 현실에서 다른 사람들과 더불어 결코 살아갈 수가 없다는 것, 바로 이런 흄의 판정에 흄의 절망의 근원적인 이유와 동시에 그 절망으로부터 벗어나야 하는 절박한 이유가 놓여 있는 것이다. 흄을 절망에 빠뜨린 원인이 비로소 그에 의해 발견된 것은 아니다. 경험론에 한정한다 하더라도 이미 로크가 그런 우려를 표명하였다. 로크는 피론주의자가 되면 우리는 먹고 마시지도 못하고 그냥 앉아서 죽음을 기다리는 수밖에 없다고 생각하였다.[33]

로크는 개연성에 기대 이런 절망적인 상황을 돌파하려 하였지만, 흄은 (피론주의자를 포함해서) 사람들이 실제로 지금 여기에서 삶을 영위하고 있으며 영위할 수밖에 없다는 실존적인 현실태에서 실마리를 발견한다. 아무리 극단적인 피론주의자라 하더라도 실제로 살면서 일어나는 사건들은 그에게 더 이상 피론주의를 견지할 수 없게 만든다는 데에 착안해서, 흄은 삶의 실천적 태도에 있어서 피론주의자의 모순을 지적하려 한다. "비록 피론주의자가 심오한 추론들에 의해 자기 자신이나 여타의 사람들을 일시적인 경탄과 혼란에 휩싸이게 할 수 있다 하더라도, 인생의 대소사(大小事)는 모든 그의 의심과

---

32) David Hume, *Enquiries*, p.160.
33) John Locke, *Essay* 4.14.1, 4.11.10 참조.

416

망설임을 날아가게 만들 것이다."[34] 피론주의자는 모든 것을 의심하려 하지만, 흄이 볼 때 인간의 삶은 생각하고 말하고 행동하고 믿을 수밖에 없는 불가피한 조건 속에 놓여 있기 때문에 피론주의의 의심이 삶을 관통하고 지배할 수는 없다. 제아무리 피론주의자라 하더라도 현실에서 그가 살고 있고, 또한 살면서 고수하고 있는 삶의 양식 자체가 거꾸로 피론주의를 반증하는 셈이다. 피론주의의 총체적 회의의 태도는 삶 속에서 생명력을 유지할 수 없으며, 피론주의자의 자기모순만을 드러낼 뿐이다.[35] 그래서 흄은 "행동과 일 그리고 일상적인 삶에 전념하는 일이야말로 피론주의 즉 극단적인 회의주의의 원리들을 무너뜨릴 수 있는 가장 위대한 전복자"[36]로 내세운다.

그렇다면 사람들은 '무엇'에 기대어 행동하고 말하고 판단하며 삶을 영위해나가는가? 이미 인식론적인 정당성을 갖는 삶의 기준의 확보란 불가능하다는 것이 밝혀졌기 때문에 철학적 근거를 갖춘 '무엇'을 탐색하는 일은 헛수고에 지나지 않을 것이다. 말하자면 피론주의가 더 이상 효력을 미칠 수 없는 영역의 발굴이 요구되는 것이다. 마침내 흄이 피론주의의 절망으로부터 벗어날 수 있는 확고한 단초로서 찾아낸 '무엇'은 자연이다. 흄의 다음 인용문은 자연을 통해 흄이 피론주의의 불안과 무기력함으로부터 벗어나 얼마나 안도하고 있는가를 보여준다.

너무나 다행스럽게도 마침 자연 자체가 암운(暗雲)을 걷어주는 목적에 충분하며

---

34) David Hume, *Enquiries*, p.160.
35) 헤겔이 『정신현상학』의 「회의주의」 장에서 서술하고 있는 회의주의의 자기모순도 흄의 지적과 유사하다. 헤겔에 따르면, 회의주의자는 온갖 세상사에 무관심하려 하지만, 세상사에 대한 무관심은 세상사에 대한 관심의 부정과 불가분의 관계를 맺고 있다. 즉 세상사에 무관심하기 위해서는 세상사에 관심을 가져야만 한다. 회의주의자는 "보고 듣는 일이 무상하다."고 말하지만, 이 무상함 속에서 이미 보고 듣고 있다. 그래서 헤겔은 회의주의를 '절대적인 **변증법적 동요**'(Georg W. F. Hegel, *PhdG*, p.161)로 규정한다. 바로 이런 동요가 자체 내에서 이분화된 '불행한 의식'을 경험하게 되는 근본적인 두 계기이다. 회의주의자의 삶의 양식에 대한 헤겔의 이런 비판은 역사적으로 실재했던 피론주의자에 부합되지 않는다. 그것은 논리적 상태에서 진행된 의식의 경험에 관한 서술로서 피론주의에 대한 완전한 이론적 종결을 시사하는 것으로 독해되어서는 안 된다.
36) David Hume, *Enquiries*, pp.158-9.

… 이 철학적 우울증과 착란에서 나를 치료해준다. 나는 식사를 하고 주사위 놀이를 한다. 나는 친구들과 대화하며 유쾌하게 웃는다.[37]

　자연은 삶에 있어서 의심을 떨쳐버릴 이론적 근거를 제공하지는 않는다. 그렇지만 자연은 사지(四肢)의 근육에 대한 지식 없이노 사시를 믿고 사용할 수 있게 해주듯이, 자연이 설정한 특정한 방향으로 행동과 "사고를 진행하게 하는 어떤 본능을 우리 안에 심어주었다."[38] 사람들이 어떤 회의적 논변을 통해 합리적 기초가 결여되었다는 것을 알고 나서도 행동과 사고의 전 영역에 걸쳐 판단유보에 이르지 않으며 이를 수도 없는 궁극적인 이유는, 흄에 의하면 "자연이 절대적이고 불가항력적인 필연성으로 우리가 숨 쉬고 느끼고 판단하도록 결정했기"[39] 때문이다. 흄의 『인성론』과 『인간 지성에 대한 탐구』 곳곳에서 찾아볼 수 있는 '자연의 맹목적이고 강력한 본능',[40] '자연의 본능들과 경향성들',[41] '습관',[42] '정서나 느낌',[43] '동물적 영혼들과 정열들'[44] 등의 표현들은 피론주의를 극복할 수 있는 심리학적이고 실천적인 실마리로서 '자연'과 동일한 위상을 차지하고 있다. '본능'이나 '느낌', '정서', '자연'은 이미 근본 신념들을 이론적으로 정당화할 수 없으며 정당화하지 않겠다는 흄의 전향(轉向)을 함축하고 있다. 자연적 본능을 믿고 따르는 자연주의자가 됨으로써 흄이 피론주의자로부터 피론주의를 반박하는 반피론주의자로 변하는 극적인 반전은 다음의 두 문장에서 압축적으로 표현되고 있다.

---

37) David Hume, *Treatise*, p.269.
38) David Hume, *Enquiries*, p.55.
39) David Hume, *Treatise*, p.183.
40) David Hume, *Enquiries*, p.151.
41) *Enquiries*, p.153.
42) *Enquiries*, p.55. "습관은 인간이 삶을 영위하는 데 있어 발생하는 일이나 갖가지 주변 상황 속에서 우리의 생존과 행위의 지침에 필수적인 것이다." 이 외에 p.43 참조. "그렇다면 습관은 인간 삶의 위대한 안내자이다. 우리의 경험을 우리가 유용하게 쓸 수 있도록 해주며, 또한 과거에 있었던 것과 유사한 일련의 사건들이 미래에도 일어날 것이라고 예상하게 해주는 유일한 원리는 바로 습관이다."
43) *Enquiries*, p.48.
44) David Hume, *Treatise*, p.269.

… 자연적 본능의 강력한 힘 이외에 그 어떠한 것도 우리를 피론적 의심의 힘으로부터 해방시킬 수 없다는 점을 철저하게 확신하는 것보다 더 유익한 것은 없다.[45]

자연이 철학에 대해 그렇게 강력하지 않다면, 철학은 우리를 전적으로 **피론주의자**로 만들 것이다.[46]

피론주의자로서 포기해야 했던 '학문들의 완전한 체계가 그 위에 설 수 있는 새로운 토대'를 흄은 자연에서 찾아내었다. 그리고 이런 불가항력적인 본능으로서의 자연이 우리의 삶을 안전하게 안내하기 때문에, 신(神)을 도입하지 않고서도 흄은 피론주의의 총체적인 판단유보로부터 벗어나 인간 삶에 대한 활력을 회복한다. 저 고대의 피론주의자들이 이론적 논변 형식을 통해 마음의 평정에 도달한 반면, 흄은 삶에서의 자연의 힘을 통해 불안에서 벗어난다. 말하자면 흄은 반피론주의자로서의 자연주의자가 됨으로써 저 고대의 피론주의자의 목표를 달성하는 것이다. 그는 다시 친구들과 유쾌하게 웃으며 당구를 칠 수 있게 된 것이다.

4. 완화된 회의주의자로서의 흄

피론주의의 난점을 해결하기 위해 흄은 자연주의자로 전향하였고, 이런 전향은 피론주의자로서의 흄과 반피론주의자로서의 흄을 명확하게 구분할 수 있는 것처럼 보이게 한다. 그러나 자연주의자가 되었다고 해서 피론주의자가 담당하는 철학적 역할의 의의마저 완전히 말소되어서는 곤란하다. 흄의 자연주의는 생성론적인 관점에서 볼 때 피론주의에 대한 반성에서 연유한다. 즉 우리가 믿고 있는 것들이 믿을 만한 근거를 갖고 있지 못하다는 부정적 인식이 없었다면, 자연이 지닌 회피할 수 없는 압도적인 힘에 대한 자각도 이루

---

45) David Hume, *Enquiries*, p.162.
46) David Hume, *An Abstract of Treatise 1740*, ed. by J. M. Keynes and P. Sraffa(Tokyo: Kinokuniya Co. Ltd, 1990), p.24.

어지지 못했을 것이다. 먼저 철저하게 피론주의자가 되지 않고서는 자연주의
자가 될 수 없다.[47] 물론 흄 철학에서 피론적인 철학적 의심이 자연의 힘과
동등한 권리를 갖고 병립할 수 있는 것은 아니다. "자연은 항상 자신의 권리
를 유지할 것이고, 결국 그 어떤 추상적 추론이라도 이겨낼 것이기"[48] 때문
이다. 인간 본성에 관한 흄의 이해에 있어서 이론적인 근거지음에 대한 자연
의 우위는 본질적인 것이며, 이렇게 본능에 대해 이성이 종속될 경우에만 피
론주의자가 갖는 자기모순의 상황은 종결될 수 있다. 그렇다고 해서 이런 종
속이 모든 반성과 의심의 폐기를 함축해서는 안 된다. 사유의 모든 회의가 중
지되고 맹목적인 동물적 본능만이 만연할 경우, 피론주의의 극단적 의심으로
인한 경우와 마찬가지로 "모든 대화와 행동은 즉각 중지될 것이고" 삶은 더
이상 유지될 수 없을 것이기 때문이다. 그러므로 흄의 자연주의가 노리는 바
는 피론주의의 의심 자체가 아니라 피론주의의 의심의 극단성에 대한 반성으
로 이해되어야 한다. 흄의 극단적 회의주의는 자연주의를 거쳐서 '완화된 회
의주의(mitigated scepticism)'로 변모한다.

> 영속적이기도 하고 유용하기도 한 좀 더 **완화된** 회의주의 즉 **학구적인** 철학이 실
> 제로 있다. 그것은 피론주의 즉 **극단적인** 회의주의의 무차별적인 의심들이 어느
> 정도 상식과 반성에 의해 교정될 때 나타나는 피론주의의 결과일 수 있다.[49]

흄의 회의주의의 종결점이기도 한 완화된 회의주의는 (문자 그대로의) 자
연주의자의 무모성에 대한 자기반성의 결과에 다름 아니다. 즉 완화된 회의
주의자로서의 흄은 단순히 자연에 순종해야 한다는 무반성적인 삶의 양식을
추천하는 것이 아니라, 어디까지나 의심을 완화된 형태로 교정하여 '어느 정

---

47) 흄의 철학에 있어서 '피론적 의심과 이런 의심들에 대한 자연적인 해결'이라는 양자 사이의
불가분의 관계에 관해서는 Barry Stroud, "Hume's Scepticism: Natural Instincts and
Philosophical Reflection," in *International Archives of the History of Ideas* 145(1996),
pp.124-5 참조.
48) David Hume, *Enquiries*, p.41.
49) *Enquiries*, p.161.

도' 보존하면서 자연의 본능적 힘에 따라 삶을 영위해야 한다고 보는 것이다. 흄은 완화된 회의주의를 통해 마치 자연주의자가 모든 의심과 반성 일체를 박탈하는 양 취급하는 오해를 불식시킨다. 완화된 회의주의자는 지성의 탐구 자체에 대한 포기가 아니라 "지성의 탐구를 매우 협소한 범위 안에 한정하고, 일상적인 삶과 관행의 한계 내에 있지 않은 모든 사변들을 포기함"[50]으로써, 피론주의자가 가져오는 삶의 교란에 더 이상 휩쓸리려 하지 않을 뿐이다. 다시 말해서, 자연주의와의 연계 선상에 놓여 있는 완화된 회의주의의 요점은 현실적인 삶 자체의 파괴를 유발하는 피론주의의 의심의 무차별적이며 극단적인 사용과 적용을 제한함으로써 좀 더 온건하고 균형 잡힌 삶을 누리는 데에 놓여 있다. 그래서 완화된 회의주의자가 공격하는 대상은 더 이상 근본 신념들에 대한 철학적 근거지음이 아니라, 단지 미신과 마음의 허세와 나태에 한정된다.[51] 완화된 회의주의자가 품고 있는 의심은 피론주의자의 절망으로 인도하는 것이 아니라, 자연적 본능에 기대어 인간 지성의 무분별한 사용과 과도한 적용을 경계할 뿐이다.

흄의 완화된 회의주의는 피론주의와 자연주의의 한계에 대한 숙고를 통해 그것들의 양극성을 탈피한 듯이 보인다. 완화된 회의주의자로서의 흄은 이론적 영역에서 피론주의를 반박하려는 노력은 헛수고에 지나지 않을 것임을 강하게 확신하고 있다. 그리고 이런 점에서 흄은 부정할 수 없는 직접적인 사실을 들어 고대 피론주의의 논변의 무효성을 입증할 수 있다고 자부하는 상식적인 입장과 구별된다. 가령 무어(George E. Moore, 1873-1958)는 외적 사물의 존재의 문제와 관련해서 "나는 지금 두 개의 손이 있다는 것을 증명할 수 있다. 어떻게? 나의 두 손을 들어올리기만 하면 된다."[52]라고 답변한다. 무어는 이런 소박한 무수한 예들을 통해 고대 피론주의의 논변들을 극복할

---

50) *Enquiries*, p.41.
51) 흄이 완화된 회의주의에 의해 열광주의와 미신에 가하는 비판과 건강한 신앙의 형성에 관해서는 김용환, 「Hume의 철학에서의 독단주의와 회의주의」, 『철학』 제50호(한국철학회, 1997), pp.65-92 참조.
52) George E. Moore, *Philosophical Papers*(London/G. Allen & Unwin/New York: Humanities Press, 1959), pp.145-6 참조.

수 있다고 생각하는 것처럼 보인다. 그러나 이런 상식적인 견해는 피론주의에 대한 적절한 이론적 응답일 수 없다. 왜냐하면 피론주의는 일상적인 대상의 지식에 대한 확실성의 근거를 묻고 있기 때문이다. 실천 영역에서의 경험을 제시함으로써 피론주의의 이론적 문제들을 해결하였다고 자부하는 것은 이론과 실천의 문제를 혼동하고 있는 것이다. 이런 소박한 입장은 피론주의에 대한 이해의 수준에서 근대의 회의주의에도 미치지 못하는 것이다. 최소한 흄은 이론적 문제와 실천적 문제의 혼동으로부터는 벗어나 있으며, 이것은 흄이 피론주의의 이론적 논변의 위상을 상식학파보다는 심층적으로 이해하고 있다는 것을 보여준다. 흄으로 말할 것 같으면, 인식론적인 정당화의 맥락에서 피론주의로부터의 탈출의 불가능성을 자각하고 있기 때문에 오히려 피론주의가 지배하는 고유한 영역을 허용하고 있는 셈이다. 이런 측면에서 완화된 회의주의자는 이미 항상 극단적인 피론주의자이다. 그런가 하면 완화된 회의주의자는 완화된 형태의 의심을 인정하긴 하지만, 어디까지나 자연이 피론주의자의 자기모순을 치유할 것이라고 여기는 점에서 자연주의자이다. 이런 흄의 완화된 회의주의는 피론주의를 계승하면서도 피론주의를 극복할 수 있는 하나의 그럴듯한 방안으로 평가받아왔다. 완화된 회의주의자로서의 흄은 고대의 피론주의자들처럼 모든 독단주의에 도전하면서도, 고대의 피론주의자들과는 달리 모든 사태에 대해 판단유보를 고집하지 않기 때문이다. 흄은 삶에서 '판단유보'의 중지가 불가피할 때조차 판단유보를 요구하는 어리석음을 피하고 있다. 이런 맥락에서 포프킨은 흄을 저 고대의 피론이 범한 오류를 교정한 '새로운 피론(the new Pyrrho)'53)으로, 그리고 수미일관하게 피론주의를 전개한 '진정한 피론주의자(the true Pyrrhonist)'54)로 그리고 있다. 『인성론』 보급판 서문에서 모스너가 흄의 철학을 단순히 회의주의라거나 불가지론이 아닌 '창조적 회의주의(creative scepticism)'55)로 규정한 까

---

53) Richard H. Popkin, *The High Road to Pyrrhonism*, p.146. p.140 참조. "피론주의의 가장 위대한 변호자, 데이비드 흄"

54) 같은 책, p.130.

55) David Hume, *A Treatise of Human Nature*, ed. by Ernest G. Mossner(Baltimore, Md.: Penguin Book, 1984), p.21.

닭도 포프킨의 그것과 대동소이하다. 흄의 완화된 회의주의는 삶을 전면적으로 파괴하지 않으며 오히려 삶을 건설하도록 북돋우기 때문이다.

피론적 의심을 한편으로 보존하면서 다른 한편으로 폐기하는 전략을 채택함으로써 얼핏 흄은 피론적인 논쟁을 해결하고 '피론주의와의 적절한 관계 설정'에 성공한 것처럼 보인다. 그러나 완화된 회의주의 안에 결합되어 있는 두 요소, 즉 피론주의와 자연주의는 결국은 대치할 수밖에 없는 요소들인 것 같다. 피론주의가 근본 신념들이 전혀 근거가 없다는 것을 보여주는 철학적 반성이라면, 자연주의는 그럼에도 불구하고 맹목적이며 거역할 수 없는 자연의 힘에 의해 근본 신념들에 대한 신뢰의 회복과 관련되기 때문이다. 완화된 회의주의는 철학적 의심과 본능 간의 충돌의 산물이며,[56] 이런 점에서 완화된 회의주의에는 양립 불가능한 두 명의 흄, 즉 피론주의자로서의 흄과 자연주의자로서의 흄이 들어 있는 것이다.[57] 비록 피론주의와 자연주의 사이의 딜레마가 발생할 경우 완화된 회의주의는 믿음을 유지시켜주는 것은 철학이 아니라 자연이라는 점을 보여주고는 있지만, 피론주의와 (반피론주의로서의) 자연주의의 긴장은 완화된 회의주의 내에서 근본적으로 해소되기는 힘든 것으로 보인다.

5. 반피론주의자로서의 흄?

흄의 피론주의에 대한 관계 설정에 있어서 즉시 눈에 띄는 문제점은 피론주의를 자연주의에 의해 극복하려는 데에서 찾을 수 있다. 흄은 피론주의의 논변과 동일한 수준에서 피론주의에 대한 이론적 대응이 불가능하다고 생각하고, 실천적이고 심리학적인 측면에서 피론주의를 반박하고 있을 뿐이다.

---

56) Robert J. Fogelin, "Hume's Scepticism" in *The Cambridge Companion to Hume*, ed. by David F. Norton(Cambridge/New York: Cambridge University Press, 1993), p.113 참조.

57) 완화된 회의주의자로서 흄이 처한 곤경에 관해서는 최희봉, 『흄의 철학』(서울: 자작아카데미, 1996), pp.277-95 참조.

즉 피론주의자들이 제기한 회의적 논변 이론에 대한 순수한 이론적 차원의 대응이 흄에게서는 이루어지지 않고 있다. 아무리 흄이 자신을 피론주의의 한계를 극복한 반피론주의자로서 내세운다 하더라도, 그것이 피론주의의 생명력에 하등 손상을 입힐 수 없는 까닭은 흄이 정면으로 피론주의에 대한 이론적 반박을 제출한 적이 없기 때문이다. 오히려 이런 제출의 무효성을 주장한다는 점에서 흄은 피론주의자이다. 결국 완화된 회의주의에서 드러난 것처럼 흄에게서는 피론주의자와 반피론주의자가 끊임없이 갈등할 수밖에 없는데, 그것은 이론적 대응과 실천적 대응이라는 상이한 차원의 논의가 흄에게서는 분리되지 않은 채 진행되고 있기 때문이다. '피론주의와의 관계 설정'이라는 논의가 좀 더 생산적인 진전을 이루기 위해서 우선 물음은 다음과 같이 정리되어야 할 것처럼 생각된다. ① 흄의 자연주의는 실천적 측면에서 흄의 주장처럼 피론주의에 대한 반박일 수 있는가? ② 흄의 극단적 회의주의는 이론적 측면에서 (흄의 주장처럼) 피론주의일 수 있는가?

물음 ①은 "자연주의자로서의 흄은 과연 반피론주의자인가?"[58]로 환원될 수 있다. 흄은 자연의 힘에 의해 자신이 반피론주의자가 되었다고 자처한다. 비록 이론적으로 피론주의를 논박하기가 힘들다는 점을 인정하기는 하지만, 그렇다고 삶의 현실마저 피론주의의 의심에 의해 식민지화되지는 않는다는 점을 흄은 강조한다. 왜냐하면 '인생의 대소사'는 피론적인 의심을 마냥 허용하지 않으며, 또한 자연(본성)이라는 충직한 안내자가 삶을 인도하고 있기 때문이다. "회의주의의 극단적인 원리들은 강단이라는 바람막이를 떠나자마자 … 우리의 본성이라고 하는 좀 더 강력한 원리들의 반대에 부딪혀서 연기처럼 소멸한다."[59] 흄이 이렇게 피론주의를 '연기처럼 소멸하게' 만들 수 있는 효과적인 방안으로 자연을 제시하고 있다는 사실은 거꾸로 흄이 이해하고 있는 피론주의자들이란 삶에서 전혀 자연을 고려하지 않는 사람들임을 나타낸

---

58) 실천적인 측면에서 흄의 자연주의와 피론주의와의 관계에 관한 간략한 고찰로는 황설중, 「피론주의에 대한 몇몇 철학적 대응들과 그것들에 대한 정당성의 물음」, 『철학연구』 제57집(철학연구회, 2002), pp.91-6 참조.

59) David Hume, *Enquiries*, p.159.

다. 흄에 의하면, 삶에서 어떤 판단 기준도 받아들이지 않겠다는 미결정성의 단호함이야말로 피론주의자들을 특징짓는 요소이며, 이런 의심의 단호함 때문에 그들은 삶 자체를 영위할 수 없게 된다. 그러나 그들은 삶의 영위 불가능성을 역설하면서도 살고 있다. 피론주의 이론의 존립 불가능성은 현실적으로 부정할 수 없는 피론주의자의 생존 자체에 의해 입증되는 꼴이다.

그렇다면 저 고대의 피론주의자들은 흄이 단정한 대로 실천적인 영역에서까지 판단유보의 삶의 양식을 권장하고 있는가? 사정은 정반대이다. 흄이 볼 때는 놀랍겠지만, 고대 피론주의자들은 삶을 영위할 수밖에 없는 불가피성을 인정하고 있을 뿐만 아니라 삶을 안내하는 하나의 기준으로서 흄이 말한 그대로의 자연을 채택하고 있기 때문이다. 섹스투스 엠피리쿠스의 다음 구절은 마치 흄이 써놓은 것처럼 보일 정도이다.

> 따라서 우리는 현상들에 주목하면서 일상적인 삶의 규칙들에 의거하여 어떤 독단적 믿음도 견지하지 않은 채 살아간다. 왜냐하면 우리가 전혀 행동하지 않은 채로 있을 수는 없기 때문이다. 이런 일상적인 삶의 규준은 다음의 네 가지 부분으로 구성되는 것처럼 보인다. 그중 하나가 자연의 인도이고, 다른 하나는 파토스의 필연적 요구이며, 또 다른 하나는 법률과 관습의 전통이고, 마지막은 여러 전문기술의 교육이다. 자연의 인도에 의해 우리는 본성적으로 감각하고 사유할 수 있게 된다.[60]

피론주의자들은 흄이 염려한 것과는 대조적으로 이론적 의심을 삶의 실천적 의심으로 전이시키기는커녕, 삶의 영역에까지 그런 의심을 그대로 관철시키려는 태도가 얼마나 비현실적인가를 잘 알고 있다. 더군다나 살아가려면, 기준 일반에 대한 이론적 해답이란 존재하지 않기 때문에 자연이나 감정, 관습에 의존해야 한다고 말하고 있는 점에서도 흄의 자연주의와 일치한다. 요컨대 흄의 반피론주의야말로 피론주의의 실천적 태도인 것이다. 따라서 피론

---

60) Sextus Empiricus, *PH* 1.23–4. 그 밖에 1.227 참조.

주의자란 자기모순을 경험할 수밖에 없으리라는 흄의 단정은 역사적으로 실존했던 피론주의자에 대한 철저한 무지나 오해로부터 비롯된 것으로 보인다. 흄이 상정한 피론주의자란 존재하지 않는다. 그렇기 때문에 흄이 피론주의 앞에서 겪을 수밖에 없었다고 고백한 저 절망은 허구의 유령 앞에서의 가위눌림일 뿐이다. 이 가위눌림을 로크도 당했다.

로크와 흄에게서 볼 수 있는 피론주의에 대한 전형적인 오해는 피론주의의 발생만큼이나 유서가 깊은 듯하다. 피론주의자들은 자신들이 판단유보에 이르는 논변 이론을 구축했다고 해서 그것이 곧 인류의 생존을 더 이상 지속할 수 없게 만들거나 또는 금수와 같은 삶을 권장하는 것으로 받아들여져서는 안 된다는 점을 강조하고 있는데, 이것은 그만큼 이런 오해가 만연해 있었다는 것을 보여주는 반증으로 볼 수 있다. 디오게네스 라에르티오스의 다음 인용문은 피론주의자들이 일상적인 삶을 영위하는 데 있어 어떤 모순적인 상황에도 처하지 않는다는 것을 단적으로 예시해준다.

> 회의주의자란 자신의 아버지를 죽여 먹으라는 명령을 받는다면 그렇게 하는 데 전혀 주저하지 않을 그런 마음가짐으로 살아갈지도 모른다고 독단주의자가 주장할 때, 회의주의자는 다음과 같이 답한다. 회의주의자는 진리 도달의 물음과 관련된 경우에 그의 판단을 유보하면서 살아갈 수 있을 것이지만, 삶의 문제와 돌봐야 할 것들에 있어서는 그렇지 않다.[61]

피론주의자들도 "어떻게 살아야 할 것인가?"에 대해 다른 철학자들처럼 고민했고, 그들의 이론과 수미일관한 실천 기준을 마련하였다. 그 기준은 현상이었고, 흄의 표현을 빌리면, 자연이었다. 그래서 삶의 유지와 관련해서 피론주의자를 일종의 백치나 광인으로 묘사하는 일화들은 피론주의자를 반박하기 위해 날조된 허구들인 것처럼 보인다.[62] 피론주의자들은 자신들의 회

---

61) Diogenes Laertius, *DL* 9.108.
62) 예컨대, 피론이 알렉산더 대왕의 동방원정에 동행한 때는 대략 그의 나이 78세였다고 전해진다. 앞에 있는 벽이나 달려오는 마차의 존재를 의심했다면 피론이 그렇게 장수했을 리 없다. 그래서 헤겔은 이런 일화들이란 순전히 "피론의 철학을 비꼬기 위해 날조된 것에 불과하다는 것을 금방 알 수 있다."(Georg W. F. Hegel, *VGP Ⅱ*, p.365)고 말한다.

의적 이론이 일상적인 삶과 어떤 갈등도 일으키지 않는다고 역설하였다.

피론주의자들이 말하는 판단유보란 사유의 전면적인 중단을 의미하지 않고 독단적인 믿음에 대한 동의의 유보를 뜻할 뿐이다. 피론주의자들은 사태의 본성과 관련해서 제출된 불분명한 주장에 대해서만 참과 거짓의 판단을 보류할 뿐 사물의 현상은 인정한다. 피론주의자들이 삶 자체를 파괴시킨다는 피론주의자들에 대한 전형적인 비판은 피론주의자들이 판단유보를 현상에까지 확대하여 적용할 때만 성립한다. 그렇지만 이런 비판은 "회의주의 학파가 진술하는 바에 전혀 귀를 기울이지 않은 사람들"[63]의 비난에 불과하다. 다음의 몇몇 구절은 "피론주의가 독단주의를 공격할 때 과연 무엇을 조준하고 있는가?"를 보여주는 데에 충분하다고 생각된다.

> 독단적인 철학자들은 회의주의자들이란 삶을 구성하는 모든 것을 거부한다는 점에서 삶 자체를 죽인다고 주장한다. (…) 그렇지만 회의주의자들은 "현상하는 사실이 정말 그렇게 존재한다는 것을 인정하지 않으면서도 우리는 현상하는 사실을 인정한다."고 말한다. 우리는 불타고 있다는 사실을 지각하지만, 불타는 것의 본성에 관해서는 판단을 유보한다. (…) 우리 회의주의자들은 단순히 현상 배후에 알려지지 않은 실체를 용인하는 데 반대할 뿐이다.[64]

> 예를 들어, 꿀은 우리에게 달콤한 것으로 나타난다. (그리고 감관들을 통해 단맛을 지각하기 때문에, 우리는 이것을 시인한다.) 그러나 우리가 초점을 맞추고자 하는 [철학적] 의심은 꿀이 본질상 달콤한가 아닌가 하는 것이다.[65]

> 그러므로 어떤 누구도 존재하는 사물이 이렇게 혹은 저렇게 현상한다는 것에 대해 왈가왈부할 수는 없을 것이다. 논쟁의 초점은 과연 정말로 사물이 현상하는 그

---

63) Sextus Empiricus, *PH* 1.19.
64) Diogenes Laertius, *DL* 9.104-5.
65) Sextus Empiricus, *PH* 1.20.

대로 존재하는가 하는 것이다.[66]

피론주의자들은 감각 인상들이 그들에게 강요하는 느낌에 동의하고 순응한다. 다만 독단주의자들이 이런 현상(what it appears)을 참된 즉자의 진리(what it really is)로 주장할 때에만 그들은 판단유보를 요구하는 것이다. 현실적으로 삶의 유지를 가능하게 하는 자연, 느낌, 본능, 습관 등의 신뢰도에 대한 차이를 도외시할 경우, 즉 소극적으로 자연을 받아들이느냐 아니면 적극적으로 자연을 신뢰하느냐 하는 문제를 일단 제쳐놓을 경우, 이제 흄과 마찬가지로 피론주의자들이 현실적인 삶에서 일체의 판단유보를 고집하기는커녕 오히려 그 제한의 필요성을 언급하고 있는 것이다. 이것은 곧 흄이 제안한 판단유보의 실천적 제한이 피론주의에 대한 대응책이 될 수 없다는 결정적인 증언이다. 흄은 자연주의를 피론적 '의심에 대한 회의적 해결'[67]로 간주하고 있는데, 이런 해결이 피론주의에 대한 진정한 해결책이라면 피론주의자들 자신이 이미 피론주의에 대한 해결책을 내놓은 셈이다. 여기에 피론주의의 이론적 논변으로 시선이 옮겨가야 할 이유가 있다.

6. 피론주의자로서의 흄?

앞에서 물음 ① "흄의 반피론주의는 반피론주의인가?"에 대한 답변이 주어졌다. 그것은 흄의 반피론주의는 정반대로 피론주의라는 것이었다. 흄의 반피론주의, 즉 자연주의는 실천적인 측면에서 피론주의를 반박하려는 시도가 그다지 실효성이 없다는 것을 드러내주었을 뿐이며, 피론주의에 대한 정면적인 반박은 이론적 차원에서 모색되지 않으면 안 된다는 것을 일깨워준다. 그리고 이런 논박이 가능하기 위해서는 무엇보다 피론주의자들이 제출한 논변 형식들의 특성이 간취되지 않으면 안 된다. 이런 점에서 물음의 초점은

---

66) *PH* 1.22.
67) David Hume, *Enquiries*, p.40.

물음 ① "흄의 반피론주의는 반피론주의인가?"로부터 물음 ② "흄의 피론주의는 피론주의인가?"로 이행한다. 흄은 근본 신념들에 대한 인식론적 정당화의 분석을 통해 자신을 극단적인 회의주의자, 즉 피론주의자로 자처하고 있는데, 흄 철학은 과연 저 고대의 피론주의자들의 논변 이론과 일치하거나 적어도 그것을 계승하고 있는가?

이론적 근거지음의 차원에서 사태 자체에 관한 어떤 진리 주장도 정당화될 수 없다는 회의적 결론에 이른다는 점에서 흄과 피론주의자는 공통점을 갖고 있는 것처럼 보인다. 그러나 중요한 관건은 단지 회의적 결론의 도달이 아니라 그런 결론에 이르게 되는 방법이나 과정의 회의성에 있다. 즉 회의적 결론을 도출하는 방식이나 과정에서 독단적인 믿음이 은폐되어 있다면, 비록 그 결론이 아무리 회의적인 특성을 갖고 있다 하더라도 피론주의자들에 의해 가차 없이 공격받을 것이기 때문이다.

흄은 근본 신념들의 정당성을 부정하면서 이것들이 모두 '허구'이고, '거짓'이며, '착오'라고 주장하였다. 그러나 이런 부정적인 주장 자체야말로 고대 피론주의자들이 피하고자 했으며, 또 비판하고자 했던 것이다. 왜냐하면 "…는 거짓이다."라는 회의적 주장 역시 "…는 거짓이다는 참이다."라는 긍정적 진리 주장의 진술로 즉시 전화되고, 이로 인해 그 진술이 갖고 있던 부정성은 말소되고 말기 때문이다. 피론주의자들은 독단주의를 물리치기 위해 부정적인 진리 주장의 형식을 채택할 경우, 그 주장 자체가 자기지시적인 모순을 범하게 되고, 따라서 일종의 부정적 독단주의(negative dogmatism)로 변질되기 마련이라는 것을 민감하게 포착하고 있다.[68] 따라서 진술의 형식으로 인해 독단주의로 퇴락하지 않으려면, 즉자적인 사태의 어떤 진술에 관해서도 그것을 참된 것으로 긍정하지 말아야 하며 거짓된 것으로 부정하지도 말아야 한다. 섹스투스 엠피리쿠스에 의하면, 피론주의자란 "탐구하는 사태가 불분명할 경우, 그것을 긍정하거나 부정하기를 회피하는 회의주의자"[69]이다. 그는 사태가 분명해질 때까지 독단적인 주장들을 중단 없이 의심함으

---

68) 회의적 진술의 자기지시적 모순과 관련해서는 특히 Sextus Empiricus, *PH* 1.226 참조.
69) *PH* 1.192. 이 외에 1.10, 1.201 참조.

로써, 즉 긍정하지도 부정하지도 않는 판단의 유보를 통해서 마음의 평정을 획득하려고 한다.

그렇다면 피론주의자들은 어떻게 긍정하지도 부정하지도 않으면서, 즉 의심을 현재진행형으로 유지하면서 독단적인 철학적 견해들을 비판할 수 있는가? 이런 문제의식 하에 그들이 고안해낸 것이 바로 '등치(isostheneia)'의 방법이다. 등치의 방법이야말로 피론주의의 존립의 가장 중요한 버팀목이라고 할 수 있는데, 이 방법론을 소유하게 됨으로써 비로소 피론주의자들은, 자신들은 부정적 독단주의에 빠지지 않으면서도 온갖 독단주의를 무력화할 수 있는 힘을 갖게 되기 때문이다.

> 회의주의를 구성하는 기본 원칙은, 모든 논의(logos)에는 그것과 동등한 논의가 대립한다는 것이다. 왜냐하면 우리는 이러한 원칙으로 인해서 독단적 믿음에 대한 중단에 도달하게 된다고 생각하기 때문이다.[70]

> 또한 '대립하는 진술들'이라고 말할 때, 우리는 '긍정'과 '부정'의 의미에서가 아니라 단지 '갈등하는 진술들'과 같은 의미에서 이 구절을 사용할 뿐이다. '등치'로써 우리는 그럴듯함과 그럴듯하지 못함과 관련해서 똑같은 등가(等價)를 의미한다. 즉 등치란 갈등하는 진술들 가운데 어떤 것도 다른 진술보다 더 그럴듯하다는 우위를 점하지 못한다는 것을 나타낸다.[71]

피론주의자들은 독단적인 어떤 주장에 대해 동등한 권리를 갖는 독단적인 주장을 대립시킴으로써 앞서 제시된 주장의 독단성을 드러낸다. 등치의 방법은 이렇게 피론주의자들이 어떤 철학적인 전제나 기준들을 독단주의를 비판하기 위한 준거점으로 채택하지 않고서도 자유롭게 독단주의를 공격할 수 있게 해준다. 피론주의자들이 대개의 경우 부정적 진술을 제시하고 있는 것처럼 보이는 까닭은 단순한데, 그것은 독단주의자들이 대개의 경우 긍정적인

---

70) *PH* 1.12.
71) *PH* 1.10.

진술로 자신들의 입장을 개진하고 있기 때문이다. 피론주의자들의 진정한 회의성은 여타의 철학적 입장들을 공격하기 위해 미리 그 공격의 준거점을 자체 내에 마련하지 않는다는 데에 놓여 있다.[72] 독단주의를 파괴할 목적에서라고 하더라도 하여간 어떤 철학적 믿음이나 입장을 고수할 경우, 피론주의자들은 특정한 철학적 지식이 아니라 모든 철학적 지식을 조준하고 있기 때문에, 원리적으로 볼 때 공격의 준거점으로 작용하는 토대나 믿음 자체가 피론주의자의 공격 대상으로 재차 전락할 수밖에 없다. 등치의 방법에 의해 피론주의자들은 어떤 기본적인 전제나 토대에 의존하지 않고서도 모든 독단적 지식을 공격할 수 있다. 그리고 이런 보편적인 적용 가능성이 피론주의를 철학사에서 매번 새롭게 등장하게 하면서 끈질긴 생명력을 유지하게 만든 하나의 요인이다. 회의론의 정점으로 간주되고 있는 아그리파의 다섯 가지 트로펜 역시 특정한 (혹은 잡다한) 내용과 관련되는 것이 아니라 모든 철학적 지식에 적용될 수 있는 논변 형식들로 구성되어 있다. 이런 추상적 형식성의 추출이야말로 적어도 인간 지식의 본성과 범위를 탐구하는 데 있어 어떤 회의적 논의도 피론주의자의 영향권으로부터 벗어나기 힘들다는 것을 시사한다.

여타의 회의주의자와 피론주의자를 구분짓게 하는 결정적인 관건은 "그가 등치의 방법을 구사하는가?"의 유무에 있다. 말하자면 피론주의를 피론주의로서 성립시키는 고유성은 "독단적인 철학적 견해들이 정당하지 않다는 것을 보이기 위해 어떤 기본적인 믿음이나 전제들을 견지하느냐 그렇지 않느냐"에 달려 있는 것이다. 흄은 최소한 등치의 방법을 사용하지 않는다는 점에서 결코 피론주의자가 될 수 없다. 흄이 독단적인 근본 신념들을 부정하고 극단적인 피론주의에 도달한다고 공언할 때, 흄은 의심의 확고한 출발점을 갖고 있다.

우리가 확신하는 유일한 존재들은 지각들이다. 이 지각들은 의식에 의해서 우리

---

72) 등치의 방법이 갖는 미덕에 관해서는 Michael N. Forster, "Hegel on the Superiority of Ancient over Modern Skepticism," in *Skeptizismus und spekulatives Denken in der Philosophie Hegels*, hrsg. von H. F. Fulda und R.-P. Horstmann(Stuttgart: Klett-Cotta, 1996), p.65 참조.

에게 직접적으로 현존하므로 우리의 가장 강력한 동의를 요구하며, 모든 결론들의 제1의 토대이다.[73]

흄의 경우, 모든 독단적인 믿음들을 의심할 수 있게 하는 토대이면서도, 그러나 그것 자체는 더 이상 의심의 대상일 수 없는 지명한 전제로서 용인되는 것이 '우리의 의식에 직접적으로 현존하는 지각들'[74]이다. 직접적이고 구체적인 이 지각들 혹은 인상들이야말로 '의심'이 더 이상 관철될 수 없는 논의의 최후의 혹은 최초의 지점이다. 특정한 사태의 근거들을 추적하는 무한소급의 의심 과정은 바로 이 지점에서 종결된다.[75] 그러나 모든 회의로부터 면제된 논의의 최초의 토대를 흄이 가정함으로 해서 ─ 비록 흄이 부정적 논의들을 전개하고는 있지만 ─ 피론주의자들이 보기에 흄은 독단주의의 전형적인 특징을 그대로 간직하고 있다. 아그리파의 논변 형식에 의하면, 근거를 찾는 무한소급의 논변 형식으로부터 벗어나기 위해 독단주의자들이 행하는 통상적인 수법이 바로 논의의 최초의 출발점으로서의 제1의 전제를 설정하는 것이다. 이때 전제 자체는 근거지어진 것일 수 없는데, 그것이 근거지어진 것이라면 피론주의자는 그 근거가 또 무엇이냐고 물을 수 있고, 따라서 다시 무한소급의 논변 형식에 빠지게 될 것이기 때문이다. 따라서 전제는 근거를 결여한 것이어야 하며, 그러면서도 논의의 자명한 원리로 받아들여져야 한다. 그러나 전제가 근거를 결여하고 있기 때문에, 즉 그것은 임의적으로 설정된 것에 불과하기 때문에 독단성을 자체 내에 지닐 수밖에 없다. 이런 점에서 논의의 출발점으로서 확고한 토대를 설정하는 모든 철학은 피론주의자들이 공격하고자 하는 독단성의 자격 요건을 충족시키고 있는 것이다. 흄은 '지각'을 토대로 온갖 다양한 독단적 믿음들을 공격하고 있지만, '지각'의 확실성을 논의의 전제로 설정하고 있다는 그 사실 자체가 독단적인 것이다.[76] 등치의 방

---

73) David Hume, *Treatise*, p.212.

74) *Treatise*, p.265.

75) David Hume, *Enquiries*, p.46 참조.

76) Michael N. Forster, *Hegel and Skepticism*(Cambridge, Mass.: Harvard University Press, 1989), p.29 참조.

법을 이용하지 않고 무엇인가 확실한 토대에 기대어 의심을 수행하려고 하는 기획은 그 자체 내에 독단성을 품고 있을 수밖에 없고,[77] 이런 독단적인 전제 설정으로 인해 오히려 피론주의의 공격에 취약성을 드러내게 된다. 피론주의자들은 도대체 "무엇에 의해 지각만이 참된 것이라는 주장을 증명할 수 있는가?" 하고 물을 수 있다. 아그리파의 트로펜은 이 물음에 적용하여 간단하게 다음과 같이 재구성될 수 있는데, 그것은 원리적인 수준에서 흄의 철학이 봉착하는 난점을 구체적으로 드러내주는 것으로 나에게는 생각된다.

만일 독단주의자가 "지각만이 확실하게 참된 것이라는 주장은 지각에 의해 증명된다."고 답할 경우, 그렇다면 "이 지각은 다시 무엇에 의해 증명되는가?" 하는 물음을 피할 수 없다. 이런 식의 응답은 무한소급의 논변 형식에 빠져버릴 것이다. 이런 난점을 피하기 위해 독단주의자가 지각의 증명 기준으로 사유를 내세울 경우, 이 "사유는 무엇에 의해 증명되는가?" 하는 문제를 야기한다. "사유가 사유에 의해 증명된다."고 말한다면, 앞의 경우와 마찬가지로 무한소급의 논변 형식에 빠지게 될 것이다. 그래서 독단주의자가 지각의 기준으로 사유를 내세우면서, 다시 이 기준을 증명하기 위해 (바로 이 증명 기준을 요구했던) 앞의 지각에 호소할 경우, 이번에는 순환의 논변 형식에 빠진다. 독단주의자가 무한소급과 순환의 논변 형식에서 벗어나기 위해 마지막으로 채택하는 전략이 바로 독단적인 전제 설정이다. 이것은 기준을 증명 없이 당연한 것으로 받아들일 것을 요구하기 때문에 앞의 난점들로부터 탈출한 듯이 보인다. 그러나 증명을 요구하지 않는 곳에서의 자유로움은 자기 자신의 전제뿐만 아니라 다른 철학자의 (증명을 결여한) 독단적 전제도 허용해야 한다는 관용을 동반한다. 따라서 독단주의자는 자기의 주장을 스스로 제한하면서 절대적으로 참된 것임을 부인하는 결과에 이르지 않을 수 없다. 그리하여 모든 경우에 있어서 (지각을 내세우건 사유를 내세우건) 그런 주장에 대해

---

77) Hans Albert, *Treatise on Critical Reason*, pp.1-38 참조. 알베르트에 의하면, 근대 철학은 이성론이건 경험론이건 자의적으로 무한진행을 중단시키는 오류에 빠지며, 이런 점에서 독단주의로 귀결된다.

판단을 유보하지 않을 수 없다.[78]

　흄이 회의주의자가 될 수 있는 것은 철저하게 직접적인 감각에 주어지는 것만을 고집하기 때문이다. 그러나 흄이 이렇게 지각의 확실성을 전제로 한다는 점에서, 피론주의자의 관점에서 표현한다면, 그는 철저하게 독단주의자의 입장을 취하면서 겉으로만 피론주의자 행세를 하고 있는 셈이다. 흄은 감각, 지각, 인상 등을 토대로 삼아서 보편적인 규정과 법칙을 공격하고 있지만, 피론주의자는 감각이건 사유이건 간에 사태를 판별할 수 있는 기준 자체가 설정될 수 없음을 역설한다.[79] 헤겔은 이런 흄의 회의주의를 빗대어 사물들에 대한 감각의 가변성을 체득하고 있는 "농부들의 철학만도 못하다."[80]고 평가하고 있다. 요컨대 흄의 회의주의가 아무리 극단적인 의심의 외관을 하고 있다 하더라도, 그래서 흄이 자신을 이론적인 측면에서 피론주의자로 자처한다 하더라도, 그것이 사칭(詐稱)에 불과한 까닭은 그가 회의적 전통에 있어 중대한 철학적 의의를 지닌 등치의 방법을 상실한 채 회의적 논의의 전개를 위해 특정한 철학적 믿음을 제1의 전제로 설정하고 있기 때문이다. 그렇게 됨으로써 흄의 피론주의는 본질적으로 등치의 방법으로 무장한 피론주의자들의 회의적 논변 형식들에 노출되어 상처를 입을 수밖에 없는 독단주의로 퇴락하고 만다.[81] 피론주의자들은 독단주의자들을 공격하기 위해 고정된 토대나 특정한 기본 명제에 의존하지 않고 등치의 방법에 의한 논변 형식들을 사용하는데, 궁극적으로 고대의 피론주의가 흄의 피론주의를 포함하여 여타의 회의주의보다 이론적인 우월성을 갖는 이유가 바로 여기에 있다.[82]

---

78) 이런 재구성과 관련해서는 Sextus Empiricus, *PH* 1.170-7 참조.
79) 특히 이 부분과 관련해서는 *PH* 2.20 참조.
80) Georg W. F. Hegel, *VGP Ⅱ*, p.376.
81) Michael N. Forster, "Hegel on the Superiority of Ancient over Modern Skepticism," p.69; Michael N. Forster, *Hegel and Skepticism*, p.32 참조.
82) Georg W. F. Hegel, *Enz Ⅰ*, p.176[81, Zusatz 2] 참조.

7. 완화된 회의주의자로서의 흄?

흄의 회의주의의 총체적인 모습은 그의 완화된 회의주의에서 나타난다. 완화된 회의주의란 극단적인 피론주의자로서의 흄과 자연주의자로서의 흄의 인과적 산물이라고 할 수 있다.[83] 완화된 회의주의자로서의 흄은 저 고대의 피론주의의 한계를 극복하면서도 피론주의를 수미일관하게 전개한 '새로운 피론'으로, 또한 회의주의와 관련된 논의에서 마치 전인미답의 새로운 길을 개척한 '창조적 회의주의자'로 높은 평가를 받았다.

그러나 흄의 완화된 회의주의란 피론주의에 대한 이중의 전도이다. 먼저 실천적 영역에서 흄은 자기 자신을 자연에 의해 피론주의를 반박할 수 있는 반피론주의자로 여기지만, 정작 그는 피론주의자이다. 피론주의자야말로 삶의 영위 불가피성을 자각하고 살아가기 위해서는 자연에 의존할 수밖에 없음을 역설하고 있기 때문이다. 피론주의자를 삶의 기준의 결여로 인해 아무렇게나 살아갈 수 있다고 혹은 그렇게 해야 한다고 권장한 철학자로 규정할 경우, 그것은 철학사의 무지에 기댄 가공의 인물에 지나지 않는다. 그런가 하면 이론적인 영역에서 흄은 자기 자신을 피론주의자로 여기지만, 등치의 방법을 상실하고 순수하게 직접적인 지각을 확실한 전제로 설정함으로써 흄의 피론주의는 외양에 있어서만 독단주의와 적대적으로 대치할 뿐 본질적인 측면에서는 독단주의와 혈연관계를 맺는다. 이런 혈연관계는 흄의 피론주의가 철학적 회의주의의 자격을 획득하기는커녕 저 고대의 피론주의자들이 조준하고자 한 바로 그 목표물, 즉 독단주의라는 것을 뜻한다. 칸트를 겨냥하여 슐체(Gottlob E. Schulze, 1761-1833)는 회의주의를 전개했는데 헤겔은 이 근대의 회의주의자에게 매우 비판적이었다.[84] 다음 인용문은 슐체의 회의주의에 대한 헤겔의 평가이지만, 그것은 흄 피론주의에 대한 사망 선고로도 읽을 수 있다.

---

83) Robert J. Fogelin, "The Tendency of Hume's Scepticism," p.410 참조.
84) 슐체 회의주의에 대한 헤겔의 비판에 대한 상세한 논의로는 황설중, 「슐쩨의 회의주의와 퓌론주의: 근대의 아에네시데무스 대(對) 고대의 아에네시데무스」, 『철학』 제83호(한국철학회, 2005) pp.115-42 참조.

마침내 회의주의는 최근에 독단주의와 함께 침몰하고 만다. 그리하여 이제 회의주의와 독단주의에게서 의식의 사실들은 부인할 수 없는 확실성을 지니며, 진리는 시간성 안에 놓이게 된다. 양극단이 서로 손을 잡았기 때문에, 그것들의 입장에서 보자면, 이 행복한 시대에 위대한 목표가 다시 한 번 성취된 셈이다. 독단주의와 회의주의는 심층적으로 서로 일치하며, 양자는 상대방에게 진짜 형제애에서 우러나온 악수를 건네는 것이다.[85]

흄이 스스로를 반피론주의자라고 내세운 영역에서 기실 그는 피론주의자이고, 반대로 흄이 자신을 피론주의자로 여긴 지점에서 사실상 그는 반피론주의자이다. 말하자면 흄은 사이비 피론주의자이면서 사이비 반피론주의자인 것이다. 피론주의자들이 자신들에 대한 오해를 풀기 위한 목적으로 이중으로 왜곡된 회의론의 도식을 고의적으로 만들어서 그것들에 답변하는 자문자답용 풀이집을 제작하려 했다면, 그 용도에 흄의 완화된 회의주의만큼 좋은 것도 없었을 것이다. 이런 이중의 전도는 흄의 완화된 회의주의에 대한 평가의 전도를 요구한다. 즉 흄은 수미일관하게 피론주의를 오해한 '새로운 피론'이며, 이미 피론주의자들이 낸 길을 뒤따라가면서도 그 길이 오랫동안 파묻혀 있었으므로 스스로 길을 내고 있다고 착각한 '창조적 회의주의자'이다.

물론 흄이 피론주의를 이중으로 전도시켰다고 해서 그것이 완전히 부정적인 의의만을 갖는 것은 아니다. 비록 전도된 형태이긴 하지만 스스로를 피론주의자로 자처하고 그것에 대한 나름대로의 극복책을 제시함으로써, 흄은 피론주의에 대한 섣부른 이론적 대응의 불충분함을 경고하고 '피론주의와의 관계 설정'의 물음을 철학사의 전면에 다시 부각시킨다. 무엇보다 '피론주의와의 관계 설정'에서 흄의 중요한 철학적 공헌은 — 역설적으로 보이겠지만 — "왜 그의 피론주의가 독단주의로 떨어질 수밖에 없는가?"를 각성하게 만든 점에 있다. 헤겔의 표현에 따른다면, 도대체 무엇 때문에 "최근에는 참된 회의주의의 고귀한 본질이 비철학의 일반적인 피난처와 변명으로 뒤바뀌어버리곤"[86] 할까? 그것은 경험에서건 이성에서건 간에 인식론적으로 어떤

---

85) Georg W. F. Hegel, *VSP*, pp.237-8.

86) *VSP*, p.214.

최후의 근거를 확보하려는 발상 자체가 독단적이기 때문이다. 부정할 수 없는 최후의 근거를 확보함으로써 피론주의를 수미일관하게 전개하려고 하건 혹은 피론주의를 돌파하려고 하건 간에 그 목표와는 상관없이, 피론주의자들이 볼 때는 무엇인가 절대적으로 확실한 것의 포착에 대한 주장이야말로 모든 철학적 지식의 정당성을 의심하는 그들의 작업과 종국에는 충돌할 수밖에 없는 것이다. 흄 회의주의가 독단주의로 전락하게 되는 과정은 거꾸로 피론주의의 문제를 문제로서 드러낼 수 있게 해주는 동시에 '피론주의와의 관계 설정'이라는 맥락에서 방향 선회의 기점을 마련해준다. 흄 회의주의의 퇴락을 통해서 칸트와 헤겔은 피론주의의 진정한 이론적 강점이 어디에 있는가를 새삼 깨닫게 된다. 칸트의 변증론과 헤겔의 변증법에서 고대 피론주의자의 등치의 방법이 적극적으로 복원되고 있는데, 이것은 결코 우연이 아니라 흄의 실패를 그들이 목도했기 때문이다.

돌이켜보면 데카르트는 회의주의를 극복하지 못한 자신의 상황을 "나는 지금 마치 갑자기 소용돌이치는 깊은 물속에 빠져 허우적대며, 바닥에 발을 대지도 못하고 또 그렇다고 헤엄쳐서 물 위로 올라갈 수도 없는 난처한 상황"[87]에 비유한 바 있다. 이 난처하고 암울한 상황을 벗어나기 위해 그가 시도한 철학적 기획은 확실하고 흔들릴 수 없는 지식의 토대의 발견이었고, 이것을 발판 삼아 그는 '큰일을 도모할 수 있지 않을까 하는 희망'[88]을 품고 있었다. 그런데 이제 흄에 와서 보니 데카르트가 지니고 있었고 그 이후 근대의 철학자들도 한결같이 가졌던 큰일의 도모에 대한 희망은 절망으로 바뀌었고, 흄은 데카르트가 애초에 빠져 허우적대었던 깊은 물속으로 다시 가라앉아버린 것이다. 『인성론』 제1권의 마지막 절인 「이 책의 결론」에서 흄은 자신이 처한 난감한 상황을 다음과 같이 피력하고 있다. "현재의 주제가 나에게 풍성하게 제공하는 실망스러운 모든 반성과 함께 나는 절망을 삼킬 수밖에 없다."[89] 그런데 이런 하소연은 데카르트가 하였던 것이다. 말하자면 흄이 도달한 결론

---

87) René Descartes, *CSM* II, p.16[VII, 23-4].

88) *CSM* II, p.16[VII, 24].

89) David Hume, *Treatise*, p.269.

은 데카르트 철학의 출발점이었던 것이다. 흄에 의해 피론주의의 극복은 더욱 난망한 것으로 드러났다. 그렇다면 그동안 철학이 했던 일은 무엇이란 말인가! 데카르트가 시도했고 그 이후 데카르트를 좇아 근대 철학자들이 감행했던 피론주의의 극복이란 모두 수포로 돌아갔다는 말이 아닌가! 칸트는 피론주의 극복의 문제에 있어서 이런 지적인 파국의 상태에 놓여 있었다. 데카르트의 불안이 도졌고 이 문제를 해결하지 못하는 한 철학은 안락사에 처해질 것이다.

제12장
칸트와 피론주의

1. 흄과 회의주의 그리고 칸트

칸트가 『순수이성비판』에서 비판철학을 전개하면서 극복하려고 했던 철학적 난제들 중의 하나가 회의주의였다는 것은 새삼스럽게 말할 필요조차 없다. 철학사적인 지평에서 볼 때, 칸트가 자신의 철학적 과제로 상속받은 문제틀은 경험론과 이성론의 중재, 실재론과 관념론의 결합, 그리고 무엇보다 독단주의와 회의주의의 극복이었다.[1] 칸트의 비유에 따르면, 당시의 철학적 상황은 독단주의자와 회의주의자가 형이상학이라는 전장에 나선 전사(戰士)들이지만, 어느 편도 원리적으로 영구적인 승리를 쟁취할 수 없으며 그러면서도 계속 싸움을 해야 하는 일진일퇴의 상황에 직면해 있었다.[2] 회의주의자들은 정착해서 땅을 일구는, 그러나 아직 야만적인 수준에서 탈피하지 못한 독단주의자들을 유린하는 '일종의 유목민들'[3]이어서, 이 두 진영 사이에는 어

---

1) 칸트의 비판철학의 과제를 당시의 시대사조의 역사적 조망에 비추어 정리한 서술에 관해서는 한스 M. 바움가르트너, 『칸트의 순수이성비판 읽기』, 임혁재 · 맹주만 옮김(서울: 철학과현실사, 2004), pp.28-38 참조.
2) Immanuel Kant, *KdrV*, AVIII / BXV 참조.

떤 평화적인 협정도 체결될 수 없는 치열한 '내전'[4]이 벌어지고 있었다.

　독단주의가 지배했던 전통적인 형이상학에서 회의주의자에 의해 이런 내전이 필연적으로 발발할 수밖에 없고, 따라서 철학은 이런 혼란스러운 무정부 상태를 종식시켜야 한다고 칸트를 일깨워준 이는 흄이었다. 『모든 미래의 형이상학 입문』에서 행한 칸트의 고백은 매우 유명한 것이다. "솔직히 고백하지만, 흄의 경고야말로 수년 전에 나를 독단적인 선잠에서 깨워 사변철학 분야에서의 내 연구에 완전히 다른 방향을 부여해주었다."[5] 흄은 (인과 추론, 물리적 대상이나 자아의 현존과 같이) 이제까지 일반적으로 용인되어온 근본 신념들이 인식론적으로 정당화될 수 없다는 것을 보여주었다. 근본 신념들에 대한 애초의 인상이 우리 마음에 존재하지 않기 때문에, 『인성론』의 결론에 의하면 근본 신념들이란 '허구'[6]이고 '착오'[7]이다. 이런 근본 신념들이 철학적으로 정당화될 수 없는 허구라면, 이를 기반으로 삼고 있는 학문적 지식 일반도 보편적 필연성을 결여하고 말 것이다. 의혹을 받지만 그 의혹에 대해 만족할 만한 해명을 하지 못한다면 스캔들에 휘말리는 것은 당연하다. 근본 신념들의 정당성을 증명하지 못하면서 그것들을 단지 믿음에 의거해서 받아들이는 '철학과 보편적인 인간 이성의 스캔들'[8]은 흄에 의해 만천하에 폭로된 것이다.

　흄은 지식의 기원을 철저하게 인상과 관념에서 구한 결과 "모든 지식은 개연성으로 전락한다."[9]는 회의주의로 빠져버렸다. 경험론의 입장을 수미일관하게 견지함으로써 흄이 도달한 지점은 지식의 확고한 토대의 확보가 아니라, 오히려 이런 토대가 매우 허약하고 공중에 떠 있다는 '전면적인 회의주의(total scepticism)'[10]였다. 칸트의 선잠을 깨운 것은 학문에서 확고하고 영원한 토대를 발견할 수 없다면 지적인 혼란과 광기로부터 벗어날 수 없을 것

---

3) *KdrV*, AIX.

4) 같은 곳.

5) Immanuel Kant, *Prolegomena zu einer jeden künftigen Metaphysik*, in AA 4, p.260.

6) David Hume, *Treatise*, p.254.

7) *Treatise*, p.210.

8) Immanuel Kant, *KdrV*, BXL.

9) David Hume, *Treatise*, p.180.

10) *Treatise*, p.183.

이라는, 흄에 의해 다시 도진 '데카르트적 불안'[11]이었던 셈이다.

과연 흄은 일관된 철학적 논의를 통해 스스로 도달한 결과를 인정하지 않을 수 없었으며, 그렇기에 다른 한편으로는 몹시 불안하였고 낙심하였다. 졸지에 회의주의자가 되어버린 그는 "가장 깊은 어둠에 휩싸여 사지(四肢)와 능력의 사용을 완전히 빼앗긴 채 상상할 수 있는 한 가장 가련한 상태에 처해 있다."[12]고 스스로의 처지를 비관하면서 "절망을 삼킬 수밖에 없다."[13]고 토로하고 있다. 흄의 절망은 매우 깊은 것이었는데, 왜냐하면 그 스스로가 공표하고 있듯이 회의주의라는 어둠으로부터 빠져나올 수 있는 길이 이론적으로 원천 봉쇄되었기 때문이다.

잘 알려져 있듯이, 흄이 회의주의를 벗어날 수 있는 희망을 본 것은 체계적 이론의 구축에서가 아니라, 아무리 절망스러워도 우리가 어떻든 이렇게 생활하고 있다는 실천적 삶의 발견에서였다. 우리를 이렇게 살게 하는 것, 어떤 지식 없이도 우리가 사지(四肢)를 믿고 사용할 수 있게 해주는 것, 그것이 흄에게는 자연이었다. "너무나 다행스럽게도 마침 자연 자체가 암운(暗雲)을 걷어주는 목적에 충분하며 … 이 철학적 우울증과 착란에서 나를 치료해준다."[14] 자연의 맹목적이고 강력한 본능은 때로 흄에 의해 습관으로 환치되기도 하였다. "습관은 인간이 삶을 영위하는 데 있어 발생하는 일이나 갖가지 주변 상황 속에서 우리의 생존과 행위의 지침에 필수적인 것이다."[15] 흄에게는 이처럼 자연, 본능, 습관이 회의주의로부터 야기된 '데카르트적 불안'을 잠재우는 궁극적인 치료책으로 여겨졌다.

흄은 자연의 힘으로 유쾌함과 의욕을 되찾았다. 그러나 과연 이것이 회의주의에 대한 만족할 만한 해결책일 수 있을까? 자연이 주는 위안은 철학적 의심에 전면적으로 노출되어 있다. 이런 상황에서 포프킨의 표현을 빌리자면, 흄은 회의의 절망과 자연의 평온 사이를 교대로 왔다 갔다 할 수밖에 없

---

11) 리처드 번스타인, 『객관주의와 상대주의를 넘어서』, p.55.
12) David Hume, *Treatise*, p.269.
13) *Treatise*, p.264.
14) *Treatise*, p.269.
15) David Hume, *Enquiries*, p.55.

는 '정신분열적인 피로니즘'[16]에 빠져 있다고 볼 수밖에 없다. 우리가 사는데 지장이 없다 하여도 이론적인 측면에서 철학은 회의주의에 속수무책으로당할 수밖에 없으며, 그렇기에 스캔들에 영원히 시달릴 운명을 타고났다는것을 오히려 흄이 밝혀주었던 것이다.

그러나 역설적으로 이런 숙명적인 '철학의 스캔들'을 보여준 점에 흄의 위대한 공헌이 있다. 흄이 회의주의로 인해 철학적 우울증을 앓고 있던 18세기중반 프랑스에서 회의주의는 논박되기보다는 기본적으로 무시되었다. 회의주의는 도덕적, 종교적으로 유럽의 지적인 세계를 감염시키는 세균으로 간주되었고, 최선책은 상대하지 않는 것이었다.[17] 반면 영국에서 회의주의에 대한대응은 주로 인간의 상식적 믿음에 기대는 것이었는데, 이것은 이론적인 대응이 아니었음에도 마치 회의주의에 대한 충분한 답변처럼 간주되었다.[18] 이것은 흄이 회의주의를 물리치기 위해 개척했던 그 지점에서 근본적으로는 한 발자국도 앞으로 나아가지 못했음을 말해준다. 회의주의가 거의 사멸해버린 계몽주의 시대에 회의주의가 반드시 초래하고야 말 '철학의 스캔들'을 파악하고 낙심천만의 목소리로 이를 공표한 이는 어디까지나 흄이라고 볼 수 있다.

당대의 어떤 철학자보다 칸트는 흄이 보편적이고 필연적인 지식을 정립할수 있다는 희망을 산산조각 냈다는 것을 알아차렸다. 흄의 불안을—이것은동시에 데카르트의 불안이기도 했는데—칸트는 정확하게 이해했고, 그것은그대로 칸트의 불안이 되었다. 이 불안은 그것을 애써 무시하거나, 이론적인답변의 난해함을 실천적인 실존태로 어물쩍 대체하려는 전략을 통해서는 치료될 수 없을 만큼 아주 근본적인 것이었다. 18세기 중반 이후 계몽시대 흄만이 회의주의의 문제의 심각성과 중대성을 인지했다면, 흄의 물음이 갖는 회의적 도전의 진가(眞價)를 깨달은 유일한 사람은 칸트일 것이다. "회의주의를

---

16) Richard H. Popkin, "Scepticism in the Enlightenment," p.10.

17) 흄이 회의주의를 전개하던 즈음 프랑스 학계의 동향에 관해서는 같은 글, pp.4-12 참조.

18) 흄의 회의주의에 대한 영국 학계의 대응과 관련해서는 Richard H. Popkin, "Scepticism and Anti-scepticism in the Latter Part of the Eighteenth Century," in *Scepticism in the Enlightenment*, ed. by Richard H. Popkin, Ezequiel D. Olaso and Giorgio Tonelli(Dordrecht/Boston/London: Kluwer Academic Publishers, 1997), pp.17-27 참조.

어떻게 극복할 것인가?' 하는 근대 철학에 면면히 내려온 골치 아픈 주제가 이제 다시 칸트에 의해 정면으로 제기되었다. 칸트는 그의 비판철학을 통해 회의주의자인 저 유목민들이 어떻게 해도 습격할 수 없는 이론적인 방어망을 본격적으로 구상하기 시작하였다.

2. 섹스투스 엠피리쿠스와 피론주의 그리고 칸트

칸트는 흄이 자신을 독단적인 선잠에서 깨웠다고 고백한 바 있다. 그러나 칸트를 독단적인 선잠에서 깨운 것이 흄의 경고만은 아니다. 칸트는 1798년 한 지인에게 보낸 서간에서 다음과 같이 적고 있다. "— '세계는 시초를 갖고 있다.' '세계는 시초를 갖고 있지 않다.' … '인간에게는 자유가 있다.' '자유란 없으며 오로지 자연의 필연성만이 있을 뿐이다.'— 와 같은 순수이성의 이율배반이 나를 독단적인 선잠에서 최초로 깨웠고, 얼핏 보기에 이성의 자기 모순이라는 스캔들을 해결하기 위해 나를 이성 자체의 비판으로 몰고 갔던 것이다."[19] 이율배반이란 순수한 이성이 현상들의 총체로서 세계에 관한 지식을 구하려 할 때 이성이 봉착하는 내적인 갈등상태를 말한다. 경험이 도달할 수 없는 데까지 확장된 세계(우주)를 인식하려 할 때, 이성은 아주 기이하게도 동등한 권리를 갖고 상호 대립하는 두 명제와 만나게 된다. 정립과 반정립으로 제시되는 각각의 명제는 "똑같이 명명백백하고 이의(異議)의 여지가 없는 증명에 의해 해명될 수 있기 때문에"[20] 두 명제 가운데 어느 편이 승리를 거두기란 불가능하며, 따라서 승부를 끝까지 보고 싶은 관람자가 있다면 그 관람자는 지쳐 쓰러질 것이다. 만약 이런 이율배반이 '피할 수 없고 종결될 수 없는'[21] 난제라면, 형이상학이 "이성을 통해 감성적인 것의 인식에서 초감성적인 것의 인식에로 전진해가려는 학문"[22]인 한, 형이상학의 싸움터

---

19) Immanuel Kant, *Kant's Briefwechsel*, Bd. III, in *AA* 12, pp.257-8.
20) Immanuel Kant, *Prolegomena zu einer jeden künftigen Metaphysik*, p.340.
21) 같은 책, p.339.
22) Immanuel Kant, *Über die von der Königl. Akademie der Wissenschaften zu Berlin*

에서 벌어지는 내전이 종식될 가망은 전혀 없다. 초경험적인 세계에 대한 우리의 지식은 혼란되고 서로 모순된 주장들로 가득 차서, 우리는 서로 대립하고 있는 이 주장에서 저 주장으로, 혹은 저 주장에서 이 주장으로 끊임없이 옮겨 다녀야 하는 유목민의 신세에 처하게 될 것이다. 순수이성의 가장 주목할 만한 현상인 이 이율배반이 칸트에게 준 충격은 대단한 것이었다. 그것은 칸트를 독단적인 잠에서 최초로 깨운 것이며, 나아가 칸트의 표현에 의하면 "철학을 독단적인 선잠에서 깨우는 것이다."[23]

이율배반은 이성의 논증들이 자유롭게 서로 대립하는 사태이다. 이렇게 동등한 권리를 갖고 서로 대립하는 주장들을 제시함으로써 어떤 주장에도 (그것이 진리라고) 동의하지 못하게 하는 방법을 칸트는 '회의적 방법(die skeptische Methode)'이라고 명명하였다. "[회의적 방법이란 어떤 근거와 동일한 권리를 갖는 반대 근거에도 똑같이 열려 있는 곳에서 동의를 보류하는 것이다.]"[24] 이렇듯 회의적 방법이란 어떤 사태와 관련하여 동등한 권리를 갖고 대립하는 주장들을 제시함으로써 원리적으로 해소할 수 없는 갈등을 초래하고, 그럼으로써 탐구자가 필연적으로 결정을 유보할 수밖에 없게끔 만드는 방법이다. 칸트는 이런 대립의 방법이 다른 탐구 영역에서는 없어도 좋지만 이율배반의 영역에서만큼은 불가결하다고 보면서,[25] "이 회의적 방법야말로 오직 [자신의] 초월 철학에만 본질적으로 고유하다."[26]고 말하고 있다.

---

für das Jahr 1791 ausgesetzte Preisfrage: Welches sind die wirklichen Fortschritte, die die Metaphysik seit Leibnizens und Wolffs Zeiten in Deutschland gemacht hat?, in AA 20, p.260.

23) Immanuel Kant, *Prolegomena zu einer jeden künftigen Metaphysik*, p.338.
24) Immanuel Kant, *Logik Dohna-Wundlacken*, in AA 24.2, p.744. Immanuel *Kant, Kant's handschriftlicher Nachlaß*, Bd. III, in AA 16, p.458 참조. "회의적 방법이란 다음과 같은 것이다. 근거들과 반대 근거들 모두 동등한 힘을 갖게 만드는 것이다."
25) 어떻게 '회의적 방법'이 안티노미의 문제틀을 예리하게 만들어갔는가의 구체적 과정에 관해서는 Yeop Lee, *Dogmatisch-Skeptisch: Eine Voruntersuchung zu Kants Dreiergruppe Dogmatisch, Skeptisch, Kritisch, dargestellt am Leitfaden der begriffs- und entwichklungsgeschichtlichen Methode*(Trier: WVT Wissenschaftler Verlag, 1989), pp.88-92 참조.
26) Immanuel Kant, *KdrV*, A424/B452.

그러나 그 자신도 인정하고 있듯이 칸트가 규정하고 있는 이 회의적 방법이야말로 고대 회의주의자들, 그 가운데서도 특히 피론주의자들이 독단주의자들을 물리치기 위해 구사한 전형적인 수법이었다. 피론주의자들은 독단주의자가 어떤 명제 (p)를 진리로 주장할 경우, 그것과 동등한 권리를 갖고 갈등하는 명제 (q)를 제시함으로써 독단주의자의 주장의 효력을 상실하게 만들었다. 반대로 독단주의자가 명제 (q)를 진리 주장으로 내세우면, 피론주의자는 그것과 대립하는 명제 (p)를 제시하였다. 섹스투스 엠피리쿠스의 다음 진술은 피론주의자의 입장을 극명하게 보여준다. "회의주의를 구성하는 기본원칙은 모든 논의(logos)에는 그것과 동등한 논의가 대립한다는 것이다. 왜냐하면 우리는 이러한 원칙으로 인해서 독단적 믿음에 대한 중단에 도달하게 된다고 생각하기 때문이다."[27] 이런 '등치(isostheneia)'의 방법을 개발함으로써 피론주의자는 자기 철학의 입지점을 고정시키지 않은 채 마음껏 독단주의자를 공격할 수 있었던 것이다. 피론주의자들은 진리를 찾았다고 선언하는 독단주의가 출현하길 학수고대하며, 그것이 등장하는 순간 그것과 대립하는 철학적 견해를 제시하는 기생적인 전략을 구사하였다. 그리고 이렇게 "상충하는 진술들 가운데 어떤 것도 다른 진술보다 더 그럴듯하다는 우위를 점하지 못한다는 것을 나타내는"[28] 등치의 방식을 통해서 피론주의자들은 "탐구되는 대상들의 가치가 동등함으로 인해서 어떤 것을 긍정할 수도 부정할 수도 없게 되는"[29] '판단유보(epoche)'에 이르렀다. 긍정도 하지 않고 부정도 하지 않는 이론적 미결정성의 상태에 이름으로써 피론주의자들은 진리나 거짓으로 인한 흥분이나 열정, 혐오로부터 벗어나 '마음의 평정(ataraxia)'을 획득할 수 있으리라고 희망하였다.

칸트가 말하는 '회의적 방법'은 다름 아니라 피론주의자들의 등치의 방법과 판단유보이다. 칸트도 그것을 잘 알고 있었다. 1770년대에 행해진 강의인 『블롬베르크 논리학』에서 고대 회의주의의 유형을 구분하면서 칸트는 피론

---

27) Sextus Empiricus, *PH* 1.12.
28) *PH* 1.10.
29) *PH* 1.196.

주의자들에 대해 다음과 같이 서술하였다. "아카데미학파와는 대조적으로 피론적인 즉 회의적인 의심가들은 다음과 같이 말하였다. 우리의 모든 판단에는, 아니 최소한 거의 대부분의 판단에는 다른 판단이 항상 대립하고 맞선다. 이 판단은 앞의 판단에 포함되어 있는 것과는 정반대의 판단을 주장한다. 이것은 비난할 만한 의심이라기보다는 사실상 매우 섬세하며 뛰어난 일종의 관찰로 간주될 만한 것이었다. 누군가 이 관찰을 올바르고 세심하게 이용한다면 그것은 실제로 바람직한 일일 것이다."[30] 이 인용문에서 볼 수 있듯이, 칸트는『순수이성비판』이나『모든 미래의 형이상학 입문』에서 이율배반의 회의적 방법을 언급하기 훨씬 오래전부터 피론주의의 등치의 방법을 숙지하고 있었고, 그로부터 야기될 수 있는 피론주의의 위기를 의식하고 있었다.[31]

흥미로운 점은, 그리고 유의해야 할 점은, 칸트가 회의적 방법을, 그리고 피론주의를 이중적으로 이해하고 사용했다는 것이다. 먼저 칸트는 회의적 방법을, 즉 피론주의자의 등치의 방식과 판단유보를 자신의 비판철학의 생산적인 계기로 자주 언급하였다.『애셔 논리학』의 다음 구절은 칸트의 입장을 분명하게 나타낸다. "우리가 이렇게 진리를 추적할 수 있다는 희망을 품고 어떤 것을 불확실한 것으로 취급하고 그것을 최고의 불확실성으로 가져가는 방식 이외에 다른 것으로 회의적 방법을 이해하지 않는 한, 회의적 방법은 유용하며 합목적적이다. 따라서 이 방법은 본래 판단유보일 뿐이다. 그것은 비판적인 절차에 매우 유용하다."[32] 칸트가 이렇게 회의적 방법을 인정하는 이유는 간단하다. 그것은 어떤 사태와 관련하여 갑론을박을 야기함으로써 성급하게 진위를 결정할 수 없게 하고, 그래서 그 사태를 처음부터 면밀하게 검토하는

---

30) Immanuel Kant, *Logik Blomberg*, in *AA* 24.1, p.209.

31) 흄의 회의주의와 피론주의가 칸트 철학에 미친 영향사를 추적한 포스터에 의하면, 1760년대 중반인 대략 1765년경부터, 구체적으로는 1766년의『형이상학자의 꿈에 비추어본 시령자의 꿈』에서부터 칸트는 피론주의자의 등치의 방법에 의해 전통 형이상학은 희생되고 말 것이라는 입장을 견지하고 있었다. 피론주의에 대한 위기의식은 칸트에게 상당히 오래되었고 지속적이었다. 반면 흄의 회의주의로 인한 불안은 1772년경과 그 직후부터 시작되었으며, 상대적으로 이로 인한 철학의 스캔들의 역사는 짧다. Michael N. Forster, *Kant and Skepticism*(Princeton: Princeton University Press, 2008), pp.13-20 참조.

32) Immaunel Kant, *Logik [Jäsche]*, in *AA* 9, p.84.

길로 우리를 들어서게 하기 때문이다. 좀 더 직접적으로 말한다면, 칸트에게 있어서 회의적 방법이야말로 이성이 자신의 원천과 한계를 검사하도록 강제하는 중요한 동인이기 때문이다.[33] 회의적 방법은 판단유보를 매개로 해서 진리를 참되게 검토해보라고 촉구한다. 그리고 이것이 회의적 방법이 우리에게 주는 커다란 이점이라고 칸트는 보았다. "사태를 더욱더 검사하고 탐구하는 회의적 방법은 매우 많은 이점을 갖고 있다. 회의적 방법은 동의를 보류하는 의심이며, 탐구하는 것이다. [이것은 진리를 구명하는 데 있어 가장 유용한 결과를 갖는 의심이다.]"[34]

'회의적 방법'이 일체의 섣부른 판단을 유보하게 하고 이성의 자기비판을 수행하도록 만든다면, 그리고 그 방법이 바로 피론주의자들의 등치의 방법과 판단유보라면, 피론주의자들에 대하여 칸트가 호의적이리라는 것은 쉽게 짐작할 수 있다. 칸트는 과연 피론을 극찬하고 있다. "회의주의자들은 [이쪽저쪽을 두루 살피는] 세심한 변증론적인 철학자였다. 여타의 사람들 가운데 피론은 위대한 회의주의자였다."[35] 이렇게 보면 칸트와 피론주의자 사이에는 어떤 대치의 요소도 없고, 따라서 칸트가 피론주의에 대하여 방어망을 구축해야 할 필요성도 없어 보인다. 그러나 피론주의에 대한 칸트의 호의적 언급은 이것이 전부이다. 예상과는 달리 칸트는 피론을 추종하여 그의 철학을 정치하게 가다듬은 피론주의자들을 향해 날선 평가를 하고 있다.

피론은 회의주의학파를 처음으로 시작한 사람이었고, 그의 추종자들은 그래서 피론주의자라고 불렸다. 이 학파는 원래 모든 진리를 의심하지 않았으며, 오히려 탐구를 연장하고 결정을 유보하였다. … 이렇게 그들은 모든 것을 결정하기를 원했던 독단주의자들을 신중함의 길로 이끌었다. (…) 그런데 피론주의자라는 이 학파는 창시자로부터 너무나 멀리 떠나버렸다. 그래서 이후에는 피론 자신이 모든 학

---

33) Immanuel Kant, *Prolegomena zu einer jeden künftigen Metaphysik*, p.338 참조.

34) Immanuel Kant, *Logik Dohna-Wundlacken*, pp.745-6. Immanuel Kant, *KdrV*, A507/B535 참조.

35) Immanuel Kant, *Metaphysik L₂*, in *AA* 28.2(1), p.538. Immanuel Kant, *Logik Blomberg*, pp.36, 214 참조.

설의 확실성을 깡그리 부정한 것으로 받아들여지게 되었다. (⋯) 처음에 이 피론주의자[피론]는 자신의 판단을 절제하는 것 이외에 아무것도 하지 않았다. 그런데 나중에 분명 회의주의자들은 모든 것을 불확실하게 만들려고 하였다. 그들은 우리의 모든 인식에는 어떤 확실성도 있을 수 없다는 것을 해명하기 위해 애썼다. 이렇게 해서 [판단을 유보한] 미정적 회의주의와 [판단을 결정한] 독단적 회의주의가 생겨났던 것이다.[36]

칸트가 '회의적 방법'이 매우 유용하다고 간주한 이유가 간단했듯이, 이제 칸트가 피론주의를 독단적 회의주의라고 규정한 이유도 간단하다. 피론을 계승한 피론주의자들이 계속적이고 상세한 탐구를 통해 확실성에 이르지도 않은 채 "우리의 인식의 모든 것은 불확실하며, 따라서 지식은 정초될 수 없다."는 조급한 결정을 내리고 있기 때문이다. 즉 그들은 주장과 대립 주장을 맞서 세우면서 결국 지식을 향한 "모든 탐색이 헛되다."[37]는 극단적인 판단을 내리고 있다는 것이다. 칸트의 눈에 그들은 계속 탐구하고자 하는 회의주의자의 정신을 상실한 것으로 비추어졌다. 그들은 등치의 방법을 사용하여 판단을 유보하기는커녕, 판단유보를 유보하였던 것이다. 이것이 칸트가 고대 회의주의의 역사를 개관하면서 "회의주의가 시작할 때 그것은 사실상 매우 이성적이었지만 오로지 [피론의] 제자들이 그것을 망쳐놓았고 너무나도 나쁜 평판을 초래하였다."[38]고 본 배경이다. 또한 이것이 칸트가 『순수이성비판』에서 이율배반의 현상을 탐구하도록 촉구하는 '회의적 방법'과 모든 인식의 토대를 무너뜨리는 '회의주의'를 굳이 구별하려고 했던 이유이기도 하다.[39]

이제 문제 상황은 분명해진 것 같다. 이율배반과 관련하여 칸트가 거부하고 있는 회의주의란 인식에 대한 찬성 논변과 반대 논변을 두루 고려하면서 정확하고 세심한 검사를 통해 사태의 진리로 안내하는 '참된 회의주의'[40]로

---

36) Immanuel Kant, *Logik Blomberg*, pp.213-4.
37) 같은 책, p.209.
38) 같은 책, p.210.
39) Immanuel Kant, *KdrV*, A424/B451 참조.
40) Immanuel Kant, *Logik Blomberg*, p.210.

서의 피론주의가 아니다. 그것은 끈질긴 결정 유보를 통해 확실성에 도달하려 하지 않고, 갈등하는 논변들을 제시함으로써 '단번에 그리고 갑자기'[41] "모든 것은 불확실하다."라고 결정하는 변질된 독단적 피론주의이다. 그렇지만 이런 피론주의가 위세를 떨치는 것은 어쨌든 원리적으로 언제나 대립하는 논변들을 제출할 수 있는 이율배반이 성립하고, 철저하게 그것 위에 피론주의자들이 자리 잡고 있기 때문이다.[42] 칸트는 흄의 회의주의뿐만 아니라 피론주의가 가져올 철학적 풍파를 정확히 예견하고 있었다. 근대의 흄의 회의주의와 아울러 고대의 피론주의가 갖고 있는 위험을 정면으로 직시한 것이야말로 칸트의 위대한 통찰이라고 할 수 있다. 흄과 피론주의자로 인해 칸트의 불안은 가중되었고, 그래서 칸트는 두 번씩이나 선잠에서 깨어나야 했다.

3. 독단주의와 회의주의 그리고 비판철학

『라이프니츠와 볼프 시대 이래로 독일에서 형이상학이 이룬 실제적 진보는 무엇인가?』에서 칸트는 형이상학에서 과거에 행해졌던 바와 형이상학에서 마땅히 행해져야 하는 바를 주제화하였다. 거기에서 그는 지금껏 형이상학이 걸어왔던 길이란 독단주의와 회의주의였으며, 이제 이 두 단계를 넘어 자신의 비판철학이 형이상학의 마지막 단계가 되어야 한다고 주장하였다. "그러므로 철학이 형이상학 때문에 두루 거쳐야만 했던 세 단계가 있는 것이다. 첫 번째 것은 독단주의의 단계였다. 두 번째 것은 회의주의의 단계였다. 세 번째 것이 순수이성비판이었다."[43] 인간의 이성이 이런 세 단계를 거치면

---

41) 같은 책, p.208.

42) 토넬리에 의하면, 정립과 모순되는 반정립의 방법을 칸트의 사유의 길에 열어준 유일한 근대의 회의주의자는 벨이다. 그런데 근대에서 벨은 고대 피론주의의 재생을 대표한 인물이었다. 칸트가 어떻게 고대 피론주의와 접촉하게 되었는가에 관해서는 Giorgio Tonelli, "Kant and the Ancient Sceptics," in *Scepticism in the Enlightenment*, ed. by Richard H. Popkin, Ezequiel D. Olaso and Giorgio Tonelli(Dordrecht/Boston/London: Kluwer Academic Publishers, 1997), pp.80-3 참조.

43) Immanuel Kant, *Über die von der Königl. Akademie der Wissenschaften zu Berlin*

서 점차 성숙한 장년의 판단력을 갖추게 되는 것처럼 철학도 마찬가지라고 칸트는 여겼다.[44] 그는 독단주의와 회의주의가 철학에서 일정한 의의를 가질 수는 있지만 불안 없이 거처할 수 있는 완전히 확실한 장소를 마련해줄 수는 없다고 보았다. 왜 칸트는 이렇게 철학을 세 단계로 구분하고 마침내 비판 철학으로 나아가야 한다고 생각했을까?

독단주의에 대한 칸트의 다음 규정은 어떤 점에서 그가 독단주의를 넘어서야 할 첫째 단계로 간주했는지를 여실히 보여준다. "독단주의는 우리의 이성 능력에 대한 비판을 필연적인 것으로 여기지 않은 채 인식의 완전한 확실성을 받아들이는 선입견이다."[45] 독단주의자는 "어떻게 (선험적) 인식이 가능한가?"에 대한 탐구는 아예 시작도 하지 않은 채, 인식의 완전한 확실성을 자신하고 있는 꼴이다. 그는 "이성의 능력을 맹목적으로 신뢰"[46]하면서 이성에 의한 진리의 인식을 주장하고, 그럼으로써 착수도 하지 않은 물음이 이미 해결된 듯이 탐구를 종결해버린다. 한마디로 "독단주의란 자기 자신의 능력에 대한 선행적 비판이 없는 순수이성의 독단적인 수행 방식"[47]을 가리킨다. 여기서는 이성의 자기 자신에 대한 어떤 비판적인 의식도 찾아볼 수 없다.

독단주의는 우리 이성의 사용 범위와 한계에 관한 탐구를 전혀 하지 않은 채 진리 주장을 하기 때문에 "왜 그런 주장을 할 수 있는가?"에 대해서 철학적으로 근거지어진 답변을 할 수 없는 상황에 필연적으로 처하게 된다. 독단주의자들의 진리 주장의 궁극적 토대는 사실상 맹목적인 믿음일 뿐이다. 상

für das Jahr 1791 ausgesetzte Preisfrage: Welches sind die wirklichen Fortschritte, die die Metaphysik seit Leibnizens und Wolffs Zeiten in Deutschland gemacht hat?, p.264.

44) Immanuel Kant, KdrV, A761/B 789; Immanuel Kant, Logik [Jäsche], pp.81-4 참조.

45) Immanuel Kant, Logik Dohna-Wundlacken, p.744.

46) Immanuel Kant, Logik [Jäsche], p.84.

47) Immanuel Kant, KdrV, BXXXV. 칸트는 이 대목에서 '독단적'이라는 의미를 이중으로 사용하고 있다. 학문은 확실한 선험적 원리들로부터 엄밀하게 증명하는 방식일 수밖에 없기 때문에 칸트는 독단적인 수행 방식을 학문에서 당연한 것으로 인정하고 있다. 칸트가 철학을 3 단계로 구분하고 비판하고 있는 독단주의는 물론 이런 독단적 수행 방식의 독단주의가 아니다. 그것은 이성이 어떤 방법과 권리를 갖고 학문적 인식에 도달했는지를 살피지 않고 순수이성이 자기 자신의 능력을 무비판적으로 무한하게 신뢰하는 독단주의이다.

대방의 주장이 근거를 결여하고 있을 때, 그것과 동등한 권리를 갖고 있으면서 똑같이 근거를 결여하고 있는 반대 주장을 제시하는 일은 수월한 일이다. 예컨대 고대 피론주의자인 아그리파는 역사적으로 상이하거나 대립하고 있는 많은 철학적 견해들에 의존해서, 그리고 순환의 논변 형식, 무한소급의 논변 형식, 독단적인 전제 설정의 논변 형식에 기대어서 이런 일을 전문적으로 해내었다.[48] 회의주의자는 사방을 두루두루 살피는 변증법적인 시야를 가지고 있어서 독단적인 주장에 대립하는 독단적 주장을 찾거나 구성할 수 있고, 이런 이유로 독단주의자는 회의주의자의 습격에 당할 재간이 없는 것이다. 이것이 칸트가 철학의 발전사에서 독단주의를 회의주의보다 앞 단계에 놓은 결정적 이유로 볼 수 있다. "… 비판 없는 이성의 독단적 사용은 근거 없는 주장들에 이르고, 이에 대해서 사람들은 꼭 마찬가지로 사이비 주장들을 대립시킬 수 있어서 **회의주의**에 다다른다."[49]

그러나 앞에서 살펴본 것처럼, 회의주의는 판단유보를 고수하지 못하고 그만 "형이상학에서 시도된 모든 시도가 전부 실패했다."[50]고 성급하게 선언한다. 그것은 온갖 지식들이 불확실하다는 것을 보임으로써 지식을 정립하려는 모든 노력을 무차별적으로 수포로 돌려버린다. 즉 회의주의는 이성의 모든 가르침을 깨끗이 무로 돌리고 "무지(無知)로 질주하려는 시도"[51]이다. 독단주의가 이성의 자기 자신에 대한 무한한 신뢰였다면, 회의주의는 "이성의 자기 자신에 대한 무한정한 불신"[52]으로 특징지을 수 있다.

그렇지만 "왜 그리고 어떻게 해서 이성은 자기 자신을 무한정하게 불신해

---

48) Sextus Empiricus, *PH* 1.164–77 참조.

49) Immanuel Kant, *KdrV*, B23.

50) Immanuel Kant, *Über die von der Königl. Akademie der Wissenschaften zu Berlin für das Jahr 1791 ausgesetzte Preisfrage: Welches sind die wirklichen Fortschritte, die die Metaphysik seit Leibnizens und Wolffs Zeiten in Deutschland gemacht hat?*, p.263.

51) Immanuel Kant, *Wiener Logik*, in *AA* 24.2, p.884.

52) Immanuel Kant, *Über die von der Königl. Akademie der Wissenschaften zu Berlin für das Jahr 1791 ausgesetzte Preisfrage: Welches sind die wirklichen Fortschritte, die die Metaphysik seit Leibnizens und Wolffs Zeiten in Deutschland gemacht hat?*, p.264.

도 되는가?"에 대한 철학적 근거를 결여하고 있다는 점에서 회의주의자는 그와 맞서 있는 독단주의자와 같은 처지에 놓여 있다. 그는 "모든 확실한 지식은 불가능하다."는 의심의 원칙을 고수하고 있지만, 정작 이 의심의 원칙의 범위와 타당성에 대해서는 의심(비판)하지 않고 있는 것이다. 이런 측면에서 보자면, 이성의 자기 자신의 능력에 대한 비판의 결여라는 독단주의가 가졌던 저 독단성을 회의주의도 그대로 가지고 있는 셈이다. 흄에 대한 칸트의 비판은 이 점을 잘 드러내준다.

> 그런데 다른 점에서는 극히 명철한 이 사람[흄]의 회의적 과오는 무엇보다도 그가 모든 독단주의자들과 공유했던 결함, 즉 그가 지성의 선험적인 종합의 모든 방식들을 체계적으로 개관하지 못했다는 결함에서 생겨났다. … 그러나 그는 일반적인 불신을 불러일으키기는 하면서도 우리에게 불가피한 무지에 대한 명확한 지식은 성취하지 못한다. 그것은 그가 지성을 그것의 전 능력과 관련하여 비판이라는 시험대에 올려놓지 않고, 이 지성의 몇몇 원칙만을 검열하기 때문이다. 또한 지성의 전 능력을 평가해보지 않았음에도 불구하고 그는 지성이 실제로 수행할 수 없는 일을 지성에게서 부인하고, 더 나아가 자신을 선험적으로 확장해가는 모든 능력을 지성에게서 반박하기 때문이다. 그래서 그 역시 회의주의가 언제나 당하는 패배를 당하는 것이다. 곧 그가 제기한 이의는 단지 우연적인 사실에 근거한 것일 뿐, 독단적 주장들의 권리를 필연적으로 빼앗아버릴 수 있는 원리들에 근거한 것이 아니기 때문에 그 자신이 의심을 받게 되고 만 것이다.[53]

어떤 경로를 통해 회의주의에 다다르게 되었든, 칸트가 볼 때 이성의 능력을 비판해보지 않은 채 모든 지식들의 정립 불가능성을 확신하는 회의주의는 독단적 회의주의이다. "모순적으로 보일지라도, 더 이상 비판적이지 않은 가장 엄격한 회의주의자는 정당하게도 독단적 회의주의자라고 불릴 수 있다."[54] 독단적 회의주의는 독단주의와 일대일로 맞서면서 근거를 결여한 채 "모든 것

53) Immanuel Kant, *KdrV*, A767/B795.
54) Immanuel Kant, *Logik Dohna-Wundlacken*, p.745.

은 가상"이라고 무조건 주장하기 때문에 칸트는 그것을 '절대적 회의주의'[55)] 라고도 불렀다. 이성 능력에 대한 비판을 선행하지 않고 절대적인 회의적 결론으로 치달린 점에서 고대 신아카데미학파나 피론주의 그리고 흄의 회의주의는 모두 독단적 회의주의에 속하는 것으로 칸트에게는 여겨졌다. 이렇게 비판 없이 대립된 신념들만을 내세우기 때문에, 독단주의와 (독단적) 회의주의 사이에는 어떤 타협책도 있을 수 없는 일진일퇴의 내전이 벌어졌고, 철학은 스캔들에 휘말렸던 것이다.

여기서 독단주의와 회의주의를 넘어서야 할 필요성이 자연스럽게 등장한다. 그것들은 판단을 유보한 채 진리를 해명하려 하지 않고, 즉 탐구를 수행하지도 않은 채 이미 긍정적이거나 부정적인 진리를 아는 양 행세하고 있다. 그것들은 "알지도 못하는 자가 떠들어대는 자부심에 찬 언어"[56)]일 뿐이다. 칸트가 모든 반론을 독단적, 회의적, 비판적으로 나누면서 행한 진술은 양자의 약점을 분명하게 나타낸다. "그래서 독단적 반론이나 회의적 반론 양자는 대상에 대하여 무엇인가를 긍정적으로 또는 부정적으로 주장하기 위해서 필요한 그만큼 대상에 대한 통찰을 가진 양 사칭(詐稱)할 수밖에 없다."[57)] 독단주의자나 회의주의자는 정직하지 못하다. 그들은 사태에 대해 무지할 뿐만 아니라, 스스로 진리를 안다고 우김으로써 진리에 대한 탐구를 아예 시작하지도 못하게 만드는 훼방꾼들이다.

칸트는 독단주의자와 회의주의자가 방치해두었던 문제를 이제 제기하고자 한다. 칸트에 의하면, 그들처럼 당장에 건물을 세우거나 파괴하려 하기보다는 피론주의자들의 등치의 방법을 원용하여 성급한 결정을 유보하면서 우리가 구비하고 있는 이성 능력에 대한 세심한 연구에 먼저 착수하지 않으면 안 된다. 비판철학의 시도에 대한 칸트의 확고한 신념은 비장하기까지 하다. "형이상학의 운명을 결정지어야 하는 것으로서, 형이상학이 내딛은 마지막

---

55) Immanuel Kant, *Logik [Jäsche]*, p.84.
56) Immanuel Kant, *Logik Blomberg*, p.206.
57) Immanuel Kant, *KdrV*, A389.

세 번째 걸음이 순수이성비판 자체이다."58) 이런 비판 작업을 통해서 우리의 선험적 인식이 어떤 범위에서 타당성과 가치를 지닐 수 있고, 또 어떤 한계를 지니는가가 밝혀질 수 있을 것이다. 또한 피론주의자들이 난공불락의 성채로 여기는 갈등하는 이율배반의 근원적인 원인도 해명될 수 있을 것이다. 이렇게 되면 어떤 점에서 회의주의자들이 월권을 휘둘렀고 휘두를 수 있었는지가 백일하에 드러날 것이다. 당연하게 누리고 있었던 월권의 부당성이 폭로되는 순간 회의주의자들은 힘을 잃고 말 것이다. 내전의 발발 원인이었던 이성의 스캔들을 잠재우기 위해서 칸트는 순수이성의 선험적 인식에 대한 탐구라는, 그 이전에 아무도 가지 않았고 가려고 시도조차 하지 않았던 길로 나아갔다.

4. 흄의 회의주의에 대한 칸트의 대응

『실천이성비판』에서 칸트는 흄의 회의주의와 관련하여 수행된 『순수이성비판』의 작업을 되돌아보면서 다음과 같은 결론을 내린 바 있다. "그래서 나는 그것[원인 개념]의 기원에 관한 경험주의를 제거한 후에, … 이 경험주의로부터 불가피하게 나오는 회의주의를 근절할 수 있었고, 이로써 이론 이성이 통찰한다고 주장하는 모든 것에 대한 총체적인 회의를 근본적으로 근절할 수 있었다."59) 이 서술에서 명백하게 알 수 있듯이, 칸트는 이성 능력에 대한 비판적 작업을 통해 (흄의 회의주의와 고대 피론주의를 포함하여) 회의주의 일반에 대한 방어망을 구축했다고 굳게 믿었다.

그런데 사실상 흄의 회의주의와 피론주의는 회의주의라는 명목 하에 선린 관계를 유지하기 힘든 이론적 속성을 갖고 있다. 피론주의의 핵심은 갈등하는 논변을 제시함으로써 독단적인 주장을 무력화하는 등치의 방법과 이로부

---

58) Immanuel Kant, *Über die von der Königl. Akademie der Wissenschaften zu Berlin für das Jahr 1791 ausgesetzte Preisfrage: Welches sind die wirklichen Fortschritte, die die Metaphysik seit Leibnizens und Wolffs Zeiten in Deutschland gemacht hat?*, pp.263-4.

59) Immanuel Kant, *KrpV*, p.63. 국내 번역은 다음 책을 참조했음. 임마누엘 칸트, 『실천이성비판』, 백종현 옮김(서울: 아카넷, 2002).

터 귀결되는 판단유보에 있다. 그렇지만 무엇보다 흄은 이런 방식을 계승하거나 구사하지 않았다. 흄은 지식의 개연성을 입증하기 위해 인상과 관념이라는 지식의 기원으로부터 출발하였다. 피론주의자의 눈으로 볼 때, 흄은 어떤 확고한 입지점(인상)에 서서 논의를 전개하고 있는 전형적인 독단주의자이다. 흄의 회의주의에서는 기생적인 전략을 구사하는 고대의 피론주의의 전통은 발견될 수 없고, 오히려 흄의 회의주의는 피론주의의 공격 대상으로 전락할 수밖에 없다.[60]

칸트는 서로 용해될 수 없는 양자의 특성을 잘 간파하고 있었지만, 그러면서도 양자를 모두 독단적인 회의주의로 규정하였다. 흄의 회의주의나 피론주의 모두 순수이성의 자기비판을 결여하고 있다는 점에서는 공통적이다. 칸트가 비판철학을 통해 회의주의를 근절할 수 있다고 말할 때, 이것은 비판철학이 양자에 대한 대응을 함축하고 있다는 것을 의미한다. 가이어의 다음과 같은 진단은 정확한 것이다. "『순수이성비판』의 전체가 이중적인 과제를 중심으로 조직되어 있다. 첫째 「초월적 분석론」에서는 제1원리들에 대한 흄의 회의주의를 논박하려 하며, 둘째 「초월적 변증론」에서는 인간 이성의 자연적인 변증법에 의해 발생하는 피론적 회의주의를 해결하려 한다."[61] 회의주의와 관련해서 칸트의 가장 독창적인 면 가운데 하나는 다양하며 상호 대립적이기까지 한 온갖 형태의 회의주의를 비판철학이라고 하는 하나의 체계적인 기획 내에서 다루고, 또 그것들을 솎아내고 있다는 것이다.

흄의 회의주의에 대한 칸트의 대응은 곧 피론주의에 대한 (부분적인) 응답일 수 있다. 피론주의자는 등치의 방법을 동원하여 "모든 지식이 정립될 수 없다."는 것을 보여주고 있다. 만약 "모든 지식은 개연성"이라는 흄의 회의주의를 제거할 수 있는 비판의 길이 있다면, 그것은 동시에 피론주의를 제거하는 길이기도 할 것이다. 그렇지만 흄의 회의주의를 완전히 처치했다고 해서

---

60) 어떻게 흄의 회의주의를 포함하여 근대의 회의주의가 독단주의로 전락해버렸는가에 관해서는 Michael N. Forster, "Hegel on the Superiority of Ancient over Modern Skepticism," pp.65-9 참조.

61) Paul Guyer, *Knowledge, Reason and Taste: Kant's Response to Hume* (Princeton/Oxofrd: Princeton University Press, 2008), p.30.

피론주의까지 완전히 물리친 것은 아니다. 앞에서 본 것처럼 피론주의자는 어떤 지식이 확립된다고 해서 문제가 종결되었다고 인정하지 않는다. 오히려 그것이 피론주의자에게는 물음의 시작일 수 있다. 피론주의자는 해당 지식을 이용하여 갈등하는 논변을 제시할 수 있기 때문이다. 그에게 이 지식은 새로운 무장(武裝)을 위한 도구일 수 있다. 피론주의를 형이상학의 싸움터에서 영구히 격퇴하기 위해서는 흄의 회의주의에 대한 응답을 넘어 또 하나의 전선을 돌파하지 않으면 안 된다. 즉 비판철학은 갈등하는 논변들이 동등한 권리를 갖고 맞서는 기이한 사태의 원인을 조사하고 해명해야 한다. 그래야 학문적으로 정당하게 새로운 의심을 제기할 수 있는 어떤 여지도 남기지 않게 될 것이기 때문이다. 회의주의를 물리치려는 비판철학의 탐구의 특성은 칸트의 다음 진술에서 가감 없이 나타난다. "모든 의심은 단지 대답되는 것에 그쳐서는 안 된다. 왜냐하면 이 경우 그것은 단지 물러났을 뿐이기 때문이다. 어떻게 해서 의심이 생겨날 수 있었는가를 내가 보여야 한다는 점에서 의심은 해결되어야 한다. 이렇게 되지 않으면, 참된 것으로 주장하는 데 있어 장애물은 아직 완전히 제거된 것이 아니며, 새로운 의심을 위한 근거는 여전히 남아 있게 된다."[62]

잘 알려져 있듯이, 회의주의를 무력화하려는 시도와 『순수이성비판』에서 선험성에 대한 발굴 작업은 긴밀하게 연결되어 있다. 선험적인 것이란 "모든 현실적인 지각에 앞서며",[63] "단적으로 모든 경험으로부터 독립하여 생긴"[64] 것이다. 물론 비판철학의 의미에서 '선험적'이라는 개념은 단순히 시간적인 순서를 가리키는 것이 아니다. "그것은 그것에 의해 근거지어진 것의 무시간적 근거를 나타낸다는 식의 논리적인 정초 순서를 가리키는 것이다."[65] 예를 들어 상점에 진열된 붕어빵을 생각해볼 경우 우리는 붕어빵을 먼저 지각한다. 하지만 붕어빵이 먼저 지각된다고 해서 그것을 붕어빵의 기초라고 할 수

---

62) Immanuel Kant, *Wiener Logik*, p.882.
63) Immanuel Kant, *KdrV*, A42/B60.
64) *KdrV*, B3.
65) 알렉산더 V. 폰 키벳, 『순수이성비판의 기초 개념』, 이신철 옮김(서울: 한울아카데미, 1994), p.15.

는 없다. 붕어빵을 붕어빵이게끔 이미 항상 근거짓고 있는 것은 붕어빵을 찍어내는 주조틀이라고 할 수 있다. 칸트가 찾고자 했던 것은 모든 경험으로부터 독립해 있는, 따라서 모든 경험 이전에 무시간적인 불변의 타당성을 갖는 선험적 인식의 조건들이다. 그것은 붕어빵이 주조틀에 의존하고 있듯이, 모든 경험으로부터 독립해 있으면서 모든 경험이 그것에 의존하고 있는 그런 조건들이다. 그렇기 때문에 모든 감각 인상(경험)을 통해서만 인식을 갖는 후험적 인식과는 달리, 선험적 인식은 필연성과 엄밀한 보편성이라는 징표를 갖게 된다.[66]

칸트가 우리의 감성에서 찾아낸 선험적 조건은 공간과 시간이다. 감성은 인식이 직접적으로 대상들과 관계를 맺는 직관 능력으로, 우리가 대상들에 의해 촉발되는 방식으로 감각이나 표상들을 얻는 수용성이다.[67] 이렇듯 어떤 다른 인식 능력이 아니라 감성을 매개로 해서만 대상들은 우리에게 주어질 수 있다. 즉 우리의 감각들과 표상들(질료들)은 감성이 스스로 산출하는 것이 아니라 대상의 촉발에 의해 감성에 주어질 뿐이다. 그런데 이런 질료들을 수동적으로 받아들일 때 감성이 완전히 손을 놓고 있는 것은 아니다. 감성은 의식에 쇄도해 들어오는 잡다한 상(像)들을, 즉 감각들과 표상들을 아무렇게나 뒤섞지 않고 서로 떼어 구별하고 가지런히 병존시킬 뿐만 아니라 그것들을 연속적인 선후 관계에 놓이게 한다. 공간의 병존 기능과 시간의 선후 기능에 의해 저 질료는 일차적으로 정리되고 질서가 잡힌다. 칸트는 감관의 이런 기능을 "감각기능[감관]에 의한 선험적인 잡다의 일람(一覽) 작용"[68]이라 명명하고 있다. 질료를 받아들일 때 감성은 수동적인 능력이지만 동시에 그것은 공간과 시간이라는 선험적 형식 속에서 질서를 부여하는 능동적인 능력이기도 한 것이다. 직관의 모든 내용은 공간과 시간의 선험적인 직관 형식에 의해 일차적으로 정돈된다.

공간과 시간은 사물들 자체의 규정이 아니며 대상의 촉발에 의해 주어지는

---

66) Immanuel Kant, *KdrV*, B3 참조.

67) *KdrV*, A19/B33 참조.

68) *KdrV*, A94.

것도 아니다. 그것들은 "우리 감성의 특수한 조건"[69]이어서 "주관을 벗어나면 그 자체로는 아무것도 아니다."[70] 그렇기 때문에 우리가 우리 감관의 대상들로 받아들인 사물들은 감성을 촉발한 저 대상들 자체가 아니라, 우리 주관의 선험적 형식에 의해 의식 속에 일차적으로 정초된 현상들일 뿐이다. 사물들은 오로지 공간과 시간의 형식 속에서만 파악된 사물(현상)들일 수 있는 것이다. 이렇게 공간과 시간은 감성적 직관의 주관적 조건들을 도외시하면 아무것도 아니라는 '초월적 관념성'[71]을 갖지만, 동시에 그것은 우리 감관에 주어지는 모든 대상들과 관련해서는 객관적인 타당성을 획득할 수 있는 길을 열어준다. 공간과 시간 조건에 종속되지 않는 어떤 대상도 우리에게 주어지지 않으므로, 바꿔 말하면 감성적 질료(내용)들은 공간과 시간의 선험적인 주관 형식들 속에서만 우리의 의식에 출현할 수 있기 때문에 모든 감성적 내용들에 대해 우리는 객관적인 타당성을 획득한다. 이런 점에서 공간과 시간은 '경험적 실재성'[72]을 갖는다. 우리의 인식 능력은 감성적인 것에 제한되지만, 우리에게 경험적으로 현상하는 대상들과 관련해서 객관적인 타당성을 지닌다.

공간과 시간에 의해 일종의 직관적 질서가 잡혔지만 감성적 현상들은 여전히 잡다하며 일목요연한 질서와 통일을 이루고 있지는 못하다. 이런 연관과 종합을 만들어내는 것은 지성이다. 칸트가 우리의 감성에서 찾아낸 선험적 조건이 공간과 시간이라면, 온갖 판단 종류로부터 도출해낸 지성의 선험적 조건은 12범주이다. 바로 이 12범주에 의해서 직관의 잡다에서 무엇인가가 이해될 수 있고, 직관의 대상이 비로소 사유될 수 있다.[73] 공간과 시간의 선험적 직관 형식들이 감각을 촉발한 대상을 현상으로 변형시켰다면, 12범주의 선험적 지성 형식들은 직관의 현상들을 비로소 인식의 대상으로 전환시킨다. 이렇게 보면 대상이 단지 현상으로 주어지는 직관과, 이 직관에 상응하는 대

---

69) *KdrV*, A37/B54.
70) *KdrV*, A35/B51.
71) *KdrV*, A36.
72) *KdrV*, A35.
73) *KdrV*, A80/B106 참조.

상이 사유되는 범주야말로 "하나의 대상에 대한 인식을 가능하게 하는 두 조건"[74]이라고 할 수 있다. 순수한 지성의 범주들은 모든 경험 인식의 기초에 놓여 있다. 즉 "그것들에 의해서만 (사고의 형식면에서) 경험의 대상이 가능하다."[75] 그렇기 때문에 선험적 개념인 범주는 모든 인식에서 객관적인 타당성을 획득하는 것이다.

사정이 이렇다면 우리가 경험하는 세계의 본질적인 형식은 우리 외부에 있는 물자체 X와 대응하는 것이 아니라, 우리의 감성과 지성에 의해 걸러지고 구성된 것이다. 우리가 경험하는 세계는 우리가 부여한 법칙에 의해 성립된 세계이다. 이제 우리가 세계를 더 이상 의심하지 않고 인식할 수 있는 근거는, 우리가 인식하는 대상 세계가 물자체가 아니라 (우리에 의해 불가피하게 그렇게 인식하도록 구성된) 가능한 경험의 대상인 현상이기 때문이다. 다음의 언급은 회의주의에 대한 칸트의 핵심적인 대응을 직설적으로 보여주고 있다.

가능한 경험 일반의 선험적 조건들이 동시에 경험의 대상들을 가능하게 하는 조건들이다. 이제 나는 앞서 열거하였던 범주들이 다름 아니라 가능한 경험에서의 사고의 조건들이고, 또한 공간과 시간이 바로 그 경험을 위한 직관의 조건들을 함유한다고 주장하는 바이다. 그러니까 저것들은 역시 대상들 일반을 현상들로 사고하는 기초 개념들이고, 그러므로 선험적으로 객관적 타당성을 갖는다. 바로 이점이 우리가 원래 알고 싶어 했던 것이다.[76]

경험 대상에 대한 우리의 지식은 회의주의자의 공격에 아무런 상처를 입지 않는다. 그것은 바로 우리가 선험적인 주관적 조건들에 의해 구성해낸 것이기 때문이다. 범주들의 선험성은 곧 현상계에 관한 우리 지식의 엄밀한 보편성과 필연성을 지시한다. 그러므로 적어도 경험 대상과 관련해서 흄은 물론

---

74) *KdrV*, A92/B125.
75) *KdrV*, A93/B126.
76) *KdrV*, A111.

이고 피론주의자도 더 이상 힘을 쓸 수가 없다.

칸트는 "우리는 곧 사물들로부터 우리 자신이 그것들 안에 집어넣은 것만을 선험적으로 인식한다는 사고방식의 변화된 방법"[77]을 통해서 회의주의를 극복하였다. 우리는 우리에게 전적으로 의존하는 경험 대상에 대해서는 객관적으로 타당한 인식을 가질 수 있다. 그러나 다른 한편 우리 자신이 사물들 안에 선험적인 조건을 집어넣기 전의 물자체의 영역에 대해서는 어떤 인식도 얻을 수 없다는 결론에 다다른다. "우리는 우리의 선험적인 능력을 가지고서는 결코 가능한 경험의 한계를 넘어갈 수 없다."[78] 이것이 칸트가 말하는 '모든 현상들의 **초월적 관념론**'[79]이다. 초월적 관념론은 있는 그대로의 사물 자체에 대한 인식을 원리적으로 차단하고 있다. 그러나 동시에 그렇게 함으로써 주관의 선험적 형식에 의해 조건지어진 대상 세계에 대한 보편적이고 필연적인 인식의 길이 열리게 되는 것이다. 이런 맥락에서 "초월적 관념론자는 경험적 실재론자일 수 있고 … 이원론자일 수 있다."[80] 스트라우드는 회의주의에 대한 칸트의 이런 대응을 다음과 같이 요약하고 있다. "관념론과 실재론이 비록 양립할 수 없다 하더라도, 하나가 '초월적으로' 이해되고 다른 하나가 '경험적으로' 이해될 경우 그것들은 전혀 갈등을 일으키지 않는다. 정확히 이것이야말로 어떻게 인간의 지식이 가능한가의 문제에 대한 칸트의 해결이다."[81]

5. 피론주의에 대한 칸트의 대응

칸트에 따르면, 어떤 사물이 우리에 의해 경험적으로 직관되고 순수한 지성 개념들이 이 직관에 적용됨으로써 사물에 대한 필연적이고 보편적인 인식

---

77) *KdrV*, BXVIII.

78) *KdrV*, BXIX.

79) *KdrV*, A369.

80) *KdrV*, A370.

81) Barry Stroud, "Kant and Skepticism," in *The Skeptical Tradition*, ed. by Myles Burnyeat(Berkeley/Los Angeles: University of California Press, 1983), p.420.

이 성립된다. '순수 지성 개념들의 초월적 연역'을 통해서 우리는 우리 개념의 소유와 사용에 대한 정당한 권리를 획득하였다. 이로써 '형이상학자들의 십자가'[82]로 여겨졌던 "어떻게 선험적인 종합 판단은 가능한가?"의 과제는 해결되었다. 동시에 우리 지식의 보편성과 필연성을 의심하는 회의주의자의 집요한 도전에도 완전한 답변이 주어진 듯하다.[83] 그러나 문제가 깔끔하게 종결된 것은 아니다. 여전히 피론주의자들에게는 제시된 주장과 동등한 권리를 갖고 갈등하는 주장을 제출할 수 있는 여지가 남아 있기 때문이다. 피론주의자에게 이런 도전의 기회를 줄 경우, 칸트가 예견하고 있듯이 결국 "이성은 자신을 회의적 절망에 내맡기게 되고",[84] 그리하여 소위 '순수이성의 **안락사**'[85]를 맞이하게 될 것이다.

칸트는 "우리의 모든 인식은 감관에서 시작해서, 거기에서부터 지성으로 나아가고, 이성에서 끝난다."[86]고 말한다. 우리에게 사물은 감성과 지성에 의해 구성되는 현상 이외에는 나타날 수 없기 때문에 사물들 자체가 무엇이든 우리는 "알지 못하고, 알 필요도 없다."[87] 그렇지만 우리는 또한 사물들 자체에 다가가려는 포기할 수 없는 인간 이성의 본성을 지니고 있기도 하다. 왜냐하면 지성이 직관의 잡다에 통일성을 주었듯이, 우리는 이성에 의해 지성의 잡다한 인식들에 통일을 주고자 하기 때문이다. 말하자면 우리의 이성

---

82) Immanuel Kant, *Prolegomena zu einer jeden künftigen Metaphysik*, p.312.
83) Barry Stroud, "Transcendental Arguments," in The *Journal of Philosophy* 65(9)(1968), p.242 참조. 스트라우드는 '초월적 연역'이 회의주의자들에게 완전한 답변을 제공하고 있다고 본다. 이에 대한 이견으로는 Stephen Engstrom, "The Transcendental Deduction and Skepticism," in *Journal of the History of Philosophy* XXXⅡ (1994), pp.375-6 참조. 엥스트롬은 칸트가 '초월적 연역'에 의해 경험주의를 처치함으로써 회의주의를 직접적이 아니라 간접적인 방식으로 제거했다고 주장한다. 그러나 여기서의 관심사는 '초월적 연역'이 회의주의에 대한 직접적인 반박인가 아니면 간접적인 우회로인가가 아니다. 분명한 점은 칸트가 '초월적 연역'을 통해 회의주의자에게 근본적으로 대답하고 있다는 것이다.
84) Immanuel Kant, *KdrV*, A407/B434.
85) 같은 곳.
86) *KdrV*, A298/B355.
87) *KdrV*, A277/B332.

은 지성의 활동을 '하나의 **절대적 전체**'[88]로 통합하여 사유하고자 한다. 총체성에 대한 사유는 조건의 계열들 중의 하나와 관련된 지성에 의해서는 결코 수행될 수 없다. 그렇다 해도 지성은 자신의 참이 완전한 것이 되기 위해서 불가피하게 그리고 자연스럽게 조건들의 절대적인 전체 계열을 요청한다. 이 요청을 이성이 떠맡는다. 이성의 능력은 모든 가능한 경험적 지성의 통일을—최소수의 원리들로 소급시킴으로써—궁극적인 "무조건자에까지 전진시키고"[89] 이런 통일을 체계적으로 만들 수 있다.

순수한 지성 개념들의 객관적 사용이 순전히 가능한 경험에 제한되어 있다면 "순수이성 개념들의 객관적 사용은 항상 **초험적이다.**"[90] 순수이성이 모든 경험 인식을 조건들의 절대적 전체에 의해 규정된 것으로 관찰할 경우, 그것에 합치하는 어떤 대상도 감관에 주어질 수 없기 때문이다. 그래서 순수이성 개념들은 '**초월적 이념들**'[91]이다. 그것들은 모든 경험의 한계를 넘어서며, 결코 경험 안에서는 그것들에 일치하는 어떤 대상도 나타날 수 없다. 이런 의미에서 초월적 이성 개념들은 경험의 대상을 구성하는 인식의 구성적 원리가 아니라 "근본적으로 그리고 부지불식간에 지성에 대해 지성을 확장하고 통일적으로 사용하는 데 규준으로 쓰이는"[92] 규제적 원리의 의의만을 가질 뿐이다.

이제 순수한 이성이 현상의 조건 계열의 절대적 통일을 추구할 때 그것은 어쩔 수 없이 이율배반에 빠진다. 주어진 현상의 조건 계열의 절대적 완결성과 관계하는 초월적 이념은 세계 개념이다. 이율배반이란 세계 개념과 관련하여 서로 동등한 권리를 갖고 맞서는 주장들의 항쟁인 것이다. 대립하는 각각의 주장은 반박 불가능한 증명을 통해 해명될 수 있기 때문에, 모순되는 두 주장이 정당화되는 아주 기이한 사태가 발생한다. 이 주장들의 정당성 여부는 그것들이 무조건적인 전체성에 의존하고 있기 때문에 어떻게 해도 경험의

---

88) *KdrV*, A327/B383.
89) *KdrV*, A323/B380.
90) *KdrV*, A327/B383.
91) 같은 곳.
92) *KdrV*, A329/B385.

시금석에 의해 발견될 수 없다. 그리하여 이성은 자기분열을 맞이하게 된다. 이런 사태 앞에서 피론주의자는 필시 환호성을 올릴 것이다.[93] 독단적인 주장에 대해 동등한 권리를 갖고 상충하는 주장을 내세움으로써 독단적 주장의 독단성을 폭로하는 철학적 기술(技術)이야말로 피론주의자의 전매특허이기 때문이다. 그래서 피론주의자의 의심을 완전히 잠재우기 위해 칸트는 초월적 관념론을 기점으로 하여 이율배반의 발생 원인을 구명하고 이성의 자기모순을 해결하는 데까지 나아가지 않으면 안 되었던 것이다.

칸트에 의하면 이런 이성의 자기모순은 양과 질, 관계, 양태의 범주적 사고에 의해 모두 넷이 발생한다. 그것들은 다음과 같다. "1. 〈정립 : 세계는 시간적으로나 공간적으로 시초(한계)를 갖는다.〉 〈반정립 : 세계는 시간적으로나 공간적으로 무한하다.〉 2. 〈정립 : 세계 내의 모든 것은 단순한 것으로 이루어져 있다.〉 〈반정립 : [세계 내에] 단순한 것은 없고 모든 것은 합성되어 있다.〉 3. 〈정립 : 세계에는 자유에 의한 원인이 있다.〉 〈반정립 : [세계에는] 자유는 없고 모든 것이 자연이다.〉 4. 〈정립 : 세계 원인들의 계열에 있어서 어떤 필연적인 존재가 있다.〉 〈반정립 : 이 계열에서 필연적인 것은 없고 모든 것이 우연적이다.〉"[94]

최초의 두 이율배반은 동종적인 부가나 분할을 다루고 있어서 이것들을 칸트는 수학적 이율배반이라 명명하였다. 이 이율배반들의 경우, 정립과 반정립은 그것들이 상호 모순되기 때문에 즉 두 개의 모순되는 명제 사이에 제삼자는 존재할 수 없기 때문에, 여하튼 둘 중의 하나는 참이어야 할 것이다. 그러나 칸트에 따르면, 수학적 이율배반에서 정립과 반정립 양자는 언제나 모두 거짓이다.

첫째 이율배반의 경우, 시간과 공간 중의 대상을 말할 경우, 우리는 초월적 이념으로서의 현상들의 절대적 전체성인 세계(물자체)를 말하는 것이 아니라, 어디까지나 현상 중의 사물을 말할 수 있을 뿐이다. 시간과 공간 그리고 그 안의 현상은 모두 우리의 주관적인 표상 방식이다. 그런데도 여기에서 그

---

93) Immanuel Kant, *Prolegomena zu einer jeden künftigen Metaphysik*, p.340 참조.
94) 같은 책, p.339.

것들은 경험 불가능한 세계 이념의 술어로서 기능하고 있다. 이 경우 시공의 감성계는 마치 우리의 경험을 떠나서 혹은 경험에 앞서서 실존하는 것으로 생각되고 있다. 그러나 우리의 경험에 앞서서 혹은 우리의 경험이 없어도 "감성계가 자립적으로 실존한다는 것은 그 자체 자기모순적이다."[95] 그리하여 첫째 이율배반은 그것을 긍정적인 정립으로 해결하려고 하든 혹은 부정적인 반정립으로 해결하려고 하든, 다 부질없는 짓이며 "항상 거짓이라는 결론에 다다른다."[96] 결국 첫째 이율배반은 '오해에 기인하고'[97] 있는 것이다. 즉 사람들은 현상에서는 전혀 기대할 수 없는 현상들의 종합의 절대적 완전성을 현상들에서 구하고 있다. 둘 다 거짓인 첫째 이율배반은—둘 다 거짓이기 때문에—사이좋게 공존할 수 있다. 이런 점에서 첫째 이율배반은 이성이 결코 해결할 수 없는 자기모순이 아니라, 거기에는 아예 "이성의 자기 자신과의 진정한 모순이란 없었던 것이다."[98] 이렇게 되면 피론주의자의 절망적인 회의는 오해에 기인하고 있으므로 그 터전을 상실한 셈이다.

둘째 이율배반의 경우도 사정은 마찬가지다. 현상들의 분할은 가능한 경험이 도달하는 데까지만 있다. 그런데 그것이 현상들의 총체인 세계를 설명하고 있다. 그렇다면 경험에서만 실존할 수 있는 한갓된 현상들에 대해서 경험에 앞서서 실존을 부여한다는 뜻이 된다. 이것 역시 자기모순이다. 정립과 반정립은 모두 항상 거짓이다. 왜냐하면 양자 모두 '오해된 과제의 해결'[99]이기 때문이다. 결국 첫째 이율배반이나 둘째 이율배반이나 모두 '사태 자체로서의 현상'[100]이라고 하는 자기모순을 범하고 있는 것이다. 이 두 이율배반과 관련하여 칸트는 예컨대 "사각의 원은 둥글다."와 "사각의 원은 둥글지 않다."와 같이 어떻게 해도 거짓인 대립하는 명제를 가지고 사람들이 다투는 것으로 간주하고 있다.[101]

---

95) 같은 책, p.342.
96) 같은 곳.
97) Immanuel Kant, *KdrV*, A740/B768.
98) 같은 곳.
99) Immanuel Kant, *Prolegomena zu einer jeden künftigen Metaphysik*, p.342.
100) 같은 책, p.343.
101) 같은 책, p.341 참조.

셋째 이율배반과 넷째 이율배반은 그 계열 안에 원인과 결과, 필연적인 것과 우연적인 것과 같은 이종적인 항들이 포함되어 있는 역학적 이율배반이다. 앞의 수학적 이율배반에서는 도저히 조화를 이룰 수 없는 것, 즉 '사태 자체로서의 현상'이라는 자기모순이 하나의 이념 속에서 조화를 이룰 수 있는 것으로 표상되었다면, 역학적 이율배반에서는 서로 조화를 이룰 수 있는 것이 모순적인 것으로 표상된다. 그래서 저 수학적 이율배반에서 동등한 권리를 갖고 강력하게 맞선 두 주장은 항상 거짓이었으나, 역학적 이율배반에서는 대립하는 주장이 다 참일 수 있다.

셋째 이율배반의 경우, 만약 감성계의 대상인 자연필연성이 물자체의 법칙으로 간주된다면, 자유와 자연필연성은 모순이 될 것이다. 그러나 "[정립에서의] 자유가 물자체에만 관계하고 [반정립에서의] 자연필연성이 현상에만 관계한다면, 모순은 발생하지 않는다."[102] 자유란 원인의 인과성 자체가 시작되지 않고서도 "현상들을 **스스로**(자발적으로) 시작하는 능력"[103]이다. 감성계에서의 원인과 결과 간의 모든 결합에 자연필연성이 들어 있다 해도 (그 결과만이 현상으로 인정되는 현상이 아닌) 물자체로서의 원인에는 자유가 인정될 수 있다. 어떤 행위가 경험에서 만나는 현상인 경우 그것은 자연필연성에 의해 지배된다. 그렇지만 그 동일한 행위가 그 행위를 스스로 시작하는 이성적 주체의 실천적 사용 능력과 관련될 경우 그것은 자유이다. 우리가 동일한 사물이나 행위라 하더라도 "어떤 때는 현상으로서 다른 때에는 물자체라고 하는 상이한 관계에서"[104] 보기만 한다면, 자연필연성과 자유는 아무런 모순 없이 부과될 수 있다. 정립과 반정립 양자는 이런 점에서 둘 다 참이며 공존할 수 있다.

셋째 이율배반이 해결되었다면, 넷째 이율배반의 해결은 예견할 수 있다. 세계 안에 세계의 원인으로서 필연적인 존재가 있다면 세계 변화의 계열의 시초가 있다는 것을 뜻하므로, 이 시초의 원인은 감성계에서는 존재할 수 없

---

102) 같은 책, p.343.
103) 같은 책, p.344.
104) 같은 곳.

다. 감성계에서 세계 변화의 계열은 인과성의 법칙에 따라서만 있기 때문이다. 따라서 단지 감성계의 현상에만 타당한 것을, 감성계에서는 존재할 수 없는 필연적인 존재인 물자체에까지 확장할 경우에만 넷째 이율배반은 어떻게 해도 풀릴 수 없는 난제로 등장한다. 이 이율배반은 "현상과 물자체 양자를 하나의 개념에다 뒤섞는 오해에 기인하고 있을 뿐이다."[105] 따라서 그것의 해결은 "**현상 중의 원인과 (물자체라고 생각될 수 있는 한에서의) 현상들의 원인이 구별되기만**"[106] 하면 된다. 상이한 영역에서 두 주장은 참이며, 셋째 이율배반과 마찬가지로 병존할 수 있다.

이율배반이라는 이성의 자기와의 항쟁은 결국 "감성계의 대상들을 사태 자체로 간주하고, 사실상 그것들이 현상인데도 현상이 아닌 것으로 보는 한에서"[107] 성립한다. 그러니까 현상과 물자체를 뒤섞어 오해하는 경우에만, 동등한 권리를 갖고 "어떤 사람은 '예'라고 말하는 데 반해 다른 사람은 '아니요'라고 말하는 모순"[108]의 사건이 생겼던 것이다. 그런데 동등한 권리를 갖고 갈등하도록 논변과 논변을 맞서게 하는 것이야말로 피론주의자의 고유한 철학적 방법이었다. 사람들이 결코 종결될 수 없는 갑론을박의 늪에 빠져들어 참된 지식(진리)의 정립은 불가능하다는 자각에 이르도록 만드는 것이야말로 피론주의자가 기획했던 것이다. 이율배반이 해결될 수 없었다면 철학은 안락사를 면하지 못하고, 피론주의자는 마침내 그들이 뜻한바 마음의 평정을 얻었을 것이다.

하지만 칸트에 의해 마침내 이율배반의 전체가 해결되었다. (칸트는 이율배반이 모두 네 개라고 생각하였다.) 인간 지성의 타당성 범위와 한계를 명백히 설정하여 현상과 물자체를 조심스럽게 구별하기만 하면, 이율배반은 둘 다 거짓이거나 둘 다 참이고, 더 이상 모순되지 않는다. 이율배반이란 한마디로 "매개념 다의의 오류(Sophisma figurae dictionis)라 부르는 변증법적 속

105) 같은 책, p.347.
106) 같은 곳.
107) 같은 곳.
108) Immanuel Kant, *Logik Blomberg*, p.85.

임수"[109]였던 것이다. 이제 이율배반이 기만이라면, 동등한 권리를 갖고 갈등하는 논변들을 제시함으로써 판단유보로 인도했던 피론주의자들의 철학적 연출 역시 '거짓된 가상'[110]으로 드러난다. 그들은 사실상 보통의 이성이 갖는 '아주 자연스러운 착각'[111]에 빠져들었다. 피론주의자가 범한 오류는 "인간이 알고 있고 알 수 있는 것 이상으로 판단하고자 하는 오만함과 학문적인 자부심"[112]에서 비롯된 것이다. 우리 자신의 지성의 제한과 한계를 넘어서서 지식을 주장하거나 부정한다는 점에서 전통적인 형이상학자들이나 피론주의자 모두 부적절한 월권을 행사하고 있는 셈이다. 피론주의자가 무장해제를 당할 수밖에 없는 단적인 근거를 칸트는 다음과 같이 들고 있다.

> **플라톤**은 섬세한 변증가인 **엘레아의 제논**을, 자신의 기술을 과시하기 위해 한 가지 명제를 그럴듯한 논증을 가지고 증명하고는, 바로 뒤이어 그에 못지않은 강력한 다른 논증을 가지고서 다시 그 명제를 뒤집으려 했다면서 악의적인 궤변론자라고 강하게 비난한 바 있다. … 이 점에 관해 그를 비판했던 사람들에게 그는 두 개의 서로 모순되는 명제들을 모조리 부인하려 했는데, 그것은 불합리한 것으로 보였다. 그러나 나는, 당연한 일이지만, 이런 비판이 그에게 부담스러웠을 것으로 보지 않는다. … 만약 두 개의 대립하는 판단들이 허용되지 않는 조건을 전제하고 있다면, 그것들이 서로 항쟁한다 해도 (그렇다 해도 이것은 진정한 모순은 아닌데) 그것들은 모두 다 탈락한다. 왜냐하면 그 아래에서만 이 각각의 명제가 타당할 것인 그 조건이 탈락하기 때문이다.[113]

피론주의자에 대한 칸트의 전략은 피론주의자의 회의적 논변들이 위력을 발휘할 수 있는 효력 조건을 무효화하는 것이다. 세계 개념과 관련하여 피론주의자들이 제시하는 논변들은 진정한 갈등(모순)을 이루지 못하고 있고, 경

---

109) Immanuel Kant, *KdrV*, A499/B528.

110) *KdrV*, A408/B435.

111) *KdrV*, A500/B528.

112) Immanuel Kant, *Logik Blomberg*, p.86.

113) Immanuel Kant, *KdrV*, A502-3/B530-1.

험의 영역 밖에 자리 잡고 있는 것과 관련된다. 칸트의 관념론을 시종일관 지배하고 규정하고 있는 원칙은 "경험 안에서만 진리는 존재한다."[114]는 것이다. 따라서 순수이성에서 획득되는 지식이란 지식으로 포장된 '사이비 지식'[115]일 뿐이다. 전혀 문제가 아닌 것을 문제로 호도하고 진리가 드러나지 못하게 만드는 것이야말로 '철학의 무덤'[116]이다. 피론주의자는 이율배반에 의해 건전한 철학의 안락사를 겨냥했지만, 이율배반에 관한 칸트의 해명은 오히려 피론주의자를 그 자신이 범했던 오류를 깨닫게 하고 마침내 안락사를 맞이하게 하는 것이다.

물론 이런 오류가 밝혀졌다고 해서 피론주의자가 완전히 도태되지는 않을 것이다. 영혼, 세계 전체(우주), 신과 같은 초월적 이념들에 대한 추구는 인간 이성에서 몰아낼 수 없는 본능이어서, 그것들은 끊임없이 사람들을 혼란에 몰아넣는 '자연스럽고 불가피한 환상'[117]이기 때문이다. 그런 만큼 초험적 영역에 대한 지식 주장이 등장할 때마다 그것이 가상일 뿐임을 간파하고 기만당하지 않도록 더욱 주의해야 한다. 사정이 이렇게 되면, 피론주의자가 비록 이율배반을 구사하여 사람들을 혹한다 해도 이미 그는 자신의 기만극이 탄로나지 않을까 노심초사하는 구슬픈 처지로 내몰린 이후이다.

6. 칸트와 섹스투스 엠피리쿠스 그리고 헤겔

칸트는 그의 비판철학을 통해 비록 물자체와 일치하지는 않을지라도 우리의 경험 영역 내에서는 보편적이고 필연적인 지식을 건설할 수 있다고 확신하였다. 우리 지식의 범위와 타당성과 한계를 검토함으로써 비판철학은 온갖 독단주의와 회의주의가 지닌 부당성을 보여주었다. 비판철학의 새로운 길에서 독단주의자와 회의주의자 사이에 형성된 오래된 대립은 사실상 아무것도

---

114) Immanuel Kant, *Prolegomena zu einer jeden künftigen Metaphysik*, p.374.
115) 같은 책, p.383.
116) Immanuel Kant, *Logik Blomberg*, p.86.
117) Immanuel Kant, *KdrV*, A298/B354.

아닌 것이 되었고, 그들 간에 영원히 지속될 것 같던 싸움은 종결되었다. 그들은 어떻게 해서 지식이 정당하게 정초될 수 있는가를 해명하지 못하고, 사이비 지식을 지식으로 오해한 점에서 동류였다. 칸트는 성급한 단정을 피하고 면밀히 우리의 이성을 검토하는, 비판철학에 유용한 '회의적 방법'에 의해 독단주의와 회의주의를 극복하였다고 자신하였다.[118] 초월적 관념론과 이에 기초한 이율배반의 해결로 피론주의의 수명도 다한 듯하다.

그러나 피론주의자들은 칸트의 방어망을 보고도 주눅들 것 같지 않다. 칸트가 피론주의자들이 이율배반을 오해하고 있다고 한 것과 마찬가지로, 그들은 칸트가 자신들을 오해하고 있다고 말할 것이다. 칸트가 피론주의자에게 가한 비판의 요점은 분명하다. 피론 이후의 아이네시데모스, 아그리파, 섹스투스 엠피리쿠스로 대표되는 피론주의자들은 우리의 인식 능력에 대한 비판적인 작업을 선행하지도 않은 채 무절제하게 "의심을 극단까지 수행하였고",[119] 마침내 모든 것이 가상이라고 주장함으로써 "자기 자신과 모순된다."[120]는 것이다. 피론주의자가 자기지시적 모순을 범하고 있음을 칸트는 다음과 같이 서술하고 있다.

처음에 한 피론주의자[피론]는 자신의 판단을 절제하는 것 이외 어떤 것도 하지 않았다. 그렇지만 물론 나중에 회의주의자들은 모든 것을 불확실성에 자리 잡게 하려고 시도하였다. 그들은 우리의 모든 인식에는 어떤 확실성도 결코 있을 수 없다는 것을 해명하려고 애썼다. (…) 이런 종류의 회의주의는 독단주의라고 불릴 수 있다. 왜냐하면 회의주의자 자신들이 독단주의자들이기 때문이다. 그들은 사물들

---

118) 이것은 곧 칸트의 비판철학이 이전에 알려진 독단주의나 회의주의의 유형으로 분류될 수 없음을 뜻한다. 토넬리는 고대 회의주의와 칸트 철학의 연관성을 검토한 후 다음과 같은 결론을 내리고 있다. Giorgio Tonelli, "Kant and the Ancient Sceptics," p.72. "비판은 독단주의로 인도하지 않으면서 독단적이었다. 또한 그것은 회의주의로 인도하지 않으면서 회의적이었다. 최종적으로 비판은 독단주의와 회의주의 사이에 있는 제3의 것이며, 이것은 추론의 두 양식의 이점을 활용하면서 약점은 거부하고 있다."
119) Immanuel Kant, *Logik Blomberg*, p.36.
120) Immanuel Kant, *Logik [Jäsche]*, p.84.

등등을 의심하면서도 모든 사람이 자신들의 증명에 동의하고 그들의 의심을 받아들여야 한다고 요구할 권리가 있다고 믿었다. 이렇게 그들은 자신들과 모순되었다. 그들은 아무런 구별도 하지 않은 채 모든 것이 불확실하다고 말하면서도, 다른 한편으로는 그들의 명제들을 주장하였고 그것들에 오류 불가능한 확실성을 부여하였다.[121]

"어떤 진리도 주장할 수 없다고 주장한다."는 자기파멸적 모순을 범하고 있다는 비판은 사실 칸트에게서만 발견되는 것이 아니라, 이미 고대에서부터 현재에 이르기까지 수천 년 동안 회의주의자들이 무수히 반복해서 들어온 비판이다. 그러나 피론주의자들은 전혀 흔들림이 없는데, 그것은 그들이 자신들의 이론을 구축하면서 피하고자 한 이론적 결함이 바로 자기지시적 모순이었기 때문이다. 얼마나 그들이 이런 비판을 예민하게 자각하고 있었는가는 섹스투스 엠피리쿠스의 『피론주의 개요』가 자기지시적 모순을 범하는 독단적 회의주의자와 피론주의자를 구별하는 것으로 시작되고 있는 것만 보아도 충분히 알 수 있다. "클레이토마코스와 카르네아데스 그리고 다른 아카데미 학파의 철학자들은 진리의 인식 불가능성을 주장했던 반면, [우리] 회의주의자들은 탐구를 계속 진행한다."[122] 피론주의자들은 어떤 대상에 대한 인식 가능성을 열어두면서, 사태가 철학적으로 분명하게 해명될 때까지 끝까지 의심을 중단하지 않는다. 그들은 불분명한 탐구 대상에 대해 확실한 진리를 발견하였다고 여기는 독단주의자를 공격할 뿐이다. 섹스투스 엠피리쿠스는 "어떤 점에서 아카데미학파의 철학자와 피론주의자가 다른가?"를 길게 논의하고 있는데,[123] 여기에서 그는 개연성의 기준을 내세워 "어떤 것도 파악할 수 없다."는 주장을 펴는 신아카데미학파의 철학자들을 부정적인 독단주의자로 혹독하게 비판하고 있다. 피론주의자들은 독단주의자가 어떤 주장을 제시하면 그것과 동등한 권리를 갖고 갈등하는 주장을 제시할 뿐이다. 그러니

---

121) Immanuel Kant, *Logik Blomberg*, pp.214-6. Immanuel Kant, *Logik Dohna-Wundlacken*, p.745; Immanuel Kant, *Wiener Logik*, p.885 참조.
122) Sextus Empiricus, *PH* 1.3.
123) *PH* 1.220-35 참조.

까 피론주의자가 "애당초 P를 공격하는 의도는 −P를 맞세워 그것을 최종 결론으로 확립하자는 것이 아니라 그 둘 중 어느 쪽이 더 옳다고 말할 수 없게끔 되는 상황을 유도하고자 하는 것"[124]이다. 이런 점에서 피론주의란 어떤 고정된 입장을 견지하는 것이 아니라 "어떤 방식으로든 보이는 것[현상]들과 사유되는 것들을 대립시키는 능력"[125]이며, 피론주의자란 바로 그런 능력을 소유한 회의주의자들을 가리킨다. 그들은 단언하지 않는다. 말하자면 그들은 불분명한 어떤 것도 긍정하거나 부정하지 않는다. 비록 그들이 제시하는 주장이 단정적으로 보일지라도 그것은 항상 '아마도', '그럴듯하다', '나와 관련한 한' 혹은 '나에게 보이는 바로는'이라는 (생략된) 단서를 이미 달고 있다.[126]

칸트가 흄의 회의주의와 신아카데미학파의 회의주의자와 피론주의를 무차별적으로 자기반박에 빠진다고 비판할 때, 자기모순에 빠지지 않으면서 회의적 논변 체계를 구축하려고 한 피론주의 철학의 고유성을 충분히 고려하고 있지 않다고 볼 수 있다. 칸트는 피론주의를 다른 회의주의와 강제적으로 뒤섞어놓은 셈이고, 이런 측면에서 피론주의자들에게 칸트의 지적은 마이동풍(馬耳東風)이다. 사실 피론주의의 역사는 피론주의자들이 자신들의 논변 이론을 점차 세련되고 체계적으로 만들어나가는 일련의 과정이었다.[127] 그러나 형식적인 측면에서 자기지시적 모순을 범하고 있지 않다 하더라도, 또 진리에 대해 열린 탐구의 자세를 취하고 있다 해도, 속을 들여다보면 그들은 자신들의 회의적 논변에 의해 어떤 진리 주장이라도 논파할 수 있다는 자신감을 갖고 있었다. 섹스투스 엠피리쿠스의 다음 발언은 그들이 미래에도 여전

---

124) 이태수, 「회의주의적 태도의 일관성: 자기논박 논변에 대한 퓌론회의주의의 대응」, p.20. 이태수는 이 글에서 "모든 것에 대해 아니 그러하다고 하기보다는 그러하다고 말하지도 않으며, 그러기도 하고 아니 그러하다고 하지도 않고 또는 그러지도 않거나 아니 그러하지도 않다고 말하는", 즉 어느 것도 긍정하지 않는 방식을 취하는 '사구 논법(四句論法)'을 구사함으로써 피론주의자들이 이론적 일관성을 유지하고 있음을 밝히고 있다.

125) Sextus Empiricus, *PH* 1.8.

126) *PH* 1.192–9 참조.

127) *PH* vii–xlii; Sextus Empiricus, *Selections from the Major Writings on Scepticism, Man, & God*, pp.3–28 참조.

히 철학에 '데카르트적 불안'을 야기할 수 있음을 일러준다.

예컨대, 어떤 이가 우리가 논박할 수 없는 이론을 제기했을 경우, 우리는 그에게 다음과 같이 응답한다. "당신이 속한 학파의 창시자가 태어나기 전에는, 지금 의심할 바 없이 건전한 당신 학파의 논변도 비록 그것이 실제로 존재했었음에도 불구하고 아직 분명하게 나타나지 않았습니다. 이와 마찬가지로 당신이 지금 제기한 이론과 반대되는 이론이 이미 실제로 실재하지만 아직 우리에게 분명히 드러나지 않았을 가능성도 존재합니다. 따라서 우리는 바로 지금 강력한 것으로 여겨지는 이 논변에 동의해서는 안 됩니다."[128]

피론주의자들은 자신들의 회의적 논변들을 (일시적으로) 해결한 것처럼 보이는 이론을 누군가 제출할 수는 있지만, 그들의 이론은 언제나 다시 기사회생(起死回生)할 수 있다고 믿었다. 그들은 진리 주장을 펴는 어떤 이론이든지 원리적으로 논파할 수 있는 회의적 논변 형식의 체계를 완성했으며, 따라서 어떤 철학자든 상대방의 진리 이론을 논파하려고 시도할 경우 자신들의 이론을 재생하거나 변형하여 적용할 수밖에 없다고 생각하였다.

그렇다면 칸트의 비판철학은 그가 주장한 대로 정말 피론주의를 물리쳤는가? 섹스투스 엠피리쿠스가 과연 예견한 대로 타당한 것처럼 보이는 이 이론에 동의하지 않고 칸트를 향해 '피론주의자의 복수'[129]를 대행하는 철학자가 곧 등장하였다. 칸트는 경험 안에서만 보편적이고 필연적인 지식을 정초하고 물자체에 대한 진리 주장은 지식 밖으로 내몰아버림으로써 피론주의자들의 도발을 잠재웠다. 비판철학의 요점은 피론주의자들이 독단주의자들을 향해 그렇게 뽐냈던 이율배반의 문제가 사실은 해결해야 할 철학적 난제가 아니라 오해에 불과하다는 것이었다. 그러나 헤겔이 볼 때 내용적인 측면에서 이것이야말로 칸트가 피론주의자를 오해한 근원지 가운데 하나였다. 헤겔은 1802년에 발표한 『회의주의와 철학의 관계』와 주로 1830년에 베를린에서 행

---

128) Sextus Empiricus, *PH* 1.33-4. 이 외에 1.169, 1.178도 참조.
129) Michael N. Forster, *Kant and Skepticism*, p.76.

해진 『철학사 강의』에서 피론주의를 집중적으로 검토하였는데, 그에게 칸트의 비판철학의 기획은 피론주의가 갖고 있는 논변의 철저한 회의성을 충분하게 참작하지 못한 것으로 보였다.

아이네시데모스와 아그리파가 고안했다고 알려진 피론주의자들의 회의적 논변 형식들은 결국 "모든 것은 관계적이다."라는 논변 형식으로 귀착된다. 아이네시데모스의 제8트로푸스와 아그리파의 제3트로푸스가 이에 해당한다.[130] '모든 것의 관계(상대)성'은 수많은 구체적인 회의적 논변 형식들을 수렴하는 상위의 논변 형식이라고 볼 수 있다. 이 논변 형식은 "관계항들은 서로 함께 인식된다."[131]는 관계에 대한 반성을 요구한다. 이것을 개념(범주)과 관련하여 표현한다면, 어떤 범주도 그것이 다른 여타의 범주와 맺고 있는 총체적인 관계를 파악하지 않고서는 온전하게 파악할 수 없다는 것을 뜻한다. 예를 들어, '우측'은 '좌측'에 앞서서 독립적으로 이해되거나 사용될 수 없으며, 언제나 '좌측의 우측'이다. 피론주의자들은 모든 개념은 다른 개념들과 필연적으로 관계 맺고 있으며, 이런 관계망 속에서 조망될 때에만 그 개념의 의미가 파악될 수 있다고 보았다. 사실상 피론주의자들이 독단주의자들을 원리적으로 공박할 수 있는 힘의 원천은 개념들의 관계에 대한 사유를 이미 수행하고 있었기 때문이다. 그래서 독단주의자들이 '이것'을 진리로 내세우면, 그것과 필연적으로 관계 맺을 수밖에 없고 그래서 동등한 비중을 갖고 대립하는 타자로서 '저것'을 내세울 수 있었던 것이다.

헤겔은 피론주의자들이 주제화하였던 문제 중의 하나가 바로 이것이라고 여겼다. 즉 피론주의자들은 우리의 사유를 규정하는 가장 근본적인 개념과 판단에까지 관계성이 작동하고 있음을 사유하였다는 것이다. 예컨대 동어반복적인 동일률인 "A는 A이다."조차 그것을 개념적으로 파악하기 위해서는 타자성을 필연적으로 요구한다. A가 −A와 이미 항상 구별되지 않고서는 A는 규정될 수 없다. 마찬가지로 '있다'라는 존재 개념은 '없다'라는 무(無) 개념과 관계 맺지 않고서는 규정될 수 없다. 존재 개념이 자기를 온전히 규정하려면

---

130) Sextus Empiricus, *PH* 1.137, 1.167 참조.
131) *PH* 2.117.

그것은 필연적으로 무로 이행해야 한다. "A는 A이다."라는 가장 단순한 자기 관계조차 "A는 A이면서 동시에 −A일 수 없다."는 타자 관계를 포함한다. 헤겔은 왜 피론주의가 "언제나 철학의 가장 두려운 적으로 간주되고 극복될 수 없는 것"[132]으로 여겨질 수밖에 없는가를 다음과 같이 서술하고 있다.

> 회의주의는 지식 일반을 적대시할 때 하나의 사유를 또 다른 하나의 사유와 대립시키고, 철학적 사유의 '이다'와 싸우기 때문에 자기 자신의 '이다'를 지양하고 따라서 ⋯ 순수한 부정성을 견지하는 방향으로 나아가게 된다.[133]

개념들은 다른 개념들과 구별된 채 독자적으로 존립할 수는 없으며 자기를 규정하기 위해서는 자기와 대립하는 개념들로 이행하는 것을 헤겔은 변증법이라 부르고 있는데, (칸트를 제외하고 근대 철학자들 중 아무도 도달하지 못한) 바로 이런 개념의 변증법적 측면을 피론주의자들이 이미 고대에 선취했던 것으로 헤겔은 생각하였다.[134] 독단주의자들은 대립하는 주장들 중 하나만을 진리 주장으로 내세우고 그것에 대한 근거를 철학적으로 해명하지 못한다. 이에 반해 피론주의자들은 독단주의가 외면했던 대립물을 등장시키고 따라서 이율배반을 언제나 원리적으로 산출할 수 있다.[135] 피론주의자에게 이율배반은 단순히 네 개가 아니라 모든 개념이 다 이율배반이다. 그래서 헤겔은 『철학사 강의』 곳곳에서 피론주의가 근대 철학보다 "더욱 참되고 심오한 본성을 지니며",[136] 피론주의자의, 특히 아그리파의 논변 형식이 "변증법을 포함하고 있고",[137] '최고로 성숙한 변증법적 의식'[138]을 보여주었다고 높게 평가하고 있다.

---

132) Georg W. F. Hegel, *VGP Ⅱ*, p.358.
133) Georg W. F. Hegel, *VSP*, p.248.
134) Georg W. F. Hegel, *Enz Ⅰ*, p.176[81, Zusatz 2] 참조.
135) Georg W. F. Hegel, *VSP*, p.246 참조.
136) Georg W. F. Hegel, *VGP Ⅱ*, p.360.
137) *VGP Ⅱ*, p.386.
138) *VGP Ⅱ*, p.395.

물론 칸트도 우리가 유한한 존재이기는 하지만 무한자에 대한 추구를 포기할 수 없는 우리의 본성에 의해 이율배반에 직면할 수밖에 없다는 것을 인정하였다. 그러나 그는 이런 모순이 '오해'이고, 그때마다 제거되어야 할 '가상'이라고 보았다. 이것은 그가 주관적인 영역과 객관적인 물자체의 영역을 구분하고 인식 가능성을 우리의 경험에 제한한 까닭도 있지만, 다른 한편으로는 모순율을 사유의 기본 전제로 삼고 있었기 때문이기도 하다. 수학적 이율배반의 명제들이 둘 다 거짓임을 해명하면서 칸트는 "자기 자신과 모순되는 개념으로는 **전혀 아무것도** 사유되지 않는다."[139]고 주장하고 있다. 모순율에 대한 칸트의 입장은 다음 구절에서 더욱 분명하게 나타난다. "내가 단지 자기모순에 빠지지만 않는다면 … 나는 원하는 무엇이나 **사고할 수 있다**."[140] 칸트가 이렇게 모순율을 어떤 철학적 검토도 필요로 하지 않는 "**모든 분석적 인식의** 보편적이고 완전히 충분한 원리"[141]로 받아들이고 있기 때문에 비판철학의 과제는 애초에 "어떻게 선험적인 종합 판단은 가능한가?"에 집중될 수밖에 없었고, "어떻게 선험적인 분석적 인식은 가능한가?"의 물음은 정면으로 주제화될 수 없었다.[142] 그러나 이런 가장 기초적이며 무비판적으로 용인되어 왔던 동일률과 모순율이야말로 헤겔이 볼 때 피론주의자들이 의문시하고 싶어 했던 것이다.

헤겔은 칸트가 모순에까지 나아갔으나 모순을 해소하지 못하고 그만 다시 주관적인 영역으로 후퇴한 것을 안타까워하였다.[143] 절대자를 우리의 인식 바깥으로 내몬 칸트의 비판철학을 가리켜 헤겔은 "오류를 두려워한다기보다

---

139) Immanuel Kant, *Prolegomena zu einer jeden künftigen Metaphysik*, p.341. Immanuel Kant, *KdrV*, A291/B348 참조.

140) Immanuel Kant, *KdrV*, BXXIV.

141) *KdrV*, A151/B191.

142) 고전적인 형식논리학과 칸트 철학의 관계에 관해서는 Michael N. Forster, *Kant and Skepticism*, pp.82-91 참조.

143) 칸트의 이율배반에 대한 헤겔의 구체적인 비판에 관해서는 강순전, 「선험적 변증법과 사변적 변증법: 칸트와 헤겔의 Antinomie론을 중심으로」, 『철학연구』, 제58집(철학연구회, 2002), pp.227-57 참조.

제12장 칸트와 피론주의 **475**

는 오히려 진리를 두려워하고 있다."[144]고 비판하거나, "마치 갖가지 장식으로 꾸며져 있긴 하면서도 가장 존귀한 신은 모시지 않고 있는 사원(寺院)"[145]에 비유하고 있다. 피론주의자들이 자신들의 영원한 무기 창고로 여겼던 개념들의 이율배반의 문제는 칸트의 오해에 의해 회피되었을 뿐이다. 그래서 피론주의자들은 칸트의 반박을 전혀 경청하지 않는 것이다. 칸트의 눈에 피론주의자들은 이론적으로 "아무것도 생산하지 못하는 갈등"[146]을 부추기는 거간꾼일 뿐이다. 그렇지만 피론주의자들이 받아들일 만한 해결책은 그들이 제기한 문제의 요지를 제대로 적중했을 때이다. 그들은 철학에 불가피한 지식의 문제를 짚어내고 그것에 대한 답변을 집요하게 요구한다. 문제는 다시 원점으로 돌아갔으며, 이것이 회의주의의 극복이나 지양과 관련하여 헤겔이 그전에 무수히 논의되어왔던 모순의 문제를 재차 그의 사변철학의 중요한 주제로 삼은 하나의 이유이다. 그리고 이렇게 모순을 문제 삼는다는 것은 곧 우리의 사유를 이미 항상 규정하는 개념들의 총체적인 연관을 파악함으로써만 피론주의의 문제가 풀릴 수 있다고 헤겔이 생각한다는 것을 시사하는 것이다.

---

144) Georg W. F. Hegel, *PhdG*, p.70.
145) Georg W. F. Hegel, *WdL* I, p.14. 국내 번역은 다음 책을 참조했음. 게오르크 W. F. 헤겔, 『대논리학(I)』, 임석진 옮김(서울: 지학사, 1991).
146) Immanuel Kant, *Logik Blomberg*, p.86.

제13장
헤겔과 피론주의

1. 피론주의와 칸트 그리고 헤겔

『모든 미래의 형이상학 입문』에서 칸트는 "흄의 경고가 수년 전에 나를 독단적인 선잠에서 깨웠다."[1]고 회고하고 있다. 철저하게 경험론의 입장을 고수함으로써 흄은 보편적이고 필연적인 지식이란 정립될 수 없다는 것을 통렬하게 입증하였다. 흄이 이론적으로 도달한 최종적인 지점은 '전면적인 회의주의(total scepticism)'[2]였다. 그러나 칸트를 독단적인 선잠에서 깨운 것이 흄의 회의적 경고만은 아니라는 것을 우리는 알고 있다. 칸트는 "순수이성의 이율배반이 나를 독단적인 선잠에서 최초로 깨웠다."[3]고 고백하면서, 순수이성의 초험적 사용에서 생긴 "이 이율배반이 철학을 독단적인 선잠에서 깨우는 것"[4]이라고까지 주장하였다. 경험이 도달할 수 없는 데까지 확장된 세계(우주)를 인식하려 할 때, 이성은 아주 기이하게도 동등한 권리를 갖고 상

---

1) Immanuel Kant, *Prolegomena zu einer jeden künftigen Metaphysik*, p.260.
2) David Hume, *Treatise*, p.183.
3) Immanuel Kant, *Kant's Briefwechsel*, Bd. III, pp.257-8.
4) Immanuel Kant, *Prolegomena zu einer jeden künftigen Metaphysik*, p.338.

호 대립하는 두 주장과 불가피하게 만나게 된다. 서로 모순되는 정립과 반정립의 주장은 각각 명백하고 이의의 여지가 없는 증명에 의해 해명될 수 있다. 칸트는 "이렇게 근거들과 반대 근거들 모두 동등한 힘을 갖게 만드는 것을 회의적 방법"[5]이라 명명하였다. 그런데 이율배반의 영역에서 사용된 칸트의 '회의적 방법'이야말로 독단주의자들을 공격하기 위해 고대 피론주의자들이 개발하고 구사한 전형적인 수법이었다. 섹스투스 엠피리쿠스의 '등치'에 대한 진술은 고대 피론주의를 특징짓는 가장 중요한 요소일 것이다. "회의주의를 구성하는 기본 원칙은 모든 로고스에는 그것과 동등한 로고스가 대립한다는 것이다. 왜냐하면 우리는 이러한 원칙으로 인해서 독단적 믿음에 대한 중단에 도달하게 된다고 생각하기 때문이다."[6] 피론주의자들은 동등한 권리를 갖고 상충하는 주장이나 논의를 제시함으로써 사태 자체에 대한 판단을 유보하게 만들었다. 이것이 온갖 독단적 주장의 정당성을 박탈하기 위해 피론주의자들이 항상 꺼내들었던 카드였다. 칸트가 이율배반론에서 이용하였던 것도 이것이었다. 칸트는 자신의 '회의적 방법'이 원래 고대 피론주의자들의 것이라는 점을 일찍부터 숙지하고 있었다.[7]

만약 이성이 이율배반이라는 자가당착(自家撞着)을 해결할 수 없다면 당연히 "이성은 자신을 회의적 절망에 내맡기고자 하는 유혹에 빠지게"[8] 될 것이다. 해결할 수 없는 우주론적 이념의 영역이란 피론주의자들이 영원히 다스릴 수 있는 철학적 왕국이 될 것이다. 이미 1760년대 중반부터 칸트는 피론주의자의 등치의 방법에 의해 전통 형이상학은 붕괴되고 말 것이라는 입장을 취하고 있었다. 흄의 회의주의에 대한 불안보다 피론주의에 대한 칸트의 위

---

5) Immanuel Kant, *Kant's handschriftlicher Nachlaß*, Bd. III, p.458. Immanuel Kant, *Logik Dohna-Wundlacken*, p.744 참조. "[회의적 방법이란 어떤 근거와 동일한 권리를 갖는 반대 근거에도 똑같이 열려져 있는 곳에서 동의를 보류하는 것이다.]"

6) Sextus Empiricus, *PH* 1.12.

7) Immanuel Kant, *Logik Blomberg*, p.209 참조. "아카데미학파와는 대조적으로 피론적인 즉 회의적인 의심가들은 다음과 같이 말하였다. 우리의 모든 판단에는, 아니 최소한 거의 대부분의 판단에는 다른 판단이 항상 대립하고 맞선다. 이 판단은 앞의 판단에 포함되어 있는 것과는 정반대의 판단을 주장한다."

8) Immanuel Kant, *KdrV*, A407/B434.

기의식은 상당히 일찍 형성되었고 또 지속적이었다.[9] 흄의 회의주의에 대한 칸트의 핵심적인 대응은 선험적인 직관 형식(시간과 공간)과 지성 형식(범주)들이 경험세계에 대한 보편적이고 필연적인 인식을 가능하게 만들며, 따라서 경험 대상에 대한 우리의 지식은 객관적 타당성을 획득한다는 것이다. 이런 대응은 칸트의 다음 진술에 응축되어 있다. "가능한 경험 일반의 선험적 조건들이 동시에 경험의 대상들을 가능하게 하는 조건들이다."[10] 다른 한편으로 이율배반에 대한 칸트의 해결은 해결을 모색해야 할 이성의 진정한 모순이란 애당초 없다는 것이다. 알고 보면 이율배반이란 해결 불가능한 이성의 진정한 자기모순이 아니라 '매개념 다의의 오류라 부르는 변증법적 속임수'[11]일 뿐이라는 것이다. 수학적 이율배반에서 정립과 반정립의 주장은 모두 거짓이고, 역학적 이율배반에서 정립과 반정립의 주장은 모두 참이다. 이율배반이라는 이성의 자기와의 항쟁은 "감성계의 대상들을 사태 자체로 간주한"[12] 데서 비롯된 것이다. 현상과 물자체를 세심하게 구별하지 않고 뒤섞어 오해한 경우에만 이율배반은 성립한다. 이율배반에 대한 칸트의 이런 해결책은 곧 피론주의자에 대한 칸트의 답변이라고 볼 수 있다. 피론주의자는 동등한 권리를 갖는 상호 모순적인 주장들을 제시하여 독단주의자들을 공격하지만, 제시된 저 주장들은 진정한 모순관계에 놓여 있지 않다. 사실상 그것들은 수학적 이율배반의 경우 반대 대당과, 역학적 이율배반의 경우 소반대 대당 관계를 형성하고 있을 뿐이다. 이렇게 이율배반의 효력 조건을 무효화함으로써 칸트는 골치 아픈 피론주의자를 물리쳤다고 생각하였다. 물론 지성에 의해 파악된 단편적이고 제약적인 현상들을 통일하여 사유하고자 하는 것은 인간 이성에서 몰아낼 수 없는 불가피한 욕구이다. 그렇기 때문에 피론주의자들은

---

9) Michael N. Forster, *Kant and Skepticism*, pp.13-20 참조. 흄의 회의주의로 인한 칸트의 불안은 1772년경과 그 직후부터 시작되었다. 칸트에서 철학의 스캔들은 피론주의로 인한 것이 훨씬 오래된 것이다.

10) Immanuel Kant, *KdrV*, A111, A158/B197 참조. "경험 일반을 가능하게 하는 조건들은 동시에 그 경험의 대상들을 가능하게 하는 조건들이다."

11) *KdrV*, A499/B528.

12) Immanuel Kant, *Prolegomena zu einer jeden künftigen Metaphysik*, p.347.

언제나 기사회생(起死回生)할 수 있는 것처럼 보인다. 그러나 칸트 이전처럼 피론주의자들은 당당하게 자기의 입장을 공표할 수는 없다. 피론주의자들이란 보통의 이성이 갖는 '자연스러운 착각'[13]에 기대어 '사이비 지식'[14]을 설파하고 있다는 것이 칸트에 의해 발각되었기 때문이다. 칸트는 피론주의자들이 더 이상 변증법적인 속임수를 부릴 수 없도록—물론 그들은 계속해서 지적인 기만을 시도하겠지만—그 정체를 들추어내었다고 믿었다. 우리의 경험을 벗어난 영역에서의 진리 주장이란 불가능하다는 것이 칸트 초월 철학의 한 귀결이다.

칸트의 초월 철학에서 순수이성의 이율배반이 성립했던 이유는 감성적인 직관에 주어지지 않는 우주론적 이념을 인식하기 위해서 우리가 구비하고 있는 것은 오로지 감성적 직관에만 적용될 수 있는 지성의 범주들이었기 때문이다. 이념을 인식할 수 있는 어떤 능력도 갖추고 있지 못하면서도 그것을 알 수 있다고 내세우는 학문적인 오만함 때문에 이성의 자기모순이라는 사태가 초래되었던 것이다. 지성의 규정(범주)들을 통해 이성적인 것에 접근할 경우 필연적으로 모순이 발생할 수밖에 없다는 점을 드러내주었다는 점에서—칸트에게서 이율배반은 단지 네 개이고, 그리고 그것마저 거짓된 가상이긴 하지만—헤겔에게 칸트의 이율배반론은 칸트의 비판철학 내에서 뿐만 아니라 "근대 철학에서 가장 중대하고 가장 심오한 진보"[15]를 성취한 것으로 여겨졌다. 칸트의 이율배반에 대한 헤겔의 이런 높은 평가는 곧바로 피론주의자들의 논변들이 함축하고 있는 철학적 의의를 헤겔이 인정하고 있음을 말해준다. 헤겔은 『철학적 학문들의 백과사전』에서 논리적인 것을 지성과 변증법 그리고 사변의 세 단계로 구분하는 가운데 칸트의 이율배반과 고대 피론주의를 변증법에 함께 귀속시키고 있다.[16] 헤겔에 의하면 흄과 슐체가 전개한 근대의 회의주의는 고대의 피론주의에 비하면 열등한 것이고 "역사의 과정을

13) Immanuel Kant, *KdrV*, A500/B528.

14) Immanuel Kant, *Prolegomena zu einer jeden künftigen Metaphysik*, p.383.

15) Georg W. F. Hegel, *Enz Ⅰ*, p.126[48].

16) *Enz Ⅰ*, pp.173-6[81, Zusatz1-2] 참조.

거치면서 회의적 전통이 독단주의로 점차 퇴락한 것"[17)]에 지나지 않는다. 이런 견해는 청년 헤겔 시대부터 변하지 않고 끝까지 유지되었다. 『철학사 강의』에서 헤겔은 다음과 같이 단정짓고 있다. "고대 회의주의[피론주의]는 근대 회의주의와 구별되어야 하며 우리는 단지 고대 회의주의만을 문제 삼아야 한다. 고대 회의주의는 더욱 참되고 심오한 본성을 지닌다."[18)]

그러나 어떤 근대 철학도 도달하지 못한 심오한 경지에 이르렀다고 칸트의 이율배반을 헤겔이 높이 사고 있다고 해서 이율배반에 대한 칸트의 해결까지 그렇게 보고 있는 것은 아니다. 매우 그럴듯한 문제 제기에 비해 형편없는 해결책을 보고 헤겔이 느낀 실망감은 다음 문장에 고스란히 들어 있다. "[이율배반이라는] 이 관점은 심오하나 그만큼 그것들에 대한 해결은 사소하다. 그것은 세계 사물로 나아가지 못하는 유약함에서만 성립할 뿐이다."[19)] 만약 헤겔의 주장대로 이율배반에 대한 칸트의 해결책이 보잘것없다면, 즉 모순이 진정으로 해결되지 않았다면 이것은 칸트가 피론주의자들의 회의적 도전을 물리치지 못했다는 것을 가리키는 것이다. 피론주의자들이 이율배반을 제기한 것이 학문적인 야바위로 칸트에게 보였다면, 모순적 사태에 직면하여 칸트가 제공한 해결책은 이제 피론주의자들에게 똑같은 속임수로 보일 것이다.

---

17) Michael N. Forster, "Hegel on the Superiority of Ancient over Modern Skepticism," p.69. 고대 피론주의자들은 상대방을 공격하기 위해 자신들의 어떤 이론적 거점도 마련하지 않았으며, 그래서 특정한 지식들이 아니라 모든 믿음을 의문시할 수 있었다. 고대 피론주의의 이런 철저함과 진지함이 근대와 현대의 회의주의보다 우월하다는 점은 여러 학자들에 의해 주장된 바 있다. R. J. Hankinson, *The Sceptics*, p.23 참조. "고대 피론주의자는 그렇게 비겁하지 않았다. … 더군다나 그의 회의주의는 단순히 지식을 공격하는 데 그치지 않는다. 오히려 그는 급소를 찌르면서 믿음 자체를 근절하려 한다."; Annas, Julia & Jonathan Barnes, *The Modes of Scepticism: Ancient Texts and Modern Interpretations*, pp.7-8 참조. "고대 회의주의와 근대 회의주의 사이에는 또 다른 그리고 좀 더 흥미 있는 차이가 있다. 그리스인들은 회의주의를 진지하게 취급한 데 반해 근대인들은 그렇지 못했다. (…) 고대 회의주의자들은 지식을 공격하지 않았다. 그들은 믿음을 공격하였다."; Alan Bailey, *Sextus Empiricus and Pyrrhonian Scepticism*(Cambridge: Cambridge University Press, 2002), p.viii 참조. "많은 중요한 측면에서 일반적으로 오늘날 만연하고 있는 견해들보다 섹스투스의 입장이 훨씬 통찰력을 갖췄다는 것이 나의 주장이다."

18) Georg W. F. Hegel, *VGP Ⅱ*, p.360.

19) Georg W. F. Hegel, *Enz Ⅰ*, p.126[48].

그리고 이 속임수가 발각되는 순간, 칸트 철학은 피론주의자들의 논변 앞에서 안락사를 당할 것이고 또 실제로 발각되었다고 헤겔은 생각하였다. 헤겔이 『철학사 강의』에서 칸트 철학을 독단주의로 규정하고 있다는 점이 이를 방증해준다. "칸트 철학은 객관적인 독단주의로서 지성의 형이상학을 끝장내었지만 사실상 이 형이상학을 단지 주관적인 독단주의로 변형시켰을 뿐이다. … 그래서 이 철학은 즉자대자적으로 참된 것이 무엇인가를 묻는 물음을 포기하였던 것이다."[20] 이런 사실은 비록 헤겔이 그의 사변철학 체계 내에서 칸트와 피론주의자를 변증법적인 단계에 함께 귀속시키고 있다 하더라도 양자를 완전히 동일시하고 있지 않다는 것을 나타낸다. 피론주의자들은 진리를 발견했다고 주장하는 모든 독단주의를 붕괴시킬 수 있다고 강하게 확신하고 있었다.[21] 이런 점에서 양자는 유사성을 갖고 있으면서도 결국 화해할 수 없는 적으로서 맞선다. 피론주의자는 칸트의 초월 철학마저도 먹잇감으로 노리고 있는 것이다.

근대 철학의 화두는 데카르트가 극명하게 보여주고 있듯이, 어떻게 회의주의자를, 콕 집어서 말한다면 피론주의자를 물리치는가 하는 것이었다. 근대 철학자들과 피론주의자들 사이에서 벌어진 격전은 칸트와 헤겔에 이르러 정점에 이르렀다. 피론주의자들은 그들 이론의 속성상 진리 주장을 펴는 철학자라면 인물을 가리지 않고 도전장을 내밀었고, 또 그럴 것이다. 그들에게 칸트와 헤겔도 예외가 될 수는 없다. 그런데 헤겔에 의하면, 수세에 몰린 듯했던 피론주의자들이 이제 거꾸로 칸트에 반격을 가하고 초월 철학을 헤어날 수 없는 의심의 늪에 빠뜨리고 만다. 도대체 피론주의자가 준동하지 못하도록 옭아 넣은 초월 철학의 그물망 어디가 터져버렸다는 것일까? 헤겔은 피론주의자들이 초월 철학을 포함하여 모든 지식론을 파괴할 수 있다고 인정하였다. 그러면서도 그는 피론주의자들이 자신의 "[사변]철학을 공격하는 데에서는 완전히 무용하다."[22]고 주장하였다. 왜 이렇게까지 공언할 수 있는 것일

---

20) Georg W. F. Hegel, *VGP* Ⅲ, p.333.
21) Sextus Empiricus, *PH* 1.33-4 참조.
22) Georg W. F. Hegel, *VSP*, p.245. Georg W. F. Hegel, *VGP* Ⅱ, p.397 참조. "회의주의[피론주의]는 사변적인 것에 대해서는 무력하다."

까? 피론주의를 두고 독일 관념론의 두 거두가 벌인 힘겨루기는 피론주의를 추방하려는 근대 인식론의 과제가 어떻게 완수되어갔는가를 일러주는 피날레라고 볼 수 있다. 피론주의에 대한 양자의 대응은 초월 철학과 사변철학 간의 결정적인 차이를, 그러면서도 비판적인 계승을 분명하게 보여주는 단면(斷面)이다. 특히 피론주의를 물리치기 위해 그들이 동원한 고유한 방법론은 그들의 관념론의 특성을 결정지은 핵심적인 요소였다. 이들의 방법론이 여러 측면에서 고찰될 수 있겠지만 피론주의에 대한 대응의 맥락을 떠나서 온전히 설명되기란 힘들 것이다.

2. 칸트의 이율배반론에 대한 헤겔의 비판

칸트의 이율배반론을 헤겔이 철저히 검토할 때 그는 혼자가 아니었다. 칸트의 이율배반론의 문제와 씨름하면서 헤겔은 1800년에 섹스투스 엠피리쿠스의 책을 구입하였다.[23] 1802년에 발표된 『회의주의와 철학의 관계』는 모든 철학적인 인식을 공격하기 위해 피론주의자들이 마련해둔 치명적인 무기고(武器庫)를 헤겔이 이미 열람하고 그 성능을 낱낱이 시험해보았다는 것을 알려준다.[24] 헤겔은 피론주의자의 회의적 논변 형식들을 바탕으로 섹스투스 엠피리쿠스가 이율배반론에서 칸트에게 받았던 굴욕이 부당한 것임을 밝혀내려 한다. 칸트의 이율배반론에서 정립과 반정립의 주장은 각각 자기를 직접적으로 증명하지 못한다. 그것들은 각각 대립하고 있는 주장이 모순에 빠진다는 것을 논증함으로써 자기의 타당성을 입증해낸다. 칸트가 귀류법적 증명 형식을 채택할 수밖에 없었던 이유는 정립과 반정립에서 진술된 저 세계가 결코 경험 가능한 대상이 아니기 때문이다. 그런데 헤겔이 분석한 결과에 따르면 이율배반의 증명은 증명되어야 할 것을 증명의 논거로 사용하는 전형

---

23) Otto Pöggeler, "Die Ausbildung der spekulativen Dialektik in Hegel Begegnung mit der Antike," in *Hegel und die antike Dialektik*, hrsg. von Manfred Riedel(Frankfurt am Main: Suhrkamp Verlag, 1990). p.53 참조.
24) 특히 Georg W. F. Hegel, *VSP*, p.245 참조.

적인 순환 논변에 빠지고 마는 것이다.[25] 순환의 논변 형식이란 독단주의자들이 자신의 주장의 독단성을 은폐하기 위해, 즉 자신의 주장이 매개(증명)를 거친 양 가장하기 위해 써먹는 단골 수법이다. 이율배반론에서 칸트는 아주 장황한 절차를 거치고 그래서 그만큼 그럴듯한 증명을 수행한 것처럼 보이지만, 실상 그가 안출한 것은 증명이 아니라 '한갓된 사이비 증명'[26]에 불과하다. 피론주의자인 아그리파는 왜 독단주의자들이 특히 벼랑 끝에 몰릴 경우에 이런 순환의 논변 형식에 의지할 수밖에 없는가를 보여준 바 있다.[27] 상황은 간단히 종료될 수 있는 것처럼 보인다. 피론주의자들이라면 칸트의 이율배반론이 순환의 논변 형식에 빠졌다는 것을 목격하는 것만으로 만족할 것이다. 그들은 이제 다가올 허기를 채우기 위해 새로운 진리론을 기다리기만 하면 될 것이다. 그러나 헤겔은 이 파멸의 지점에 안주하지 않는다. 헤겔이 칸트의 실패를 보고 묻고 싶은 질문은 다음과 같은 것이다. "모순적인 사태의 불가피성을 파악했으면서도 왜 칸트는 이런 독단적인 해결책을 내놓는 데 그쳤을까?" 바꿔 말한다면 "피론주의의 논변의 위력을 철저하게 인지했던 칸트

---

25) 예컨대 칸트는 공간과 시간 내에서의 세계의 한정성과 무한정성을 문제로 삼으면서, 먼저 "세계는 시간 속에 시원을 두고 있고, 공간도 또한 한계 내에 갇혀 있다."는 정립을 내세운다. 이 정립을 증명하기 위해서 칸트는 "세계가 만약 시간상으로 아무런 시초도 없다고 가정해보자. 그렇다면 그 어떤 주어진 시점에 있어서도 영원이 흐를 뿐이고 따라서 이 경우에는 세계 내에 있는 모든 사물의 연속적인 상태가 무한의 계열을 타고 흘러가버린다. 그런데 이 계열의 무한성이란 이 계열이 결코 계기적인 종합에 의해서 완결될 수는 없다는 데 바탕을 두어야만 성립될 수 있다. 그러므로 무한히 흘러가버리는 세계의 계열이란 불가능할 뿐더러 또한 이럼으로써 세계의 시초가 바로 세계의 현존재를 가능하게 하는 필연적 제약이다. 그리고 이때 이 세계의 현존재는 비로소 입증되어야 하는 것이다."를 근거로서 제시한다. 그러나 특정하게 주어진 시점이란 곧 시간 내에서의 어떤 특정한 한계를 이미 뜻하고 있어서, 이 증명은 결국 시간의 한계가 현실적으로 존재하고 있다는 것을 전제하고 있는 셈이다. 그럼에도 불구하고 시간의 한계는 증명되어야 할 정립이었다. 이 논의와 관련해서는 Immanuel Kant, *KdrV*, A426/B454; Georg W. F. Hegel, *WdL I*, pp.271-6; Georg W. F. Hegel, *Enz I*, pp.128-9[48, Zusatz] 참조. 이율배반론이 순환 논변에 빠진다는 것을 증명할 때 때때로 헤겔은 자신의 사변철학의 전제를 깔고 있다. 이율배반론을 통한 초월적 관념론의 간접적 증명의 실패에 관한 자세한 연구로는 강순전, 「선험적 변증법과 사변적 변증법: 칸트와 헤겔의 Antinomie론을 중심으로」, pp.227-57 참조.

26) Georg W. F. Hegel, *Enz I*, p.129[48, Zusatz].

27) Sextus Empiricus, *PH* 1.164-9 참조.

가 왜 피론주의자들에 의해 손쉽게 파멸당할 그런 대답만을 제시했을까?" 이런 물음을 제기했다는 사실 자체가 헤겔 역시 궁극적으로 근대 인식론자들이 최종적으로 꿈꿔왔던 피론주의에 대한 완전한 극복을 목표로 하고 있다는 것을 말해준다. 칸트의 실패의 원인에 대한 검토를 통해서 헤겔은 피론주의자들을 진정으로 무력화할 수 있는 철학의 길을 모색하고자 하는 것이다.

『라이프니츠와 볼프 시대 이래로 독일에서 형이상학이 이룬 실제적 진보는 무엇인가?』에서 칸트는 지금껏 형이상학이 걸어왔던 길이란 독단주의와 회의주의였으며, 이 두 단계를 넘어 자신의 비판철학이 형이상학의 마지막 단계가 되어야 한다고 피력하였다.[28] 가능한 경험 일반의 선험적인 조건들을 우리의 감성과 지성 속에서 찾아냄으로써, 그리고 이율배반의 원인이 인식하는 이성에 있다는 점을 해명함으로써 칸트는 형이상학의 운명을 결정지을 수 있다고 생각하였다. 그런데 헤겔에 따르면 칸트의 초월 철학은 독단주의에 빠지고 만다. 칸트 철학을 독단주의에 귀속시키고 있다는 것은 칸트의 초월 철학으로는 피론주의자의 드센 공격을 감당할 수 없다는 헤겔의 입장을 그대로 나타낸다. 자신이 수행한 순수이성의 비판 작업을 통해 이전에 알려진 모든 독단주의뿐만 아니라 모든 회의주의도 근절하였다고 자신하였던 칸트로서는 자신을 이렇게 정면으로 비판하는 이유를 누구보다도 들어보고 싶을 것이다. 헤겔이 마련한 공소장은 다음과 같다. "어떤 것도 즉자적으로 알고 있지 못할 뿐만 아니라 절대적인 것에 대해서도 전혀 알지 못하는 비판주의의 입장에서 본다면, 즉자적으로 존재하는 것 자체에 관한 모든 지식은 독단주의로 간주된다. 그러나 실상 비판주의는 … 자아가 즉자대자적이며, 나아가 이런 자아의 밖에 즉자가 있고 따라서 양자를 절대적으로 합치할 수 없다는 것을 확립함으로써 가장 조악한 독단주의에 빠지고 마는 것이다."[29] 칸트는 벌어진 입을 다물지 못할 것이다. 그동안 철학에서 독단주의와 회의주의

28) Immanuel Kant, *Über die von der Königl. Akademie der Wissenschaften zu Berlin für das Jahr 1791 ausgesetzte Preisfrage: Welches sind die wirklichen Fortschritte, die die Metaphysik seit Leibnizens und Wolffs Zeiten in Deutschland gemacht hat?*, p.264 참조.
29) Georg W. F. Hegel, *VGP II*, p.394.

진영이 어느 쪽도 영구적인 승리를 쟁취할 수 없을 만큼 치열한 '내전'[30]을 벌였던 까닭은 두 진영 공히 '이성의 자신 능력에 대한 선행적 비판 없이'[31] (독단주의자의 경우) "이성의 능력을 맹목적으로 신뢰"[32]하거나 (회의주의자의 경우) 이성을 그냥 무한정으로 불신하면서 "무지(無知)로 질주하려고 시도"[33]했기 때문이라고 칸트는 보았다. 그래서 칸트는 사물 자체에 대한 탐색이 아니라 우리가 사물(현상)들을 보편적이고 필연적으로 구성하는 주관의 선험적 인식 능력을 탐구하는 방법을 채택했던 것이다. 순수한 지성 개념(범주)들의 초월적 연역에 의해 칸트는 지식의 보편성과 필연성을, 따라서 객관성을 확보하였다. 그런데 헤겔의 공소장에 의하면, 독단주의와 회의주의를 극복하기 위해 주도면밀하게 취한 비판철학의 혁명적인 방법과 그로 인한 결과가 바로 비판철학을 독단주의로 만들었고, 그로 인해 피론주의자에게 치명적인 역습을 허용하게 되었다는 것이다. 헤겔의 비판의 요점은 이제 명료해진 것 같다. 현상과 본질(물자체)의 세계를 구별하고 양자 사이에 넘어설 수 없는 간극을 설정하는 한, 그리고 지식이 '어디까지나 우리의 생각에 불과하지'[34] 사물 자체에 대한 것이 아닌 한, 즉 '주관적 관념론(subjektiver Idealismus)'[35]에 그치는 한, 비판철학은 '주관적 독단주의'나 '가장 조악한 독단주의'가 되고 만다.

그렇다면 주관적 관념론은 어떤 문제를 지니고 있기에 피론주의자를 영원히 잠재우는 데 실패한 것일까? 헤겔의 다음 서술은 이에 대한 명확한 답변일 것이다. "칸트는 이율배반을 해결하되, 모순이 즉자대자적으로 대상에 놓여 있는 것이 아니라 단지 인식하는 이성에 속하고 있다고 본 것이다."[36] 칸트는 이율배반(모순)의 필연성을 보았지만, 그 모순의 발생의 근원지를 대상

30) Immanuel Kant, *KdrV*, AIX.
31) *KdrV*, XXXV.
32) Immanuel Kant, *Logik [Jäsche]*, p.84.
33) Immanuel Kant, *Wiener Logik*, p.884.
34) Georg W. F. Hegel, *Enz Ⅰ*, p.116[41, Zusatz 2].
35) *Enz Ⅰ*, p.119[42, Zusatz 3].
36) *Enz Ⅰ*, p.126[48].

자체가 아니라 무한자를 인식하려는 우리의 이성에서 찾았다. 주관적 관념론은 애초에 모든 문제의 원인을 우리의 주관 속에서 찾도록 정향(定向)되어 있다. 칸트가 모순을 주관에서 비롯된 오해이고 그때마다 제거해야 할 가상으로 보았다는 사실은 곧 그가 주관에 의해 구성된 지식의 영역에서 모순율을 준수하고 있고 또 그것에 대해 추호도 의심하고 있지 않다는 것을 말해준다. 칸트는 "자신이 무엇이나 **사고**할 수 있다."고 말한다. 그러나 이 주장은 "바로 내가 단지 자기모순에 빠지지만 않는다면"[37]이라는 모순율의 조건을 달고 있다. 자기 자신과 모순되는 개념으로 도대체 우리가 무엇을 사유할 수 있을까? 칸트에게 모순율이란 지식을 위한 (너무나도 당연한) 마지막 보루와도 같은 것이었다.

그런데 헤겔은 저 모순이 우리 탓이 아니라 "즉자대자적으로 대상에 놓여 있다."고 주장한다. 사유 규정(범주)이건 명제이건 현실의 제도이건 생명이건 간에 모든 유한한 것은 바로 그것이 유한하다는 것 때문에 모순에 빠진다. 예를 들어 전통 형이상학자들이 이해한 '무한한 것'은 그것이 '유한한 것'과 대립하기 때문에 '무한한 것'이 아니라 '유한한 것'이다. 그러니까 저 초월적 이념의 세계 개념에서 이율배반에 빠진 것은 우리의 착오 때문이 아니라, 제약된 현상들의 계열의 전체성으로의 무제약자가 바로 유한한 것과 대립하는 무한한 것으로서 유한한 것이었기 때문이다. 헤겔이 명명했던 변증법적인 것이 바로 이런 사태를 가리킨다. "유한한 것은 그것이 유한하다는 그 자신의 본성으로 인해 자기와 대립하는 타자를 필연적으로 초래하며 (⋯) 결국 유한한 것은 자기 내에서 자기와 모순되고, 그럼으로써 자기를 지양한다."[38] 그런데 헤겔에 의하면 피론주의자들이 바로 이 변증법적인 것을 손에 넣고 있었던 것이다. 이 점에서 "회의[피론]주의자들이 최고로 성숙한 변증법적 의식을 보여주었다."[39]고 헤겔은 그들에게 경의를 표하고 있다. 피론주의자들이 등치의 방법을 사용하여 어떤 독단주의자라도 대항할 수 없는 체계적인 논변 형

---

37) Immanuel Kant, *KdrV*, BXXVI.
38) Georg W. F. Hegel, *Enz I*, p.173[81, Zusatz 1].
39) Georg W. F. Hegel, *VGP II*, p.395.

식들을 구성할 수 있었던 것은 "유한한 것에서 모순을 제시"[40]할 수 있었기 때문이다. 그렇다면 피론주의자들은 어떻게 유한한 것에서 언제나 모순을 제시할 수 있었을까?

아이네시데모스의 트로펜이건 아그리파의 트로펜이건, 피론주의자들의 논변 형식들은 "모든 것은 관계를 맺고 있다."는 관계의 논변 형식으로 귀착된다.[41] 섹스투스 엠피리쿠스는 쉬운 예를 들고 있다. "'우측'은 '좌측'보다 앞서서 '좌측의 우측'으로 인식될 수 없다. 역도 마찬가지다. 이것은 모든 다른 상대적인 용어에도 똑같이 해당된다."[42] 단순히 이런 경험적 개념들이 아니라 우리의 사유를 기본적으로 규정짓는 개념들에서도 관계성은 작동한다. 우리가 '무한'이라는 개념을 온전히 파악한다고 할 때, 이미 항상 그것의 대립 개념인 '유한'을 동시에 함축한다. 무한한 것이 자신과 대립하고 있는 또 다른 유한한 것(타자)이 없이는 무한한 것(자기)일 수 없다면, 그것은 모순적인 것이다. 모든 유한한 것은 이런 타자 관계를 통해 조건지어진다. 사정이 이런데도 독단주의자들은 이런 관계성을 파악하지 못한 채 유한한 것만을 진리로 내세운다. 그들은 대립하는 유한한 것들 가운데 하나만을 진리로 고수하는 '추상적인 이것이냐 저것이냐'[43]의 지성적 사유를 전부로 알고 있는 것이다. "[이쪽저쪽을 두루 살피는] 세심한 변증론적인 철학자"[44]인 피론주의자가 이쪽이나 저쪽 중 하나만을 고집하는 독단주의자들을 골려주기란 쉬운 일이다. 어떤 독단주의자가 (유한한) 독단적인 주장을 제기했다면, 그는 자신의 주장을 관철하기 위해 필연적으로 자기주장의 진리성을 훼손하는 타자를 불러들일 수밖에 없다. 이런 관계를 파악하고 있는 피론주의자는 이 타자를 때에 맞춰 독단주의자의 링 안으로 들여보내면 그만인 것이다.

칸트의 이율배반론과 피론주의자의 논변 형식들은 모순의 필연성을 의식하게 만들고 결과적으로 독단주의를 깨부순다는 점에서 얼핏 공통점을 갖고

---

40) *VGP* Ⅱ, p.396.
41) Sextus Empiricus, *PH* 1.135-7, 1.167 참조.
42) *PH* 2.117.
43) Georg W. F. Hegel, *Enz* Ⅰ, p.172[80, Zusatz].
44) Immanuel Kant, *Metaphysik L₂*, p.538.

있는 듯이 보인다. 그러나 모순을 대하는 입장은 상이하고 적대적이기까지 하다. 칸트는 모순이 발생하는 원천을 우리의 사유 속에서 찾았고 그렇기에 문제 상황은 종료되었다. 칸트에게 모순은 더 이상 계속 고심해야 할 문제가 아니었다. 그러나 헤겔이 보기에 모순이란 사태 자체에서 기인하는 것이다. 유한한 사물 자체가 스스로 그것과의 대립물로 필연적으로 이행해가는 것이다. 피론주의자들이 독단론자들에게 제시했던 모순은 칸트가 전념했던 주관적 차원에서 제기되었던 것이 아니다. 헤겔이 보기에 칸트는 "이율배반의 참되면서도 적극적인 의미를 인식하지 못한다."[45] 그렇기에 "초월적 관념론은 모순을 전혀 해결하지 못하는 것이다."[46] 결국 칸트는 피론주의자가 제기한 근본적인 철학적 물음의 차원을 간파하지 못했고, 따라서 그의 해결책도 피론주의자를 적중할 수가 없었던 것이다. 그런데 이렇게 헤겔이 칸트의 이율배반론을 비판하는 가운데 "피론주의를 물리치기 위해서 무엇이 물어져야 하는가?"가 드러났다. 유한한 것들의 필연적인 자기모순의 문제가 영구 미제라면 피론주의자는 영원한 지배권을 행사하게 될 것이다. 그러나 헤겔은 모순이 해소될 수 있다고 생각하였다. 이런 이유 때문에 칸트의 이율배반론을 공격하는 데 한편이었던 피론주의자와 헤겔이 이제 다시 모순의 전장(戰場)에서 적으로서 만나게 되는 것이다.

3. 비판철학의 방법에 대한 헤겔의 비판

고래로 아리스토텔레스로부터 라이프니츠를 거쳐 칸트에 이르기까지 모순율은 전혀 의심할 수 없는 자명한 사유의 원칙이었다. 칸트에게 모순은 단순히 주관적인 오류였을 뿐이다. 하지만 헤겔은 형식논리학에서 단적으로 전제되는 모순율의 의미와 내적인 타당성을 해명하려고 하였다.[47] 그에게 모

---

45) Georg W. F. Hegel, *Enz I*, p.128[48, Zusatz 1].
46) Georg W. F. Hegel, *VGP III*, p.359.
47) 이광모, 『헤겔 철학과 학문의 본질』(서울: 용의 숲, 2006), pp.179-203 참조. 이광모는 특히 『논리학의 학』과 관련해서 헤겔의 작업이 형식논리학의 순수한 논리적 규정들의 의미를 고정하고 그 타당성을 검토하는 것임을 밝히고 있다.

순율은 단순히 자기동일성을 확인하는 동일률의 또 다른 버전이 아니다. 유한한 것의 자기모순이라는 사태는 곧 자기동일적인 관계가 필연적으로 타자 관계를 포함하고 있음을 드러내고 있기 때문이다. 헤겔에 의해 새로이 해석된 "모순율은 더 이상 추상적 동일성에 고착하는 분석 명제가 아니라 … 분석적이면서도(자기 관계) 종합적인 (타자 관계) 명제이다."[48] 이것은 모든 유한한 것을 내적으로 추적하게 되면 유한한 것은 모순율을 위반할 수밖에 없다는 것을 가리킨다. 모순율에 대한 양자의 대립적 입장은 단순히 이 원칙에 한정된 것이 아니라 그들 철학 전체의 기획의 충돌로 말미암은 것이다. 주관적 관념론자인 칸트는 즉시 다음 질문을 하고 싶을 것이다. "너무 황당한 이야기지만 설마 헤겔은 우리가 아니라 유한한 범주 자체가 스스로 운동하여 모순에 가 닿는다고 말하려는 것일까?" 그런데 헤겔은 그것이 바로 자기가 말하고 싶은 것이라고 응답한 것이다. 칸트가 볼 때 그렇다면 헤겔의 절대적 관념론이야말로 "인간의 인식 능력을 넘어서는 '무비판적' 독단론"[49]이고, 따라서 불가피하게 피론주의자의 희생양이 되어야 하지 않을까? 반면 절대적 관념론자인 헤겔은 칸트에게 다음과 같은 물음을 던진다. "당신이 주장한 것처럼 정말 무엇을 인식하기 이전에 먼저 주관의 인식 능력 자체를 비판한다는 것이 가능할까?" 헤겔은 이것이 불가능하다고 보았다. 칸트가 취한 철학적 방법론에 대한 헤겔의 비판은 칸트가 제기했을 저 물음에 대한 답변이면서 동시에 헤겔이 유일하게 참된 철학적 방법으로서 받아들인 '변증법'[50]에 대

---

48) 강순전, 『칸트에서 헤겔로: 칸트 철학과의 대결을 통해 본 헤겔 철학의 특성』, p.95.

49) 백종현, 『존재와 진리: 칸트 『순수이성비판』의 근본 문제』(서울: 철학과현실사, 2008), p.32. 백종현의 견해에 의하면 의식이 대상(객관)과 주관의 분열을 극복하고 마침내 절대자가 된다는 헤겔의 관념론은 무비판적 독단론이다. 이는 단순히 백종현만의 평가가 아니다. 칸트의 입장에서 본다면 헤겔 철학이란 칸트가 그토록 벗어나고자 했던 독단적인 형이상학에 다름 아닐 것이란 비판은 지속적으로 제기되어온 것이기도 하다. 이에 관해서는 특히 김석수, 『요청과 지양: 칸트와 헤겔을 중심으로』(서울: 울력, 2015), pp.82, 109-13 참조.

50) 헤겔에서 변증법은 논리적인 것의 세 가지 계기들 가운데 하나이다. 그것은 유한한 것이 자기의 대립물로 필연적으로 이행하는 운동의 측면을 나타낸다. 그런데 헤겔은 광의의 의미에서 변증법을 철학하는 방법으로 언급하고 있기도 하다. 이에 관해서는 Georg W. F. Hegel, *WdL* I, pp.50-2 참조. 이때 변증법은 '사태 자체의 길'(p.50)이며, 유한한 것이 대립물로 이행하는 과정만이 아니라 '그 대립된 것을 통일성 속에서 파악하는'(p.52) 과정까지 포함한다.

한 정당화로 간주될 수 있다.

칸트가 보기에 전통 형이상학의 독단주의자나, 흄과 피론주의자들과 같은 회의주의자가 진리를 포착할 수 없었던 이유는 우리의 인식이 대상들을 따라야 한다고 무비판적으로 가정하고 있었기 때문이다. 그것들은 모두 이성 자신의 능력에 대한 이성의 선행적 비판을 결여하고 있었다. 철학적 방법론에서 칸트의 혁명적 발상은 인식론의 관건을 대상으로부터 우리 자신의 능력에 대한 검사로 바꿔놓은 데 있다. 우리가 인식할 수 있는 능력이 있는지, 있다면 그 원천과 범위와 한계는 무엇인지를 본격적으로 인식 작업에 착수하기 이전에 먼저 밝혀내지 않으면 안 된다. 그런데 "여태껏 남겨져 있는 이 유일한 길을 이제 내가 걷기 시작했다."[51]고 칸트가 선언한 순수이성의 비판의 길이 헤겔에게는 '앞뒤가 맞지 않는 일'[52]로 여겨졌다. 헤겔은『철학적 학문들의 백과사전』과『철학사 강의』에서 똑같은 비유를 들어 칸트를 비판하고 있는데, 이것이 비판철학의 부조리함을 드러내는 데 매우 적절하다고 판단한 듯하다.

칸트 철학은 또한 비판철학이라고도 명명되는데, 칸트의 말에 따르면, 그것의 목적은 무엇보다 인식 능력에 대한 비판에 있기 때문이다. 인식에 앞서서 우리는 인식 능력을 탐구해보지 않으면 안 된다. 이것은 인간 지성에게는 그럴듯하며, 건전한 인간 지성에게는 하나의 발견이다. 여기서 인식은 하나의 도구로서, 즉 그것으로써 우리가 진리를 장악하고자 하는 방법과 수단으로 표상된다. 따라서 우리는 진리 자체에 다가갈 수 있기 전에, 먼저 이 인식 도구의 본성과 [작동하는] 방식을 인식해야 한다. … [그런데] 이것은 마치 꼬챙이와 막대기를 갖고 진리를 찾으러 길을 떠나는 것처럼 보인다. 이렇게 되면 진리를 앞에 두고도 인식은 참된 것을 결코 인식하지 못한다. 이런 일은 정신이 그들 한가운데를 지나가나 이것을 인식하지 못했던 유대인들에게서 일어났던 것과 같다. 인식 능력을 탐구한다는 것은 이것을 인식한다는 것이다. 따라서 저 요구는 우리가 인식하기 전에 인식 능력을 인

---

51) Immanuel Kant, *KdrV*, AXII.
52) Georg W. F. Hegel, *Enz I*, p.54[10].

식해야 한다는 것이다. 이것은 물에 들어가기도 전에 수영을 하려는 것과 똑같다. 인식 능력에 관한 탐구야말로 그 자체 인식하는 행위인 것이다. 이 탐구 행위 그 자체가 [이미] 인식이므로, 이 인식 능력에 대한 탐구가 목표로 하는 바는 달성될 수 없다.[53]

수중(水中)에 있지 않으면서 어떻게 수영을 할 수 있을까? 칸트가 목표로 하는바 우리의 인식 능력을 탐구한다는 것은 탐구 행위 자체가 인식 행위이므로 우리가 이미 항상 인식 과정 중에 있다는 것을 말한다. 그러므로 애당초 분리할 수 없는 것을 분리하여 살펴보려 한다면, 사태 자체를 있는 그대로 드러내주는 것이 아니라 "사태 자체를 가공하거나 변형하는 그런 인식"[54]만이 출현할 것이다. 칸트 철학의 방법에 대한 이런 비판은 진리는 방법(인식)을 적용하여 비로소 출현하는 것이 아니라는 것을, 우리의 인식 행위 중에 이미 진리가 활동하고 있는 것을 함축한다. 예컨대 우리가 무엇인가를 인식할 때, 거기에는 바로 그 인식을 가능하게 하는 근본 규정들이 함께 작동하고 있다. '있음', '없음', '같음', '다름', '현상', '본질', '원인', '결과', '근거', '근거지어진 것' 등과 같은 기본적인 개념들이 없다면 무엇인가에 대한 인식은 아예 진행되지 못할 것이다. 그러므로 인식 행위란 "사실상 **규정하는** 사유이면서 **규정된** 사유이기도 한 것이다."[55] 인식 사유의 기초적인 규정들에 의해 이미 항상 규정되어 있기 때문에 우리의 사유는 무엇인가를 규정할 수 있다. 인식 과 인식 규정들은 이렇게 이미 항상 통일되어 있다. 탐구의 과제를 대상에서 주관으로 전환한 것이 인식론에서 칸트의 코페르니쿠스적 전회였다고 한다면, 주관으로부터 이 주관의 인식을 가능하게 하는 근본적인 사유 규정(개념)에로 철학의 관심을 돌린 것은 헤겔의 혁명적인 발상이었다고 할 수 있다. 개념들은 순수이성에 대한 비판적인 작업을 거쳐 도출해야 하는 것이 아니라, 이런 주관의 비판적인 작업을 가능하게 만드는 선지평(先地平)인 것이다.

---

53) Georg W. F. Hegel, *VGP Ⅲ*, p.334. 또한 Georg W. F. Hegel, *Enz Ⅰ*, p.114[41, Zusatz 1] 참조.
54) Georg W. F. Hegel, *PhdG*, p.68.
55) Georg W. F. Hegel, *Enz Ⅰ*, p.127[48].

우리의 사유를 근본적으로 규정하는 개념들은 우리가 마음대로 처리할 수 있거나 공동으로 약속하여 정한 구성물이 아니다. 그것은 존재론적 지위를 갖고 있다. 예를 들어보자. 가다머는 일찍이 "사실 역사가 우리에게 귀속되어 있는 것이 아니라 우리가 역사에 귀속되어 있는 것이다. (…) 개인의 자기의식이라는 것은 역사적 삶이라는 거대한 전기장 안에서 명멸하는 작은 불꽃에 지나지 않는다."[56]고 설파하였다. 그에 의하면 역사는 우리가 마음먹은 대로 진행되지 않으며 그럴 수도 없는 것이다. 오히려 과거의 역사가 미래의 역사를 이미 항상 규정하는 가운데, 인간은 이 거대한 지평 속에서 활동하지 않을 도리가 없다. 내가 역사를 선택하는 것이 아니라, 내가 어떤 삶을 살고 해석하도록 역사가 규정하고 있다는 것이다. 가다머는 게임도 이런 지위를 갖고 있다고 보았다. 우리가 바둑 게임을 한다고 생각하는 것은 착각이다. 사실은 바둑 게임이 우리를 가지고 논다. 바둑을 해본 사람은 알지만 바둑은 내가 싸우고 싶다고 싸우게 되는 것도 아니고, 집을 짓겠다고 계획해도 그대로 되는 것도 아니다. 게임자가 수를 자유롭게 놓는다고는 하지만, 이미 앞에 놓인 바둑돌들이 이제 놓아야 할 수순을 이미 항상 필연적으로 규정하는 것이다. 게임자의 착수는 마음대로 이루어지는 것이 아니라 이미 항상 바둑판에 놓인 바둑돌의 선지평 속에서야 의미를 갖고 해석된다. 언어도 마찬가지다. "그런 한에는 우리가 언어를 말한다기보다는 언어가 우리에게 말을 한다고 보는 것이 더 올바른 표현이다."[57] 마찬가지 맥락에서 헤겔의 경우 우리의 사유를 이미 항상 규정하는 것이 바로 사유 규정으로서의 개념이다.[58] 가다머의 표현을 빌려 말한다면 우리가 개념을 갖고 사유하는 것이 아니라 개념이 우리를 갖고 사유하는 것이다.[59]

---

56) 한스-게오르크 가다머, 『진리와 방법 2』, 임홍배 옮김(파주: 문학동네, 2012), p.152.

57) 같은 책, p.411.

58) Hans-George Gadamer, *Hegels Dialektik Sechs hermeneutische Studien*(Tübingen: J.C.B. Mohr, 1980), pp.28 이하 참조. 가다머에 의하면, 헤겔 철학의 개념 운동에는 헤겔 자신이 의식하고 있지는 못했지만, 이미 존재론적 지위를 지닌 '언어의 논리적 본능'(p.30)이 작용하고 있다.

59) 김상봉 역시 칸트와 헤겔의 결정적인 차이가 이 점에 있다고 본다. 김상봉, 『자기의식과 존

헤겔은 사유를 이미 항상 규정짓는 사유 규정들이 있으며, 이것 없이 사유는 아무것도 사유하지 못한다고 보았다. 그리고 그에 의하면 어떤 사유 규정을 바로 그 사유 규정으로 조건짓는 것은 그 사유 규정과 관계를 맺고 있는 여타의 사유 규정들이다. 예컨대 '무한'의 개념은 '유한'의 개념과의 관계에 의해 자기의 의미를 비로소 획득할 수 있다. 이렇게 본다면 사유 규정들이 상호 맺고 있는 내재적인 의미론적 전체 연관이 우리의 사유를 규정하고 있는 것이 된다. 헤겔 관념론의 요체는 "사유의 개념이란 자아적으로 또한 인간중심적으로 형성되지 않는다."[60]는 것, 즉 개념들의 세계는 개념들 자체의 힘에 의해 직조되어간다는 것에 있다. 따라서 우리가 해야 할 일은 외부의 기준을 개념들에 적용하거나 혹은 주관에서 개념들을 발굴하고 정돈하는 것이 아니라 "자체 내에서 생동하는 규정들을 독자적으로 [활동하도록] 내버려두고",[61] "개념들이 스스로를 어떻게 규정하는가를 우리가 관망하고 우리의 사념(私念)이나 사유를 조금도 여기에 부가하지 않도록 자제하는"[62] 가운데 그것들이 스스로 밟아가는 길을 고찰하고 서술하는 것이다. 『논리학의 학』의 내용을 "자연과 유한한 정신을 창조하기 이전의 영원한 본질 속에 깃들인 신의 서술"[63]이라고 헤겔이 표현하고 있는 것도 사유 규정들의 이런 존재론적

재사유』(서울: 한길사, 1998), pp.157-80 참조. 그에 의하면 "칸트가 수행한 존재사유의 혁명은 생각을 '나'의 지평 속에 정초한 것이었다. … 그러나 헤겔에 와서는 이 관계가 다시 뒤바뀐다. 즉 '나'는 오직 생각의 지평 속에서만 발생한다. … 그리하여 여기서는 생각이 '나' 속에서 정초되는 것이 아니라 내가 생각 속에서 근거지어지고 정립된다."(p.166) 여기에서 생각은 존재의 가장 포괄적이고 근원적인 지평으로서 객관적 현실성으로 존재하는 사유 규정이다. 그렇지만 김상봉은 생각하는 주체인 '나'를 무시하는 헤겔의 이런 존재사유에 회의적이다. 사유 규정의 차원과 관련해서 칸트와 헤겔은 쉽게 화해하기 힘든 간극을 갖고 있다.

60) Angelica Nuzzo, "Vernunft und Verstand: Zu Hegels Theorie des Denkens," in *Vernunftbegriffe in der Moderne*, hrsg. von Hans Friedrich Fulda und Rolf-Peter Horstmann(Stuttgart: Klett-Cotta, 1994), p.274.

61) Georg W. F. Hegel, *Enz I*, p.85[24, Zusatz 2]. 이 외에 *Enz I*, p.114[41, Zusatz 1] 참조.

62) Georg W. F. Hegel, *GPR*, p.86[32, Zusatz]. [ ]에 문단 번호 병기. 자기의 내재적 질서를 스스로 구축해나가는 개념이 이성의 내용이라면, 이런 내용을 주관에 의해 첨삭하지 않고 그대로 개념적으로 파악하는 형식이 이성적 사유이다.

63) Georg W. F. Hegel, *WdL I*, p.44.

차원을 가리키는 것이다. (헤겔이 신은 아니다!) 이것이 광의의 의미에서 헤겔이 언급하는 방법으로서의 변증법이라고 할 수 있다. 사유는 개념들이 직조한 총체적인 의미 연관이라는 존재론적 지평 위에서만 활동할 수 있으며, 그렇기 때문에 개념들이 스스로 구축한 이성적인 구조틀이야말로 '모든 사유 가능성의 최후의 배경'[64]이 된다.

칸트의 결정적인 오해는 "범주들이 … 사유 자체에 수반된다는 사실로부터 곧바로 이것들이 오직 우리의 [주관적인] 것이라고 결론지은"[65] 데 있다. 선험적 인식으로서의 범주를 증명할 때 그가 염두에 둔 것은 경험이라는 지평에서의 범주의 객관적 타당성이었지 범주의 규정 자체는 아니었다.[66] 요컨대 그는 대립적인 타자로 이행하는 사유 규정들 자체의 필연적인 운동 연관을 파악하지 못했던 것이다. "헤겔이 볼 때, 결국 [칸트 철학에서 발생하는] 이 모든 문제는 순수 지성 개념, 즉 범주의 비역사성, 비운동성에 기초하고 있다."[67] 헤겔의 변증법에 서서 말한다면, 칸트가 연역해낸 범주들은 우리의 규정들일 뿐이고 "그 자체에 어떤 진리도 갖고 있지 못하다."[68] 즉자에 결코 도달할 수 없는 우리의 지성에 의해 구별되고 고정된 범주들을 동원해서 이율배반의 해결에 나섰기 때문에, 그는 기껏 모순의 문제를 제기하고도 주관으로 후퇴할 수밖에 없었던 것이다. 사유 규정들의 운동이 피론주의자들이

---

64) Angelica Nuzzo, "Vernunft und Verstand: Zu Hegels Theorie des Denkens," p.272. 누쪼는 "사유하는 주관성 자체의 가능성의 필연적인 조건"(p.269)이라고도 말한다. 헤겔이 볼 때, 칸트 철학의 모든 문제는 바로 범주의 운동성을 파악하지 못한 데 있다.

65) Georg W. F. Hegel, *Enz I*, p.119[42, Zusatz 3].

66) 칸트의 철학적 증명과 헤겔의 철학적 증명의 차이에 관해서는 이광모, 『헤겔 철학과 학문의 본질』, pp.99-124 참조.

67) 김석수, 『요청과 지양: 칸트와 헤겔을 중심으로』, p.90. 헤겔의 입장에서 보면, 칸트는 범주들의 운동 연관을 파악하지 못했기 때문에 결국 "이른바 직관으로부터 주어지는 소재 그 자체의 영역, 즉 대상 그 자체인 물자체에 대해서는 범주가 다가갈 수 없다는 점이 문제가 된다."(p.88) 또한 "사유와 대상 사이의 주관적이고 형식적인 종합에 머물러 있지, 객관 그 자체와의 만남을 제대로 시도하고 있지 못하다."(pp.89-90) 김석수는 이런 식의 칸트에 대한 비판을 옹호하지 않는다. 그렇다고 헤겔 철학을 과도한 독단주의로 보는 시각에 동의하는 것도 아니다. 그는 칸트와 헤겔 철학 간의 대화 가능성을 모색한다.

68) Georg W. F. Hegel, *VGP III*, p.359.

칸트의 비판철학에 가하는 철퇴로 기능했다면, 이 피론주의자들을 극복하는 길 역시 헤겔 자신이 구성한 이론에서가 아니라 저 사유 규정들의 필연적인 도정을 서술하는 작업 속에서 마련되지 않으면 안 된다. 사유 규정들이 그 자체 내에서 모순으로 나아갔다면, 모순의 해소로 나아가는 것도 궁극적으로 사유 규정들이지 않으면 안 되는 것이다. 모순은 그것이 모순이기 때문에 필연적으로 해소될 수밖에 없다는 것을 해명할 경우에만 피론주의자들은 더 이상 봉기하지 못할 것이다.

칸트의 비판철학의 기획과 그로 인한 결과로서 주관적 관념론은 이분법적 대립을 기반으로 삼고 있다. 헤겔은 칸트 철학의 근본 원리를 다음과 같이 적시(摘示)하고 있다. "유한성의 절대성과 이로부터 발생하는 무한성과 유한성, 실재성과 관념성, 감성적인 것과 초감성적인 것의 절대적인 대립."[69] 헤겔이 볼 때, 이것은 칸트 철학이 전통적인 지성의 형이상학을 비판하면서도 여전히 관계항들을 분리하고 구별하고 고정시키는 것을 능사로 삼는 지성의 패러다임 속에서 벗어나지 못하고 있음을 드러낸다. 이율배반론의 정립 주장에서 절대적으로 무제약적인 것이란 제약된 것들의 계열의 무한한 소급 진행을 거쳐 마침내 도달되어야 하는 것으로 표상된다. 제약된 것을 제약하는 것을 찾아냈다고 해도, 그 제약자는 또다시 다른 제약자에 의해 제약된 것이다. 이 제약된 것을 제약하는 끝없는 여정이 필요하다. 그러나 아무리 해도 제약자와 피제약자의 지루한 교체만이 이루어질 뿐, 궁극적으로 모든 유한한 것들을 넘어서는 무한한 것은 인식될 수 없다. 이것은 전형적인 악무한이다. 악무한에 의해 내세워지는 무한자가 아무리 유한한 것을 배제하고 부정한다 하더라도 그것은 유한한 것에 의해 제약될 수밖에 없는 것이고, 말하자면 유한한 것이 되고 마는 것이다. 유한한 무한자란 또는 제약된 무제약자란 이미 형용모순이 시사하고 있듯이 '지성의 무한자인, 나쁜 무한자'[70]인 것이다. 이제 칸트가 이율배반론의 문제를 해명하지 못한 까닭은 분명해진 것 같다. 그는 악무한에 의한 나쁜 무한자만을 염두에 두었기 때문에, 말하자면 개념의 이

---

69) Georg W. F. Hegel, *GW*, pp.295-6.
70) Georg W. F. Hegel, *WdL* I, p.152.

해와 사용에 있어 지성의 수준을 벗어나지 못했기 때문에 "한갓되이 유한한 것의 피안에 있는 것이 아니라, 유한한 것을 지양된 것으로 자기 내에 포함하고 있는 참된 무한자"[71]를 포착할 수가 없었고, 그래서 무한한 것이 유한한 것임을 밝히고 이것과 상충하는 다른 유한한 것을 언제든지 원리적으로 제시할 수 있는 피론주의자의 논변 앞에서 칸트는 돌파구를 찾을 수가 없었던 것이다. 칸트는 "무한진행이 무슨 참된 범주라도 되는 양 생각하는 잘못된 의견"[72]으로 말미암아 피론주의자들에게 답을 할 수 없게끔 이율배반론을 구성했다. 그는 어쩔 수 없이 눈을 안으로 돌려 모순의 문제를 일으킨 주관을 책망할 수밖에 없었다.

4. 아그리파의 트로펜에 대한 헤겔의 대응

헤겔은 주관에 기초한 유한한 인식을 통해서는 피론주의자를 잠재울 수 없다는 것을 칸트를 통해 절감하였다. 범주들을 상이한 타자로서 분리하고 이 고립된 범주들을 각각 타당한 것으로 취급하고 있는 한, 즉 범주들의 자기구성적인 전체 연관으로부터 범주들을 파악하지 못하고 범주들의 유기적인 체계에 관한 정합적이고 내적인 이해 가능성을 결여하고 있는 한,[73] 피론주의자들의, 특히 아그리파의 트로펜을 극복하기란 불가능하다는 것을 진즉에 헤겔은 깨달았던 것이다. 무엇보다 헤겔의 공헌은 피론주의자들이 행사할 수 있는 엄청난 파괴력을 제대로 직시한 데 있다. "이 다섯 가지 [아그리파의] 후기의 논변 형식들보다 독단주의를 공격하는 데 더 유용한 무기란 존재하지

---

71) Georg W. F. Hegel, *Enz* I, p.122[45, Zusatz].

72) Georg W. F. Hegel, *VGP* III, p.390.

73) Dieter Henrich, *Selbstverhältnisse: Gedanken und Auslegungen zu den Grundlagen der klassischen deutschen Philosophie*(Stuttgart: Reclam, 1982) pp.188-208 참조. 헨리히는 헤겔의 새로운 존재론이 일원론적으로 계획된 보편적인 이론의 입장의 위치에 서 있다고 보면서, 이런 헤겔 이론의 구성적인 방법적 토대는 '자연적 존재론으로부터 계획적으로 벗어남으로써만'(p.205) 성립한다고 보고 있다. 즉 헤겔의 이론은 바로 칸트 철학에 남아 있는 이해 불가능성의 잔재를 제거하기 위한 '하나의 구성적인 이론(eine konstruktive Theorie)'(p.197)으로 볼 수 있다는 것이다.

않는다."74) 섹스투스 엠피리쿠스는 이 트로펜에 걸리지 않는 어떤 진리론이 있으리라고는 꿈에도 생각하지 못했다. 물론 헤겔은 유일하게 자신의 사변철학만은 이 그물망에 걸리지 않는 것이라고 여겼지만 말이다.

피론주의자들은 아그리파의 트로펜에 의해 철학적 의심의 정점에 다다랐다. 그것들은 (이 트로펜을 깨고자 시도했던 근대 철학자들의 시도들을 포함하여) 온갖 독단주의를 무력화할 수 있는 체계적이며 이론적인 무기가 되었다. 진리의 포착을 선언하는 모든 독단주의자는 아그리파가 전개한 의심의 늪에서 어떻게 해도 헤어날 수 없게 되었고, 그래서 그의 트로펜은 말하자면 철학의 개미지옥과도 같은 것이 되었다. 누군가 어떤 진리 주장을 했다면, 그것이 헛소리가 아닌 이상 그는 아그리파의 트로펜에 의해 독단주의자로 판명날 것이다.75) 이 트로펜은 추상적인 개념들에 의거하여 구성된 것으로서, 바로 이런 성격으로 역사적이거나 윤리적인 배경과 무관하게 독단주의 일반에 통용될 수 있는 영원한 지배력을 지닌다. 그것들은 칸트를 독단의 선잠에서 깨웠듯이, 온갖 종류의 독단적인 사유에 가하는 철퇴라고 할 만하다.

피론주의자들처럼 헤겔 역시 근거를 결여하거나 혹은 정당화될 수 없는 근거에 의존한 진리를 제시하면서도 그것을 더 이상 의심할 수 없는 진리로 오인하는 독단주의자들을 비판한다. 예컨대 1807년에 출판된 『정신현상학』에서 '여기'와 '지금'을 진리로 확신하는 「감각적 확실성」의 의식을 서술할 때, 헤겔은 영락없는 피론주의자이다. 그는 '여기'를 집이라고 주장하는 독단주의자에게 '여기'가 나무라고 내세우는 독단주의자를 맞세운다. 또한 '지금'을 낮이라고 여기는 독단주의자에게는 '지금'을 밤이라고 주장하는 독단주의

---

74) Georg W. F. Hegel, VSP, p.245.
75) 물론 피론주의자의 이런 전략은 모든 반박으로부터 면죄를 받으려는 불순한 술책으로도 해석될 수 있다. 쿨만이 지적하고 있는 대로, "아무것도 주장하지 않는 사람은 반박당할 수 없기 때문이다." Wolfgang Kuhlmann, "Ist eine philosophishce Letztbegründung moralischer Normen möglich?," in Funkkolleg Praktische Philosophie/Ethik: Studientexte 2(Weinheim/Basel: Beltz Verlag, 1984), p.584. 그러나 이런 기생적인 이론의 특질은 자기 것까지 포함하여 이론적으로 확립된 주장이나 믿음에 대해 사유의 철저한 경계를 수행하려는 피론주의자들의 결심에서 연유하는 것이다.

자를 대립하게 만든다. 듀징이 밝히고 있듯이, 이런 등치의 서술은 적나라하게 자기를 보여주는 소박한 의식 형태에 대한 기술이 아니라 "[피론주의라는] 역사적이며 체계적인 함축들을 포함하고 있다."[76] 철학적 의심을 철저하게 수행하지 않은 채 어떤 주장을 더 이상 의심할 수 없는 진리로 뻐기는 모든 독단주의자의 허세에 대한 폭로, 일체의 독단주의로부터의 해방, 이런 것이 야말로 피론주의자와 헤겔을 굳게 연결하는 철학적 정신일 것이다.

그렇다고 헤겔의 사변철학을 전적으로 피론주의와 동일시할 수 있는 것은 아니며, 그래서도 안 된다. 헤겔은 프랑크푸르트 시절 말기와 예나 시대 초기에, 즉 대략 1799-1802년에 집중적으로 고대 피론주의를 연구했는데, 그것은 피론주의를 넘어설 수 있는 방법을 찾기 위한 것이었다.[77] "이 당시 헤겔은 몇 년 후에 소위 '변증법적 방법'으로 완성했던 것을 갖고 있지 못했으며, 다만 그 길로 가는 선상에 있었다."[78] 그렇지만 그는 아그리파의 트로펜이 한계를 지니고 있으며, 그것을 어떻게 돌파해나갈 수 있는지를 개략적으로는 파악하고 있었다. 이때부터 헤겔은 아그리파의 트로펜의 불멸성을 인정하면서도 그것들이 자신의 사변철학에서는 무력하다고 자신하였던 것이다. "그래서 이 후기 논변 형식들은 독단주의에 대해서는 반드시 승리를 구가하지만 [사변]철학 앞에서는 자기 내에서 붕괴하거나 그 자체 독단적인 것이 될 수밖에 없다."[79] 헤겔의 이런 평가는 비록 피론주의자들이 독단적인 주장에 대해 동등한 권리를 가진 반대의 주장을 제기할 수 있음을 보여주었고 그래서 그들의 독단주의에 대한 파괴적인 공헌을 인정할 수 있긴 하지만, 그들은 왜 이런 사태가 벌어질 수밖에 없는가를 (사변의 수준에서) 개념적으로 파악하고

76) Klaus Düsing, "Die Bedeutung des antiken Skeptizismus für Hegels Kritik der sinnlichen Gewissheit," in *Hegel-Studien* 8(1973), p.129.

77) Hartmut Buchner, "Zur Bedeutung des Skeptizismus beim jungen Hegel," in *Hegel-Tage Urbino 1965*, hrsg. von H.-G. Gadamer(Bonn: Bouvier, 1969), pp.52-4 참조.

78) Hartmut Buchner, "Skeptizismus und Dialektik," in *Hegel und die antike Dialektik*, hrsg. von Manfred Riedel(Frankfurt am Main: Suhrkamp Verlag, 1990), p.232.

79) Georg W. F. Hegel, *VSP*, p.245.

있지 못할 뿐더러 그들이 고안한 트로펜 자체의 한계에 대한 반성도 결여하고 있다는 것을 함축한다. 아그리파의 트로펜이 '지성 철학을 공격하는 근본적인 무기들'[80]로서 자기 이전의 모든 철학자들의 진리론을 추격하여 떨어뜨릴 수 있지만 자신의 사변철학만은 그렇게 할 수 없다고 헤겔은 여겼고, 이런 생각은 평생 동안 변함없이 유지되었다. 이런 측면에서 헤겔의 사변철학의 고유한 이론적 체계는 아그리파의 트로펜의 공격을 방어하고자 고안된 일련의 철학적 방어망으로 간주될 수 있다.[81] 헤겔의 사변철학이란 단순히 절대적인 진리의 발견에 대한 서술이 아니다. 헤겔이 제출한 철학적 개념들과 이론들에는 회의적인 도전들에 응전하려는, 변증법 배후에 놓여 있는 동기가 들어 있는 것이다.[82]

피론주의에 대한 청년 헤겔의 연구 성과를 집약한 1802년의 『회의주의와 철학의 관계』에서 헤겔은 피론주의자들의, 특히 아그리파의 논변 형식들에 대응할 수 있는 길을 탐색하였다. 기존의 독단론을 가지고서 피론주의에 도전하는 것은 무모한 짓일 뿐이다. 그렇다고 피론주의에 항복을 하는 것은 학문의 가능성 자체를 부정하는 일이다. 그러므로 철학이 회의주의를 극복하기 위해서는 "회의주의도 아니고 그렇다고 독단주의도 아닌, 그러면서도 회의주의이면서 동시에 독단주의인 어떤 철학이 있다는 것"[83]을 깨달아야 한다고 헤겔은 여겼다. 이것이 피론주의를 극복하기 위해 철학이 회의주의와 맺어야 하는 참된 관계에 대해 헤겔이 저 저술에서 내건 대표적인 슬로건이다.

---

80) Georg W. F. Hegel, *VGP Ⅱ*, p.395.

81) Michael N. Forster, *Hegel and Skepticism*, pp.1–5 참조.

82) Michael N Forster, "Hegel's Dialectical Method," in *The Cambridge Companion to Hegel*, ed. by Frederick C. Beiser(Cambridge/New York: Cambridge University Press, 1993), pp.130–70 참조. 포스터는 기존의 헤겔 해석자들이 헤겔 철학을 이해하는 데 관건인 '변증법 배후에 놓여 있는 철학적 동기'(p.134)를 명확히 밝혀내지 못했다고 비판한다. 헤겔 변증법을 좀 더 적절하게 파악하기 위해서는 그것이 여러 철학적 기능들을, 예컨대 교육적 기능들, 인식론적 기능들, 학문적 기능들을 고려하여 '고안된(designed)'(p.156) 것이라는 것을 간파해야 한다. 그렇지 않을 경우, 우리는 헤겔을 해석하는 데 있어 여러 혼란에 부닥칠 수밖에 없는 '원죄'(p.140)에 빠진다.

83) Georg W. F. Hegel, *VSP*, p.227.

철학이 독단주의도 아니고 피론주의도 아니어야 한다면 도대체 어떤 이론적 구조를 가져야 하는 것일까? 독단주의자는 대립하는 관계항들 가운데 어떤 일면적인 항만을 분리하여 그것을 절대적인 진리로 고수한다. 그래서 그는 이 일면적인 항에 대립하는 다른 항을 원리적으로 제시할 수 있는 피론주의자에게는 속수무책이었다. 피론주의자는 지성 철학을 지나 '변증법의 회복'84) 단계에 이미 도달해 있었기 때문이다. 그러므로 상충하는 카드를 수시로 내보일 수 있는 길을 아예 차단하지 않는 이상, 피론주의를 넘어서는 새로운 철학 즉 사변철학의 출현은 무망(無望)할 것이다. 바꿔 말해서, 피론주의를 극복하려면 철학은 서로 반대되는 유한한 것들 양자를 자기 내에 포함해서 아예 동등한 비중을 갖고 양자를 맞서게 하는 등치의 방법을 무력화하는 것이어야 하는 것이다. 대립하는 타자가 더 이상 존재하지 않아 피론주의자가 그 앞에서는 저절로 힘을 상실하는 철학만이 피론주의로부터 철학을 구원해낼 수 있을 것이다. 청년 헤겔이 피론주의자와의 결전을 위해 마련한 대응은 다음과 같은 것이었다. 피론주의를 다루는 데 있어 이것은 이후 계속해서 견지되며 구체화되는 헤겔의 압축적인 청사진이라 할 만하다.

이 논변 형식들이 가지고 있는 이성적인 것은 이미 이성 속에 있다. 철학적 의견들의 상이성이라는 **제1 논변** 형식과 관련해서 볼 때, 이성적인 것은 영원히 어느 곳에서나 자기 자신과 동등하다. 순수하게 부등한 것이란 지성에게만 존재하며, 모든 부등한 것은 이성에 의해 하나[의 동일한 것으]로 정립된다. 물론 이 통일과 저 부등성은 플라톤이 말한 대로, 예컨대 하나의 황소가 일자(一者)로 정립되며 동시에 이 황소는 많은 황소들이라고 주장될 수 있다는 식으로 통속적이고 유치하게 생각되어서는 안 된다. 이성적인 것에 대해서는 **제3 논변** 형식에 따라 이성적인 것이란 단지 관계 속에, 즉 타자와의 필연적인 관계 속에 놓여 있다는 것을 입증할 수 없다. 왜냐하면 이성적인 것 자체는 관계 이외의 아무것도 아니기 때문이다. 이성적인 것이 관계 자체이기 때문에, 관계 속에 놓여 있는 것들이 **제5 논변** 형식인 순환에 빠질지언정 이성적인 것 자체는 순환으로 떨어지지 않는다. 만약

---

84) Georg W. F. Hegel, *VGP Ⅱ*, p.335.

관계 속에 놓여 있는 항들이 지성에 의해 정립될 경우, 그것들은 서로를 근거짓는 다고 한다. [따라서 그것들은 순환 논변에 빠지고 만다.] 이성적인 것이 순환의 논변 형식에 빠지지 않는 이유는 관계에서는 상호 근거지음이란 존재하지 않기 때문이다. 마찬가지로 이성적인 것은 제4 논변 형식에서 말하는 증명을 결여하고 있는 어떤 전제가 아니다. 제4 논변 형식에 의하면, 어떤 증명되지 않은 전제에 맞서서 그것과 반대되는 증명되지 않은 전제가 동일한 권리를 갖고 제출될 수 있다. 이성적인 것은 반대를 지니지 않기 때문에 서로 반대되는 유한한 것들 양자를 자기 내에 포함한다. 이 선행하는 두 논변 형식들[제5 논변 형식과 제4 논변 형식]은 원인과 결과의 개념을 포함하는데, 이 개념에 의하면 타자는 타자에 의해 근거지어질 것이다. 그런데 이성에게는 타자에 맞서는 타자란 존재하지 않기 때문에, 제5 논변 형식과 제4 논변 형식뿐만 아니라 대립들을 바탕으로 무한하게 근거를 계속 요구하는 무한소급의 논변 형식인 제2 논변 형식 또한 적용될 수 없다. 이성은 저 [근거에 대한] 요구와 이 [무한소급의] 무한성과는 아무런 관련도 없다.

이렇게 이 논변 형식들 모두가 유한한 것의 개념을 포함하며 이 유한한 것의 개념에 기초하고 있기 때문에, 이 논변 형식들이 이성적인 것에 적용되자마자 곧바로 이 논변 형식들은 이성적인 것을 유한한 것으로 전도시키고, 이성적인 것을 할퀴기 위해서 이성적인 것에 한정성이라는 옴을 묻히는 일이 발생한다. 이 논변 형식들은 즉자대자적으로 이성적 사유와 대치하지 않는다. 그러나 섹스투스가 이 논변 형식들을 사용한 방식대로 이 논변 형식들이 이성적 사유를 적대시할 경우, 이 논변 형식들은 이성적인 것을 즉시 변경시키고야 마는 것이다. 회의주의가 이성적인 것을 공격하기 위해 제출한 모든 것이 이런 관점에서 파악될 수 있다.[85]

이 인용문은 매우 중요하다. 여기에서 헤겔이 젊었을 때부터 피론주의에 대한 대응의 기조(基調)를 세웠을 뿐 아니라, 비록 성숙한 형태는 아니라 해도 각각의 아그리파의 트로푸스에 대한 응답에 대해 심사숙고했음을 알 수 있다. 근대 철학자들 가운데 이렇게 세세하게 아그리파의 트로푸스 각각에 대한 해결책을 마련하고 있는 이는 라이프니츠의 경우를 감안하다 하더라도

---

85) Georg W. F. Hegel, *VSP*, pp.246-7.

헤겔이 유일할 것이다. 여기에서 헤겔은 독단주의에는 무제한적인 효력을 발휘하는 아그리파의 트로펜이 사변적인 이성에서는 별 위력을 발휘할 수 없다고 밝히고 있다. 왜냐하면 이성적인 것, 즉 사변적인 것에는 "타자에 맞서는 타자란 존재하지 않기 때문이다." 타자가 없다면 피론주의자들은 타자와 타자를 맞세우는 그들의 가장 기본적인 원리인바, 등치의 방법을 구사할 수 없을 것이다. 그들이 사변철학을 공격하려면, 대립하는 두 타자 가운데 하나를 진리로 간주하는 독단주의로 사변철학을 왜곡시켜야 한다. 말하자면 "이성적인 것을 할퀴기 위해서 이성적인 것에 한정성이라는 옴을 묻히는 일이 발생한다." 이렇게 대립하는 범주들을 하나의 통일 속에서 파악함으로써 대안적인 경쟁 개념의 등장을 원리적으로 봉쇄하고자 하는 것이 피론주의에 대처하려는 헤겔의 독창적인 착상이라고 할 수 있다.[86] 헤겔은 이 청사진을 이후의 작업들을 통해 좀 더 구체적으로 실현하며 가다듬는다. "헤겔이 피론의 회의주의와 어울리고 그것의 비판을 통해 자기의 철학을 세워 나간 사실은 그의 저서들을 통해 끊임없이 나타난다."[87] 이것은 헤겔의 사변철학을 구성하는 데에 관건이 되는 여러 개념들이 피론주의에 대한 대응이라는 관점에서 고찰될 때 좀 더 명확하게 이해될 수 있음을 뜻한다. 말하자면 사변철학의 완

---

86) 김혜숙, 「철학의 두 길: 선험적 방법과 변증법」, 『헤겔연구』, 제35권(한국헤겔학회, 2014), p.14 참조. "고대 회의주의자들이 제시한 윤리적 실천의 길이 아닌 다른 길을 통해 회의주의의 난국을 극복하는 길은 무엇인가? 헤겔이 고안한 방법은 더 이상의 대립이 발생하지 않는 궁극의 지점, 하나의 지에 다른 것이 대립하여 지를 부정하는 상황이 발생하지 않는 … 단계에 도달하는 것이다."

87) 윤병태, 『청년기 헤겔철학』(서울: 용의 숲, 2007), p.84. 피론주의를 헤겔이 본격적으로 다루는 곳은 1802년의 『철학에 대한 회의주의의 관계』와 후기 저술인 『철학사 강의』의 회의주의의 철학을 다룬 부분이다. 그러나 여기에 한정되지 않는다. 가령 『정신현상학』의 「자기의식」 장에 출현하는 '회의주의'는 이뽈리트가 정확하게 지적하고 있듯이 근대의 회의주의가 아니라 고대의 피론주의이다. 장 이뽈리트, 『헤겔의 정신현상학 I』, 이종철·김상환 옮김(서울: 문예출판사, 1986), p.231 참조. 『정신현상학』은 물론이고 『논리학의 학』이나 『철학적 학문들의 백과사전』 등의 많은 부분들 역시 피론주의에 대한 대응을 함축하며, 나아가 그 의미가 피론주의와의 관련 속에서만 충분히 드러날 수 있는 것도 있다. 피론주의에 대한 대응은 평생 동안 유지된 헤겔의 관심사였다. 그럼에도 윤병태가 말하고 있듯이 "이 사실들이 별로 강조되고 있지 않은 것은 대단히 기이하게 생각된다."(p.85)

성 과정과 고유한 특징은 피론주의의 부정적 논변들에 대해 헤겔이 어떻게 응답하고 있는가를 통해 밝혀질 수 있다는 것이다.[88] 피론주의자들이 아그리파의 트로펜을 통해 "모든 독단주의자의 주장이 정당화될 수 있는가?"를 묻고 의심하였다면, 이제 헤겔은 "독단주의를 파괴하는 아그리파의 트로펜 자체가 정당화될 수 있는가?"를 문제 삼는다. 아그리파의 트로펜에 대한 구체적인 답변 내용은 각각의 트로푸스에 대한 개별적인 대응을 통해서 확보될 수 있을 것이다. 이후의 작업은 앞의 저 긴 인용문에 대한 각주라고 볼 수 있다.

4.1. 아그리파의 제1트로푸스에 대한 헤겔의 대응

아그리파의 제1트로푸스는 철학적 의견이나 믿음들의 상이성과 관련된 논변 형식이다. 철학적 의견들의 상이성은 부정할 수 없는 사실이다. 서로 다른 학파들 간의 상이한 철학적 의견들이나 혹은 동일한 학파 내에서의 상이한 의견들, 상이성을 상이성으로서 규정할 수 있는 기준들의 상이한 철학적 견해들은 마치 영원히 해결될 수 없는 것처럼 보이기까지 한다.

아그리파의 제1트로푸스에 대해서 헤겔은 상이한 철학적 의견들을 필연적인 연관관계에 놓여 있는 전체의 연속 과정으로 파악할 경우, 그것들은 우연적인 것이 아니라 학문 발전의 필연적이고 체계적인 단계들로 변형되어 자리매김될 수 있다고 본다. 철학의 역사가 상이하고 잡다한 입장들을 단순히 열거하거나 병치하는 것이 아니라 하나의 총체적인 철학적 연쇄로서 해석될 경우, 원칙적으로 철학적 의견들의 상이성은 지양될 수 있다는 것이다.[89] 철학적 의견들의 상이성이란 그것들을 고립적으로 분리한 채 고찰할 때 나타나는

---

88) Hartmut Buchner, "Skeptizismus und Dialektik," pp.227-43 참조. 부흐너에 따르면, 적어도 예나 시대의 헤겔은 고대의 회의주의자들과 같이 유한성의 지양에 대한 요구만을 자각한 채 그 해결책을 찾지 못하고 있었다. 고대 회의주의를 사변적인 학문의 한 계기로서 부정적-이성의 차원의 변증법으로 확립하는 것은 비로소 『철학적 학문들의 백과사전』에 와서이다.

89) Heinz Röttges, *Dialektik und Skeptizismus: Die Rolle des Skeptizismus für Genese, Selbstverständnis und Kritik der Dialektik*, pp.121 이하 참조. 뢰트게스에 따르면, 이미 헤겔의 『철학사 강의』 전체를 제1트로푸스에 대한 대응으로 읽을 수 있다.

것일 뿐이다. 고로 제1트로푸스를 극복하기 위한 헤겔의 전략은, 상이한 견해들을 유기적이고 중층적으로 짜인 하나의 전체 그물망에서 보면, 그것들의 상이성이란 일련의 발전 과정에서 나타나는 상이성일 뿐이기 때문에 상이한 의견들의 일면성은 질서 있는 발전 과정 속에 편입될 수 있다는 데에 있다.

헤겔은 철학적 의견들의 상이성 논변을 펼치는 아그리파를 고집스러운 환자에 빗대고 있다. "의사로부터 과일을 먹도록 권유받은 환자에게 앵두나 복숭아 또는 포도가 제공될 경우, 그는 자기의 지성을 과시하려는 나머지 과일들에 손을 대려고 하지 않는다. 왜냐하면 그에게 그것은 과일이 아니고 하나는 앵두, 다음 것은 복숭아나 포도이기 때문이다."[90] 철학적으로 상이한 의견들이란 앵두나 복숭아, 포도와 같다. 그러나 앵두나 복숭아, 포도 등은 과일이라는 점에서 동일하다. 따라서 "철학적인 체계들이 매우 상이하다 하더라도 희고, 달고, 푸르고, 거친 식으로 다른 것이 아니다. 그것들은 모두 철학이라는 점에서 일치한다."[91] 아그리파는 철학적 의견들의 상이성에만 주목함으로써 이런 상이한 의견들이 하나의 철학이라는 보편적 이념 속에서 전개된 것이라는 것을 간과하고 말았다. 앵두와 복숭아, 포도의 구별만을 고집하는 환자가 아그리파라면, 그것들을 과일이라는 전체 속에서 파악하라고 권면하는 의사는 헤겔일 것이다. 결국 아그리파는 제1트로푸스에 의해 상이하거나 대립하는 의견들을 해소할 수 없는 것으로 보지만, 그것은 아그리파가 부분에 집착하여 지성의 한계를 보지 못하기 때문이다. 그래서 앞의 인용문에서 헤겔은 "순수하게 부등한 것은 지성에게만 존재하며, 모든 부등한 것은 이성에 의해 하나[의 동일한 것으]로 정립된다."[92]고 진술했던 것이다.

아그리파의 제1트로푸스는 특정한 철학적 믿음들을 진리로 내세우는 모든 독단주의를 무력화할 수 있다. 독단주의자가 내세우는 주장은 유한하고 규정된 것이어서 언제나 그것과 대립하는 주장들을 동등한 권리를 가지고 원리적으로 내세울 수 있기 때문이다. 그러나 모든 규정된 철학적 의견들을 하나의

---

90) Georg W. F. Hegel, *VGP I*, p.37. Georg W. F. Hegel, *Enz I*, p.59[13] 참조.
91) Georg W. F. Hegel, *VGP II*, p.380.
92) Georg W. F. Hegel, *VSP*, p.246.

자기 전개 과정으로 파악하는 이성 앞에서 아그리파의 제1트로푸스는 위력을 발휘할 수 없다. 사변철학에서는 어떤 의견에 반대되는 상이한 의견조차 하나의 동일한 철학 속에 자리 잡은 것이기 때문이다. 제시된 의견에 반대하는 그 의견조차 하나의 철학적인 사유의 체계 속에서 이해된다. 이렇게 제1트로푸스에 대한 헤겔의 대응은 어떤 주장에 대한 전면적인 반박이나 부정이 아니라, 그 주장에 대한 '지양(Aufhebung)'93) 속에서 이루어진다. 상이한 주장들을 양립할 수 없는 대립적인 것으로 간주할 경우, 대립적인 것은 언제나 일면적인 것에 머무르기 때문에 그것과 대립하는 것의 출현은 필연적이다. 그러나 대립된 것을 총체적인 전체의 계기로 지양한다면, 경쟁적인 타자로서의 상이한 이론의 제출은 원칙적으로 봉쇄될 수 있고, 따라서 제1트로푸스에서 벗어날 수 있다. 이 경우, 상이한 의견들이 맺는 관계는 배척적인 타자 관계가 아니라 상보적인 자기 관계이며 자기 구별로 전화된다. 역으로 말해서 상이한 철학적 믿음들이 자기 비교나 자기 구별로써 파악되지 않는다면 제1트로푸스로부터의 탈출은 불가능하다. 헤겔 철학에서는 다양하고 상이한 철학적 의견들이 원자화된 고립적인 것들로서가 아니라, 언제나 하나의 철학을 풍부하고 다채롭게 장식하고 필연적으로 구성하는 계기로 전화된다.

헤겔이 "전체가 참된 것이다."94) 혹은 "총체성이야말로 비로소 참된 것이

---

93) 헤겔 철학에서 '지양'은 한편으로는 '없앤다' '부정한다'와, 또 다른 한편으로는 '보존한다'는 이중적 의미를 갖고 있다. '지양'의 의미에 관해서는 Georg W. F. Hegel, *PhdG*, p.94; Georg W. F. Hegel, *Enz I*, p.204[96, Zusatz] 참조. 가령 거름은 사과나무에 의해 흡수되어 없어진다. 그렇지만 그것은 그렇게 해서 나무가 된다. 거름은 나무에 의해 부정되면서 새로운 것으로 변형되는 가운데 보존되는 것이기도 하다. 마찬가지로 독단주의나 회의주의 역시 사변철학의 한 부분으로 변형되어 지양된다. 헤겔의 사변철학에서 완전히 부정되어 소멸되는 철학적 견해란 존재하지 않으며, 하나의 철학 전체에서 어떤 의미도 갖지 않는 주장이나 이론은 없다.

94) Georg W. F. Hegel, *PhdG*, p.24. "전체가 참된 것이다." 역시 하나의 명제이기 때문에 피론주의의 트로펜으로부터 벗어날 수 없다는 반론이 성립할 수 있다. 물론 사변이나 절대적 반성 역시 언어적인 서술의 가능성과 본질적으로 연결되어 있다. 그러나 "전체가 진리다." 또는 "현실적인 것은 이성적인 것이다."와 같은 사변적인 명제란 "주어나 술어의 구별을 내포하는 [일상적인] 판단이나 명제 일반의 본성을 파괴하는 것이다."(*PhdG*, p.59) 사변적인 명제의 주어와 술어는 더 이상 감각 가능한 일반성이거나 류(類)가 아니라 보편적 규정으로서의 범주라는 점에서 경험적인 명제와 구별된다. 예를 들어 "이 꽃은 붉다."는 명제는 사변

다."[95]라는 그의 진리관을 표명하는 까닭이 여기에 있다. 특정한 명제, 의견, 주장들로 진리를 파악하고 표현하려는 태도는 규정된 유한한 것을 절대적인 것으로 내세움으로써 상이한 철학적 견해들이나 믿음들의 대립으로부터 벗어날 수 없다. 아그리파의 제1트로푸스에 빠지는 것이다. 유한한 명제나 규정들은 필연적으로 그것들과 대립되는 유한한 명제나 규정들을 초래하기 때문이다. 헤겔이 자기 철학 체계에서 어떤 근본 명제도 갖기를 거부하면서 유한한 주장들을 총체적으로 매개하는 과정을 본질적인 것으로 언급하고 있는데는 바로 아그리파의 제1트로푸스에 대한 대응의 맥락이 놓여 있다.

어떤 사유 규정이나 명제, 주장, 지식이라도 총체성의 의미 연관 속에서 파악되지 않고 독립적인 지위를 갖는 것으로 간주된다면, 그것은 다시 아그리파의 제1트로푸스가 자라날 좋은 텃밭이 될 것이다. 그래서 "총체성이 비로소 참된 것"이라는 헤겔의 주장은 피론주의를 대하는 데서도 그대로 관철되어야 한다. 만약 그렇지 않다면 사변철학은 피론주의와 맞서게 되고, 따라서 제1트로푸스에 걸려들 것이다. 이렇게 헤겔은 고대 피론주의를 사변철학의 타자로서가 아니라 오히려 그것을 사변철학의 하나의 구성 계기로 끌어안음으로써 제1트로푸스의 예봉을 비켜가는 것이다. 그렇지만 고대 피론주의를

명제가 아니다. 사변적인 주어와 술어는 논리적인 범주들로 구성되며, 그 명제에서는 명제의 술어가 주어로, 또 주어는 술어가 된다. 예컨대 "신은 존재다."라는 명제의 사변적인 내용은 "존재는 신이다."로 이해된다는 점에서 전통적인 판단의 형식을 파괴한다. 사변적 사유는 고정된 대상적인 토대로서의 주어에 대한 술어들을 단순히 긍정하거나 부정함으로써 진행되지 않는다. 오히려 사변적인 명제를 구성하는 내용의 차이는 '계사(Ist)에 대한 집착' (*PhdG*, p.568)으로부터 벗어나 주어와 술어의 양 항을 계기로 갖는 총체성 내에서 규정된다. 사변적인 명제는 주어와 술어의 구별을 하나의 통일 운동 속에서 산출하는 것이다. 그러므로 사변적인 명사에서 계사는 단순히 주어에 술어를 외적으로 부가하는 것이 아니라, 그 자체가 운동을 의미하는 진정한 주체의 성격을 갖는다. 주어가 술어를 포함하는 전통적 명제가 사변적 내용을 담을 수 없다는 점에서 절대적 반성의 운동은 '사변적 서술'(*PhdG*, p.61)을 요구한다. 헤겔의 사변 명제가 어떻게 전통적인 실체 형이상학의 비판일 수 있는지에 관해서는 고현범, 「사변 명제와 실체 형이상학 비판」, 『범한철학』 제36집(범한철학회, 2005), pp.235-62 참조. 실체 형이상학은 주어-술어 관계를 고정된 실체-속성의 관계로 파악하고 있는 데 반해, 헤겔의 사변 명제에서 "판단의 요소인 주어와 술어는 상호 운동하는 역동적인 것으로 파악된다."(p.258)

95) Georg W. F. Hegel, *VGP Ⅱ*, p.387

철학 전체가 아니라 철학을 구성하는 하나의 부분이나 계기로서만 승인하고 있다는 사실은, 헤겔이 고대 피론주의의 강점을 인정하는 동시에 그것 자체가 또한 어떤 한계를 지니고 있다고 여기고 있음을 말해준다. 여기서 벌써 헤겔이 특정한 철학들을 평가하고 해석하는 방식이 드러난다. 헤겔이 철학사에 등장하는 다양한 입장들을 비판할 경우, 그것은 곧 그런 철학적 믿음들을 완전히 부정하고 무효화하는 절대적인 부정을 의미하지 않는다. 피론주의는 물론이고 독단주의도 철학의 총체적인 의미 연관을 이루는 생산적인 논변으로 파악된다. 이렇게 함으로써 그는 피론주의와 독단주의마저도 부정하거나 배척하지 않고 철학 체계의 구성 부분으로 편입시킨다. 즉 지양한다. 그러니까 독단주의와 피론주의는 사변철학과 맞서는 상이한 철학이 아니라 사변철학인 것이다. 그것들은 철학적 사유의 내용을 구성하는 긍정적인 것으로 기능한다. 사변철학의 구체적 내용이란 바로 독단주의와 피론주의의 철학들에 대한 비판 과정이며 그 결과이다. 이렇게 개개의 철학적 사유 형태들에 대한 타당성의 여부가 아니라, 일정한 의미 연관을 구성하면서 생성론적으로 진행되는 철학적 사유의 역사성이 헤겔에게는 더욱 중요한 관심사로 등장한다.

그러나 제1트로푸스에 대한 이런 헤겔의 대응 전략은 아그리파의 제2트로푸스와 맞부딪칠 수밖에 없는 것처럼 보인다. "왜냐하면 철학의 역사가 무한대로 계속될 경우, 이는 … 무한소급의 논변에 저촉될 것이 분명하기 때문이다."[96] 역사란 지금 계속 진행 중이며 그에 따라 새로운 상이한 의견들이나 세계에 대한 해석들이 무한하게 등장하리라는 것은 쉽게 예상할 수 있다.

만약 사변의 총체성이 역사적 전개 과정 속에서 나타날 수 있는 모든 상이한 철학적 의견이나 믿음들을 이미 항상 자체 내에 포함하고 확정할 수 있다고 한다면, 피론주의자들은 이런 예언적이며 결정론적인 주장에 대립하는 주장을 동등한 권리를 가지고 제출할 수 있다. 피론주의자들이 헤겔과 동등한 권리를 가질 수 있는 이유는 철학적 의견들의 미래의 역사적 전개에 대한 주장은 그야말로 자유롭기 때문이다. 따라서 헤겔이 주장하고 있는 대로, 사변철학의 총체성이 아그리파의 제1트로푸스에 대한 적실한 극복 방안일 수 있으려면,

---

96) 임홍빈, 『근대적 이성과 헤겔 철학』(서울: 고려대학교 출판부, 1996), p.38.

그 총체성은 내재적인 궁극적 텔로스가 순차적으로 드러나는 이미 정해진 목적 실현의 과정이거나 혹은 어떤 선험적 필연성의 확인 과정이 아니라, 철학이 본질적으로 미래를 향해서 열려 있지 않으면 안 된다는 것을 함축하고 있다. 그렇다면 아그리파의 제1트로푸스에 대한 응답으로서 제출된 총체성의 미래에 대한 비결정성은 피론주의자들이 주장한 대로 곧바로 무한진행의 논변 형식에 빠질 수밖에 없는가? 철학사의 미래에 대한 개방성이 아그리파의 제2트로푸스로 빠져들 경우 제1트로푸스는 완전히 해소된 것으로 보기 어려우며, 헤겔의 응답은 단지 닥쳐올 파탄을 잠정적으로 연기한 것에 불과할 것이다.

4.2. 아그리파의 제2트로푸스에 대한 헤겔의 대응

아그리파의 제2트로푸스는 어떤 의견이나 주장을 정당화하기 위해 제시된 근거 역시 근거지어지지 않으면 안 된다는 무한소급의 논변 형식이다. 근거를 찾기 위해 무한하게 소급하는 과정에 대한 논변 형식은 곧 다른 트로펜과 마찬가지로 판단유보를 도출하기 위한 것이다. 헤겔의 제2트로푸스에 대한 대응 전략은 피론주의자들이 무한진행의 논변에서 사용하고 있는 '무한'의 범주 자체가 근거를 지니지 않고 있음을 지적하는 것이다. 새롭게 등장하는 의견들과 직접적으로 관계 맺을 경우, 철학은 어쩔 수 없이 무한진행에 빠질 것이다. 헤겔은 무한하게 확장 가능한 비학문적 주장이나 의견들을 하나하나 직접적으로 다루려고 하지 않는다. 이럴 경우 제2트로푸스로부터 탈출구는 막혀버린다. 총체성으로부터 야기된 무한진행의 난점을 벗어나기 위해 헤겔이 초점을 맞추고자 하는 것은 개별적인 주장이나 명제들에 대한 검토나 분석이 아니라, 이런 것들을 성립시키고 필연적으로 조건짓고 있는 개념적 가능성의 틀에 대한, 즉 판단 형식이나 추론 형식, 범주들 자체에 대한 서술이다. 헤겔은 아그리파가 제2트로푸스에서 이해하고 사용하는 '무한'이라는 범주 자체가 자기파괴적이라는 것을 입증함으로써 오히려 아그리파의 제2트로푸스의 지반을 무너뜨리려 하는 것이다.

헤겔이 무한진행의 논변 형식을 떠받치고 있는 '무한'이라는 범주 자체가 철학적 근거를 결여하고 있음을 증명하는 작업은 무엇보다도 '유한성'과 '무한성'에 대한 범주적 서술을 담고 있는 『논리학의 학』의 「현존재」에서 집중적으로 이루어지고 있다. 여기서 드러나는 사태는 '무한한 것'이 단지 '유한한 것(타자)'의 부정으로만 존재할 경우, 이 '무한한 것'은 타자의 비존재이므로 한계를 가진 어떤 '유한한 것'의 범주로 전락하고 만다는 것이다. 무한한 것이 유한한 것을 자기와 맞서는 타자로서 가질 경우, 무한한 것은 유한한 것의 피안으로서 모든 규정성을 상실한 공허하고 '나쁜 무한자'[97]가 될 수 있을 뿐이다. 왜냐하면 여기서 무한한 것이란 유한한 것과 일대일로 대립하게 됨으로써 유한한 것에 의해 한계를 갖는 것이고 그 자체 유한한 것이 되고 말기 때문이다. 따라서 무한한 것과 유한한 것이 타자로서 분리되어 있으면서 동시에 타자에 대한 부정이라는 관계를 통해 본질적으로 상호관계를 맺고 있는 이런 곳에서는, 무한한 것과 유한한 것의 지루한 대립만이 반복될 뿐이다. 사실상 아그리파가 제2트로푸스에서 사용하고 있는 '무한'이란 바로 이런 '나쁜 무한'에 기초하고 있다. 그러나 무한한 것과 유한한 것 어느 하나를 규정하기 위해서는 동시에 그것의 타자를 불러오지 않을 수 없다는 점에서 무한한 것과 유한한 것은 서로에 대해 배타적인 타자일 수 없다. 따라서 유한한 것과 무한한 것은 그의 타자를 자기 자신의 규정 속에 품고 있으며, 제각각 자신의 타자를 자신의 한 계기로서 자신 속에 품고 있지 않으면 안 된다. 무한한 것과 유한한 것은 이렇게 똑같은 부정의 부정으로서 정립되어 있다. 먼저 유한한 것을 놓고 볼 때, 유한한 것은 스스로를 부정하여 무한한 것으로 되는데 이 무한한 것 역시 스스로를 부정하여 유한한 것이 된다. 이것은 무한한 것의 경우에도 마찬가지다. 요컨대 유한한 것과 무한한 것은 둘 다 자신의 부정을 통하여 자기 자신에게로 귀환하는 하나의 과정으로서의 자기를 지양하는 운동인 것이다. 유한한 것과 무한한 것은 각기 질적인 존재로서 자립성을 갖는 것이 아니라, 하나의 통일을 이루는 전체의 양 계기에 불과하다. 마침내 유한한 것과 무한한 것을 양 계기로 삼는 하나의 전체로서의 자기 관계적인 운동이 될 때에야 무한자는 '참된 무한자'[98]가 될 수 있다.

---

97) Georg W. F. Hegel, *WdL* I, p.152.
98) *WdL* I, p.163. 유한과 무한이 각각 질적인 존재로서 자립성을 갖는 것이 아니라 하나의 통

「현존재」의 무한성과 유한성의 범주들이 맺고 있는 관계에 대한 헤겔의 개념적 파악은 참된 무한의 범주란 유한과 무한을 두 계기로 포함하는 하나의 자기이지 않으면 안 된다는 것을 논증한 셈이다. 그런데 아그리파의 제2트로푸스는 유한과 무한을 대립시킬 경우에만, 즉 반성되지 않은 일상적인 무한 개념(나쁜 무한)에 기초해서만 성립될 수 있는 논변 형식이다. 결국 아그리파의 제2트로푸스가 독단주의를 비판하고 있긴 하지만, 그도 '무한'의 범주를 무비판적으로 이해하고 있다는 점에서 독단주의자와 도긴개긴이다. 섹스투스 엠피리쿠스는 유한과 무한을 분리해서 고찰하는 독단론적인 신관(神觀)을 맹렬하게 비판하였다.[99] 그렇지만 헤겔이 볼 때, 그 비판적인 논변은 여전히 유한과 무한을 고립적으로 파악하는 일상적인 지성의 단계에서 벗어나지 못한 것이다.

일을 이루는 양 계기로 정립될 경우, 악무한은 '참무한'(WdL I, p.164)이 된다. 개념적으로 파악된 참무한의 개념이란 외적인 교체로서의 직선적인 무한진행이 아니라, 그 안에서 유한과 무한이 자신의 부정을 통해 자신에게로 귀환하는 하나의 전체로서의 운동이다. 이를 도식화하면 다음과 같을 것이다.

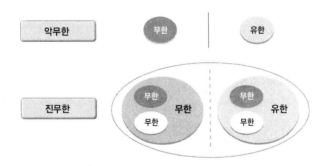

99) Sextus Empiricus, M 9.49-194 참조. 섹스투스 엠피리쿠스에 따르면, 신이 존재할 경우 신은 무한하거나 유한해야 한다. 먼저 신이 유한하다면, 유한은 무한의 한 부분이므로, 신은 자기보다 더욱 완전하고 나은 존재를 인정하는 셈이다. 이럴 경우, 신은 신이 아니다. 그러나 그렇다고 해서 신이 무한한 것도 아니다. 왜냐하면 무한할 경우, 신은 움직이지 못하며 따라서 운동할 수 없게 된다. 이런 생명이 없는 신은 신이 아니다. 물론 제3의 대안의 가능성을 생각할 수는 없다. 궁극적 원인에 대한 공격을 하고 있는 수많은 섹스투스 엠피리쿠스의 논의는 곧 근대 이성론의 신에 대한 비판으로도 환치될 수 있다.

아그리파의 제2트로푸스에 대한 헤겔의 대응에서 우리는 유한성의 단순한 부정으로서의 무한성의 표상을 넘어선 '자기 관계적 부정성(die sich auf selbst beziehende Negativität)'[100]이라는 사변철학의 핵심적인 방법적 이념을 — 명시적이지는 않지만 — 만나게 된다. 참된 무한성의 자기 관계적 부정성이란 스스로를 구별하는 동시에 그 구별을 지양하는 절대적 주체의 개념을 떠나서는 설명될 수 없다. 이렇게 제2트로푸스에 대응하기 위해 헤겔은 참된 무한성의 개념뿐만 아니라 자기 관계적 부정성, 절대적 주체성, 지양 등의 다른 개념들을 동원하게 되는데, 이런 사태는 아그리파의 트로펜에 대응하고자 할 경우 어떤 하나의 특정한 개념에 대한 서술에 의해서는 적절한 대응이 이루어질 수 없음을 말해준다. 아그리파의 트로펜을 겨냥하고 있는 헤겔의 여러 개념들은 상호 긴밀하게 연결된 그물망으로 짜여 있으며, 그런 그물망으로부터 적출된 단일한 원리적 개념에 의해서는 부분적인 해명만이 가능할 뿐이다.

4.3. 아그리파의 제4트로푸스에 대한 헤겔의 대응

아그리파의 제4트로푸스는 독단적인 전제 설정에 대한 논변 형식이다. 독단주의자는 증거나 진리 기준을 끊임없이 근거지으려는 무한소급의 논변 형식을 피하기 위해서 증명되지 않은 혹은 증명될 수 없는 것을 학문의 자명한 제1원리나 시원(始原)으로 채택한다. 증명되지 않은 것을 학문의 자명한 제1원리로 채택할 경우, 학문의 시원이란 자의적이고 우연적이 될 수밖에 없다. 학문의 임의적인 시원에 대한 주장에 대해서 피론주의자들은 동등한 권리를 가지고 그것과 상충하는 임의적인 학문의 시원을 언제든 그리고 어떻게든 제시할 수 있다. 독단적으로 전제를 설정할 경우 정당화는 더 이상 문제가 되지 않기 때문이다.

---

100) 자기 관계적 부정성에 대한 수많은 헤겔의 언급 가운데 다음의 인용만으로도 충분할 것 같다. Georg W. F. Hegel, *WdL* Ⅱ, p.23. "그런데 부정적인 것에 대한 부정은 자기 자신과만 관계하는 부정성이다. 이것은 규정성 자체의 절대적인 지양이다." 이 외에 *WdL* Ⅱ, pp.193, 199-200 참조. 자기 관계적 부정성에 대한 논의는 뒤에서 다루어진다.

헤겔은 철학 이외의 다른 학문들의 경우, 다루어야 할 대상들이 직접 전제된다 하더라도 사태가 만족스럽게 분석되고 설명될 수 있다는 점을 인정하고 있다.[101] 그러나 적어도 철학에서는 자명한 것으로 전제된 제1원칙들이 학문의 시원으로서 정당화될 수는 없다고 보는데, 이 점에서 헤겔은 아그리파와 전적으로 입장이 같다. "[철학적 인식 방식의 사유에서] 잠정적인 해명은 비철학적일 수밖에 없다. 그와 같은 해명은 전제들, 단언들, 추론들로, 즉 우연적인 주장들로 짜인 것 이상일 수 없다. 그러므로 이런 주장들에 대해서는 또한 동등한 권리를 가지고 대립된 주장들이 단언될 수 있다."[102] 지적인 직관이나 직접적 지식, 믿음, 계시, 주관적 확실성, 느낌, 절대적 자아, 정의(定義)들, 준칙들을 학문의 전제로 허용하는 모든 철학적 견해들이란 그것들과 대립하는 전제들이 같은 권리를 가지고 제시될 수 있다는 점에서, 헤겔은 그 견해들을 아그리파의 제4트로푸스에 대항할 수 없는 독단주의로 간주한다. 그래서 헤겔은 지적인 직관에 의존하는 셸링(Friedrich W. J. Schelling, 1775-1854)이나 직접적으로 설정된 정의로부터 출발하는 스피노자 철학을 '어두운 밤의 까만 소'[103]나 '피스톨에서 발사되는 것처럼 논의를 시작하는 사람들'[104]이라고, 또한 직접적 지식을 내세우는 야코비의 철학을 '진리 의식의 **배타적인 형식**'[105]이라고 냉소적으로 비판하는 것이다. 어두운 밤에서는 모든 것이 까맣게 보이며, 그것을 근거지으려는 시도는 별 의미가 없다. 이들 철학에서는 전제 설정에 대해 철학적으로 근거지어진 정당화가 결여되어 있는 것이다. 어떤 철학이건 학문의 시원을 직접적으로 설정하거나, 잠정적인 것이거나 자의적인 것 혹은 요청에 의해 전제된 것에서 마련할 경우, 그런 종류의 철학은 원리적으로 아그리파의 제4트로푸스에 걸려들 수밖에 없다.

헤겔은 『논리학의 학』의 「학문의 시원은 무엇에서 시작되어야 하는가?」에

---

101) Georg W. F. Hegel, *Enz I*, p.41[1] 참조.
102) *Enz I*, p.53[10].
103) Georg W. F. Hegel, *PhdG*, p.22.
104) Georg W. F. Hegel, *WdL I*, p.65.
105) Georg W. F. Hegel, *Enz I*, p.55[11].

서 아그리파의 제4트로푸스에 대한 대응을 모색한다.[106] 헤겔이 전개하고 있는 요점은 모든 '매개'를 배제한 '직접성'이라는 범주 자체가 철학적으로 근거지어지지 않은 표상에 불과하다는 데에 있다. 매개와 직접성을 절대적인 대립 관계로 간주하면서 더 이상 매개(사유)가 침투할 수 없는 어떤 순수하고 직접적인 시원을 학문에서 찾는다고 할 때, 이렇게 이해된 의미에서의 시원은 단순한 전제나 독단적 확신에 지나지 않기 때문에 결국 스스로 '시원'의 자격을 상실하고 마는 것이다.[107] 아주 간략하게 헤겔의 서술을 좇아가보자. ① 만약 학문의 시원이 존재한다면 그것은 매개된 것이거나 직접적인 것일 수밖에 없다. ② 그런데 학문의 시원이 매개된 것이 아니라는 것은 분명하다. 매개된 것은 직접적인 것이 아니므로 시원의 자격을 상실하기 때문이다. ③ 그렇지만 학문의 시원이 직접적인 것이 아니라는 것도 마찬가지로 분명하다. "그 직접적인 것이 왜 학문의 필연적인 시원이 되어야 하는가?" 하는 사유의 매개를 거치지 않으면 마찬가지로 철학적 출발점의 자격을 상실하기 때문이다. ④ 따라서 매개된 것이거나 직접적인 것을 대립적인 것으로 간주할 경우 근거지어진 학문의 시원을 설정할 수 없다. 매개와 직접성의 범주를 대립시키고 매개를 배제한 순수한 직접성의 표상을 고집하는 한, 아그리파의 제4트로푸스의 극복은 영구히 불가능하다.

독단주의자들이 매번 피론주의자들에게 손을 들 수밖에 없었던 이유는 궁극적으로 '직접성'과 '매개'의 범주를 따로 떨어진 타자로서 취급하는 추상적인, 즉 지성적인 사유의 수준에서 시원을 찾았기 때문이다. 그들은 매개(근거)를 배제한 직접적인 전제만이 학문의 시원이 될 수 있다고 여겼고, 그렇기 때문에 피론주의자들은 근거를 결여한 채로 그들과 대립하는 시원을 마음껏 제시할 수 있었던 것이다. 그러니까 독단주의자 못지않게 피론주의자들도 직접성에 대해서 매개를, 혹은 매개에 대해서 직접성을 타자로 대립시키는 지성적인 범주 이해를 공유하고 있는 셈이다. 매개를 배제한 직접성이라는 표상은 일상적인 삶이나 분석적인 학문 분과에서 통용되고 또 나아가 타당한

---

106) Georg W. F. Hegel, *WdL* I, pp.65~79 참조.
107) Georg W. F. Hegel, *Enz* I, pp.41[1], 167[77] 참조.

것으로 여겨지기도 한다. 그렇지만 헤겔이 볼 때, 범주에 대한 이런 일상적인 이해나 사용은 그것들이 맺고 있는 연관을 아직은 총체적으로 파악하지 못한 데서 비롯된 것이다. 논리적인 범주(사유 규정)들이 자기 구별에 의해 스스로 정립해가는 의미론적 연관은 '직접성'에 대한 지성의 이해가 근거지어지지 않은 것임을 드러내준다. 직접성의 범주는 직접성만으로는 이해될 수 없고, 오로지 '지양된 매개'라는 의미 연관 속에서만 개념적으로 파악될 수 있다.[108] 매개 역시 마찬가지다. 그렇기에 "하늘, 자연, 정신 또는 그 어디에도 직접성과 더불어 매개를 포함하지 않는 것은 없다."[109] 결국 직접성과 매개라는 양 사유 규정은 분리되지 않고 분리될 수도 없는 '매개와 직접성의 통일' 속에 있는 것이다.

헤겔이 학문의 시원으로 내세운 것은 '순수 존재(das reine Sein)'이다. 이때 순수 존재는 더 이상 아그리파의 제4트로푸스에서 나타나는 매개를 배제한 직접적인 것이 아니라 매개된 것이면서 동시에 직접적인 것이다. "이 순수 **존재**는 절대적으로 직접적인 것이면서 그에 못지않게 절대적으로 매개된 것이다."[110] 이 최초의 순수 존재라는 범주가 이미 직접성과 매개의 자기모순을 자체 내에 포함하고 있기 때문에 범주들의 운동에 의한 자기 구성적이고 자율적인 『논리학의 학』의 서술이 가능한 것이다. 직접적인 것들로 주어진 것조차 그것이 품고 있는 매개성으로 인해서 타자와의 연관성을 전개할 수 있다. 물론 이 순수 존재란 직접성과 매개가 통일되어 있는 가장 직접적인 것 그 자체여서, 즉 철학적 사유의 시원인 이 범주는 아직 무구별적이며 무내용적인 것이어서 그것이 원초적으로 지니고 있는 매개성이 구체적으로 전개되고 서술되고 나서야 시원 자체가 비로소 명확하게 근거지어질 수 있다. 시원의 체계 내에서의 정당성은 시원으로부터 진행되어나가는 이후의 과정에 의해 증명되며, 이런 점에서 시원과 결과는 따로 분리되지 않으며 분리될 수도 없다. 즉 최초의 전제는 어떻게 그것이 시원으로서의 전제가 될 수 있는지가

---

108) 『논리학의 학』에서 등장하는 모든 직접성은 '자기 자신을 지양하는 직접성'(Georg W. F. Hegel, *WdL* II, p.26)이며, 매개를 초월하거나 결여한 직접성은 존재하지 않는다.
109) Georg W. F. Hegel, *WdL* I, p.66.
110) *WdL* I, p.72.

이후의 전개 과정에 의해 입증되어야 하며, 어디까지나 '전제로서 반성된 전제'이지 않으면 안 된다.[111] 헤겔은 이런 사태를 다음과 같이 표현하고 있다. "학문 전체는 최초의 것이 최후의 것이고 최후의 것이 곧 최초의 것이 되는 자기 내에서의 원환 운동이다."[112] 철학적 사유의 시원과 결과의 원환은 철학적 사유의 시원이 이후에 전개되는 범주들의 필연적인 진행 과정의 근거이면서 동시에 범주들의 진행 과정을 통해 근거지어지는 것임을 뜻한다.

그러나 이런 사변철학의 이론 형식은 아그리파의 제4트로푸스를 완전히 해결하고 있는가? 헤겔의 대응의 핵심은 '직접성'과 '매개'의 사유 규정들이 서로 필연적으로 연관되어 있는데도, 즉 순수 존재는 지양된 매개로서 매개와 관련된 무구별적인 직접성인데도, 제4트로푸스에서 아그리파는 철학적 논변의 단초로 매개를 배제한 직접적인 시원을 상정하고 있고, 따라서 이 트로푸스 자체가 근거지어지지 않은 범주에 기초하고 있다는 것이었다. 그리고 직접성과 매개라는 범주의 의미론적인 연관의 전체 체계를 포착할 때, 피론주의자들이 동등한 비중을 가지고 상충하는 범주들을 제시할 수 있는 가능성을 원천적으로 봉쇄할 수 있다는 것이었다. 범주들을 상호 고립되고 대립된 관계 속에서가 아니라 하나의 자기 관계 속에서 개념적으로 파악할 경우에만, 제4트로푸스의 늪에서 빠져나올 수 있는 길이 열린다.

그러나 헤겔의 이런 응답은 또 다른 문제를 야기하는 것 같다. 헤겔은 시원과 결과가 원환적인 운동을 한다고 주장하였다. 그에 의하면, 철학적 시원이란 아직 무내용적이고 무구별적인 것이기 때문에 그것의 정당성은 시원으로부터 전개되는 이후의 과정에 의해 근거지어져야 하는 것이었다. '원환들의 원환(ein Kreis von Kreisen)'[113]이라는 헤겔의 표현은 이런 자기 준거적인

---

111) Rüdiger Bubner, "Die ≫Sache seblst≪ in Hegels System," in *Seminar: Dialektik in der Philosophie Hegels*, hrsg. von Rolf-Peter Horstmann(Frankfurt am Main: Suhrkamp Verlag, 1989) pp.103-6 참조. '전제로서 반성된 전제'는 아무런 의심 없이 받아들인, 혹은 더 이상 회의할 수 없는 지점에서 허용한 모든 전제나 주장들을 남김없이 따져보려는 '전면적인 **무전제성**'(Georg W. F. Hegel, *Enz* Ⅰ, p.168[78])으로도 환치될 수 있다.

112) Georg W. F. Hegel, WdL Ⅰ, p.70.

113) Georg W. F. Hegel, *WdL* Ⅱ, p.571.

범주 체계들의 필연적이면서도 복합적인 연관을 상징적으로 나타낸다. 그러나 이런 식의 논변을 보고 섹스투스 엠피리쿠스는 독단주의자와 마찬가지로 헤겔도 무한소급의 논변 형식이나 독단적인 전제 설정의 논변 형식을 회피하기 위해 순환의 논변 형식에 호소하고 있다고 필경 비판할 것이다. "실제로 철학적 사유의 시원이나 단초를 계속되는 구체적 서술에 의해서 그 자체의 정당성을 논증해 보일 경우, 그리고 이러한 사유의 결과가 사유의 단초와 일치할 경우, 우리는 광범위한 의미에서의 자기 순환적인 이론 형식을 눈앞에 직면하게 되기"[114] 때문이다. 아그리파의 시각에서 본다면, 헤겔은 제5트로푸스에 의존하여 잠시 곤경을 모면하고 있을 뿐이다. 따라서 아그피라의 제4트로푸스에 대한 헤겔의 응답은 제5트로푸스에 대한 그의 응답을 요구하는 것이기도 하다. 아그리파의 트로펜이 매우 긴밀하게 연결되어 있는 것처럼 헤겔의 각각의 대응도 역시 그럴 수밖에 없는 것이다.[115]

4.4. 아그리파의 제5트로푸스에 대한 헤겔의 대응

독단주의자들이 무한진행의 논변 형식이나 독단적인 전제 설정의 논변 형식을 피하기 위해 의존하는 것이 아그리파의 제5트로푸스인 순환의 논변 형식이다. 이것은 근거지어져야 할 것을 이미 근거지어진 것으로 대체할 때에 성립하는 트로푸스이다. 아주 간단히 말하면, P(a)는 P(b)에 의해 근거지어지

---

114) 임홍빈, 『근대적 이성과 헤겔 철학』, p.50.

115) Michael N. Forster, *Hegel and Skepticism*, pp.97-116, 140-7 참조. 포스터에 따르면, 고대 피론주의자에 대한 헤겔의 대응은 피론주의자들의 등치의 방법을 무력화하는 데에 그 요점이 있다. 헤겔 체계의 원환성은 비학문적인 주장을 남김없이 지양하여 어떤 대안적인 다른 경쟁 개념의 등장을 원칙적으로 봉쇄하려는 총체성의 개념과 밀접한 관계에 놓여 있다. 헤겔은 총체성을 확보하기 위해서 완전한 체계성을 구축하려 한다. 즉 자기모순적인 범주들의 완전한 체계를 구축함으로써 비학문적인 주장들을 포괄적으로 파괴시키고자 하는 것이 피론주의의 논변 형식들에 대한 헤겔의 전략이다. 이때 어떤 주장들이나 의견들이 하나의 전체적인 체계 내에 있다는 정당성은 바로 범주들의 자기모순을 보여주는 변증법의 원환성에 의해 보장된다. 사변철학에서 나타나는 포괄성(exhaustiveness), 완전한 체계성(complete systematicity), 자기모순을 통한 필연적이고 유기적인 관계(necessary connections), 원환성(circularity) 등이 피론주의의 대응과 긴밀하게 연결된다.

고, P(b)는 근거를 필요로 했던 P(a)에 의해 근거지어지는 경우가 이에 해당한다. 이것들은 P(a)에서 P(b)로, 또 P(b)에서 P(a)로 끊임없이 공회전을 한다. 순환의 논변 형식은 어떤 생산성도 갖지 못하면서 아주 분주하게 근거를 마련한 듯한 모양새를 취한다. 악순환이다. 아그리파의 제2트로푸스와 제4 트로푸스는 궁극적으로는 범주들을 부정적인 타자로서 대립시키는 데서 성립하였다. 마찬가지로 제5트로푸스 또한 '근거'와 '근거지어진 것'을 분리된 타자로 취급하며, 이런 타자에 의한 정당화의 방식을 고수하는 데서 발생하는 것이다. 벌써 우리는 헤겔의 대응을 예상할 수 있다. "… [지성과는 달리] 이성적인 것 자체는 제5트로푸스인 순환의 논변 형식에 빠지지 않는다. 왜냐하면 관계 속에서는 결코 상호 근거지을 수 없기 때문이다."[116]

이성적인 것이 관계 자체이기 때문에 제5트로푸스에 빠지지 않는다는 것은, 곧 지성적 사유만이 이 트로푸스에 걸려든다는 것을 암시한다. 지성과 이성이란 도대체 무엇인가? 『철학적 학문들의 백과사전』에서 헤겔은 이에 대한 도식적인 설명을 하고 있다. 먼저 "α) 지성으로서의 사유는 고정된 규정성에 머무르면서 이 규정성과 다른 규정성과의 구별에 안주하는 것이다."[117] 지성은 사실 하나의 사유 규정이 다른 사유 규정과 불가분의 관계를 맺는데도 이를 파악하지 못하고 마치 이것들이 독자적으로 존립하는 것으로 간주한다. 예를 들어 무한은 무한이다. 무한은 유한이 아니다. 그것으로 충분하다. 이렇게 지성은 무한이 무한으로 존립하기 위해서는 유한은 타자로서 배척되어야 한다고 간주한다. 이에 반해 "β) 변증법적 계기는 이런 유한적인 규정이 스스로를 지양하고 자신과 대립하는 것으로 이행하는 것이다."[118] 무한이 참된 무한이기 위해서는 반드시 유한과 결부되지 않으면 안 된다. 무한이 무한만을 고집할수록 그래서 타자인 유한을 배제할수록 무한의 자기규정성은 그 근거를 상실한다. 그래서 무한은 그것과 대립하는 유한으로, 또 유한은 무한으로 이행해갈 수밖에 없다. 또 다른 예를 든다면, "사람은 죽는다."고 말할 때,

---

116) Georg W. F. Hegel, *VSP*, pp.246-7.
117) Georg W. F. Hegel, *Enz I*, p.169[80].
118) *Enz I*, p.172[81].

즉 삶과 죽음을 타자로서 구별하고 삶 이후에 죽음이 온다고 주장한다면 그것은 지성의 단계에서 사유한 것이다. 왜 죽음이 오는가? 이 물음에 대한 변증법적 사유의 답변은 다음과 같은 것이다. "생명 자체가 죽음의 씨앗을 자체 내에 지니고 있으며, 결국 유한한 것이 자체 내에서 자기와 모순되며, 그리하여 스스로를 지양한다는 것이 참된 파악이다."[119] 삶은 끝까지 자기를 유지하려고 했기 때문에 필연적으로 삶과 대립하는 죽음을 맞이할 수밖에 없다. 삶은 이미 삶을 실현했기 때문에 죽는다. 삶의 성장과 더불어 죽음도 성장한다. 그러니까 죽음을 키운 것은 죽음을 타자로 취급했던 삶이다. 한때 김나지움의 교장으로 재직했던 헤겔은 학생들의 이해를 돕기 위해 순수한 사유 규정이 아닌 경험적인 개념의 차원에서도 변증법의 쉬운 예들을 많이 들고 있는데, 가령 "잘난 체하면 큰코다친다."라든가 "모난 돌이 정 맞는다."라든가 "기쁨으로 충만한 심정은 눈물 속에서 안도하며, 경우에 따라서 가장 깊은 번민은 웃음으로 나타나는 법이다." 등이 여기에 해당한다.[120] 마지막으로 "γ) **사변적** 또는 **적극적–이성적인** 것은 대립하는 규정들의 통일을 파악한다. 즉 그것은 규정들이 해소되고 이행하는 데에 포함된 **긍정적인 것**을 파악하는 것이다."[121] 사변적인 것은 지성이 구분하고 고수했던 대립들을 지양된 것으로 자체 내에 포함하며, 그렇기에 이 통일은 단순히 변증법의 단계에서의 대립과 이행 운동에 그치지 않고 부정된 즉 규정된 내용들을 갖는다. 지성에서 대립했고 서로를 배척했던 유한한 것들은, 그래서 변증법적 단계에서는 상호 대립하는 것들로 이행해야 했던 것들은 이성에서는 통일을 이루는 계기들로 포섭된다. 이성은 대립하는 것으로 맞섰던 무한과 유한이 참무한의 구성 부분임을 파악하는 것이다. "사변적인 것은 … 그럼으로써 구체적인 총체성으로서 자신을 입증한다."[122]

사태를 명료하게 구별하고 분석하는 지성은 특정한 학문의 영역에서 유용

---

119) *Enz* I, p.173[81, Zusatz 1].
120) Enz I, p.175[81, Zusatz 1] 참조. 이런 예들은 오해의 소지가 있다. 하지만 변증법에 대한 접근을 돕는 것도 사실이다.
121) *Enz* I, p.176[82].
122) *Enz* I, p.178[82, Zusatz].

하게 기능할 수 있다. 헤겔은 구체적으로 이런 영역의 예로 자연과학, 수학, 기하학, 법학 등을 들고 있다.[123] 그렇다고 해서 그것이 전부인 것은 아니다. 지성적 사유는 사태의 해명과 관련하여 즉시 난관에 봉착한다. 지성이 참된 것으로 붙잡고 있는 일면적인 사유 규정(범주)들은 그것들이 지니고 있는 그 일면성 때문에 동등한 비중을 지닌 또 다른 사유 규정과 첨예하게 대립하지 않을 수 없기 때문이다. 지성의 한계를 반성하지 않은 채 지성이야말로 모든 사태를 근거지을 수 있다고 확신할 경우, 지성의 유한한 사유 규정에 의한 사태의 해명 과정은 오히려 그 사유 규정을 통해 배척하려 한 바로 그 타자를 초래하고 마는 상황에 빠지게 된다. 지성이 유한한 범주들의 근거를 제시하려고 하면 할수록 그것의 무근거성이 드러나는 것이다. 그러니까 유한한 사유 규정들의 유한성을 폭로하는 것은 오히려 그것들의 근거를 제시하려는 지성의 '고달프면서도 무익한 고역'[124] 때문이다. 이렇게 해서 모순을 사유하는 이성으로 가는 길은 지성에 의해 안내된다.[125] 엄밀하게 말한다면, 지성은 변증법을 통해 필연적으로 이성에로 인도되며, 이성은 자기의 정당성을 지성을 통해서만 확인할 수 있다.[126] 모순은 제거될 수 없을 뿐만 아니라 확

---

123) *Enz* I, p.169-70[80, Zusatz] 참조.

124) Georg W. F. Hegel, *VGP* III, p.173.

125) 존 맥타가르트 · 엘리스 맥타가르트, 『헤겔 변증법의 쟁점들』, 이종철 옮김(서울: 고려원, 1993), pp.1-132 참조. 맥타가르트는 헤겔 "변증법이 형식논리학의 모순율을 거부하지 않는다."(p.32)고 보기 때문에, 결국 최후의 절대 이념의 종합이 중요하고 변증법적 과정에서 '부정이 차지하는 지위는 단지 부차적'(p.33)이라고 주장한다. 그러나 이런 주장은 사변철학에서 작동하는 자기 관계적인 부정성의 방법적 이념의 중요성을 간과할 때만 성립할 수 있는 견해이다. 그렇지만 비록 맥타가르트의 주장이 형식논리학적인 시각에 경도되어 헤겔을 해석하고 있다 하더라도, 지성과 이성과의 연관관계를 설명한 부분은 매우 적실하며 계발적이다. 맥타가르트에 따르면 "지성이 필연적으로 우주에 대해 절대적이며 완전한 설명을 요구한다."(p.121)고 인정하는 경우, 이성의 정당성은 지성에 의해 보증될 수 있다. 즉 "지성은 스스로의 타당성을 부인하지 않는 한, 이성의 타당성을 인정하지 않을 수 없다."(p.41)는 것이다.

126) Ivan Soll, *An introduction to Hegel's metaphysics*(Chicago: The University of Chicago Press, 1969), pp.111-46 참조. 지성은 철학적인 사태 구명에 부적합하므로 이성으로 이행되어야 하는 반면, 지성은 없어서도 안 된다. 솔에 의하면, 이런 딜레마를 해결하는 방법이 바로 헤겔의 변증법이다. "헤겔의 변증법은 형이상학의 무한한 실재성을 파악하기 위해 지성의 유한한 범주들을 사용해야 할 필요성에 의해 제기된 딜레마를 겨냥하고 있는 철학적인 방법이다."(p.140)

정적으로 배제될 수도 없다는 자각은 오히려 각각의 유한한 범주를 독립적이고 그 자체로 궁극적으로 간주하는 지성에 의해 초래된 것이다. 그러나 사태를 완전하고 총체적으로 이해하기 위해 모순을 사유해야 하는 정당성이 지성에 의해 증명된다 하더라도, 정작 지성을 통해서는 대립된 범주들을 좀 더 높은 통일 속의 계기들로 파악할 수 없다. 지성이란 여전히 각각의 유한한 범주를 독립적이고 그 자체로 궁극적인 것으로 여기는 외고집의 사유이기 때문이다. 이에 반해 이성은 지성이 무비판적으로 받아들이거나 도구적으로 사용하는 사유 규정들을 하나의 의미 연관 속에서 개념적으로 파악하는 사유이다. 마침내 이성에 의해 유한하며 대립된 범주들은 하나로 통일된 자기 내에서의 자기 구별로, 즉 '자기 내에서 발전하는 총체성'[127]으로 편입되고 지양된다. 이런 점에서 이성은 특정한 유형의 사유(지성)에 대한 사유(이성)의 자기반성이라고 볼 수 있다. 어떤 사태를 인식하는 데 있어 지성과 이성은 따로 분리되어 상호 대립적인 관계에 머무는 것이 아니라, 사유 스스로가 전개하는 자기 관계적인 발전 운동인 것이다.[128]

지성과 이성을 이렇게 구별하는 데 있어 관건은 사유 규정들의 '자기 관계적 부정성'에 있다. 왜냐하면 결국 이성이 대립된 범주들을 전체의 계기들로

---

127) Georg W. F. Hegel, *VGP Ⅲ*, p.177.
128) Georg W. F. Hegel, Enz Ⅰ, p.379[226] 참조. "이것이 **지성**으로서 활동하는 이성이다. 따라서 이런 인식 작용이 도달하는 진리는 역시 오직 **유한한** 진리에 불과하다." 이성은 지성의 한계를 극복하기 위해 새로이 도입되는 또 다른 사유가 아니라 지성의 한계를 끝까지 밀고 나간 사유이다. 단적으로 말해서 이성은 지성 자체를 좀 더 합리화하는 사유 이외에 다른 것일 수 없다. 지성의 합리성의 한계에 대한 반성을 통해 이성은 좀 더 정합적이며 포괄적인 세계의 파악에 도달한다. 이것은 이성적 사유가 지성적 사유를 비판한다고 해서 지성은 이성으로 고양된 후 내버릴 수 있는 것이 아니라는 것을 함축한다. 헤겔은 지성의 역할을 십분 인정하고 있다. 이와 관련해서는 Georg W. F. Hegel, *PhdG*, pp.20, 29, 36 참조. ① 사유가 어떤 사태를 파악하기 위해서는 먼저 사태의 여러 다양한 요소들을 분할하여 분석하고, 그 요소들 간의 공통점을 정리하여 구별하지 않으면 안 된다. 이렇게 고정하고 분할하는 활동이야말로 지성이 행하는 고유한 작업이기 때문에 헤겔은 지성의 분석 능력을 가장 놀랍고 위대하며 나아가 절대적인 위력으로, 그리고 사유의 에네르기로 묘사한다. ② 더욱이 지성의 분석들과 구별들이 제거될 경우, 이성이 파악한 철학적 진리는 단지 신비적이며 비교적(秘敎的)인 것이 되고 말 것이다. 사변철학에 적합한 사유인 이성이 지성과 다르기는 하다. 하지만 이성이 파악한 철학적 진리는 오로지 모든 사람에게 공통적인 사유의 일상적인 양식으로서의 지성을 통해서만 보편적인 이해 가능성과 공적인 접근 가능성을 획득할 수 있다.

서 개념적으로 파악할 수 있는 근거는 유한한 범주들이 필연적으로 자신을 부정하고 지양해가는 운동 속에 있기 때문이다. 만약 범주들이 자기부정을 통해 자기와 관계 맺지 못할 경우, 이성은 타자와의 관계로부터 벗어나지 못하는 허울 좋은 지성에 불과할 것이다. 모든 사유 규정들이 필연적으로 하나의 자기 관계 속에서 정립되지 않을 경우, 이성과 지성의 구별만으로는 제5 트로푸스에 대한 대응은 완전할 수 없다.

'자기 관계적 부정성'이야말로 사유 규정들의 내재적이며 필연적인 연관을 산출하면서, 상호 대립된 유한한 범주들을 유기적인 하나의 전체 연관 속으로 정립하는 사변철학의 원칙적인 방법적 이념 규정이라고 할 수 있다. 헤겔 자신은 이렇게 말하고 있다. "[자기와의 부정적인 관계를 의미하는] 이 부정성은 … 살아 있는 정신적인 자기 운동의 가장 내적인 원천이며, 모든 참된 것을 그 자체 내에 지니며, 또한 모든 참된 것을 오직 진리일 수 있도록 하는 변증법적 영혼이다."[129] '자기 관계적 부정성', '부정의 부정', '절대적 부정성'은 모두 자기 자신을 부정하고 이 부정된 자기 자신을 다시 부정하는 개념들의 주체적 운동을 추동한다. 자기 관계적 부정이 없다면, 개념들 스스로가 실체와 양태라고 하는 이분법적인 고정된 틀을 넘어서서 자기 운동하는 역동적인 주체의 지위를 도저히 획득할 수 없다.[130] "참된 것은 **실체**로서가 아니라 **주체**로서 파악되고 표현되어야 한다."[131]고 헤겔이 주장할 때, 결국 이 지반에는 자기 관계적 부정성이 놓여 있는 것이다. 마침내 1802년의 저술에서 상대적으로 막연하게 구했던 '회의주의와 철학의 참된 관계'를 헤겔은 이제 분명하게 표현할 수 있게 되었다.

회의주의[피론주의]는 이 부정이 또한 긍정적이며 자체 내에서 어떤 규정된 내용이라는 것을 오인한다. 왜냐하면 진정한 부정이란 부정의 부정이고, 더 자세히 말한다면, 무한한 긍정이며 자기 관계하는 부정성이기 때문이다. 극히 추상적 수준

---

129) Georg W. F. Hegel, *WdL* II, p.563.
130) Heinz Röttges, *Dialektik und Skeptizismus: Die Rolle des Skeptizismus für Genese, Selbstverständnis und Kritik der Dialektik*, pp.154-5 참조.
131) Georg W. F. Hegel, *PhdG*, p.23.

522

에서이긴 하지만, 이것이 철학이 회의주의와 맺고 있는 관계이다.132)

　무엇보다 『논리학의 학』의 「본질성 혹은 반성 규정들」에서 개념들의 운동을 추동하는 자기 관계적 부정성의 구조가 극명하게 나타난다.133) 헤겔 스스로 이 부분을 '논리학에서 (가장) 어려운 부분'134)이라고 언급하고 있는데, 그 이유는 이 부분이 철학의 기본적인 범주들인 '동일성'과 '구별'을 서술하면서도 그것이 기존의 지성 논리학, 즉 형식논리학의 시각과 갈등을 일으키기 때문일 것이다. 우리는 '동일성', '구별', '상이성', '대립', '모순'으로 이행해가는 개념들의 주체적 운동에 대한 헤겔의 서술에서 몇 가지 자기 관계적 부정성의 특징들을 간취해낼 수 있다. 이 점들을 고려할 때 아그리파의 제5트로푸스에 대한 헤겔의 응답이 좀 더 충실하게 부각될 수 있을 것이다.

　(1) 체계 내에서 자기충족적으로 모든 범주를 연관짓는 자기 관계적 부정성은 단순한 일차원적인 이중 부정이 아니라 이차원적인 이중 부정의 구조를 지닌다. 즉 자기 관계적 부정성을 통해 타자 관계를 자기 관계로 지양하는 사변의 동일성이란 대립된 것들의 통일이 아니라, 대립된 것들의 통일과 대립된 것들의 구별의 통일이라는 이차원적인 구조를 갖는다.135) 우선 동일성과 구별의 '동일성'과 동일성과 구별의 '구별'이라고 하는 대립된 것들의 일차원적인 통일(이중 부정)은 오히려 타자에 대해 타자를 더욱 맞서게 하는 대립의 고정성을 심화시킬 뿐이다. 일차원적인 통일을 이룬 '동일성'과 '구별'은 각자가 타자를 자기 내에 품고 있고 따라서 자기와만 관계하면 되므로, 오히려 서로에 대해 무관심한 '상이성'으로 들어서고 만다. 사실상 아그리파의 논변 형식의 기초를 이루는 범주 사용은 타자를 자기와는 전혀 무관한 상이한 타자로서 취급하는 부정의 이런 일차원적인 구조에 의존하고 있다. 만약 헤겔이 말하고자 하는 자기 관계적 부정성을 이런 일차원적인 이중 부정으로 간주

132) Georg W. F. Hegel, *VGP Ⅱ*, p.360.

133) Georg W. F. Hegel, *WdL Ⅱ*, pp.35–80 참조.

134) Georg W. F. Hegel, *Enz Ⅰ*, p.236[114].

135) Dieter Henrich, *Hegel im Kontext*(Frankfurt am Main: Suhrkamp Verlag, 1981), p.98 참조. "헤겔의 변증법은 대립된 것들의 통일을 제시하는 데 그치는 것이 아니라, 대립된 것들의 통일과 대립된 것들의 차이의 통일을 보여주려 한다."

한다면, 그것은 아그리파의 트로펜에 대항하기 위해서 모든 개념들을 관계의 그물망 속에서 파악하려는 자기 관계적 부정성의 진의를 왜곡하는 것이다. 그렇기 때문에 동일성과 구별의 '동일성'과 동일성과 구별의 '구별'이 하나의 운동 과정을 이루는 '동일성과 구별의 동일성'으로 이해됨으로써만, 다시 말해서 "이중부정이 두 번 사유되는 경우에만, 이중부정은 자기 관계로서 사유될 수 있다."[136] '상이성'으로부터 '대립', '모순'으로 자기를 정립해나가는 범주들의 필연적인 계열은 동일성과 구별의 '동일성'과 동일성과 구별의 '구별'이라고 하는 일차원적인 이중 부정이 아니라, 동일성과 구별의 '동일성'과 동일성과 구별의 '구별'의 '동일성'이라고 하는 이중적인 이중 부정의 구조를 지닌다. 자기 관계적인 이중적인 이중 부정을 통해서 개념들과 범주들이 모두 필연적인 연관 하에서 파악될 경우 그리고 그럴 경우에만, 타자의 부정에 기초하고 있는 제5트로푸스가 힘을 쓸 수 없게 된다. 이것은 곧 모든 구별(비동일성)이 자기 구별로, 즉 자기 자신으로부터 자신을 밀쳐낸 자기 관계적인 구별로 파악될 경우에만, 범주들을 타자로 대립해서 보는 지성적 사유방식의 한계가 원칙적으로 극복될 수 있다는 것을 의미한다.[137] 지성과 이성에 대한 구별은 자기 관계적인 이중 부정을 통해 궁극적으로 근거지어진다고 볼 수 있다.

(2) 부정의 자기 관계는 부정이 자신으로부터 자기 자신과의 차이를 만들어내고 그리하여 자기 관계를 깨뜨리는 사태의 운동이다. 바꾸어 말한다면, 동일성과 구별의 '동일성'과 동일성과 구별의 '구별'이라고 하는 일차원적인 자기 관계는 '상이성'이라고 하는 자기 관계의 탈락을 낳는다. 그러니까 자기 관계(매개)의 탈락을 의미하는 '상이성'은 자기 관계의 존립을 통해서 발생한 것이다. 이런 면에서 '상이성'의 직접성은 매개된 지양이다. '상이성'에서 '대립', '모순'으로 진행되는 사태 자체의 운동은 다시 이 직접성을 매개하는

---

136) Dieter Henrich, "Hegels Grundoperation: Eine Einleitung in die Wissenschaft der Logik," in *Der Idealismus und seine Gegenwart: Festschrift für Werner Marx zum 65. Geburtstag*, hrsg. von Ute Guzzoni, Bernhard Rang und Ludwig Siep(Hamburg: Felix Meiner, 1976), p.219. 헨리히의 결정적인 표현을 인용하면, 헤겔의 자율적인 부정은 '종합들의 종합'(p.210)이며, 본질적으로 '두 번 이중화된 부정 사상'(p.219)이다.

137) Michael Wolff, "Der Satz vom Grund, oder: Was ist philosophische Argumentation?," in *Neue Hefte für Philosophie* 26(1986), pp.89-114 참조.

과정이다. 그러므로 완성된 자기 관계적 부정은 이런 자기 관계와 자기 관계의 제거(직접성)를 자체 내에서 동시에 나타내고 있다. 다시 말해서, 이중적인 이중 부정은 단순히 차이를 넘어서거나 혹은 모든 차이가 완전히 종결된 후 생산되는 것으로 생각해서는 안 된다는 것이다.[138] 사변철학이 일방적인

---

138) Dieter Henrich, "Hegels Logik der Reflexion: Neue Fassung," in *Hegel-Studien* (Beiheft 18)(1978), pp.289-309 참조. 헨리히의 이런 견해는 헤겔 변증법의 지양 구조가 동일성의 일방적인 지배만을 강조한다고 주장하는 유서 깊은 헤겔 비판에 대한 응답을 함축한다. 예컨대 데리다(Jacques Derrida, 1930-2004)가 언급한 '제한 경제'나 리오타르(Jean François Lyotard, 1924-1998)가 말하는 '거대 서사'는 사변철학에서 등장하는 자기 관계적 부정성에서의 차이의 절멸에 대한 비판이다. 헤겔 철학에서는 타자를 타자로 놔주지 않는다. 그것은 모두 자기 관계로 흡입되며 거대한 이야기를 형성한다. 물론 사변철학에서의 차이의 발굴이 자기 관계로 환원될 수 없는 이질적인 단절이나 차이를 뜻하는 것은 아니다. 또한 헤겔 체계 내에 자리 잡고 있는 규정들이 총체적인 의미를 구성하는 계기로부터 벗어난 것이라고 보기도 힘들다. 그러나 다른 한편 헤겔 변증법을 단순히 동일성과 차이의 '동일성'의 지양 구조로 파악할 경우, 헤겔의 자기 관계적 부정성의 '차이'가 갖는 독특한 역할이나 의미는 없어진다. 헤겔의 자기 관계적 부정성에는 자기 관계적인 동일성이 지배함에도 불구하고 여전히 차이의 생명력이 보존되고 있기 때문이다. 따라서 헤겔의 이론을 초월적이며 정태적인 형이상학으로 간주하든가 혹은 일방적인 동일성의 철학으로 간단하게 비판할 경우, 자기 관계적 부정성 속에서 제거될 수 없는 차이의 독특한 위상은 간과되고 왜곡된다. 이런 의미에서 버틀러는 사변철학의 자기 관계적 부정성의 구조를 헤겔에 대한 비판자들의 용어로 재표현하고 있다. Judith Butler, "Commentary on Joseph Flay's "Hegel, Derrida, and Bataille's Laughter"," in *Hegel and His Critics: Philosophy in the Aftermath of Hegel*, ed. by William Desmond(Albany: State University of New York Press, 1989), pp.174-8 참조. 그에 의하면 헤겔의 지양은 데리다가 말하고 있는 것처럼 순수하게 전용적인 구조가 아니라 "전용과 지출을 한꺼번에 나타내고 있다."(p.176) 또한 토이니센은 '모순'을 타자를 지배하기 위한 억압이나 배척의 구조가 아니라, 타자를 억압적인 세력 관계에서 자유로이 해방시키는 구조를 지니고 있다고 주장한다. Michael Theunissen, "Krise der Macht: Thesen zur Theorie des dialektischen Widerspruchs," in *Hegel Jahrbuch* 7(1974), pp.318-23 참조. 토이니센은 사회철학적인 관심에서 '타자(das Andere)'에 주목하지만, 이런 주장은 사실상 자기 관계적 부정성의 구조에 대한 이론적인 탐색과 연결되어 있다. 그러나 이런 변호에도 불구하고 헤겔의 자기 관계적 부정성은 타자를 절대적 타자로서 허용하지 않는다는 측면에서, 즉 아무리 타자가 독립성을 외쳐도 그것을 기어코 자기의 타자로 전화시킨다는 점에서—그것이 비록 차이나 타자의 존립을 십분 인정한다 하더라도—비둘사랑광(stalker)의 성향을 지닌다는 점도 부인하기 어렵다. 김상환 역시 이 점을 지적하고 있다. 김상환, 「헤겔과 구조주의」, 『헤겔연구』, 제23권(한국헤겔학회, 2008), pp.9-34 참조. 김상환에 의하면 헤겔은 「본질 논리학」에서 "결국 불일치로 끝나는 자기 관계, 새로운 이행과 보충을 기다리는 불안정한 안정화를 의미"(p.27)하는 위대한 차이를 확보했으나, 유기적으로 조직화하는 목적론적 체계를 추구했던 「개념 논리학」에서 "본질 논리학이 모처럼 도달했던 과격한 차이 개념이 퇴행"(p.28)했고, 차이는 "어떤 목적에 종속된 차이, 어떤 예상된 도달점에 의해 미리 조절되고 규

동일성의 철학이나 정태적이며 실체론적인 형이상학으로 비판받게 되는 까닭은 대개의 경우 차이를 허용하는 자기 관계적 부정성의 구조를 간과한 데서 연유한다.

(3) 헤겔은 범주들의 자기 구별에 의한 의미론적 연관의 구축 과정을 범주 자체가 자기를 구별하고 이런 구별로부터 자신으로 복귀하는 범주들의 '자기 내 반성(die Reflexion in sich)'[139]으로 표현한다. 그러나 자기 관계적 부정성에 대한 이런 서술을 공허한 자기 반복적 순환으로 해석해서는 곤란하다. 헤겔은 동어반복적인 부정의 형식주의를 진정 새로운 내용을 만들어낼 수 없는 비생산적인 '마녀의 순환'[140]으로 비판한다. 요컨대 자기 관계적 부정성에 의한 자기 귀환은 타자(근거)에서 타자(근거지어진 것)로 끊임없이 공전하는 저 악순환이 아니다. "회복된 동등성만이 즉 타자 존재에서 자기 내로의 반성만이 참된 것이며, 이것은 결코 **근원적인 통일**이나 **직접적인 통일**이 아니다."[141] 이런 헤겔의 입장은 자기 관계적 부정성에 의한 의식이나 범주의 운동이 실체론적 형이상학처럼 절대적 실체나 신(神)에 의해 이미 규정된 것이 아니라, 타자에서 자기로 돌아오는 그런 운동을 통해 구체적인 내용을 축적해가는 역동적인 과정이라는 것을 말해준다. 헤겔은 말하자면 선순환을 말하고 있는 것이다.

이중화된 이중 부정의 구조를 지니고 있는 자기 관계적 부정성 속에서는, '동일성'과 '구별'이 '상이성'으로 진행된 데서 볼 수 있듯이, '동일성'과 '구별'은 타자를 자기 관계 내에 포섭함으로써 서로 아무런 관계(매개)도 없는 상이한 타자로 등장한다. 그리고 새롭게 등장한 상이한 타자(직접성)들은 '대립'과 '모순'을 거쳐 다시 매개된다. 이처럼 자기 관계적인 부정성에 의한 범주들의 운동은 자신을 부정함으로써 직접적인 것(타자)을 만들며, 다시 이 전

제되는 차이"(p.28)가 되고 말았다. 문제는 지양이나 흡수의 정도일 것이다. 좀 더 자세한 것은 황설중, 「헤겔 이론철학에 있어서 자기 관계적 부정성의 구조에 관하여」, 『철학연구』 제45집(철학연구회, 1999), pp.241-64 참조.

139) Georg W. F. Hegel, *WdL* Ⅱ, pp.27, 33, 49 참조.
140) *WdL* Ⅱ, p.102.
141) Georg W. F. Hegel, *PhdG*, p.23.

526

제된 타자를 부정함으로써 자기와의 관계를 새롭게 갱신해나간다. 범주들은 자기 자신으로 돌아오지만 이 귀환하는 과정 속에서 창출된 새로운 범주로 변형된다. 결국 이중적인 부정의 부정이 범주들의 형식적이고 닫힌 악순환의 관계로부터 벗어날 수 있는 것은, 그것이 범주들 간에 아무런 관련도 맺지 않는 직접적인 타자(상이성)를 생산하면서 그것을 또한 자기의 것으로 지양할 수 있는 구조를 지니고 있기 때문이다.[142] 『논리학의 학』에서 범주들의 자기 귀환적인 생산적 진행이나 『정신현상학』에서 의식의 경험 발전에 대한 헤겔의 서술 자체가 아그리파의 제5트로푸스에 대한 응답인 것이다. 부정의 자기 관계는 곧 범주들의 자기 구별에 의한 연관 체계가 지양의 방식으로 지속적으로 누적되고 확장될 수 있다는 것을 암시한다.

4.5. 아그리파의 제3트로푸스에 대한 헤겔의 대응

아그리파의 제3트로푸스는 모든 것은 타자와의 관계 속에서만 존재한다는 관계성의 논변 형식이다. 이 논변 형식은 주로 다른 트로펜의 결과에 의해서

---

142) 이런 점에서 우리는 『논리학의 학』의 「반성」 장에서 왜 '정립적 반성'이 '외적 반성'의 전제운동을 필연적으로 거쳐서야 완성된 '규정적 반성'이 될 수 있는가를 이해할 수 있다. 이와 관련해서는 Chang Huan Lee, *Rückkehr in sich: Eine Studie zum Begriff des Scheins und der Reflexion in Hegels Wissenschaft der Logik*(Universität Bielefeld, 1990), pp.144-93 참조. '정립적 반성'은 '절대적 반성'(*WdL* Ⅱ, p.25)으로서 '자기 자신 속에서의 절대적 반발'(*WdL* Ⅱ, p.27)이다. 그렇다면 이렇게 절대적 통일을 이룬 '정립적 반성'은 무엇 때문에 전제하는 '외적 반성'으로 이행해야 하는가? 그것은 '정립적 반성'의 절대적 반발이 동어반복적인 무한한 반복 이외의 다른 것이 아니기 때문이다. 즉 이런 단순하게 반복하는 부정의 끝없는 쇠사슬로부터 탈출하기 위해 '정립적 반성'은 완전한 매개의 통일임에도 불구하고 '외적 반성'으로 이행해야 하는 것이다. '규정적 반성'은 '정립적 반성'과 '외적 반성'을 종합하여 통일한 '완성된 반성'(*WdL* Ⅱ, p.32)이다. '규정적 반성'에서 직접적인 것은 더 이상 무매개적인 것이 아니라 항상 반성의 내적인 "무한한 자기 관계"(*WdL* Ⅱ, p.35)를 유지하고 있다. 그러나 '규정적 반성'은 저 최초의 '정립적 반성'이 아니다. '규정적 반성'은 어디까지나 '외적 반성'을 거쳐서 나온 것이기 때문이다. 반성은 스스로를 완성하기 위해 '주어진 것으로서 직접적인 것과 관계하는'(*WdL* Ⅱ, p.28) '외적 반성'을 필요로 한다. 만약 '규정적 반성'이 '외적 반성'을 자체 내에 포함하고 있지 않다면, '규정적 반성'은 다시 공전하는 이중 부정의 '정립적 반성'으로 떨어지고 말 것이다.

지지된다. 이런 점에서 관계성의 논변 형식은 아그리파의 여타의 트로펜이 수렴되는 결과적인 상위의 트로푸스라고 할 수 있다. 아그리파의 논변 형식들은 유한한 규정들이 그것들과 대립되는 또 다른 유한한 규정들로 이행하고 따라서 필연적으로 이율배반에 빠질 수밖에 없다는 것을 보여준다. 유한하고 일면적인 원리나 명제나 기준을 무비판적으로 채택하여 모든 사태에 적용하고 문제를 해결하려는 지성의 독단주의자에 맞서, '모순을 제시할 수 있는 기술(技術)'[143]을 구비하고 있었던 피론주의자는 그것들과 동등한 권리를 지니는 맞춤형 상대들을 제출함으로써 저 독단주의를 무너뜨렸던 것이다. 확실하고 고정된 인식의 토대를 찾으려는 지성의 '추상적인 이것이냐 저것이냐'의 양자택일적인 사유가 결국 지성을 피론주의에 대해 무력하고 저항할 수 없도록 만든 셈이다. 지성의 미성숙함이야말로 피론주의자들의 보금자리이다.

아그리파의 트로펜은 제한된 표상을 절대화하려는 모든 독단적인 즉 지성적인 철학들을 공격하는 이론으로서 우리의 사유를 좀 더 넓고 자유로운 지평으로 안내한다. 그렇지만 지성을 비판하는 가운데 피론주의자들은 다시 근거지어지지 않은 지성의 범주들을 활용한다. 그들은 유한한 사유 규정들의 자기모순에서 드러나는 필연적인 전체 연관을 파악하지 못하고, 오로지 지성이 사용하고 있는 단적으로 분리된 타자에 의한 타자의 상호 근거지음만을 고려한 채 독단주의를 파괴하는 데에 골몰한다. 그들은 지성이 무비판적으로 그리하여 절대적으로 수용하고 있는 범주들을 사용하여 지성을 공격하고 있는 것이다. "다시 말해 회의주의란 단지 지성으로서의 태도를 취하고 있을 뿐이다."[144] 다른 트로펜에서와 마찬가지로 아그리파의 제3트로푸스도 이런 지성적 범주들에 기생하고 번성한다. 제3트로푸스는 독단적 의견에 대해 동등한 권리를 가지고 대립하는 또 다른 독단적 의견을 제출함으로써 그것들이 어떤 적극적인 결과도 낳을 수 없다는 데에 집중한다. 이 트로펜에 의해 모든 독단적 의견이나 믿음들은 부정되고 절멸된다. 어떤 주장도 건립될 수 없게끔, 즉 '결과로서 언제나 순수한 무'[145]만이 남게끔 유린하는 것, 이것이 바

---

143) Georg W. F. Hegel, *VGP* II, p.374.
144) *VGP* II, p.360.
145) Georg W. F. Hegel, *PhdG*, p.74.

로 여타의 트로펜이 목표로 한 것이고, 이 열망이 제3트로푸스로 수렴되는 것이다. "고대 회의주의의 결과는 물론 부정이며 규정된 것, 참된 것, 모든 내용의 해소이다."[146] 아그리파의 제3트로푸스를 거치고 나면 남는 것은 아무것도 없다. 피론주의자들은 새로운 주장의 출현을 고대하지만, 그 이유는 그것을 곧장 '공허한 심연'[147]으로 내던지고자 하기 때문이다. 제3트로푸스는 물을 아무리 퍼부어도 건지는 것이라곤 하나도 없는 체이고자 한다. 피론주의자의 슬로건은 다음과 같은 것이다. "이것이 아닌 만큼 저것도 아니다."[148]

피론주의자들이 이렇게 모든 독단주의를 내던질 수 있었던 이유는, 헤겔에 의하면 그들이 변증법적 사유를 하고 있었기 때문이다. 그들은 이 사유 규정과 저 사유 규정이 필연적으로 연관되어 있다는 것을 알고 있었던 것이다. 그래서 '이것'을 고집하는 독단주의자에게 '저것'을, '저것'을 내세우는 독단주의자에게는 '이것'을 제시할 수 있었다. "회의주의가 **철학과 맺고 있는 관계**를 좀 더 자세히 살펴보면, 회의주의란 모든 규정된 것의 변증법이다."[149] 그렇지만 문제는 이들이 유한한 사유 규정이 지니는 자기한계에 의해 대립하는 사유 규정으로 이행하는 변증법에 머물 뿐 사변적 이성으로까지는 나아가지 못했다는 데에 있다. 사변적 이성은 대립하는 규정들이 이행한다는 데에 머물지 않고 그 속에 포함된 긍정적인 것을 파악하는 사유이다. 제3트로푸스에 대한 헤겔의 대응의 핵심은 의미론적으로 연결된 전체 체계 속에서 유한한 규정이나 주장들은 전면적으로 부정되어 아무것도 아니게 되는 것이 아니라, 그 체계 속에서 일정한 의미와 긍정적 내용을 갖는다는 것이다. 즉 자기 관계적 부정은 부정된 것을 완전히 소멸시키는 것이 아니라 제한적으로만 부정한다는 것이다.

그러나 무가 어디까지나 전제가 되는 것의 무로 생각될 때, 이때 비로소 무는 사실상 참된 결과이다. 이로써 무는 그 자체가 **제한된** 무이며, **내용**을 갖는 것이다. (…)

---

146) Georg W. F. Hegel, *VGP Ⅱ*, p.358. 피론주의자들은 철학사에서 등장하는 철학적 의견들의 진리성을 전면적으로 부정한다.
147) Georg W. F. Hegel, *PhdG*, p.74.
148) Sextus Empiricus, *PH* 1.14.
149) Georg W. F. Hegel, *VGP Ⅱ*, p.359.

그러나 회의주의와는 달리 이 [무라는] 결과가 … **제한적 부정**(bestimmte Negation)으로 파악될 경우, 그와 더불어 하나의 새로운 형식이 발생하고, 이 부정 속에서 [새로운 단계로의] 이행이 행해진다.[150]

피론주의자들은 "왜 독단적 주장이 말이 안 되는가?"를 보여주고 그것을 폐기하는 데서 희열을 느낀다. 그렇지만 왜 그것이 무너질 수밖에 없었는가를 깨닫는 과정이 이미 소득인 것이다.[151] 각각의 독단주의의 성립과 해체를 생성론적인 의미 연관 속에서 자기 관계의 계기들로 파악할 경우, 그것들은 하나의 총체적 체계를 채우는 구체적인 내용들로 등장한다. 무엇보다 『정신현상학』 자체가 각각의 의식 형태들이 경험하는 모순적인 사태에 대한 제한적 부정에 의해 서술되고 있다. 여기에서 변증법 역시 피론주의자들처럼 유한한 규정이나 의식 형태들을 부정하기는 하지만, 이 부정을 통해 이전의 의식 형태에서보다는 진전된 진리 주장을 고수하는 새로운 의식 형태가 출현하는 것이다. 물론 이 의식도 독단성을 갖는다면, 변증법에 의해 파멸과 좌절을 경험하게 될 것이다. 그러나 그 붕괴는 다시 새롭고도 좀 더 고차적인 의식의 창조를 위한 부정인 것이다.

『정신현상학』에서 등장하는 다양한 의식 형태들은 각자가 확신하는 지식을 진리와 동일시하고 그것을 증명하려고 시도하지만, 오히려 그런 노력을 통해 결코 그런 의식 형태 내에서는 허용할 수 없는 '진리와 지식의 차이'[152]를 노출하고 몰락한다. 그것들은 '절망의 길'[153]을 간다. 그러나 이런 좌절의 상황은 단순히 독단적 주장에 대한 의식 형태의 무용성(無用性)을 증명하는 것이 아니라, 다시 그것이 처한 모순을 해명할 수 있는 새로운 의식 형태가 등장할 수 있는 내재적인 추동력으로서 기능한다. 사변철학에서 변증법의 부정이란 싸움 끝에 빈손으로 끝나는 그런 전면적인 부정이 아니라, 생성론적

---

150) Georg W. F. Hegel, *PhdG*, p.74.
151) 같은 곳 참조. "그런데 무(無)란 그것이 어디로부터 나온 것인가에 대한 무로서만 간주된다. 이럴 경우 사실상 이 무는 진정한 결과이다."
152) Georg W. F. Hegel, *PhdG*, p.589.
153) *PhdG*, p.72.

인 의미 연관 속에서 그런 부정의 과정마저도 하나의 성취로 받아들이는 제한적 부정인 것이다. "제한적 부정은 … 의식 경험의 지식의 형식들 간의 관계에 대한 헤겔의 방법적인 이념이 정리된 것이며 (…) 의식의 제반 단계들의 이행을 서술한 『정신현상학』을 선도하는 방법의 이념이다."[154] 이렇게 각각의 의식은 변증법적 운동 속에서 스스로를 부정하는 과정을 거치지만 그런 부정에 의해 무기력한 자기 회의에 빠지는 것이 아니라 부정이 지니고 있는 의미 연관을 점차 깨달아간다. 이런 맥락에서 헤겔은 『정신현상학』을 '참된 지식에로 나아가는 자연적 의식의 길'[155]로, '자기를 완성해가는 회의주의 (der sich vollbringende Skeptizismus)'[156]로, '의식 자체가 학문으로 나아가는 교양의 상세한 역사'[157]로 묘사하고 있는 것이다.

아그리파의 제3트로푸스에 대한 헤겔의 응답은 유한한 주장들이 갖는 모순 앞에서 판단유보에 도달하는 것이 아니라, 포괄적이며 연속적인 전체 계열 속에서 유한한 주장들의 모순적인 결과를 어떤 의미 있는 것으로 파악할 수 있다는 것이다. 사변철학에서 의미 없는 주장이란 아무것도 없다. 달리 말한다면 "회의주의가 결과를 이끌어내지 못하고, 그의 부정을 어떤 긍정적인 것으로 표현하지 못한"[158] 까닭은 타자로서 맞서 있는 대립적인 범주나 철학적 입장들을 하나의 통일적인 관계 속에서 정립하지 못한 데 있다. 독단적인 지성의 이것이냐 저것이냐의 이분법적 사유틀을 파괴하기 위해 피론주의자들이 변증법에 의존했다면, 헤겔은 제한적 부정에 의해 "이것이면서도 저것이며, 그러면서도 이것도 아니고 저것도 아닌"[159] 제3의 사변적인 통합적 사

---

154) 임홍빈, 『근대적 이성과 헤겔철학』, pp.113-4.
155) Georg W. F. Hegel, *PhdG*, p.72.
156) 같은 곳.
157) *PhdG*, p.73.
158) Georg W. F. Hegel, *VGP* Ⅱ, p.401.
159) *VGP* Ⅱ, p.399. 싱어는 헤겔 철학의 특징을 도시 설계사의 비유를 들어 설명하고 있다. 피터 싱어, 『헤겔』, 연효숙 옮김(서울: 시공사, 2000), p.74 참조. 새로운 도시를 세울 때 낡은 구(舊) 시가지를 다 허물어뜨리는 도시 설계사과는 대조적으로 헤겔 철학을 대표하는 도시 설계사들은 그렇게 하지 않는다. 그들은 낡은 도시들이 기능하고 있다는 점을 인정한다. 그들은 구 시가지를 보존하면서 도시를 발전시킬 계획을 세운다.

유틀을 제시한다. 사변의 전일적(全一的)인 일원론을 통해 유한한 주장이나 범주들을 의미론적으로 질서짓고 전체 관계의 그물망으로 엮어 넣는다면, 아그리파의 제3트로푸스에 빠지지 않게 될 것이다. 아그리파가 모든 것을 파괴해 아무런 수확도 올리지 못한 곳이 헤겔에게는 곡창지대이다.

5. 섹스투스 엠피리쿠스와 헤겔 그리고 그 이후

헤겔에 의하면 독단주의자들은 도저히 피론주의자를 극복할 수 없다. 피론주의자들은 개념들의 필연적 관계를 변증법적 차원에서 파악하고 있기 때문이다. 그래서 그들은 유한한 개념들을 절대적인 것으로 간주하는 독단주의자들의 진리론에 대한 반대를 어떻게든 제시할 수 있다. 그렇지만 언제나 거기가 끝이었다. 피론주의자들은 모순 앞에 이르렀으면서도 모순을 돌파할 수 없었고, 모순에서 어떤 긍정적인 결과를 얻을 수 없었다. 그들은 끊임없이 진리론을 붕괴시키면서 독단주의자들의 영토를 유린할 수 있을 뿐이었다. 그들의 작업은 매일매일 나무를 베는 저 지루한 작업을 신명나게 하는 벌목꾼을 상기시킨다. 그렇지만 피론주의자들은 사변철학 앞에서는 무력함을 느낄 수밖에 없다. 사변철학에서는 타자 관계가 온전히 자기 관계로 정립되기 때문이다. 자기 관계적 부정성이라는 주축적인 방법적 이념에 의해 개념들은 자기에 맞선 타자(대립항)의 필연적인 출현이 자기를 파괴하고 좌절시키는 것이 아니라, 자기가 스스로 부정하여 밀쳐낸 타자의 구체적인 전개를 통해 새로운 의미를 함축하면서 자기 내로 되돌아오는 힘을 얻었던 것이다. 타자는 모순 속에서 무(無)로 폐기되지 않고 자기와 통일된다. 그러므로 사변철학에서 모순에로의 전진은 곧 모순의 해소일 수가 있는 것이다. 유한한 사물들이 바로 유한하기 때문에 자체적으로 모순을 지닌다는 것은 곧 그것들의 모순이 해소되었다는 것을 뜻한다.[160] 그것들은 그것들을 그것들이도록 존립하게 만든 자기들의 근거로 복귀한 것이다. 이제 사변철학에서 피론주의는 원리적으로 극복되었다고 말할 수 있다. 왜냐하면 사변철학에서는 독단주의자들에게

---

160) Georg W. F. Hegel, *WdL* II, p.79 참조.

갈등을 야기할 목적으로 피론주의자들이 내세울 수 있는 대립하는 타자가 아예 성립하지 않게 되었기 때문이다. 헤겔은 이를 다음과 같이 표현하고 있다.

> 회의주의의 부정적 변증법의 이런 계기들이 원래 독단적인 지성 의식에 대해서는 많은 위력을 발휘하지만, 회의주의는 **사변적인 것에** 대해서는 **무력하다.** 왜냐하면 사변적인 이념 자체와 관련해서 볼 경우, 이 이념은 어떤 규정된 것이 아니고, 명제 속에 놓여 있는 일면성을 가지지 않으며, 따라서 유한하지 않기 때문이다. 오히려 사변적인 이념은 그 자체에서 절대적으로 부정적인 것을 지니며, 자기 자신 안에서 대립을 갖는다. 그것은 자기 내에서 둥글고, 이 규정된 것과 더불어 이 규정된 것과 대립하는 것을 자기 곁에 포함한다.[161]

사변철학에서 대립이란 타자로서 맞서는 대립이 아니라 '자기 자신 안에서의 대립'일 뿐이다. 피론주의자들은 타자와 갈등을 일으키는 대립 관계를 손에 넣고 있었지만, 이 대립이 '자기 자신 안에서의 대립'이라는 개념적 파악에까지는 나아가지 못했던 것이다. 개념들의 정합적인 의미론적 통일 체계는 자기와 대립하는 혹은 자기 외부에 존재하는 그 어떤 타자도 허용하지 않는다. 그래서 "… 대응론과 비교했을 때 헤겔의 진리관은 **정합론**이라 불릴 수 있다."[162] 자기 자신과의 동일성을 달성한 사변철학에서 자기가 아닌 타자는 없어져버렸다. 이에 따라 피론주의도 그 존립 기반을 잃고 사라져버린 것이다. 좀 더 정확하게 말한다면, 그것은 사변철학의 한 계기로 지양되었다. "이에 반해 [사변]철학이라는 것은 회의적인 것을 한 계기로, 즉 변증법적 계기로 자체 내에 포함하고 있는 것이다."[163] 헤겔 이전의 근대 철학자들에게 있어 섹스투스 엠피리쿠스는 두려운 적이었고 물리쳐야 할 철학적 유령이었다.

---

161) Georg W. F. Hegel, *VGP Ⅱ*, pp.396-7.
162) 권대중, 「관념론적 정합론으로서의 헤겔의 진리관: 전통적 대응론과의 관계를 중심으로」, 『헤겔연구』, 제17권(한국헤겔학회, 2005), p.71. 자기 자신과의 완전한 동일성 내지 통일은 '절대 이념'에서 구현된다.
163) Georg W. F. Hegel, *Enz Ⅰ*, p.176[81, Zusatz 2].

그러나 헤겔은 피론주의를 그렇게 처리하는 데에 반대한다. 섹스투스 엠피리쿠스는 사변철학의 왕국에서 떳떳하게 한 지역을 다스리는 철학적 영주로서 등장한다. 말하자면 피론주의는 지양된 타자로서―혹은 지양된 타자로서이기는 하지만―사변철학과 더불어 영생(永生)을 얻는다. 아그리파의 트로펜이 모든 독단적인 철학적 진리 주장에 대해 의문을 제기할 때 그랬던 것처럼, 피론주의에 대한 사변철학의 해결책 역시 보편적 추상성을 지니고 있으며, 이런 점에서 적어도 원리적인 차원에서 피론주의에 대한 극복 가능성을 제시한 것만은 분명해 보인다. 피론주의에 대한 사변철학의 대응책을 검토한 뢰트게스는 다음과 같은 결론을 내리고 있다. "회의주의의 철학의 도전에 대한 유일하게 충분한 답변으로서의 헤겔의 변증법적−사변적인 철학."164) 이로써 피론주의를 극복하고자 했던 근대 철학의 기획은 완성된 것처럼 보인다. 섹스투스 엠피리쿠스를 옴짝달싹하게 하지 못하도록 포박하여 감금하려는 저 기획은 데카르트에서부터 시작하여 흄과 칸트를 거쳐 헤겔에 이르기까지 다양하고 정교하게 시도되었으며, 마침내 그 소기의 목표를 달성하게 된 것이다. 이로써 한 시대가 마감되었다.

그러나 이것으로 이야기는 끝난 것인가? 우리는 그렇게 되지 않았다는 것을 알고 있다. 현대 철학의 가장 커다란 특징이 반(反)플라톤주의, 반(反)헤겔주의에 있다는 데에 대개의 철학사가들은 동의하고 있다. 헤겔이 짜놓은 철학의 판은 현대 철학자들에 의해 의심받고 있으며, 물리쳐야 할 공공의 적으로 등장하게 된 것이다. 근대에 섹스투스 엠피리쿠스가 처했던 상황이 이제는 헤겔의 것이 되었다. 근대 철학자들에게 섹스투스 엠피리쿠스가 가장 두려운 적이었다면, 많은 현대 철학자들에게 헤겔은 동일성의 철학의 최정점에 선 인물로 이성적 합리성이라는 그럴듯한 명목으로 삶을 질식시키고 타자와의 차이를 인정하지 않는 폭력적 인물로 간주되고 있다. 이런 역전된 사태는 섹스투스 엠피리쿠스가 헤겔이 마련해둔 사변철학의 안락한 그늘에 그대로 안주하지 않으리라는 것을 암시한다. 현대 철학자들이 반헤겔주의의 기치를

---

164) Heinz Röttges, *Dialektik und Skeptizismus: Die Rolle des Skeptizismus für Genese, Selbstverständnis und Kritik der Dialektik*, p.117.

든 이상, 그들은 묶여 있던 섹스투스 엠피리쿠스를 풀어주고, 이성중심주의로 세계를 조직하고 해석한 근대 철학을 비판하는 작업에 동참하는 동료로서 그를 맞이할 준비가 되어 있는 것이다. 근대 철학자들에 의해 인식론이라는 협소한 감옥에 갇혀버린 저 피론주의의 용들이 다시 날개를 펼 수 있는 다양한 무대를 현대 철학은 제공하고 있다. 이런 정황은 몇몇 현대 철학자들이 피론주의자들과 맺고 있는 관계를 간략하게 살펴보는 것만으로도 충분할 것 같다.

니체는 반플라톤주의, 반헤겔주의를 대표하는 현대 철학의 대표적인 인물이라고 할 수 있다. 니체는 플라톤 이래로 서양 철학자의 과제로 설정되어온 영구불변의 진리에 대한 추구라는, 저 근대 철학자들에게까지 면면하게 이어져 내려온 지배적인 철학의 패러다임을 해머를 들고 내리치려 하였다. 초월적이거나 보편적인 진리 발견을 공언하는 온갖 종류의 독단주의를 물리치려고 한 점에서 그가 피론주의자들과 철학적 유대감을 형성하고 있으리라는 점은 그리 어렵지 않게 예상할 수 있다. 이성에 의해 최종적인 궁극의 진리를 파악했다고 뻐기면서, 불변하는 영원한 진리를 획득했기 때문에 더 이상 변화하지 않으려는 자들은 차라투스트라의 눈에는 '**인간 말종**(der letzte Mensch)'[165]으로 비춰졌다. 더 강해지려고 하지 않는 인간들, 자기를 극복하면서 새로운 가치를 창조해나가기를 포기한 인간들, 이런 인간 말종의 본보기는 소크라테스, 플라톤, 헤겔이었다. 차라투스트라가 이런 부류의 인간들과 대척점에 놓은 상징적 인물이 어린아이이다. 바닷가의 어린아이들은 애써 쌓은 모래성을 기꺼이 허문 후 다시 쌓는 놀이를 하는 데 지칠 줄 모른다. 자신이 만든 가치를 미련 없이 버린 후 다시 시대에 맞는 새로운 가치를 창출하는 데에 두려움을 모르는 이, 끊임없이 자기를 부정하고 새롭게 자기를 창조해가는 어린아이를 차라투스트라는 다음과 같이 찬양한다. "어린아이는 순진무구요 망각이며, 새로운 시작, 놀이, 제 힘으로 돌아가는 바퀴이며 최초의 운동이자 거룩한 긍정이다. 그렇다. 나의 형제들이여. 창조의 놀이를 위해서

---

165) 프리드리히 니체, 『차라투스트라는 이렇게 말했다』, 정동호 옮김(서울: 책세상, 2015), p.24. 인간 말종은 최후의 궁극적인 진리를 확보했다고 확신하기에 더 이상 변화하려고 하지 않는다.

는 거룩한 긍정이 필요하다."166)

어떤 영원한 초월적인 진리를 획득할 경우 창조의 놀이는 불가능하게 될 것이다. 니체가 새로운 놀이를 기리고 있다는 사실은 최후의 불변하는 진리란 우리로서는 장악할 수 없는 불가능한 환상으로 니체가 여겼다는 것을 가리킨다. 왜 우리는 절대적 진리에 도달할 수 없을까? 니체가 주는 가장 결정적인 답변은 다음 인용문에 있을 것이다. "오직 관점주의적으로 보는 것만이, 오직 관점주의적인 '인식'만이 존재"167)하기 때문이다. 보는 사람의 방향이나 환경 조건에 따라 사물에 대한 지각은 달라질 수밖에 없지 않은가? 어떤 환경적, 심리적 지각 조건을 떠난 인간이란 있을 수 없지 않은가? 그렇기에 어떤 특정한 방향을 바라보지 않는 하나의 눈을 생각하도록 요구하는 일은 도저히 생각할 수 없는 것이다. 각각의 상이한 조건에 따라 사물을 지각하는 눈은 수없이 많게 된다. "따라서 수많은 '진리'들이 있고, 따라서 그 어떤 진리도 없다."168) 그렇기 때문에 니체가 보기에 인식의 관점적 조건이나 한계에서 벗어난 시공을 초월한 보편적이고 객관적인, 말하자면 독단적인 진리란 다 지어낸 허구에 그칠 뿐이다. 이런 니체의 관점주의의 결론은 여러 "… [대립하는] 지각들 중 어떤 것이 올바른 것인가 하는 물음이 전혀 무의미하다."169)는 것이다.

그런데 우리가 인식할 때 자신이 처한 관점적 지평을 넘어설 수 없으며, 그렇기에 여러 상이하고 대립하는 것들 가운데 어떤 지각이, 어떤 인식이, 어떤 진리가 더 올바른 것인가를 결정할 수 없다는 니체의 입장은 우리에게 낯설지 않다. 이런 니체의 관점주의는 저 아이네시데모스의 열 가지 트로펜과, 특히 제4트로푸스와 그대로 포개지는 것이다. 아이네시데모스 또한 주체가 처한 외적이고 내적인 지각 조건에 따라 사물을 달리 지각하게 되며, 따라서 어

---

166) 같은 책, pp.40-1.
167) 프리드리히 니체, 『선악의 저편 / 도덕의 계보』, 김정현 옮김(서울: 책세상, 2016), p.483 [Ⅲ, 12]. [ ]에 권과 문단 번호 병기.
168) 프리드리히 니체, 『유고(1884년 가을-1885년 가을)』, 김정현 옮김(서울: 책세상, 2013), p.289[34[230]]. [ ]에 유고 번호 병기.
169) 프리드리히 니체, 『유고(1870년-1873년)』, 이진우 옮김(서울: 책세상, 2015), p.453.

떤 지각이 다른 것보다 사물의 본성과 일치하는 것인지에 관해서 판단을 유보해야 한다고 갈파하였다. (니체는 젊었을 때부터 그리스 문헌학의 대가였다.) 독단주의를 깨뜨리려고 결국 니체가 높이 쳐든 해머는 저 고대 피론주의자의 트로펜이었던 것이다. 물론 그가 관심을 돌리고자 하는 것은 근대 철학자들이 진력했던 '인식'이 아니라, 이성이 어떻게 해보려고 해도 해볼 수 없는 '의지'의 영역이긴 하다. 비록 이렇게 협소한 이성적 패러다임을 벗어나 더 강해지려고 하는 의지와 충동이 난무하는 삶에로의 전환이라는 맥락에서 니체가 피론주의자를 소환하고 있다고 해도, 현대 철학이 플라톤이나 데카르트, 헤겔에 반대하는 지적 운동을 추구하는 한, 니체의 관점주의는 섹스투스 엠피리쿠스가 박물관의 박제로서가 아니라 현대 철학에 기여할 수 있는 커다란 젖줄일 수 있다는 것을 예시해주는 것이기도 하다.

가다머의 철학도 이런 예의 하나일 것이다. 데카르트는 조금이라도 의심할 수 있는 것은 진리의 선택지에서 제외해버렸다. 그 이래로 이성에 의해 모든 전통, 미신, 선입견을 근본적으로 불신하고 쓸어버리려는 계몽주의의 사조가 서구 근대의 대세를 형성하였고, 이는 딜타이(Wilhelm Dilthey, 1833-1911)에게까지 이어졌다. 그러나 가다머가 볼 때, 선입견의 완전한 배제는 우리 유한한 존재에게 가능한 작업이 아니다. 선입견을 배제할 수 있다는 것이야말로 계몽주의의 선입견이다. 전통 혹은 선입견으로부터 우리 현존재가 결코 자유로울 수 없다는 것, 그 전통에 의해 영향 받을 수밖에 없다는 것을 가다머는 다음과 같이 표현하고 있다. "오히려 모든 인간 실존은—심지어 아무리 자유로운 삶도—다양한 형태로 제한과 제약을 받지 않는가?"[170] 서로 다른 관습과 전통에 의해 인간 존재가 다르게 지각하고 인식할 수밖에 없다는 것은 아이네시데모스가 제10트로푸스에서 누차 강조한 것이다.

가다머에게 선입견이란 지식에 대한 본질적인 위험이 아니라 지식을 비로소 가능하게 하는 유일한 기반으로 간주된다. 물론 우리가 과거의 전통이나 역사에 의해 제약되었다고 해서 새로운 해석을 할 수 없다는 것을 뜻하는 것은 아니다. 비록 과거의 지평에서 자유로울 수는 없지만, 우리는 현재라고 하

---

170) 한스-게오르크 가다머, 『진리와 방법 2』, p.151.

는 지평에서 역사를 새롭게 해석하고, 수정하고, 보충하고, 폐기할 수 있다. 우리는 주어진 전통 속에서 살면서 동시에 전통을 새롭게 만들어나갈 수 있는 존재이기도 한 것이다. 우리의 선조들이 남긴 역사가 우리에게 주어진 과거의 지평이듯이, 우리가 지금 해석하고 창출한 역사 역시 우리의 후손들에게는 주어진 과거의 지평이 될 것이다. 그들은 이런 주어진 역사를 그들의 현재 지평에서 새롭게 해석할 것이다. 따라서 과거의 역사와 현재의 해석자 간의 지평 융합이 무한하게 진행될 것이다. 그래서 "텍스트 해석의 장(場)이 되는 의미 지평(Sinnhorizont)이 원칙적으로 완결될 수 없다."[171] 역사적 존재로서 우리 인간은 이런 무한한 해석 과정을 벗어날 수 없는 숙명을 갖고 있다. 아마도 이런 수고스러운 무한진행을 거치지 않는 존재가 있다면 그것은 신뿐일 것이다. 그런데 우리는 신이 아니다. 따라서 "해석학적 사건은 … 인간 실존의 유한성을 원칙적으로 전제하고 있다."[172] 여기에서도 분명하게 알 수 있듯이, 이제 가다머는 더 이상 아그리파의 제2트로푸스인 무한진행의 논변 형식을 두려워하지 않는다. 악무한에 빠진다는 것은 근대 철학자들에게는 빠져나올 수 없는 덫에 걸리는 것과 같은 인식론적 곤경을 의미했다. 그러나 가다머는 말한다. "그래서 뭐가 어쨌다는 것이냐?" 그에게 악무한은 오히려 우리가 끊임없이 새롭게 사태를 경험하고 배우도록 만드는 적극적인 조건으로 등장한다. 근대 철학자들이 그렇게나 피하려고 했던 악무한을 가다머는 기꺼이 껴안고, 오히려 거기에서 우리의 성장 가능성과 새로운 경험을 위한 개방성을 보고 있는 것이다. 물론 니체의 경우에서 그랬던 것처럼, 가다머도 의심이 불가능한 확실한 지식의 획득 여부라는 인식론의 수준에서 피론주의자의 트로펜을 활용하고 있지 않다. 가다머는 우리가 우리 자신을 유한한 존재로서, 그리고 역사적 존재로서 이해하는 삶의 경험적 지평에서 그것들에 적극적인 의미를 부여하고 있다.

아주 간단한 예시에 불과하지만, 니체와 가다머 철학만으로도 벌써 일단(一團)의 현대 철학자들이 고대 피론주의자들의 트로펜을 무찌르려고 하기보

---

171) 같은 책, p.290.
172) 같은 책, p.441.

다는 적극적으로 수용하고 활용하고 있음을 알 수 있다. 현대 철학자들에게 고대 피론주의자들의 트로펜은 근대 철학의 독단성이나 편협성, 일방성, 폭력성을 폭로하고 자기 자신의 이론을 전개하는 데 있어 매우 유용한 도구로 인정받고 있는 셈이다. 아예 알베르트의 경우는 아그리파의 트로펜을 그대로 차용하고 있기까지 하다. 학문적 논의 과정에 있어서 최후의 근거를 제시하려는 시도는 반드시 무한소급이나 논리적 순환이나 자의적으로 무한진행을 단절시키는 진행 중단에 빠질 수밖에 없다는 그의 '뮌히하우젠 트릴레마(Münchhausen Trilemma)'[173]의 출처는, 비록 알베르트 자신은 밝히고 있지 않지만 아그리파가 고안한 트로펜이다. 제4트로푸스(독단적인 전제 설정의 논변 형식)와 제2트로푸스(무한진행의 논변 형식)와 제5트로푸스(순환의 논변 형식)가 맺고 있는 긴밀한 연관관계는 이미 아그리파가 직조해놓은 것이었다. "어떤 영역에서든지 간에 … 인간의 문제 해결의 모든 시도는 종국적으로 오류에 빠질 수 있다."[174]는 알베르트의 '오류 가능주의(Fallibilismus)'는 고대 아그리파의 트로펜에 대한 현대판 버전 그 이상도 그 이하도 아니다.

그렇다고 '뮌히하우젠 트릴레마'가 아무런 저항 없이 일방적으로 위세를 떨친 것은 아니다. 아펠은 이에 격렬하게 반대하였다. 그는 여러 반박 논거들을 들고 있으나 가장 대표적인 것은 "피해져야 할 수행적인 자기모순의 원리(das Prinzip des zu vermeidenden performativen Selbstwiderspruchs)"[175]일 것이다. '수행적인 자기모순'이란 어떤 문장의 의미론적 내용이 그 문장을 비로소 가능하게 하는 발언자의 화용론과 모순되는 것을 뜻한다. 아펠은 그 예로 "나는 존재하지 않는다." 혹은 "나는 (철학자로서) 어떤 진리 주장도 하지

---

173) Hans Albert, *Treatise on Critical Reason*, p.18 참조.

174) Hans Albert & Karl-Otto Apel, "Ist eine philosophische Letztbegründung moralischer Normen möglich?," in *Praktische Philosophie/Ethik: Dialoge 2*, hsrg. von K-O. Apel, D. Böhler und G. Kadelbach(Frankfurt am Main: Fischer Taschenbuch Verlag, 1984), p.87.

175) Karl-Otto Apel, "Fallibilismus, Konsenstheorie der Wahrheit und Letztbegründung," in *Philosophie und Begründung*, hrsg. von Forum für Philosophie Bad Homburg(Frankfurt am Main: Suhrkamp, 1987), p.185.

않는다." 등을 열거하고 있다. 그런데 이 문장들을 좀 더 분명하게 표현할 경우, 즉 그것들을 "나는 존재하지 않는다고 주장한다."거나 "나는 어떤 진리 주장을 하지 않는 것을 참이라고 주장한다."로 표현할 경우, 이런 문장들이 언어적으로 비정상적이며 무의미하다는 것을 쉽게 파악할 수 있다.[176] 따라서 언어 행위에서 '수행적인 자기모순'은 반드시 피해져야 한다. 피해져야 할 수행적인 자기모순의 원리는 곧 모든 것을 의심의 대상으로 삼을 수 없으며, 언어적 표현에 있어 이미 항상 준수하지 않으면 안 되는 전제들이 있다는 것을 말해준다. 이 원리는 의미 있는 논증을 하기 위해서는 더 이상 배후로 들어갈 수 없는 최후의 또는 최초의 것이 존재하고 있기 때문에, '뮌히하우젠 트릴레마'란 빠져나올 수 없는 깊은 늪이 아니라고 아펠은 반박하고 있는 것이다. 여기에서 일일이 소개할 수는 없지만 물론 알베르트도 가만있지 않았다. 내가 말하고 싶은 것은 알베르트와 아펠 간의 논쟁은 곧 섹스투스 엠피리쿠스와 아펠 간의 논쟁이기도 하다는 것이다. 고대 피론주의자들은 근대 철학을 통해 점차 힘을 잃어간 것처럼 보이지만, 현대 철학의 지평 내에서 다시 생생하게 살아나 생산적인 담론에 실질적으로 참여하고 있다. 피론주의자들은 비트겐슈타인의 철학을 해명하는 데에 기여하고 있고, 논리실증주의의 의미 기준인 검증 가능성(verifiability)을 포퍼가 비판하는 데 있어서도, 또한 파이어아벤트(Paul Feyerabend, 1924-1994)가 그의 반방법론을 개진하는 데 있어서도 섹스투스 엠피리쿠스는 깊이 관련되어 있다. 다만 우리가 그것을 명확하게 인지하지 못하고 있을 뿐이다.

헤겔 이후 현대 철학이 피론주의와 맺고 있는 직간접적인 관련성을 계속해

---

176) 같은 글, pp.181-2 참조. 아펠이 주장한 대로 피론주의자들이 '수행적인 자기모순'의 주장을 하고 있는가? 그들은 긍정과 부정을 포함하여 어떤 형태의 주장도 피한다. "나는 판단을 유보한다."는 문장의 의미는 "나는 판단을 유보한다고 주장한다."는 것이 아니라 "제시된 대상들 가운데 어떤 것을 믿어야 할지 그리고 어떤 것을 불신해야 할지를 말할 수 없다." (Sextus Empiricus, PH 1.196)는 것을 표현할 뿐이다. 물론 이런 반론조차 아펠에게는 결국 '수행적인 자기모순'을 범하는 것처럼 보이겠지만, 아펠은 적어도 각각의 논변의 특성을 구별하지 않고 '수행적인 자기모순의 원리'에 비추어 일방적으로 상대방을 규정하고 있다는 혐의를 받을 만하다.

서 언급하는 것은 더 이상 불필요한 일 같다. 근대 철학자들은 대개의 경우 그만 인식론의 시각에 갇혀서 다양한 차원에서 피론주의가 가질 수 있는 철학적 가치를 보지 못했다. 현대에 들어서서 근대 철학자들이 섹스투스 엠피리쿠스에게 제시하였던 구속 사유는 없어졌으며, 섹스투스 엠피리쿠스가 운신의 폭이 넓어진 것만은 분명하다. 물론 이렇게 고대 피론주의자들이 끈질긴 생명력을 이어올 수 있는 이유는, 시대를 막론하고 어떤 철학의 독단성과 한계를 드러내는 데 있어 그들의 트로펜이 여전히 유효하기 때문일 것이다. 근대 철학자들 각각의 철학의 고유성이 어떻게 피론주의를 넘어설 것인가 하는 해법에서 드러났다면, 현대 철학자들 각각의 특유성도 그들이 고대 피론주의와 맺고 있는 관계에서 나타날 수 있다. 우리는 고대 피론주의를 매개로 근대 철학과 현대 철학의 특징적인 구별을 도출할 수 있고, 이로부터 현대 철학의 새로운 흐름도 조망할 수 있으리라고 기대할 수 있다. 헤겔 철학 이후에도 고대 피론주의에 대한 철학적 이야기는 살아 움직이는 현장성을 갖고 지속되고 있고, 또 그럴 것이다.

부록
중관학과 피론주의

1. 피론주의와 중관학(Mādhyamika)의 유사성

피론이 알렉산더 대왕의 동방 원정 때 방문한 "인도에서 알몸의 수행자들과 동방의 사제들과 교분을 맺었다."[1]는 것은 잘 알려진 역사적 사실이다. 그후에 "이 경험으로 그는 … 판단유보라고 하는 가장 고상한 철학을 채택하게 되었고",[2] 고향에 돌아와서 친구들과 제자들에게 회의적 교설들을 가르쳤다고 전해진다. 그 가르침은 다음과 같은 것이었다. "실제로 존재하는 것은 아무것도 없다. … 왜냐하면 모든 사물에 있어 이것인 만큼 저것이기도 하기 때문이다."[3] 그리고 이것이 우리가 현재 문헌을 통해 확인할 수 있는 그의 학설의 전부이다.

그가 과연 이런 가르침을 인도에서 배웠는지, 배웠다면 어느 학파에서 배웠는지는 논란거리이다. 플린토프는 "이것도 아니고 저것도 아닌" 것을 간파

---

1) Diogenes Laertius, *DL* 9.61.
2) 같은 곳.
3) 같은 곳.

함으로써 형이상학적이며 독단적인 모든 주장을 거부한다는 점에서 불교가 피론에게 미쳤을 다양한 영향들을 가늠해보고 있다.[4] 특히 그는 사구 논법 (quadrilemma · Catuh koti)에 주목하고 있는데, 이것은 "피론 이전의 그리스 철학에서는 전례가 없는 사유 양식"[5]이기 때문이다. 이와는 대조적으로 맥에빌리는 "그리스 전통 외부에서 [피론주의 사상을 집대성한] 섹스투스의 작품에 대규모의 변증법적 유입이 있었을 가능성을 일축해야 한다."[6]고 주장한다. 이미 그리스 자체 내의 전통만으로도 사구 논법에 도달했을 가능성이 있고, 따라서 "[불교를 포함한 인도 철학 학파가 피론에 끼쳤을] 그런 영향을 가정할 필요가 없다."[7]는 것이다. 그러나 인도 사상이나 불교가 피론에게 영향을 미쳤는지 아니었는지를 논하는 것은 롱과 같은 사람들에게는 부질없는 작업처럼 보인다. 왜냐하면 그것에 관해서는 알 수 없기 때문이다. "전거에는 그러한 가정이 필요하지 않다."[8] 피론과 불교의 영향사에 대한 문헌 자료는 빈약하며, 그래서 피론이 불교에서 주요한 회의주의 교설의 핵심을 빌려온 것이 매우 설득력이 있게 들린다 하더라도 양자의 관계는 간접적인 정황적 증거에 의존할 수밖에 없다.

　이렇게 피론과 불교와의 직접적인 연관을 증명할 길이 막혀 있다 하더라도, 그래서 거기에 관해 여러 의견이 피력되고 있다 하더라도, 피론 이후 그의 회의적 모토를 계승하여 회의주의의 이론을 체계적으로 전개한 피론주의자들의 논변 이론과, 용수(Nāgārjuna, 150-250)에 의해 창안된 중관학의

---

4) Everard Flintoff, "Pyrrho and India," in *Phronesis* 25(1980), pp.91-3 참조.

5) 같은 글, p.92. 사구 논법과 관련하여 티몬의 입을 빌려 아리스토클레스가 전해주는 바는 다음과 같다. "모든 것에 대해 이것인 것만큼 저것이며, 그러하기도 하고 아니 그러하기도 하며, 그러하지도 않거나 아니 그러하지도 않다고 피론은 선언한다." Eusebius, "*Prep. Ev.* 14.18 758cd," in *Hellenistic Philosophy: Introductory Readings*, trans. by Brad Inwood and Lloyd P. Gerson(Indianapolis/Cambridge: Hackett Publishing Company, 1997), pp.299-300에서 재인용.

6) Thomas McEvilley, "*Pyrrhonism and Mādhyamika,*" in *Philosophy East and West.* 32(1)(1982), p.22.

7) 같은 글, p.24.

8) 앤소니 A. 롱, 『헬레니즘 철학: 스토아 철학자들, 에피쿠로스주의자들, 회의주의자들』, p.159.

논리가 놀랄 만한 유사성을 보여주고 있다는 데에는 별 이견이 없는 것 같다. 일찍이 콘즈는 불교와 제대로 비교될 수 있는 세 가지 유럽 철학 가운데 하나가 그리스의 회의주의라고 평가하면서 "중관학과 가장 가까운 유럽 철학의 체계는 그리스의 회의론"[9]이라고 적시한 바 있다. 비교적 최근에 피론주의와 불교의 관계에 대한 저서를 낸 쿠즈민스키는 이 책의 서문에서 다음과 같이 밝히고 있다. "피론주의는 몇몇 동양의 비독단적이고 구원론적인 전통과 놀랄 만한 유사성을 지니고 있다. 특히 중관학과 그렇다."[10] 다른 표현을 빌리면, 피론주의와 중관학은 "두드러지게 비슷하고",[11] "거의 동일하다."[12]

피론의 이론은 앞에서 본 것처럼 보잘것없다. 그는 어떤 저술 활동도 하지 않았다. 오히려 그는 이론보다는 행동에 얽힌 여러 일화(逸話)로 유명하다.[13] 그는 달려오는 마차를 피하지도 않았고 개가 달려들어도 태연하게 막아내었다. 벼랑이 있어도 멈추지 않았고, 스승인 아낙사르코스가 늪에 빠졌는데도 살리려고 하지 않고 그냥 지나쳤다. 그래서 그는 그의 곁을 따르던 벗들에 의해 위험에서 벗어나곤 했다고 한다. 그러나 이런 종류의 일화는 사실 피론을 혹은 피론주의를 무시하거나 경멸하기 위해 지어진 허구에 가까운 것으로 보아야 한다. 그가 미친 듯한 행동을 일삼았더라면 90세 가까이 살지도 못했을 것이고, 그의 조국으로부터 매우 존경을 받지도 못했을 것이다. 그러나 그의 이론적 작업이 아직 맹아적 상태에 머물러 있다 하더라도 피론주의자들이 삶에서 추구해야 할 길(agōgē)을 제시했다는 점에서 그는 선구적인 인물이다. 피론주의자들이 철학적 의심을 수행해야 하는 궁극 목적은 피론의 다음과 같은 이야기에 잘 나타나 있다. "항해 중에 그와 함께 배를 탄 자들이 폭풍으로 인해 겁에 질려 있을 때, 그 자신은 침착하면서도 단호함을 유지한 채, 이에

---

9) 에드워드 콘즈, 「불교철학과 유럽철학의 유사성」, 『불교사상과 서양철학』, 김종욱 편역(서울: 민족사, 1994), p.24.
10) Adrian Kuzminski, *Pyrrhonism: How the Ancient Greeks Reinvented Buddhism*, p.ix.
11) Thomas McEvilley, *"Pyrrhonism and Mādhyamika,"* p.4.
12) Adrian Kuzminski, *Pyrrhonism: How the Ancient Greeks Reinvented Buddhism*, p.5.
13) Diogenes Laertius, *DL* 9.61-4 참조.

아랑곳하지 않고 갑판 위에서 게걸스럽게 음식을 먹고 있는 새끼 돼지를 가리키며 저 돼지의 평정 상태야말로 지혜로운 사람이 유지하지 않으면 안 되는 것이라고 말하였다."[14] 피론은 두려움에서의 해방, 갈구나 기피에서의 초탈, 동요하지 않는 마음의 평정만을 회의주의의 목표로 제시하는 데 그쳤다고 해도 과언이 아니다. 그래서 "우리가 어떻게 거기에 도달할 수 있을까?" 하는 이론적 작업은 그의 후계자들의 몫이 되었다. 피론주의 논변 이론을 집대성하고 체계적으로 정리한 이는, 흥미롭게도 용수와 동시대인일 것으로 추정되는 섹스투스 엠피리쿠스이다. 그의 저작들은 단순히 몇몇 경쟁하는 이론들을 조준한 것이 아니라 모든 독단론을, 말하자면 모든 진리론을 무너뜨릴 수 있는 회의주의자들의 영원한 무기 창고와도 같은 위상을 갖는다. 섹스투스 엠피리쿠스가 선보인 무기들 가운데 가장 강력하고 정교한 무기는 무엇보다 아이네시데모스와 아그리파가 고안해낸 논변 형식들(tropen)이다. 내 생각에, 피론주의와 중관학의 이론적 근친성을 언급하려면, 잡다하게 널려 있는 양자의 유사하거나 공통적인 사소한 측면들을 끄집어내는 고단한—그러면서도 수월한—작업보다는, 피론주의 이론의 정수를 담고 있는 아이네시데모스와 아그리파의 논변 형식들이 중관 논리의 그것들과 얼마나 유사한가를 원리적으로 보여주는 일이 좀 더 의미 있고 중요한 것 같다.

2. 피론주의 이론의 핵심적인 개념들

섹스투스 엠피리쿠스는 그의 대표적인 저작 『피론주의 개요』를 시작하면서 "피론주의자란, 말하자면 진정한 회의주의자란 어떤 사람인가?"를 가장 먼저 밝히고 있다. 여기서 그는 철학자들을 세 유형으로 구분하고 있는데, 이는 피론주의자의 정체성을 밝혀주는 초석이고, 이후 철학사에서 그렇게나 피론주의자들에게 가해진 오해를 불식시키는 근원이기도 하다. 이는 길지만 인용할 필요가 있다.

---

14) *DL* 9.68.

사람들이 어떤 대상을 탐구할 때 나타날 수 있는 자연스러운 결론은 탐구의 대상을 발견하거나, 혹은 그 대상이 발견될 수 있다는 것을 부정하면서 그것이 파악 불가능하다는 것을 공표하거나, 혹은 탐구를 계속 진행해나가는 것이다. 철학적 탐구의 대상과 관련해서 볼 때, 아마도 이런 이유 때문에, 어떤 이들은 진리를 발견했다고 주장하며, 어떤 이들은 진리란 파악 불가능하다고 단언하며, 또 어떤 이들은 계속 탐구를 진행해나가는 것이다. (…) 따라서 철학의 가장 기본적인 유형은 독단주의, 아카데미학파, 회의주의의 세 가지라고 간주하는 것이 마땅한 듯하다.[15]

섹스투스 엠피리쿠스에 따르면 대상을 탐구하는 데 있어 "진리를 발견했다."고 주장하는 사람은 독단주의자이다. 그렇다면 "진리는 파악할 수 없다."고 주장하는 사람이 회의주의자인가? 그렇지 않다. 피론주의자들이 활동했던 헬레니즘 시대에 그런 주장을 편 사람들은 주로 아르케실라오스와 카르네아데스로 대표되는 신아카데미학파의 철학자들이었다. 그런데 "진리는 파악할 수 없다."고 주장하는 순간 이 명제만큼은 파악된 진리가 된다. 즉 진리를 파악할 수 없다는 것만은 파악할 수 있다. 이것은 전형적으로 자기지시적 모순을 범하는 주장이다. "진리를 발견했다."고 주장하는 사람이 긍정적인 독단주의자라면, "진리는 파악할 수 없다는 것을 발견했다."고 주장하는 사람은 부정적인 독단주의자에 해당될 것이다. 회의주의자가 공격하고자 하는 유형의 철학자들이 이로써 드러났다. 그들은 진리의 발견을 주장하는 독단주의자뿐만 아니라 진리 발견의 불가능성을 주장하는 부정적 독단주의자, 즉 상대주의자이기도 한 것이다. 양자는 서로 간에 반대의 입장을 취하고 있지만 회의주의자와 맞서 있다는 점에서는 한패이다. "따라서 상대주의자가 회의주의자의 적(敵)임을 우리가 자각해야"[16] 함에도 불구하고 "옛날이나 최근이나 피론주의는 그것의 철학적 라이벌인 [부정적] 회의주의와 한결같이 혼동되어왔다."[17] 회의주의자는 "진리를 발견했다."거나 "진리는 발견할 수 없

---

15) Sextus Empiricus, *PH* 1.1-4.

16) Julia Annas & Jonathan Barnes, *The Modes of Scepticism: Ancient Texts and Modern Interpretations*, p.98.

17) Adrian Kuzminski, *Pyrrhonism: How the Ancient Greeks Reinvented Buddhism*, p.2.

다."거나를 막론하고 어떤 진리 주장도 제출하지 않는 사람이다. 섹스투스 엠피리쿠스의 표현을 빌리면, 회의주의자란 진리 파악의 가능성을 열어놓고서 포기하지 않고 끈질기게 '계속 탐구를 진행하는 자'이다. 회의주의자가 탐구를 계속 수행하는 이유는 지금껏 제시된 혹은 미래에 출현할 온갖 진리 주장이 진리로서의 자격을 갖추고 있지 못함을 보일 수 있기 때문이다.

피론주의자는 진리 주장을 개진하지 않는다. 그랬다가는 자신들이 비판했던 독단주의자로 전락하고 말 것이기 때문이다. 그렇다면 자신은 진리 주장을 하지 않으면서도 어떻게 피론주의자는 독단주의자가 내세운 진리 주장이—그것이 긍정적이든 부정적이든—독단적이라는 것을 드러낼 수 있을까? 이렇게 하기 위해 피론주의자가 구사한 것이 바로 '등치(isostheneia)'의 방법이다. 독단주의자가 A를 주장하면 피론주의자는 그것과 동등한 권리를 갖고 맞서는 B를 주장한다. (반대로 독단주의자가 B를 주장한다면 피론주의자는 A를 주장할 것이다.) 예컨대 누군가 "인간의 본성은 선하다."라고 주장한다면 피론주의자는 "인간의 본성은 악하다."는 주장을 대립시킨다. 거꾸로 "인간의 본성은 악하다."라는 주장에 대해서는 "인간의 본성은 선하다."라는 주장을 들이댈 것이다. 이럼으로써 애초에 제시된 진리 주장이 매우 제한적이고 일면적이며, 따라서 보편적인 진리로서의 정당성을 갖추고 있지 못함을 폭로하는 것이다. 등치의 방법에 의해 피론주의자는 자기의 철학적 입장을 고정시키지 않고도 모든 진리 주장을 무력화할 수 있다고 생각하였다. 섹스투스 엠피리쿠스가 서술하고 있듯이 "회의주의를 구성하는 기본 원칙은 모든 로고스에는 그것과 동등한 로고스가 대립한다는 것이다."[18]

이제 회의주의자가 어떤 사람인지 드러났다. 회의주의자는 단순히 탐구를 지속하는 사람이 아니라 "현상하는 것들과 사유되는 것들을 어떻게든 대립하게 만드는 능력"[19]을 갖춘 자이다. 누군가 어떤 진리 주장을 하면 그것과 동등한 비중을 갖는 상충하는 주장을 제시함으로써 애초의 주장의 절대성을

---

18) Sextus Empiricus, *PH* 1.12.
19) *PH* 1.8

무너뜨릴 수 있는 역량을 구비한 자, 달리 말한다면 "이것이 아닌 것 못지않게 저것도 아니다."[20]라는 것을 보여줄 수 있는 철학적 기술(技術)을 연마한 자, 그가 바로 회의주의자이다. 이 견해도 저 견해도 진리로 내세울 수 없는 상황에서 취사선택하여 어떤 하나를 진리로 결정한다면 그것은 성급한 일이고 독단적인 처사일 것이다. 따라서 회의주의자는 비록 사물의 현상에 대해서는 무엇이라 판단할 수 있다 해도 사물 자체의 본성에 관해서는 "어떤 것도 긍정하지 않고 또한 부정하지도 않으며",[21] 일체의 '판단을 유보(epochē)'해야 할 것을 강력하게 촉구한다.

그리고 이렇게 판단을 유보할 때 마침내 회의주의자들이 목표로 했던바 '마음의 평정(ataraxia)'이 찾아온다. "이렇게 회의주의자가 판단을 유보하였을 때, [독단적] 견해와 관련해서 뜻밖에도 마음의 평정이 그에게 뒤따라 나왔다."[22] 진리를 어떻게든 손에 넣음으로써 마침내 마음의 평화를 구할 수 있으리라 희망했던 자들은 독단주의자들이었다. 이와는 대조적으로 회의주의자들은 독단적 진리에 대해 이론적 거리를 확보함으로써, 말하자면 독단주의자의 저 희망을 완전히 손에서 놓아버릴 때 마침내 교란되지 않은 마음의 평정을 획득할 수 있는 가능성을 보았던 것이다. 섹스투스 엠피리쿠스는 화가 아펠레스를 예로 들고 있다. "아펠레스는 그림을 그리면서 말의 입 거품을 묘사하려 했다고 한다. 그런데 그는 거듭 실패하였고, 낙담하여 그의 그림붓을 닦는 데에 사용했던 스펀지를 자기 그림에 내던졌다고 한다. 그런데 그림에 던진 스펀지 자국이 그가 그리려 했던 말의 입 거품의 효과를 만들어냈다는 것이다."[23] 진리와 거짓을 확신하는 사람은 그것의 인식으로 마음의 평정을 확보할 수 있다고 생각하지만, 이 경우 그것을 향유하기란 실로 어려운 일이다. 왜냐하면 우선 참된 주장과 거짓 주장이 독단적이기 때문이고, 또 그것에 의해 무엇인가를 추구하고 기피하고자 하며, 그로 인해 지나치게 환호하

---

20) *PH* 1.14. 1.188-9 참조.
21) *PH* 1.10. 1.192-3, 1.201 참조.
22) *PH* 1.26.
23) *PH* 1.28.

거나 낙담하게 되기 때문이다. "이와는 달리 본성상 무엇이 좋고 나쁜가에 대해 입장을 결정하지 않는 사람은 어떤 것을 열렬하게 추종하지도 않고 피하지도 않는다. 따라서 그는 동요하지 않는다."[24] 마음의 평정을 추구하면 마음의 평정은 뒤따라 나오지 않는다. 그것은 일체의 판단유보에서 우연치 않게 '뜻밖에' 찾아오는 것이다.

지금까지 피론주의의 핵심적 개념들을 살펴보았는데, 이것만으로도 벌써 피론주의와 중관학의 관계가 심상치 않음을 알 수 있다. 중관학에서 말하는 사상적 중도란 섹스투스 엠피리쿠스의 표현을 빌리면 다름 아닌 "이것도 아니고 저것도 아니다."일 것이다. 이런 중도는 비유비무(非有非無), 불일불이(不一不異), 불상부단(不常不斷)과 같은 표현에서 여실하게 드러난다. 정당화될 수 없는 상충하는 개념이나 의견들 어느 것에도 동의할 수 없으며 동의하지 않아야 한다는 테제는 중관학파만의 독자적인 이론적 성취로 볼 수 없다. 용수가 『중론』에서 다음과 같이 말할 때 우리는 어디에선가 본 것 같은 기시감(déjàvu)을 갖게 된다. "존재한다는 것은 상주(常住)에 대한 집착이고 존재하지 않는다고 하는 것은 단멸적(斷滅的) 견해이다. 그러므로 명석(明晳)한 자는 존재성이나 비존재성에 의거(依據)해서는 안 된다."[25] 섹스투스 엠피리쿠스에게서나 용수에게서나 지혜로운 자는 갈등하는 의견이나 믿음 중 어떤 것에도 매달리는 사람이 아니다. 일체의 의견에 동의하지 않을 때, 즉 일체의 진리론에서 벗어날 때 아타락시아나 열반이라는 궁극적 경지에 가 닿을 수 있다고 보는 점에서도 양자는 같은 눈을 갖고 있다.[26]

---

24) 같은 곳.

25) 용수보살, 『중론』, 靑目 釋, 鳩摩羅什 漢譯, 김성철 역주(서울: 경서원, 2012), 15-10. 여기서 15는 品(章)을, 10은 게(偈)를 가리킨다.

26) 열반에 관해서는 같은 책, p.450 참조. 청목은 『중론』, 25-24를 다음과 같이 해설하고 있다. "관인연품(觀因緣品) 이래 모든 법(法)을 분별하여 추구해보니 유(有)도 없고 무(無)도 없으며 유무(有無)도 없고 비유비무(非有非無)도 없었다. 이것을 모든 존재의 실상(實相)이라고도 부르며 여법성(如法性), 실제(實際), 열반이라고도 부른다."

3. 아이네시데모스의 열 가지 트로펜과 용수의 연기설

지금까지 피론주의의 이론을 구성하는 핵심적인 개념들을 살펴보았고 이를 통해 피론주의의 윤곽은 그려진 것 같다. 그러나 피론주의와 중관학의 유사성 관계를 탐색하는 데 있어 이것만으로는 충분하지 않다. 피론주의에 있어서 "어떤 근거로 우리가 판단유보를 해야 하는가?"가 매우 중요한 것처럼, 중관학에 있어서도 "왜 우리가 중도를 걸어갈 수 있고 그래야 하는가?"에 대한 논리적 근거 제시가 문제의 관건으로 등장하기 때문이다. 중관학은 단순히 붓다의 교설을 믿을 것을 요청하는 신앙적 차원의 교리가 아니라 그 믿음으로 들어갈 수 있는 논증을 제시하는, 이태승의 표현을 빌린다면, '지성철학'[27]이다. 만약 이 근거에서 양자의 일치점을 발굴해낼 수 있다면, 그것은 피론주의와 중관학은 각각의 개별적인 경우에서의 우연적 유사나 일치를 넘어서서 심층적 차원에서 연결되어 있다고 말할 수 있을 것이다.

아이네시데모스는 독단주의를 물리치기 위해 열 가지 트로펜을 고안해내었다. 그는 우리가 일상생활에서 경험할 수 있는 무수한 예들을 모아서 사물의 본성과 관련해서 섣부르게 판단을 내려서는 안 된다는 것을 보이려고 하였다. 그러니까 그의 트로펜은 판단유보로 안내하는 일종의 자료집인 것이다. 여기서 그가 채집한 모든 사례들을 일일이 열거할 필요는 없을 것 같다. 간단하게 그의 논변을 요약해보자.

동물들은 태생이 다르고 신체 구조도 다르다. 어떤 생명체는 알에서 태어나는 데 반해 다른 생명체는 산 채로 태어나며 신체기관도 다르다. 그렇기 때문에 감각하는 것도 생각하는 것도 상이하다. 가령 어떤 여성은 우리에게 아름답게 보이나 물고기는 그녀를 보고 기겁하여 뒤로 물러난다. 이렇게 두 의견이 맞서게 되면 "그 여성이 진짜 아름다운가?"에 대한 판단은 미결정성의 상태로 남겨두어야 한다.

다른 한편 동일한 인간 종이라 하더라도 인간들 간에는 서로 커다란 차이

---

27) 이태승, 『지성불교의 철학: 중도 · 연기의 사상적 의미와 대승 중관 철학의 전개』(서울: 올리브그린, 2014), pp.31-6 참조.

가 있다. 어떤 사람에게는 고기가 좋으나 어떤 사람에게 육식은 소화도 안 되고 해롭다. 따라서 고기 자체의 본성에 대해서는 판단을 유보해야 할 것이다. 동일한 사람의 감각에도 차이가 있다. 꿀은 혀에는 달콤하나 손에는 끈적거린다. 슬픔에 잠겨 있는가 기쁨에 들떠 있는가에 따라, 깨어 있느냐 취해 있느냐에 따라 동일한 대상에 대한 감각도 확연히 다르다. 램프의 불빛은 밝은 곳에서는 희미하게 보이지만 어두운 곳에서는 밝게 보인다. 밝음과 어둠은 그 자체로 존재하는 것이 아니다. 밝음과 어둠은 서로 관계를 맺고 있다. 그래서 "램프 자체가 밝은가?"에 대한 물음에는 대답할 수가 없고 해서도 안 된다. 꿀을 먹고 난 후 사탕을 먹으면 그냥 그렇지만, 한약을 먹은 후 사탕은 매우 달다. 높음과 낮음, 길고 짧음의 경우도 사정은 마찬가지다. 백두산을 높다고 할 때 그것은 절대적인 것이 아니다. 한라산에 비해서 높을 뿐이다. 백두산은 에베레스트 산에 비하면 낮다. 긴 것은 짧은 것에 견주어 길 뿐이고, 더 긴 것에 비한다면 짧다. 따라서 "어떤 대상이 그 본성상 높은가 낮은가, 긴가 짧은가?"에 대해서 우리는 판단을 유보해야 한다. 같은 소리도 텅 빈 장소인가 그렇지 않은가에 따라 크게 들리기도 하고 작게 들리기도 한다. 적당한 양의 술은 원기를 돋우지만 과도한 양의 술은 피로하게 만든다. 에티오피아 사람들은 아이를 문신하지만 우리는 그렇지 않다. 가벼움과 무거움, 강함과 약함, 큼과 작음, 위와 아래, 오른쪽과 왼쪽, 달음과 씀, 부친과 형제 등 모든 개념은 상호관계를 맺는다.[28] 섹스투스 엠피리쿠스의 저작들에는 아이네시데모스의 논변 이론의 재료가 되는 이런 예들로 가득하다. 아이네시데모스가 그의 트로펜을 통해 내린 결론은 우리는 사물이 이렇게 저렇게 보인다고 말할 수 있을 뿐, 그것의 본성이 실제로 어떻다고 판단을 내릴 수 없고 또 그래서는 안 된다는 것이다. 그리고 그 이유는 이미 밝혔듯이 "모든 것이 관계를 맺고 있기 때문이다."[29] 모든 것의 관계성에 대한 논변 형식은, 모든 것은 그것과 관계 맺는 것과의 비교를 통해서만 평가되기 때문에 "사실상 이 세상에

---

28) Diogenes Laertius, *DL* 9.87-8 참조.
29) Sextus Empiricus, *PH* 1.135.

존재하는 그 어떤 것도 홀로 그 자체만으로는 이해될 수 없다."[30]는 것을 함축한다.

일체의 것은 의미 연관망 속에 들어 있어서, 즉 "관계항들이란 서로 함께 파악되기"[31] 때문에 그것들 가운데 하나를 따로 떼어내서 파악하고자 하는 시도는 원리적으로 실패할 수밖에 없다. 따라서 개념의 관계망에서 벗어나 독립적으로 확정된 개념의 의미를 추출하려는 작업은 난망한 짓이다. 사태가 그런 줄도 모르고 이런 시도를 감행하기 때문에 사람들은 독단주의에서 헤어날 수 없다. 아이네시데모스가 전개하고 있는 트로펜을 보다 보면 우리는 용수의 목소리를 듣는 것 같은 착각에 빠진다. "정(淨)에 의존하지 않는 부정(不淨)은 존재하지 않는다. 그것에 연(緣)하여 정이 있다고 우리들은 이해해야 한다. 그러므로 정은 결코 성립하지 않는다."[32] 그런가 하면 "부정(不淨)에 의존하지 않는 정(淨)은 존재하지 않는다. 그것에 연(緣)하여 부정이 있다고 우리들은 이해해야 한다. 그러므로 부정은 결코 성립하지 않는다."[33] 정(淨)은 부정(不淨)과 독립해서 홀로 존재하지 않으며, 부정 역시 마찬가지다. 정과 부정은 그 자체만으로는 존립할 수 있거나 이해될 수 있는 실체와 같은 것이 아니다. 즉 정(淨)도 아니고 부정(不淨)도 아니다. 이런 상호 의존 관계는 인간의 전체 감각 영역과 사유 영역에서 걸쳐 관철되고 있다. "인연으로부터 발생하지 않는 존재는 단 하나도 없다. 그러므로 일체의 존재는 공 아닌 것이 없다."[34] 세계와 인간을 설명하고 이해할 수 있게 만드는 일체의 개념은 그것의 짝패인 개념이 있을 때에 있고, 없을 경우에는 함께 없다. 용수는 붓다가 설파한 연기의 근본 교리를 그대로 받아들이고 있다.[35] 그렇지만 피론주의자들이 당대의 스토아학파나 에피쿠로스학파의 철학을 비판하면서 회의주의 이론을 정련해갔듯이, 용수 또한 아트만(Atman)을 고수하는 바라문 철학

---

30) Philo, "On Drunkenness," in *Philo*, Vol. Ⅲ, trans. by F. H. Colson and G. H. Whitaker(Cambridge, MA: Harvard University Press, 2001), p.186.

31) Sextus Empiricus, *PH* 2.117.32) 용수보살, 『중론』, 23-10.

33) 같은 책, 23-11.

34) 같은 책, 24-19.

35) 붓다가 설한 연기의 근본 교리는 다음과 같다. "이것이 있음에 저것이 있고, 이것이 생함에 저것이 생한다. (…) 또 이것이 없음에 저것이 없고, 이것이 멸하기에 저것이 멸한다(所謂此有故彼有 此生故彼生. (…) 所謂此無故彼無 此滅故彼滅)." 『雜阿含經』, 대정장 2, 67a.

이나 법유론(法有論)을 주창한 아비달마학파의 다양한 교설을 비판하면서 붓다의 연기설을 좀 더 수미일관하게 다듬어나갔다고 볼 수 있다. 일체의 독단적인 진리 이론의 정초 불가능성을 입증하기 위해 피론주의자가 "긍정도 하지 않고 부정도 하지 않는" 판단유보의 태도를 취했다면, 용수도 마찬가지로 "이것도 아니고(非) 저것도 아닌(非)" 중도를 내세웠던 것이다.

이제 중관학에서 말하는 중도가 성립할 수 있는 근거가 명확하게 수면 위로 떠올랐다. 아이네스데모스의 관계성의 논변 형식에서 나타났듯이, 그것은 이것과 저것이 맺고 있는 상호 의존적 관계 때문이다. 요컨대 중도의 가장 기본적인 논리적 바탕은 연기에 있는 것이다. 일체의 관념이나 사물이 상호 의존해 있을 때 자립적인 실체는 설 땅을 잃어버릴 것이다. 용수는 자기원인적이고 모든 타자로부터 독립하여 존립하는 불변하는 실체를 자성(自性)이라 명명하고 있다. "자성(自性)이란 만들어지지 않고 다른 존재에 의존하지 않고 성립된 것을 일컫는다."[36] 연기가 성립된다면 자성은 부정되어야 한다. 거꾸로 자성이 전제되면 연기는 성립하지 않는다. '연기와 자성의 양립 불가능성'[37]은 연기에 속하는 것은 무자성(無自性)이라는 것을 뜻한다. 그리고 일체의 사물이 연기로 인해 자성을 결여하고 있는 것, 그것이 용수가 말하는 공(空)이다. 청목은 『중론』 24-18의 석에서 이렇게 적고 있다. "여러 가지 인연에서 생(生)한 존재를 나는 공(空)이라고 말한다. 왜 그런가? 여러 가지 인연이 다 갖춰지고 화합하여 사물이 생기는데 이 사물은 여러 가지 인연에 속하기 때문에 그 실체(自性)가 없다. 실체가 없기 때문에 공(空)하다."[38] 요컨대 용수의 중관사상에 따르면 "연기의 개념으로부터 무자성의 개념이 도출되고, 무자성의 개념으로부터 공의 개념이 도출되는 것이다."[39] "이것도 아니고 저것도 아닌" 즉 양극단을 떠난 "중도가 실로 공성"[40]이라는 것은 공이

---

36) 용수보살, 『중론』, 15-2.
37) 윤종갑, 「緣起와 自性의 양립 불가능성에 대한 龍樹의 입장: 說一切有部의 四緣에 대한 龍樹의 비판」, 『범한철학』, 제40집(범한철학회, 2006), p.248.
38) 용수보살, 『중론』, p.415.
39) 남수영, 『중관사상의 이해』(서울: 여래, 2015), p.126.
40) 용수보살, 『중론』, 24-18. "연기인 것 그것을 우리는 공성(空性)이라고 말한다. … 그것(공성)은 실로 중도(中道)이다."

무자성을 의미하고 또 이 무자성은 연기에서 비롯되는 것이기 때문에 중도의 근원적인 논리적 바탕이 바로 연기에 있음을 말해준다.

아이네시데모스의 판단유보나 용수의 공이나 모든 것의 상호관계성을 통해, 즉 연기를 통해 "이것도 아닌 만큼 저것도 아니다."라는 것을 보여준다는 점에서 포개진다. 판단유보나 공은 관계항을 구별하고 고정하여 사태를 파악하고 설명하려는 모든 이분법적 사유에 대한 비판이고, 영원히 변하지 않는 자립적 존재를 상정하는 모든 실체론적 사유에 대한 파괴라고 할 수 있다. 양자는 공히 "현상 배후에 은폐된 혹은 현상을 초월해서 있는 … [사물의] 본성 자체에 관한 주장에 저항하는"[41] 공동의 이론적 요새를 구축했다고 말해도 무방할 것이다.

4. 아그리파의 다섯 가지 트로펜과 용수의 사구(四句) 비판

서양 철학사를 개관해볼 때 "모든 것이 상호관계를 맺고 있다."는 통찰은 사실 피론주의자의 독점물이 아니다. 소크라테스와 플라톤을 거쳐 칸트와 헤겔에 이르기까지 변증법은 상대방의 주장을 논파하는 데 사용되어왔다. 그러나 대부분의 경우 그들이 변증법을 동원한 이유는 객관적이고 보편적인 지식을 건립하기 위해서였다. 그러나 피론주의자들은 이 점에서 확연히 다르다. 그들은 오히려 변증법에 의해 온갖 종류의 지식론을 조준하고 그것을 무화(無化)시키고, 그럼으로써 마음의 평정을 도모하는 것이다. 이런 무화의 최정점에 선 이론이 바로 아그리파의 다섯 가지 트로펜이다. 반즈의 평가가 이것을 대변해준다. "[인간 지식의 본성과 범위를 탐구하는 인식론의 역사에서] 아그리파의 트로펜이야말로 서양의 철학적 전통의 심장에 위치해 있다."[42] 이것이나 저것 하나에 의존해 구성된 모든 지식론은 이 트로펜에 꼼짝없이 걸려들고 말 것이다. 늪에 빠진 뮌히하우젠 남작이 자기의 머리를 손으로 당겨서 벗어나려고 발버둥을 쳤지만 속수무책이었듯이, 아그리파의 트로펜에

---

41) Adrian Kuzminski, *Pyrrhonism: How the Ancient Greeks Reinvented Buddhism*, p.52.
42) Jonathan Barnes, *The Toils of Scepticism*, p.ix.

걸려들면 어떤 이론도 견뎌낼 수 없다는 맥락에서 알베르트는 이것을 '뮌히하우젠 트릴레마(Münchhausen Trilemma)'[43]로 부르고 있다. 아그리파의 트로펜은 가장 체계적이고 정밀한 피론주의의 논변 형식들로 간주할 수 있는데, 이 회의적 트로펜과 용수의 사구 비판이 동일한 구조를 갖는다면, 양자가 합당한 의심의 여지가 없을 정도로 동일한 학문적 유전자를 갖고 있다는 점이 극명하게 드러날 수 있을 것이다.

아그리파의 트로펜을 간단하게 재구성하면 다음과 같다.

이 세상에는 수많은 철학적 견해들이 있다. 그 견해들은 같지 않다. 상이하고 심지어는 서로 대립하기까지 한다. 그런데 "이런 견해들 모두에 동의하는 것은 불가능하다."[44] 예컨대 "신이 존재한다."는 견해에 대해 찬성하면서도 동시에 "신은 존재하지 않는다."는 견해를 피력하는 사람이 있다면 그는 합리적 대화의 상대자가 아닐 것이다. 상이하거나 대립하는 철학적 견해들을 보고서 우리는 판단을 유보해야 할 것이다.

이제 이런 철학적 사실의 곤경을 벗어나기 위해, 이런 견해들 가운데 자기의 것만이 진리라고 주장하는 사람이 있다고 생각해보자. 그런데 "왜 그렇게 주장할 수 있는가?"에 대한 근거를 마땅히 제시해야 함에도 불구하고, 이 사람은 "지금 자신은 논리적 근거를 댈 수 없으나 자기의 견해가 진리라고 확신하고 있다."고 주장한다고 상정해보자. 가령 "어젯밤 꿈에서 나는 예언자로 계시를 받았다."거나 직접적인 직관에 의해서 "나는 그것을 알았다."고 그가 대답한다면 어떻게 되겠는가? 이것은 독단적인 전제 설정에 다름 아닐 것이다. 그것은 그에게만 자명한 진리로 여겨지는 것이다. 한마디로 그냥 막 우기는 셈이다. 이 경우 상대방은 언제 어디에서나 동등한 힘을 갖는 반대 의견을 진리로 맞세울 수 있다. 반대자는 "어젯밤 꿈에서 나는 당신이 거짓 예언자라고 계시받았다."거나 "나도 그것을 직관에 의해 알았다."고 주장할 수 있다. 도대체가 근거 제시가 문제되지 않는 곳에서 하지 못할 주장이 무엇이겠는가! 아주 자유로운 영역이 열리게 될 것이다. 독단적인 전제 설정을 하게 되

43) Hans Albert, *Treatise on Critical Reason*, p.18.
44) Sextus Empiricus, *PH* 3.33. 1.88 참조.

면 그것과 맞서는 독단적인 전제 설정을 원리적으로 허용할 수밖에 없다. 독단적인 전제를 설정하고 그것을 진리로 내세우는 과정을 통해 오히려 자신의 견해의 자의적 독단성을 드러내게 되는 것이다. 근거를 결한 경우 양자는 "똑같이 신뢰를 받을 수 없을 것이다."[45] 따라서 이 경우에도 우리는 판단을 유보해야 할 것이다.

그런데 그가 이런 어려움에서 벗어나고자 이제 논리적 근거를 제시한다고 상정해보자. 이 경우 그는 다른 난제에 부딪치게 된다. 상대방은 그가 제시한 근거에 대한 근거를 물을 수 있기 때문이다. 근거에 대한 근거를 제시할 경우에도 그 근거에 대한 근거에 대한 근거를 무한하게 물을 수 있다. 그러나 이런 무한소급의 물음에 그가 답하는 것은 불가능하다. 왜냐하면 우리의 목숨은 유한한데, 근거를 끝까지 좇아가는 증명 과정은 무한하기 때문이다.[46] 따라서 우리는 판단을 유보해야 한다. 이런 난점을 벗어나기 위해 다시 독단적인 대답을 함으로써 물음을 종결시킬 수는 없다. 그것은 방금 앞에서 서술한 독단적인 전제에 기댄 논변이기 때문이다.

이런 난관을 피하기 위한 마지막 방책은 이제 하나밖에 남지 않은 것 같다. 독단적인 전제도 설정하지 않고 그렇다고 무한소급에도 빠지지 않으려면 순환을 동원하면 된다. 예를 들어 달걀에 대한 근거로 닭을 들고, 이제 닭의 근거로 달걀을 드는 식으로 말이다. 이것은 근거도 제시하면서 또 무한진행에도 빠지지 않는 묘책인 듯이 보인다. 그러나 이것은 악순환이며, 사태의 진정한 해명이라기보다는 눈속임이다. 근거와 근거지어진 것, 원인과 결과는 끊임없이 자리를 바꿔가며 돌고 도는 공전(空轉)을 되풀이할 뿐이다. 이런 순환 논변에 의하면 "우리는 경쟁하는 두 개념 가운데 어떤 것이 [인식적] 우선권을 갖는지 말할 수 없을 것이다."[47] 이런 미결정성으로 인해 우리는 판단을 유보하지 않을 수 없다.

상이한 철학적 의견의 논변 형식, 독단적인 전제 설정의 논변 형식, 무한소

---

45) *PH* 3.23.
46) *PH* 2.204 참조.
47) *PH* 3.22.

급의 논변 형식, 순환의 논변 형식은 모두—아이네시데모스의 열 가지의 트로펜이 그러했던 것처럼—"모든 것은 관계를 맺고 있다."는 관계성의 논변 형식으로 수렴된다. 아그리파의 트로펜의 귀결점을 섹스투스 엠피리쿠스는 다음과 같이 정리하고 있다. "존재하는 대상은 판단 주체뿐만 아니라 그 대상과 함께 관찰되는 것들과 관계를 맺으면서 이러저러하게 현상하지만, 그 대상의 진짜 본성에 관해서는 우리는 판단을 유보한다."[48]

섹스투스 엠피리쿠스는 이런 아그리파의 트로펜을 구사하면 모든 지식론을 붕괴시킬 수 있다고 자신하였다. 그의 저작 전체는 그 이전에 등장했고 헬레니즘 당대에 번성했고 또 미래에 등장하리라고 예상한 온갖 철학적 교설에 대해 아그리파의 트로펜을 적용한 것으로 점철되어 있다고 해도 과언이 아니다. 그런데 우리는 아그리파의 트로펜과 똑같은 논의를 용수의 『중론』에서도 찾을 수 있다. 아비달마 교학의 생주멸(生住滅) 이론을 앞에 두었더라면 아그리파가 분명히 행했을 그런 비판을 용수는 행하고 있다. 말하자면 용수는 아그리파의 트로펜을 동원하고 있는 것이다. 그렇다면 용수가 어떻게 생주멸 이론을 옭아 넣어 그것을 폐기하게 만드는가를 간단하게 살펴보자.[49] 아비달마 교학은 인과 연이 모여 이루어진 "모든 유위법은 생주멸의 세 가지 특징을 갖는다."고 주장한다. 그런데 용수가 볼 때 이 이론은 풀 수 없는 난제에 빠진다. 왜냐하면 "유위법에 속하는 생주멸이 다시 생주멸이라는 세 가지 특징을 가져야 하기 때문이다."[50] 생주멸이 역시 생주멸한다면 어떻게 될까? "생(生), 주(住), 멸(滅)에 있어서 또 다른 유위법의 상이 있다면, 그와 같다면 무한소급에 빠진다."[51] 유위법에 속하는 생주멸에게는 그것이 유위법에 속하기 때문에 다시 생주멸이 있게 된다. 그리고 이렇게 탄생한 각각의 생주멸에게는 또다시 생주멸이 있게 될 것이고, 이런 식으로 끝없이 생주멸의 근거에 대한 탐구가 진행될 것이다. 생주멸 이론의 최초의 혹은 최후의 지점을 확

---

48) *PH* 1.167.
49) 이 부분은 김성철, 『중관사상』(서울: 민족사, 2012), pp.145-62을 참조하여 재구성했음.
50) 같은 책, p.150.
51) 용수보살, 『중론』, 7-3.

보할 수 없다. 그러므로 "모든 유위법은 생주멸한다."는 저 교리는 정당화될 수 없다.

이런 곤경을 피하기 위해 아비달마 논사가 택할 길을 우리는 아그리파의 트로펜을 통해 예상할 수 있다. 새로운 해법은 애초의 생주멸을 본생(本生), 본주(本住), 본멸(本滅)로 명명하고 여기에 생생(生生), 주주(住住), 멸멸(滅滅)이라는 보조 개념을 추가하는 것이다. 그리고 다음과 같이 그 관계를 설정하는 것이다. "다른 유위법은 본생, 본주, 본멸이 생주멸하게 만들지만, 이런 본생, 본주, 본멸만은 각각 생생, 주주, 멸멸이 생주멸하게 하게 만든다."[52] 이렇게 되면 생주멸에 대한 근거를 제시하는 것이므로 무한진행의 논변에서는 벗어날 수 있다. 용수는 이 계책을 생생만을 예로 들어 다음과 같이 읊고 있다. "생생(生生)의 생(生)한 바는 저 본생(本生)을 생하고 본생의 생한 바는 다시 생생을 생한다."[53] 요컨대 저 논사의 계책이란 본생, 본주, 본멸의 무한소급을 중단시키기 위해 생생과 주주와 멸멸을 그 근거로 들고, 이제 다시 생생과 주주와 멸멸의 근거로 본생과 본주와 본멸을 제시하는 것이다. 이것은 전형적인 악순환이다. 저 계책이 악순환에 빠졌다는 것을 용수는 이렇게 지적하고 있다. "만일 생생(生生)이 능히 본생(本生)을 생한다면 생생은 본생에서 생하는 것인데 어떻게 (그것이) 능히 본생을 행하겠는가?"[54] 그리고 "만일 이 본생이 능히 생생을 생한다면 (그것은 옳지 않다.) 본생은 그것에서 생하는 것이라고 했는데 어떻게 생생을 생하겠는가?"[55]

생주멸의 이론과 관련해서 무한진행의 논변을 피하기 위한 계책은 악순환에 빠져버렸다. 이제 아비달마 논사에게 남은 선택지는 하나밖에 없을 것 같다. "생은 자기 자신과 다른 것 모두를 발생하게 한다."는 주장을 펴는 것이다.[56]

---

52) 김성철, 『중론, 논리로부터의 해탈, 논리에 의한 해탈』(서울: 불교시대사, 2013), p.101.

53) 용수보살, 『중론』, 7-4.

54) 같은 책, 7-5.

55) 같은 책, 7-6. 악순환은 불과 연료를 분석하는 가운데에서도 지적되고 있다. 10-8, 10-9도 참조.

56) 아비달마 논사가 채택하는 제3의 이론과 관련해서는 김성철, 『중론, 논리로부터의 해탈, 논리에 의한 해탈』, pp.103-7 참조.

논사는 등불의 비유를 빌려 돌파구를 마련하지만, 엄밀히 보았을 때 이 이론은 논리적 근거에 의해 뒷받침된 것으로 볼 수 없다. 이것은 독단적인 전제의 수준에서 설파된 것이고, 따라서 똑같이 등불의 비유를 빌려 "생은 자기 자신과 다른 것 모두를 발생하게 하지 못한다."는 용수의 주장을 허용하지 않을 수 없는 것이다.[57] 그렇다고 논사가 반대자인 용수의 주장보다 자기의 주장이 더 그럴듯하다는 점을 보이기 위해 근거 제시의 수순을 밟는다 해도 사정은 나아지지 않는다. 왜냐하면 이 경우, 논사는 무한진행의 논변 형식과 악순환의 논변 형식에 걸려들 수밖에 없기 때문이다.

용수는 사구에 대한 비판을 통해 모든 인간의 판단은 사구로 포섭될 수 있기에 인간의 모든 판단이 봉착할 수밖에 없는 오류를 보여줄 수 있다고 믿었다. 그리고 독단적인 전제 설정의 논변 형식이나 무한소급의 논변 형식, 악순환의 논변 형식은 아그리파에게 그랬듯이, 용수에게도 인간의 모든 일면적인 주장을 비판하는 중요한 논리적 기술(技術)이었다. 아그리파의 트로펜을 익힌 자라면, 생주멸에 대한 용수의 비판은 전혀 새로운 것이 아니다. (반대의 경우도 마찬가지일 것이다.) 아그리파 트로펜이 바로 용수의 그것이기 때문이다.

5. 사다리와 가명(假名)

피론주의자와 중관학자는 모두 '모든 것의 관계성'을 내세워 '이것도 아니고(非) 저것도 아닌(非)' 판단유보나 중도의 입장을 채택하였다. 이것은 긍정적이거나 부정적인 온갖 종류의 독단주의의 입장을 배격하고 있는 것이다. 이런 사태는 이들 이론의 특성과 관련하여 매우 중요한 함의를 내포하고 있다. 즉 그들의 중도의 입장을 독단주의의 지평에서 바라보고 규정해서는 안 된다는 것이다. 만약 이런 관점에서 해석할 경우 "우리는 판단을 유보해야 한다."는 저 피론주의자들의 회의적 정식은 일종의 메타적 판단으로 규정되고

---

57) 용수보살, 『중론』, 7-10, 7-11 참조.

말 것이다. 이럴 경우 그들은 '판단유보'라는 판단을 내리고 있는 것처럼 보이게 된다. 그러면 "어떤 것도 파악할 수 없다."고 주장함으로써 부정적 독단주의에 빠져들었다고 그토록 비판했던 저 신아카데미학파의 철학자의 처지로 피론주의자 자신이 떨어지고 말 것이다. "이것도 아니고 저것도 아니다."라는 회의적 정식에 있어서도 사정은 마찬가지다. "이것도 아니고 저것도 아니다."라고 말하는 순간, 즉 "일체의 것이 아니다."라고 발화하는 순간 이 언명 자체만은 긍정적인 의미를 갖는 것처럼 보인다. 여기서는 비(非)가 시(是)로 전환된다. 이런 자기지시적 모순의 난점은 용수에게도 그대로 적용된다. "그러므로 일체의 존재는 공 아닌 것이 없다."[58]는 이 명제만은 공한 것이 아닌 듯이 여겨진다.

그렇다면 이들이 이런 난점에도 불구하고 회의적 또는 중도적 의견을 개진하는 이유는 무엇일까? 섹스투스 엠피리쿠스는 이 점을 명확하게 밝히고 있다. "우리는 … 독단주의자들의 성급함을 지적하기 위한 방편으로 그렇게 하는 것이다."[59] 피론주의자들이 보기에 독단주의자들은 판단을 유보해야 하는데도 불구하고 그 긴장과 기다림의 인내를 참지 못하고 성급하게 판단을 내리는 조급증 환자들이다. 이런 측면에서 피론주의자는 환자를 치료하는 의사라고 할 수 있다. 피론주의자는 "독단주의자들의 자만심과 성급함을 … 논변을 통해 최선을 다해 치유하길 원한다."[60] 환자의 질병의 경중과 성질에 따라 치유를 위한 처방책은 그때그때마다 다르다. 마치 의사가 불면증 환자에게는 수면제를, 졸음증 환자에게는 각성제를 처방하는 것과 같다. 이처럼 피론주의자들이 내세우고 있는 다양하고 때로는 상호 모순적인 반론은 피론주의자들의 진짜 의견이 아니라 독단주의자들의 독단성을 파괴하기 위한 도구일 뿐이다. 피론주의자들이 독단주의를 물리치기 위해 동원한 의견이나 믿음들은 따라서 독단주의를 폐기하고자 한 목적을 달성하면 그것으로 그 효용성이 다한다. 섹스투스 엠피리쿠스의 비유적 표현을 사용한다면, 그것들은

---

58) 같은 책, 24-18.
59) Sextus Empiricus, *PH* 1.20.
60) *PH* 3.280.

높은 곳에 올라가기 위해 사용한 후 치워버리는 '사다리'[61]이고, 숲을 태운 후에 스스로 소멸하는 '불'[62]이고, 몸의 배설을 돕기 위해 주입되었다가 배설물과 함께 쓸려 나가는 '관장제'[63]와 같다.

따라서 피론주의자들은 자기지시적 모순을 범하지 않는다고 볼 수 있다. 그들은 자기들의 입론을 스스로 '사다리'로 여기고 치워버리기 때문이다. 섹스투스 엠피리쿠스는 『피론주의 개요』 앞부분에서 이후 펼쳐질 여러 회의적 정식들에 대한 독단적 믿음을 경계하면서 다음과 같이 언급하고 있다. "게다가 — 예컨대 '이것이 아닌 만큼 저것도 아니다.' 혹은 '아무것도 결정하지 않는다.' 혹은 이후 논의할 여러 다른 표현들의 경우처럼 — 불분명한 사태들과 관련된 회의적인 정식들을 열거할 때조차 회의주의자는 독단적인 믿음을 갖지 않는다. … 회의주의자는 자신의 표현이 반드시 실제와 일치한다고 간주하지 않는다. … 따라서 '이것이 아닌 만큼 저것도 아니다.'라는 표현도 그 자체 다른 모든 진술들과 함께 무효화된다고 그는 추정하기 때문이다. 그리고 우리는 여타의 회의적 정식들에 대해서도 똑같이 말할 수 있다."[64] 피론주의자는 이처럼 판단유보를 포함한 모든 자신들의 정식을 어떤 특정한 견해로 정립하지 않는다. '판단유보'라는 그의 정식조차 판단유보의 대상이 되고, "이것이 아닌 만큼 저것이 아니다."라는 정식도 바로 이 정식 안으로 포섭된다. 모든 그의 정식은 그 자신에 의해 무화된다. 그는 자신의 모든 정식을 독단주의와 함께 쓸어버린다. 그의 관심은 온갖 종류의 독단주의를 잠재울 수 있는 또 다른 메타적 독단주의로서의 절대적 지식론의 확립에 있지 않고, 오로지 독단주의의 교설을 비판하고 그럼으로써 마음의 평정을 구하는 데에 있다. 그러므로 피론주의자에게는 학설이란 없다.

회의주의자들은 모든 학파의 학설들을 전복시키는 데에 끊임없이 종사하면서도

---

61) Sextus Empiricus, *M* 8.481.

62) *M* 8.480.

63) 같은 곳.

64) Sextus Empiricus, *PH* 1.14.

정작 자신들의 학설을 명확히 밝히지 않았다. 다른 사람들의 학설을 끄집어내어 상세히 설명하면서도 그들은 스스로 그 어떤 것도 명확하게 규정하지 않았다. 심지어 어떤 것도 규정하지 않는다는 것, 그것조차 규정하지 않았다.[65]

이런 이론의 자기파괴적 속성은 "이것도 아니고(非) 저것도 아니다(非)."라는 중도적 사상을 수미일관하게 견지하려는 한, 그 이론이 필연적으로 가질 수밖에 없는 것이기도 하다. 자기지시적 오류를 피하기 위한 피론주의 이론의 자기파괴적 속성은 중관학에서도 그대로 나타난다. "일체의 존재가 공"이라면 이 명제조차 공이고 공이어야 한다. 제24품 제18게에 대한 청목 소에서도 이 점은 분명하게 지적되고 있다. "더욱이 이 공(空)도 역시 또 공(空)하다."[66] 일체의 것이 인연에서 생기는 것이라면, 그래서 모든 것들이 자성을 가지고 있지 않는 공이라면 "부처님께서도 말씀하신 것이 없다."[67]

이제 공의 교설조차 공인데도, 왜 용수가 굳이 공에 관한 교설을 전개하면서 "그것(공성)은 의존된 가명(假名)"[68]이라고 말했는지를 우리는 쉽게 이해할 수 있다. 그 까닭은 섹스투스 엠피리쿠스가 말한 그것과 같기 때문이다. "다만 중생을 인도하기 위해 거짓된 이름(假名)을 붙여 (공이라고) 설(說)한 것이다."[69] 사람들은 무엇인가 변하지 않는 자립적인 실체가 있다는 생각에 사로잡히기 쉽다. 자기원인적이며 자기충족적인 것이 없는데도 그것을 포착한 양 성급하게 진리를 발견했다고 선언한다. 한마디로 독단주의자가 득세하는 것이다. 그리하여 독단적 견해에 매달리는 이들을 깨치기 위해, '다만 중생을 인도하기 위해', '교훈을 위해'[70] 공을 내세운 것이다. 섹스투스 엠피리쿠스의 비유를 적용하면, 중생은 환자이고, 중관학자는 그 환자를 낫게 하기 위해 그 병에 따라 약을 주는(應病與藥) 의사와 같다. (병이 다 나으면 약도

---

65) Diogenes Laertius, *DL* 9.74.
66) 용수보살, 『중론』, p.415.
67) 같은 책, 25-24.
68) 같은 책, 24-18.
69) 같은 책, p.415.
70) 같은 책, 22-11.

필요 없을 것이다.) 중관학은 거창한 만고불변의 지식론을 통한 열반을 기획하고 도모하지 않는다. 피론주의의 논변처럼 온갖 독단적 견해나 사견(邪見)을 물리치는 데 전념할 뿐이고, 이런 비판에서 귀결된 궁극적인 공의, 즉 완전히 결여된 견해의 열반을 말할 뿐이다.[71] 피론주의의 '사다리' 이론에 비추어서 용수가 '가명'을 통해 말하고자 하는 바를 곧바로 파악할 수 있다는 것은 두 사상이 독단론이나 사견을 철저하게 비판하는 데 있어 공통의 형식적 구조를 지니고 있는 방편 철학임 단적으로 가르쳐준다. 피론주의와 중관학은 모두 건설적 입론이 아니다. 그것들은 다른 모든 것들을 파괴하고 자신마저 파괴한다.

6. 서양 근대 철학에서 맞이한 피론주의의 혹은 중관학의 운명

피론주의와 중관학은 매우 흡사하며, 일정 부분의 형식과 내용과 구조는 똑같기까지 하다는 점이 밝혀졌다. 그러나 양자가 걸어간 길은 매우 달랐다. 피론주의와 불교를 논하는 데 있어 양자의 놀랄 만한 유사성을 찾아 밝혀내는 것도 의미 있는 작업일 것이다. 그렇지만 양자가 이렇게 흡사한데도 불구하고 이후의 철학사에서 왜 다른 길을 걸어가야 했는가를 조망하는 일은 비록 이 글에서의 주제는 아니지만 흥미로운 과제가 아닐 수 없다. 피론주의가 맞이해야 했던 철학사적 운명을 보기 위해서는 아주 간략하게나마 이후에 전개된 철학사를 훑어보아야 한다.

피론주의자들은 다양하면서도 체계적인 회의적 논변 형식들에 의해 우리 인간이 지식을 정초할 수 있는 능력이 없다는 것을 절감하게 만들었다. 이로부터 당연하게 나오는 귀결은 인간의 이성을 포기하고, 인간에게 구원을 가져다줄 수 있는 좀 더 나은 인도자를 찾아야 한다는 것이었다. '인간 자신에

---

71) 이경선, 「용수의 변증법(辨證法)에 대한 고찰」, 『원불교 사상과 종교문화』, 제44권(원광대학교 원불교 사상연구원, 2010), p.267 참조. "그리고 그들[중관학자들]이 의미하는 진실한 견해는 정당화된 견해가 아니라 견해가 결여된 것이다. (…) 마치 귀류 논증파는 자신의 무기가 없는 군인이 적의 창을 사용하여 적을 죽이는 것과 같다."

의해서는 지복(至福)에 이를 수 없다는 인간의 절대적인 무능력'에 대한 처절한 자각이 피론주의자들에 의해 행해짐으로써 고대로부터 중세로의 이행의 다리가 놓아졌고, 마침내 '고대 철학에 대해 기독교의 승리'[72]가 구가될 수 있었다. 믿음과 은총과 계시의 자리를 마련해주기 위해 이성은 자신을 파괴하는 노고를 아끼지 않은 셈이다. 이후 5세기와 14세기에 걸친 천 년은 중세의 신앙의 시대였다.

14세기 르네상스의 시대가 시작되면서 신앙은 예전의 위력을 잃게 되었다. 인문주의의 부흥과 종교개혁, 과학혁명으로 인해 인간은 신에 대한 복종의 삶을 벗어나 스스로의 힘으로 삶의 활로를 모색하게 되었다. 17세기의 근대로 접어들면서 인간은 확연히 자신감을 갖게 되었고, "믿음만이 우리를 구원한다."는 바울의 『로마서』의 신앙적 테제에서 벗어나, 베이컨이 천명한 대로 "인간의 지식이 곧 힘"[73]인 지식의 세계로 달려 나갔다. 베이컨은 인간의 지식이 자연을 지배하게 만들고 그럼으로써 인간의 삶 자체가 풍요롭고 윤택해질 것이라고 확신하였다. 이것이 대부분의 서양 근대 철학자들의 생각이었다. 세계의 주인은 더 이상 신이 아니라 인간이었고, 자연을 지배하고 역사를 만들어나가는 주체도 어디까지나 인간이었다. 인간은 지식을 갖고 있고, 또 갖고 있어야 했다.

그런데 사정이 이렇게 되자 저 고대의 피론주의는 시대의 적(敵)으로 떠올랐다. "인간의 지식이 곧 힘"인 시대에 피론주의자들은 "인간은 보편적이고 객관적인 지식을 확보할 수 없다."는 것을 회의적 논변을 통해 보였기 때문이다. 서양 근대 철학자들이 보기에 인간의 지식이야말로 불행을 막아주고 행복한 삶을 가져다주는 힘인데, 피론주의자들은 이 힘을 무력화하는 자들이었던 것이다. 서양 근대 시기에 피론주의는 철학적 거리를 떠도는 유령이었다. 이 회의주의의 유령 앞에서의 불안, 회의주의에 빠지면 인간의 삶은 혼돈과 암흑에 빠지고 마침내 불행에서 벗어날 수 없다는 철학적 강박증, 이런 것이

---

72) Sextus Empiricus, *Grundriß der pyrrhonischen Skepsis*, p.9.
73) 프랜시스 베이컨, 『신기관: 자연의 해석과 인간의 자연 지배에 관한 잠언』, p.39.

근대 철학자들의 정신 안에 깊숙이 자리 잡게 되었다.

근대를 대표하는 몇몇 주류 철학자를 살펴보는 것만으로도 이런 불안을 확인하기에는 충분하다. 우선 근대 철학의 아버지인 데카르트는 회의주의를, 바닥에 발을 대지도 못하고 또 그렇다고 헤엄쳐서 물 위로 올라갈 수도 없는 '갑자기 소용돌이치는 깊은 물속'[74]에 비유한 바 있다. "어떻게 이 물속에서 헤어날 수 있는가?"가 그의 평생의 철학적 화두였다. 흄은 자신의 경험론을 철두철미하게 밀고 나간 결과 피론주의에 도달하였다. 인간은 어떻게 해도 확실한 지식을 얻을 수는 없으며, 다만 개연적인 지식에 그칠 수밖에 없다는 것이 그의 결론이었다. 그런데 이런 피론주의적 결말을 보고 그는 기뻐하거나 담담해한 것이 아니라 매우 비탄에 잠겼다. 그는 『인성론』 제1권의 결론에서 "가장 깊은 어둠에 휩싸여 사지(四肢)와 능력의 사용을 완전히 빼앗긴 채 상상할 수 있는 한 가장 가련한 상태에 처해 있다."[75]고 자신의 신세를 한탄하였다. 흄의 비관은 병적일 정도로 더욱 심해져서 자신을 '세련되지 못한 이상한 괴물'[76]로 여기고, 친구들과 당구 게임도 그만두었다. 그는 절망에 빠져 자기 방에 틀어박혔다. 말하자면 그에게 데카르트의 불안병이 도진 것이었다. 칸트는 또 어떤가? 그는 인간이 보편적이고 객관적인 지식을 확보하지 못한 상태를 '철학과 보편적인 인간 이성의 스캔들'[77]로 불명예스럽게 여겼고, 이 추문을 제거하기 위해 초월 철학을 개척하였다. 근대 철학을 완성한 헤겔은 노골적으로 피론주의를 '언제나 철학의 가장 두려운 적'[78]으로 묘사하고, 자신의 사변철학만이 그것을 지양할 수 있다고 주장하였다. 헤겔이 사변철학을 전개하는 가운데 이렇게 피론주의를 비판하고 있다는 사실은 그 비판과 같은 정도로 용수의 중관학에 대해서도 비판적 거리를 두고 있다는 것

---

74) René Descartes, *CSM* Ⅱ, p.16[Ⅶ, 24].

75) David Hume, *Treatise*, p.269.

76) *Treatise*, p.264.

77) Immanuel Kant, *KdrV*, BXL.

78) Georg W. F. Hegel, *VGP* Ⅱ, p.358.

을 뜻한다.[79] 무르띠가 이미 지적하고 있듯이, 헤겔 철학에서 변증법은 피론주의나 중관학에서 말하는 일체의 것에 대해 판단유보나 공으로 인도하는 논리가 아니라 "… 보다 새롭고 보다 포괄적이며 보다 고차원적인 개념을 창출해내는"[80] 운동의 위상을 갖는다. 요컨대 헤겔은 용수의 중관학을 사변철학으로 지양하려 했으며, 사변철학보다 낮은 단계의 사유의 패러다임으로 간주했던 것이다.

이처럼 피론주의는 적어도 서양에서는 19세기 근대가 마감될 때까지 극복되어야 할 대상이었고, 좀 더 날것으로 말한다면, 색출해서 남김없이 박멸해야 할 해충과도 같은 것이었다. 근대의 주류 철학자들의 과제는 바로 근대에 만연한 피론주의를 물리치는 것이었다. 피론주의는 헬레니즘 시대 이후로 서양에서는 환영받는 존재가 아니라 적대와 저주의 대상이었다. 동양에서 중관학이 인도의 주석학과 티베트의 계보학, 동아시아의 삼론학으로 용수의 사상을 변주하면서 점차 심화시키는 길을 걸어갔다면, 서양에서 피론주의는 생존하기 급급한 연명의 길을 걸어갔고, 어떤 경우 존립을 허용받더라도 그것은 어디까지나 객관적이고 보편적인 지식을 구축하는 데 도움이 되는 한에 한정되었다고 볼 수 있다. 최소한 피론주의 이후 근대까지의 서양 철학사를 거시적으로 조감하면, 아타락시아를 목표로 한 회의적 논변 이론의 전통은 점차 소실되어갔다고 말할 수 있다. 이것은 곧 중관학과 만날 수 있는 서양의 지적인 자양분이 근대의 이성중심주의에 의해 쓸려나갔다는 것을 의미한다. 중관학이 피론주의와 거의 흡사하고 동일한 구조를 갖고 있다면, 내 생각에, 이런 소실의 과정은 불교의 가르침을 최소한 서양 근대 철학에서는, 체계적이고 층위적인 지식 확보를 위한 전략적인 맥락에서가 아니라면, 심층적인 차원에서 만나기 힘들다는 것을 예고해주는 것이기도 하다.

---

79) 여기서 용수의 중관학에 대한 헤겔의 비판이 정당하다고 주장하는 것은 아니다. 중관학에 대한 헤겔의 이해는 시대적 제약에서 오는 자료의 빈곤과 더불어 여러 문제점을 지니고 있다. 이 점과 관련해서는 이동희, 「헤겔의 불교이해」, 『헤겔연구』, 제7권(한국헤겔학회, 1997), pp.108-31 참조.

80) 티루파투르 R. V. 무르띠, 『불교의 중심 철학: 중관 체계에 대한 연구』, 김성철 옮김(서울: 경서원, 1999), p.245.

수록 논문 출처

   이 책은 완전히 새로 쓴 부분도 있지만, 대개의 경우 이전에 내가 여러 철학 잡지에 발표한 논문들을 수정하고 보완한 것이다. 각각의 장을 쓰는 데 기초로 삼은 논문들을 밝히면 다음과 같다.

제3장
「신(新)아카데미학파와 피론주의의 차이에 관하여: 실천이론을 중심으로」, 『철학논총』, 제91집, 새한철학회, 2018, pp.355-84.
「누가 회의주의자인가: 아카데미학파와 피론주의의 진리론의 차이를 중심으로」, 『범한철학』, 제81집, 범한철학회, 2016, pp.29-58.

제4장
「고대 피론주의와 아타락시아」, 『철학논총』, 제89집, 새한철학회, 2017, pp.325-48.

제5장
「퓌론주의와 근세의 신앙주의: 몽테뉴의 〈레이몽 스봉의 변호〉를 중심으로」, 『철학사상』, 제28집, 서울대학교 철학사상연구소, 2008, pp.243-89.

제6장
「데카르트는 회의주의를 극복하였는가: 데카르트와 가상디의 논쟁을 중심으로」, 『철학』, 제104호, 한국철학회, 2010, pp.95-123.

「가쌍디는 회의주의를 극복하였는가」, 『철학』, 제99호, 한국철학회, 2009, pp.75-100.

제7장
「스피노자와 회의주의」, 『헤겔연구』, 제42권, 한국헤겔학회, 2017, pp.245-87.

제8장
「모순율과 회의주의: 라이프니츠, 섹스투스 엠피리쿠스, 헤겔을 중심으로」, 『철학』, 제134호, 한국철학회, 2018, pp.57-86.
「라이프니츠와 회의주의」, 『헤겔연구』, 제39권, 한국헤겔학회, 2016, pp.143-73.

제9장
「로크와 회의주의」, 『헤겔연구』, 제35권, 한국헤겔학회, 2014, pp.201-27.

제10장
「버클리와 회의주의」, 『철학연구』, 제44집, 고려대학교 철학연구소, 2011, pp.43-96.

제11장
「흄의 회의주의와 피론주의」, 『철학』, 제82호, 한국철학회, 2005, pp.99-136.

제12장
「피론주의와 칸트의 비판 철학」, 『철학』, 제103호, 한국철학회, 2010, pp.57-98.

제13장

「피론주의와 헤겔의 사변 철학: 비판 철학과 사변 철학의 방법론을 중심으로」, 『헤겔연구』, 제30권, 한국헤겔학회, 2011, pp.191-221.

「회의주의는 무제한적인 효력을 갖는가: 헤겔의 퓌론주의의 논변 형식들에 대한 비판을 중심으로」, 『헤겔연구』, 제15호, 한국헤겔학회, 2004, pp.87-118.

「퓌론주의와 헤겔의 사변 철학」, 『시대와 철학』, 제15호, 한국철학사상연구회, 1997, pp.128-63.

제14장

「피론주의와 불교」, 『철학·사상·문화』, 제21호, 동국대학교 동서사상연구소, 2016, pp.91-118.

참고문헌

강순전, 『칸트에서 헤겔로: 칸트 철학과의 대결을 통해 본 헤겔 철학의 특성』, 서울: 철학과현실사, 2008.

＿＿＿, 「선험적 변증법과 사변적 변증법: 칸트와 헤겔의 Antinomie론을 중심으로」, 『철학연구』, 제58집, 철학연구회, 2002.

강영안, 『자연과 자유 사이』, 서울: 문예출판사, 2001.

강철웅, 「기원전 1세기 아카데미의 플라톤주의 수용: 필론의 아카데미 혁신과 그것에 대한 안티오코스의 대응을 중심으로」, 『서양고전학연구』, 제37권, 한국서양고전학회, 2009.

게오르크 W. F. 헤겔, 『정신현상학 1』, 임석진 옮김, 파주: 한길사, 2005.

＿＿＿, 『정신현상학 2』, 임석진 옮김, 파주: 한길사, 2005.

＿＿＿, 『대논리학 (Ⅰ)』, 임석진 옮김, 서울: 지학사, 1991.

＿＿＿, 『대논리학 (Ⅱ)』, 임석진 옮김, 서울: 지학사, 1991.

＿＿＿, 『대논리학 (Ⅲ)』, 임석진 옮김, 서울: 지학사, 1988.

＿＿＿, 『변증법과 회의주의』, 황설중 옮김, 서울: 철학과현실사, 2003.

고트프리트 W. 라이프니츠, 『변신론』, 이근세 옮김, 서울: 아카넷, 2014.

＿＿＿, 『형이상학 논고』, 윤선구 옮김, 서울: 아카넷, 2010.

＿＿＿, 『자유와 운명에 관한 대화 외』, 이상명 옮김, 서울: 책세상, 2011.

고현범, 「사변 명제와 실체 형이상학 비판」, 『범한철학』, 제36집, 범한철학회, 2005.

권대중, 「관념론적 정합론으로서의 헤겔의 진리관: 전통적 대응론과의 관계를 중심으로」, 『헤겔연구』, 제17권, 한국헤겔학회, 2005.

김상봉, 『자기의식과 존재사유』, 서울: 한길사, 1998.

_____, 「칸트의 『새로운 해명』에서 동일성과 모순의 문제: 칸트 전비판기 철학에 대한 한 연구」, 『칸트연구』, 제27집, 한국칸트학회, 2011.

김상환, 「헤겔과 구조주의」, 『헤겔연구』, 제23권, 한국헤겔학회, 2008.

김석수, 『요청과 지양: 칸트와 헤겔을 중심으로』, 서울: 울력, 2015.

김성철, 『중론, 논리로부터의 해탈, 논리에 의한 해탈』, 서울: 불교시대사, 2013.

_____, 『중관사상』, 서울: 민족사, 2012.

김용민, 「키케로와 헬레니즘철학: 『아카데미의 회의주의에 관하여』에 나타난 인식론을 중심으로」, 『한국정치연구』, 제18집, 서울대학교 한국정치연구소, 2009.

김용환, 「Hume의 철학에서의 독단주의와 회의주의」, 『철학』, 제50호, 한국철학회, 1997.

김익현, 『스피노자의 인식론에 대한 연구』, 건국대학교 대학원, 1994.

_____, 「스피노자철학에서의 정신의 영원성과 직관지」, 『철학연구』, 제50집, 철학연구회, 2000.

김현, 「헤겔의 스피노자 해석 (Ⅰ)」, 『범한철학』, 제42집, 범한철학회, 2006.

김혜숙, 「철학의 두 길: 선험적 방법과 변증법」, 『헤겔연구』, 제35권, 한국헤겔학회, 2014.

김효명, 『영국경험론』, 서울: 아카넷, 2001.

남수영, 『중관사상의 이해』, 서울: 여래, 2015.

데이비드 흄, 『인간 오성의 탐구』, 김혜숙 옮김, 서울: 고려원, 1996.

_____, 『인간본성에 관한 논고: 실험적 추론 방법을 도덕적 주제들에 도입하기 위한 하나의 시도』, 이준호 옮김, 서울: 서광사, 1994-6.

디오게네스 라에르티오스, 『그리스 철학자 열전』, 전양범 옮김, 서울: 동서문화사, 2008.

르네 데카르트, 『성찰 1: 〈성찰〉에 대한 학자들의 반론과 데카르트의 답변』, 원석영 옮김, 파주: 나남, 2012.

_____, 『성찰 2: 〈성찰〉에 대한 학자들의 반론과 데카르트의 답변』, 원석영

옮김, 파주: 나남, 2012.

_____,『성찰 / 자연의 빛에 의한 진리 탐구 / 프로그램에 대한 주석』, 이현복 옮김, 서울: 문예출판사, 2006.

_____,『방법서설 / 정신지도를 위한 규칙들』, 이현복 옮김, 서울: 문예출판사, 2006.

_____,『철학의 원리』, 원석영 옮김, 서울: 아카넷, 2004.

리처드 번스타인,『객관주의와 상대주의를 넘어서』, 황설중 · 이병철 · 정창호 옮김, 서울: 철학과현실사, 2017.

리처드 샤하트,『근대철학사: 데카르트에서 칸트까지』, 정영기 · 최희봉 옮김, 서울: 서광사, 1993.

마르쿠스 아우렐리우스,『명상록』, 천병희 옮김, 고양: 도서출판 숲, 2005.

미셸 드 몽테뉴,『몽테뉴 인생 에세이』, 손우성 옮김, 서울: 동서문화사, 2005.

바울,「로마 신자들에게 보낸 서간」,『성경』, 서울: 한국천주교중앙협의회, 2005.

박규철,「아이네시데모스의 회의주의: *PH*와 *DL* 그리고 *Bibl*와 *Prae. evang.*에 대한 비교 분석을 중심으로」,『철학논총』, 제90집, 새한철학회, 2017.

_____,「회의냐 독단이냐: 중기 아카데미학파의 아르케실라오스의 회의주의」,『대동철학』, 제64집, 대동철학회, 2013.

박삼열,「스피노자의 사랑 개념」,『기독교사회윤리』, 제8권, 한국기독교사회윤리학회, 2004.

박주원,「『에세이(*Essays*)』의 가필과정을 통해서 본 몽테뉴 사상의 변화: 몽테뉴의 회의주의 사상에 대한 하나의 해석」,『사회와 철학』, 제15호, 사회와 철학 연구회, 2008.

백종현,『존재와 진리: 칸트『순수이성비판』의 근본 문제』, 서울: 철학과현실사, 2008.

베네딕트 데 스피노자,『신과 인간과 인간의 행복에 대한 짧은 논문』, 강영계 옮김, 파주: 서광사, 2016.

_____,『데카르트 철학의 원리』, 강영계 옮김, 파주: 서광사, 2016.

_____,『데카르트 철학의 원리』, 양진호 옮김, 서울: 책세상, 2010.

_____,『지성개선론』, 강영계 옮김, 파주: 서광사, 2015.

_____,『에티카』, 강영계 옮김, 서울: 서광사, 1990.

블레즈 파스칼,『팡세』, 하동훈 옮김, 서울: 문예출판사, 2003.

섹스투스 엠피리쿠스,『피론주의 개요』, 오유석 옮김, 서울: 지만지, 2008.

손우경,「Montaigne의 思想과 그 源泉」,『한국 프랑스학 논집』, 제4집, 한국
   프랑스학회, 1979.

스터얼링 P. 램프레히트,『서양철학사』, 김태길·윤명노·최명관 옮김, 서
   울: 을유문화사, 1963.

스티븐 E. 툴민,『코스모폴리스: 근대의 숨은 이야깃거리들』, 이종흡 옮김,
   마산: 경남대학교 출판부, 2008.

아리스토텔레스,『형이상학 1』, 조대호 옮김, 파주: 나남, 2012.

안쏘니 케니,『데카르트의 철학』, 김성호 옮김, 서울: 서광사, 1991.

알렉산더 V. 폰 키벳,『순수이성비판의 기초개념』, 이신철 옮김, 서울: 한울
   아카데미, 1994.

양진호,「스피노자의『데카르트 철학원리』(1663) 연구 (1):「서론」에서 '신 증
   명'과 '순환 논증'의 문제」,『칸트연구』, 제22집, 한국칸트학회, 2008.

앤소니 A. 롱,『헬레니즘 철학: 스토아 철학자들, 에피쿠로스주의자들, 회의
   주의자들』, 이경직 옮김, 서울: 서광사, 2000.

에드워드 커리,『데카르트와 회의주의』, 문성학 옮김, 서울: 고려원, 1993.

에드워드 콘즈,「불교철학과 유럽철학의 유사성」,『불교사상과 서양철학』,
   김종욱 편역, 서울: 민족사, 1994.

에피쿠로스,『쾌락』, 오유석 옮김, 서울: 문학과지성사, 1998.

오유석,「내재주의인가 외재주의인가: 스토아학파와 아카데미아 회의주의
   논쟁을 중심으로」,『동서철학연구』, 제58호, 한국동서철학회, 2010.

_____,「스토아학파에 있어서 진리의 기준」,『지중해지역연구』, 제11권, 제2
   호, 부산외국어대학교 지중해지역원, 2009.

_____,「회의주의자와 doxa: 아르케실라오스와 카르네아데스의 입장」,『철

학』, 제83호, 한국철학회, 2005.

용수보살,『중론』, 靑目 釋, 鳩摩羅什 漢譯, 김성철 역주, 서울: 경서원, 2012.

윤병태,『청년기 헤겔철학』, 서울: 용의 숲, 2007.

윤선구,「라이프니츠의 로크 비판에 관한 연구: 본유관념의 존재 증명을 중심으로」,『철학』, 제73호, 한국철학회, 2002.

윤종갑,「緣起와 自性의 양립 불가능성에 대한 龍樹의 입장: 說一切有部의 四緣에 대한 龍樹의 비판」,『범한철학』, 제40집, 범한철학회, 2006.

이경석,『스피노자의 인식과 자유』, 파주: 한국학술정보(주), 2005.

이경선,「용수의 변증법(辨證法)에 대한 고찰」,『원불교 사상과 종교문화』, 제44권, 원광대학교 원불교 사상연구원, 2010.

이광모,『헤겔 철학과 학문의 본질』, 서울: 용의 숲, 2006.

이동희,「헤겔의 불교이해」,『헤겔연구』, 제7권, 한국헤겔학회, 1997.

이재영,『영국경험론 연구: 데카르트에서 리드까지』, 서울: 서광사, 1999.

이재영·염수균,「버클리의 추상관념 이론」,『범한철학』, 제6집, 범한철학회, 1991.

이재훈,「즐거움과 긍정의 철학자 몽테뉴」,『철학연구』, 제115집, 철학연구회, 2016.

이태수,「회의주의적 태도의 일관성: 자기논박 논변에 대한 퓌론 회의주의의 대응」,『서양고전학연구』, 제31집, 한국서양고전학회, 2008.

이태승,『지성불교의 철학: 중도·연기의 사상적 의미와 대승 중관 철학의 전개』, 서울: 올리브그린, 2014.

이현복,「스피노자의 "영원의 관점 아래에서"」,『대동철학』, 제38집, 대동철학회, 2007.

＿＿＿,「스피노자와 인식의 종류」,『철학연구』, 제91집, 대한철학회, 2004.

＿＿＿,「스피노자와 직관지」,『수행인문학』, 제34호, 한양대학교 수행인문학연구소, 2004.

＿＿＿,「데카르트의 제일철학에 있어 신의 전능성」,『철학』, 제44호, 한국철학회, 1995.

이환,『몽테뉴와 파스칼: 인본주의냐, 신본주의냐』, 서울: 민음사, 2007.

임건태, 「니체의 몽테뉴 회의주의 수용과 변형」, 『니체연구』, 제27권, 한국니체학회, 2015.

임마누엘 칸트, 『순수이성비판 1』, 백종현 옮김, 서울: 아카넷, 2006.

_____, 『순수이성비판 2』, 백종현 옮김, 서울: 아카넷, 2006.

_____, 『실천이성비판』, 백종현 옮김, 서울: 아카넷, 2002.

임홍빈, 『근대적 이성과 헤겔 철학』, 서울: 고려대학교 출판부, 1996.

_____, 「삶의 형식으로서의 퓌론주의(Pyrrhonism)와 그 인식론적 변형」, 『철학논총』, 제31호, 새한철학회, 2003.

장경춘, 「헬레니즘 시대의 퓌론주의 논의: 에포케를 중심으로」, 『서양고전학연구』, 제28권, 한국서양고전학회, 2007.

장 이뽈리트, 『헤겔의 정신현상학 Ⅰ』, 이종철 · 김상환 옮김, 서울: 문예출판사, 1986.

정다영, 「스피노자의 『지성개선론』에서 관념의 진리문제」, 『철학연구』, 제96집, 철학연구회, 2012,

조병희, 「로크 인식론의 토대로서 가상디의 감각론」, 『철학』, 제88호, 한국철학회, 2006.

조지 버클리, 『하일라스와 필로누스가 나눈 대화 세 마당』, 한석환 옮김, 서울: 숭실대학교 출판부, 2001.

_____, 『인간 지식의 원리론』, 문정복 옮김, 울산: 울산대학교 출판부, 1999.

존 로크, 『인간지성론 1』, 정병훈 · 이재영 · 양선숙 옮김, 파주: 한길사, 2014.

_____, 『인간지성론 2』, 정병훈 · 이재영 · 양선숙 옮김, 파주: 한길사, 2014.

존 맥타가르트 · 엘리스 맥타가르트, 『헤겔 변증법의 쟁점들』, 이종철 옮김, 서울: 고려원, 1993.

존 호스퍼스, 『철학적 분석 입문』, 이재훈 · 곽강제 옮김, 서울: 담론사, 1997.

최희봉, 『흄의 철학』, 서울: 자작아카데미, 1996.

칼 포퍼, 『추측과 논박 2』, 이한구 역, 서울: 민음사, 2001.

클라우스 뒤징, 『헤겔과 철학사』, 서정혁 옮김, 서울: 동과서, 2003,

키케로, 『신들의 본성에 관하여』, 강대진 옮김, 파주: 나남, 2012.

티루파투르 R. V. 무르띠, 『불교의 중심 철학: 중관 체계에 대한 연구』, 김성철 옮김, 서울: 경서원, 1999.

프랜시스 베이컨, 『신기관: 자연의 해석과 인간의 자연 지배에 관한 잠언』, 진석용 옮김, 파주: 한길사, 2013.

프레데릭 코플스톤, 『영국경험론』, 이재영 옮김, 파주: 서광사, 1991.

프리드리히 니체, 『유고(1870년–1873년)』, 이진우 옮김, 서울: 책세상, 2015.

_____, 『차라투스트라는 이렇게 말했다』, 정동호 옮김, 서울: 책세상, 2015.

_____, 『선악의 저편 / 도덕의 계보』, 김정현 옮김, 서울: 책세상, 2016.

_____, 『유고(1884년 가을–1885년 가을)』, 김정현 옮김, 서울: 책세상, 2013.

피에르 마슈레, 『헤겔 또는 스피노자』, 진태원 옮김, 서울: 그린비출판사, 2004.

피터 싱어, 『헤겔』, 연효숙 옮김, 서울: 시공사, 2000.

한스-게오르크 가다머, 『진리와 방법 2』, 임홍배 옮김, 파주: 문학동네, 2012.

한스 M. 바움가르트너, 『칸트의 순수이성비판 읽기』, 임혁재·맹주만 옮김, 서울: 철학과현실사, 2004.

황설중, 「슐쩨의 회의주의와 퓌론주의: 근대의 아에네시데무스 대(對) 고대의 아에네시데무스」, 『철학』, 제83호, 한국철학회, 2005.

_____, 「퓌론주의에 대한 몇몇 철학적 대응들과 그것들에 대한 정당성의 물음」, 『철학연구』, 제57집, 철학연구회, 2002.

_____, 「헤겔 이론철학에 있어서 자기 관계적 부정성의 구조에 관하여」, 『철학연구』, 제45집, 철학연구회, 1999.

『雜阿含經』, 대정장 2.

Aaron, Richard I., *John Locke*, London: Oxford University Press, 1971.

Albert, Hans, *Treatise on Critical Reason*, trans. by M. V. Rorty, Princeton: Princeton University Press, 1985.

Albert, Hans & Karl-Otto Apel, "Ist eine philosophische Letztbegründung moralischer Normen möglich?," in *Praktische Philosophie/Ethik: Dialoge 2*, hsrg. von K-O. Apel, D. Böhler und G. Kadelbach, Frankfurt am Main: Fischer Taschenbuch Verlag, 1984.

Annas, Julia, "Doing without Objective Values: Ancient and Modern Strategies," in *The Norms of Nature: Studies in Hellenistic Ethics*, ed. by Malcolm Schofield and Giesela Striker, Cambridge: Cambridge University Press, 1986.

Annas, Julia & Jonathan Barnes, *The Modes of Scepticism: Ancient Texts and Modern Interpretations*, Cambridge: Cambridge University Press, 1985.

Apel, Karl-Otto, "Fallibilismus, Konsenstheorie der Wahrheit und Letztbegründung," in *Philosophie und Begründung*, hrsg. von Forum für Philosophie Bad Homburg, Frankfurt am Main: Suhrkamp, 1987.

Augustine, *Against the Academics*, trans. by John J. O'Meara, Westminster: The Newman Press, 1950.

Bailey, Alan, *Sextus Empiricus and Pyrrhonian Scepticism*, Cambridge: Cambridge University Press, 2002.

Barnes, Jonathan, *The Toils of Scepticism*, Cambridge: Cambridge University Press, 1990.

_____, "The Beliefs of a Pyrrhonist," in *The Original Sceptics: A Controversy*, ed. by Myles Burnyeat and Michael Frede, Indianapolis/Cambridge: Hackett Publishing Company, Inc., 1997.

Bayle, Pierre, *Historical and Critical Dictionary Selections*, trans. by Richard H. Popkin, Indianapolis: Hackett Publishing Company, 1991.

Beattie, James, *An Essay on the Nature and Immutability of Truth: In Opposition to Sophistry and Scepticism*, Edinburgh: Thomas Turnbull, 1807.

Berkeley, George, *Philosophical Commentaries* in *The Works of George Berkeley Bishop of Cloyne*, Vol. 1, ed. by A. A. Luce and T. E. Jessop, Nelson: Kraus Reprint, 1979.

_____, *A Treatise concerning the Principles of Human Knowledge* in *The Works of George Berkeley Bishop of Cloyne*, Vol. 2, ed. by A. A. Luce and T. E. Jessop, Nelson: Kraus Reprint, 1979.

_____, *Three Dialogues between Hylas and Philonous* in *The Works of George Berkeley Bishop of Cloyne*, Vol. 2, ed. by A. A. Luce and T. E. Jessop, Nelson: Kraus Reprint, 1979.

Bolton, Martha B., "Spinoza on Cartesian Doubt," in *Nous* 19(3), 1985.

_____, "Locke and Pyrrhonism: The Doctrine of Primary and Secondary Qualities," in *The Skeptical Tradition*, ed. by Myles Burnyeat, Berkeley/Los Angeles: University of California Press, 1983.

Brown, Stuart, "The Leibniz-Foucher Alliance and Its Philosophical Bases," in *Leibniz and His Correspondents*, ed. by Paul Lodge, Cambridge, UK: Cambridge University Press, 2004.

_____, "The seventeenth-century intellectual background," in *Cambridge Companion to Leibniz*, ed. by Nicholas Jolly, Cambridge, UK: Cambridge University Press, 1995.

Bubner, Rüdiger, "Die ≫Sache seblst≪ in Hegels System," in *Seminar: Dialektik in der Philosophie Hegels*, hrsg. von Rolf-Peter Horstmann, Frankfurt am Main: Suhrkamp Verlag, 1989.

Buchner, Hartmut, "Skeptizismus und Dialektik," in *Hegel und die antike Dialektik*, hrsg. von Manfred Riedel, Frankfurt am Main: Suhrkamp Verlag, 1990.

_____, "Zur Bedeutung des Skeptizismus beim jungen Hegel," in *Hegel-Tage Urbino 1965*, hrsg. von Hans-Georg Gadamer, Bonn: Bouvier, 1969.

Buckle, Stephen, "British sceptical realism: A fresh look at the British tradition," *in John Locke: Critical Assessments of Leading Philosophers*,

Series Ⅱ, Vol. Ⅱ, *Knowledge: Its Nature and Origins*, ed. by Peter Anstey, London/New York: Routledge, 2006.

Burnyeat, Myles, "Can the Sceptic Live His Scepticism," in *The Original Sceptics: A Controversy*, ed. by Myles Burnyeat and Michael Frede, Indianapolis/Cambridge: Hackett Publishing Company, Inc., 1997.

_____, "Idealism and Greek Philosophy: What Descartes Saw and Berkeley Missed," in *The Philosophical Review* 91(1), 1982.

Butler, Judith, "Commentary on Joseph Flay's "Hegel, Derrida, and Bataille's Laughter"," in *Hegel and His Critics: philosophy in the aftermath of Hegel*, ed. by William Desmond, Albany: State University of New York Press, 1989.

Cardoso, Sérgio, "On Skeptical Fideism in Montaigne's Apology for Raymond Sebond," in *Skepticism in the Modern Age: Building on the Work of Richard Popkin*, ed. by José R. M. Neto, Gianni Paganini and John C. Laursen, Leiden/Boston: Brill, 2009.

Carriero, John, "The Cartesian Circle and the Foundations of Knowledge," in *A Companion to Descartes*, ed. by Janet Broughton and John Carriero, Malden, MA: Blackwell Publishing Ltd, 2008.

Cicero, *Academics*, trans. by H. Rackham, Cambridge, MA: Harvard University Press, 1933.

_____, *On Academic Scepticism*, trans. by Charles Brittain, Indianapolis, IN: Hackett Publishing Company, Inc., 2006.

Couissin, Pierre, "The Stoicism of the New Academy," in *The Skeptical Tradition*, ed. by Myles Burnyeat, Berkeley/Los Angeles: University of California Press, 1983.

Descartes, René, *The Philosophical Writings of Descartes*, Vol. Ⅰ, trans. by John Cottingham, Robert Stoothoff, and Dugald Murdoch, Cambridge: Cambridge University Press, 1985.

_____, *The Philosophical Writings of Descartes*, Vol. Ⅱ, trans. by John

Cottingham, Robert Stoothoff, and Dugald Murdoch, Cambridge: Cambridge University Press, 1984.

_____, *The Philosophical Writings of Descartes*, Vol. Ⅲ, trans. by John Cottingham, Robert Stoothoff, Dugald Murdoch, and Anthony Kenny, Cambridge: Cambridge University Press, 1991.

_____, *Euvres de Descartes publiées par Charles Adam & Paul Tannery*, Paris: Librairie Philosophique J. Vrin, 1964-75.

Di Biase, Giuliana, "《A little knowledge is still knowledge》: Some Remarks about Locke's Scepticism concerning Scientific knowledge," in *RSÉAA* ⅩⅦ-ⅩⅧ 69, 2012.

Diogenes Laertius, *Lives of Eminent Philosophers*, Vol. Ⅰ, trans. by R. D. Hicks, Cambridge, MA: Harvard University Press, 1925.

_____, *Lives of Eminent Philosophers*, Vol. Ⅱ, trans. by R. D. Hicks, Cambridge, MA: Harvard University Press, 1925.

Doney, Willis, "Spinoza on Philosophical Skepticism," in *The Monist* 55, 1971.

Düsing, Klaus, "Die Bedeutung des antiken Skeptizismus für Hegels Kritik der sinnlichen Gewissheit," in *Hegel-Studien 8*, 1973.

Engstrom, Stephen, "The Transcendental Deduction and Skepticism," in *Journal of the History of Philosophy* ⅩⅩⅫ, 1994.

Epicurus, *The Essential Epicurus*, trans. by Eugene O'Connor, New York: Prometheus Books, 1993.

Eusebius, "*Prep. Ev.* 14.18 758cd," in *Hellenistic Philosophy: Introductory Readings*, trans. by Brad Inwood and Lloyd P. Gerson, Indianapolis/Cambridge: Hackett Publishing Company, 1997.

Eva, Luiz, "Montaigne's Radical Skepticism," in *Skepticism in the Modern Age: Building on the Work of Richard Popkin*, ed. by José R. M. Neto, Gianni Paganini and John C. Laursen, Leiden/Boston: Brill, 2009.

Fine, Gail, "Descartes and Ancient Skepticism: Reheated Cabbage?," in *The

Philosophical Review 109(2), 2000.

Fisher, Saul L., *Constructive skepticism and the philosophy of science of Gassendi and Locke*, Ann Arbor: U·M·I, 1992.

Flintoff, Everard, "Pyrrho and India," in *Phronesis* 25, 1980.

Fløistad, Guttorm, "Spinoza's Theory of Knowledge Applied to the Ethics," in *Studies in Spinoza: Critical Interpretive Essays*, ed. by Paul Kashap, Berkeley/Los Angeles/London: University of California Press, 1972.

Fogelin, Robert J., "Hume's scepticism" in *The Cambridge Companion to Hume*, ed. by David F. Norton, Cambridge/New York: Cambridge University Press, 1993.

_____, "The Tendency of Hume's Scepticism," in *The Skeptical Tradition*, ed. by Myles Burnyeat, Berkeley/Los Angeles: University of California Press, 1983.

Forster, Michael N., *Kant and Skepticism*, Princeton: Princeton University Press, 2008.

_____, *Hegel and Skepticism*, Cambridge, Mass.: Harvard University Press, 1989.

_____, "Hegel on the Superiority of Ancient over Modern Skepticism," in *Skeptizismus und spekulatives Denken in der Philosophie Hegels*, hrsg. von H. F. Fulda und R.-P. Horstmann, Stuttgart: Klett-Cotta, 1996.

_____, "Hegel's Dialectical Method," in *The Cambridge Companion to Hegel*, ed. by Frederick C. Beiser, Cambridge/New York: Cambridge University Press, 1993.

Frankfurt, Harry G., "Descartes' Validation of Reason," in *Descartes: A Collection of Critical Essays*, ed. by Willis Doney, London/Melbourne: Macmillan, 1967.

Frede, Michael, "The Sceptic's Beliefs," in *The Original Sceptics: A Controversy*, ed. by Myles Burnyeat and Michael Frede, Indianapolis/Cambridge: Hackett Publishing Company, Inc., 1997.

_____, "Stoics and Skeptics on Clear and Distinct Impressions," in *The Skeptical Tradition*, ed. by Myles Burnyeat, Berkeley/Los Angeles: University of California Press, 1983.

Gadamer, Hans-Georg, *Hegels Dialektik Sechs hermeneutische Studien*, Tübingen: J.C.B. Mohr, 1980.

Garber, Daniel, "Locke, Berkeley, and Corpuscular Scepticism," in *Berkeley: Critical and Interpretive Essays*, ed. by Colin Turbayne, Minneapolis: University of Minnesota Press, 1982.

Gassendi, Pierre, *The Selected Works of Pierre Gassendi*, ed. and trans. by Craig B. Brush, New York: Johnson Reprint Corporation, 1972.

Guyer, Paul, *Knowledge, Reason and Taste: Kant's Response to Hume*, Princeton/Oxford: Princeton University Press, 2008.

Hampshire, Stuart, *Spinoza*, Middlesex: Penguin Books Ltd, 1951.

Hankinson, R. J., *The Sceptics*, London/New York: Routledge, 1998.

_____, "Pyrrhonism," in *Encyclopedia of Philosophy*, ed. by E. Craig, London/New York: Routledge, 1998.

Hartle, Ann, "Montaigne and skepticism," in *The Cambridge Companion to Montaigne*, ed. by Ullrich Langer, New York: Cambridge University Press, 2005.

Hegel, Georg W. F., *Theorie Werkausgabe in zwanzig Bänden*, Redaktion von Eva Moldenhauer und Karl M. Michel, Frankfurt am Main: Suhrkamp Verlag, 1969ff. (= *TW* 1-20)

_____, "Habilitationsthesen," in *TW* 1.

_____, *Verhältnis des Skeptizismus zur Philosophie. Darstellung seiner verschiedenen Modifikationen und Vergleichung des neuesten mit dem alten*, in *TW* 2.

_____, *Glauben und Wissen oder die Reflexionsphilosophie der Subjektivität in der Vollständigkeit ihrer Formen als Kantische, Jacobische und Fichtesche Philosophie*, in *TW* 2.

_____, *Phänomenologie des Geistes*, *TW* 3.

_____, *Wissenschaft der Logik* Ⅰ, *TW* 5.

_____, *Wissenschaft der Logik* Ⅱ, *TW* 6.

_____, *Grundlinien der Philosophie des Rechts*, *TW* 7.

_____, *Enzyklopädie der philosophischen Wissenschaften* Ⅰ, *TW* 8.

_____, *Vorlesungen über die Geschichte der Philosophie* Ⅰ, *TW* 18.

_____, *Vorlesungen über die Geschichte der Philosophie* Ⅱ, *TW* 19.

_____, *Vorlesungen über die Geschichte der Philosophie* Ⅲ, *TW* 20.

Henrich, Dieter, *Selbstverhältnisse: Gedanken und Auslegungen zu den Grundlagen der klassischen deutschen Philosophie*, Stuttgart: Reclam, 1982.

_____, *Hegel im Kontext*, Frankfurt am Main: Suhrkamp Verlag, 1981.

_____, "Hegels Logik der Reflexion: Neue Fassung," in *Hegel-Studien*, Beiheft 18, 1978.

_____, "Hegels Grundoperation: Eine Einleitung in die Wissenschaft der Logik," in *Der Idealismus und seine Gegenwart: Festschrift für Werner Marx zum 65. Geburtstag*, hrsg. von Ute Guzzoni, Bernhard Rang und Ludwig Siep, Hamburg: Felix Meiner, 1976.

Hookway, Christopher, *Scepticism*, London/New York: Routledge, 1990.

Hume, David, *An Abstract of Treatise 1740*, ed. by J. M. Keynes and P. Sraffa, Tokyo: Kinokuniya Co. Ltd, 1990.

_____, *A Treatise of Human Nature*, ed. by Ernest G. Mossner, Baltimore, Md.: Penguin Book, 1984.

_____, *Enquiries Concerning Human Understanding and Concerning The Principles of Morals*, ed. by L. A. Selby-Bigge, Oxford: Clarendon Press, 1975.

_____, *A Treatise of Human Nature*, ed. by L. A. Selby-Bigge, Oxford: Clarendon Press, 1960.

Joachim, Harold H., *Spinoza's Tractatus de Intellectus Emendatione*, Oxford:

The Clarendon Press, 1940.

Kant, Immanuel, *Gesammelte Schriften*, hrsg. von der (Königl.) Preußischen Akademie der Wissenschaften (ab Bd. 23 von der Deutschen Akademie der Wissenschaften zu Berlin), Berlin: Georg Reimer/Walter de Grunter, 1900ff. (= *AA*)

_____, *Prolegomena zu einer jeden künftigen Metaphysik*, in *AA* 4.

_____, *Logik [Jäsche]*, in *AA* 9.

_____, *Kant's Briefwechsel*, Bd. Ⅲ, in *AA* 12.

_____, *Kant's handschriftlicher Nachlaß*, Bd. Ⅲ, in *AA* 16.

_____, *Über die von der Königl. Akademie der Wissenschaften zu Berlin für das Jahr 1791 ausgesetzte Preisfrage: Welches sind die wirklichen Fortschritte, die die Metaphysik seit Leibnizens und Wolffs Zeiten in Deutschland gemacht hat?*, in *AA* 20.

_____, *Logik Blomberg*, in *AA* 24.1.

_____, *Logik Dohna-Wundlacken*, in *AA* 24.2.

_____, *Wiener Logik*, in *AA* 24.2.

_____, *Metaphysik* L_2, in *AA* 28.2(1).

_____, *Kritik der reinen Vernunft*, Hamburg: Felix Meiner Verlag, 1998.

_____, *Kritik der praktischen Vernunft*, Hamburg: Felix Meiner Verlag, 1974.

Kroll, Richard W. F., "The Question of Locke's Relation to Gassendi," in *Journal of the History of Ideas* 45(3), 1984.

Kuhlmann, Wolfgang, "Ist eine philosophishce Letztbegründung moralischer Normen möglich?" in *Funkkolleg Praktische Philosophie/Ethik: Studientexte 2*, Weinheim/Basel: Beltz Verlag, 1984.

Kuzminski, Adrian, *Pyrrhonism: How the Ancient Greeks Reinvented Buddhism*, Lanham/Boulder/New York/Toronto/Plymouth, UK: Lexington, 2008.

Lee, Chang Huan, *Rückkehr in sich: Eine Studie zum Begriff des Scheins und der Reflexion in Hegels Wissenschaft der Logik*, Universität Bielefeld, 1990.

Lee, Henry, *Anti-Scepticism: or Notes Upon each Chapter of Mr Lock's Essay concerning Humane Understanding*, New York/London: Garland Publishing, Inc., 1978.

Lee, Yeop, *Dogmatisch-Skeptisch: Eine Voruntersuchung zu Kants Dreiergruppe Dogmatisch, Skeptisch, Kritisch, dargestellt am Leitfaden der begriffs- und entwichklungsgeschichtlichen Methode*, Trier: WVT Wissenschaftler Verlag, 1989.

Leibniz, Gottfried W., *The Shorter Leibniz Texts: A Collection of New Translations*, trans. and ed. by Lloyd Strickland, New York: Continuum, 2006.

_____, *Philosophische Schriften*, Bd. V/2, hrsg. und übers. von Werner Wiater, Darmstadt: Wissenschaftliche Buchgesellschaft Darmstadt, 1989.

_____, *Philosophical Essays*, trans. and ed. by Roger Ariew and Daniel Garber, Indianapolis: Hackett Publishing Company, 1989.

_____, *Die Theodizee von der Güte Gottes, der Freiheit des Menschen und dem Ursprung des Übels in Philosophische Schriften*, Bd. Ⅱ/2, hrsg. und übers. von Herbert Herring, Darmstadt: Wissenschaftliche Buchgesellschaft Darmstadt, 1985.

_____, *New Essays on Human Understanding*, trans. and ed. by Peter Remnant and Jonathan Bennett, Cambridge/London/New York/New Rochelle/Melbourne/Syndey: Cambridge University Press, 1981.

_____, *Philosophical Papers and Letters*, Vol. 2, trans. and ed. by Leroy E. Loemker, Chicago: The University of Chicago Press, 1969.

_____, "Specimen animadversionum in Sextum Empiricum, percurso libro Pyrrhoniarum Hypothesium (sic) primo datum," in *Annual Reports of Humanities and Social Sciences Bunkagaku-Nenpo* 20, 2001.

Lennon, Thomas M., *The Battle of the Gods and Giants: The Legacies of Descartes and Gassendi, 1655-1715*, Princeton, N. J.: Princeton University Press, 1993.

Limbrick, Elaine, "Was Montaigne really a Pyrrhonian?," in *Bibliotheque d'humanisme et Renaissance* 39, 1977.

Locke, John, *The Works of John Locke*, Vol. 3, London: Routledge/ Thoemmses Press, 1997.

_____, *An Essay concerning Human Understanding*, ed. by Peter H. Nidditch, Oxford: Oxford University Press, 1975.

Loeb, Louis E., "The Cartesian Circle," in *The Cambridge Companion to Descartes*, ed. by John Cottingham, Cambridge: Cambridge University Press, 1992.

Lolordo, Antonia, *Pierre Gassendi and the Birth of Early Modern Philosophy*, New York: Cambridge University Press, 2007.

Long, A. A., *From Epicurus to Epictetus: Studies in Hellenistic and Roman Philosophy*, Oxford/New York: Oxford University Press, 2006.

_____, "The Logical Basis of Stoic Ethics," in *Proceedings of the Aristotelian Society* 71, 1970.

Long, A. A. & D. N. Sedley, *The Hellenistic Philosophers*, Vol. I, Cambridge: Cambridge University Press, 1987.

Machuca, Diego E., "Pyrrhonism and the Law of Non-contradiction," in *Pyrrhonism in Ancient, Modern, and Contemporary Philosophy*, ed. by Diego E. Machuca, Dordrecht/New York: Springer, 2011.

Maluschke, Günter, "Die Stellung des Spinozismus in Hegels Dialektik," in *Hegel-Studien*, Beiheft 13, 1984.

Mates, Benson, *The Skeptic Way: Sextus Empiricus's Outlines of Pyrrhonism*, New York/Oxford: Oxford University Press, 1996.

McEvilley, Thomas, "Pyrrhonism and Mādhyamika," in *Philosophy East and West* 32(1), 1982.

Milton, J. R., "Locke and Gassendi: a Reappraisal," in *English Philosophy in the Age of Locke*, ed. by M. A. Stewart, Oxford: Clarendon Press, 2000.

Montaigne, Michel de, *The Complete Essays of Montaigne*, trans. by Donald

M. Frame, Stanford: Stanford University Press, 1958.

Moore, George E., *Philosophical Papers*, London: G. Allen & Unwin/New York: Humanities Press, 1959.

Neto, Jose R. M., "Academic Skepticism in Early Modern Philosophy," in *Journal of the History of Ideas* 58(2), 1997.

Newman, Lex, "Locke on Knowledge," in *The Cambridge Companion to Locke's "Essay Concerning Human Understanding"*, ed. by Lex Newman, Cambridge/New York: Cambridge University Press, 2007.

Norton, David F., "The Myth of 'British Empiricism'," in *History of European Ideas* 1(4), 1981.

Nuzzo, Angelica, "Vernunft und Verstand: Zu Hegels Theorie des Denkens," in *Vernunftbegriffe in der Moderne*, hrsg. von Hans Friedrich Fulda und Rolf-Peter Horstmann, Stuttgart: Klett-Cotta, 1994.

Odegard, Douglas, "Locke's Epistemology and the Value of Experience," in *John Locke: Critical Assessments*, Vol. Ⅳ, ed. by Richard Ashcraft, London/New York: Routledge, 1991.

Olaso, Ezequiel de, "Leibniz and Scepticism," in *Scepticism in the Enlightenment*, ed. by Richard H. Popkin, Ezequiel de Olaso and Giorgio Tonelli, Dordrecht/Boston/London: Kluwer Academic Publishers, 1997.

_____, "Leibniz's Justification of First Principles," in *Synthesis Philosophica* 12(2), 1997.

Osler Margaret J., "Ancients, Moderns, and the History of Philosophy: Gassendi's Epicurean Project," in *The Rise of Modern Philosophy: The Tension between the New and Traditional Philosophies from Machiavelli to Leibniz*, ed. by Tom Sorell, Oxford: Clarendon Press, 1993.

Pappas, George, "Berkeley's Treatment of Skepticism," in *The Oxford Handbook of Skepticism*, ed. by John Greco, Oxford/New York: Oxford University Press, 2008.

_____, "Berkeley and Scepticism," *in Philosophy and Phenomenological*

Research 59(1), 1999.

Parkinson, G. H. R., *Spinoza's Theory of Knowledge*, Oxford: Clarendon Press, 1954.

Pascal, Blaise, *Pensees*, trans. by W. F. Trotter, New York: E. P. Dutton, 1958.

Pelletier, Arnaud, "Leibniz's Anti-Scepticism," in *Scepticism in the eighteenth century: Enlightenment, Lumiéres, Aufklärung*, ed. by Sébastien Charles and Plinio J. Smith, Dordrecht/New York/London: Springer, 2013.

Penelhum, Terence, "Skepticism and Fideism," in *The Skeptical Tradition*, ed. by M. Burnyeat, Berkeley/Los Angeles: University of California Press, 1983.

Perin, Casey, "Scepticism and belief," in *The Cambridge Companion to Ancient Scepticism*, Cambridge, UK/New York: Cambridge University Press, 2010.

_____, "Descartes and the Legacy of Ancient Skepticism," in *A Companion to Descartes*, ed. by Janet Broughton and John Carriero, Malden, MA: Blackwell Publishing Ltd, 2008.

Philo, "On Drunkenness," in *Philo*, Vol. III, trans. by F. H. Colson and G. H. Whitaker, Cambridge, MA: Harvard University Press, 2001.

Pöggeler, Otto, "Die Ausbildung der spekulativen Dialektik in Hegel Begegnung mit der Antike," in *Hegel und die antike Dialektik*, hrsg. von Manfred Riedel, Frankfurt am Main: Suhrkamp Verlag, 1990.

Popkin, Richard H., *Spinoza*, Oxford: Oneworld Publications, 2004.

_____, *The History of Scepticism from Savonarola to Bayle*, Oxford, UK/New York: Oxford University Press, 2003.

_____, *The High Road to Pyrrhonism*, ed. by Richard A. Watson and James E. Force, Indianapolis/Cambridge: Hackett Publishing Company, 1993.

_____, "Berkeley in the History of Scepticism," in *Scepticism in the Enlightenment*, ed. by Richard H. Popkin, Ezequiel D. Olaso and Giorgio Tonelli, Dordrecht/Boston/London: Kluwer Academic Publishers, 1997.

_____, "Scepticism in the Enlightenment," in *Scepticism in the Enlightenment*, ed. by Richard H. Popkin, Ezequiel D. Olaso and Giorgio Tonelli, Dordrecht/Boston/London: Kluwer Academic Publishers, 1997.

_____, "Scepticism and Anti-scepticism in the latter part of the Eighteenth century," in *Scepticism in the Enlightenment*, ed. by Richard H. Popkin, Ezequiel D. Olaso and Giorgio Tonelli, Dordrecht/Boston/London: Kluwer Academic Publishers, 1997.

_____, "Scepticism and Modernity," in *The Rise of Modern Philosophy: The Tension between the New and Traditional Philosophies from Machiavelli to Leibniz*, ed. by Tom Sorell, Oxford: Clarendon Press, 1993.

Popkin, Richard H. & Avrum Stroll, *Skeptical Philosophy for Everyone*, Amherst, N.Y.: Prometheus Books, 2002.

Reid, Thomas, *Essays on the Intellectual Powers of Man in Works of Thomas Reid*, Vol. 1, ed. by William Hamilton, London: Adamant Media Corporation, 2005.

Rocca, Michael D., *Spinoza*, London/New York: Routledge, 2008.

_____, "Spinoza and the Metaphysics of Scepticism," in *Mind* 116(464), 2007.

Rogers, G. A. J., "John Locke and the Skeptics," in *The Return of Skepticism: From Hobbes and Descartes To Bayle*, Dordrecht/Boston/London: Kluwer Academic Publishers, 2003.

Röttges, Heinz, *Dialektik und Skeptizismus: Die Rolle des Skeptizismus für Genese, Selbstverständnis und Kritik der Dialektik*, Frankfurt am Main: Athenäum, 1987.

Schmitt, C. B., "The Rediscovery of Ancient Skepticism in Modern Times," in *The Skeptical Tradition*, ed. by M. Burnyeat, Berkeley/Los Angeles: University of California Press, 1983.

Sextus Empiricus, *Outlines of Pyrrhonism*, trans. by R. G. Bury, Cambridge, MA: Harvard University Press, 1933.

_____, *Outlines of Scepticism*, trans. and ed. by Julia Annas and Jonathan Barnes, Cambridge: Cambridge University Press, 2000.

_____, *Grundriß der pyrrhonischen Skepsis*, einge. und übers. von Malte Hossenfelder, Frankfurt am Main: Suhrkamp Verlag, 1985.

_____, *Against the Logicians*, trans. by R. G. Bury, Cambridge, MA: Harvard University Press, 1935.

_____, *Against the Logicians*, trans. and ed. by Richard Bett, Cambridge: Cambridge University Press, 2005.

_____, *Against the Physicists*, trans. by R. G. Bury, Cambridge, MA: Harvard University Press, 1936.

_____, *Against the Ethicists*, trans. by R. G. Bury, Cambridge, MA: Harvard University Press, 1936.

_____, *Against the Ethicists*, trans. by Richard Bett, Oxford: Clarendon Press, 1997.

_____, *Sextus Empiricus: selections from the major writings on scepticism, Man & God*, ed. by Philip P. Hallie, trans. by Sanford G. Etheridge, Indianapolis: Hackett Publishing Company, 1985.

Silver, Bruce, "Montaigne, *An Apology for Raymond Sebond*: Happiness and the Poverty of Reason," in *Renaissance and Early Modern Philosophy* 26, 2002.

Soll, Ivan, *An Introduction to Hegel's Metaphysics*, Chicago: The University of Chicago Press, 1969.

Spinoza, Benedictus de, *Complete Works*, trans. by Samuel Shirley, Indianapolis/Cambridge: Hackett Publishing Company, Inc., 2002. (= *CW*)

_____, *Ethics*, in *CW*.

_____, *Short Treatise on God, Man, and His Well-Being*, in *CW*.

_____, *Principles of Cartesian Philosophy*, in *CW*.

_____, *Treatise on the Emendation of the Intellect*, in *CW*.

Steinberg, Diane, "Knowledge in Spinoza's *Ethics*," in *The Cambridge*

Companion to Spinoza's Ethics, ed. by Olli Koistinen, New York: Cambridge University Press, 2009.

Stout, A. K., "The Basis of Knowledge in Descartes," in *Descartes: A Collection of Critical Essays*, ed. by Willis Doney, London/Melbourne: Macmillan, 1968.

Striker, Gisela, *Essays on Hellenistic Epistemology and Ethics*, Cambridge/ New York: Cambridge University Press, 1996.

_____, "Academics versus Pyrrhonists, reconsidered," in *The Cambridge Companion to Ancient Scepticism*, Cambridge, UK/New York: Cambridge University Press, 2010.

_____, "Historical Reflections on Classical Pyrrhonism and Neo-Pyrrhonism," in *Pyrrhonian Skepticism*, ed. by Walter Sinnott-Armstrong, Oxford: Oxford University Press, 2004.

Stroud, Barry, "Hume's Scepticism: Natural Instincts and Philosophical Reflection," in *International Archives of the History of Ideas* 145, 1996.

_____, "Kant and Skepticism," in *The Skeptical Tradition*, ed. by Myles Burnyeat, Berkeley/Los Angeles: University of California Press, 1983.

_____, "Transcendental Arguments," in *The Journal of Philosophy* 65(9), 1968.

Stunkel, Kenneth R., "Montaigne, Bayle, and Hume: Historical Dynamics of Skepticism," in *European Legacy* 3(4), 1998.

Theunissen, Michael, "Krise der Macht: Thesen zur Theorie des dialektischen Widerspruchs," in *Hegel Jahrbuch* 7, 1974.

Thorsrud, Harald, *Ancient Scepticism*, Berkeley/Los Angeles: University of California Press, 2009.

Tonelli, Giorgio, "Kant and the Ancient Sceptics," in *Scepticism in the Enlightenment*, ed. by Richard H. Popkin, Ezequiel D. Olaso and Giorgio Tonelli, Dordrecht/Boston/London: Kluwer Academic Publishers, 1997.

Vogt, Katja M., "Scepticism and action," in *The Cambridge Companion to*

Ancient Scepticism, Cambridge, UK/New York: Cambridge University Press, 2010.

Walker, Ralph, "Spinoza and the Coherence Theory of Truth," in *Mind* 94(373), 1985.

_____, "Gassendi and Skepticism," in *The Skeptical Tradition*, ed. by Myles Burnyeat, Berkeley/Los Angeles: University of California Press, 1983.

Williams, Bernard, "Descartes's Use of Skepticism," in *The Skeptical Tradition*, ed. by Myles Burnyeat, Berkeley/Los Angeles: University of California Press, 1983.

Wilson, Margaret D., "Spinoza's theory of knowledge," in *The Cambridge Companion to Spinoza*, ed. by Don Garret, Cambridge: Cambridge University Press, 1996.

_____, "Superadded Properties: The Limits of Mechanism in Locke," in *American Philosophical Quarterly* 16, 1979.

Wolff, Michael, "Der Satz vom Grund, oder: Was ist philosophische Argumentation?," in *Neue Hefte für Philosophie* 26, 1986.

Woolhouse, Roger, *Locke*, Sussex: The Harvester Press, 1983.

_____, "Locke's theory of knowledge," in *The Cambridge Companion to Locke*, Cambridge/New York: Cambridge University Press, 1994.

Woozley, A. D., "Some Remarks on Locke's Account of Knowledge," in *Locke on Human Understanding*, ed. by I. C. Tipton, Oxford: Oxford University Press, 1977.

Yolton, John W., *Locke and the Compass of Human Understanding: A Selective Commentary on the Essay*, New York: Cambridge University Press, 1970.

찾아보기

황설중

고려대학교 철학과에서 학사, 석사, 박사 학위를 취득한 후, 독일 빌레펠트대학교에서 포스트 닥터를 마쳤다. 고려대학교 철학연구소 연구교수, 원광대학교 학술연구교수를 거쳐 현재 대전대학교 H-LAC 교수로 재직하고 있다.

회의주의와 인식론에 관심이 많으며, 최근에는 회의주의의 지평에서 서양철학의 전체 흐름을 개관하고 파악하는 것을 과제로 삼고 있다.

지은 책으로는 『인식론』, 『니체 이해의 새로운 지평』(공저), 『로티의 철학과 아이러니』(공저)가 있고, 옮긴 책으로는 『변증법과 회의주의』, 『지식과 믿음』, 『과학의 지혜』, 『객관주의와 상대주의를 넘어서』(공역) 등이 있다. 논문으로는 「주체성의 현대 철학적 이해: 주관과 객관을 넘어서」, 「얼굴과 폭력 그리고 사랑: 레비나스와 헤겔을 중심으로」, 「헤겔 『정신현상학』에서 죽음과 의식의 경험: 노동과 에로티즘의 관계를 중심으로」, 「형벌을 정당화하는 근거는 무엇인가?」 등이 있다.

고대 회의주의와 근대 철학

1판 1쇄 인쇄	2019년 7월 15일
1판 1쇄 발행	2019년 7월 20일

지은이	황 설 중
발행인	전 춘 호
발행처	철학과현실사

출판등록　1987년 12월 15일 제300-1987-36호
서울특별시 종로구 동숭동 1-45
전화번호 579-5908
팩시밀리 572-2830

ISBN 978-89-7775-825-4 93160
값 28,000원